内間直仁・野原三義 編著

# 沖縄語辞典

那覇方言を中心に

研究社

# 序

　ある若いレントゲン技師(30代後半)が、エックス線写真を撮りに来た高齢の患者さんに「ここに横になってください」と指示するのに、わかりやすく親しみを込めたつもりで方言を使って「クマンカイ　アフゥナチミソーレー《ここへ寝やがりなさい》」と言ったところ、「エー　ニーサン　カンシェー　イランロー《ねぇ兄さん、こんな言い方はしないよ》」とやんわりたしなめられたらしい。アフゥナチはアフゥナチュン《寝やがる。乱雑な言葉》の連用形でミソーレーはミシェーン《…なさる。尊敬接尾辞》の命令形である。意味上アフゥナチにミソーレーは結合しないのである。沖縄本島では現在30代以下の世代は70代以上の世代と方言でのコミュニケーションは不可能である。70代以上が使っている元の沖縄方言は急速に失われつつある。その方言の消滅を憂えて、沖縄県議会は2006年3月29日、沖縄固有の方言の継承と普及を図る目的で「しまくとぅば(島言葉)の日」を制定する条例を可決し、9月18日をその日と定めた。

　この辞典は人口約31万人を有し、政治・経済・文化の中心地として発展している沖縄県の県都、那覇市の方言辞典である。那覇市は琉球王朝時代から海外貿易の窓口として栄え、商業都市として発展してきた。1879年(明治12年)の廃藩置県を機に政治の中心も首里から那覇に移り県都となっている。この那覇方言辞典編纂の企画の話が研究社の中川京子氏からもたらされたのは2000年8月頃であった。ポケットブック程度の辞典で2年ぐらいかけて作りたいとのことであった。たとえ小型でも辞典ともなればそう簡単にいかな

いのではという不安感も多少あったが、中川氏のおおらかなご性格と話の端々に時たま垣間見せる沖縄への深いご見識に触発される形でつい引き受ける気になった。また2001年4月から勤務先を千葉大学文学部から琉球大学教育学部へ移すことになっていたこともこの仕事を引き受けやすくするきっかけの一つとなっていた。沖縄に帰れば相談できる友人もいたからである。

　琉球大学に移ってまもなく友人であり先輩でもある沖縄国際大学教授の野原三義氏に相談した。野原氏は那覇市出身で那覇方言のネイティブであるばかりでなく那覇方言はもちろんのこと琉球方言の研究者でもある。辞典編纂の企画を話したところ快諾をいただいた。直ちに原稿作成に着手し、まず野原氏が近郊の首里方言を中心とした貴重な先行研究である『沖縄語辞典』（国立国語研究所編）の項目を参考にしつつ那覇方言について記述をし、そこから漏れる那覇方言独自の項目も加えるという形ではじめていった。従って、本辞典は野原氏本人が持っている那覇方言と野原氏がこれまで調査してきた那覇方言の資料を基にしてできている。こうしてできた原稿を内間の研究も多少取り入れ、また編集者の中川京子氏・根本保行氏のご意見も組み入れつつ全体を構成した。

　執筆をはじめると、2年ぐらいかけてポケットブック程度という目的も振り返る間もないぐらいにただひたすらに進めていった。いずれどこかの段階で中川氏と根本氏から要らぬ項目の削除についての相談があるだろうと考えていた。しかし、お二人は削除の話どころか「ああいう語はないのか」「こういう言い方はしないのか」「この語にはこういう意味・用法はないのか」、あるいは「ここの語義の解説はもう少し詳しい説明がほしい」などといった鋭い質問を投げかけてくるばかりであった。執筆を進めている段階でも、お二人には沖縄まで何度もおいでいただいていろいろと相談した。初校を終えた後もお二人とはメールや電話などで幾度もやり取りし原

稿を修正していった。その結果が本辞典である。かけた時間も5年余ということになる。このお二人の優秀な編集者の沖縄に対する熱い思いと深い知識なしにはこの辞典はありえなかった。中川・根本両氏並びにいろいろとお世話いただいた研究社編集部の方々に記して感謝申し上げる。また本辞典編纂の過程で琉球大学の大学院生だった山口栄臣君が原稿整理などで全面的に協力してくれた。同じく琉球大学学生の内間早俊君、玉那覇基枝さんその他多くの方にもご協力いただいた。まことに感謝にたえない。

　最後に、本辞典が郷土の貴重な文化である方言の継承並びに琉歌作品などの理解に少しでも貢献できれば、編者としてこれ以上の喜びはない。

　　　2006年5月

　　　　　　　　　　　　　　　　　　内　間　直　仁

# 目　次

序 ……………………………………………… iii

凡例 …………………………………………… vii

那覇方言概説 ………………………………… xv

主要参考文献 ………………………………… xxxiv

沖縄語辞典 …………………………………… 1

古典文学引用一覧 …………………………… 323

和沖索引 ……………………………………… 345

## 凡　例

### 1　見出し語

　見出し語は、沖縄那覇方言から、現在の60歳代以上によって日常用いられてきた語を中心に採録し、他に古典文学作品に現れる語、他方言に見られない特徴的な語などを適宜加えた。収録語数は8000語程度である。
＊本辞典では、現代的な視点からは差別的と思われる表現もあえて採録
し、対訳を付した場合がある。これは、記録として残すことの重要性を
考慮したものであり、読者のご寛恕を請う次第である。

### 1.1　見出し語の表

　見出し語は、カタカナのゴシック体とし、アクセント（「 ｣）とともに示した。活用語は終止形を見出し語とし、**4** で示す活用形を併記した。

　以下にカタカナ表記の基準となる那覇方言の拍と対応する音声表記を、共通語の五十音表に準ずる形式で示す。なお、カタカナ表記と音声の詳細については「那覇方言概説」（以下「概説」）を参照。また、見出し語検索の際の字母順については **1.2** を参照。

| ア<br>ʔa,a | イ[1]<br>ʔi,-i(-) | ウ[2]<br>ʔu,-u(-) | エ<br>ʔe,e[7] | オ<br>ʔo,o[7] |
|---|---|---|---|---|
| カ<br>ka | キ<br>ki | ク<br>ku | ケ<br>ke | コ<br>ko |
| クヮ<br>kwa | クィ<br>kwi |  | クェ<br>kwe |  |
| ガ<br>ga | ギ<br>gi | グ<br>gu | ゲ<br>ge | ゴ<br>go |
| グヮ<br>gwa | グィ<br>gwi |  | グェ<br>gwe |  |
| サ<br>sa | シ<br>ʃi | ス<br>su |  | ソ<br>so |
| （シャ ＊文語）<br>ʃa |  | シュ<br>ʃu | シェ<br>ʃe | ショ<br>ʃo |

凡　例　　　　　　　　　　　　　　　　　　　　　　　viii

|  | ジ<br>dʑi |  |  | (ゾ *文語)<br>dʑi |
|---|---|---|---|---|
| ジャ<br>dʑa |  | ジュ<br>dʑu | ジェ<br>dʑe | ジョ<br>dʑo |
| タ<br>ta | ティ<br>ti | トゥ<br>tu | テ<br>te | ト<br>to |
| (ダ)<br>(da) | (ディ)<br>(di) | (ドゥ)<br>(du) | (デ)<br>(de) | (ド)<br>(do) |

(この行の音は那覇方言の口語ではほとんどラ行音となることから、本辞典では文語を除きラ行音として扱った)

| チャ<br>tʃa | チ<br>tʃi | チュ<br>tʃu | チェ<br>tʃe | チョ<br>tʃo |
|---|---|---|---|---|
| (ヂャ)<br>dʑa | (ヂ) | (ヂュ)<br>dʑu | (ヂェ)<br>dʑe | (ヂョ)<br>dʑo |

(この行の音は「ジャ」「ジ」「ジュ」「ジェ」「ジョ」として扱った)

| ナ<br>na | ニ<br>ni | ヌ<br>nu | ネ<br>ne | ノ<br>no |
|---|---|---|---|---|
| ハ<br>ha | ヒ<br>çi | フ<br>ɸu | ヘ<br>he | ホ<br>ho |
| フヮ<br>ɸa | フィ<br>ɸi |  | フェ<br>ɸe |  |
| バ<br>ba | ビ<br>bi | ブ<br>bu | ベ<br>be | ボ<br>bo |
| パ<br>pa | ピ<br>pi | プ<br>pu | ペ<br>pe | ポ<br>po |
| ヒャ<br>ça |  |  |  | ヒョ<br>ço |
|  |  |  |  | ビョ<br>bjo |
| マ<br>ma | ミ<br>mi | ム<br>mu | メ<br>me | モ<br>mo |

| ッヤ ?ja | | | | ッヨ ?jo |
|---|---|---|---|---|
| ヤ ja | イィ[(3)][(5)] ji | ユ ju | (エェ)[(7)] ju | ヨ jo |
| ラ ra | リ ri | ル ru | レ re | ロ ro |
| ッワ ?wa | ッウィ ?wi | | ッウェ ?we | |
| ワ wa | ウィ wi | ウゥ[(4)][(5)] u[(6)],wu | ウェ we | (ウォ)[(7)] |

| ッン |
|---|
| ?n / ?m |
| ン |
| n(下記以外) / ŋ(k,g,?,h,ɸ,w,j の前) / m(p,b,m の前) / n(語末) |
| ッ(促音) |
| 音声表記上は後続する子音の連続で表す; 例: ッチュ [ttʃu] |
| ー(長音) |
| ː |

＊表のように、那覇方言を含む沖縄語に特徴的な喉頭破裂音(または、声門閉鎖音、グロッタルストップ glottal stop) [?] は、母音単独の前では便宜的に仮名表記を省略し、半母音(「ヤ」「ヨ」「ワ」「ウィ」「ウェ」)、撥音(「ン」)の前では「ッ」として表した。

(1) ヤ行の「イィ」も参照。
(2) ワ行の「ウゥ」も参照。
(3) ア行の「イ」も参照。
(4) ア行の「ウ」も参照。
(5) 「イィ」「ウゥ」は、一拍の音であり、二拍の「イイ」や「イー」、「ウウ」や「ウー」ではないことに注意されたい。「イィ」「ウゥ」は、現代共通語では意味の区別に関与せず、一般の共通語話者にはそれぞれ「イ」「ウ」と判別しにくい音である。沖縄語話者でも共通語の影響が大きい世代になるほど、「イ」[i]、「ウ」[u]と発音する傾向が強い。この傾向は沖縄語を仮名表記する際にも影響を与えているため、比較的よく文字にされる言葉で、表記形が本辞典と異なる場合がある。下に具体例をいくつか挙げる。

凡　例　　　　　　　　　　　　　　　　　　　　　　　　　x

| 意味 | 簡易表記 | 本辞典 |
| --- | --- | --- |
| 男 | イキガ | イィキガ |
| 女 | イナグ | イィナグ |
| 砂糖きび | ウージ | ウゥージ |
| 拝所 | ウガンジュ | ウゥガンジュ |

(6) この場合の [u] は、音価としては [wu] に近く、通時的に見ても、[wu] からの変化の過程にある音である。喉頭破裂の有無という点からだけ見れば、「ッン」に対する「ン」と同様に「ッウ」と「ウ」という表記上の別も考えうるが、(5)にあげたような事情を考慮し、本辞典では「ウゥ」を表記として採用した。

(7) 喉頭破裂音を伴わない [e] [o] が語頭に来る場合の音価は、それぞれ [je] [wo] に近い。したがって「エェ」(ヤ行)、「ウォ」(ワ行) の表記もあてうるが、例が少ないことから、煩雑さを避けるためにエ、オと表記した。

## 1.2 見出し語の配列

見出し語はカタカナ表記を基準に共通語の五十音に準じて配列した。上記表の「イィ」「クヮ」や喉頭破裂音などのように、共通語で一般的でない場合については、下記の基準に従った。

(1) 「イィ」「ウゥ」は、音声的にはそれぞれヤ行音、ワ行音の系列になるが、配列上はア行の「イ」「ウ」と等価とみなした。小字の「ィ」「ゥ」を除いたときの表記形が等しくなる場合は「イ」「イィ」、「ウ」「ウゥ」と並ぶように配置した。

(2) 「クヮ」「クィ」「クェ」は、それぞれ単純に「ク」のあとに「ヮ」「ィ」「ェ」が続くものとみなして、共通語の五十音順に配列した。

(3) 「ウィ」「ウェ」は、(2) と同様単純に、「ウ」のあとに「ィ」「ェ」が続くものとみなして配列した。

(4) 「ッヤ」「ッヨ」「ッワ」「ッウィ」「ッウェ」は、喉頭破裂音「ッ」を外したときの「ヤ」「ヨ」「ワ」「ウィ」「ウェ」の位置に配列した。喉頭破裂音をもつ表記とそうでない表記の位置関係は、喉頭破裂音をもたない方を先にした。たとえば「ッヤ」と「ヤ」であれば、「ヤ」「ッヤ」の順とした。

(5) ッチュなど、促音「ッ」で始まる語は「ツ」の項に配列した。

(6) ダ行音は、「概説」で詳しく触れたように、那覇方言ではラ行音との区別がなくなるため、本辞典ではラ行音で表記し、その位置に配置した。参考までに、首里方言でダ行音をもつ語が、那覇方言でラ行音になる例をいくつかあげる。

　　ダ ⇨ ラ：　　ダー ⇨ ラー；サーターアンダギー ⇨ サーターアンラ

ギー
　　ディ ⇨ リ：　ディーグ ⇨ リーグ；マディ ⇨ マリ
　　ドゥ ⇨ ル：　ドゥルワカシー ⇨ ルルワカシー；ウドゥン ⇨ ウルン
　　デ ⇨ レ：　　デージ ⇨ レージ；チョーデー ⇨ チョーレー
　　ド ⇨ ロ：　　ドン ⇨ ロン；ユシドーフ ⇨ ユシローフ
カタカナ表記が同一の場合、下の原則に順次従って配列した。
　　イ　品詞による配列
　　　　名詞 → 代名詞 → 副詞 → 感動詞 → 擬態語 → 擬音語 → 動詞 → 形容詞 → 連体詞 → 接続詞 → 助詞 → 助動詞 → 接頭辞 → 接尾辞 → 連語
　　ロ　共通語との対応の有無
　　　　共通語の対応語がない場合を先、ある場合を後。

## 2 音声表記

音声表記は国際音声記号（IPA）によって [　] 内に示した。また、アクセントを上昇、下降に分類し、それぞれ「⌝で示した。那覇方言の音声についての詳細は「概説」を参照。

## 3 品詞

品詞には以下の分類を用いた。

| 名詞 | 名 | 連体詞 | 連体 |
| 代名詞 | 代名 | 助詞 | 助 |
| 動詞 | 動 | 助動詞 | 助動 |
| 副詞 | 副 | 接続詞 | 接続 |
| 感動詞 | 感 | 接頭辞 | 接頭 |
| 形容詞 | 形 | 接尾辞 | 接尾 |

また上記の他に、以下を品詞相当として適宜利用した。

| 擬音語 | 擬音 | 連語 | 連語 |
| 擬態語 | 擬態 | | |

## 4 活用形

動詞、形容詞、一部の助動詞、活用のある接尾辞では、すべての活用形の基本となる語形を下のように示した。他の活用形はこれらから規則的に導くことができる。詳細は「概説」の「動詞の活用」「形容詞の活用」を参照。

凡　例　　　　　　　　　　　　　　　　　　　　　　　　　　　　xii

### 4.1 動詞
カ「チュン⁴...《kat- kattʃ-;　㊁カタン　㊥カチ　㊧カッチョーン　㊦カッチャン》...勝つ...

　　カチュン　終止形(見出し形)
　　kak-　基本語幹(音声記号)
　　kattʃ-　音便語幹(音声記号)
　　㊁カタン　否定形
　　㊥カチ　連用形
　　㊧カッチョーン　継続形
　　㊦カッチャン　過去形

### 4.2 形容詞
「アカサン...《㊁アカコーネーン　㊦アカサタン》赤い...

　　アカサン　終止形(見出し形)
　　㊁アカコーネーン　否定形
　　㊦アカサタン　過去形

### 5 語源
【　】で示した語源は、西洋語の辞典などに見られる純粋に遡源的な記述というよりも、語義で表しきれない中央語との対応を示すことに力点を置き、主に下のような方針で記述した。

(**1**) 現在の共通語で、用法上那覇方言とずれがあり、語義として提示することは適当ではないが、音形と意味の変遷を考慮したときには対応が想定されるもの。

　　　「リージ²...【礼儀】お礼...

(**2**) 上の (1) と同様の中央語古形。

　　　「イユ...【いを】魚...

(**3**) 那覇方言形に漢字を適用した表記で、中央語や他の地方語での有無にかかわらず、音形からも、意味のつながりからも、その表記が妥当と思われるもの。言い換えれば、その漢字表記による中央語等がある(あるいは、あった)とすれば、それと那覇方言を正しい方法で関連づけて考えうるような漢字表記。

　　　ウチナー「グチ...【沖縄口】

(**4**) 語源と想定される中国語など。

　　　サン「ピン...【香片(シャンピン)》(中国語)】

　なお、動詞、形容詞の場合は、活用語尾が特殊であることから(「概説」の「動詞の活用」「形容詞の活用」を参照)本文中に「...にほぼ対応」のよ

うな書き方で提示した。また、共通語による語義が、一見して対応語と分かる場合には、特にことわらずそれをもって代用とした。

## 6 語義

語義は、可能な場合には、見出し語と音形・意味とも対応する現代共通語を対訳として示し、適宜他の表現で補足した。これがあてはまらない場合は、意味のみが相当する表現や、具体的な説明によって代用した。原義や語構成の理解に役立つと考えられるときには、共通語として不自然な表現であっても直訳を併記した。また、語義の並列には句点(。)を用い、意味的に大きく分類する場合は、①②…で、複数の品詞に分かれる場合は、1 2 …で区分した。

　　**アッチャー**…①よく…する人。　…②…を生業とする人。　…＊直訳すると「歩く人」。
　　**ンケー**…1 名 向かい。　…2 接尾 …向き。

必要に応じてルビを振ったが、語源的情報を示すために一般的でない読みを加えた場合もある。

　　**カーミナクー**「バカ」…亀甲墓(かめこう)(きっこう)(ばか)(ばか)。

## 7 用例

用例は語義のあとに他より広めの空白を開けカタカナで示し、その直後に〈　〉で共通語訳を示した。用例が文・句の場合、基本的に文節単位で空白を入れた。共通語訳は語義の場合と同様、自然な共通語表現による対訳の他、必要に応じて直訳を示した。採録については、辞典の規模を考慮し、語義の理解に役立つもの、よく使われる表現などを中心に必要最小限にとどめた。

　　**シランチュ**…①知らない人。ミチ イチャティン ～ スタン〈道で出会ったが知らん顔をしていた(直訳は「知らない人をしていた」)〉。…

## 8 古典文学からの引用

琉歌、組踊などの古典文学に用いられた語については、代表例となる箇所を原典から引用し、それぞれ典拠を示した。典拠については簡略に示したが、「全」と略した『琉歌全集』以外は、その箇所で表題が明確になるように配慮した(書誌の詳細情報については「主要参考文献」を参照されたい)。また、引用例の対訳は本文中では省略したが、巻末の「古典文学引用一覧」でまとめて示した。なお、古典文学の読み方については、絶対的な基準がなく、本辞典の対象である那覇方言形で記すことも必ずしも適切でないことから、省略した。

凡　例　　　　　　　　　　　　　　　　　　　　　　　　　xiv

## 9 参照
　見出し語と意味・語構成などの点で関連の深い語を「⇨」によって参照項目として指示した。

## 10 主な略語・記号

| | |
|---|---|
| 「全」 | 『琉歌全集』(「主要参考文献」参照)からの引用であることを表す。「全」に続く数字は同全集における収録番号を表す。 |
| 《文》 | 文語。歌語や古語など口語では用いられない表現。 |
| 《諺》 | 諺や成語。 |
| 《幼児》 | 幼児語。 |
| 〚魚〛 | 魚名。 |
| 〚鳥〛 | 鳥名。 |
| 〚植〛 | 植物名。 |
| 〚昆〛 | 昆虫名。 |
| 〚動〛 | 動物名。 |
| 〚料理〛 | 料理名。 |
| [　] | 音声表記以外の箇所で、直前の表現と[　]内の表現が言い換え可能であることを表す。 |
| ～ | 説明または用例中で、見出し語形の省略を表す。 |
| ＊ | 語義または用例に対する補足的な説明を表す。 |
| ⌈ | アクセントが上昇する位置を表す。 |
| ⌉ | アクセントが下降する位置を表す。 |
| 1 2 ... | 同形、同語源で複数の品詞に分類が可能な場合にその区分を表す。 |
| ①②... | 語義の大きな区分を表す。 |
| ⇨ | 「以下を参照」の意を表す。 |

# 那覇方言概説

## I 琉球方言

　従来からも言われているように、日本語は大きく本土方言と琉球方言に分けられる。琉球方言は、日本語の一翼を担う方言である。その琉球方言もまた一つの方言として単純に括られるものではなく、多様な形で存在するが、大きな特徴をとらえて区画すると、次のようになる。

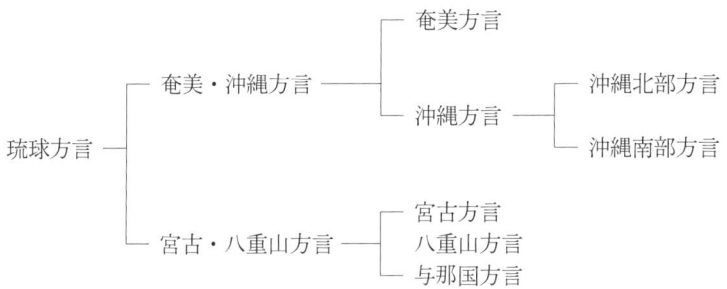

琉球方言は大きく奄美・沖縄方言と宮古・八重山方言に分かれ、奄美・沖縄方言はさらに奄美方言と沖縄方言に、宮古・八重山方言は宮古方言と八重山方言及び与那国方言に分かれる。その中で那覇方言は沖縄南部方言に属する。なお、奄美・沖縄方言を北琉球方言、宮古・八重山方言を南琉球方言と称する場合もあり、またそれぞれを下位区画するに当たっても、見方によって多少違ってくる。詳しくは、仲宗根政善「琉球方言概説」(『方言学講座』第4巻; 1961 年; 東京堂に所収)、国立国語研究所編『沖縄語辞典』(1963 年)、外間守善『沖縄の言葉』(『日本語の世界9』1981 年; 中央公論)、中本正智『図説琉球語辞典』(1981 年; 力富書房金鶏社)などを参照されたい。

## II 那覇方言について

### 1 音韻
#### 1.1 音素
① 母音は次の5個がある。

i, e, a, o, u
② 子音は次の 14 個がある。
?, h, ', k, g, t, p, b, c, z, s, r, m, n
③ 半母音は次の 2 個がある
j, w
④ 拍音素は次の 2 個がある。
N, Q

## 1.2 拍と仮名表記

那覇方言の拍とその仮名表記は、次のとおりである。仮名表記を片仮名で、その下に音韻表記を括弧なしで、さらにその下に音声表記を [ ] に入れて示してある。

| イ | エ | ア | オ | ウ | ッウィ | ッウェ | ッワ | ッヤ | ッヨ | | ッン |
|---|---|---|---|---|---|---|---|---|---|---|---|
| ?i | ?e | ?a | ?o | ?u | ?wi | ?we | ?wa | ?ja | ?jo | | ?N |
| [?i-] | [?e] | [?a] | [?o] | [?u-] | [?wi] | [?we] | [?wa] | [?ja] | [?jo] | | [?m] |
| [-i(-)] | | | | [-u(-)] | | | | | | | [?n] |
| ヒ | ヘ | ハ | ホ | フ | フィ | フェ | フワ | ヒャ | ヒョ | | |
| hi | he | ha | ho | hu | hwi | hwe | hwa | hja | hjo | | |
| [çi] | [he] | [ha] | [ho] | [ɸu] | [ɸi] | [ɸe] | [ɸa] | [ça] | [ço] | | |
| イィ | エ | ア | オ | ウゥ | ウィ | ウェ | ワ | ヤ | ヨ | ユ | ン |
| 'i | 'e | 'a | 'o | 'u | 'wi | 'we | 'wa | 'ja | 'jo | 'ju | 'N |
| [ji-] | [e] | [a] | [o] | [u-, wu-] | [wi] | [we] | [wa] | [ja] | [jo] | [ju] | [m] |
| | | | | | | | | | | | [n] |
| | | | | | | | | | | | [ŋ] |
| | | | | | | | | | | | [ɴ] |
| キ | ケ | カ | コ | ク | クィ | クェ | クワ | | | | |
| ki | ke | ka | ko | ku | kwi | kwe | kwa | | | | |
| [ki] | [ke] | [ka] | [ko] | [ku] | [kwi] | [kwe] | [kwa] | | | | |
| ギ | ゲ | ガ | ゴ | グ | グィ | グェ | グワ | | | | |
| gi | ge | ga | go | gu | gwi | gwe | gwa | | | | |
| [gi] | [ge] | [ga] | [go] | [gu] | [gwi] | [gwe] | [gwa] | | | | |
| ティ | テ | タ | ト | トゥ | | | | | | | |
| ti | te | ta | to | tu | | | | | | | |
| [ti] | [te] | [ta] | [to] | [tu] | | | | | | | |

| ピ | ペ | パ | ポ | プ | | | | | |
|---|---|---|---|---|---|---|---|---|---|
| pi | pe | pa | po | pu | | | | | |
| [pi] | [pe] | [pa] | [po] | [pu] | | | | | |
| ビ | ベ | バ | ボ | ブ | | | | ビョ | |
| bi | be | ba | bo | bu | | | | bjo | |
| [bi] | [be] | [ba] | [bo] | [bu] | | | | [bjo] | |
| チ | チェ | チャ | チョ | チュ | | | | | |
| ci | ce | ca | co | cu | | | | | |
| [tʃi] | [tʃe] | [tʃa] | [tʃo] | [tʃu] | | | | | |
| ジ | ジェ | ジャ | ジョ | ジュ | | | | | |
| zi | ze | za | zo | zu | | | | | |
| [dʒi] | [dʒe] | [dʒa] | [dʒo] | [dʒu] | | | | | |
| シ | シェ | サ | ソ | ス | | | | ショ | シュ |
| si | se | sa | so | su | | | | sjo | sju |
| [ʃi] | [ʃe] | [sa] | [so] | [su] | | | | [ʃo] | [ʃu] |
| リ | レ | ラ | ロ | ル | | | | | |
| ri | re | ra | ro | ru | | | | | |
| [ri] | [re] | [ra] | [ro] | [ru] | | | | | |
| ミ | メ | マ | モ | ム | | | | | |
| mi | me | ma | mo | mu | | | | | |
| [mi] | [me] | [ma] | [mo] | [mu] | | | | | |
| ニ | ネ | ナ | ノ | ヌ | | | | | |
| ni | ne | na | no | nu | | | | | |
| [ni] | [ne] | [na] | [no] | [nu] | | | | | |
| ッ<br>Q<br>[p, t, k, tʃ, s, ʃ] | | | | | | | | | |

注: 母音 a / i / u / e / o と撥音 N は単独でも拍を構成する。音声としては [ː]（長音）である。これを仮名表記レベルでは「ー」記号で表す。

## 1.3 主な音韻的特徴と仮名表記

(1) 母音は i / e / a / o / u の 5 母音である。共通語との対応関係でいえば、共通語の「ア」「イ」「ウ」「エ」「オ」は基本的に a / i / u / i / u となる。これ

は、いわゆるア行だけではなく他の行においても同様である(ただし、「ス」「ズ」は [ʃi] [ʤi]、「ツ」は [tʃi] となる)。そのために、琉球方言は 3 母音といわれることがあるが、これは対応関係から見た場合のことである。

**(2)** 連母音の融合について
① 「アイ」「アエ」＞ ee
　「エーサチ [˻ʔeːsatʃi] 挨拶 ／ メー˻ニチ [meː˻nitʃi] 毎日 ／ ベー˻ [beː˻] 倍 ／ タレー˻マ [tareː˻ma] ただ今。即刻

＊古代語の「アヒ」「アキ」「アヘ」に当たる「アイ」「アエ」も [eː] となる。
　エー˻ティ [ʔeː˻ti] 相手 ／ エー˻ソー [ʔeːso:] 相性 ／ 「サケー [˻sakeː] 境 ／ エー˻ [ʔeː˻] 藍 ／ エー˻イン [ʔeː˻in] あえる ／ 「チテー [˻tʃiteː] 伝え

② 「アウ」「アオ」＞ oo
　トー˻ [toː˻]〔唐〕中国 ／ ロー˻グ [roː˻gu] 道具 ／ トー˻ジャ [toː˻ʤa] 当座 ／ オー˻ [oː˻] 王

＊古代語の「アフ」「アヲ」に当たる「アウ」「アオ」も [oː] となる。
　ジョーシ˻チャー [ʤoːʃi˻tʃaː] 女中 ／ イチ˻ゴー [ʔitʃi˻goː] 一合 ／ オー˻ジュン [ʔoː˻ʤun] 扇ぐ ／ 「オーサン [˻ʔoːsan] 青い ／ ソー˻ [so:˻] 竿

③ 「ウイ」＞ ii
　「シームン [˻ʃiːmun] 吸い物 ／ チー˻タチ [tʃiː˻tatʃi] ついたち ／ 「ティンシー [˻tinʃiː] 天水 ／ 「クィー [˻kwiː] 杭

④ 「エイ」＞ ii
　「ティーニー [˻tiːniː] 丁寧 ／ チー˻ク [tʃiː˻ku] 稽古(事) ／ トゥ˻チー [tu˻tʃiː] 時計 ／ 「キーサチ [˻kiːsatʃi] 警察

⑤ 「オイ」「オエ」＞ ii
　「ウィー [˻wiː] 甥 ／ ティー˻ [tiː˻] 樋(ﾋ) ／ 「クィーン [˻kwiːn] 越える ／ 「シーン [˻ʃiːn] 添える ／ 「シーブン [˻ʃiːbun]〔添え分〕おまけ

＊古代語の「コヱ」に当たる「コエ」も [kwiː] となる。
　「クィー [˻kwiː] 声

⑥ 「オウ」「オオ」＞ uu
　トゥー˻ジン [tuː˻ʤin] 灯心 ／ 「スーミー [˻suːmiː] 聡明

⑦ 「アワ」＞ aa
　アーシ˻ムン [ʔaːʃi˻mun]〔袷物〕袷(あわせ) ／ アー˻ [ʔaː˻] 泡

**(3)** 助詞 ヤ [ja]〈は〉は直前の母音または撥音と融合する。
① イヤ ＞ ee

アミヤ [ʔamija] ＞ アメー [ʔame:]〈雨は〉
ミジヤ [midʑija] ＞ ミジェー [midʑe:]〈水は〉
② アヤ ＞ aa
クサヤ [kusaja] ＞ クサー [kusa:]〈草は〉
ウタヤ [ʔutaja] ＞ ウター [ʔuta:]〈歌は〉
③ ウヤ ＞ oo
クムヤ [kumuja] ＞ クモー [kumo:]〈雲は〉
チブルヤ [tʃiburuja] ＞ チブロー [tʃiburo:]〈頭は〉
④ ンヤ ＞ noo
チンヤ [tʃinja] ＞ チノー [tʃino:]〈衣類は〉
タタンヤ [tatanja] ＞ タタノー [tatano:]〈畳は〉
カガンヤ [kaganja] ＞ カガノー [kagano:]〈鏡は〉
スンヤ [sunja] ＞ スノー [suno:]〈損は〉
＊ただし、直前の母音が長母音または連母音の場合は融合しない。
キーヤ [ki:ja]〈木は〉/ フェーヤ [ɸe:ja]〈灰は〉/ フヮーヤ [ɸa:ja]〈葉は〉/ ボーヤ [bo:ja]〈棒は〉/ チューヤ [tʃu:ja]〈今日は〉/ マカイヤ [makaija]〈茶椀は〉/ トゥイヤ [tuija]〈鳥は〉

(**4**) 琉球方言には呼気をいったん声門で止めて破裂させる喉頭破裂音 [ʔ] がある。那覇方言では喉頭破裂音 [ʔ] は母音(概して語頭の母音)、半母音、撥音と結合し、それの付かないものと意味の区別がある。たとえば、ッワー「[ʔwa:「]〈豚〉とワー「[wa:「]〈私〉。母音の場合、概して語頭の [ʔi-] と語頭以外の [-i(-)] をイと仮名表記し、イィ [ji-] と区別してある。また、語頭の [ʔu-] と語頭以外の [-u(-)] もウと仮名表記し、ウゥ [u-, wu-] と区別してある。それら以外の [ʔe] と [e]、[ʔa] と [a]、[ʔo] と [o] は仮名表記で区別せず、それぞれエ、ア、オとしてある。煩雑さを避けるためである。

(**5**) 那覇方言では、[d] と [r] は意味の区別に役立っていない。たとえば、首里方言では [du:]〈体〉と [ru:]〈櫓〉などのように、[d] と [r] は意味の区別に役立っているが、那覇方言ではともにルー「[ru:「]〈体〉、ルー「[ru:「]〈櫓〉である。従って、首里方言で [d] と発音されるものも、那覇方言ではほとんど [r] となる(ただし、文語はこの限りではない)。
「レー [ʼre:]〔代(だい)〕〈代価。値段〉/ 「ルシ [ʼruʃi]〈友達〉/ ロー「グ [ro:「gu]〈道具〉/ ルル「[ruru「]〈泥〉

(**6**) 首里方言同様、共通語の「キ」は [tʃi] となる。
チム「[tʃimu「]〈肝〉/ チン「[tʃiɴ「]〈衣(きぬ)〉。衣類 / イーチ [ʔi:「tʃi]

那覇方言概説

「息〉/「サチ [ˈsatʃi]〈先〉

ただし、例は少ないが [ki] となるものもある。キー「[kiː「]〈木〉、「キジ [ˈkidʒi]〈傷〉、ウキー「ン [ˈʔukiː「n]〈起きる〉。

**(7)** 共通語のハ行音「ハ」「ヒ」「フ」「ヘ」「ホ」は [ha] [çi] [ɸu] [çi] [ɸu] となる。

ハー「[haː「]〈歯〉/ ハナ「[hanaˈ]〈花〉/「ヒー [ˈçiː]〈日〉/ ヒー「[çiː「]〈火〉/ フニ「[ɸuniˈ]〈舟〉/「フタ [ˈɸuta]〈蓋〉/ ヒー「[çiː「]〈屁〉/ ヒラ「ティ [çiraˈti]〈隔て〉/「フー [ˈɸuː]〈帆〉/「フシ [ˈɸuʃi]〈星〉

「ヒ」「ヘ」の場合 [çi] [ɸi] ともにいう例がかなりある。たとえば「火」はヒー「[çiː「] ともフィー「[ɸiː「] とも、「額」はヒ「チェー [çiˈtʃeː] ともフィ「チェー [ɸiˈtʃeː] ともいう。また「ハ」は [ha] となるのが普通であるが、[ɸa] となる例もある。「フヮー [ɸaː]〈葉〉、「フヮー「フジ [ɸaː「ɸudʒi]〔母大父(ははおほぢ)〕〈祖父母〉。これはかつてハ行子音が [ɸ] 音であったことを示している。

**(8)** 首里方言同様、共通語の「リ」は [i] となる。

「トゥイ [ˈtui]〈鳥〉/ ハー「イ [haː「i]〈針〉

## 1.4 拍と語例

次に、拍とその語例を示す。語例は仮名と音声で示す。

イ [ʔi] ...............「イユ [ˈʔiju] 魚 /「イシ [ˈʔiʃi] 石
エ [ʔe] ...............エン「チュ [ʔenˈtʃu] ねずみ / エー [ʔeː「] おい。目下への呼びかけ
ア [ʔa] ...............アミ「[ˈʔamiˈ] 雨 /「アサ [ˈʔasa] 朝
オ [ʔo]  ............オー「イン [ʔoː「in] 喧嘩する / オ「ー [ʔoː「] はい。目上への応答の言葉
ウ [ʔu]  ............「ウシ [ˈʔusi] 牛 /「ウリ [ˈʔuri] それ
ッウィ [ʔwi] ......ッウィーン [ˈʔwiːn] 植える /「ッウィー [ˈʔwiː] 上
ッウェ [ʔwe] ......ッウェー「キ [ʔweː「ki] 金持ち
ッワ [ʔwa] .........ッワー「[ˈʔwaː「] 豚 /「ッワーチチ [ˈʔwaːtʃitʃi] 天気
ッヤ [ʔja] ..........ッヤー「[ˈʔjaː「] きみ。おまえ
ッヨ [ʔjo] ..........ッヨー「イィー [joː「jiː] 赤ん坊。何もできない者。
ッン [ʔm, ʔn] ......ンメー「シ [ʔmmeː「ʃi] 箸 / ッンニ「[ˈʔnniˈ] 稲
ヒ [çi] ..............ヒー「[çiː「] ああ。目下に呼ばれたときの応答 / ヒル「マ「サン [çiruˈmaˈsan] 不思議である。怪しい

ヘ [he] ............ヘー「ガサ [he:ˈgasa] 頭部にできる湿疹
ハ [ha] ............ハー「イ [ha:ˈi] 針 / 「ハク [ˈhaku] 箱
ホ [ho] ............ホー「イン [ho:ˈin] 這(は)う / ホー「チュン [ho:ˈtʃuɴ] 掃(は)く
フ [ɸu] ............「フーチ [ˈɸu:tʃi] 伝染病 / 「イフーナ [ˈʔiɸu:na] 変な
フィ [ɸi]............「フィー [ˈɸi:] 日 / 「ウフィ [ˈʔuɸi] 少し
フェ [ɸe] .........「フェー [ˈɸe:] 灰 / フェー「ク [ɸe:ˈku] 早く
フヮ [ɸa] ......「フヮー [ˈɸa:] 葉 / ク「フヮ」サン [kuˈɸaˈsan] 堅い
ヒャ [hja] .........「ヒャーイ [ˈça:i] 日照り / 「イヒャ [ˈʔiça] 伊平屋島
ヒョ [hjo] .........ヒョー「シ [ço:ˈʃi] 拍子
イィ [i, ji] .........イィー「ルー [ji:ˈru:] 紐 / イィー [ji:] よい
エ [e] ..............「エーマ [ˈe:ma] 八重山 / 「エー [ˈe:] ああ。軽いあいづち
ア [a] ..............ア「ー [aˈ:] いや。否定の返事 / 「ター [ˈta:] 誰
オ [o] ..............オー「[o:ˈ] 王 / ウ「コー [ʔuˈko:] 線香
ウゥ [u, wu] ......「ウゥナイ [ˈunai] (兄弟から見た)姉妹 / ウゥー「キ [u:ˈki] 桶
ウィ [wi] .........ウィ「ッチュ [wiˈttʃu] 酔っぱらい
ウェ [we] .........「ウェーウェー [ˈwe:we:] おいおい。声をあげて泣くさま / 「ワジャウェー [ˈwadʒawe:] 災い
ワ [wa] ............「ワン [ˈwaɴ] 私 / ワー「[wa:ˈ] 和
ヤ [ja] ..............ヤー「[ja:ˈ] 家 / 「ヤーチ [ˈja:tʃi] 八つ
ヨ [jo] ..............ヨー「ガー [jo:ˈga:] 曲がったもの / 「ヨーガリーン [ˈjo:ga-ri:n] やせる
ユ [ju] ..............ユー「チ [ju:ˈtʃi] よき(斧)。小型の斧(おの) / ユー「ル [ju:ˈru] 夜
ン [m, n, ŋ, ɴ] ...グン「ボー [gumˈbo:] ごぼう(牛蒡) / 「ンージ [ˈn:dʒi] 刺(とげ) / ン「ージャナ [n:ˈdʒana] 〔にが菜〕ホソバワダン / アン「ラ [ʔanˈra] 油 / 「チンクヮー [ˈtʃiŋkwa:] かぼちゃ / 「サンシン [ˈsanʃin] 三線
キ [ki] ..............キー「[ki:ˈ] 木 / ウキー「ン [ʔuki:ˈɴ] 起きる
ケ [ke] ............「ケー [ˈke:] 衣装箱 / ウケー「メー [ʔukeˈme:] おかゆ(粥)
カ [ka] ............「カー [ˈka:] 井戸 / カー「ター [ka:ˈta:] 仲間
コ [ko] ............「コーイン [ˈko:in] 買う / コー「パー [ko:ˈpa:] けちんぼ
ク [ku] ............「クー [ˈku:] 籠(たご) / クー「スン [ku:ˈsun] こわす
クィ [kwi] .........「クィー [ˈkwi:] 声 / 「フックィーン [ˈɸukkwi:n] ふくれる
クェ [kwe] .........クェー「[kweˈ:] 鍬(くわ) / 「チークェーブー [ˈtʃi:kweˈbu:] くさふぐ(草河豚)
クヮ [kwa] .........「クヮーギ [ˈkwa:gi] 桑の木 / クヮー「シ [kwa:ˈʃi] 菓子
ギ [gi] ..............ギー「ター [gi:ˈta:] 片足跳び / カー「ギ [ka:ˈgi] 姿
ゲ [ge] ..............「ゲー [ˈge:] 反抗 / ルゲー「イン [ruge:ˈin] 転ぶ

# 那覇方言概説

ガ [ga]..............「ガー [「ga:] 我 / ガー「ジュー [ga:「ʤu:] 我の強い者
ゴ [go] ............「ゴー [「go:] 壕 / ハ「ゴーサン [ha「go:san] 汚い
グ [gu] ............「グー [「gu:] 碁 / ジョー「グー [ʤo:「gu:] 上戸
グィ [gwi] ........グィー「ク [gwi:「ku] 越来 / アビー「グィー [ʔabi:「gwi:] 叫び声
グェ [gwe] ........グェーグェー [「gwe:gwe:] 衣類がひどく汚れているさま / ク「グェー [ku:「gwe:] 粉末状の肥料
グヮ [gwa] .......グヮン「ス [gwan「su] 元祖 / グヮン「ク [gwaŋ「ku] 頑固
ティ [ti] ..........ティー [ti:「] 手 / ティー「チ [ti:「tʃi] 一つ
テ [te]..............テー [te:「] 力 / テー「スン [te:「sun] 費やす
タ [ta] .............ター [ta:「] 田 / 「ターチ [「ta:tʃi] 二つ
ト [to]..............ト「ー [to「]:] さあ。それ / トートー「メー [to:to:「me:] 位牌
トゥ [tu]...........「トゥー [「tu:] 十 / トゥー「チ [tu:「tʃi] いつも
ピ [pi]..............ピー「ヨー [pi:「jo:] 雛(ひな) / タッ「ピラ」カスン [tap「pira「kasun] たたきつぶす
ペ [pe] ............ペー「ペー [pe:「pe:] 汚いもの / チン「ペー [tʃim「pe:] つば(唾)
パ [pa] ............パチミカ「スン [patʃimika「suɴ] ぱちんという / パカ「ナイ [paka「nai] どんどん
ポ [po] ............ポー「ポー [po:「po:] 料理名 / イッポー「ジー [ʔippo:「ʤi:] 一刻者。一徹者
プ [pu] ............プットゥ「ルー [puttu「ru:] 料理名 / 「シプイン [「ʃipuiɴ] しゃぶる
ビ [bi]..............ビラ「 [bira「] ねぎ(葱) / ビー「チャー [bi:「tʃa:] ジャコウネズミ
ベ [be] ............「ベール [「be:ru] 嫌だ / 「サベー [「sabe:] 害虫
バ [ba] ............バ「サー [ba「sa:] 芭蕉布 / バー「チー [ba:「tʃi:] 叔母
ボ [bo] ............ボー「 [bo:「] 棒 / 「ボー「チラー [「bo:「tʃira:] わがままな者。きかん坊
ブ [bu] ............「ブシ [「buʃi] (武芸、空手などの)達人 / ブン「 [buɴ「] 分。身の程
チ [tʃi]..............「チー [「tʃi:] 血 / チー「ガ [tʃi:「ga] 升(ます)
チェ [tʃe] ........チェ「ー [tʃe「:] おや。まあ / 「ウチェーン [「ʔutʃe:ɴ] 置いてある
チャ [tʃa] ........チャー「 [tʃa:「] 茶 / 「チャン [「tʃaɴ] 喜屋武
チョ [tʃo] ........チョー「 [tʃo:「] お経 / チョー「ン [tʃo:「ɴ] 来ている
チュ [tʃu] ........チュー「 [tʃu:「] 今日 / チュー「カー [tʃu:「ka:] 急須

ジ [dʑi] ............「ジー [ˈdʑiː] (骨の)髄 / ジン「ブン [dʑimˈbun] 知恵
ジェ [dʑe] ........「ジェージェー [ˈdʑeːdʑeː] がたがた。不平不満を言うさま /
　　　　　　　「カマジェー [ˈkamadʑeː] こおろぎ
ジャ [dʑa] ........「ジャー [ˈdʑaː] 蛇(ﾍﾋﾞ) / ジャー「フェー [dʑaːˈɸeː] 始末におえ
　　　　　　　ないこと
ジョ [dʑo] ........ジョー「 [dʑoːˈ] 門 / ジョー「トゥー [dʑoːˈtuː] 上等
ジュ [dʑu] ........「ジュー [ˈdʑuː] 尾 / ジュー「シー [dʑuːˈʃiː] 雑炊
シ [ʃi] ...............「シー [ˈʃiː] 巣 / シー「ミ [ʃiːˈmi] 潜水
シェ [ʃe]............シェー「 [ʃeːˈ] えび(海老) / シェー「キーン [ˈʃeːkiːn] たいら
　　　　　　　げる
サ [sa]...............サー「ター [saːˈtaː] 砂糖 / サー「シ [saːˈʃi] 錠
ソ [so]...............ソー「 [soːˈ] 竿 / ソー「ミン [soːˈmin] そうめん
ス [su] .............「スージ [ˈsuːdʑi] 祝儀 / スー「ミ [suːˈmi] のぞき見
リ [ri] ..............「リージ [ˈriːdʑi] お礼 / リン「チ [rinˈtʃi] 嫉妬
レ [re]..............「レー [ˈreː] 代価。値段 / レー「フゥー [reːˈɸaː] すりばち
ラ [ra]...............ラ「ー [raˈː] おい。ねえ / ラー「グ [raːˈgu] 団子
ロ [ro]...............ロー「 [roːˈ] ろうそく / ロー「グ [roːˈgu] 道具
ル [ru] ............ルー「 [ruːˈ] 櫓(ﾛ) / 「ルシ [ˈruʃi] 友達
ミ [mi] ............「ミー [ˈmiː] 実 / 「ミーチ [ˈmiːtʃi] 三つ
メ [me] ...........メー「 [meːˈ] 前 / メー「ニン [meːˈnin] 毎年
マ [ma] ...........マー「 [maːˈ] どこ / マー「チ [maːˈtʃi] 松
モ [mo] ...........モー「 [moːˈ] 野 / モー「キ [moːˈki] 儲け
ム [mu] ..........「ムー [ˈmuː] 藻 / ムジ [mudʑiˈ] 麦
ニ [ni]..............ニー「 [niːˈ] 根 / 「ニシ [ˈniʃi] 北
ネ [ne] ...........ネー「 [neːˈ] 地震 / ネーイン [ˈneːin] 出す。突き出す
ナ [na] ...........「ナー [ˈnaː] 名 / ナー「フゥ [naːˈɸa] 那覇
ノ [no] ...........ノー「イン [noːˈin] 直る / ノー「ガ [noːˈga] 名誉
ヌ [nu] ...........ヌー「 [nuːˈ] 何 / 「ヌミ [ˈnumi] 鑿(ﾉﾐ)
ッ [p, t, k, tʃ, s, ʃ] ......「イッペー [ˈʔippeː] とても / イッ「ター [ʔitˈtaː] おま
　　　　　　　えたち / シッ「クヮ [ʃikˈkwa] ものが動かないように
　　　　　　　下に敷いたりはめ込んだりするもの / 「イッチー
　　　　　　　[ˈʔittʃiː] 一対 / クッ「サ [kusˈsa] これだけ / 「アー
　　　　　　　ッ」シェ [ˈʔaːʃˈʃe] ああ。不快感、嫌悪感を表す語

## 1.5 アクセント

　アクセントの型と語例をあげる。
(**1**)　平板型

那覇方言概説

2拍 「○○
    [●●]
    「ハナ [「hana] 鼻 /「クビ [「kubi] 首 /「キー [「kiː] 毛 /「ミー [「miː] 実

3拍 「○○○
    [●●●]
    「キブシ [「kibuʃi] 煙 /「クヮーギ [「kwaːgi] 桑の木 /「チチュン [「tʃitʃun] 聞く /「トゥブン [「tubun] 飛ぶ

4拍 「○○○○
    [●●●●]
    「カマブク [「kamabuku] かまぼこ /「アタイン [「ʔatain] 当たる /「クーサン [「kuːsan] 小さい

5拍 「○○○○○
    [●●●●●]
    「イナムルチ [「ʔinamurutʃi] 料理名 /「カチミーン [「katʃimiːn] つかむ /「アタラサン [「ʔatarasan] 大切である

6拍 「○○○○○○
    [●●●●●●]
    「アティハミーン [「ʔatihamiːn] 当てはめる /「イーチキーン [「ʔiːtʃikiːn] 言いつける

(**2**) 尾高型

2拍 ○○「
    [○○]
    アミ「 [ʔami「] 雨 / ハナ「 [hana「] 花 / イィー「 [jiː「] 絵 / チー「 [tʃiː「] 乳

3拍 ○○「○
    [○○●]
    ガマ「ク [gama「ku] 腰まわりの細くくびれた部分 / ウー「シ [ʔuː「ʃi] 臼 / イィキ「ガ [jiki「ga] 男
    [○●●]
    ガ「ジャン [ga「dʒan] 蚊 / ク「スイ [ku「sui] 薬 / ク「レー [ku「reː] 仏壇の下の部分

4拍 ○○「○○
    [○○●●]
    ヌク「ジリ [nuku「dʒiri] のこぎり / ナン「チチ [nan「tʃitʃi] (鍋の底に)焦げついたもの
    [○○○●]
    アビー「ン [ʔabiː「n] 呼ぶ / カマン「タ [kaman「ta] エイ

5拍　○○○「○○

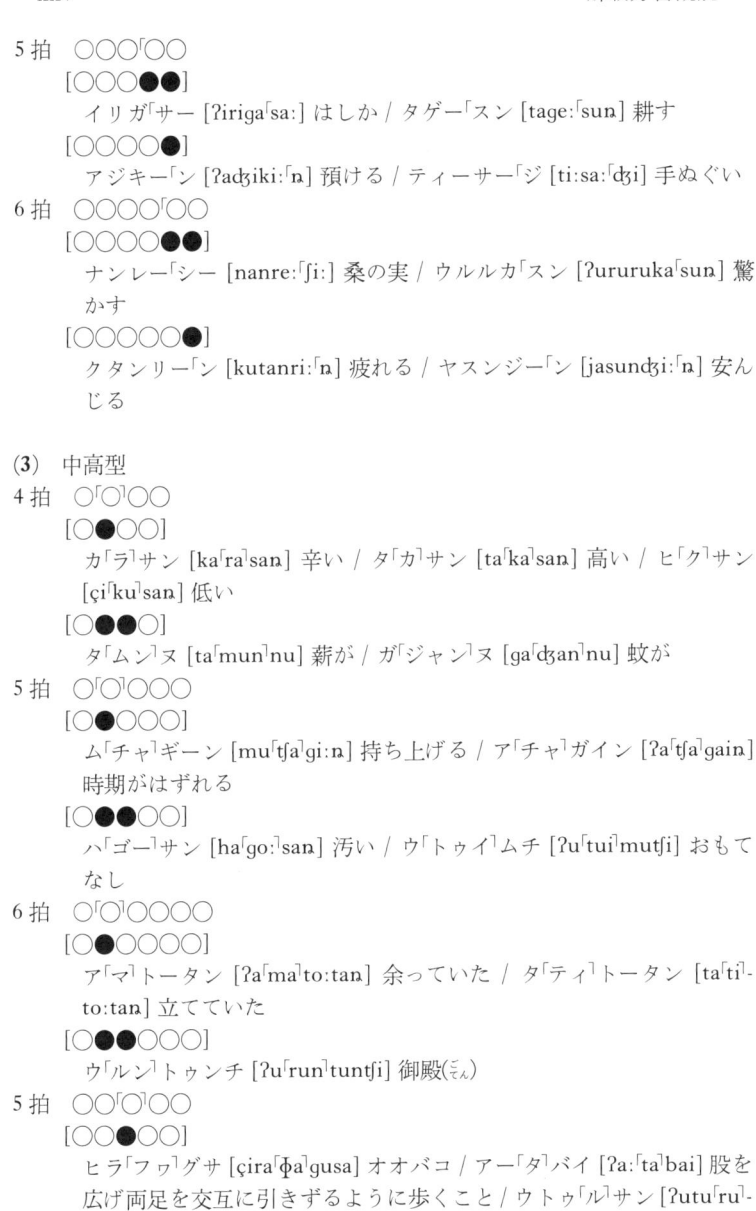

[○○○●●]

イリガ「サー [ʔirigaˈsaː] はしか / タゲー「スン [tageːˈsun] 耕す

[○○○○●]

アジキー「ン [ʔadʑikiːˈn] 預ける / ティーサー「ジ [tiːsaːˈdʑi] 手ぬぐい

6拍　○○○○「○○

[○○○○●●]

ナンレー「シー [nanreːˈʃiː] 桑の実 / ウルルカ「スン [ʔururukaˈsun] 驚かす

[○○○○○●]

クタンリー「ン [kutanriːˈn] 疲れる / ヤスンジー「ン [jasundʑiːˈn] 安んじる

(**3**) 中高型

4拍　○「○」○○

[○●○○]

カ「ラ」サン [kaˈraˈsan] 辛い / タ「カ」サン [taˈkaˈsan] 高い / ヒ「ク」サン [çiˈkuˈsan] 低い

[○●●○]

タ「ムン」ヌ [taˈmunˈnu] 薪が / ガ「ジャン」ヌ [gaˈdʑanˈnu] 蚊が

5拍　○「○」○○○

[○●○○○]

ム「チャ」ギーン [muˈtʃaˈgiːn] 持ち上げる / ア「チャ」ガイン [ʔaˈtʃaˈgain] 時期がはずれる

[○●●○○]

ハ「ゴー」サン [haˈgoːˈsan] 汚い / ウ「トゥイ」ムチ [ʔuˈtuiˈmutʃi] おもてなし

6拍　○「○」○○○○

[○●○○○○]

ア「マ」トータン [ʔaˈmaˈtoːtan] 余っていた / タ「ティ」トータン [taˈtiˈtoːtan] 立てていた

[○●●○○○]

ウ「ルン」トゥンチ [ʔuˈrunˈtuntʃi] 御殿(でん)

5拍　○○「○」○○

[○○●○○]

ヒラ「フゥ」グサ [çiraˈɸaˈgusa] オオバコ / アー「タ」バイ [ʔaːˈtaˈbai] 股を広げ両足を交互に引きずるように歩くこと / ウトゥ「ル」サン [ʔutuˈruˈ-

san] 恐ろしい
6拍　○○「○」○○○
　　　[○○●○○○]
　　サシ「トゥ」ミーン [saʃi「tu」mi:n] 差し止める
6拍　○○「○○」○○
　　　[○○●●○○]
　　ナン「ルル」サン [nan「ruru」san] すべっこい / イィー「ゴー」サン [ji:「go:」san] かゆい / チム「グリ」サン [tʃimu「guri」san] かわいそうである

**(4) 頭高型**

2拍　「○○」
　　　[●●]
　　「ウ」ミ [「ʔumi」] 海 / 「ビン」 [「bin」] びん(瓶)
3拍　○「○○
　　　[●○○]
　　ア「グ」トゥ [ʔa「gu」tu] あるから / チョ「ー」ン [tʃo「:」n] 来ている / チェ「ー」ン [tʃe「:」n] 来てある
　　　[●●○]
　　「ビン」ヌ [「bin」nu] びん(瓶)が
4拍　「○○」○○
　　　[●●○○]
　　「アク」ムク [「ʔaku」muku] さんざんに叱りつけること / 「ビン」ガタ [「bin」gata] 紅型 / 「テー」スン [「te:」sun] はむかう
　　　[●○○○]
　　カ「チェーン [ka「tʃe:n] 書いてある / ム「トーン [mu「to:n] 漏っている
5拍　「○○」○○○
　　　[●●○○○]
　　「コー」グヮーシ [「ko:」gwa:ʃi] 落雁(らくがん) / 「タッ」チョーン [「tat」tʃo:n] 立っている
　　　[●○○○○]
　　ナ「チェータン [na「tʃe:tan] 生んであった / カ「チェータン [ka「tʃe:tan] 書いてあった
6拍　「○○」○○○○
　　　[●●○○○○]
　　「タッ」チョータン [「tat」tʃo:tan] 立っていた / 「アキ」サミヨー [「ʔaki」samijo:] あれまあ
　　　[●○○○○○]

カ⌐チョーテーサ [ka˥tʃo:te:sa] 書いていたよ
6拍 「○○○○⌐○○
　　　[●●●●○○]
「ウトゥラカ⌐サン [˥ʔuturaka˥san] 有名である

## 2 動詞の活用

　琉球方言の動詞の活用は単純ではない。終止形が「連用形 + ウゥン〈居る〉」からできていて、たとえばユムン〈読む〉は「ユミ〈読み〉+ ウゥン〈居る〉」からなる。そのために共通語の「読む」の活用と「居る」の活用が混淆して一つの活用を構成するというような複雑な体系をなしている。しかしその複雑な体系も整理してみると、概して四つの語幹を中心に活用形が構成されていることが分かる。ユ「ムン〈読む〉、ン―「ジュン〈見る〉でいうと、基本語幹 [jum-] [n:r-]、連用語幹 [jum-] [n:dʒ-]、派生語幹 [jum-] [n:dʒ-]、音便語幹 [jur-] [n:tʃ-] となる。連用語幹は基本語幹に連用形語尾 [i] が結合してその末尾子音が変化したものであり、派生語幹は連用形にウゥン〈居る〉が結合してできたものである。音便語幹は「連用形 + て」にほぼ対応するもので、たとえば接続形 ユリ [juri]〈読んで〉の [jur-] の部分をいう。辞典の項目では煩雑になるのを避けるため、その中の基本語幹と音便語幹のみを示し、活用形は基本語幹を基にする否定形、連用語幹を基にする連用形、音便語幹を基にする継続終止形、過去終止形をあげている。見出しはもちろん派生語幹を基にする終止形で示している。以下、動詞の活用形とその文例をあげる。

(**1**)　ユムン [jumun]〈読む〉の活用形と文例。
【基本語幹 [jum-] からなる活用形】
① 志向形。ユマ。（+ -a）
＊そのままの形で志向を表す。
　　　マジューン スムチ ユマ〈一緒に本を読もう〉
② 未然形。ユマ。（+ -a）
＊あとに使役の助動詞 スン〈せる〉などが付く。
　　　ジー ユマスン〈字を読ませる〉
＊否定形はあとに否定の助動詞 ン〈ない〉を付けてつくる。
　　　ワンネー スムチェー ユマン〈私は本は読まない〉
③ 条件形。ユメー。（+ -e:）
＊「…すれば」の意を表す。
　　　ッヤーン ユメー シムテーンテー〈君も読めばよかったのに〉
④ 命令形1。ユミ。（+ -i）

那覇方言概説

　　　　フェーク　ユミ〈早く読め〉
⑤ 命令形2。ユメー。　（＋ -e:)
＊命令の意が比較的強い。
　　　　フェーク　ユメー〈早く読め〉
⑥ 連体形1。ユム。　（＋ -u)
＊あとに禁止を表す助詞ナが付く。
　　　　バッペーイグトゥ　フェーコー　ユムナ〈間違えるから早くは読むな〉

【連用語幹 [jum-] からなる活用形】
⑦ 連用形。ユミ。　（＋ -i)
＊あとに助動詞　ブサン〈…したい〉などが付く。
　　　　ワンネー　ラッテーン　ユミブサン〈私はたくさん読みたい〉
⑧ 丁寧終止形。ユマビーン。　（⇨アビーン²）
＊ユマビーンも独自に活用する。
　　　　ワーガ　スムチ　ユマビーン〈私が本を読みます〉

【派生語幹 [jum-] からなる活用形】
⑨ 終止形。ユムン。　（＋ -un)
＊文の終止などに用いる。
　　　　メーナチ　スムチ　ユムン〈毎日本を読む〉
⑩ 連体形2。ユムル。　（＋ -uru)
＊体言に付く。
　　　　ヌーン　ユムル　スムチェー　ネーニ〈何か読む本はないか〉
⑪ ル係り結び形。ユムル。　（＋ -uru)
＊強調の係助詞ルと呼応して、その結びは普通 ―ル の形をとる。
　　　　スムチル　ユムル〈本を読んでいるのだ〉
⑫ ガ係り結び形。ユムラ。　（＋ -ura)
＊疑問の係助詞ガと呼応して、その結びは普通 ―ラ の形をとる。
　　　　スムチガ　ユムラ〈本を読んでいるのだろうか〉
⑬ 準連体形。ユム。　（＋ -u)
＊あとに準体助詞　シ〈の〉などが付く。
　　　　ヌーガナ　ユムシェー　ネーニ〈何か読むのはないか〉
⑭ 過去進行中止形。ユムティ。　（＋ -uti)
＊あとに疑問の終助詞　イィ〈か〉が付いて、過去における動作進行に対する疑問を表す。
　　　　スムチェー　ユムティイィ〈本は読んでいたか〉
　　　（ユムティイィは直訳では「読みつつあってか」となる）
⑮ 過去進行終止形。ユムタン。　（＋ -utan)

＊過去における動作の進行を表す。ユムタンもまた独自に活用する。
  ガッコーウゥティ スムチ ユムタン〈学校で本を読んでいた〉
⑯ 過去進行推量終止形。ユムテーン。（＋ -ute:n）
＊過去における動作の確実な進行を推量する。ユムテーンも独自に活用する。
  ユミンリ イーネー ユムテーンローヤー〈読めと言えば読んでいただろうよ〉

【音便語幹 [jur-] からなる活用形】
⑰ 接続形。ユリ。（＋ -i）
＊「…して」の意を表す。
  スムチン ユリ ティガネーン スン〈本も読んで手伝いもする〉
⑱ 過去終止形。ユラン。（＋ -an）
＊ユランも独自に活用する。
  スムチ ユラン〈本を読んだ〉
⑲ 確証過去終止形。ユレーン。（＋ -e:n）
＊現在、ある結果が残っていて、過去に確かにある動作が行なわれたことを表す。ユレーンも独自に活用する。
  スムチ ユレーン〈本を読んである〉
⑳ 継続終止形。ユローン。（＋ -o:n）
＊ユローンも独自に活用する。
  スムチ ユローン〈本を読んでいる〉

**(2)** ウキーン [ʔuki:n]〈起きる〉の活用形と文例。
【基本語幹 [ʔukir-] からなる活用形】
① 志向形。ウキラ。
  フェーク ウキラ〈早く起きよう〉
② 未然形。ウキラ。
  ワンネー ウキラン〈私は起きない〉
③ 条件形。ウキレー。
  ウキレー シムソーティ〈起きればよいのになあ〉
④ 命令形1。ウキリ。
  ソーソー ウキリ〈さっさと起きろ〉
⑤ 命令形2。ウキレー。
  フェーク ウキレー〈早く起きろ〉
⑥ 連体形1。ウキル。
  ンーナガ ウキルカ ニントーン〈皆が起きるまで寝ている〉
【連用語幹 [ʔuki:-] からなる活用形】

⑦ 連用形。ウキー。
　　ワンネー　フェーク　ウキーブサン〈私は早く起きたい〉
⑧ 丁寧形。ウキヤビーン。
　　フェーベートゥ　ウキヤビーン〈早々と起きます〉

【派生語幹 [ʔukiː-] からなる活用形】
⑨ 終止形。ウキーン。
　　チューン　フェーク　ウキーン〈今日も早く起きる〉
⑩ 連体形2。ウキール。
　　ウキールッチョー　フェーク　ウキーン〈起きる人は早く起きる〉
⑪ ル係り結び形。ウキール。
　　チャー　アリガル　ウキール〈いつも彼が(早く)起きる〉
⑫ ガ係り結び形。ウキーラ。
　　ターガガ　フェーク　ウキーラ〈誰が早く起きるだろうか〉
⑬ 準連体形。ウキー。
　　フェーク　ウキーシンカイ　クィーン〈早く起きる者にやる〉
⑭ 過去進行中止形。ウキーティ。
　　ウキリンリ　イチェータシガ　ウキーティイィ〈起きろと言ってあったが起きていたか〉
⑮ 過去進行終止形。ウキータン。
　　アリン　フェーベートゥ　ウキータン〈彼も早々と起きていた〉
⑯ 過去進行推量終止形。ウキーテーン。
　　ウキリンリ　イレー　ウキーテーン〈起きろと言えば起きていただろう〉

【音便語幹 [ʔukit-] からなる活用形】
⑰ 接続形。ウキティ。
　　フェーク　ウキティ　シクチ　シェー〈早く起きて仕事をしろ〉
⑱ 過去終止形。ウキタン。
　　チューヤ　ルクジニ　ウキタン〈今日は六時に起きた〉
⑲ 確証過去終止形。ウキテーン。
　　チューヤ　フェーク　ウキテーン〈今日は早く起きたにちがいない〉
⑳ 継続終止形。ウキトーン。
　　ユナガタマリ　ウキトーン〈夜中まで起きている〉

(3) チューン [tʃuːn]〈来る〉の活用形と文例。

【基本語幹 [k-, kur-] からなる活用形】
① 志向形。クー。

アチャーン マジューン クー〈明日も一緒に来よう〉
② 未然形。クー。
　　アチャーヤ クーン〈明日は来ない〉
③ 条件形。クレー。
　　クレー シムルムンヌ〈来ればよいものを〉
④ 命令形1。クー。
　　フェー クッンジ クー〈早く行って来い〉
⑤ 命令形2。クーワ。
　　フェー クッンジ クーワ〈早く行って来い〉
⑥ 連体形。クル。
　　ッンジ クルカ ヌーン シェー ネーン〈行ってくるまで何もしていない〉

【連用語幹 [tʃ-] からなる活用形】
⑦ 連用形。チー。
　　フェーク チーブサン〈早く来たい〉
⑧ 丁寧終止形。チャービーン。
　　アチャー ワーガ チャービーン〈明日私が来ます〉

【派生語幹 [tʃ-] からなる活用形】
⑨ 終止形。チューン。
　　アチャーヤ チューン〈明日は来る〉
⑩ 連体形。チュール。
　　チュール ッチョー ターガ〈来る人は誰か〉
⑪ ル係結び形。チュール。
　　アチャール チュール〈明日こそ来る〉
⑫ ガ係結び形。チューラ。
　　アチャーガ チューラ〈明日来るのだろうか〉
⑬ 準連体形。チュー。
　　アマカラ チューシェー ターガ〈向こうから来るのは誰か〉
⑭ 過去進行中止形。チューティ。
　　アマムティーカラ チューティイィ〈向こうの方から来つつあったか〉
⑮ 過去進行終止形。チュータン。
　　アマカラ ッチュヌ チュータン〈向こうから人が来つつあった〉
⑯ 過去進行推量終止形。チューテーン。
　　エージ シェー チューテーン〈呼べば来ていただろう〉

【音便語幹 [tʃ-] からなる活用形】
⑰ 接続形。ッチ。

イッター　ヤーンカイ　ッチ　ワッターンカイ　チョータン〈きみら
　　　の家にも来て僕らの家にも来ていた〉
⑱　過去終止形。チャン。
　　　ヤーンカイ　チャン〈家に来た〉
⑲　確証過去終止形。チェーン。
　　　チヌー　チェーン〈昨日来たにちがいない〉
⑳　継続終止形。チョーン。
　　　キサ　ヤーンカイ　チョーン〈先刻家に来ている〉

## 3　形容詞の活用

　形容詞、たとえばタカサン [takasan]〈高い〉は「タカサ〈高さ〉＋アン〈ある〉」からできている。形容詞の活用は基本的には語幹 タカサ〈高さ〉に動詞 アン〈ある〉の活用が結合して構成されている。ただし、連用形1のみは語幹 タカ〈高〉に語尾 ク が付いて構成されている。以下、タカサン [takasan]〈高い〉を中心に活用と文例をあげる。
①　連用形1。タカク（強調してタカークともいう）。
　　　タカク　ナイン〈高くなる〉
②　終止形。タカサン。
　　　アヌ　キーヤ　タカサン〈あの木は高い〉
③　名詞形。タカサ。
　　　ヤーヌ　タカサヨー〈家の高さよ〉
＊あとに準体助詞 シ〈の〉も付く。
　　　タカサシカラ　トゥレー〈高いのから取れ〉
④　理由形。タカサヌ。
　　　タカサヌ　ヌブララン〈高くて登れない〉
⑤　条件形1。タカサラー。
　　　タカサラー　ヌブラン〈高いなら登らない〉
⑥　条件形2。タカサレー。
　　　タカサレー　コーラン〈高いなら買わない〉
⑦　ル係り結び形。タカサル。
＊強調の係助詞ルと呼応して、その結びは普通 —ル の形をとる。
　　　アリガル　タカサル〈彼が高いのだ〉
⑧　ガ係り結び形。タカサラ。
＊疑問の係助詞がと呼応して、その結びは普通 —ラ の形をとる。
　　　ターガガ　タカサラ〈誰が高いのだろうか〉
⑨　連体形。タカサル。
　　　タカサル　ッチュ〈高い人〉

\*アンシ〈かくも。こんなにも〉と一緒に用いて、驚き、感嘆の意を表す。
　　　アンシ　タカサル〈かくも高いことよ〉
⑩　連用形2。タカサイ。
\*あとに助動詞　ギサン〈…ようだ〉などが付く。
　　　アンチョー　タカサイギサン〈あの人は高いようだ〉
⑪　中止形。タカサイ。
　　　アリン　タカサイ　ワンニン　タカサン〈彼も高いし私も高い〉
⑫　接続形。タカサティ。
　　　タカサティン　ヌブイン〈高くても登る〉
⑬　過去終止形。タカサタン。
　　　クジョー　タカサタン〈去年は高かった〉
⑭　確証過去終止形。タカサテーン
　　　イヤリン　タカサテーン〈たぶん高かっただろう〉
⑮　丁寧形終止形。タカサイビーン
　　　クレー　タカサイビーン〈これは高いです〉

また、次のように、形容詞の語幹が連体形のように用いられることがある。
　　　タカッチュ〈高い人〉……タカサン〈高い〉の語幹　タカ　が　ッチュ
　　　　　　　　　〈人〉を修飾。
　　　ッンブムン〈重い物〉……ッンブサン〈重い〉の語幹　ッンブ　が　ム
　　　　　　　　　ン〈物〉を修飾。

# 主要参考文献

天野鉄夫　『琉球列島植物方言集』　1979 年　新星図書
池宮正治　『琉球古語辞典混効験集の研究』　1995 年　第一書房
稲福盛輝　『医学沖縄語辞典』　1992 年　ロマン書房
伊波普猷　『校註　琉球戯曲集』　1929 年　春陽堂; 1992 年　榕樹書林　＊『伊波普猷全集第 3 巻』所収
伊波普猷　『琉球語大辞典』『大辞典』　1932 年　＊『伊波普猷全集第 11 巻』所収
伊波普猷　『南島方言史攷』　1934 年　楽浪院　＊『伊波普猷全集第 4 巻』所収
『伊波普猷全集』(1-11)　1974-1976　平凡社
『岩波古語辞典』(補訂版)　1990 年　岩波書店
内間直仁　『琉球方言文法の研究』　1984 年　笠間書院
内間直仁　『沖縄言語と共同体』　1990 年　社会評論社
内間直仁　『琉球方言助詞と表現の研究』　1994 年　武蔵野書院
『沖縄暮らしの大百科』　2004 年　那覇出版社
『沖縄古語大辞典』　1995 年　角川書店
『沖縄語辞典』　1963 年　国立国語研究所
『沖縄コンパクト事典』　1998 年; (新版) 2003 年　琉球新報社
『沖縄大百科事典』　1983 年　沖縄タイムス社
長田須磨・須山名保子・藤井美佐子　『奄美方言分類辞典』上・下巻　1977 年, 1980 年　笠間書院
生塩睦子　『沖縄伊江島方言辞典』　1999 年　伊江島教育委員会
金城朝永　『那覇方言概説』　1944 年　三省堂　＊『金城朝永全集』上巻所収
『金城朝永全集』上・下巻　1974 年　沖縄タイムス社
『時代別国語大辞典』上代編　1967 年　三省堂
『時代別国語大辞典』室町時代編(1-5)　1985-2001 年　三省堂
具志堅宗弘　『原色沖縄の魚』　1972 年　琉球水産協会
島袋盛敏・翁長俊郎　『標音評釈琉歌全集』　1968 年　武蔵野書院
仲井真元楷　『沖縄ことわざ事典』　1971 年　月刊沖縄社
仲宗根政善　『沖縄今帰仁方言辞典』　1977 年　角川書店
仲宗根政善　『琉球語の美しさ』　1995 年　ロマン書房
中本正智　『琉球方言音韻の研究』　1976 年　法政大学出版局
中本正智　『図説琉球語辞典』　1981 年　力富書房金鶏社

中本正智 『日本列島言語史の研究』 1990年 大修館書店
『那覇市史 資料編 第2巻中の7 那覇の民俗』 1979年 那覇市企画部市史編集室
『日本国語大辞典』 1972-1976年 小学館
『日本庶民文化史料集成 11 南島芸能』 1975年 三一書房
野原三義 『うちなあぐち考』 1992年 沖縄タイムス社
野原三義 『新編 琉球方言助詞の研究』 1998年 沖縄学研究所
野原三義 『うちなあぐちへの招待』 2005年 沖縄タイムス社
半田一郎 『琉球語辞典』 1999年 大学書林
平山輝男(他) 『現代日本語方言大辞典』(1-7) 1992-1993年 明治書院
外間守善 『混効験集 校本と研究』 1970年 角川書店
外間守善 『沖縄の言葉』(日本語の世界9) 1981年 中央公論社
外間守善(編) 『おもろさうし』上・下 岩波書店(岩波文庫) 2000年
外間守善・玉城政美 『南島歌謡大成Ⅰ 沖縄篇 上』 1980年 角川書店
外間守善・比嘉実 『南島歌謡大成Ⅱ 沖縄篇 下』 1980年 角川書店
宮城信勇 『石垣方言辞典』 2003年 沖縄タイムス社
『琉歌百控乾柔節流』 1795年 琉球大学附属図書館蔵(外間守善他『南島歌謡大Ⅱ沖縄篇下』にも所収
『琉歌百控独節流』 1798年 琉球大学附属図書館蔵(外間守善他『南島歌謡大成Ⅱ沖縄篇下』にも所収
『琉歌百控覧節流』 1802年 琉球大学附属図書館蔵(外間守善他『南島歌謡大成Ⅱ沖縄篇下』にも所収

# ア

アー[1] [ʔaː] 图 泡。＊アーブク、アーブクーともいう。

アー[2] [aː] 感 いや。否定するときにいう。～ アンシェー アランロー〈いや、そうではない〉/～ カラサン〈いや、貸さない〉

アー[3] [aː] 感 ああ。うん。軽く承諾するときにいう。～ イチュサ〈ああ、行くよ〉/～ ワトゥーチュサ〈うん、（薪を）割っておくよ〉。

アー[4] [aː] 接尾 (...の)者[物]。ナチブサー〈泣き虫〉、ハルサー〈農業する人〉、アガチャー〈働き者〉など。＊音変化してヤーとなるときもある。⇒ガッパヤー、トゥガヤー。

アーアー [ʔaːʔaː] 感 ああ。悲嘆に暮れたときに発する言葉。～ スン〈ああとため息をつく〉。

アーイン [ʔaːin] 動《ʔaːr- ʔaːt-; 否 アーラン 連 アーイ 継 アートーン 過 アータン》合う。サンミンヌ ～〈計算が合う〉。

アーキー [ʔaːkiː] 感 ああ。組踊などで感情が高揚する場面で発せられる言葉。

アーキーン [ʔaːkiːn] 動《ʔaːkir- ʔaːkit-; アーキラン 連 アーキー 継 アーキートーン 過 アーキタン》（くっついていたものが）離れる。はがれる。ウヌ イター ～〈この板ははがれる〉。

アーケージュー [ʔaːkeːdʒuː] 图【あきづ(蜻蛉)】とんぼ。クールースー〈黒色のとんぼ〉、アーカースー〈赤色のとんぼ〉、シェンスルー〈イトトンボ〉などがいる。

アーサ [ʔaːsa] 图 あおさ(石蓴)。海草の一種。～グヮーヌ シル〈あおさのお汁〉。

アーシジン [ʔaːʃidʒin] 图 袷(あわせ)。

アーシムン [ʔaːʃimun] 图 アーシジンに同じ。

アースン[1] [ʔaːsun] 動《ʔaːs- ʔaːtʃ-; 否 アーサン 連 アーシ 継 アーチョーン 過 アーチャン》こね合わせる。ムージナク ～〈小麦粉をこねる〉。

アースン[2] [ʔaːsun] 動《ʔaːs- ʔaːtʃ-; 否 アーサン 連 アーシ 継 アーチョーン 過 アーチャン》合わせる。

アータナイン [ʔaːtanain] 動《ʔaː-tanar- ʔaːtanat-; 否 アータナラン 連 アータナイ 継 アータナトーン 過 アータナタン》疲れてくたくたになる。

アータバイ [ʔaːtabai] 图 股を広げ両足を交互に引きずるように歩くこと。そのさまを揶揄していうことが多い。

アーッシェ [ʔaːʃʃe] 感 ああ。不快感、嫌悪感を表す語。～ ハゴーサン〈ああ、汚い〉。

アーティンプー [ʔaːtimpuː] 图 当てずっぽう。

アートートゥ [ʔaːtoːtu] 感 神仏や先祖を拝むときに発する言葉。＊「ああ、尊(とう)と」にほぼ対応。「アートートゥ ウートートゥともいう。

アーバーサーバー [ʔaːbaːsaːbaː] 擬態 ぺちゃくちゃ。あれこれととりとめなくしゃべるさま。～ アビーン〈ぺちゃくちゃしゃべる〉。

アーブク [ʔaːbuku] 图 あぶく。泡。～ヌ アン〈泡がある〉。＊アー[1]〈泡〉よりもよく用いられる。

アーブクー [ʔaːbukuː] 图 アーブクに同じ。

アーブチュン [ʔaːbutʃun] 動《ʔaːbuk- ʔaːbutʃ-; 否 アーブカン 連 アーブチ 継 アーブチョーン 過 アーブチャン》（炊く際に、ご飯の炊き汁などが）吹きこぼれる。アーブチュグトゥ ユー ンーリヨー〈吹きこぼれるからよく見てろよ〉。

アーマン [ʔaːman] 图 やどかり。

アームイ [ʔaːmui] 图 泡盛。＊普通は単に「サキ〈酒〉」という。

「アイ¹ [ˈʔai] 名 蟻。\*アイ「コーという場合が多い。

アイ「² [ʔaˈi] 感 おっと。やあ。おや。意外なことに出会ったときなどに発する言葉。～ タルーヤ アラニ〈やあ、太郎ではないか〉。

アイ「コー [ʔaiˈko:] 名 ありんこ。蟻。\*アイともいう。

アイ「メー」クサメー [ʔaiˈme:ˈkusame:] 名 邪魔っ気。～ ソーグトゥ ワラビ ソーレー〈邪魔くさいから子供を連れていけ〉。

アカー [ˈʔaka:] 名 赤。赤い色。赤いもの。ウヌ ハナー アカー〈この花は赤だ〉。

ア「ガー [ʔaˈga:] 感 痛いっ。

「アカアカートゥ [ˈʔakaʔaka.tu] 副 明々と。ヤーヤ チャー ～ ソーシェー マシヤサ〈気分が沈んでいる相手を励まして〉家はいつも光がともっているほうがいいよ〉。

「アカイサン」バシリ [ˈʔakaisamˈbaʃiri] 名《文》障子。\*琉歌「あかりさんはしり突明けけやり見れば庭の白菊の咲きやるきよらさ」（全 525）。

「アガイティーラ [ˈʔagaiti:ra] 名 昇る太陽。朝日。～ ウゥガマー〈昇りかけの太陽を拝む者。羽振りのよい方に付くことを揶揄していう場合もある〉。

「アガイン [ˈʔagain] 動《ʔagar- ʔagat-; アガラン 連アガイ 禁アガトーン 命アガタン》①上がる。ティーラヌ ～〈太陽が昇る〉。②上達する。ティーヤ アガトーニ〈腕は上がっているか。上達しているか〉。③かえって悪い。始末が悪い。ヌスルヤカー ～〈泥棒よりもっと悪い〉。

「アカガーラ [ˈʔakaga:ra] 名 赤瓦。
「アカガイ [ˈʔakagai] 名 明かり。明るみ。
「アカガニ [ˈʔakagani] 名 銅（どぅ）（あかがね）。
「アカカビ [ˈʔakakabi] 名 ①赤い紙。②祭事用の赤い紙。
「アカガン「ター [ˈʔakaganˈta:] 名 赤い髪の者。キジム「ナー〈木の精〉を指す場合もある。\*アカ「バーともいう。

「アカギ [ˈʔakagi] 名《植》アカギ（赤木）。トウダイグサ科の常緑高木。

アカ「グー [ʔakaˈgu:] 名【赤粉】食紅。ご飯などを赤く染めるのに用いる。

「アカサン [ˈʔakasan] 形《アカコーネーン 連アカサタン》赤い。アカバナーヤ〈ハイビスカスは赤い〉。

アカジ「ナー [ʔakadʒiˈna:] 名 銅銭。ドルの1セント硬貨などにもいう。

アカジ「ラー [ʔakadʒiˈra:] 名 赤面。～ ナサッタン〈赤面させられた〉。

「アカスン¹ [ˈʔakaˈsun] 動《ʔakas-ʔakatʃ-; 否アカサン 連アカシ 禁アカチョーン 命アカチャン》言い当てる。\*「明かす」にほぼ対応。

「アカスン² [ˈʔakasun] 動《ʔakas-ʔakatʃ-; 否アカサン 連アカシ 禁アカチョーン 命アカチャン》（夜を）明かす。

アガ「タ [ʔagaˈta] 名 向こうの方。あちら側。

アカ「チチ [ʔakaˈtʃitʃi] 名 暁。明け方。

アカチチ「ウキ [ʔakatʃitʃiˈʔuki] 名 早朝に起きること。早起き。

アカチチグラ「シン [ʔakatʃitʃiguraˈʃin] 名 月のない明け方（の暗闇）。⇒ クラシン。

アガ「チャー [ʔagaˈtʃa:] 名 働き者。アレー ユー ～ ヤッサ〈あれはとても働き者だ〉。

アガ「チュン [ʔagaˈtʃun] 動《ʔagak-ʔagatʃ-; 否アガカン 連アガチ 禁アガチョーン 命アガチャン》①働く。ハイ アガチュミ〈やあ、仕事をしているか。がんばっているか。挨拶としてよく用いる〉。②（仕事が）かどる。ムル アガカンサー〈全然かどらないね〉。\*「足搔（あ）く」にほぼ対応。

アカトゥ「ヤー [ʔakatuˈja:] 名 船底にたまった水を汲む道具。\*ユー「トゥイともいう。

アガ「トー [ʔagaˈto:] 名 あんなに遠く。～ナーカラ チー〈あんな遠くから来たのか〉。

＊古代語の「あ(指示代名詞)」が〈連体助詞〉とお〈遠〉からなる。

アカ「ナー [ʔaka⌐na:] 图 童謡に登場する者。月の影になっている部分はアカナーが水桶をかついでいる姿だといわれている。

アカナ「バー [ʔakana⌐ba:] 图 紫蘇(しそ)。

アガネー「イン [ʔagane:⌐in] 動《ʔagane:r- ʔagane:t-; 否 アガネーラン 意 アガネーイ 敬 アガネートーン 過 アガネータン》節約する。

アカ「バー [ʔaka⌐ba:] 图 (髪が)赤毛の者。

アカバ「ナー [ʔakaba⌐na:] 图 ハイビスカス。仏桑華(ぶっそうげ)。＊もとは赤色のみであったが、最近はいろいろな色がある。

アカマー「ミー [ʔakama:⌐mi:] 图 小豆(あずき)。

アカマ「ター [ʔakama⌐ta:] 图 蛇の一種。美男に化けるという俗信がある。

「アカミー [ʔakami:] 图 卵黄。

「アカミー「バイ [ʔakami:⌐bai] 【赤めばる】[魚] ユカタハタ。

アガミー「ン [ʔagami:n] 動《ʔagamir- ʔagamit-; 否 アガミラン 意 アガミー 敬 アガミートーン 過 アガミタン》崇める。敬う。

「アカムン [ʔakamuɴ] 動《ʔakam- ʔakar-; 否 アカマン 意 アカミ 敬 アカローン 過 アカラン》赤くなる。

「アカユクシ [ʔakajukuʃi] 图 真っ赤なうそ。

アカラー「ッワー [ʔakara:⌐ʔwa:] 图 乳離れした子豚。

アカラクヮーラ [ʔakarakwa:ra] 副 派手なさま。 ウヌ チノー ～ ソーン〈この着物は派手だ〉。

アカラヒル [ʔakaraçiru] 图 真っ昼間。＊「マヒル」ともいう。

「アガリ [ʔagari] 图【上(あ)る方(へ)】 東。＊「太陽が昇る方向」の意から。

アカリー「ン [ʔakari:n] 動《ʔakarir- ʔakarit-; 否 アカリラン 意 アカリー 敬

アカリトーン 過 アカリタン》① (動物が)乳離れする。 ②(くっついているものが)離れる。

「アガリマー「イ [ʔagarima:i] 图 知念、玉城などの東方の霊地を巡拝する儀式。 ⇒ アガリ、マーイ[2]。

「アカングヮ [ʔakaŋgwa] 图 赤ん坊。

アカングヮー「イユ [ʔakaŋgwa:⌐ʔiju] 图 想像上の魚。人魚。これに悪さをすると津波を起こすといわれている。

アカン「チャー [ʔakan⌐tʃa:] 图 赤土。

ア「キ [ʔa⌐ki] 感 ああ。あら。驚いたときなどに女性が使う言葉。 ～ チャー ソーガ〈あれ、どうしよう〉。

「アギ [ʔagi] 图 陸。 ～ヌ フリムン〈陸の馬鹿者。放蕩者をののしる言葉〉。

「アキーン[1] [ʔaki:n] 動《ʔakir- ʔakit-; 否 アキラン 意 アキー 敬 アキートーン 過 アキタン》明ける。 ユーヌ アキトーン〈夜が明けている〉。

「アキーン[2] [ʔaki:n] 動《ʔakir- ʔakit-; 否 アキラン 意 アキー 敬 アキートーン 過 アキタン》開ける。 ハシル アキレー〈戸を開けなさい〉。

「アギーン [ʔagi:n] 動《ʔagir- ʔagit-; 否 アギラン 意 アギー 敬 アギートーン 過 アギタン》① 上げる。 ティー ～〈手を上げる〉。 ② 揚げる。 アンラギー ～〈てんぷらを揚げる〉。

「アキガタ [ʔakigata] 图《文》明け方。＊悲歌劇『泊阿嘉』(『日本庶民文化史料集成』11巻)に「明け方なるまでぃ泣き明かする人や珍しむん」とある。

「アギ「サギ [ʔagi⌐sagi] 图 上げ下げ。

「アキサ「クリサ [ʔakisa⌐kurisa] 图 明るさ暗さ。 ～ン ミーラン〈明るさ暗さも見えない。我を失って正常な判断ができない〉。

「アキ「サミヨー [ʔaki⌐samijo:] 感 あれ。あれまあ。驚いたとき、苦しいとき、悲しいときなどに発する言葉。 ～ スン〈悲鳴をあげる。助けを求める〉。

「アキ」トーナー [ˀakiˈtoːnaː] 感 おやまあ。驚いたときなどに女性が使う言葉。

「アキハタ」キーン [ˀakihataˈkiːn] 動 《ˀakihatakir- ˀakihatakit-; 否 アキハタキラン 連 アキハタキー 敬 アキハタキトーン 過 アキハタキタン》(胸などを)はだける。

「アギヒー」グルマ [ˀagiçiːˈguruma] 名 おか蒸気。汽車。

「アキヒル」ギーン [ˀakiçiruˈgiːn] 動 《ˀakiçirugir- ˀakiçirugit-; 否 アキヒルギラン 連 アキヒルギー 敬 アキヒルギトーン 過 アキヒルギタン》(戸などを)開け放す。(ふろしきなどを)開けて広げる。

「アギマー」スン [ˀagimaːˈsun] 動 《ˀagimaːs- ˀagimaːtʃ-; 否 アギマーサン 連 アギマーシ 敬 アギマーチョーン 過 アギマーチャン》せきたてる。 チャー アギマーサッタン〈いつもせっつかれた〉。

「アキミッ」クヮー [ˀakimikˈkwaː] 名 あきめくら。目が開いているにもかかわらず視力がないこと。*比喩的には用いない。

「アギムン [ˀagimun] 名 揚げ物。

「アキ」ヨ [ˀakiˈjo] 感《文》ああ。あわれ。愛惜、悲しみなどを表す言葉。*琉歌「あけやうくらさらぬとまいて着きをものお門に出ぢめしやうれ一目をがま」(全73)の「あけやう」である。

「アキ」ヨー [ˀakiˈjoː] 感 おや。あれまあ。驚いたときなどに女性が使う言葉。 〜 ワシトーサ〈あれまあ忘れていたよ〉。

アク「¹ [ˀakuˈ] 名 叱責。 〜 サッタン〈叱られた〉。

アク「² [ˀakuˈ] 名 灰汁(?)。灰を水に浸してとった上澄みの液体。芭蕉布などの洗濯に用いる。

アク「イン [ˀakuˈin] 名《文》悪縁。悪い結果をもたらす人間関係。*琉歌「悪縁の結で放ち放されめふり捨てて行かば一道だいもの」(全1094)。

アク「タ [ˀakuˈta] 名 あくた。ごみ。

アクタ「ビー [ˀakutaˈbiː] 名 あくたで燃やす火。薪よりも火力も弱く、すぐ消える。

アク「ニン [ˀakuˈnin] 名 悪人。 〜ル ヤシガ〈悪人だよ〉。

「アクビ [ˀakubi] 名 あくび。

アク「マ [ˀakuˈma] 名《文》性根の悪い者。

「アク」ムク [ˀakuˈmuku] 名 さんざんに叱りつけること。ひどく叱ること。 チュラーク 〜 サッティヨー〈ひどく叱られてしまったよ〉。

アグ「ムン [ˀaguˈmun] 動 《ˀagum- ˀagur-; 否 アグマン 連 アグミ 敬 アグローン 過 アグラン》《文》あぐむ。あぐねる。*琉歌「勝連の島や通ひばしやあすが和仁屋間門の潮の蹴やりあぐで」(全850)。

アコークローロー [ˀakoːkuˈroː] 名 夕方。薄暮れ。たそがれ時。「マジムン〈魔物〉が出没するといわれている。

「アサ [ˀasa] 名《文》朝。*口語では、単独であまり用いず、普通はヒティ「ミティという。

アサ「イン [ˀasaˈin] 動 《ˀasar- ˀasat-; 否 アサラン 連 アサイ 敬 アサトーン 過 アサタン》あさる。かき回して探す。 チリバク 〜 〈ごみ箱をあさる〉。

アサ「ウキ [ˀasaˈˀuki] 名 朝起き。早起き。

アサカー「ギ [ˀasakaˈgi] 名【朝蔭】朝の涼しい頃[時間帯]。 〜ヌ マーニ シクチ シェー〈朝の涼しい間に仕事をしなさい〉。

「アサギ [ˀasagi] 名 前庭にある離れ家。*文語ではアシヤゲとなる。琉歌「あしやげ行き童さばき箱取て来うれにある手巾いやあにどくいゆる」(全1185)。

アサ「キー [ˀasaˈkiː] 名 あんなにたくさん。 〜ヌ シクチ サルバーィ〈あんなにたくさん仕事をしたのか〉。

アサグ「イン [ˀasaguˈin] 動 《ˀasagur- ˀasagut-; 否 アサグラン 連 アサグイ 敬 アサグトーン 過 アサグタン》あさる。

引っかき回して探す。 アサグティ カメーレー〈引っかき回して探せ〉。

アサ「サー [ʔasaˈsaː] 图《昆》クマゼミ。

「アササン [ʔasasan] 形《㊟アサコーネーン ㊣アササタン》浅い。 クヌ クミヤ ~〈この池は浅い〉。

アサジ「キー [ʔasadʑiˈkiː] 图 浅漬け。(キャベツなどを)軽く塩に漬けたもの。

アサ「ティ [ʔasaˈti] 图 明後日(あさって)(こぅちち)。

アサティヌナー「チャ [ʔasatinunaːˈtʃa] 图 明々後日。*アサティヌ〈明後日の〉ナーチャ〈もう明日〉からなる。

アサ「ナー [ʔasaˈnaː] 图 朝寝をする者。朝寝坊。軽蔑したい方。

アサ「ニ [ʔasaˈni] 图 朝寝。

アサ「ニ「ヒンニ [ʔasaˈniˈçinni] 图【朝寝昼寝】怠けて寝てばかりいること。 ~スシガー ッチョー ナラン〈寝てばかりいる者は立派な人にはならない〉。

「アサ「バン¹ [ʔasaˈban] 图 朝晩。

アサ「バン² [ʔasaˈban] 图【朝飯】昼ご飯。昼食。 ~ カムン〈昼ご飯を食べる〉。*「朝ご飯」はヒティミティ「ムンという。

アサバンウゥー「イ [ʔasabanuˈiː] 图 昼ご飯の頃。

アサバンス「ガイ [ʔasabansuˈgai] 图 昼ご飯の準備。

「アサマサン [ʔasamasan] 形《㊟アサマシコーネーン ㊣アサマサタン》浅ましい。 ヌーヤカ アサマササ〈何より浅ましいよ〉。

アサ「ユ [ʔasaˈju] 图《文》朝夕。*琉歌「言ちもつくされめ朝夕お真人の神願ひよしちやる今日のお祝」(全 8)。

アサ「ユサ [ʔasaˈjusa] 图《文》朝夕。*琉歌「朝夕さもおそば拝みなりそめて里や旅しめていきやす待ちゆが」(全 668)。

アサ「ルリ [ʔasaˈruri] 图《文》朝凪(なぎ)。*ユールリ〈夕凪〉に対する。

アサンナー「ラン [ʔasannaːˈran] 副 朝っぱら。 ~カラ オートーン〈朝っぱらから喧嘩(けん)している〉 / ~カラ アビトーン〈朝っぱらからわめいている〉。

「アシ¹ [ʔaʃi] 图《文》足。 ~ ハヤミリ〈早く歩きなさい〉。*口語では、単独であまり用いず、普通は「ヒサという。

アシ² [ʔaʃiˈ] 图 汗。 ~ ハイン〈汗が出る〉。

「アシ³ [ʔaʃi] 感 そうだ。肯定の返事で、不快なときにいう。⇒ アシシャー、アシッサ。

「アジ¹ [ʔadʑi] 图（魚などの）えら。アジェー カマラン〈えらは食べられない〉。

「アジ² [ʔadʑi] 图 按司(あじ)(じ)。位階名。もと地方に城を構えて割拠していた支配者のこと。15世紀末の尚真王による中央集権化以降は、首里に移住させられ、オー「ジ〈王子〉の次、ッウェー「カタ〈親方〉の上に位する身分となった。

「アジ³ [ʔadʑi] 图 ①味。 イィー ~〈いい味〉。 ②味見。 ~ ッシマー〈味見をしてごらん〉。

アジカ「イン [ʔadʑikaˈin] 動《ʔadʑikar- ʔadʑikat-; ㊟アジカラン ㊣アジカイ ㊗アジカトーン ㊙アジカタン》預かる。

「アシガチャー [ʔaʃigatʃaː] 图 せっかちな者。

「アシガチュン [ʔaʃigatʃun] 動《ʔaʃigak- ʔaʃigatʃ-; ㊟アシガカン ㊣アシガチ ㊗アシガチョーン ㊙アシガチャン》焦る。いらいらする。 アシガチョーシガ ヨーイネー ナラン〈焦っているが容易にはできない〉。

アジガナ「シー [ʔadʑiganaˈʃiː] 图 按司の敬称。 ⇒ ガナシー。

アジキー「ン [ʔadʑikiˈn] 動《ʔadʑikir- ʔadʑikit-; ㊟アジキラン ㊣アジキー ㊗アジキトーン ㊙アジキタン》預ける。

アジクー「ター [ʔadʑikuˈtaː] 图 味のよいもの。こくのあるもの。深みのある味。 ウヌ サーター ~ロー〈この砂糖は味に深みがあるぞ〉。

アシ「ジャ [ʔaʃi˩dʒa] 图【足駄(あしだ)】下駄。

「アシッ」サ [ʔaʃisˈsa] 感「アシ」ヒャーに同じ。

アシティビ「チ [ʔaʃitibiˈtʃi] 图 豚足を昆布、大根などと一緒に煮込んだ料理。比較的高級な料理とされている。*単にティビ「チともいう。

アシ「バー [ʔaʃiˈba:] 图 遊び人。放蕩者。

アシ「ハイ」ミジハイ [ʔaʃiˈhaiˈmidʒihai] 副 汗水流して。一所懸命。〜 スン〈一所懸命働く〉。

アシハ「ヤー [ʔaʃihaˈja:] 图 汗かき。

「アシビ [ʔaʃibi] 图 歌、三線、踊りなどを楽しむこと。仕事を休んで「ムラアシビなどの催しものを楽しむこと。チューヌ アシベー マーガヤ〈今日の祭りはどこかね〉。

「アシビイチュ」ナサ [ʔaʃibiʔitʃuˈnasa] 图 遊ぶのに忙しいこと。

「アシビグニ [ʔaʃibiguni] 图 歌、三線、踊りなどが盛んな村。青年男女の交際が自由な村。

「アシビシグチ [ʔaʃibiʃigutʃi] 图 遊びながらでもできるような簡単な仕事。片手間仕事。

「アシビブリ [ʔaʃibiburi] 图 子供が言いつけられた仕事などを忘れて遊びほうけること。

「アシ」ヒャー [ʔaʃiˈça:] 感 そうだ。*「アシをさらに強めたい方。「アシッ」サともいう。

アシ「ブ [ʔaʃiˈbu] 图 汗疹(あせも)。〜ユーンジーンヤー〈汗疹がよく出るね〉。

「アシブン [ʔaʃibun] 動《ʔaʃib- ʔaʃir-; 否 アシバン 連 アシビ 禁 アシローン 命 アシラン》①(子供などが)遊ぶ。アシビガ イチュミ〈遊びに行くか〉。②(仕事をしないで、また仕事がなく)ぶらぶらする。シクチェー サン アシローン〈仕事をしないで遊んでいる。失業中である〉。③歌、三線、踊りなどに興ずる。ウタ サンシン ッシ アシバナ〈歌、三線などをして楽しもうよ〉。

アジ「マー [ʔadʒiˈma:] 图 交差したところ。ミチヌ 〜〈交差点〉。

「アジャ [ʔadʒa] 图【あざ(痣)】ほくろ。

アジャ「グヮー [ʔadʒaˈgwa:] 图 小さいほくろ。

「アジャナ [ʔadʒana] 图 あだ名。

「アジャワレー [ʔadʒawareː] 图 あざ笑い。嘲笑。

「アタイ¹ [ʔatai] 图 (屋敷内にある)野菜などを植える畑。*ハル「畑と区別していう。

「アタイ² [ʔatai] 图【辺り】くらい。程度。ウヌ 〜ン ナラニ〈それくらいもできないか〉。

アタイ「メー [ʔataiˈme:] 图 ①当たり前。そうあるべきこと。当然。アンシ スシェー ヤサ〈そうするのは当然だ〉。②普通。〜ヤ サンル サンル ムス カムン〈普通は三度三度飯を食べる〉。

「アタイン [ʔatain] 動《ʔatar- ʔatat-; 否 アタラン 連 アタイ 禁 アタトーン 命 アタタン》当たる。合う。出会う。ウンナクトー アタティル シール〈そんなことは出くわして初めて知るのだ〉。

アタガ「フー [ʔataɡaˈɸu:] 图《文》突然やってきた[思いがけない]幸せ。*琉歌「あだ果報のつきやす夢やちやうも見だぬあの松と川のゆゑどやゆる」(全869)。

アタゲー「フー [ʔataɡeːˈɸu:] 图 当てずっぽう。

アタ「ビチ [ʔataˈbitʃi] 图 アタビ「チャーに同じ。

アタビ「チャー [ʔatabiˈtʃa:] 图 かえる(蛙)。総称。人を卑しめていう場合にも用いる。

アタ「マニ [ʔataˈmani] 副【頭に】最初から。はなから。〜 ワン ウシェートーンヤー〈はなから私を馬鹿にしているね〉。

「アタラサン [ʔatarasan] 形《否 アタラシコーネーン 過 アタラサタン》大切である。

アダン ⇨ アラン。

「アチ [ˀatʃi] 图《文》秋。＊琉歌などで「秋来れば木草黄葉になてをすが蘭と菊の花匂まさて」(全900)などと用いられるが、口語では使わない。

「アチカイ「グリサン [ˀatʃikaiˀguri-san] 形《⑥アチカイグリコーネーン ⑯アチカイグリサタン》(人や道具などが)扱いにくい。ゴーグチャー ヤグトゥー〈文句ばかり言うので扱いにくい〉。

「アチカイン [ˀatʃikain] 動《ˀatʃikar- ˀatʃikat-; ⑥アチカラン ⑯アチカイー ⑧アチカトーン ⑯アチカタン》こき使う。アリンカイ アチカーッタン〈彼にこき使われた〉。＊「扱う」にほぼ対応。

アチ「キ [ˀatʃiˀki] 图 湯気。蒸気。～パーパー ソーン〈湯気が盛んに出ている〉。

アチコー「コー [ˀatʃikoːˀkoː] 副 料理やお茶などができたてで湯気が立っているさま。～ カメー〈熱いうちに食べなさい〉。

アチサウ「ミー [ˀatʃisaʔumiː]【暑さ思い】暑がり。

アチサカマラ「サー [ˀatʃisakamaraˀsaː] 图 暑がりや。暑さ嫌いの人。

「アチサン¹ [ˀatʃisan] 形《⑥アチコーネーン ⑯アチサタン》厚い。ウス イター ～〈この板は厚い〉。

ア「チ「サン² [ˀaˀtʃisan] 形《⑥アチコーネーン ⑯アチサタン》①暑い。チューヤ ～〈今日は暑い〉。②熱い。ユーフロー アチサタン〈風呂は熱かった〉。

「アチヌイユ [ˀatʃinuʔiju] 图 まぐろ(鮪)。

アチ「ネー [ˀatʃiˀneː] 图 商い。商売。～ ッシ アッチュン〈商売している。主に行商を指す〉。

アチネー「サー [ˀatʃineːˀsaː] 图 商売人。主に行商人を指す。

アチ「ネー「ジョージ [ˀatʃiˀneːʤoːʤi] 图 商売上手。

アチネー「ムン [ˀatʃineːˀmun] 图 商品。

アチハティー「ン [ˀatʃihatiːˀn] 動《ˀatʃihatir- ˀatʃihatit-; ⑥アチハティラン ⑯アチハティー ⑧アチハティトーン ⑯アチハティタン》飽きる。＊「飽き果てる」にほぼ対応。

アチハティ「シー [ˀatʃihatiˀʃiː] 图 飽きていやいやながらすること。

アチハティシグ「トゥ [ˀatʃihatiʃiguˀtu] 图 飽きてしまうような仕事。

アチ「ビー [ˀatʃiˀbiː] 图 柔らかく炊いたご飯で、粥とご飯の中間ぐらいのもの。

アチビーラチ「ヤン [ˀatʃibiːratʃiˀjan] 图 熱を持ったような痛み。

アチマ「イン [ˀatʃimaˀin] 動《ˀatʃimar- ˀatʃimat-; ⑥アチマラン ⑯アチマイ ⑧アチマトーン ⑯アチマタン》集まる。

アチミー「ン [ˀatʃimiːˀn] 動《ˀatʃimir- ˀatʃimit-; ⑥アチミラン ⑯アチミー ⑧アチミトーン ⑯アチミタン》集める。ッチュ ～〈人を集める〉。

ア「チャー [ˀaˀtʃaː] 图 明日。

アチ「ヤー」フーヤー [ˀatʃiˀjaːɸuːjaː] 副 暑くてふうふういうさま。

アチャガイガー「ター [ˀatʃagaigaːˀtaː] 图 時期がずれになりそうな様子。⇨ アチャガイン、ガーター。

ア「チャ「ガイン [ˀaˀtʃaˀgain] 動《ˀatʃagar- ˀatʃagat-; ⑥アチャガラン ⑯アチャガイ ⑧アチャガトーン ⑯アチャガタン》時期がはずれる。レークニス アチャガトーン〈大根が時期はずれになっている〉。

「アチュン [ˀatʃun] 動《ˀak- ˀatʃ-; ⑥アカン ⑯アキー ⑧アチョーン ⑯アチャン》①開く。クチ ～〈口が開く〉。②空く。ジャー アチョーン〈座が空いている〉。

アチョー「ル [ˀatʃoːˀru] 图【あきうど】商人。

アチラシケー「サー [ˀatʃiraʃikeːˀsaː] 图 何度も温め直した食べ物。＊芝居などにも アチラシケーサー ヤサ〈何度も繰り返

し上演したものだ〉などという。

**アチラ｢スン** [ʔatʃiraˈsun] 動《ʔatʃiras- ʔatʃiratʃ-; ㋩アチラサン ㋥アチラシ ㋕アチラチョーン ㋔アチラチャン》熱くする。〈食べ物を〉温める。 ムヌ アチラシェー〈ご飯を温めなさい〉。

**アチリー｢ン** [ʔatʃiri:n] 動《ʔatʃirir- ʔatʃirit-; ㋩アチリラン ㋥アチリー ㋕アチリトーン ㋔アチリタン》熱くなる。温まる。 ウシルヌ ～〈お汁が温まる〉。

**アチレー｢イン** [ʔatʃire:ˈin] 動《ʔatʃire:r- ʔatʃire:t-; ㋩アチレーラン ㋥アチレーイ ㋕アチレートーン ㋔アチレータン》誂(あつら)える。注文する。

**アチレー｢ムン** [ʔatʃireˈmun] 名 誂(あつら)え物。注文品。 ウヌ ムチェー ～ロー〈この餅は注文品だよ〉。

**アッ｢クー** [ʔakˈku:] 名 癇癪(かんしゃく)持ち。口やかましく小言ばかり言う人。

**アック｢カタ** [ʔakkuˈkata] 名《文》行く先々。

**アッ｢サ** [ʔasˈsa] 名 あれだけ〈の数量〉。

**アッタ** [ʔatta] 接頭 「急に。いきなり」の意。 ～カンゲー〈ふいの思いつき〉。

**アッ｢ター** [ʔatˈta:] 代名 彼ら。「アリ〈彼〉の複数形。

**｢アッタニ** [ˈʔattani] 副 急に。いきなり。 ～ ッチュヌ トゥンジティ チャーニ〈急に人が飛び出してきて〉。

**｢アッタバジョー** [ˈʔattabadʒo:] 名 ちょっと目にはよく見えること。 アレー ～ルヤル〈彼女はちょっと見た目にはよく見えるが、実際はそう美しくない〉。

**｢アッタブイ** [ˈʔattabui] 名 にわか雨。

**｢アッタル** [ˈʔattaru] 連体 惜しい。大切な。 ～ ジングヮー ヒティティ ネーン〈大切なお金をなくしてしまった〉。

**アッチハジ｢ミ** [ʔattʃihadʒiˈmi] 名 〈幼児の〉歩き始め。

**アッチャー** [ʔattʃa:] 接尾 ①よく…する人。 タビ～〈よく旅をする人〉。 ②…を生業とする人。 ウミ～〈漁業に従事する人〉。 ＊直訳すると「歩く人」。

**アッチャ｢メー** [ʔattʃaˈme:] 名 テンポの早い「サンシン〈三線〉の曲に合わせて即興的に踊る踊り。

**アッ｢チュン** [ʔatˈtʃun] 動《ʔakk- ʔattʃ-; ㋩アッカン ㋥アッチ ㋕アッチョーン ㋔アッチャン》①歩く。 ヨンナー ～〈ゆっくり歩く〉。 ②行く。進む。動く。 ウヌ トゥーチーヤ アッカン ナトーン〈この時計は動かなくなっている〉。 ③…して暮らす。 ウミ ～〈漁業に従事する。「海を歩く」意から〉/ ヌスルッシ ～リサ〈泥棒稼業をしているそうだ〉。 ④元気である。 アッチョーミ〈元気か。同輩以下の者に対する挨拶〉。

**アッパンガ｢ラー** [ʔappaŋgaˈra:] 副 やけを起こすさま。 ～ ナトーン〈すてばちになっている〉。

**アッ｢ピ** [ʔapˈpi] 名 あれだけ〈の大きさ、量〉。 ～ ヌクトーン〈あれだけ残っている〉。

**アッピ｢グヮー** [ʔappiˈgwa:] 名 たったあれだけ。 ～ ヌクチナー〈たったあれだけ残したのか〉。

**｢アッペール** [ˈʔapˈpe:ru] 連体 あれほどの〈大きさ、量の〉。 ～ ッチョー ンーチェー ネーラン〈あんなに大きい人は見たことがない〉。

**｢アティ** [ˈʔati] 名 ①心当たり。覚え。 ユービヌ ネーヤ アテー アティー〈夕べの地震は覚えがあるか。気づいたか〉。 ②思慮。分別。 ムヌ アテー ネーン〈分別がない〉。 ③音沙汰。 ヌーヌ ～ン ネーン〈何の音沙汰もない〉。

**｢アティーン** [ˈʔati:n] 動《ʔatir- ʔatit-; ㋩アティラン ㋥アティー ㋕アティトーン ㋔アティタン》当てる。的中させる。 キーンカイ イシ ～〈木に石を当てる〉。

**｢アティカワイン** [ˈʔatiˈkawain] 動《ʔatikawar- ʔatikawat-; ㋩アティカワラン ㋥アティカワイ ㋕アティカワトーン ㋔アティカワタン》当てがはずれる。

「アティナシ [ˀatinaʃi] 图《文》無邪気な者。物心もつかない子。＊琉歌「あてなしのわらべ死出が旅しめて山路ふみ迷て泣きゆらとめば」(全632)。

「アティハミーン [ˀatihamiːn] 動《ˀatihamir- ˀatihamit-；圏アティハミラン 連アティハミー 禁アティハミトーン 過アティハミタン》当てはめる。

アトゥ「[ˀatuˈ] 图 あと(後)。のち。将来。死後。～ クーヨー〈あとから来いよ〉/アトー チャー ナイガヤー〈あとはどうなるだろうか〉。

「アトゥ「アトゥ [ˀatuˈˀatu] 图 あとあと。のちのち。将来。

アトゥ「ッウィー [ˀatuˈˀwiː] 图 ①後追い。(子供が母親などの)あとについて回ること。 ②尾行。～ ッシ カチミタン〈尾行して捕まえた〉。

アトゥ「カタ [ˀatuˈkata] 图 跡かた。痕跡。 アトゥカター チャートータンリ〈痕跡は消えてなくなっていたんだって〉。

アトゥカタ「ジキ [ˀatukataˈdʑiki] 图 あと片づけ。

「アトゥ「サチ [ˀatuˈsatʃi] 图 あとさき。前後。～ ナトーサ〈(出発が)あとさきになっているよ。「別々に出かけた」の意〉。

アトゥシジ「チャー [ˀatuʃidʑiˈtʃaː] 图 あとずさり。後退。

アトゥ「チジ [ˀatuˈtʃidʑi] 图 跡継ぎ。

アトゥナイサチ「ナイ [ˀatunaisatʃiˈnai] 图 あとになったり先になったり。競い合うさま。

「ア「トゥヌウンジュミ [ˈaˈtunuˀunˈdʑumi] 图 あげくのはて。つまるところ。～ネー ヌーン ネーン ナトーン〈あげくのはてには何もかもなくなっている〉。

「アトゥ「バラ [ˀatuˈbara] 图 後妻の子。

アトゥ「マサイガフー [ˀatuˈmasaigaɸuː] 图【後勝り果報】幸運はあとに残っているということ。残り物に福あり。

アトゥ「ミ [ˀatuˈmi] 图 跡目。跡継ぎ。

アトゥムル「イ [ˀatumuruˈi] 图 あと戻り。

「アトゥ「ルミ [ˀatuˈrumi] 图 後妻。

「アナ [ˀana] 图 穴。～ヌ アチョーン〈穴があいている〉。

アナ「ヤー [ˀanaˈjaː] 图 掘っ立て小屋。「ヌチジャー〈本建築の家〉に対して粗末な家のこと。

「アヌ [ˀanu] 連体 あの。～ ックゥ〈あの子〉。

アヌーク「ヌー [ˀanuːkuˈnuː] 副 ああ(言い)こう(言い)。言を左右にするさま。

「アヌクル [ˀanuˈkuru] 图 あの頃。過去についていう。

「アヌ「ッチュ [ˀanuˈttʃu] 图 あの人。「アリよりも丁寧ない方。＊「アンチュともいう。

アヌ「ヒャー [ˀanuˈça:] 图 あいつ。あの野郎。卑しめた意を含む。

「アヌ「ママ [ˀanuˈmama] 图 あのまま。

「アヌ「ユー [ˀanuˈjuː] 图 あの世。死後の世界。⇨ グソー。

「ア「ネ [ˀaˈne] 感 ①ほら。注意を促すときにいう言葉。～ アマンカイ アシェー〈ほら向こうにあるよ〉。 ②おや。驚いたときや意外だと思うときにいう言葉。～ ガンジューヤティー〈おや、元気だったか〉。

「アネ「アネ [ˀaneˈˀane] 感 ア「ネの重複形。強調になる。

アネ「ラワン [ˀaneˈraˈwan] 副《文》そうであっても。＊琉歌「仲島の小橋人しげさあものあにあらはもともて忍でいまうれ」(全280)。

アハー「ハー [ˀahaːˈhaː] 感 アハハ。声高な笑い声。＊アハーア「ハーともいう。

アバ「サー [ˀabaˈsa:] 图《魚》ハリセンボン(針千本)。＊ユン「ター「アバサーのように「おしゃべり女」の意で用いられることがある。

アビー「ウル「ルカスン [ˀabiːˈˀuruˈrukasuŋ] 動《ˀabi:ˀururukas- ˀabi:-ˀururukatʃ-；圏アビーウルルカサン 連

アビーウルルカシ ㊥アビーウルルカチョーン ㊦アビーウルルカチャン》大声で叫んで驚かす。

アビー「グィー [ʔabiːˈgwiː] 名 叫び声。呼び声。 フカウゥティ ～ヌ チカリーン〈外で叫び声が聞こえる〉。

アビー「ホーイン [ʔabiːˈhoːin] 動《ʔabiːhoːr- ʔabiːhoːt-；㊥アビーホーラン ㊧アービホーイ ㊨アビーホートーン ㊦アビーホータン》わめき散らす。

アビー「ン¹ [ʔabiːˈn] 動《ʔabir- ʔabit-；㊥アビラン ㊧アビー ㊨アビトーン ㊦アビタン》①呼ぶ。声をかける。 イチュグトゥ アビティ クゥー〈出かけるから呼んで来い〉。 ②大声を出す。叫ぶ。わめく。 アンスカ アビランケー〈そんなに大声を出すな〉。 ③(犬が)吠える。(猫、鳥などが)鳴く。 インヌ ～〈犬が吠える〉。

アビーン² [abiːn] 助動 です。ます。聞き手に対する敬意を示す。＊動詞の連用形と融合して、たとえば、カチ [katʃi]〈書き〉＋アビーン [abiːn] → カチャビーン [katʃabiːn]〈書きます〉、ユミ [jumi]〈読み〉＋アビーン [abiːn] → ユマビーン [jumabiːn]〈読みます〉などとなる。ただし、ウゥン〈いる〉、アン〈ある〉、ヤン〈だ〉、ナイン〈できる〉などではそれぞれ ウゥイビーン、アイビーン、ヤイビーン、ナイビーン となる。

ア「ヒャー [ʔaˈça:] 名 (家畜などの)親。

アビ「ヤー [ʔabiˈja:] 名 よくしゃべる者。よく歌う者。

アビヤー「ティー「ヤー [ʔabijaːˈtiː-ja:] 副 大声でどなり合っているさま。

アヒャー「ッワー [ʔaçaːˈʔwa:] 名 親豚。

アヒ「ラー [ʔaçiˈra:] 名 あひる(家鴨)。

アブイ「クー [ʔabuiˈku:] 名 餅などを焼くときに用いる金網。焼き網。

「アフェーイン [ˈʔaɸeːin] 動《ʔaɸeːr- ʔaɸeːt-；㊥アフェーラン ㊧アフェーイ ㊨アフェートーン ㊦アフェータン》(酒、酢などが)気が抜ける。 ウヌ サケー アフェートーン〈この酒は気が抜けている〉。

アブ「シ [ʔabuˈʃi] 名 田の畦(畔)。＊琉歌「穂花咲き出ればちりひぢもつかぬ白ちやねやなびきあぶしまくら」(全 149)。

アフヮ「クー [ʔaɸaˈkuː] 名 二枚貝。総称。

アフヮ「グチ [ʔaɸaˈgutʃi] 名 薄味(を好む者)。 ワッターヤ ～〈私たちは薄味を好む〉。

アフヮゲーリー「ン [ʔaɸageːriːˈn] 動《ʔaɸageːrir- ʔaɸageːrit-；㊥アフヮゲーリラン ㊧アフヮゲーリ ㊨アフヮゲーリトーン ㊦アフヮゲーリタン》(放置して)味が薄くなる。

ア「フヮ「サン [ʔaˈɸaˈsan] 形《㊧アフヮコーネーン ㊦アフヮサタン》(味が)薄い。＊「淡い」にほぼ対応。

「アフヮナチュン [ˈʔaɸanatʃun] 動《ʔaɸanak- ʔaɸanatʃ-；㊥アフヮナカン ㊧アフヮナチ ㊨アフヮナチョーン ㊦アフヮナチャン》寝やがる。「寝る」の卑語。

「アマ [ˈʔama] 名 ①あそこ。向こう。 ②あの方。あの人。

ア「マイ [ʔaˈmai] 名 余り。残り。 ～ヤ アーマン タマシ〈余りはやどかりの分〉／ ～ヤ チャースガ〈残ったものはどうするのか〉。

アマ「イン¹ [ʔamaˈin] 動《ʔamar- ʔamat-；㊥アマラン ㊧アマイ ㊨アマトーン ㊦アマタン》暴れる。(いたずらなどをして)騒ぐ。 アヌ ワラベー マタ アマトーサ〈あの子はまた暴れているよ〉。 ＊「甘える」にほぼ対応。

アマ「イン² [ʔamaˈin] 動《ʔamar- ʔamat-；㊥アマラン ㊧アマイ ㊨アマトーン ㊦アマタン》①余る。 アマトーッサー〈余っているよ〉。 ②越える。過ぎる。 ハタチ アマティン ワラビル ヤル〈二十歳を過ぎても子供だ〉。

アマ「ガク「ワラバー [ʔamaˈgakuˈwaraba:] 名 あまのじゃくのガキ。雨に濡れて遊んでいる子供を叱るときなどにいう。

アマガサ「ガサ「クマガサガサ [ʔamagasa⌈gasa⌉kumagasagasa] 副 ッンマガサ⌈ガサ⌉クマガサガサに同じ。

アマ⌈ガシ [ʔama⌈gaʃi] 名 押麦と小豆や緑豆を、黒砂糖とともに煮たもので、団子を入れることもある。旧暦五月五日に食べるもので、菖蒲(しょう)の茎が添えられている。ぜんざい(沖縄では、金時豆を甘く煮て団子を入れ、普通はかき氷をのせて食べる)に似る。

⌈アマクマ [⌈ʔamakuma] 名 あちこち。＊「ッンマクマともいう。

アマサー⌈イクマサーイ [ʔamasa:-⌈i]kumasa:i] 副 珍しがってあちこちさわるさま。

⌈アマサン [⌈ʔamasan] 形《㊧アマコーネーン ㊨アマサタン》甘い。

⌈アマジャキ [⌈ʔamadʒaki] 名【甘酒】酢。

アマソー⌈ガー [ʔamaso:⌈ga:] 名 菓子の一種。しょうがを砂糖で煮詰めたもの。＊クーリ チッパン ～ という歌のなかに出る(クーリ、チッパンも菓子の名)。

アマハイクマ⌈ハイ [ʔamahaikuma-⌈hai] 副 あっちこっち駆けずり回るさま。東奔西走。

⌈アマビリーン [⌈ʔamabiri:n] 動《ʔamabirir- ʔamabirit-; ㊧アマビリラン ㊨アマビリー ㊨アマビリトーン ㊨アマビリタン》(味が)甘ったるい。

⌈アマミ [⌈ʔamami] 名 甘味。甘さ。

アマミークマ⌈ミー [ʔamami:kuma-⌈mi:] 副 きょろきょろ。あちこち見回すさま。

アマム⌈ティー [ʔamamu⌈ti:] 名 向こうの方。あちら側。

⌈アマムン [⌈ʔamamun] 名 甘いもの。

アマ⌈リ [ʔama⌈ri] 名《文》天降り。＊琉歌「与那原の親川にあまりしやる乙女やがて彌勒代の近くなたさ」(全 753)。

アマリ⌈カー [ʔamari⌈ka:] 名 向こうの方。あの辺。

ア⌈ミ⌉¹ [ʔami⌉] 名 雨。 ～ヌ フイン〈雨が降る〉。

⌈アミ² [⌈ʔami] 名 飴。＊指小辞グゥーを付けてアミ⌈グゥーという場合が多い。

⌈アミーン [⌈ʔami:n] 動《ʔamir- ʔamit-; ㊧アミラン ㊨アミー ㊨アミトーン ㊨アミタン》水浴びする。行水する。

アミ⌈カジ [ʔami⌈kadʒi] 名 雨風。

アミ⌈グゥー [ʔami⌈gwa:] 名 小雨。 ～ヌ ウティーサ〈小雨が降るよ〉。

アミヌ⌈ックヮー [ʔaminu⌈kkwa:] 名【雨の子ら】ぼうふら。

アミ⌈フイ [ʔami⌈ɸui] 名 雨降り。

アミフイグラ⌈シン [ʔamiɸuigura-⌈ʃin] 名 雨が降るときに暗くなること。⇒クラシン。

アミフイジタ⌈ク [ʔamiɸuidʒita⌈ku] 名 雨に濡れないような準備、恰好(かっ)。

アミ⌈ライ [ʔami⌈rai] 名【雨垂り】軒(のき)。 グソーヮ ～ヌ シチャ〈後生は軒下。死んだ者の悪口を言うなといういましめの言葉〉。

アミリ⌈カー [ʔamiri⌈ka:] 名 アメリカ人。

アム⌈トゥ [ʔamu⌈tu] 名 土手。 ルクジュー アマレー ～ヌ シチャ〈六十歳を越せば土手の下。六十歳を越すと土手の下に捨てたという伝説がある〉。

⌈アメーイン [⌈ʔame:in] 動《ʔame:r- ʔame:t-; ㊧アメーラン ㊨アメーイ ㊨アメートーン ㊨アメータン》つけあがる。 ルク アメートーン〈ひどくつけあがっている〉。

アモー⌈リ [ʔamo:⌈ri] 名【天降(あも)り】天降(くだ)り。

アヤ⌈ [ʔaja⌈] 名【綾】縞(しま)。 チンヌ ～〈着物の縞〉。

⌈アヤカーイン [⌈ʔajaka:⌈in] 動《ʔajaka:r- ʔajaka:t-; ㊧アヤカーラン ㊨アヤカーイ ㊨アヤカートーン ㊨アヤカータン》あやかる。

⌈アヤグ [⌈ʔajagu] 名 宮古に伝わる歌謡の一種。「なり山アヤグ」「宮古のアヤグ」

などがある。

アヤハベ˩ル [ʔajahabe˩ru] 名《文》美しい蝶。

˥ア˩ラ [˥ʔara] 名 外米などに混ざっている米以外の植物の種など。

˥アライゲーイ [˥ʔaraige:i] 名 洗い替え。

˥アライン [˥ʔarain] 動《ʔarar- ʔarat-;⊕アララン ⊛アライ ㋐アラトーン ㋑アラタン》洗う。洗濯する。 チン ~〈着物を洗う〉。

˥アラサン [˥ʔarasan] 形《㋐アラコーネーン ㋑アラサタン》①荒い。 ナミヌ ~〈波が荒い〉。②荒っぽい。乱暴である。 クトゥバヌ アラサヌ ボー ナギールグトーン〈言葉が乱暴で棒を投げるようだ〉。③粗い。 ミーヌ ~〈目が粗い〉。

アラ˩シ [ʔara˩ʃi] 名《文》あらし。台風。＊琉歌「あらし吹く夜の花の上の露ゑうちふられふられ匂ひもそほぬ」(全671)。口語では「カジ」とか「ウー˥カジ」という。

アラシ˩グィ [ʔaraʃi˩gwi] 名《文》辛い[不幸な]知らせ。＊琉歌「生き別れだいんすかにくりしやあものあらし声のあらば我身やきやしゆが」(全602)。

˥アラスン [˥ʔarasun] 動《ʔaras- ʔaratʃ-;㋐アラサン ⊛アラシ ㋐アラチョーン ㋑アラチャン》(石臼などの)目立てをする。 ウーシ ~〈石臼の目立てをする〉。

アラタマ˩イン [ʔaratama˩in] 動《ʔaratamar- ʔaratamat-;㋐アラタマラン ⊛アラタマイ ㋐アラタマトーン ㋑アラタマタン》改まる。

アラタミー˩ン [ʔaratami:˩n] 動《ʔaratamir- ʔaratamit-;㋐アラタミラン ⊛アラタミイ ㋐アラタミトーン ㋑アラタミタン》改める。

アラバ˩キー [ʔaraba˩ki:] 名 (芋などを入れる)大きな竹製の籠(かご)。＊単にバー˩キともいう。

˥アラビ [˥ʔarabi] 名 たたり。悪い兆し。

アラマカ˩ヤー [ʔaramaka˩ja:] 名 厚手で粗造りのどんぶり。

˥アラヤチ [˥ʔarajatʃi] 名【粗焼き】素焼き。＊ジョー˥ヤチ〈陶器〉に対する。

˥アラワリー˩ン [˥ʔarawari:˩n] 動《ʔarawarir- ʔarawarit-;㋐アラワリラン ⊛アラワリー ㋐アラワリトーン ㋑アラワリタン》現れる。出る。 マジムンヌ ~〈魔物が出る〉。

ア˩ラン [ʔa˩ran] 名【植】アダン(阿檀)。タコノキ科の常緑低木。幹の下から多数の気根を垂れる。葉は細長くて尖り、周辺に刺がある。葉で帽子や草履などを作る。気根も裂いて乾かし、綱などを作る。

アラン˩バー [ʔaram˩ba:] 名 アダンの葉。

˥アリ¹ [˥ʔari] 代名 ①あれ。 ッヤー ムノー ~ ヤサ〈きみのはあれだ〉。＊「クリ〈これ〉」、「ウリ〈これ、それ〉」に対する。②彼。彼女。 ~ガ イータン〈彼が言った〉。

˥アリ² [˥ʔari] 感 ほら。そら。注意を促すときに用いる言葉。 ~ レージ ナタン〈ほら大変なことになった〉。

アリア˩リー [ʔaria˩ri:] 感 あれあれっ。危ないときに急を告げる言葉。 ブーラー サッサイ スグトゥ ~ スタン〈ゆらゆらしたので、あれあれ(危ない!)と言っていた〉。

˥アリーン [˥ʔari:n] 動《ʔarir- ʔarit-;㋐アリラン ⊛アリー ㋐アリトーン ㋑アリタン》荒れる。 ウミヌ ~〈海が荒れる〉。

アリウ˩ミー˩クリウミー [ʔariʔu˩mi:˩kuriʔumi:] 副 あれこれ思い悩むさま。

アリ˩カー [ʔari˩ka:] 代名 あのあたり。あの辺。

アリ˩カー˩クリカー [ʔari˩ka:˩kurika:] 名 あちらこちら。あちこち。

アリサー˩イ˩クリサーイ [ʔarisa:˩i˩kurisa:i] 副 珍しがってあれこれさわるさま。

˥アリ˩サイ [˥ʔari˩sai] 感 ほら。男性が目上の人に注意を促すときに用いる言葉。

「アリ」タイ [「ʔari「tai] 副 ほら。女性が目上の人に注意を促すときに用いる言葉。

「アリッ「サ [「ʔaris「sa] 感 ほらっ。そらっ。目下に対して(ごく親しい間柄で)叱りつけるように注意を促すときに用いる言葉。

「アリハティーン [「ʔarihati:n] 動《ʔarihatir- ʔarihatit-; ㋐アリハティラン ㋓アリハティー ㋘アリハティトーン ㋙アリハティタン》荒れ果てる。荒廃する。

「アリ」ヒャー [「ʔari「ça:] 感 ほら。そら。目下に対して注意を促すときに用いる言葉。 ～ レージ ナタン〈ほら大変だ〉。

アリ「ヤー」クリヤー [ʔari「ja:「kurija:] 副 あれやこれや。 ～ イチュナサヌ〈あれやこれや忙しくて〉。

「アル「」 [「ʔaru「] 名 かかと(踵)。*同様の語形が九州の一部でも使われている。

アルウッ「サ [ʔaru「us「sa] 名 あるだけ。全部。

アルウッ「ピ [ʔaru「up「pi] 名 あるだけ。全部。 ～ カラン〈全部食べた〉。

アル「ムン」ネームン [ʔaru「mun「ne:mun] 名 あるものないもの。ことごとく。一切合切(がっさい)。 ～ ンジャスン〈一切合切出す〉。

「アレーガミ [「ʔare:gami] 名 洗い髪。

「アレーカラジ [「ʔare:karadʑi] 名「アレーガミに同じ。

「アレージン [「ʔare:dʑin] 名 洗濯した着物。

「アレームン [「ʔare:mun] 名 洗い物。洗濯物。

「アワ「」 [「ʔawa「] 名 粟。

アワティーハー「ティー [ʔawati:ha:「ti:] 副 大急ぎでするさま。 ～ ウキタン〈大急ぎで起きた〉。

「アワティーン [「ʔawati:n] 動《ʔawatir- ʔawatit-; ㋐アワティラン ㋓アワティー ㋘アワティトーン ㋙アワティタン》急ぐ。 アワティティ シェー〈急ぎでしなさい〉。 *「あわてる」にほぼ対応。

アワ「リ [「ʔawa「ri] 1 名【あわれ】辛いこと。みじめ。 ～ ヤッサー〈辛いなあ〉。 2 感《文》ああ。あわれ。心に深く感じて発する言葉。*琉歌「つれなさやふたり人に生れとて哀れ生き別れしゆるが心気」(全470)。

「アン「¹ [「ʔan「] 名 あん(餡)。ヤマグシクマン「ジュー〈山城饅頭〉などにも入っている。

「アン² [「ʔan] 副 ①そう。 ～ ヤサ〈そうだね。同意を表す〉/ ～ ヤラヤー〈そうだね。そうだろ〉。 ②ああ。 ～ イチャイ カン イチャイ〈ああ言ったりこう言ったり。言を左右にするさま〉。

「アン³ [「ʔan] 動《ʔar- ʔat-; ㋐アラン ㋓アイ ㋘なし ㋙アタン》①ある。 アミネーニ〈あるのかないのか〉。*打ち消しにはネーン〈ない〉を用いる。アンの否定形アランは「ではない」の意味でヤン〈だ〉の打ち消しとして用いる。 ②補助動詞的に用いる。 ウッサル アル〈うれしい〉。

アン「イー」カンイー [ʔaŋ「ʔi:「kaŋʔi:] 副 ああ言いこう言い。言を左右にしてはっきりものを言わないさま。

アンウ「ミー」カンウミー [ʔaŋʔu「mi:「kaŋʔumi:] 副 ああ思いこう思い。あれこれ思い悩むさま。 ～ シン チャーン ナラン〈あれこれ思い悩んでもどうにもならない〉。

アングトゥ [ʔaŋ「gutu] 副 あのように。あんなに。 ～ シェー〈あのようにしなさい〉。

「アング」トール [ʔaŋ「gu「to:ru] 連体 あのような。あんな。 ～ ユムジラ〈あんなやつ〉。

「アン「シ [「ʔan「ʃi] 副 ①そんなに。それほど。なんと。 ～ マーサル〈なんとおいしいことよ〉。 ②そして。それで。話のつなぎに用いる。 ～ チャー サガ〈それでどうした〉。

アン「シー」カンシー [ʔan「ʃi:「kanʃi:] 副 ああしたりこうしたり。あれこれ試みるさま。

アンジャ「ラン」クトゥ [ʔandʑa「raŋ「kutu] 名《文》とんでもないこと。根も葉もないこと。

ア

アン˹ジュン [ʔan˹ʤuɴ] [動]《ʔanr-ʔant-; [否]アンラン [連]アンリー [継]アントーン [過]アンタン》あぶる。暖める。焼く。 ティー ～〈手を火にかざして暖める〉/ウチカビ ～〈紙銭を焼く〉。

アン˹シン˺カンシン [ʔan˹ʃiŋ˺kanʃiɴ] [副] ああしてもこうしても。どうしようが。

アン˹スカ [ʔan˹suka] [副] それほど。そんなに。 ～ レージ ヤティー〈それほど大変なことだったか〉。

アンスカワー˹キ [ʔansukawa:˹ki] [副]《文》それほど。そんなに。

アンダ (アンダギー、アンダンスーなど) ⇨ アンラ。

˹アンチュ [˹ʔantʃu] [名] あの人。あの方。

アン˹チョー [ʔan˹tʃo:] [名] 重曹。

アンナイカン˹ナイ [ʔannaikan˹nai] [副] ああなったりこうなったり。盛んに向きが変わるさま(寝苦しくて寝返りを打つさま、など)。

アン˹ネー˺タル [ʔan˹ne:˺taru] [連体] そんな。そのような。 ～ ニンジン〈そのような(つまらない)人間〉。

アンネー˹ル [ʔanne:˹ru] [連体] そんな。そのような。 ～ シクチ〈そんな(つまらない)仕事〉。＊通例悪い意味に用いる。アン˹ネー˺タルともいう。

アン˹ベー [ʔam˹be:] [名] 按配(あんばい)。調子。具合。加減。 ～ヤ マシ ナトーミ〈調子はよくなっているか〉。

アン˹マー [ʔam˹ma:] [名] お母さん。母。＊名称、呼称どちらにも用いる。

アンマーウー˹ヤー [ʔamma:ʔu:˹ja:] [名] 母親にくっついてばかりいる意気地なしの子。

アン˹マク [ʔam˹maku] [名] 腕白(坊主)。乱暴者。きかん坊。 ～ ワラバー〈腕白坊主。ののしっていう言葉〉。

アン˹マ˺サン [ʔam˹ma˺saɴ] [形]《[否]アンマシコーネーン [過]アンマサタン》気分が悪い。気分がすぐれない。 アンマシクナイン〈気分が悪くなる〉/アンマサ スン〈気分悪そうにする〉。

アンマシ˹ムン [ʔammaʃi˹muɴ] [名] 頭痛の種。厄介なこと。 ～ ヤサナー〈厄介だなあ〉。

アン˹ムチ [ʔam˹mutʃi] [名] あん(餡)の入った餅。

アン˹ラ [ʔan˹ra] [名] 油。「マーアンラ〈菜種油〉、ッワーヌ アンラ〈豚の油〉などをよく使う。

アンラガー˹キ [ʔanraga:˹ki] [名]【油渇き】久しく肉を食べていないこと。

アンラガー˹ミ [ʔanraga:˹mi] [名] 油甕(がめ)。普通は豚の油を入れる。

アンラカ˹シー [ʔanraka˹ʃi:] [名] 豚の油をしぼり取ったあとのかす。野菜の炒めものなどに入れる。

アンラ˹ギー [ʔanra˹gi:] [名]【油揚げ】てんぷら。ッンムアンラ˹ギー〈芋てんぷら〉、ヤーシェーアンラ˹ギー〈野菜てんぷら〉、˹イユアン˺ラギー〈魚てんぷら〉、サーターアンラ˹ギー〈揚げ菓子〉などがある。

アンラ˹グチ [ʔanra˹gutʃi] [名]【油口】お世辞がうまいこと。

アンラ˹ジシ [ʔanra˹ʤiʃi] [名]【油肉(しし)】(肉の)脂身。

˹アンラスン [˹ʔanrasuɴ] [動]《ʔanras-ʔanratʃ-; [否]アンラサン [連]アンラシ [継]アンラチョーン [過]アンラチャン》あふれさせる。

アンラ˹チャー [ʔanra˹tʃa:] [名]〔動〕オキナワトカゲ。

アンラナー˹ビ [ʔanrana:˹bi] [名] てんぷらなどを揚げるために高温にした油が入っている鍋。

アンラブトゥブ˹トゥー [ʔanrabu-tubu˹tu:] [名] (豚の)脂身。

アンラン˹スー [ʔanran˹su:] [名] 味噌を油で炒めたもの。中に豚肉などを入れる。

˹アンリーン [˹ʔanri:ɴ] [動]《ʔanrir-ʔanrit-; [否]アンリラン [連]アンリー [継]アンリトーン [過]アンリタン》あふれる。ミジヌ ～〈水があふれる〉。

# イ

**イ** [ʔi] [接頭] 美称の接頭辞。名詞に付き、みやびの感じと語調整えの働きがある。「イクトゥバ〈言い伝え〉/「イフゥナシ〈言い伝え〉。

**イィ** [ji] [助] か。疑問、尋問の助詞。タル−「イィ〈太郎か〉/ ナマー ッヤー〜〈今度はきみか〉/「イシイィ〈石か〉。 ＊名詞、代名詞に付くが、ター「〈誰〉、マー「〈どこ〉など不定の代名詞には付かず、「ターガ〈誰か〉、「マーガ〈どこか〉となる。ンで終わる語に付く場合はン→ヌと変化させる。チン「〈着物〉→チヌ「イィ〈着物か〉。イチ「マン〈糸満〉→イチ「マ˥ヌイィ〈糸満か〉。活用語の終止形(見出しの形)に付く場合は語末のンをミに変える。「イチュン〈行く〉→「イチュミ〈行くか〉。「マー˥サン〈おいしい〉→「マー˥サミ〈おいしいか〉。過去形の場合は接続形(音便語幹＋i)に付いて、カ「チ˥イィ〈書いたか〉のようになる。否定形に付く場合は語末のンをこに変える。カ「カン〈書かない〉→カカ「こ〈書かないか〉。カンゲー「ラン〈考えない〉→カンゲー「ラこ〈考えないか〉。「アン〈そう〉、「カン〈こう〉に付く場合はア「こ˥イィ〈そうか〉、カ「こ˥イィ〈こうか〉となる。エー アこイィ〈ああそうか〉は自問や軽いあいづちのような意である。

「**イー**[1] [「ʔi:] [名] 胆嚢。

**イ˥ー**[2] [ʔi˥:] [感] はい。うん。ああ。同輩より下に対して、承諾し肯定する応答の言葉。ッヤーガル シー〈おまえがしたのか〉と聞かれ、そのとおりであればイ˥ー〈うん〉と答える。

「**イィー**[1] [「ji:] [名] (十二支の)亥(い)。〜ヌ ッチュ〈亥年生まれの人〉。

「**イィー**[2] [「ji:] [名] 柄(え)。

**イィー**「[3] [ji:「] [名] 絵。

「**イィー**[4] [「ji:] [名] 酔い。 〜ムン フリムン〈酔っぱらいは阿呆だ〉。 ＊「ウィーともいう。

**イィー**[5] [ji:] [助] よ。ね。同輩、目下に対しての念押し。志向形に付く。イカ〜〈行こうね〉/ トゥラ〜〈取ろうね〉。 ＊ヒーともいう。

**イィー**[6] [ji:] [接頭] いい…。よい…。「イィー˥ッチュ〈いい人〉、イィーアン「ベー〈いい按配〉、「イィー˥トゥクル〈いいところ〉など。

「**イーアティーン** [「ʔi:ʔati:ɴ] [動]《ʔi:ʔatir- ʔi:ʔatit-; [否]**イーアティラン** [連]**イーアティー** [継]**イーアティトーン** [過]**イーアティタン**》言い当てる。

**イィーアン「ベー** [ji:ʔam「be:] [名] いい按配。いい気持ち。仕事などが順調に進んでいること。病状がよいこと。

**イィ「ー˥イィ** [ji「:˥ji] [感] イィー「イィー˥イィーに同じ。

**イィー「イィー˥イィー** [ji:「ji:˥ji:] [感] 否(いな)。いや。同輩、目下に対する否定、拒否の意を表す語。＊短めにイィ「ー˥イィという場合もある。目上に対してはウゥー「ウゥー˥ウゥーを用いる。

「**イィー˥イミ** [「ji:˥ʔimi] [名] いい夢。

「**イーカキーン** [「ʔi:kaki:ɴ] [動]《ʔi:kakir- ʔi:kakit-; [否]**イーカキラン** [連]**イーカキー** [継]**イーカキトーン** [過]**イーカキタン**》言いかける。

**イィー「カチ** [ji:「katʃi] [名] 絵描き。画家。＊イィーカ「チャーともいう。ただし明治生まれの人には前者が普通の形で、後者は軽蔑の意である。

**イィーカ「チャー** [ji:ka「tʃa:] [名] 絵描き。画家。絵をよく描く者。

「**イィー˥カンゲー** [「ji:˥kaŋge:] [名] 立派で適切な考え。名案。よい思いつき。

**イー「ク** [ʔi:「ku] [名]〘植〙モッコク(木斛)。ツバキ科。良質の木材が取れる。樹皮は茶褐色の染料の原料となる。

「**イークィー** [「ʔi:kwi:] [名] ①縁談。 ②結婚の約束。 〜 スン〈結婚の約束をする〉。

イィー「グシ [ji:「guʃi] 图【酔(ぇ)ひ癖】酒癖。 ～ ワッサヌ〈酒癖が悪くてね〉。

「イークジーン [「ʔi:「kudʒi:n] 《ʔi:-kudʒir- ʔi:kudʒit-; 酬イークジラン 連イークジー 継イークジトーン 過イークジタン》罵倒する。けなす。

「イィー「クトゥ [「ji:「kutu] 图 よいこと。めでたいこと。吉事。

イィー「クル [ji:「kuru] 副 そろそろ。おおよそ。たいてい。 ～ ナトーサ〈もうそろそろできているよ〉／～ チェー サニ〈そろそろ来る頃だ(直訳は「来はするね」)〉。

「イーケーシゲーシ [「ʔi:ke:ʃi「ge:ʃi] 副【言い返し返し】繰り返し。くどくど。何度も繰り返して言うさま。 ユヌクトゥ ～ スン〈同じことを何度も言う〉。

「イーケースン [「ʔi:ke:「sun] 酬《ʔi:-ke:s- ʔi:ke:tʃ-; 酬イーケーサン 連イーケーシ 継イーケーチョーン 過イーケーチャン》言い返す。反論する。 ヌーガ イーケーサンタル〈どうして反論しなかったのか〉。

イー「ケー」ラスン [ʔi:「ke:「rasun] 酬《ʔi:ke:ras- ʔi:ke:ratʃ-; 酬イーケーラサン 連イーケーラシ 継イーケーラチョーン 過イーケーラチャン》(容器に入っている液体を)あける。こぼす。＊イッ「ケー」ラスンともいう。

イー「ケー」リーン [ʔi:「ke:「ri:n] 酬《ʔi:ke:rir- ʔi:ke:rit-; 酬イーケーリラン 連イーケーリー 継イーケーリトーン 過イーケーリタン》(容器に入っている液体が)こぼれる。 チャー ～〈お茶がこぼれる〉。

イィー「ゴー「サン [ji:「go:「san] 形《酬イィーゴーコーネーン 過イィーゴーサタン》かゆい。

「イィーサマ [「ji:sama] 图 無為に座ってばかりいること。 ルーヤ ～ ナトーティ ヌーン サン〈自分は座ったきりで何もしない〉。

イィーサマ「シ [ji:sama「ʃi] 图 酔いざまし。酔いをさます飲み物など。

イー「ジェー [ʔi:「dʒe:] 图【飯匙(いいがい)】しゃもじ。

イージェーマジ「ムン [ʔi:dʒe:madʒi-「mun] 图 しゃもじの恰好(かっこう)をした化け物。

「イィーシクチ [「ji:ʃikutʃi] 图【居仕事】座ってする仕事。座業。

「イーシチャ [「ʔi:ʃitʃa] 图 上下(うえした)(じょうげ)。＊「ヮィーシチャともいう。

「イィー」スー「ブ [「ji:「su:「bu] 連語 いい勝負。甲乙つけがたい試合。

「イィー」ソー「グゥチ [「ji:「so:「gwa-tʃi] 連語 ①よい正月。 ②新年おめでとう。新年の挨拶。目上には ～ レービル〈新年おめでとうございます〉と言い、目下には ～ヤー〈新年おめでとう〉と言う。

「イィータティ [「ji:tati] 图 樽板(たるいた)を樽の形に立てていくこと。

イー「チ [ʔi:「tʃi] 图 息。呼吸。 ～ スン〈息をする〉／～ トゥッチラトゥッチラ スン〈息も絶え絶えになりそうになる〉／イーチ フチュン〈(階段などを上がってきて)息切れがする〉／～ フェーフェー〈激しく動いて息切れすること。あえぎあえぎ〉。

イー「チ」アクビ [ʔi:「tʃi」ʔakubi] 图 息とあくび。次のように用いる。 ～ シミラン〈息とあくびをさせない。転じて「まったく余裕を与えない」〉／～ン ナラン〈息とあくびもできない。転じて「少しの余裕もない」〉。

イィー「チー [ji:「tʃi:] 图 いい気。思い上がり。 ～ ナトーン〈いい気になっている〉。

「イーチキ [「ʔi:tʃiki] 图 言いつけ。指図。命令。 ウヤヌ ～〈親の言いつけ〉。

「イーチキーン [「ʔi:tʃiki:n] 酬《ʔi:tʃi-kir- ʔi:tʃikit-; 酬イーチキラン 連イーチキー 継イーチキトーン 過イーチキタン》言いつける。指図する。命令する。 ローリン イーチキティ クィミソーリ〈どうぞ言いつけてください〉。＊「告げ口する」の意には用いない。

「イーチク」ナースン [「ʔi:tʃiku」na:-

sun] 動《ʔi:tʃikuna:s- ʔi:tʃikuna:tʃ-; ㋑イーチクナーサン ㋺イーチクナーシ ㋩イーチクナーチョーン ㋥イーチクナーチャン》言いくるめる。言い負かす。

イーチゲー「イ [ʔi:tʃige:ˈi]【息換えり】息を継ぐこと。息継ぎ。シーミッシ ~ サントー シヌン〈潜って息継ぎをしなければ死ぬ〉。

イーチケームン「サー [ʔi:tʃike:munˈsa:] 名 小間使い。子分。手下。

「ィィーチチュン [ˈji:tʃitʃun] 動《ji:-tʃik- ji:tʃitʃ-; ㋑ィィーチカン ㋺ィィーチチチ ㋩ィィーチチョーン ㋥ィィーチチャン》①居つく。住みつく。②(回転している独楽(こま)などが)あたかも静止しているように見える。

「ィィーチビン」チカン [ˈji:tʃibinˈtʃikan] 連語 落ち着きがない。席の温まる暇もない。直訳は「座る尻も付かない」。

イーチマ「リー [ʔi:tʃimaˈri:] 名 息が詰まること。窒息。⇨ マリー。

イーチ「ミー [ʔi:tʃiˈmi:] 名 (虫を入れた箱などにあける)息をするための穴。空気穴。

イー「チュ [ʔi:ˈtʃu] 名 絹。

イー「チュー [ʔi:ˈtʃu:] 名 糸。

イー「チュジン [ʔi:ˈtʃuˈdʒin] 名 絹の着物。

イー「チュン [ʔi:ˈtʃun] 動《ʔi:k- ʔi:tʃ-; ㋑イーカン ㋺イーチ ㋩イーチョーン ㋥イーチャン》動く。揺れ動く。動いて位置を変える。ネーヌガ ユイラヤース ~〈地震なのだろうか、家が揺れ動く〉/ ソーンリ イチン イーカンサ〈せかしても動かない〉。* ッウィーチュンともいう。

イーチョー「バー [ʔi:tʃoˈba:] 名【植】ウイキョウ(茴香)。ジューシー〈雑炊〉に入れてイーチョーバージューシーを作る。* ッウィーチョーバーともいう。

「ィィーックヮ[1] [ˈji:kkwa] 名 ①いい子。かわいい子。②親切な人。いい人。子供ばかりでなく年下の大人にも用いる。アンチョー ~ ヤン〈あの人は親切な人だ〉。

「ィィーックヮ[2] [ˈji:kkwa] 名 甥。

「ィィー」ックヮ ヤサ [ji:kkwa jasa] 連語 直訳は「いい子だ」の意だが、年配の者が年下の者にご苦労さまという意で多く用いる。

「ィィー」ッチュ [ji:ˈttʃu] 名 いい人。立派な人。

イー「トゥ [ʔi:ˈtu] 副 逡巡するさま。躊躇するさま。イカヤー イカヤー クチビケー ~ ソーシガ イチェーウーサン〈行こう行こうと言うばかりで、ためらって行くことができない〉。

イィートゥル「カー」サン [ji:turuˈka:san] 形《㋩ィィートゥルカーシコーネーン ㋥ィィートゥルカーサタン》豚肉の脂身のところを思い切り食べたあとのいやな感じのさま。

イー「ナ [ʔi:ˈna] 副 もう。もはや。~ ウチナチー〈もう終わったか〉。* イーナス「ヘー、イーナヌヘー「ナーなどに同じ。

「ィィー」ナーカ [ˈji:ˈna:ka] 連語 いい仲。親しい仲。恋人どうし。

イィー「ナチ [ji:ˈnatʃi] 名 酔い泣き。酒に酔って泣くこと。サキ ヌリ ~ ソーサ〈酒を飲んで酔い泣きしているよ〉。* ッウィーナチともいう。

イーナヌ「ヘー [ʔi:nanuˈhe:] 副 もう。もはや。* イー「ナに同じ。

イーナヌヘー「ナー [ʔi:nanuheˈna:] 副 もう。もはや。~ ッンジチー〈もう行って来たか〉。* イー「ナに同じ。

「イーナラーシ [ˈʔi:nara.ʃi] 名【言い習し】しつけ。教えさとすこと。~ ッシトゥラショー〈教えさとしてくれよ〉。

「ィィーニー」ブイ [ˈji:niˈbui] 名 居眠り。~ ソーン〈居眠りしている〉。

「イーニン」ウユバン [ˈʔi:ninˈ ʔujuban] 連語 言うにおよばない。言うまでもない。

「イーヌク」スン [ˈʔi:nukuˈsun] 動《ʔi:nukus- ʔi:nukutʃ-; ㋑イーヌクサ

イーノースン

ン 圏イーヌクシ 敬イーヌクチョーン 連イーヌクチャン》言い残す。

「イーノー「スン [ʔi:noːˈsun] 動《ʔi:no:s- ʔi:no:tʃ-; 否イーノーサン 連イーノーシ 敬イーノーチョーン 過イーノーチャン》言い直す。前言を取り消す。

「イィーノー「スン [ˈjiːnoːˈsun] 動《ji:no:s- ji:no:tʃ-; 否イィーノーサン 連イィーノーシ 敬イィーノーチョーン 過イィーノーチャン》去ろうとしてまたしばらくとどまる。(同じ姿勢だと疲れるから)別の座り方に変える。＊「居直す」にほぼ対応。

「イーバー [ˈjiːˈbaː] 名 ①よいとき。よい機会。～チェーサ〈ちょうどよいところに来たねえ〉。②いい気味。～ヤサ〈いい気味だ。ざまあみやがれ。「ちょうどよい機会だね」から転じた〉。

イィーバチカー「カー [jiːbatʃikaːˈkaː] 副 むかむかするさま。吐き気を催すさま。～スン〈むかむかする〉。

イー「ビ [ʔi:ˈbi] 名 指。

イー「ヒー [ʔi:ˈçi:] 名 同輩より下に対する言葉づかい。同輩、目下として扱うこと。肯定の返事イーと目下から呼ばれたときの応答ヒーをくっつけたもの。イーヒー スンは共通語訳すれば、「はい、はい、する」となって、唯々諾々の意味にとられがちだが、那覇方言では「対等の関係でいく。きみ、僕の関係でいく」の意味を表す。

「イィー「ヒー [ˈjiːˈçiː] 名 よい日。吉日。

イービウゥー「イ [ʔi:biuˈi] 名 指折り(数えること)。～ッシ カジューイン〈指折りして数える〉。

イービガ「ニー [ʔi:bigaˈni:] 名【指金】指輪。＊イービナ「ギーの方を用いることが多い。

イービ「ジャチ [ʔi:biˈdʒatʃi] 名 指先。

イービナ「ギー [ʔi:binaˈgi:] 名 指輪。＊イービガ「ニーよりもよく用られる。

イービ「ヌチ [ʔi:biˈnutʃi] 名 ①指さすこと。②後ろ指をさすこと。～ サリーン〈後ろ指をさされる〉。

イー「ヒャー [ʔi:ˈça:] 感 相手を罵倒して返事する語。喧嘩(けんか)のときに用いる。～ アシヒャー〈激しくののしり合うさま〉／～ アシヒャー スン〈まさにつかみかからんばかりにののしり合う〉。

「イィー「ヒョー「シ [ˈjiːˈçoːˈʃi] 連語【いい拍子】よい機会。よい折。

イーヒラチ [ʔi:çiratʃi] 名 言い開き。弁明。言い訳。～ スン〈弁明する。申し開きをする〉。

イーヒル「ギーン [ʔi:çiruˈgi:n] 動《ʔi:çirugir- ʔi:çirugir-; 否イーヒルギラン 連イーヒルギー 敬イーヒルギトーン 過イーヒルギタン》言いふらす。吹聴する。＊「言い広げる」にほぼ対応。

イービン「グヮー [ʔi:biŋˈgwa:] 名 小指。

イー「フ [ʔi:ˈɸu] 名 大雨などのあとに流れてきた土砂。

イー「ブー [ʔi:ˈbu:] 名【魚】ハゼ(沙魚)。～ッシ タマン チーン〈ハゼでフエフキダイを釣る。えびで鯛を釣る〉。

「イィー「フージ [ˈjiːˈɸuːdʒi] 名【いい風儀】よい身なり。立派な習わし。

イー「フェー [ʔi:ˈɸe:] 名 位牌。

イーブサカッ「ティー [ʔi:busakatˈti:] 名 言いたい放題。～ アビトーン〈言いたい放題しゃべっている〉。

イィー「フ「リーン [jiːˈɸuˈriːn] 動《ji:ɸurir- ji:ɸurit-; 否イィーフリラン 連イィーフリー 敬イィーフリトーン 過イィーフリタン》酔いしれる。正体不明になるまで酔う。泥酔する。⇨ イィーン[4]、フリーン[1]。

「イーブン [ʔi:bun] 名 言い分。アリガ イーブノー トゥーラン〈彼の言い分は通らない〉。

「イーホー「イン [ʔi:hoˈin] 動《ʔi:ho:r- ʔi:ho:t-; 否イーホーラン 連イーホーイ 敬イーホートーン 過イーホータ

ン》追い払う。＊「ッウィーホー˥インともいう。

**イィーマー「ルー** [ji:ma:「ru:] [名] 労力交換の協同作業。農家などで、田植え、製糖期などに、一度で多くの労力が必要なとき順番に労力を提供し合って助け合う方式のこと。単に回ってきた順番の場合にもいう。＊本島北部など他の琉球方言ではユイマー「ルともいう。

**イーマカ「シェー** [ʔi:maka「ʃe:] [名] 言い負かすこと。

**「イーマカ˥スン** [「ʔi:maka˥suɴ] [動] 《ʔi:makas- ʔi:makatʃ-; [否]**イーマカサン** [連]**イーマカシ** [継]**イーマカチョーン** [過]**イーマカチャン**》言い負かす。

**「イーマギーン** [「ʔi:magi:ɴ] [動]《ʔi:magir- ʔi:magit-; [否]**イーマギラン** [連]**イーマギー** [継]**イーマギトーン** [過]**イーマギタン**》①相手の言葉を無理にねじ曲げる。曲解する。②相手を無理やり言葉で押さえつけてものを言わせないようにする。＊「言い曲げる」にほぼ対応。

**「イーマチ˥ゲー** [「ʔi:matʃi˥ge:] [名] 言い間違い。言いそこない。

**「イームル˥スン** [「ʔi:muru˥suɴ] [動]《ʔi:murus- ʔi:murutʃ-; [否]**イームルサン** [連]**イームルシ** [継]**イームルチョーン** [過]**イームルチャン**》破談にする。(婚約を)破棄する。＊「言い戻す」にほぼ対応。

**「イィー˥ムン** [「ji:˥muɴ] [名] いい物。

**イー「ヤー** [ʔi:「ja:] [名] 胎盤。えな。

**イーヤーワラ「イ** [ʔi:ja:wara「i] [名] 生まれて間もない赤ん坊が条件反射的に笑うこと。 〜 ソーン〈赤ん坊が笑っている〉。＊1891年生まれの女性から聞いたことによる。首里あたりでは家の後ろに胎盤(イー「ヤー)を埋めて子供らに笑わすという風習があったようであるが、それとは異なる。

**「イーヤン˥ジュン** [「ʔi:jan˥dʒuɴ] [動]《ʔi:janr- ʔi:jant-; [否]**イーヤンラン** [連]**イーヤンジ** [継]**イーヤントーン** [過]**イーヤンタン**》言いそこなう。へたな言い方をする。間違った言い方をする。

**イーユヌ「ミー** [ʔi:junu「mi:] [名] 童謡に合わせて行う幼児の遊戯で、左の手のひらに右手の指を何度か当てること。幼児がこの動作のできるまでに成長したことを喜ぶ意もある。この童謡は次のように続く。イーユヌミー イーユヌミー(左の手のひらに右手の指を二度当てる)、ミーミンメー ミーミンメー(両方の耳を引っ張る)、ヒージントー ヒージントー(左右の肘を交互に手のひらにのせる)、シーヤープー シーヤープー(体を左右に動かす)。

**「イーヨー** [「ʔi:jo:] [名] 言いよう。言い方。 〜ヌ アレー チチヨーン アイル スル〈言いようがあれば聞きようもあろうというもの〉。

**イー「ラー** [ʔi:「ra:] [名]〔動〕カツオノエボシ(鰹の烏帽子)。電気くらげ。遊泳中に刺されることがある。

**イィーラ「スン** [ji:ra「suɴ] [動]《ji:ras- ji:ratʃ-; [否]**イィーラサン** [連]**イィーラシ** [継]**イィーラチョーン** [過]**イィーラチャン**》やる。あげる。イィー「ン〈もらう〉の使役形。ジン 〜〈金をやる〉。

**イィーラリー「ン** [ji:rari:「ɴ] [動]《ji:rar- ji:ratʃ-; [否]**イィーララン** [連]**イィーラリ** [継]**イィーラチョーン** [過]**イィーラチャン**》もらわれる。イィー「ン〈もらう〉の受身形。

**イーリ「キー** [ʔi:ri「ki:] [名] 面白い人。人をよく笑わせる人。愉快な人。＊ッウィーリ「キーともいう。

**イー「リキ˥サン** [ʔi:「riki˥saɴ] [形]《[否]**イーリキコーネーン** [過]**イーリキサタン**》面白い。楽しい。愉快である。＊ッウィー「リキ˥サンともいう。

**イィーリ「ムン** [ji:ri「muɴ] [名] おもちゃ。玩具。

**イィー「ルー** [ji:「ru:] [名] 紐。 〜ッシ クールー ミグラスン〈紐で独楽(こま)を回す〉。

**「イィー˥ルシ** [「ji:˥ruʃi] [名] よい友。親友。

「イィー ッワーチチ [ˈjiː ʔwaːtʃitʃi] 連語 いい天気。晴天。

「イーワキ [ˈʔiːwaki] 名 言い訳。弁解。 ～ スン〈言い訳する〉。

「イィーワジャ [ˈjiː wadʒa] 連語【いい業】いい仕事。立派な仕事。

「イーワタ [ˈʔiːwata] 名【うえわた(上腸)】腹の上の方。 ～ キラリーン〈腹の上を蹴られる〉。

イー「ン¹ [ʔiːˈn] 動 老いる。次のように用いる。 イーティ ヤナムノー ニンジン〈老いて悪いものは人間。これ以外の用法は聞かない〉。

「イーン² [ʔiːn] 動《ʔir- ʔitʃ-; 否 イラン 連 イー 継 イチョーン 過 イチャン》言う。イチ トゥラシェー〈言ってくれ〉/ ヌーン イラングトゥ ケータン〈何も言わないで帰った〉/ イチャル マギサ〈言ったことの大きさよ。大言壮語しているのを揶揄していう〉。

「イーン³ [ʔiːn] 動《ʔir- ʔitʃ-; 否 イラン 連 イー 継 イッチョーン 過 イッチャン》入る。

イー「ン⁴ [ʔiːn] 動《ʔir- ʔitʃ-; 否 イラン 連 イー 継 イッチョーン 過 イッチャン》(弓で)射る。(鉄砲で)撃つ。ティッ プーッシ ～〈鉄砲で撃つ〉。

イィー「ン¹ [jiːn] 名 縁(え)。縁側。

「イィーン² [jiːn] 名《jiːr- jiːt-; 否 イィーラン 連 イィー 継 イィートーン 過 イィータン》もらう。ジン ～〈金をもらう〉。

「イィーン³ [ˈjiːn] 動《jir- jitʃ-; 否 イィラン 連 イィー 継 イィチョーン 過 イィチャン》①座る。クマンカイ ～〈ここに座る〉/「イィミシェーン〈お座りになる。おかけになる〉/「イィレ〈座れ〉/「イィチョーザ」ヤー〈座っているなあ。座っている者への挨拶の言葉にもなる〉/「イィシカトーン〈座っていやがる〉。②底にたまる。沈殿する。 グリヌ ～〈沈殿物が底にたまる〉。 *「居る」にほぼ対応。

イィー「ン⁴ [jiːn] 動《jiːr- jiːt-; 否 イィーラン 連 イィー 継 イィートーン 過 イィータン》(酒に)酔う。 サキ ヌリ ～〈酒を飲んで酔う〉。 *「酔(え)ふ」にほぼ対応。

イィーン「グヮ [jiːŋgwa] 名 もらい子。

「イーンジャスン [ˈʔiːʔndʒasun] 動《ʔi:ʔndʒas- ʔi:ʔndʒatʃ-; 否 イーンジャサン 連 イーンジャシ 継 イーンジャチョーン 過 イーンジャチャン》言い出す。

イ「エー [ʔiˈeː] 名【言い遣り】伝言。

「イカタ [ˈʔikata] 名 鋳型。(菓子、靴などを作るときの)型。

「イカタヌジ [ˈʔikatanudʒi] 名【鋳型抜き】瓜(う)二つ。 ウッター チョーレーヤ ～ ヤサ〈これら兄弟は型で作ったように非常に似ている〉。

「イカタレー [ˈʔikatareː] 名 語らい。⇒イ。

「イカナ [ˈʔikana] 副 いかに。どんなに。 ～ ヌー ヤラワン ウンナ クトー シェー ナラン〈いかに何だろうとそんなことをしてはいけない〉。

「イカナシン [ʔikanaʃin] 副 どうしても。絶対に。 ～ ニービチェー サン〈どうしても結婚はしない〉。

「イィキー [ˈjikiː] 名【ゐけり】(姉妹から見た)兄弟。*「ウナイの対。「ウィキーともいう。

イィキ「ガ [jikiˈga] 名 男。 ～ヌ クトーバー スームン ガーイ〈男の言葉は証文代わり〉/ ～ ヌッンジトーティ イジレー ネーン〈男のくせに意気地がない〉。

イィキガイィナ「グー [jikigajinaˈguː] 名 女のような男。女形(おんながた)(やま)。⇒イィナグ。

イィキガウッ「トゥ [jikigaʔuttu] 名 弟。*イィナグウッ「トゥ〈妹〉の対。

イィキガ「ウヤ [jikigaˈʔuja] 名 男親。父親。*イィキ「ガヌ」ウヤ〈男の親〉に同じ。

イィキガ「グィー [jikigaˈgwiː] 名 男

の声。

**イィキガシーˈジャ** [jikigaʃiːˈdʒa] 图 兄。＊イィナシーˈジャ〈姉〉の対。

**イィキガˈシトゥ** [jikigaˈʃitu] 图 舅(しゅうと)。夫の父親。

**イィキガスˈガイ** [jikigasuˈgai] 图 男装。⇨スガイ。

**イィキˈガヌˈウヤ** [jikiˈganuˈʔuja] 图 男の親。父親。

**イィキガフーˈジー** [jikigaɸuːˈdʒiː] 图 男のなり。男のように見えること。～ヤタン〈男のようであった〉。

**イィキガˈフゥーˈフジ** [jikigaˈɸaː-ɸudʒi] 图 祖父。

**イィキˈガˈマサイ** [jikiˈgaˈmasai] 图 ①男まさり。女丈夫。②男の方が女よりすぐれていること。～ンチル アルッヤーヤ〈何事にも男の方がすぐれているといわれているのだぞ、それに引き替えおまえは(そんなことも知らないのか)〉。

**イィキガヤグˈサミ** [jikigajaguˈsami] 图 男やもめ。

**イィキガˈラーˈサン** [jikigaˈraːˈsan] 形《イィキガラーシコーネーン 過 イィキガラーサタン》男らしい。イィキガラーシコーネーンロー イジリッンジャシェー〈男らしくないぞ、しっかりしないか〉。

**イィキガワラˈビ** [jikigawaraˈbi] 图 男の子。少年。＊イィナグワラˈビ〈女の子〉の対。

**イィキガンˈグヮ** [jikigaŋˈgwa] 图 男の子。少年。

**イキラˈウッˈサー アラン** [ʔikira-ˈʔusːsaː ʔaran] 連語 ものすごくうれしい。＊イキラは単独では用いられない。「ウッサー」は「うれしくは」、ア「ランは「あらぬ。でない」の意。

**イキˈラサˈウフサ** [ʔikiˈrasaˈʔuɸusa] 图 多い少ない。量の多少。ユヌグトゥル イッテーサ イキラサウフサー イランケー〈同じように入れてあるんだ、多い少ないは言うな〉。

**イキˈラˈサン** [ʔikiˈraˈsan] 形《㊁イキラコーネーン 過イキラサタン》少ない。イキラサミ ナーヒン イリーミ〈少ないか、もっと入れるか〉。

**イキラニンˈジュ** [ʔikiraninˈdʒu] 图 少人数。少数の人。～ヌ ムヌ カリ〈少人数分の数少ないものを食べてしまって(すまない)〉。

**イキラˈムン** [ʔikiraˈmun] 图 少ししかない物。イキラムノー アランサ カメー〈少ししかない物ではないよ(たくさんあるから)食べなさい〉。

**イク** [ʔiku] 接頭 いく(幾)…。数を問う接頭辞。イクˈチ〈いくつ〉、イクˈチチ〈幾月〉、イクˈタイ〈幾人。何人〉など。

**イクケーˈン** [ʔikukeːn] 图 幾度(ど)。何度。

**イクˈサ** [ʔikuˈsa] 图 戦い。戦争。喧嘩(げんか)。イィナゴー ～ヌ サチバイ《諺》〈女は戦争の先駆け。大昔の戦いは真先に巫女(ふじょ)が相手を呪うことから始まったのでこういうといわれる〉／ヒティミティンナーランカラ ～ヤサ〈朝っぱらから喧嘩だ〉。

**イクサグヮーˈシー** [ʔikusagwaːˈʃiː] 图 戦争ごっこ。⇨グヮーシー。

**ˈイクサチ** [ˈʔikusatʃi] 图 行く先。行く手。

**イクサˈユー** [ʔikusaˈjuː] 图【戦世】戦争が行われた時代。特に太平洋戦争の頃をいう。～ヤ ヌーカラ ヌーマリン カラン〈戦時中は何から何まで食った〉。⇨ユー²。

**イクˈタイ** [ʔikuˈtai] 图【幾人(たり)】幾人(にん)。何人。

**イクタイニンˈジュ** [ʔikutaininˈdʒu] 图 選ばれた人々。少数のすぐれた人々。＊イラビニンˈジュともいう。

**イクˈチ** [ʔikuˈtʃi] 图 いくつ。何個。何歳。～ン ミーチン〈たくさん。いくつも。直訳は「いくつも三つも」〉／～ アガ〈いくつあるか〉／～ ナイガ〈何歳になるか〉。

**イクˈチー** [ʔikuˈtʃiː] 图 いくつか。いくつ

イ

から始めるか。小石を使うお手玉に似た遊戯(⇨イシナーグー)などでその始め方を問う語。

**イクトゥク「ル** [ʔikutuku「ru] [名]【幾所(いくところ)】何人様。イク「タイ〈幾人。何人〉の敬語。

**「イクトゥバ** [「ʔikutuba] [名] 昔からの言い伝え。⇨イ。 ンカシンチュヌ ～〈昔の人の言葉、諺など〉。

**イク「ヒル** [ʔiku「çiru] [名] 幾尋(いくひろ)。何尋。 ～ シーミウースガ〈幾尋潜れるか〉。

**イグマ「スン** [ʔiguma「suɴ] [動]《ʔigumas- ʔigumatʃ-; [否]**イグマサン** [連]**イグマシ** [継]**イグマチョーン** [過]**イグマチャン**》前もってそれとなく知らせる。

**イ「グン** [ʔi「guɴ] [名] 遺言(いごん)(ゆいごん)。

**「イサ** [「ʔisa] [名] 医者。

**イサ「トゥー** [ʔisa「tuː] [名] かまきり。

**イサミー「ン** [ʔisamiː「ɴ] [動]《ʔisamir- ʔisamit-; [否]**イサミラン** [連]**イサミー** [継]**イサミトーン** [過]**イサミタン**》①諫(いさ)める。 ②励ます。

**「イシ** [「ʔiʃi] [名] 石。＊大きい岩は「シーともいう。

**「イジ** [「ʔidʒi] [名] ①勇気。意地。元気。やる気。 ～ヌ アン〈勇気がある〉/ ～ ッンジャシェー〈やる気を出せ〉/ ～ チーン〈意地を着る。転じて「(子供が)しっかりしている。一人前になっている」の意〉/ ～ン チラン ムン〈意気地なしの子供〉。 ②激しい気持ち。怒り。 ～ヌ シーララン〈怒りを制しきれない。我慢ができない〉。

**「イィシーン** [「jiʃiːɴ] [動]《jiʃir- jiʃit-; [否]**イィシラン** [連]**イィシー** [継]**イィシトーン** [過]**イィシタン**》①すえる。置く。 ナービ ～〈鍋をすえる〉。 ②落ち着ける。 チム ～〈心を落ち着かせる〉。 ③座らせる。 タッチョール ッチュ ～〈立っている人を座らせる〉。

**「イシウーシ** [「ʔiʃiʔuːʃi] [名] 石臼(いしうす)。

**「イシェーニ** [「ʔiʃeːni] [副]【委細に】はっきりと。明瞭に。 ～ ワカイン〈はっきり分かる〉/ ～ ウビトーン〈はっきりと覚えている〉。

**「イィシカイン** [「jiʃikaiɴ] [動]《jiʃikar- jiʃikat-; [否]**イィシカラン** [連]**イィシカイ** [継]**イィシカトーン** [過]**イィシカタン**》いやがる。座りやがる。「座っている。長居をする」の卑語。 ナマ イィシカトーン〈まだ座っていやがる〉。

**イシ「ガチ** [ʔiʃi「gatʃi] [名] 石垣。

**イシガチ「グー** [ʔiʃigatʃi「guː] [名] へぼ碁。へたな碁。一直線に並べるばかりの碁。

**イシガッカラー「ミチ** [ʔiʃigakkaraː「mitʃi] [名] 石ころだらけの道。

**イシガン「トー** [ʔiʃigan「toː] [名] 石敢当。長方形の石などに縦に「石敢当」と書いてT字路の突き当たりに立ててあるもの。中国からの伝来で、沖縄では魔除けの働きがあるといわれる。鹿児島あたりにもある。

**イシ「グー** [ʔiʃi「guː] [名] 石粉(いしこ)。石や珊瑚礁などを細かく砕いたもので道路の舗装用に用いた。

**イシグー「ミチ** [ʔiʃiguː「mitʃi] [名] イシ「グーを敷いた道。砂利道。車が通るとほこりが立ち込めた。

**「イシクジマ** [「ʔiʃikudʒima] [名] (老人の顔に出る)しみ。あざ。

**「イシクビリ** [「ʔiʃikubiri] [名]《文》石ころの多い坂道。＊琉歌「伊野波の石こびれ無蔵つれてのぼるにやへも石こびれ遠さはあらな」(全599)。

**「イシジ** [「ʔiʃidʒi] [名] 礎石(そせき)。いしずえ。家の柱を立てる石。

**「イシジェーク** [「ʔiʃidʒeːku] [名]【石細工】石工。石屋。

**イシジェー「クー** [ʔiʃidʒeː「kuː] [名]「イシジェークをやや馬鹿にしたいい方。

**イシジェークー「チジ** [ʔiʃidʒeːkuː「tʃidʒi] [名]【石細工注ぎ】お茶などを茶碗になみなみと入れる注ぎ方。

**イジ「ジュー** [ʔidʒi「dʒuː] [名] 意地[勇気]のある者。 マジムヌン ウスリラン ～

ヤッサー〈お化けも恐れない勇気のある者だな〉。
**イジジュー「ムン** [ʔidʒidʒuːˈmun] 名 イジジューに同じ。
**「イシジョー** [ʔiʃidʒoː] 名 石門。石造りの門。
**「イジチリ「ムン** [ʔidʒitʃiriˈmun] 名 （年少者の）しっかりした者。立派な者。
**イシナー「グー** [ʔiʃinaːˈguː] 名【いしなご（石な粉）】子供の遊び。小石五個で遊ぶ。一つの石を上に放り上げ、その間に前にまいた石を一つ拾い上げ、その拾い上げた手で落ちてくる石を受け止める遊び。その動作をティー「チー〈一つ〉、ター「チー〈二つ〉、ミー「チー〈三つ〉、ユー「チー〈四つ〉と、四個拾い上げるまで進む。途中、落ちてくる石を受け止めそこねた場合は負けとする。四個拾い上げた後、五つの石を同時に上に放り上げ、それを手の甲にのせ、さらにそれを放り上げて石を取り、その数の多さで点数を競う。
**「イシバー** [ʔiʃibaː] 連語 次のように用いる。ヒジャイス ミメー 〜 ナトーン〈左の耳は聞こえなくなっている〉。
**「イシバシ** [ʔiʃibaʃi] 名 石橋。
**「イシベー** [ʔiʃibeː] 名 石灰(いしばい)(せっかい)。貝殻などを焼いて粉末にしたもの。しっくいなどに使う。
**「イジャー** [ʔidʒaː] 名 意地[勇気]のある者。大胆な者。
**イ「ジャイ** [ʔiˈdʒai] 名【漁(いさ)り】夜の漁。夜、火をたいて海岸の近くで魚介類をとること。
**イジャイ「ビー** [ʔidʒaiˈbiː] 名 漁(いさ)り火。
**「イジュ** [ʔidʒu] 名《植》イジュ。ツバキ科ヒメツバキ属の常緑高木で良材となる。梅雨の頃に白色系の美しい花を咲かす。赤っぽい酸性土壌を好むので中南部には少ない。＊琉歌「伊集(いじゅ)の木の花やあんきよらさ咲きゆりわぬも伊集のごと真白(まっしろ)咲かな」(全118)。
**イ「ジュン** [ʔiˈdʒun] 名《文》泉。＊琉歌「出砂のいべや泉抱きもたえる思子抱きもたえるとのち里之子」(全1050)。
**イジ「リ** [ʔidʒiˈri] 名 意気地。気力。やる気。 〜ヌ ネーン〈意気地がない〉。
**イシンバ「エー** [ʔiʃimbaˈeː] 名 石投げ。隣村の子供らと喧嘩(けんか)をするとき石を投げること。
**イス「ジ** [ʔisuˈdʒi] 名 急ぎ。至急。 〜ヌ ワジャ〈急ぎの仕事〉。
**イス「ジュン** [ʔisuˈdʒun] 動《ʔisug-ʔisudʒ-; 否 イスガン 希 イスジ 継 イスジョーン 過 イスジャン》急ぐ。イスジュル ナーカー ヨンナー〈急ぐのであれば慎重に。急がば回れ〉。
**「イソー** [ʔisoː] 名 衣装。着物。 〜 ムチ〈衣装持ち。たくさんの着物を持っていること〉。
**「イソーサ** [ʔisoːsa] 名《文》うれしさ。楽しさ。＊琉歌「名護の大兼久馬はらちいしやうしや舟はらちいしやうしや我浦泊」(全237)。「イソーサン」の名詞形であるが、両形とも口語ではあまり聞かない。
**「イタ** [ʔita] 名 板。
**「イタジラ** [ʔitadʒira] 名 いたずら(徒)。無駄。イタジラー ネーン ウンナ クトゥッシ〈無駄なことだ、そんなことをして〉。
**「イチ**[1] [ʔitʃi] ① 名 一。数の一番目。② 接頭 ①一(いち)…。「イチ」メー〈一枚〉/イッ「トゥ〈一斗〉/「イッチン〈一斤〉。②「重大な。最大の。立派な」などの意。「イチレージ〈一大事〉/「イチンカシ〈大昔〉/「イチ」グシチャー〈一具志川。具志川というところは何でも一番〉。
**「イチ**[2] [ʔitʃi] 名 いつ。何時。 〜マリ マッチン クーン〈いつまで待っても来ない〉/ 〜 イチュガ〈いつ行くか〉。
**イチ「イチ** [ʔitʃiʔitʃi] 名 いちいち。逐一。
**「イチウェー「クトゥ** [ʔitʃiweːˈkutu] 名 大変なこと。一大事。＊「イチクー」ウェークトゥともいう。
**イチェーカン「ティー** [ʔitʃeːkanˈtiː]

图 会いかねること。(理由があって)会えないこと。⇨ イチャイン、カンティー。

**イチェーグリー** [ʔitʃeːguˈriː] 图 会いたくて会おうとしても(忙しさなどで)なかなか会えない人。⇨ イチャイン、グリサン。

**イチェーチジェー** [ʔitʃeːtʃiˈdʒeː] 图 行き違い。

**イチェーハンスン** [ʔitʃeːhanˈsun] 動《ʔitʃeːhans- ʔitʃeːhantʃ-; ㊇イチェーハンサン ㊨イチェーハンシ ㊉イチェーハンチョーン ㊊イチェーハンチャン》会いそこなう。会う機会を失う。⇨ イチャイン、ハンスン。

**イチカ** [ʔitʃika] 图 いつか。~ ケースサ〈いつか返すよ〉。

**イチカスン** [ʔitʃikaˈsun] 動《ʔitʃikas- ʔitʃikatʃ-; ㊇イチカサン ㊨イチカシ ㊉イチカチョーン ㊊イチカチャン》イチキーンに同じ。

**イチガタナサン** [ʔitʃigataˈnasan] 形《㊇イチガタナコーネーン ㊊イチガタナサタン》行きにくい。

**イチキーン** [ʔitʃikiːˈn] 動《ʔitʃikir- ʔitʃikit-; ㊇イチキラン ㊨イチキー ㊉イチキトーン ㊊イチキタン》生かす。＊イチカスンともいう。

**イチク** [ʔitʃiˈku] 图 いとこ。アリトー ~ ナトーン〈彼とはいとこに当たる〉。

**イチグ** [ʔitʃigu] 图《文》一期(ご)。一生涯。＊琉歌「一期このごとゑ夜夜の夜夜ごとに畜生げな我身や露にぬらち」(全673)。

**イチクーウェークトゥ** [ʔitʃikuːweːkutu] 图 大変なこと。一大事。＊イチウェークトゥともいう。

**イチクムイ** [ʔitʃikuˈmui] 图 二厘。わずかなお金。⇨ クムイ²。ジン ~ン ネーン〈お金一銭もない〉。

**イチグル** [ʔitʃiguru] 图 いつ頃。

**イチグヮチ** [ʔitʃiˈgwatʃi] 图 一月。

**イチゲーイン** [ʔitʃigeːˈin] 動《ʔitʃigeːr- ʔitʃigeːt-; ㊇イチゲーラン ㊨イ

チゲーイ ㊉イチゲートーン ㊊イチゲータン》生き返る。苦しい状態から立ち直る。

**イチゴー** [ʔitʃiˈgoː] 图 一合。一升の十分の一。約180立方センチメートル。

**イチゴーナカムイ** [ʔitʃigoːnakaˈmui] 图 一合枡。＊ナカムイともいう。

**イチサカシンジャ** [ʔitʃisakaʃiˈndʒa] 图《文》生意気なやつ。憎らしいやつ。＊組踊「いや、生きさかしんざの言ふることの憎さ」(『忠士身替の巻』)。

**イチジミ** [ʔitʃiˈdʒimi] 图【生き責め】《文》拷問。＊組踊「籠舎しめ置ちよて生責よしやうれ」(『忠士身替の巻』)。

**イチジャマ** [ʔitʃiˈdʒama] 图 ①生き霊。恨みのある者にとりついて禍(わざ)を起こす。~ クーティ〈生き霊がとりついて〉。②呪い。~ スン〈呪う〉。

**イチジラサン** [ʔitʃiˈdʒirasan] 形《㊇イチジラコーネーン ㊊イチジラサタン》①息苦しい。イチジラサヌ クチサン〈息苦しくて苦しい〉。②狭苦しい。窮屈である。ウヌ ヤーヤ ~〈この家は狭苦しい〉。

**イチシリ** [ʔitʃiʃiri] 图《文》行きずり。＊琉歌「里や行きすりの花と思なしゆら我身やいつまでも頼でをすが」(全1957)。

**イチチ** [ʔitʃiˈtʃi] 图 五つ。五。五歳。

**イチチュン** [ʔitʃiˈtʃun] 動《ʔitʃik- ʔitʃitʃ-; ㊇イチカン ㊨イチチ ㊉イチチョーン ㊊イチチャン》生きる。イチチョール エーラ〈生きている間〉/ イチチョータル エーラ〈生きていた間〉/ イチチョール カジリ〈生きている限り。一生涯〉/ イチチョータル カジリ〈生きていた間。一生涯〉/ イチカスン〈生かす。イチキーンともいう〉/ イチチブサン〈生きたい〉/ イチカラン イチチ〈貧窮な暮らし。どん底生活。病苦でやっと生きているような生き方。直訳は「生きられない生き方」〉。

**イチッチュ** [ʔitʃiˈttʃu] 图 生きている人。~ヌ グトゥ アッケー〈生きている人の

ように歩け。生気のないだらだらした歩き方を諫(いさ)めていう言葉〉。
イチデージ ⇨ イチレージ。
イチドゥ ⇨ イチル。
イチナン「カ [ʔitʃinaŋˈka] 名【五七日(いつなぬか)】五七日(ごなぬか)。死後三十五日目に行う法事。
イチ「ニチ [ʔitʃiˈnitʃi] 名 一日。＊ヒッ「チーという場合が多い。月の初めはチー「タチ〈ついたち〉という。
イチ「ニン¹ [ʔitʃiˈnin] 名 一人。＊「チュイ」という場合が多い。
「イチニン² [ʔitʃinin] 名 一年。＊チュ「トゥーともいう。
イチ「ヌクイン [ʔitʃiˈnukuʔin] 動《ʔitʃinukur- ʔitʃinukut-；㊥イチヌクラン ㊤イチヌクイ ㊦イチヌクトーン ㊨イチヌクタン》生き残る。
イチ「ハジ [ʔitʃiˈhadʒi] 名 生き恥。大恥。
「イチハティ [ʔitʃihati] 名【行き果て】(行き着く)果て。終わり。 カーマ ヤンバルヌ 〜〈ずっと向こうの国頭の果て〉。
イチ「バン [ʔitʃiˈban] 名 一番。
イチバン「ルイ [ʔitʃibanˈrui] 名 一番鶏。明け方一番に鳴く鶏。
イチマ「ブイ [ʔitʃimaˈbui] 名 生き霊。生きている人の魂。
イチ「マン [ʔitʃiˈman] 名 一万。
イチマン「ウイ [ʔitʃimanˈʔui] 名【糸満売り】男の子を身売りに出して漁民として働かせること。漁業の盛んな糸満に出すのが普通であった。
イチ「ミ [ʔitʃiˈmi] 名 現世。この世。 〜ウゥテー マクトゥ サントー ナラン〈現世では誠を尽くさないといけない〉。
イチミトゥトゥー「ミ [ʔitʃimitutuːˈmi] 名 生きている限り。一生涯。 〜ユース アルカジリ〈生きている限り世のある限り〉。
イチ「ムシ [ʔitʃiˈmuʃi] 名 ①動物。けだもの。 ②畜生。人をののしる言葉。 〜ヌ

グトール ムン〈畜生のような者〉。
イチム「ルイ [ʔitʃimuˈrui] 名【行き戻り】往復。行き帰り。
「イチムン [ʔitʃimun] 名 一門。一族。係累を同じくする者。
「イチ「メー [ʔitʃiˈmeː] 名 一枚。
イチメーマーミナ「カー [ʔitʃimeːmaːminaˈkaː] 名【一枚豆の皮】着たきりすずめ。豆の皮が一枚しかないことからの比喩的表現。
「イチャ¹ [ʔitʃa] いか(烏賊)。＊指小辞グゥーを付けてイチャ「グゥーともいう。
「イチャ² [ʔitʃa] 副《文》どう。どのように。いかに。＊琉歌「暁やなゆりいきやおさうずめしやいが別るさめとめば袖の涙」(全510)。
「イチャースン [ʔitʃaːsun] 動《ʔitʃaːs- ʔitʃaːtʃ-；㊥イチャーサン ㊤イチャーシ ㊦イチャーチョーン ㊨イチャーチャン》①(人と人を)会わせる。 ②(紐などをちょうどよい長さに)合わせる。
イチャイハン「チャイ [ʔitʃaihanˈtʃai] 名 自問自答。言ったり答えたりすること。応酬。 〜 ソーン〈自問自答している。(または)応酬している〉。
「イチャイン [ʔitʃain] 動《ʔitʃar- ʔitʃat-；㊥イチャラン ㊤イチャイ ㊦イチャトーン ㊨イチャタン》①行き会う。出会う。遇う。 ミチ 〜〈道で出会う〉／イチャレー チョーレー〈(一度)出会えば兄弟(だ)〉。 ②会う。面会する。 イチャイガ イチュン〈会いに行く〉／アリンカイ イチャタン〈彼に会った〉。 ③達する。届く。 ウヌ ボーッシ イチャイガヤー〈この棒で届くかな〉。
イチャガラ「ス [ʔitʃagaraˈsu] 名 いかの塩辛。＊イチャガラ「スーともいう。
イチャガラ「スー [ʔitʃagaraˈsuː] 名 イチャガラ「スに同じ。
イチャ「グゥー [ʔitʃaˈgwaː] 名 いか(烏賊)。するめ。
イ「チャ「サン [ʔiˈtʃaˈsan] 形《㊨イチャ

コーネーン ⦅過⦆イチャサタン》惜しい。もったいない。 マーシミソーチャンリ イチャサンヤー〈お亡くなりになったそうだ、惜しいねえ〉 / アリンカイ クィーシェー 〜〈彼にやるのはもったいない〉。

**イチャヌ「クリ** [ʔitʃanuˈkuri] 图 いかの墨。＊クリともいう。

**イチャ「バ」クヮティ** [ʔitʃaˈbaˈkwati] 連語 ひどい目にあうこと。

**「イチャル** [ˈʔitʃaru] 連体《文》どういう。いかなる。＊琉歌には「いきやる」などとあり、「お旅しもきよらさみやだいりしもきよらさいきやる親がなしすだしめしやうち」(全1636)などの例がある。

**イチャン「ラ** [ʔitʃanˈra] 图【いたず(徒)ら】①ただ。無料。②無駄。 〜 ナンジソーティ…〈直訳は「ただ難儀して…」。徒労なことをして…〉。

**イチャンラジ「ケー** [ʔitʃanradʒiˈke:] 图 無駄づかい。浪費。

**イチャンラブー「クー** [ʔitʃanrabu:-ˈku:] 图 ただ働き。＊直訳すると「ただ奉公」。

**イチャンラ「ムン** [ʔitʃanraˈmun] 图 ただの物。代金のいらない物。 イチャンラムノー レーラカサン〈ただの物は代金が高い。ただより高い物はない〉。

**イ「チュイ** [ʔiˈtʃui] 图 勢い。勢力。 〜ヌ アン〈勢いがある〉。

**イチュ「タ** [ʔitʃuˈta] 图 少しの間。しばらくの間。 イチュター マッチ トゥラシェー〈少しの間(は)待ってくれ〉。

**イ「チュター** [ʔiˈtʃuta:] 副 ちょっと。おい。呼びかけ、呼び止めるときなどに用いる言葉。 エー 〜〈あのちょっと〉。

**イチュタブク「ラサ** [ʔitʃutabukuˈrasa] 图 つかの間の喜び。うれしさが長続きしないこと。 ヌース ムヌン 〜 ヤサ〈どういうものもつかの間の喜び。玩具を買ってもらった子供がたちまち飽きてしまうときなどにいう〉。

**イチュ「ナ」サン** [ʔitʃuˈnaˈsan] 形《⦅沖⦆

イチュナシコーネーン ⦅過⦆イチュナサタン》忙しい。せわしい。 イチュナサ ソーン〈忙しくしている〉 / イチュナサン カタガキティ チャサ〈忙しさもおいて来たよ。忙しいけれども来たよ〉。

**イチュ「ビ** [ʔitʃuˈbi] 图 いちご(苺)。

**「イチュン** [ˈʔitʃun] 動《ʔik- ʔndʒ-; ⦅沖⦆ イカン ⦅連⦆イチ ⦅敬⦆ンジョーン ⦅過⦆ンジャン》行く。 ウミンカイ 〜〈海へ行く〉 / イチャビラ〈失礼いたします。目上に対する辞去の挨拶〉 / イカ「ヒ」ー〈同輩以下に対する辞去の挨拶。イカ「イ」ーともいう〉 / 〜テー イカンテー ソーン〈行くだの行かないだのと言っている〉 / ンジ チューン〈行って来る〉 / ンジャイ チャイ〈行ったり来たり〉 / ンジャル サングヮッチ〈去る三月〉。

**イチ「リ** [ʔitʃiˈri] 图 一里。約4キロメートル。

**イチ「ル** [ʔitʃiˈru] 图 一度。 イチロー ウンナ クトゥヌ アタン〈一度はこんなことがあった〉。

**「イチレー** [ˈʔitʃire:] 一代。 〜ヤ アラン ユーマンレー〈一代ではなく世の続く限り〉。

**「イチレージ** [ˈʔitʃire:dʒi] 图 一大事。大変なこと。

**イチ「ワイ** [ʔitʃiˈwai] 图《文》いつわり。

**イチワカ「リ** [ʔitʃiwakaˈri] 图 生き別れ。

**イ「チン** [ʔiˈtʃin] 图《文》意見すること。忠告すること。

**イッ「カ** [ʔikˈka] 图 何日。 チューヤ 〜 ナトーガ〈今日は(何月の)何日になっているか〉 / 〜 カカイガヤー〈何日かかるかな〉。

**イッ「クヮン** [ʔikˈkwan] 图 銭一貫。二銭に相当する。⇒ クヮン²。

**イッ「ケー」ラスン** [ʔikˈke:ˈrasun] 動《ʔikke:ras- ʔ:ikke:ratʃ-; ⦅沖⦆イッケーラサン ⦅連⦆イッケーラシ ⦅敬⦆イッケーラチョーン ⦅過⦆イッケーラチャン》イ「ケー」ラスンに同じ。

**イッ「サク¹** [ʔisˈsaku] 图 一匕。

イッ「サク²  [ʔisˈsaku] 图 一尺。
イッ「サン  [ʔisˈsan] 图 一目散。一所懸命走ること。
イッサンゴン「ゴン  [ʔissaŋonˈgon] 图 一目散に走ること。 ～ ッシ イケー〈一目散に走って行け〉。＊「ゴンゴンは擬態語。
イッサンバー「エー  [ʔissambaːˈeː] 图 一目散に走ること。＊民謡の歌詞にトーシンローイー サンテーマーン ～ ナランシャー...〈唐船だぞと言っても一目散に走らない者は...〉というのがある。
イッ「シン  [ʔiʃˈʃin] 图 ①一寸。3.03センチメートル。人指し指や中指を折り曲げたときの、中ほどの節の長さにほぼ相当。②とても近い距離。すぐそこ。 ～ル ヤンローヤー〈すぐそこなんだよ〉。
イッ「ス  [ʔisˈsu] 图 一升。
「イッスイ」カッスイ  [ˈʔissuiˈkassui] 副 さっさと。急いで。 ～ アッチョーン〈さっさと歩いている〉。
イッソーナー「リー  [ʔissoːnaːˈriː] 副 片っ端から。全部。 ～ ウチクルサッタン〈片っ端から殴られた〉/ ～ ウチクゥティネーン〈すっかり食べてしまって、何も残っていない〉。
イッ「ター  [ʔitˈtaː] 代名 ①おまえたち。きみたち。ッヤー〈おまえ。きみ〉の複数形。②きみらの家[ところ]。きみらの領域。 ～ウゥティ サナ〈きみらのところでしよう〉。③おまえ。きみ。単数形ッヤー〈おまえ。きみ〉で相手をじかに指すのを嫌って、複数形で婉曲的に指す表現法。丁寧さが加わる。 ～トゥジ〈きみの妻。きみの奥さん〉。④おまえたちの。きみたちの。 ～ ヤー〈きみたちの家〉/ ～ ハル〈きみたちの畑〉。
イッ「ター」ハラ  [ʔitˈtaːhara] 图 きみたちのところ。おまえたちの側。
イッ「ター」ミー  [ʔitˈtaːmiː] 图 きみたちのところ。おまえたちの側。＊指す領域がイッ「ター」ハラより狭い。
「イッタムン  [ˈʔittamun] 图 必要な物。便利な物。 ウレー ～ローヤー〈これは必要な物だよ〉。
イッ「タン  [ʔitˈtan] 图 (反物の)一反。
「イッチー  [ˈʔitʧiː] 图 一対。
イッチクタッ「チク  [ʔittʧikutatˈʧiku] 图 昔の子供の遊び。＊その際に唱える歌はイッチクタッチク ジューニガ フィーガー チクムク チンボーラーガ ウルンヌ クシンジ フールヤガイである。『那覇市史　資料篇第2巻中の7　那覇の民俗』に「複数の子供がまるくなって、両手のこぶしを前に立てて下にそろえて歌う」とある。
イィ「ッチャー  [jiˈtʧaː] 图 酔っぱらい。のんだくれ。＊ウィ「ッチャーともいう。
イィ「ッチュ  [jiˈtʧu] 图 酔っぱらい。＊ウィ「ッチュともいう。
「イッチン¹  [ˈʔitʧin] 图 一件。
「イッチン²  [ˈʔitʧin] 图 一斤。600グラム。 シシ ～〈肉一斤〉。
「イッチン³  [ˈʔitʧin] 副 もっとも。一番。 ～ ッヤーガ ワッサン〈一番おまえが悪い〉/ ～ アトゥ〈もっとも後〉。
イッ「トゥ  [ʔitˈtu] 图 一斗。
イットゥガ「ヨー  [ʔittugaˈjoː] 图 おはじき。女の子の遊び。
「イットゥチ  [ˈʔittutʧi] 图 いっとき。ちょっと。ごく短い時間。 イットゥチェー マッチ トゥラシェー〈ちょっと待ってくれ〉/ ～ル ヤンロー〈いっときなんだよ〉。
イッ「プー  [ʔipˈpuː] 图 一俵。
イップクイッ「ソー  [ʔippukuʔisˈso] 图【一腹一生】はらから。近い先祖を共有する間柄。血族。 アッターヤ ～ ヤン〈彼らは血族だ〉。
イッ「プン  [ʔipˈpun] 图 一本。
「イッペー  [ˈʔippeː] 副【いっぱい】とても。非常に。たいそう。 ～ マーサン〈とてもうまい〉/ ～ ニフェー レービル〈どうもありがとうございます〉。
「イッペー」スッペー  [ˈʔippeːˈsuppeː] 副 とても。一所懸命。 ～ カメータン〈一所懸命探し尋ねた〉。

イッポー「ジー [ʔippoː「dʑiː] 图 一刻者。一徹者。がんこ者。

イトゥ「イン [ʔituˈin] 働《ʔitur- ʔitut-; 愈イトゥラン 働イトゥイ 働イトゥトーン 働イトゥタン》厭(と)う。嫌がる。

「イナカ [ʔinaka] 图 田舎。沖縄のスイ「〈首里〉、ナー「ふっ〈那覇〉以外のところ。

「イナカー [ʔinakaː] 图 田舎者。「イナカンチュ〈田舎の人〉の卑称。

「イナカスラチ [ʔinakasuratʃi] 图 田舎育ち。

「イナカフージ [ʔinakaɸuːdʑi] 图【田舎風儀】田舎風。田舎の流儀。

「イナカンチュ [ʔinakantʃu] 图 田舎の人。

イィナ「グ [jinaˈgu] 图 女。〜ヌ ハティレー ジャー ナイン《諺》〈女が怒りきわまったら(恐ろしい)蛇になる。女は執念によっては蛇にもなる〉/ イナゴー イクサヌ サチバイ《諺》〈女は戦の先駆け。⇨ イクサ / 〜ヌ ンジトーティ…〈女のくせに…〉。

イィナグウッ「トゥ [jinaguʔutˈtu] 图 妹。*イィキガウッ「トゥ〈弟〉の対。

イィナグ「ウヤ [jinaguˈʔuja] 图 女親。母親。*イィナ「グヌ」ウヤ〈女の親〉に同じ。

イィナグカチミ「ヤー [jinagukatʃimiˈjaː] 图 女たらし。色魔。⇨ カチミーン。*直訳すると「女をつかまえる者」。

イィナグ「ギー [jinaguˈgwiː] 图 女の声。女声(じょせい)。

イィナグシー「ジャ [jinaguʃiːˈdʑa] 图 姉。*イィキガシー「ジャ〈兄〉の対。

イィナグシカ「サー [jinaguʃikaˈsaː] 图 女たらし。女をだます者。⇨ シカスン。

イィナグ「シトゥ [jinaguˈʃitu] 图 姑(しゅうと)。夫の母親。

イィナグス「ガイ [jinagusuˈgai] 图 女装。⇨ スガイ。イィキガヌ 〜 ソーン〈男が女装をしている〉。

イィナ「グヌ」ウヤ [jinaˈgunuˈʔuja] 图 女の親。母親。*イィキ「ガヌ」ウヤに対する。

イィナ「グヌ」カタ [jinaˈgunuˈkata] 图 里方。妻の実家および親戚の方。*直訳すると「女の方」。

イィナグフー「ジー [jinaguɸuːˈdʑiː] 图 女のなり。女に似ていること。〜 ヤタン〈女のようだった〉。

イィナグフヮー「フジ [jinaguɸaː-ˈɸudʑi] 图 祖母。

イィナグムチ「リ [jinagumutʃiˈri] 图 女とむつまじくすること。女色におぼれること。〜 ソーン〈女との恋におぼれている〉。*直訳すると「女もつれ」。

イィナグ「ラー」サン [jinaguˈraːˈsan] 圏《イィナグラーシコーネーン 働 イィナグラーサタン》女らしい。カーギシガタン スーラーサイ チネーヌ クトゥン ユースイ 〜〈容姿も立派だし家庭のこともよくするし女らしい〉。

イィナグ「ラチ [jinaguˈratʃi] 图 女所帯。*直訳すると「女立ち」。

イィナ「グ」ワラビ¹ [jinaˈguˈwarabi] 图 女子供。婦女子。〜ル ヤッサミ ヌーワジトーガ〈(相手は)女子供なんだよ、何を怒っているんだ〉。

イィナグワラ「ビ² [jinaguwaraˈbi] 图 女の子。少女。*イィキガワラ「ビ〈男の子〉の対。

イィナグン「グヮ [jinaguŋˈgwa] 图 ①女の子。娘。②(親に対する)娘。アレーマーヌ 〜ガ〈あれはどこの家の娘か〉。

「イナムルチ [ʔinamurutʃi] 图 料理名。豚肉、しいたけ、こんにゃく、かまぼこなどを白味噌で煮た汁もの。祝いのときの食べ物である。

「イニンビー [ʔinimbiː] 图【遺念火(いねん)】ひとだま。特にヨーカ「ビー〈旧暦八月八日〉などには丘の稜線などによく現れるという。

イ「ヌイ [ʔiˈnui] 图 祈り。祈願。

イィ「ヌイ [jiˈnui] 图 一年忌。一周

忌。「同じ(イィヌ)折(ウゥーイ)」の意。

イヌ「イン [ʔinuˈin] 動《ʔinur- ʔinut-; ㊇イヌラン ㊇イヌイ ㊇イヌトーン ㊇イヌタン》祈る。祈願する。

イヌ「チ [ʔinuˈtʃi] 图《文》命。＊琉歌、組踊、おもろ語などに見られる語である。口語ではヌチ「という。琉歌「命ふり捨てて思たすがとがゑたのでたのまらぬあれが肝や」(全675)。

イヌマン「ユカ [ʔinumanˈjuka] 图 竹で造った床。以前民家の畳の下の床は竹で造っていた。

イバ「イン [ʔibaˈin] 動《ʔibar- ʔibat-; ㊇イバラン ㊇イバイ ㊇イバトーン ㊇イバタン》威張る。偉そうに振舞う。

イ「バサン [ʔiˈbasan] 形《イバコーネーン ㊇イバサタン》狭い。窮屈である。きつい。イバサル トゥクルンカイ イィチョーン〈狭いところに座っている〉/ ウス チノー ワンニンカイヤ ~〈この着物は私にはきつい〉。

イバ「ミー [ʔibaˈmiː] 图 狭いところ。窮屈な場所。~ンカイ イッチョーン〈狭いところに入っている〉。

イバ「ヤー [ʔibaˈjaː] 图 威張っている者。

イバヤーシー「チェー [ʔibajaːʃiːˈtʃeː] 副 窮屈なさま。狭苦しいさま。

イバルク「ル [ʔibarukuˈru] 图 狭いところ。

「イビ¹ [ˈʔibi] 图《文》ウタ「キ〈御嶽〉の神のまします聖空間で、もっとも神聖な場所。＊琉歌「出砂のいべや泉抱きもたえる思子抱きもたえるとのち里之子」(全1050)。語源については諸説あって、定まらない。「威部」と表記されることがある。

「イビ² [ˈʔibi] 图 いせえび(伊勢海老)。

イ「ヒー アハー [ʔiˈçiː ʔahaː] 副 にぎやか[なごやか]に談笑するさま。~ ッシッウィーリキギサン〈笑ってなごやかで楽しそうだ〉。

「イビラー [ˈʔibiraː] 图 けちんぼ。

「イフーナ [ˈʔiɸuːna] 連体【異風な】変な。変わった。~ ッチュ〈変な人〉/ ~シーヨー〈変なやり方〉。

「イフッチロー「フッチ [ˈʔiɸutʃiroːˈ-ɸutʃi] 图《文》手八丁口八丁。話すこともすることも達者なこと。

「イフヮナシ [ˈʔiɸanaʃi] 图 言い伝え。説話。⇨イ。

「イマ「 [ˈʔima] 图 今。現在。ハナシェー ~ル ヤル〈話は今なのだ〉。

イマ「シミ [ʔimaˈʃimi] 图《文》いましめ。シキンヌ ~〈世間のいましめ〉。

イマ「フー [ʔimaˈɸuː] 图 今風。琉歌の形式の一つ。＊ナカ「フー「仲風」に同じ。

イマ「メー [ʔimaˈmeː] 图 現在。最近。~ヌ ハナシ〈最近の話〉。

イミ「¹ [ʔimiˈ] 图 節約。クミンカイ ムジ イリーネー ~ スサ〈米に麦を入れると節約できるよ〉。

イミ「² [ʔimiˈ] 图【いめ】夢。~ンカイ ミシテータン〈夢に見せていた。亡くなった人が生きている人に何かを知らせるために夢を見せると信じられていた〉/ イメーチョーンーラン〈夢にさえ見ない〉/ イメー アランガヤー〈夢ではないかな〉。

イミ「³ [ʔimiˈ] 图 忌み。喪に服すること。アッターヤ ~ ヤン〈彼らは喪中だ〉。

「イミ⁴ [ˈʔimi] 图 意味。

イミー「ン [ʔimiːˈn] 動《ʔimir- ʔimit-; ㊇イミラン ㊇イミー ㊇イミトーン ㊇イミタン》請求する。催促する。

「イミエー [ˈʔimieː] 图 意味合い。チャーネール ~ガ〈どういう意味合いか〉。

「イミクジ [ˈʔimikudʒi] 图 意味。~ンワカラン ムヌイーヨー〈意味がさっぱり分からないものの言い方〉。

「イヤ [ˈʔija] 感《文》①おや。おやまあ。＊組踊「いやいや、ふしぎな縁よ」(『女物狂』)。②これ。これこれ。呼びかけの言葉。＊組踊「いやいや。大事や目の前に置きなげな男。心ゆるゆるを寝るな、起きれ。」(『女物狂』)。口語では、①を「エー [ˈeː] と

いい、②をエ̄ー[ʔeː]という。
「イヤリン [ʔijariŋ] 副【言わでも】たぶん。おそらく。きっと。～ タルー ヤテーンヤー〈たぶん太郎だっただろう〉。
「イユ [ʔiju] 名【いを】魚(ぎょ)(さかな)。～チーガ イチュン〈魚釣りに行く〉。＊九州方言の「いお」にもつながる語であろう。
イユウ「ヤー [ʔijuʔuˈjaː] 名 魚売り。たらいに魚をいれて頭上にのせ売り歩く人。たいていは女性である。
「イユティン」プラ [ʔijutimˈpura] 名 魚のてんぷら。
イユトゥ「ヤー [ʔijutuˈjaː] 名 漁夫。漁師。＊ウミン「チューともいう。
「イユマチ [ʔijumatʃi] 名 魚市場。
イラ「ナ [ʔiraˈna] 名 鎌。
イラビニン「ジュ [ʔirabininˈdʒu] 名 選ばれた人々。少数のすぐれた人々。有力者。＊イクタイニン「ジュともいう。
イラビヌク「シ [ʔirabinukuˈʃi] 名【選び残し】売れ残り。
イラビ「ッンジャ」スン [ʔirabiˈʔndʒaˈsun] 動《ʔirabiʔndʒas- ʔirabiʔndʒatʃ-; 否イラビッンジャサン 連イラビッンジャシ 敬イラビッンジャチョーン 継イラビッンジャチャン》選び出す。
イラ「ブー [ʔiraˈbuː] 名【動】エラブウミヘビ〈永良部海蛇〉。奄美諸島沖永良部島付近や沖縄本島南部久高島などでよくとれる。薬用、強壮剤として用いる。
イラ「ブチ [ʔiraˈbutʃi] 名 イラブ「チャーに同じ。
イラブ「チャー [ʔirabuˈtʃaː] 名【魚】ブダイの類。雄は青緑色、雌は赤みがかっている。＊イラ「ブチともいう。
イラ「ブン [ʔiraˈbun] 動《ʔirab- ʔirar-; 否イラバン 連イラビ 敬イラローン 継イララン》選ぶ。選定する。
「イララン」ミー [ʔiraramˈmiː] 連語 直訳は「入れない穴」。次のように用いる。～ンカイ イッチャン〈万策尽きた。行き詰まった。非常に困った〉。

「イラリガマ」ラサ [ʔirarigamaˈrasa] 名 始末におえないこと。注意をされた子供が一向に聞き入れないのでいらいらすること。
「イリ¹ [ʔiri] 名 錐(きり)。＊薩隅方言にも類似形がある。
「イリ² [ʔiri] 名【入(い)る方(かた)】西。＊日の入りの方角であることから。普通は西をイリというが、那覇四町の地名「ニシ」、「ヒガシのニシは西のことだから、古くは西をニシといったようである。
「イィリ [ˈjiri] 名（着物の）襟(えり)。
「イリーン [ʔiriːn] 動《ʔirir- itt-; 否イリラン 連イリー 敬イットーン 継イッタン》①入れる。②（食べ物を）つぐ。よそう。ウシル ～〈お汁をつぐ〉。
イリガー「エー [ʔirigaˈeː] 名 口論。言い争い。
イリガ「サー [ʔirigaˈsaː] 名 はしか。麻疹。
イリ「ガン [ʔiriˈgan] 名 入れ髪。かもじ。
イリガン「ブシ [ʔirigamˈbuʃi] 名 彗星。ほうき星。＊イリ「ガン〈入れ髪〉に似ているところからの命名。
「イリケー」イン [ʔirikeːˈin] 動《ʔirikeːr- ʔirikeːt-; 否イリケーラン 連イリケーイ 敬イリケートーン 継イリケータン》①入れ替える。②お代わりをする。「イリケー」ラシェー〈お代わりをさせろ〉。
イリケータティ「ケー [ʔirikeːtatiˈkeː] 副 タティケーイリ「ケーに同じ。
「イリシーン [ʔiriʃiːn] 動《ʔiriʃiːr- ʔiriʃiːt-; 否イリシーラン 連イリシーイ 敬イリシートーン 継イリシータン》追加する。おまけする。ナーウフェー イリシーレー〈もう少しおまけをしろよ〉。＊「入れ添える」にほぼ対応。
イリシガマー「シ [ʔiriʃigamaːˈʃi] 副 都合が悪いことに。あいにく。
イリ「チ [ʔiriˈtʃi] 名 ①（魚などの）うろこ。②頭のふけ。
イリ「チー [ʔiriˈtʃiː] 名 油炒(あぶらいた)め。トー

フイリ「チー〈豆腐を油で炒めた料理〉、クーブイリ「チー〈細かく切った昆布を油で炒めた料理〉などがある。＊イリ「チャーともいう。

「イリチガー「イン [ʔiritʃigaːˈin]動《ʔiritʃigaːr- ʔiritʃigaːtʃ-; 禁イリチガーラン 連イリチガーイ 形イチガートーン 過イリチガータン》入れ替わる。交替する。

「イリチャ [ʔiritʃa]名甍(いらか)。屋根のもっとも高いかまぼこ形の部分。

イリ「チャー [ʔiriˈtʃaː]名イリ「チーに同じ。

イリ「チュン [ʔiriˈtʃun]動《ʔirik-ʔiritʃ-; 禁イリカン 連イリチ 形イリチョーン 過イリチャン》炒(い)る。油で炒(いた)める。

「イリチ「リー [ʔiritʃiˈriː]名住み込み。

イリ「トゥバ「スン [ʔiriˈtubaˈsun]動《ʔiritubas- ʔiritubatʃ-; 禁イリトゥバサン 連イリトゥバシ 形イリトゥバチョーン 過イリトゥバチャン》撃ちまくる。

「イリハナ [ʔirihana]名茶の出花。入れたての茶。

イリ「フガ「スン [ʔiriˈɸugaˈsun]動《ʔiriɸugas- ʔiriɸugatʃ-; 禁イリフガサン 連イリフガシ 形イリフガチョーン 過イリフガチャン》(鉄砲で)撃ち抜く。(玉などが)貫通して穴をあける。

「イリフニ [ʔiriɸuni]名入り船。港に入る船。入港。船が港に入ること。

イリフニュー「エー [ʔiriɸunijuːˈeː]名旅に行っていた人が船で帰ってきた祝い。

「イリフラ [ʔiriɸura]名入札(にゅうさつ)。

「イリミ [ʔirimi]名出費。ものいり。チカグルンシェー 〜ヌ ウフサヌ〈近頃は出費が多くて〉。

イリムー「ク [ʔirimuːku]名入り婿。婿養子。

イリムー「クー [ʔirimuːˈkuː]名イリムー「クの卑称。

イリム「サー [ʔirimuˈsaː]名虫食い芋。主にさつまいもについていう。苦くて食用に適さない。＊ヒリム「サーともいう。

イリ「ムシ [ʔiriˈmuʃi]名さつまいもに食い入る虫。これが入っているとさつまいもは食べられなくなる。

「イリムン [ʔirimun]名入れ物。容器。

「イリユー [ʔirijuː]名入り用。必要。

「イリ「ワイ [ʔiriˈwai]名口論。喧嘩(けん)。

「イリンケー [ʔiriŋkeː]名【入(い)る方(〜)向かい】西向き。

「イル [ʔiru]名色。顔色。〜ヌ ワッサ〈色が悪い。顔面蒼白になる。顔色が悪い〉 / 〜 ヌギーン〈色が抜ける。我を忘れて何かをする〉 / イロー コーチャク スミレー アカコージ〈「朱に交われば赤くなる」の意〉。

イル「イル [ʔiruˈʔiru]名いろいろ。〜 サマザマ ヤサ〈いろいろさまざまだよ〉。

イル「カジ [ʔiruˈkadʒi]名【色数】いろいろ。さまざま。種々雑多。

イル「ジュラ「サン [ʔiruˈdʒuraˈsan]形《禁イルジュラコーネーン 過イルジュラサタン》色が美しい。美人である。⇒チュラサン。

イルソーモー「ソー [ʔirusoːmoːˈsoː]副(体調が悪く)青くなっているさま。〜ナトーン〈顔色が悪い〉。

イルヌ「ガー [ʔirunuˈgaː]名(体調が悪く、または驚いて)顔色が悪い者。青くなっている者。〜 ナトーン〈顔色が悪い〉。

イルミー「ヤッ「サン [ʔirumiˈjaʃ-san]形《禁イルミーヤッシコーネーン 過イルミーヤッサタン》感情が顔色や行動に現れやすい。

イル「ワキ [ʔiruˈwaki]名色分け。区別。差別。＊サシ「ワキともいう。

イルワキ「ティ [ʔiruwakiˈti]副区別して。とりわけて。

イルン「ナ [ʔirunˈna]連体①いろいろな。〜 クトゥ イーン〈いろいろなことを言う〉。

②変な。奇妙な。 チカグルンシェー 〜 クトゥヌ ウクリトーン〈近頃は変なことが起こっている〉。

**イ「レー** [ʔiˈreː] 图【いらえ】返事。答え。

**イレー「イン** [ʔireːˈin] 動《ʔireːr- ʔireːt-; 㐧イレーラン 未イレーイ イレートーン 継イレータン》答える。返事する。チチュシガ イレーイミ〈聞いているが答える(もの)か。聞かないふりをすること〉。

**イ「レークテー** [ʔiˈreːˈkuteː] 图【いらえ答え】返事。応答。 〜ン サンサ〈応答がまったくない〉。

**イ「レーヒジ** [ʔiˈreːˈçiʥi] 图【いらえ返事】返事。応答。答え。

**イ「レーヒントー** [ʔiˈreːˈçintoː] 图【いらえ返答】返事。答え。

**「イワリ** [ˈʔiwari] 图 いわれ。由来。 チャーネール 〜ヌガ アラ〈どのようないわれがあるのだろうか〉。

**イン「** [ʔin] 图 ①犬。在来犬に「トゥラー」といわれる犬がいる。 〜ヌ アビーン〈犬が吠える〉 / 〜ヌ ハーニ ヌミ〈犬の歯に蚤。犬が歯で蚤をかもうとしてもなかなかうまくいかないが、それでもかみ当てることがあるという意から転じて、「まぐれ当たり」の意〉 / 〜トゥ マヤー〈直訳は「犬と猫」で、「犬猿の仲」の意〉 / 〜ヌ タチナチ スン〈犬が立鳴きする。犬が夜に怪しい声で遠吠えすること。妖怪を見て鳴いているといわれる〉。②(十二支の)戌(いぬ)。 〜ヌッチュ〈戌年生まれの人〉。

**イィン「** [jinˈ] 图 縁。ゆかり。 〜 アティ ニービチ サン〈縁あって結婚した〉 / 〜 チリーッサー ナー〈縁が切れるよ、もう。嫌になるよ、もう〉。

**イィン「グミ** [jinˈgumi] 图 縁組。

**イン「グヮ** [ʔinˈgwa] 图《文》因果(いんが)。不運。不幸。＊琉歌、組踊で用いられる。琉歌「何の因果に生まれたがなまの十七八 ものよ思て」(全1001)。

**イン「グヮー** [ʔinˈgwaː] 图 小犬。単に犬を指す場合もある。

**イングヮンラル「ミ** [ʔiŋgwanraruˈmi] 图【魚】アブラソコムツ。(または)バラムツ。ともにクロタチカマス科の海水魚。油の多い魚。干物にすると美味である。

**イン「チャー** [ʔinˈʧaː] 图 短いもの。 ＊インチャー「グヮーともインチャ「ムンともいう。

**インチャー「グヮー** [ʔinʧaːˈgwaː] 图 短いもの。＊イン「チャーに指小辞グヮーが付いたもの。

**イン「チャ「サン** [ʔinˈʧasan] 形《㐧インチャコーネーン 継インチャサタン》短い。

**インチャ「ボー** [ʔinʧaˈboː] 图 短い棒。 〜 ムッチ ナガウーイ サッタン〈短い棒を持って長い間[遠くまで]追いかけられた〉。

**インチャ「ムン** [ʔinʧaˈmun] 图 短いもの。

**イン「チョー** [ʔinˈʧoː] 图 背の低い者。ちび。

**「ィインポー** [ˈjimpoː] 图 遠方。

**「ィインマオー** [ˈjimmaoː] 图 閻魔(えんま)王。

**イン「マヤー** [ʔimˈmaja:] 图 犬猫。畜生。

**イン「マユ** [ʔimˈmaju] 图《文》犬猫。畜生。＊組踊「浅間しや一人思焦れとて、道柴の露と 共に消え果てゝ、犬猫のゐじき なゆらと思ば」(『花売の縁』)。

**「ィインル** [ˈjinru] 图 遠慮。 ィィンローサングトゥ カメー〈遠慮せずに食べろ〉。

**インローマー「ミー** [ʔinroːmaːˈmiː] 图 えんどう豆。

# ウ

ウ [ʔu] 接頭 お...。御...。尊敬を表す。ウ「グ」シク〈お城。首里城のこと〉、ウシ「ル〈お汁〉、ウチャ「ク〈お客〉、「ウトゥ」スイ〈お年寄り〉など。

ウイ「 [ʔuiˈ] 名【瓜】①きゅうり(胡瓜)。②すいか(西瓜)。

「ウィー¹ [ˈwi:] 名 甥。＊ミー「ウィー」ックっ〈姪甥〉のように複合語としてのみ用いられ、単独では用いられない。

「ウィー² [ˈwi:] 名 酔い。＊「イィーに同じ。

「ッウィー [ˈʔwi:] 名 ①(場所、地位、優劣などについて)上。②上。表面。 カビヌ〜ンカイ ウチョーキ〈紙の上に置いておけ〉。③上。以上。 ジン カタル 〜ヤ ケーサント ー ナラン〈金を借りた上は返さないとならない〉。

「ッウィーッウィー [ˈʔwi:ʔwi:] 名【上々】身分の上の者。上層階級。 〜ヌッチュ〈上層階級の者〉。

ッウィー「ジ [wi:ˈdʒi] 名 泳ぎ。水泳。 ッウィージェー シーウーサン〈泳ぎはできない。泳げない〉。

「ッウィーシチャ [ˈʔwi:ʃitʃa] 名「イーシチャに同じ。

ッウィー「ジュン [wi:ˈdʒun] 動《ʔwi:g- ʔwi:dʒ-; 命ッウィーガン 連ッウィージ 継ッウィージョーン 過ッウィージャン》泳ぐ。 ワンネー 〜〈私は泳ぐ〉。

「ッウィーチチュン [ˈʔwi:tʃitʃun] 動《ʔwi:tʃik- ʔwi:tʃitʃ-; 命ッウィーチカン 連ッウィーチチ 継ッウィーチチョーン 過ッウィーチチャン》追いつく。

ッウィー「チュン [wi:ˈtʃun] 動《ʔwi:k- ʔwi:tʃ-; 命ッウィーカン 連ッウィーチ 継ッウィーチョーン 過ッウィーチャン》イー「チュンに同じ。

ッウィーチョー「バー [ʔwi:tʃo:ˈba:] 名 イーチョー「バーに同じ。

ウィー「ナチ [wi:ˈnatʃi] 名 イィー「ナチに同じ。

「ッウィーヌジュン [ˈʔwi:nudʒun] 動《ʔwi:nug- ʔwi:nudʒ-; 命ッウィーヌガン 連ッウィーヌジ 継ッウィーヌジョーン 過ッウィーヌジャン》追い抜く。追い越す。

「ッウィーバー [ˈʔwi:ba:] 名 上歯(うわば)。上あごの歯。

「ッウィーホーイン [ˈʔwi:ho:in] 動《ʔwi:ho:r- ʔwi:ho:t-; 命ッウィーホーラン 連ッウィーホーイ 継ッウィーホートーン 過ッウィーホータン》「イーホー「インに同じ。

「ッウィームティ [ˈʔwi:muti] 名 上の方[側]。

ッウィー「ラー「サン [ʔwi:ˈra:ˈsan] 形《命ッウィーラーシコーネーン 過ッウィーラーサタン》年の割にはしっかりしている。大人びて見える。

ッウィーリ「キー [wi:riˈki:] 名 イーリ「キーに同じ。

ッウィーリキ「ギ「サン [ʔwi:rikiˈgi-san] 形《命ッウィーリキギコーネーン 過ッウィーリキギサタン》面白そうである。

ッウィー「リキ「サン [ʔwi:ˈrikiˈsan] 形《命ッウィーリキコーネーン 過ッウィーリキサタン》イー「リキ「サンに同じ。

ッウィーリキルク「ル [ʔwi:rikiruku-ˈru] 名 面白いところ。景色のよいところ。

「ッウィーン [ˈʔwi:n] 動《ʔwi:r-ʔwi:t-; 命ッウィーラン 連ッウィー 継ッウィートーン 過ッウィータン》植える。

「ッウィーングヮ [ˈʔwi:ŋgwa] 名 初子(ういご)(はつ)。

「ッウィーンジャ」スン [「ʔwi:ʔndʒa」-sun] 動《ʔwi:ʔndʒas- ʔwi:ʔndʒatʃ-; ㊷ッウィーンジャサン ㊸ッウィーンジャシ ㊹ッウィーンジャチョーン ㊺ッウィーンジャチャン》追い出す。

「ウィキー ['wiki:] 名「イィキーに同じ。

「ウイサバ」チュン ['ʔuisaba'tʃun] 動《ʔuisabak- ʔuisabatʃ-; ㊷ウイサバカン ㊸ウイサバチ ㊹ウイサバチョーン ㊺ウイサバチャン》売りさばく。

ウィ「ッチャー [wi'ttʃa:] 名 イィ「ッチャーに同じ。

ウィ「ッチュ [wi'ttʃu] 名 イィ「ッチュに同じ。

「ウイムン ['ʔuimun] 名 売り物。

「ウイムン」ケームン ['ʔuimuŋke:-mun] 【売り物買い物】商売。

「ウイラカ ['ʔuiraka] 名 売り高。売り上げ高。

「ウイン ['ʔuin] 動《ʔur- ʔut-; ㊷ウラン ㊸ウイ ㊹ウトーン ㊺ウタン》売る。

「ウゥ」[1] ['ʔu:'] 名【植】イトバショウ(糸芭蕉)。芭蕉布を織る繊維がとれる。

「ウゥ」[2] ['ʔu:'] 名 緒。

ウゥ[3] [ʔu:] 接頭 雄…。牡…。ウゥ「ムン〈雄〉、「ウゥールイ〈雄鶏〉など。

ウー「アミ [ʔu:「ʔami] 名 大雨。ウシヌミーヌ グトール 〜〈牛の目のような大雨。雨粒がとても大きい場合にいう〉。

ウゥーイ [u:i] 接尾 折。時分。頃。アサバンウゥ—「イ〈昼ご飯の頃。昼飯どき〉。

「ウーイン ['ʔu:in] 動《ʔu:r- ʔu:t-; ㊷ウーラン ㊸ウーイ ㊹ウートーン ㊺ウータン》①追う。追いかける。クチ 〜〈口を追う。言葉どおりになる。言ったとおりになる〉。②追う。追い払う。フェーウーレー〈蝿を追い払え〉。

「ウゥーイン[1] [「u:in] 動《u:r- u:t-; ㊷ウゥーラン ㊸ウゥーイ ㊹ウゥートーン ㊺ウゥータン》ゆする。ゆさぶる。振る。ウチュクイ 〜〈ふろしきを振る〉。

ウゥー「イン[2] [u:「in] 動《u:r- u:t-; ㊷ウゥーラン ㊸ウゥーイ ㊹ウゥートーン ㊺ウゥータン》折る。ウゥージ 〜〈砂糖きびを折る〉／ルゲーティ メーバー ウゥータン〈転んで前歯を折った〉。

「ウゥーインチュン ['u:intʃun] 動《u:iŋk- u:intʃ-; ㊷ウゥーインカン ㊸ウゥーインチ ㊹ウゥーインチョーン ㊺ウゥーインチャン》ゆり動かして入れる。ゆすって入れる。ナー ウゥーインチョーエー サニ ナーヒン カメ〈もう腹に入ってしまっただろう、もっと食べろ〉。

ウゥー「ウゥー」ウゥー [u:「u:「u:] 感 いいえ。目上に対する否定、拒絶などの意を表す言葉。＊同年輩より下の者にはイィー「イィー」イィーという。

「ウー」ウェー ['ʔu:「we:] 感「ウー「エーに同じ。

「ウゥーウシ ['u:ʔuʃi] 名 雄牛。

「ウーエー ['ʔu:'e:] 感 お祝い。＊「ウーウェーともいう。

ウーエークー「エー [ʔu:e:ku:「e:] 副 抜きつ抜かれつ。追いつ追われつ。〜 ッシ ハーエー ナトータン〈抜きつ抜かれつ走っていた〉。

ウーエーグワー「シー [ʔu:e:gwa:-「ʃi:] 名 ①お祝いごっこ。②ままごと。⇒ グヮーシー。

ウーガー「ガー [ʔu:ga:「ga:] 副 何もないさま。からっぽ。〜 ッシ サビサンヤー〈何もなくてさびしいね〉。

ウゥーガー「サ [u:ga:「sa] 名 芭蕉の葉。食べ物を包んだり置いたりするのに用いた。

ウゥーガー「ラ [u:ga:「ra] 名 牡瓦(おがわら)。瓦葺きの場合、ミーガー「ラ〈牝瓦〉を

下に並べ、その上にウーガーラを置き、しっくいでしっかりと固める。

ウー「カジ [ʔuːkadʑi] 名 大風。あらし。台風。＊テーフーともいうが、ウーカジの方が一般的。

ウゥー「キ [uːki] 名 桶。＊チュウゥー「キ〈一桶〉、タウゥーキ〈二桶〉など、接尾辞として用いることもある。

ウー「ク [ʔuːku] 名 奥。

「ウークイ [ʔuːkui] 名 精霊(しょうろう)送り。盆の三日目(旧暦七月十五日)の夜、先祖の霊をあの世に送ること。

「ウーグトゥ [ʔuːgutu] 名 ①ありがたいこと。うれしいこと。クンロー ～ シェーサヤー〈今度は喜ばしいことだったねえ〉。②大ごと。大変なこと。イクサヌ ウクリティ ～ロー〈戦争が起こって大変なことだぞ〉。

ウー「ク「バー [ʔuːkubaː] 名 奥歯。臼歯。＊ウー「ジ」バーともいう。

「ウーサリアー「サリ [ʔuːsariʔaːsari] 副 ぺこぺこ。へいへい。権力者に無批判に従うさま。ウーサリ、アーサリはともに単独では使わず、ウー「サイ、アー「サイに変化する。

ウー「シ [ʔuːʃi] 名 臼。主にひき臼のこと。

ウゥー「ジ [uːdʑi] 名【荻(おぎ)】砂糖きび。タイケイ「ス〈太茎種〉などが栽培されている。

ウー「シー」モーモー [ʔuːʃiːmoːmoː] 名《幼児》牛。＊童謡の一節に、～ターカイロー〈牛さん田んぼにだよ〉というのがある。

ウーシー「ン [ʔuːʃiːn] 動《ʔuːʃir- ʔuːʃit-; 否ウーシラン 連ウーシー 禁ウーシトーン 過ウーシタン》①(牛馬に荷物を)負わせる。ンマンカイ ラッテーン ニムチ ～〈馬にたくさん荷物を負わせる〉。②(罪、責任などを人に)負わせる。かぶせる。転嫁する。…のせいにする。ヤナグトゥ サンリチ ウーシラッタン〈(しもしないのに)悪いことをしたといって(罪を)かぶせられた〉。

「ウージーン [uːdʑiːn] 動《uːdʑir- uːdʑit-; 否ウージラン 連ウージー 禁ウージトーン 過ウージタン》応じる。相応する。ミブンニ ウージティルナエー サニ〈身分相応にしかできない〉。

ウーシェークル「シェー [ʔuːʃeːkuruʃeː] 副 押し合いへし合い。混雑するさま。

ウージ「ガラ [uːdʑigara] 名 砂糖きびのしぼりかす。以前はそれを干して薪(たきぎ)代わりに使った。

ウーシ「カン」シーン [ʔuːʃikanʃiːn] 動《ʔuːʃikanʃir- ʔuːʃikanʃit-; 否ウーシカンシラン 連ウーシカンシー 禁ウーシカンシトーン 過ウーシカンシタン》おっかぶせる。なすりつける。責めを他人に負わせる。ヌラーリーギサー ヤタシガ ムル アリンカイ ウーシカンシタン〈怒られそうだったが全部彼になすりつけた〉。

ウー「シ」バー [ʔuːʃibaː] 名 臼歯(うす)(きゅう)。奥歯。＊ウー「グ」バーともいう。

「ウゥージュン[1] [uːdʑun] 動《uːg- uːdʑ-; 否ウゥーガン 連ウゥージ 禁ウゥージョーン 過ウゥージャン》あなどる。馬鹿にする。ッチュ ウゥージクッティ〈人を馬鹿にしやがって〉/ウゥーガットーッサー〈馬鹿にしているなあ〉。

「ウゥージュン[2] [uːdʑun] 動《uːg- uːdʑ-; 否ウゥーガン 連ウゥージ 禁ウゥージョーン 過ウゥージャン》ゆする。揺り動かす。キー ～〈木を揺り動かす〉。

ウゥー「ジル [uːdʑiru] 名【雄弦(おづる)】(「サンシン〈三線〉)の一の糸。もっとも太く、低い音を出す。⇨チル[1]。＊ナガ「ジル〈二の糸〉、ミー「ジル〈三の糸〉に対する。

ウースン [uːsun] 助動【おはす(果す)】…することができる。客観的に可能な状態にあることを表すリーンに対して、ウースンは主体に能力があることを示す。動詞の連用形に付く。カチ「ウー」スン〈書くことができる〉/シーウー「スン〈することができる〉。

「ウーソージョー「トゥ [ʔu:soːdʒoː-「tu] 副 ひっそり閑。誰もいなくてさびしいさま。～ ソーン〈ひっそりとしている〉。

ウーティガ「ラ [ʔu:tigaˈra] 名 大手柄。

ウーティ「クェー [ʔu:tiˈkwe:] 名【追って食い】(金銭面や生活面で)頼る者にくっついている者。チャー ～ ッシ アッチュタン〈いつも(親または金持ちなどに)くっついて歩いていた〉。

「ウー「トートゥ [ʔu:ˈto:tu] 感 神仏や先祖を拝むときに発する言葉。

「ウー「トートゥ「アー「トートゥ [ʔu:ˈto:tuˈʔa:ˈto:tu] 連語「ウートートゥの強調形。⇒ アートートゥ。

ウーバンバ「ラー [ʔu:bambaˈra:] 副 がらんどう。建物の中に何もないさま。～ ッシ ヌーン ネーン〈がらんとしていて何もない〉。

「ウービ [ʔu:ˈbi] 名 帯。

ウー「フー [ʔu:ˈɸu:] 名 目上に対する言葉づかい。目上として扱うこと。～ スン〈目上として対する〉。丁寧な言葉づかいをする〉。＊肯定の返事ウーと目上に呼ばれたときの応答フーをくっつけたもの。

ウゥ「フー [u:ˈɸu:] 感 さあ。では。目上の人を誘ったり促したりするときに発する言葉。～ イチャビラ〈さあ参りましょう〉。

「ウーブッカ [ʔu:bukka] 名 とても寒い日。極寒。

ウー「フゥ [ʔu:ˈɸa] 名 おんぶ。(人を)背負うこと。ックヮ ～ スン〈子供をおんぶする〉。

ウゥ「ベー [u:ˈbe:] 名【植】カラムシ(苧)。イラクサ科の多年草。

ウー「マク [ʔu:ˈmaku] 名 腕白。きかん坊。～ ワラバー〈(親などの言うことを聞かない)腕白坊主〉。＊「マク、アン「マクともいう。

ウー「ミジ [ʔu:ˈmidʒi] 名 大水。洪水。～ ヌッジトーンリ イーサ〈大水が出ているそうだ。洪水だそうだ〉。

ウームサゲー「イ [ʔu:musage:ˈi] 名 大騒ぎ。にぎやかで楽しい場合をいう。アチャーヤ チナヒチンリ イチ ～〈明日は綱引きだといって大騒ぎだ〉。

ウゥー「ムナー [u:muˈna:] 名 雄。動物の雄。＊ミーム「ナーの対。ウゥー「ムンともいう。

ウゥー「ムン [u:ˈmun] 名 雄。普通動物の雄にいうが、実のならないパパイアなどにもいう。＊ミー「ムンの対。

ウゥーリー「ン [u:riːˈn] 動《u:rir-u:rit-; ⓐウーリラン 連ウーリー ⓝウーリトーン ⓟウーリタン》① 折れる。②我を折る。譲歩する。ナマネー ガー ウゥーリトーン〈とうとう我を折っている。譲歩している〉。

ウゥーリ「ゴー [u:riˈgo:] 名 折れた線香。次のように用いる。シネーカラー ～ン ウサギランティン シムン〈死んだら折れた線香さえもあげなくてよい。生きているときが重要なのだという意〉。

ウー「ル [ʔu:ˈru] 名 ふとん。～ カンジュン〈ふとんをかぶる〉。

「ウゥールイ [u:rui] 名 雄鶏。

「ウゥーッワー [u:ˈwa:] 名 雄豚。

ウゥー「ン [u:ˈn] 名 斧(おの)。柄が長く両手で用いる大きいもの。丸太などを割り薪を作るのに使う。⇒ ユーチ²。

「ウゥーングヮ [u:ŋgwa] 名 男の子。＊イッキガン「グヮともいう。

ウー「ンナ [ʔu:ˈnna] 名【大綱】大綱引き。

ウゥー「ンナ [u:ˈnna] 名 (綱引きの)雄綱。頭部の輪はミー「ンナ〈雌綱〉より小さい。

ウェー「ウェー¹ [we:ˈwe:] 名 泣き虫。

「ウェーウェー² [we:we:] 擬音 おいおい。わあわあ。声をあげて泣くさま。～ ナチュン〈わあわあ泣く〉。

ッウェー「カ [ʔwe:ˈka] 名 エー「カに同じ。

ッウェー「キ [ʔwe:ˈki] 名 エー「キに同じ。

ッウェー「キー [ʔwe:ˈki:] 名 エー「キーに

同じ。

ッウェーキン「チュ [ʔweːkinˈtʃu] [名] エーキン「チュに同じ。

ッウェーキン「チュー [ʔweːkinˈtʃuː] [名] エーキン「チューに同じ。

ッウェー「ク [ʔweːˈku] [名] エー「クに同じ。

「ッウェーグニ [ˈʔweːguni] [名]【親国】お国。王都首里のこと。＊ッウェー〈親〉は美称の接頭辞。「スイ˥ッウェーグニ〈首里王都〉ともいう。

ッウェー「マ [ʔweːˈma] [名] エー「マに同じ。

「ッウェーユミ [ˈʔweːjumi] [名] お嬢さん然[お姫様然]とした嫁。＊〜 ナティ ヌーン サン〈お姫様然として何もしない〉と揶揄して用いる。

ッウェー「ラ [ʔweːˈra] [名] エー「ラに同じ。

ッウェーレーバン「シ [ʔweːreːbanˈʃi] [名] エーレーバン「シに同じ。

ッウェン「チュ [ʔwenˈtʃu] [名] エン「チュに同じ。

ウ「カー˥サン [ʔuˈkaː˥saɴ] [形]《[否]ウカーコーネーン [過]ウカーサタン》危ない。危険である。(何かするとき)しくじる可能性がある。病状が重く危ない。

「ウカガー˥イン [ˈʔukagaː˥iɴ] [動]《ʔukagaːr- ʔukagaːt-; [否]ウカガーラン [連]ウカガーイ [継]ウカガートーン [過]ウカガータン》「ウカガインに同じ。

「ウカガイン [ˈʔukagaiɴ] [動]《ʔukagar- ʔukagat-; [否]ウカガラン [連]ウカガイ [継]ウカガトーン [過]ウカガタン》うかがう。ひそかにさぐる。＊「参上する。お聞きする」などの意はない。「ウカガー˥インともいう。

ウゥ「カ˥サン [uˈka˥saɴ] [形]《[否]ウゥカシコーネーン [過]ウゥカサタン》おかしい。滑稽である。変だ。 ウゥカシー ッチュ〈おかしい人〉/ アレー ウフェー ウゥカシコーネーニ〈彼は少し変ではないか〉。

ウカ「ジ [ʔukaˈdʒi] [名] おかげ。 シンシーガ 〜〈先生のおかげ〉。

ウ「カ˥ジャイ [ʔuˈka˥dʒai] [名] ①お飾り。ウレー 〜ル ヤル〈彼はお飾りにすぎないのだ〉。 ②(仏壇などに)お供えすること。お供え物。

ウガチカ「サ [ʔugatʃikaˈsa] [名] その近さ。そんな近く。 ＊ウガチチャ「サともいう。

ウガチチャ「サ [ʔugatʃitʃaˈsa] [名] ウガチカ「サに同じ。

「ウカットゥ [ˈʔukattu] [副] うっかり。 〜 ソータン〈うっかりしていた〉。

ウカッ「トゥー [ʔukatˈtuː] [名] うっかり者。注意力が足りない者。 アレー 〜ロー〈彼はうっかり者だぞ〉。

ウガ「トー [ʔugaˈtoː] [名] その遠さ。そんな遠く。

「ウカビーン [ˈʔukabiːɴ] [動]《ʔukabir- ʔukabit-; [否]ウカビラン [連]ウカビ [継]ウカビトーン [過]ウカビタン》浮かべる。 フニ 〜〈船を浮かべる〉。

「ウカブン [ˈʔukabuɴ] [動]《ʔukab- ʔukar-; [否]ウカバン [連]ウカビ [継]ウカローン [過]ウカラン》浮かぶ。浮く。

ウゥガ「ミ [ugaˈmi] [名]【拝み】祈願。願。 クジョー ネーンタグトゥ クンロー 〜ヌ アイギサン〈去年はなかったから、今度は祈願があるそうだ〉。

ウゥガ「ムン [ugaˈmuɴ] [動]《ugam- ugar-; [否]ウゥガマン [連]ウゥガミ [継]ウゥガローン [過]ウゥガラン》(神仏や先祖を)拝む。礼拝する。＊琉歌などでは「お目にかかる。お会いする」の意味でも用いられる。「拝でなつかしややまづせめてやすが別て面影の立たばきやしゆが」(全 713)。

ウカ「ラ˥フヮーフ [ʔukaˈra˥ɸaːɸu] [名] 首里城正殿。

ウゥガ「リ [ugaˈri] [名] 飢餓。飢え。

ウゥガリー「ン [ugariːˈɴ] [動]《ugarir- ugarit-; [否]ウゥガリラン [連]ウゥガリー [継]ウゥガリトーン [過]ウゥガリタン》飢える。食べ物がなくて非常に腹がへる。 イクサユーヤ ウゥガリトータン〈戦争の時代は

飢えていた〉。
ウゥガリ「ムン [ugariˈmun] 图 (食べ物に)飢えている者。
ウゥガン「ジュ [uganˈʤu] 图【拝み所(おがみじょ)】拝所。神を拝むところ。＊ウタ「キ〈御嶽〉ともいう。
「ウキ [ʔuki] 图 (釣りの)浮き。
「ウキー「ン¹ [ʔukiːn] 動《ʔukir- ʔukit-; ㉔ウキラン 連ウキー 継ウキトーン 過ウキタン》浮かべる。浮かせる。 ハナ ～〈花を浮かべる〉。
ウキー「ン² [ʔukiːn] 動《ʔukir- ʔukit-; ㉔ウキラン 連ウキー 継ウキトーン 過ウキタン》①受ける。 アリガ ナギーシ ～〈彼が投げるのを受ける〉/ シキン ～〈試験を受ける。受験する〉。 ②請(う)ける。受注する。請け負う。 ワジャ ウキトーン〈仕事を請けている〉。
ウキー「ン³ [ʔukiːn] 動《ʔukir- ʔukit-; ㉔ウキラン 連ウキー 継ウキトーン 過ウキタン》起きる。起床する。 ウキタイ ニンタイ ソーン〈起きたり寝たりしている。体の具合が悪いときにいう〉。
「ウキ「シクチ [ʔukiˈʃikutʃi] 图 請け負い仕事。
ウキ「ジャマニジャマ [ʔukiˈʤama-niʤama] 图 起きたとたん。起きるやいなや。起きぬけ。 ～ガ ヤラ トゥヌーマスー ソーン〈起きぬけのせいかまごまごしている〉。
ウキティル ニントール [ʔukitiru nintoːru] 連語「起きていて寝ている」から転じて、「床の中で寝たふりをしている。気づいていながら知らんぷりをしている」などの意を表す。
ウキ「トゥ「イン [ʔukiˈtuʔin] 動《ʔukitur- ʔukitutt-; ㉔ウキトゥラン 連ウキトゥイ 継ウキトゥットーン 過ウキトゥッタン》①受け取る。 ②(技術などを)習得する。会得する。
ウキ「トゥ「ミーン [ʔukiˈtuˈmiːn] 動《ʔukitumir- ʔukitumit-; ㉔ウキトゥミラン 連ウキトゥミー 継ウキトゥミトーン 過ウキトゥミタン》受け止める。
「ウキ「ハンシ [ʔukiˈhanʃi] 图【受けはずし】受け答え。議論などにおける応答。
「ウキ「ヒントー [ʔukiˈçintoː] 图【受け返答】受け答え。応答。 ムル ～ヌ ネーン〈まったく応答がない〉。
ウキ「ムチ [ʔukiˈmutʃi] 图 受け持ち。担当(の仕事)。
ウキ「ム「チュン [ʔukiˈmuˈtʃun] 動《ʔukimut- ʔukimuttʃ-; ㉔ウキムタン 連ウキムチ 継ウキムッチョーン 過ウキムッチャン》受け持つ。担当する。
「ウクイガタ [ʔukuigata] 图【送り方】①(物品などを)送ること。 ②葬式。 ～ン シマチャン〈葬式も済ました〉。
「ウクイケー「スン [ʔukuikeːsun] 動《ʔukuike:s- ʔukuike:tʃ-; ㉔ウクイケーサン 連ウクイケーシ 継ウクイケーチョーン 過ウクイケーチャン》送り返す。返送する。
「ウクイトゥルキ [ʔukuituruki] 图【送り届け】①(物品などを)送ること。 ②葬式。 ～ン リッパニ シマチャン〈葬式も立派に済ました〉。
「ウクイムン [ʔukuimun] 图 贈り物。進物。 ～ スン〈贈り物をする。賄賂を贈る意もある。
ウクイ「メー [ʔukuiˈmeː] 图 ユー「レー〈無尽講〉で、入札で金を受け取ったあと、分担金に利子を付けて返していくその掛け金のこと。
「ウクイン¹ [ʔukuin] 動《ʔukur- ʔukut-; ㉔ウクラン 連ウクイ 継ウクトーン 過ウクタン》①(物品、手紙などを)送る。 ②葬送する。(亡くなった人を)送る。
ウク「イン² [ʔukuˈin] 動《ʔukur- ʔukut; ㉔ウクラン 連ウクイ 継ウクトーン 過ウクタン》(事件が)起こる。起きる。 ソーロース ～〈騒動が起こる〉。
「ウグイン [ʔuguin] 動《ʔugur- ʔugut-; ㉔ウグラン 連ウグイ 継ウグトー

ン ⑲ウグタン》おごる。自分の金で他の人に飲み食いさせてやる。 ワーガ 〜〈私がおごる〉。

**ウ「グ」シク** [ʔuˈguˈʃiku] 名 首里城。王の居城。「御城」の意。

**ウク「スン** [ʔukuˈsun] 動《ʔukus- ʔukutʃ-; ㊁ウクサン ㊂ウクシ ㊃ウクチョーン ⑲ウクチャン》①(倒れているものを)起こす。起こして立てる。②(寝ている者を)起こす。目覚めさせる。

**「ウクタイン** [ˈʔukutain] 動《ʔukutar- ʔukutat-; ㊁ウクタラン ㊂ウクタイ ㊃ウクタトーン ⑲ウクタタン》忘(だ)る。忘(わす)ける。

**「ウクナイン** [ˈʔukunain] 動《ʔuku-nar- ʔukunat-; ㊁ウクナラン ㊂ウクナイ ㊃ウクナトーン ⑲ウクナタン》行う。

**「ウクネー** [ˈʔukune:] 名 行い。行為。品行。 ヒグルカラヌ 〜〈日頃からの行い〉。

**ウグ「マ** [ʔuguˈma] 名【うごま】ごま(胡麻)。

**ウク「ヤマ** [ʔukuˈjama] 名 奥山。深山(しんざん)。*ウクヤマヌ ブタン〈奥山の牡丹〉という有名な悲歌劇がある。

**「ウクラスン** [ˈʔukurasun] 動《ʔuku-ras- ʔukuratʃ-; ㊁ウクラサン ㊂ウクラシ ㊃ウクラチョーン ⑲ウクラチャン》(約束の時間に)遅れさせる。遅刻させる。

**ウクリ「ン¹** [ʔukuriˈn] 動《ʔuku-rir- ʔukurit-; ㊁ウクリラン ㊂ウクリー ㊃ウクリトーン ⑲ウクリタン》(かさぶたが)はがれる。 カサブタヌ 〜〈かさぶたがはがれる[とれる]〉。

**ウクリ「ン²** [ʔukuriˈn] 動《ʔuku-rir- ʔukurit-; ㊁ウクリラン ㊂ウクリー ㊃ウクリトーン ⑲ウクリタン》遅れる。遅刻する。

**ウクリ「ン³** [ʔukuriˈn] 動《ʔuku-rir- ʔukurit-; ㊁ウクリラン ㊂ウクリー ㊃ウクリトーン ⑲ウクリタン》(事件、病気などが)起こる。起きる。 イクサヌ 〜〈戦争が起こる〉 / ヤンメース 〜〈病気が起きる〉。

**ウ「グ」ン** [ʔuˈgwan] 名【御願(おがん)】祈願。願。神に対して願かけすること。*普通は酒などを供えて、一家の女主人が行うが、家屋新築などの際に特別な祈願を行うときは、「ユタ〈巫女〉」など「サーラガッンマリ〈霊力の高い人〉」に頼んで執り行う場合もある。

**ウ「グ」ン「グトゥ** [ʔuˈgwaŋˈgutu] 名 ウ「グ」ン〈祈願〉をしなければいけない事柄。*不幸なことが続くと何かウグヮングトゥがあるのではないかと考える。

**ウグヮンブトゥ「チー** [ʔugwambu-tuˈtʃi:] 名【御願解(おがんほど)き】神に対して祈願したあとのお礼参り。

**ウ「グ」ン「ローグ** [ʔuˈgwanˈro:gu] 名 ウ「グ」ン〈祈願〉をするための道具。酒を入れる瓶、米、線香、杯、盆などを入れる箱の一式。

**ウケー「イ」ヒケーイ** [ʔukeˈiˈçike:i] 名 躊躇。大いにためらうこと。

**ウケー「メー** [ʔuke:ˈme:] 名【お粥米(まい)】おかゆ(粥)。 アンベース ワッサグトゥ 〜 カムン〈具合が悪いのでおかゆを食べる〉。

**ウ「コー** [ʔuˈko:] 名【御香】(仏壇に供える)線香。 〜ル クヮッチー ヤンリ〈(あの世)線香こそがごちそうだとさ〉。*ウの付かないコーという形はない。

**ウコー「ル** [ʔuko:ˈru] 名【御香炉】香炉。仏壇で線香をあげるのに用いる器。

**「ウサーイン** [ˈʔusa:in] 動《ʔusa:r- ʔusa:t-; ㊁ウサーラン ㊂ウサーイ ㊃ウサートーン ⑲ウサータン》一緒になる。合わさる。 ガッコー ソーイネー ビチ ヤタシガ シチジョーサグトゥ ウヤヌ ヤーンカイ ウサートーン〈学校へ通っていたときは別々だったが、卒業したから実家で一緒に暮らしている〉。

**「ウサースン¹** [ˈʔusa:sun] 動《ʔusa:s-

ʔusa:tʃ-; ㊥ウサーサン ㊦ウサーシ ㊧ウサーチョーン ㊤ウサーチャン》①おおう。かぶせる。②(鶏が卵を)抱く。トゥインカイ クーガ ウサーシミーン〈鶏に卵を抱かせる〉。

「ウサースン² [ʔusa:sun] 動《ʔusa:s-ʔusa:tʃ-; ㊥ウサーサン ㊦ウサーシ ㊧ウサーチョーン ㊤ウサーチャン》一緒にする。合わせる。ナマ イットゥチャー ウサーチョーケ〈今しばらくは一緒にしておけ〉。

「ウサーリーン [ʔusa:ri:n] 動《ʔusa:rir- ʔusa:tt-; ㊥ウサーリラン ㊦ウサーリー ㊧ウサーットーン ㊤ウサーッタン》①襲われる。キジムナーンカイ ~〈キジムナー(妖怪の一種)に襲われる。(寝ているときに)金縛りにあう。寝ているときにキジムナーに襲われると身動きできなくなるとされることから〉。②押さえつけられる。クーリタル ヤーンカイ ウサーッティ レージ ヤタン〈こわれた家の下敷になって大変だった〉。

「ウサガイン [ʔusagain] 動《ʔusagar- ʔusagat-; ㊥ウサガラン ㊦ウサガイ ㊧ウサガトーン ㊤ウサガタン》召し上がる。カ「ムン〈食べる〉の敬語。ウンジュ ウサガレー〈あなた召し上がれ〉。

ウサ「キー [ʔusa「ki:] 名 そんなにたくさん。そんなに多く。~ コータルバーイィ〈そんなにたくさん買ったのか〉/ ~ サキ ヌラグトゥ チブル ヤムン〈あんなにたくさん酒を飲んだから頭が痛い〉。

ウサキー「ナー [ʔusaki:「na:] 名 そんなにたくさん(の数量)。⇒ ナー¹⁰。 ~ ヌ ニンジン〈そんなにたくさんの人間〉/ ~ ムチーネー ウゥタインロー〈そんなにたくさん持つと疲れるぞ〉。

「ウサギーン [ʔusagi:n] 動《ʔusagir- ʔusagit-; ㊥ウサギラン ㊦ウサギー ㊧ウサギトーン ㊤ウサギタン》差し上げる。お供えする。トートーメーンカイ ~〈位牌にお供えする〉。

「ウサギムン¹ [ʔusagimun] 名 (仏壇などに)お供えするもの。

ウサギ「ムン² [ʔusagi「mun] 名 賄賂。

ウサ「ジ [ʔusa「dʒi] 名 うさぎ。家畜として飼っていた。

ウゥサマ「イン [usama「in] 動《usamar- usamat-; ㊥ウゥサマラン ㊦ウゥサマイ ㊧ウゥサマトーン ㊤ウゥサマタン》(騒ぎや混乱などが)治まる。平和になる。イクサー ~〈戦争が治まる〉。

ウゥサミー「ン [usami:「n] 動《usamir- usamit-; ㊥ウゥサミラン ㊦ウゥサミー ㊧ウゥサミトーン ㊤ウゥサミタン》①治める。統治する。②鎮(しず)める。静める。ワーガ ウゥサミティ トゥラサ〈私が治めてやろう。「喧嘩(けんか)などを鎮める」の意〉。

ウゥサミ「ガタ [usami「gata] 名【治め方】統治。 ~ ヌ ナラン〈統治ができない〉。

ウ「サン「レー [ʔu「san「re:] 名 仏壇への供え物をさげたもの。おさがり。 * ~ サビラ〈おさげいたします〉と断ってからさげる。使い古しのもらいものにはあまり使わない。

「ウシ [ʔuʃi] 名 ①牛。 ~ オーラスン〈牛を闘わせる。闘牛をする〉。②(十二支の)丑(うし)。 ~ ヌッチュ〈丑年生まれの人〉。

ウジ「¹ [ʔudʒi「] 名 氏(うじ)。中国姓のこと。イッター ヌ ~ ガ〈きみらの氏は何か〉。 * ヤーン「ナー〈姓〉の他にウジがある場合がある。

ウジ² [ʔudʒi「] 名 うじ(蛆)。

「ウシー [ʔuʃi:] 名 教え。教育。シンシーガ ~〈先生の教え〉。

「ウシーカタ [ʔuʃi:kata] 名 教え方。教育方法。

ウシータ「レー [ʔuʃi:ta「re:] 名 不足を補うこと。補充。補足。 ~ ソーケー〈不足の分を補っておけ〉。

「ウシーマー「スン [ʔuʃima:sun] 動《ʔuʃi:ma:s- ʔuʃi:ma:tʃ-; ㊥ウシーマーサン ㊦ウシーマーシ ㊧ウシーマーチョーン ㊤ウシーマーチャン》無理やり

させる。強制する。 ウシーマーチ シミタン〈無理やりにさせた〉。

「ウシーヨー [ˈʔuʃiːjoː] 名【教え様】教え方。 〜ヌ ワッサヌ ワカラン〈教え方が悪くて分からない〉。

「ウジーン [ˈʔudʒiːn] 動《ʔudʒir- ʔudʒit-; ㋾ウジラン 連ウジー 希ウジトーン 過ウジタン》おじる。こわがる。恐れる。 チャー ウジトータン〈いつも恐れていた〉。

「ウシウシ [ˈʔuʃiʔuʃi] 名【押し押し】無理やり。強制。 〜ニ シミラサッタン〈無理やりさせられた〉。

ウ「シェー [ʔuˈʃeː] 名 あえ物。肴。＊サキヌ 〜〈酒の肴〉のように用いるのが普通。

「ウシェーイムン [ˈʔuʃeːimun] 名 馬鹿にされている者。見くびられている者。

「ウシェーイン [ˈʔuʃeːin] 動《ʔuʃeːr- ʔuʃeːt-; ㋾ウシェーラン 連ウシェーイ 希ウシェートーン 過ウシェータン》あなどる。見くびる。馬鹿にする。

ウシオーラ「シェー [ʔuʃiʔoːraˈʃeː] 名 闘牛。宇和島、隠岐の闘牛に似る。牛二頭を角突き合わせて闘わせ、逃げた方が負けである。

「ウシカキーン [ˈʔuʃikakiːn] 動《ʔuʃikakir- ʔuʃikakit-; ㋾ウシカキラン 連ウシカキー 希ウシカキトーン 過ウシカキタン》押しかける。

ウシ「ク [ʔuʃiˈku] 名【植】アコウ(赤穂)。クワ科の常緑高木。＊ウシクガジ「マルともいう。ガジ「マル〈榕樹〉に似るが、葉や実はウシクの方が大きい。

「ウシクミーン [ˈʔuʃikumiːn] 動《ʔuʃikumir- ʔuʃikumit-; ㋾ウシクミラン 連ウシクミー 希ウシクミトーン 過ウシクミタン》押し込める。

「ウシクムン [ˈʔuʃikumun] 動《ʔuʃikumir- ʔuʃikumit-; ㋾ウシクミラン 連ウシクミー 希ウシクミトーン 過ウシクミタン》押し込む。押し込める。

「ウシケースン [ˈʔuʃikeːˈsun] 動《ʔuʃikeːs- ʔuʃikeːtʃ-; ㋾ウシケーサン 連ウシケーシ 希ウシケーチョーン 過ウシケーチャン》押し返す。

「ウシケーラスン [ˈʔuʃikeːˈrasun] 動《ʔuʃikeːras- ʔuʃikeːratʃ-; ㋾ウシケーラサン 連ウシケーラシ 希ウシケーラチョーン 過ウシケーラチャン》押し倒す。突き飛ばす。

ウシジャーロー「フ [ʔuʃidʒaːroːˈɸu] 名 豆腐を固めるとき、箱に入れずに木綿の布に包んで、上に重しを置いて固めたもの。丸い形の豆腐ができあがる。

「ウジショー [ˈʔuʃiʃoː] 名 お師匠。先生。

「ウジショーヌメー [ˈʔuʃiʃoːnumeː] 名【御師匠前】お師匠様。＊芝居などでよく聞く。

「ウシチーン [ˈʔuʃitʃiːn] 動《ʔuʃitʃir- ʔuʃitʃitʃ-; ㋾ウシチラン 連ウシチー 希ウシチッチョーン 過ウシチッチャン》押し切る。ちょん切る。勢いよく切断する。

「ウシチキーン [ˈʔuʃitʃikiːn] 動《ʔuʃitʃikir- ʔuʃitʃikit-; ㋾ウシチキラン 連ウシチキー 希ウシチキトーン 過ウシチキタン》①押しつける。強く押す。②(仕事などを無理に)引き受けさせる。

ウシチリ「ジリ [ʔuʃitʃiriˈdʒiri] 名【押し切り切り】(布、紙などを)細かく切り刻むこと。

「ウシトースン [ˈʔuʃitoːˈsun] 動《ʔuʃitoːs- ʔuʃitoːtʃ-; ㋾ウシトーサン 連ウシトーシ 希ウシトーチョーン 過ウシトーチャン》押し倒す。

「ウシナー [ˈʔuʃinaː] 名【牛庭】闘牛場。

「ウシナイン [ˈʔuʃinain] 動《ʔuʃinar- ʔuʃinat-; ㋾ウシナラン 連ウシナイ 希ウシナトーン 過ウシナタン》失う。なくす。人が死ぬ。 クヌユー ウシナティ ネーン〈この世を失ってしまった。死んでしまった〉。

「ウシナガスン [ˈʔuʃinagaˈsun] 動《ʔuʃinagas- ʔuʃinagatʃ-; ㋾ウシナガ

サン ⓤウシナガシ ⓢウシナガチョーン ⓟウシナガチャン》押し流す。

「ウシヌキーン [ʔuʃinuki:n] ⓓ《ʔuʃinukir- ʔuʃinukit-; ⓒウシヌキラン ⓤウシヌキー ⓢウシヌキトーン ⓟウシヌキタン》押しのける。横へやる。排除する。ッチュン ウシヌキティ カシーカシー シクチン シェー〈人も押しのけてさっさっと仕事をしろ〉。

ウシヌ「シー [ʔuʃinuˈʃi:] ⓝ「ウシヌシシに同じ。

「ウシヌシシ [ʔuʃinuʃiʃi] ⓝ【牛の肉(に)】牛肉。*ウシヌ「シーともいう。

ウシヌ「チー [ʔuʃinuˈtʃi:] ⓝ【牛の乳】牛乳。*ウシヌチー「チーともいう。

「ウシヌチー「チー [ʔuʃinutʃiːˈtʃi:] ⓝ ウシヌ「チーに同じ。

「ウシバク「ヨー [ʔuʃibakuˈjo:] ⓝ 牛買い。牛の売買をする者。⇨ バクヨー。

「ウシハナスン [ʔuʃihanaˈsun] ⓓ《ʔuʃihanas- ʔuʃihanatʃ-; ⓒウシハナサン ⓤウシハナシ ⓢウシハナチョーン ⓟウシハナチャン》突っ放す。*「押し放す」にほぼ対応。

「ウシマギーン [ʔuʃimagi:n] ⓓ《ʔuʃimagir- ʔuʃimagit-; ⓒウシマギラン ⓤウシマギー ⓢウシマギトーン ⓟウシマギタン》①押し曲げる。へし曲げる。②負かす。ヤナワラバー ウシマギティトゥラチャサ〈悪童め、やっつけたよ〉。

ウシム「トゥー [ʔuʃimuˈtu:] ⓝ 台所。

「ウシムルスン [ʔuʃimuruˈsun] ⓓ《ʔuʃimurus- ʔuʃimurutʃ-; ⓒウシムルサン ⓤウシムルシ ⓢウシムルチョーン ⓟウシムルチャン》押し戻す。

ウゥジャ「サー [udʒaˈsa:] ⓝ おじ。ウゥン「チュー〈叔父〉、ウ「フー チャーチャー〈伯父〉の両方を含む。親族名称であって、呼びかけには用いない。

「ウシヤラスン [ʔuʃijaraˈsun] ⓓ《ʔuʃijaras- ʔuʃijaratʃ-; ⓒウシヤラサン ⓤウシヤラシ ⓢウシヤラチョーン ⓟウシヤラチャン》押しやる。どける。

ウ「ジュー [ʔuˈdʒu:] ⓝ お重。重箱料理。

「ウシユシーン [ʔuʃijuʃi:n] ⓓ《ʔuʃijuʃir- ʔuʃijuʃit-; ⓒウシユシラン ⓤウシユシー ⓢウシユシトーン ⓟウシユシタン》押し寄せる。イクサヌ 〜〈戦争が押し寄せる〉。

「ウジュマイン [ʔudʒumain] ⓓ《ʔudʒumar- ʔudʒumat-; ⓒウジュマラン ⓤウジュマイ ⓢウジュマトーン ⓟウジュマタン》埋(う)まる。埋(う)まる。

「ウジュミーン [ʔudʒumi:n] ⓓ《ʔudʒumir- ʔudʒumit-; ⓒウジュミラン ⓤウジュミー ⓢウジュミトーン ⓟウジュミタン》埋(う)める。埋(う)める。

ウジュ「ムン [ʔudʒuˈmun] ⓓ《ʔudʒum- ʔudʒur-; ⓒウジュマン ⓤウジュミ ⓢウジュローン ⓟウジュラン》目が覚める。眠りから覚める。ウジュマシンサン〈目を覚まさせもしない。前もって知らせてくれない。不意打ちを食らう場合にいう〉。*古語「おぞみ」に関係ある語。

ウジ「ラ [ʔudʒiˈra] ⓝ うずら(鶉)。

ウジ「ラーサン [ʔudʒiˈra:san] ⓕ《ⓒウジラーシコーネーン ⓟウジラーサタン》かわいい。美しい。かわいくて賢そうである。

ウジラーシ「ギサン [ʔudʒira:ʃiˈgisan] ⓕ《ⓒウジラーシギコーネーン ⓟウジラーシギサタン》賢そうである。利発そうである。

ウシ「ル [ʔuʃiˈru] ⓝ お汁。おつゆ。

「ウシルキーン [ʔuʃiruki:n] ⓓ《ʔuʃirukir- ʔuʃirukit-; ⓒウシルキラン ⓤウシルキー ⓢウシルキトーン ⓟウシルキタン》押しのける。

ウシルク「ブー [ʔuʃirukuˈbu:] ⓝ ぼんのくぼ。うなじ(項)の中央のくぼんだところ。

ウシルジ「キー [ʔuʃirudʒiˈki:] ⓝ 飯に汁をかけたもの。急いでいるときなどに食べ

る。～ッシ カムン〈飯に汁をかけて食べる。やや品のない食べ方〉。＊ウシルジキ「ティーともいう。

ウシルジキ「ティー [ʔuʃirudʑiki「tiː] 图 ウシルジ「キーに同じ。

ウシ「ル」ジャワン [ʔuʃi「ru「dʑawan] 图 汁椀。

「ウシワキーン [ʔuʃiwakiːn] 動《ʔuʃiwakir- ʔuʃiwakit-;㋺ウシワキラン ㋑ウシワキー ㋪ウシワキトーン ㋾ウシワキタン》押し分ける。

ウ「ジン [ʔu「dʑin] 图 お膳。

「ウシッンジャ「スン [ʔuʃiʔndʑa「sun] 動《ʔuʃiʔndʑas- ʔuʃiʔndʑatʃ-;㋺ウシッンジャサン ㋑ウシッンジャシ ㋪ウシッンジャチョーン ㋾ウシッンジャチャン》押し出す。

ウシン「チー [ʔuʃin「tʃi:] 图 昔の女性の着物の着方。帯はせずに前の端の部分を内に着ている下着などに押し込んで、前が開かないように整えた。

「ウシンチュン [ʔuʃintʃun] 動《ʔuʃiŋk- ʔuʃintʃ-;㋺ウシンカン ㋑ウシンチ ㋪ウシンチョーン ㋾ウシンチャン》押し込む。突っ込む。ンマンカイ ウシンチョーケ〈そこに突っ込んでおけ〉。

ウス「 [ʔusu「] 图 うしお。潮。海水。ウソー チャー ナトーガ〈潮の満干はどうなっているか〉/ トーフ スグトゥ ～ クリ クヮー〈豆腐を作るから海水を汲んでこい〉。

「ウスアカ「ガイ [ʔusu「ʔaka「gai] 图 薄明かり。薄明。

「ウスイン¹ [ʔusuin] 動《ʔusur- ʔusut-;㋺ウスラン ㋑ウスイ ㋪ウストーン ㋾ウスタン》①おおう。かぶせる。ヒーチンッシ ～〈布巾でおおう〉/ ウール ～〈布団をかぶせる〉。②押さえる。「ウスラットーン〈(悪いことをして)取り押さえられている〉。③(鳥が卵を)抱く。トゥイヌ クーガ ウストーン〈鶏が卵を抱いている〉。

「ウスイン² [ʔusuin] 動《ʔusur- ʔusut-;㋺ウスラン ㋑ウスイ ㋪ウストーン ㋾ウスタン》押す。

「ウスー [ʔusuː] 图 「ウスーグヮーに同じ。

「ウスーグヮー [ʔusuːgwaː] 图 うすのろ。うす馬鹿。＊「ウスーともいう。

「ウスウス [ʔusuʔusu] 副 うすうす。ウスウソー シッチョーテーエー サニ〈うすうすは知っていたはずだ〉。

ウ「スーロー ハチャー [ʔu「suː「roːhatʃaː] 連語「御主(国王)だぞ、蜂めが」の意。蜂が来たときに刺されないために唱えるまじない言葉。また、声を掛けただけで泣き出す子供などに対して、「大変なことになった。困ったことになった」の意、あるいは「触らぬ神にたたりなし」の意にも使う。国王の絶対的な権威からきた諺か。⇒ハチャー。

ウスガナ「シー [ʔusuganaːʃiː] 图 ウスガナ「シーメーに同じ。

ウスガナ「シー「メー [ʔusugana「ʃiː「me:] 图【御主(ぬ)かなし前】国王様。＊ウス〈御主。国王様〉に尊敬を表す二つの接尾辞ガナシーとメーが付いている。

「ウスグサ「ミチ [ʔusugusa「mitʃi] 图 少し怒ること。少ししゃくにさわること。

「ウスグラ「サン [ʔusugura「san] 形《㋪ウスグラコーネーン ㋾ウスグラサタン》薄暗い。

「ウスコーグ [ʔusukoːgu] 图 いくらか腰が曲がっている者。(または)ねこ背。

「ウスサン [ʔususan] 形《㋪ウスコーネーン ㋾ウスサタン》①(厚さが)薄い。②(色、味などが)薄い。＊①の意では「ヒッサン」、「味が薄い」の意ではア「フッサンがよく用いられる。

ウスバジ「ケー [ʔusubadʑi「keː] 图【お側仕え】高貴な人に仕えること。また、その人。

「ウスバスン [ʔusubasun] 動《ʔusubas- ʔusubatʃ-;㋺ウスバサン ㋑ウスバシ ㋪ウスバチョーン ㋾ウスバチャン》(物を)伏せる。下向きにする。マカェー ウスバチョーケ〈茶碗は伏せておけ〉。

ウス「マ」サン [ʔusuˈmaˈsan] 形《⑥ウスマシコーネーン ⑩ウスマサタン》すごい。ものすごい。とんでもない。ウスマサルッチュ〈とんでもない人。ウスマシー ニンジンといういい方もある〉。

ウスリー「ン [ʔusuriːˈn] 動《ʔusurir- ʔusurit-; ⑥ウスリラン ⑩ウスリー ⑰ウスリトーン ⑩ウスリタン》①敬う。尊ぶ。崇める。トゥシカタ 〜〈年配者を敬う〉。②恐れる。こわがる。クルサランガヤーンリチ ウスリトーン〈殴られないかと恐れている〉/ ウスリティル ホートーイビール〈恐れ入ってひれ伏しております〉。

「ウス」レー [ʔusuˈreː] 名【御酒代(おしゅだい)】祝儀、香典など祝いや法要に出す金一封。

「ウスワレー [ʔusuwareː] 名 うす笑い。馬鹿にしたような笑い。*サーワレーともいう。

「ウタ [ʔuta] 名 歌。琉歌、琉球民謡を指す場合が多い。〜 アビティマー〈歌を歌ってごらん〉。*琉歌は、八八八六のリズムを持った歌。

「ウゥタイ [ˈutai] 名 疲れ。疲労。〜グヮーンジャチョール ハジ ヤッサー〈(一所懸命仕事をしたから)疲れが出ているだろう〉。

「ウゥタイノーシー [ˈutainoːʃiː] 名 疲れを取るために酒などを一杯やること。*クタンリノーシともいう。

「ウタイン [ʔutain] 動《ʔutar- ʔutat-; ⑥ウタラン ⑩ウタイ ⑰ウタトーン ⑩ウタタン》①(歌を)歌う。②(鶏が)時をつくって鳴く。コッコローウーンリチ トゥイス 〜〈コケコッコーと鶏が時を告げる〉。

「ウゥタイン [ˈutain] 動《utar- utat-; ⑥ウゥタラン ⑩ウゥタイ ⑰ウゥタトーン ⑩ウゥタタン》疲れる。くたびれる。主に肉体労働による一時的疲労にいう。チューヤ ナンジ ワジャッシ ウゥタタン〈今日は難儀な仕事をして疲れた〉。*クタンリーンともいう。

「ウタガー「イン [ʔutagaːˈin] 動《ʔutagaːr- ʔutagaːt-; ⑥ウタガーラン ⑰ウタガートーン ⑩ウタガータン》疑う。ナーラ ワン ウタガートーン〈まだ私を疑っている〉。*「ウタガインともいう。

「ウタガイン [ʔutagain] 動《ʔutagar- ʔutagat-; ⑥ウタガラン ⑩ウタガイ ⑰ウタガトーン ⑩ウタガタン》疑う。*「ウタガー「インともいう。

ウタ「キ¹ [ʔutaˈki] 名 その高さ。そんな高く。〜ナーナー アガトータン〈そんな高く上がっていた〉。

ウタ「キ² [ʔutaˈki] 名 御嶽。木が生い茂っていて大きな岩などもある村はずれの聖域。節目ごとにここでウ「グヮン〈祈願〉をする。*ウ「ガン「ジュともいう。

「ウタゲー [ʔutageː] 名 疑い。〜ヌ カカトーン〈疑いがかかっている〉。

「ウタゲー「ムン [ʔutageːˈmun] 名 疑わしい者。怪しい者。アレー 〜 ヤン〈あれは怪しい者だ〉。

「ウタサン「シン [ʔutasanˈʃin] 名 歌や三線。三線を弾きながら歌うこと。にぎやかなこと。〜ヌ チカリーン〈歌や三線[にぎやかなざわめき]が聞こえる〉。

ウ「タ」シキ [ʔuˈtaˈʃiki] 名 お助け。カミヌ 〜〈神のお助け〉。

ウタトゥク「ル [ʔutatukuˈru] 名 お二人様。お二方。「タイ〈二人〉の敬語。

ウタ「ビミ」シェーン [ʔutaˈbimiˈʃeːn] 動《ʔutabimisoːr- ʔutabimisoːtʃ-; ⑥ウタビミソーラン ⑩ウタビミシェー ⑰ウタビミソーチョーン ⑩ウタビミソーチャン》「クィーン〈くれる〉の敬語。「クィミシェーン〈くださる〉より敬意がある。①賜る。くださる。ワンニンカイ 〜〈私にくださる〉。②(...して)くださる。コーティ ウタビミソーリ〈買ってください〉/ カンシ ウタビミシェービリ〈このようにしてくださいませ〉。

「ウチ「[ʔutʃi]图 ①内。中。 〜ンカイヤ ヌーヌ アガ〈中には何があるか〉。 ②家の中。屋内。ヒサ アラティ 〜ンカイ イレー〈足を洗って家の中に入れ。以前は裸足の生活だったので、家の中へ入る時は足を洗った〉。

ウチ「アキーン [ʔuˈtʃiʔakiːn]動《ʔutʃiʔakir- ʔutʃiʔakit-; ㉕ウチアキラン ㉚ウチアキー ㉟ウチアキトーン ㊿ウチアキタン》打ち明ける。隠さずに全部話す。

ウチ「アミ [ʔutʃiˈʔami]图(風が強くて)屋内に雨が吹き込むこと。 カジネー 〜 スン〈暴風の時には雨が吹き込む〉。

ウ「チー「ヤチー [ʔuˈtʃiːˈjatʃiː]图 どうしようかと迷うこと。逡巡すること。 イチュガヤー イカンガヤー 〜 ソータシガルッンジョーンレー〈行こうか行くまいか迷っていたが行ったんだよ〉。

ウチー「ン [ʔutʃiːn]動《ʔutʃir- ʔutʃit-; ㉕ウチラン ㉚ウチー ㉟ウチトーン ㊿ウチタン》①写る。映る。 ②(色、柄などが)似合う。 ③移る。引っ越す。 ④(病気が)うつる。伝染する。

「ウチウミ [「ʔutʃiʔumi]图 内海。

ウチ「カビ [ʔutʃiˈkabi]图【打ち紙】春秋の彼岸に燃やす、銭型を打った茶色の紙銭。グ「ソー〈あの世〉でのお金とされている。

ウチ「カワ「イン [ʔutʃiˈkawaˈin]動《ʔutʃikawar- ʔutʃikawat-; ㉕ウチカワラン ㉚ウチカワイ ㉟ウチカワトーン ㊿ウチカワタン》うって変わる。一変する。 ンカシトー ムル ウチカワティ〈昔とはすっかり変わっている〉。

ウ「チ「キーン [ʔuˈtʃiˈkiːn]動《ʔutʃikir- ʔutʃikit-; ㉕ウチキラン ㉚ウチキー ㉟ウチキトーン ㊿ウチキタン》うっちゃっておく。放り出しておく。 ッンマンカイ ウチキトーケー〈そこに放り出しておけ〉。

ウチグ「ミー [ʔutʃiguˈmiː]图(事業などの)組合を作ること。気の合った者どうしでグループを作ること。

ウチ「ク「ムン [ʔutʃiˈkuˈmun]動《ʔutʃikum- ʔutʃikur-; ㉕ウチクマン ㉚ウチクミ ㉟ウチクローン ㊿ウチクラン》(風が強いために雨が屋内に)降り込む。 ＊ウチアミ スンともいう。

ウチ「ジ「フェーシ [ʔutʃiˈdʒiˈɸeːʃi]图 承諾すること。うなずくこと。 オーンチ 〜 スタン〈はいと言ってうなずいていた〉。

「ウチ「ソーラン [「ʔutʃiˈsoːran]图 内々の相談。秘密の相談事。

「ウチ「チューゴー [「ʔutʃiˈtʃuːgoː]图 相談。話し合い。 ッヤートゥル 〜 ステールムンヌ〈おまえと相談していたものを〉。

ウチチュー「メー [ʔutʃitʃuːˈmeː]图【お月前】お月さま。 〜ヌ ンジトーン〈お月さまが出ている〉。

ウチ「ナー [ʔutʃiˈnaː]图 沖縄本島。宮古、八重山などは含まれない。 〜ンチュ〈沖縄の人〉。

ウチナー「グチ [ʔutʃinaːˈgutʃi]图【沖縄口】沖縄語。沖縄の方言。 〜 スン〈沖縄の方言を話す〉。

ウチナーグユ「ミ [ʔutʃinaːgujuˈmi]图【沖縄暦】旧暦。太陰暦。

ウチナー「ユー [ʔutʃinaːˈjuː]图【沖縄世】琉球処分(明治12年)前の、琉球国王が治めていた時代。ヤマトゥ「ユー〈日本の統治した時代〉やアミリカ「ユー〈米国統治の時代〉などに対する。

ウチナガ「ニー [ʔutʃinagaˈniː]图 牛、豚の上質の背肉。

ウチ「ナ「スン [ʔutʃiˈnaˈsun]動《ʔutʃinas- ʔutʃinatʃ-; ㉕ウチナサン ㉚ウチナシ ㉟ウチナチョーン ㊿ウチナチャン》すっかり終える。済ます。

「ウチ「フカ [「ʔutʃiˈɸuka]图 内外。内と外。⇒フカ 〜 ヌ サシワキン ネーニ〈内と外との区別もないのか〉。

ウチ「フリーン [ʔutʃiˈɸuriːn]動《ʔutʃiɸurir- ʔutʃiɸurit-; ㉕ウチフリラン ㉚ウチフリー ㉟ウチフリトーン ㊿ウチフリタン》惚れ込む。すっかり惚れ

る。

ウチ「ミ [ʔutʃiˈmi] 图 打ち身。打撲傷。~ イッチョーン〈打ち身になっている〉。

「ウチムム [ʔutʃimumu] 图 内もも。~ ニジマリーミ〈内ももをつねられるか(つねるぞ)〉。こらしめのときにいう〉。

「ウチャ [ʔutʃa] 图 お茶。チャー〈茶〉の丁寧語。

ウ「チャーイン [ʔuˈtʃaːin] 動《ʔu-tʃaːr- ʔutʃaːt-; 㐧ウチャーラン 㐫ウチャーイ 㐩ウチャートーン 㐪ウチャータン》似合う。調和する。チノー ユー ウチャートーシェー〈着物はよく似合っているよ〉。

ウ「チャースン [ʔuˈtʃaːsun] 動《ʔu-tʃaːs- ʔutʃaːtʃ-; 㐧ウチャーサン 㐫ウチャーシ 㐩ウチャーチョーン 㐪ウチャーチャン》①(着物の前などを)合わせる。チン ~〈着物の前を合わせる〉。②協力する。(心を)合わせる。ククル ウチャーチョーティル スンロー〈心を合わせてするんだよ〉。*「打ち合わせる」にほぼ対応。

「ウチャガイン [ʔutʃagain] 動《ʔutʃa-gar- ʔutʃagat-; 㐧ウチャガラン 㐫ウチャガイ 㐩ウチャガトーン 㐪ウチャガタン》浮き上がる。ウチャガティ クェン クェン ソーン〈浮き上がってぶかぶかと流れている〉。②(模様などが)鮮明になる。はっきりする。

ウ「チャギーン [ʔuˈtʃagiːn] 動《ʔu-tʃagir- ʔutʃagit-; 㐧ウチャガラン 㐫ウチャギー 㐩ウチャギトーン 㐪ウチャギタン》上へ向ける。上へ上げる。チラ ~〈顔を上に向ける〉/ニー ウチャギレー〈荷物を上へ上げなさい〉。*「打ち上げる」にほぼ対応。

ウチャ「ク [ʔutʃaˈku] 图 お客。

ウチャタイマグ「ラー [ʔutʃataima-guˈraː] 图 よく似ていること。芝居などに登場する歴史上の人物「御茶当真五郎」とよく似ているというところからの転用。

ウ「チャトー [ʔuˈtʃatoː] 仏壇に供

えるお茶。* チャ「トーともいう。

ウ「チャヌク [ʔuˈtʃanuku] 图 先祖や火の神に供える小さな餅。

ウ「チャワキ [ʔuˈtʃawaki] 图 お茶請け。チャワ「キ〈茶請け〉の丁寧語。

ウ「チヤン [ʔutʃijan] 图【内病み】体の内部の痛み。

「ウチュー [ʔutʃuː] 图 ①浮き世。世間。②世間の情勢。~グヮーヌ ワカランヨー〈世情が分からなくてね〉。

ウチュー「ビ [ʔutʃuːˈbi] 图【お調味】試食。味見。

ウチュ「クイ [ʔutʃuˈkui] 图 ふろしき。

ウチュクイジ「チン [ʔutʃukuidʒiˈtʃin] 图 ふろしき包み。

ウチュ「スン [ʔutʃuˈsun] 動《ʔutʃus- ʔutʃutʃ-; 㐧ウチュサン 㐫ウチュシ 㐩ウチュチョーン 㐪ウチュチャン》①写す。映す。②写す。本物のとおりに書く。模写する。③移す。場所を変える。④(病気を)うつす。伝染させる。⑤(容器を)あける。からにする。ハガマ ウチュチ クィレー〈釜をあけてくれ〉。

「ウチュン¹ [ʔutʃun] 動《ʔuk- ʔutʃ-; 㐧ウカン 㐫ウチ 㐩ウチョーン 㐪ウチャン》浮く。浮かぶ。

ウ「チュン² [ʔuˈtʃun] 動《ʔut- ʔuttʃ-; 㐧ウタン 㐫ウチ 㐩ウッチョーン 㐪ウッチャン》①打つ。たたく。殴る。打ち鳴らす。カニ ~〈鐘を打ち鳴らす〉。②討つ。~〈かたきを討つ〉。③撃つ。ティップーッシ ~〈鉄砲で撃つ〉。*③の意ではイー「ンともいう。その他慣用句的に次のように用いる。チナ ~〈綱を組む〉、バクチ ~〈ばくちを打つ〉、グー ~〈碁を打つ〉、ハル ~〈畑を耕す〉など。

「ウチュン³ [ʔutʃun] 動《ʔuk- ʔutʃ-; 㐧ウカン 㐫ウチ 㐩ウチョーン 㐪ウチャン》①置く。②(...して)おく。ンーチェー ウカン〈見ておかない〉。この場合の肯定は「ンー「チョーチュン〈見ておく〉。ヨーシェー ウカン〈ただではおかない〉。この場合

の肯定は普通はない。

**ウチ「リ** [ʔutʃiˈri] 图 おき(燠)。(薪などの)燃えさし。たきおとし。消し炭。＊シミ「ともいう。

**ウチリ「ビー** [ʔutʃiriˈbi:] 图 おき火。赤く熱した炭火。

**「ウチワ** [ˈʔutʃiwa] 图 内輪。家族。

**ウチ「ワチ** [ʔutʃiˈwatʃi] 图 (時間的な)あいだ(間)。アンシ スル ～ネー アマンカイ チュン〈そうする間にはあそこへ着く〉。

**ウ「チン「チュン¹** [ʔuˈtʃinˈtʃun] 動《ʔutʃink- ʔutʃintʃ-; 働ウチンカン 運ウチンチ 働ウチンチョーン 過ウチンチャン》(雨が屋内に)降り込む。

**ウ「チン「チュン²** [ʔuˈtʃinˈtʃun] 動《ʔutʃink- ʔutʃintʃ-; 働ウチンカン 運ウチンチ 働ウチンチョーン 過ウチンチャン》(異なるものを容器に入れて)混合する。

**ウッ「カ** [ʔukˈka] 图 負債。借金。～カントーン〈借金を背負っている〉。＊シー「ともいう。

**ウッカバ「レー** [ʔukkabaˈre:] 图 借金返済。⇨ハレー。

**ウッ「クル「ブン** [ʔukˈkuruˈbun] 動《ʔukkurub- ʔukkurur-; 働ウックルバン 運ウックルビ 働ウックルローン 過ウックルラン》①転ぶ。②失敗する。ジュン ヤタシガ ウックルリ ネーン〈順調だったがしくじってしまった〉。

**ウッ「サ¹** [ʔusˈsa] 图 うれしさ。

**ウッ「サ²** [ʔusˈsa] 图 それだけ(の数量)。…くらいの量。カマリール ～ カメー〈食べられるだけ食べろ〉 / トー ～ ヤサ〈よし、それだけだ〉。

**ウッサークヮー「ター** [ʔussa:kwa:ˈta:] 副 嬉々とするさま。非常にうれしそうなさま。～ ソーン〈非常にうれしそうにしている〉。

**ウッサウッ「サー** [ʔussaʔusˈsa:] 副 嬉々とするさま。うれしそうなさま。～ スン〈嬉々とする〉。

**ウッサ「ギサン** [ʔussaˈgisan] 形《働 ウッサギコーネーン 過ウッサギサタン》うれしそうである。ヌーガ アンシ ウッサギサル〈どうしてそんなにうれしそうなのか〉。

**ウッ「サフクラサ** [ʔusˈsaɸukurasa] 图 大変なうれしさ。非常な喜び。ウッ「サ〈うれしさ〉の強調形。～ ヌーン ～ ソーティル スル ムン ヤル〈何でも喜んでやるものだ〉。＊「フクラサは形容詞「フクラサン〈うれしい〉の名詞形。

**「ウッ「サン** [ˈʔusˈsan] 形《働なし 過ウッサタン》うれしい。ウッサ スン〈喜ぶ〉。＊打ち消しとしてウッサコーネーン〈うれしくない〉といういい方はしない。代わりにウムコーネーン〈面白くない〉を用いる。

**ウッ「ター** [ʔutˈta:] 图 彼ら。それらの者。

**「ウッターティ** [ˈʔutta:ti] 副 わざと。ことさらに。ヤクスク シェールムンス ～ ニーク チューサ〈約束してあるのにわざと遅く来るよ〉。

**ウッ「タイ** [ʔutˈtai] 图 訴え。訴訟。～ ソーン〈訴えている〉。

**ウッタイモー「タイ¹** [ʔuttaimoˈtai] 副 ゆっくりと。のんびりと。～ ソーン〈のんびりしている〉。

**ウッタイモー「タイ²** [ʔuttaimoˈtai] 副【落ちたり舞ったり】こけつまろびつ。倒れたりころんだりしながら。～ ッシ チャサ〈こけつまろびつ難渋して来たよ〉。

**ウッ「タチ** [ʔutˈtatʃi] 图 出発。出立。出だし。＊単独ではあまり使われず、ニブウッ「タチ〈遅い出発〉という形でのみ用いられる。

**ウッ「チェー「イン** [ʔutˈtʃe:ˈin] 動《ʔuttʃe:r- ʔuttʃe:t-; 働ウッチェーラン 運ウッチェーイ 働ウッチェートーン 過ウッチェータン》振り返る。後ろを見る。クサー ～〈後ろを振り返る〉。

**ウッ「チェー」ヒッチェー** [ʔutˈtʃe:]ˈçittʃe:] 副 しきりに。盛んに。しょっちゅう。繰り返し。～ クルサッタン〈さんざん殴られた〉 / ッンムビケーン ～ カラン〈さつまいも

ばかりしょっちゅう食べた〉。

「ウッチカッチ [「ʔuttʃikattʃi] 图 おっつかっつ。優劣のないこと。よく似ているさま。 ～ カキレー キタヌル ウゥーリール 〈よく似ていて秤に掛けて比べると秤の竿さえ折れるほどだ。類似しているということの慣用表現〉。

「ウッチキ [「ʔuttʃiki] 副 おっつけ。そのうち。まもなく。 ～ チェー サニ 〈おっつけ来るだろう(直訳は「来はするね」)〉。

ウッチャカイン [ʔut「tʃaka「in] 動《ʔuttʃakar- ʔuttʃakat-;㊥ウッチャカラン 連ウッチャカイ 敬ウッチャカトーン 過ウッチャカタン》①寄りかかる。もたれかかる。イシガチンカイ ウッチャカトーン 〈石垣にもたれかかっている〉。②頼る。当てにする。③(心霊、悪霊などが)憑(つ)く。ヤナムンヌ ～〈悪霊が憑く〉。*「打ちかかる」にほぼ対応。

ウッチャ「キー [ʔuttʃa「kiː] 图 ちょっと引っかける衣類。ちゃんちゃんこに似る。*リン「クーともいう。

ウッ「チャ「キーン [ʔut「tʃa「kiːn] 動《ʔuttʃakir- ʔuttʃakit-;㊥ウッチャキラン 連ウッチャキー 敬ウッチャキトーン 過ウッチャキタン》打ちかける。ちょっと羽織る。ヒーサグトゥ ウッチャキトーケー 〈寒いからちょっと羽織っておけ〉。

ウッチャンギー「リー [ʔuttʃaŋgiː「riː] 图 おいてきぼり。置き去り。 ～ サッタン 〈おいてきぼりにされた〉。

ウッ「チャン「ギーン [ʔut「tʃaŋ「giːn] 動《ʔuttʃaŋgir- ʔuttʃaŋgit-;㊥ウッチャンギラン 連ウッチャンギー 敬ウッチャンギトーン 過ウッチャンギタン》うっちゃる。投げ捨てる。ンマンカイ ウッチャンギトーケー 〈そこにうっちゃっておけ〉。

ウッ「チャン「ナギーン [ʔut「tʃan「nagiːn] 動《ʔuttʃannagir- ʔuttʃannagit-;㊥ウッチャンナギラン 連ウッチャンナギー 敬ウッチャンナギトーン 過ウッチャンナギタン》投げ捨てる。捨て去る。

置き去りにする。 ックゥ ～〈子供を置き去りにする〉。

「ウッチリ [「ʔuttʃiri] 图【打ち切り】末っ子。

ウッチリクブ「サー [ʔuttʃirikubu「saː] 起き上がり小法師。玩具の一種。

ウッ「チン [ut「tʃin] 图【植】ウコン(鬱金)。ショウガ科。中国から渡来したものといわれ、染料や香辛料として用いられる他、最近はうこん茶などや健康飲料や健康食材として重宝がられている。

ウッ「チン「キーン [ʔut「tʃiŋ「kiːn] 動《ʔuttʃiŋkir- ʔuttʃiŋkit-;㊥ウッチンキラン 連ウッチンキー 敬ウッチンキトーン 過ウッチンキタン》うつぶせにする。伏せる。マカイ ウッチンキトーケー 〈茶碗を伏せておけ〉。

ウッチン「ター [ʔuttʃin「taː] 图 うつむくこと。うなだれること。ヌラーッティ ～ ソーン 〈叱られてうなだれている〉。*ウッチントゥーともいう。

「ウッチン「チュン [「ʔuttʃin「tʃun] 動《ʔuttʃiŋk- ʔuttʃintʃ-;㊥ウッチンカン 連ウッチンチ 敬ウッチンチョーン 過ウッチンチャン》うつむく。うなだれる。シンシーンカイ ヌラーッティ ウッチンチョータン 〈先生に叱られてうなだれていた〉。

ウッチン「トゥー [ʔuttʃin「tuː] 图 ウッチンターに同じ。

「ウッティ[1] [「ʔutti] 图 追って。おっつけ。もうすぐ。 ～ チェー サニ 〈おっつけ来るだろう(直訳は「来はするね」)〉。

ウッ「ティ[2] [ʔut「ti] 图 討っ手。

ウゥッ「ティー [ut「tiː] 图 おととい。一昨日。

ウッ「トゥ [ʔut「tu] 图 ①弟。妹。兄弟で年下の者。性による違いはない。男女を区別する場合はイキガウッ「トゥ〈弟〉、イナグウッ「トゥ〈妹〉という。 ～ ミシーン 〈弟または妹を見せる。二番目以下の子を出産すること〉/ ～ ンージュン 〈弟または妹が

生まれる〉。②年下。後輩。＊シー「ジャの対。

**ウットゥイィ「キー** [ʔuttuji「ki:] 图（姉から見た）弟。⇨ イィキー。

**ウットゥウゥ「ナイ** [ʔuttuu「nai] 图（兄から見た）妹。⇨ ウゥナイ。

**ウットゥシー「ジャ** [ʔuttuʃi:「ʤa] 图 兄弟姉妹。

**ウットゥシー「ジャー** [ʔuttuʃi:-「ʤa:] 图 ウットゥシー「ジャの関係にある者。

**ウッ「トゥバ「スン** [ʔut「tuba「sun] 動《ʔuttubas- ʔuttubaʧ-;㊟ウットゥバサン ㊊ウットゥバシ ㊋ウットゥバチョーン ㊌ウットゥバチャン》すっ飛ばす。勢いよく飛ばす。 ワー バン ヤタシガ ウットゥバサッタン〈私の順番だったが飛ばされた〉。＊「打ち飛ばす」にほぼ対応。

**ウッ「トゥ「ブン** [ʔut「tu「bun] 動《ʔuttub- ʔuttur-;㊟ウットゥバン ㊊ウットゥビ ㊋ウットゥローン ㊌ウットゥラン》すっ飛ぶ。勢いよく飛ぶ。 ッチュグトゥヌ ウフサス マルチジン ウットゥリ ネーン〈付き合い事が多くて大金がすっ飛んでしまった〉。＊「打ち飛ぶ」にほぼ対応。

**ウットゥン「グヮ** [ʔuttun「gwa] 图 末っ子。

**ウッ「ピ** [ʔup「pi] 图 それだけ（の量、大きさ）。 ～ヌ ワーシカ ネーン〈それだけの度量しかない〉／ タラ ～ナー〈たったそれだけか〉。

**ウッピ「グヮー** [ʔuppi「gwa:] 图 それっぽち（の量、大きさ）。

**ウッピ「ナー** [ʔuppi「na:] 图 それほど（の量、大きさ）。そんなに多く[大きく]。 ゴーヤー ～ ナトータン〈ゴーヤーがとても大きく[たくさん]なっていた〉／ ～ヌッチュス ユトータル〈とても多くの人が集まっていたぞ〉。

**「ウッ「ペール** [「ʔup「pe:ru] 連体 それだけの（量、大きさの）。

**ウッペー「ルー** [ʔuppe:「ru:] 图 それぐらいの（量、大きさの）もの。

**「ウゥティ** [「uti] 動 で。動作の行われる場所、時間などを示す。 ハーマ～ イチャラ〈浜で会おう〉／ チヌー～ イレー シムルムンヌ〈昨日言えばよいものを〉。＊動詞「ウゥン〈いる〉の接続形「ウゥティ〈いて〉の転じたもの。

**「ウティー「ン**[1] [「ʔuti:「n] 動《ʔutir- ʔutit-;㊟ウティラン ㊊ウティー ㊋ウティトーン ㊌ウティタン》（料理したものを鍋などから他の器に）移す。あける。 ソーミン ウティトーケー〈そうめん（素麵）を移しておけ〉。

**「ウティー「ン**[2] [「ʔuti:「n] 動《ʔutir- ʔutit-;㊟ウティラン ㊊ウティー ㊋ウティトーン ㊌ウティタン》①落ちる。②劣る。 アリガ ティーヤ ウフェー ～〈彼の技は少し劣る〉。

**ウティ「チチ** [ʔuti「ʧiʧi] 图 落ち着き。 ウヌ ワラベー ムル ～ヌ ネーン〈この子はまったく落ち着きがない〉。

**ウティ「チ「チュン** [ʔuti「ʧi「ʧun] 動《ʔutiʧik- ʔutiʧiʧ-;㊟ウティチカン ㊊ウティチチ ㊋ウティチチョーン ㊌ウティチチャン》（心が）落ち着く。（天気などが）穏やかになる。

**「ウティ「チリ** [「ʔuti「ʧiri] 图 落ちて散らかること。または、その物。切りくず。 ウティチリル ヤグトゥ イィーティ シムサ〈切りくずだからもらっていいよ（あげるよ）〉。

**ウティ「ラー「クヮー サガ「ラー「クヮー** [ʔuti「ra:「kwa: saga「ra:「kwa:] 連語「落ちたら食おう、下がったら食おう」の意から転じて、犬や猫が餌を欲しそうにじっと見るさま。あるいは、人が物欲しそうにしているさま。人に使うときには、多少軽蔑を込めた表現となる。 ～ ソーン〈物欲しそうにしている〉。

**「ウトゥ** [「ʔutu] 图 ①音。耳に聞こえるもの。②音信。便り。音沙汰（さた）。 ～ンチカラン〈音も聞かない。音信不通である〉。③評判。⇨ ウトゥウチュン。

**「ウゥトゥ** [「ʔutu] 图 夫。 ～ ムチュン〈夫を持つ。嫁ぐ。結婚する〉。 ＊自分の夫をワッター ～〈私たちの夫〉といい、ワー

〜〈私の夫〉とは普通いわない。男の方からは娶(めと)ることをトゥジ カメーイン〈妻を探す〉、トゥジ トゥメーイン〈妻を拾う〉という。

**ウゥドゥイ** ⇨ ウゥルイ。

**ウ「トゥイ」ムチ** [ʔuˈtuiˈmutʃi] 图【お取持ち】おもてなし。ご接待。 〜 サッタン〈接待された。もてなしを受けた〉。

**「ウトゥイン** [ʔutuin] 動《ʔutur- ʔutut-; ㊟ウトゥラン ㊥ウトゥイ ㊦ウトゥトーン ㊨ウトゥタン》劣る。下位である。ウットゥヤカー 〜〈弟より劣る〉。

**ウゥドゥイン** ⇨ ウゥルイン。

**ウトゥー「シ** [ʔutuːˈʃi] 图【お通し】遥拝(はい)。遠いところから拝むこと。

**「ウトゥ」ウチュン** [ʔutuʔutʃun] 動《ʔutuʔut- ʔutuʔutʃ-; ㊟ウトゥウタン ㊥ウトゥウチ ㊦ウトゥウッチョーン ㊨ウトゥウッチャン》音に聞こえる。名高い。評判が高い。ユーリキヤーンリチ ウトゥウッチョーン〈秀才として有名だ〉。＊「ウトゥ」ウッチョーンという形で用いるのが普通。

**ウトゥ「ゲー** [ʔutuˈgeː] 图 おとがい。下あご。

**「ウトゥサタ** [ʔutusata] 图 音沙汰(おとさた)。音信。便り。 イチチガ ウゥラ シジガ ウゥラ 〜ン ネーン〈生きているのか死んでいるのか音沙汰もない〉。

**ウトゥシ「アナ** [ʔutuʃiˈʔana] 图 落とし穴。

**ウトゥシ「グー** [ʔutuʃiˈguː] 图 以前めじろなどを捕獲するのに用いた籠(かご)。中におとりを入れ、それに誘われてわなにかかるようになっている。

**ウトゥシ「ムン** [ʔutuʃiˈmun] 图 落とし物。

**「ウトゥジャンラ** [ʔutudʒanra] 图 兄弟。兄弟姉妹。

**「ウトゥジリ** [ʔutudʒiri] 图【訪れ】便り。音沙汰(おとさた)。 クィーヌ 〜ン ネーン〈声の訪れもない。音信不通である〉。

**「ウトゥ」スイ** [ʔutuˈsui] 图 お年寄り。ご老人。トゥ「スイ〈年寄り〉の敬語。

**ウトゥ「スン** [ʔutuˈsun] 動《ʔutus- ʔututʃ-; ㊟ウトゥサン ㊥ウトゥシ ㊦ウトゥチョーン ㊨ウトゥチャン》①(高い所から)落とす。 ②なくす。紛失する。ジン ウトゥチャン〈金を落とした〉。

**ウトゥ「ナ」サン** [ʔutuˈnaˈsan] 形《㊟ウトゥナシコーネーン ㊨ウトゥナサタン》おとなしい。ウトゥナシー ッチュ〈おとなしい人〉。

**ウトゥナシ「グヮー** [ʔutunaʃiːˈgwaː] 图 おとなしい者。アレー 〜 ヤンヤー〈彼はおとなしい人だね〉。

**「ウトゥビレー** [ʔutubireː] 图 夫への接し方。

**ウトゥ「ム** [ʔutuˈmu] 图 お供。従者。 〜 ソーティ マーカイ イチュガ〈お供を連れてどこへ行くのか〉。

**「ウトゥラカ」サン** [ʔuturakaˈsan] 形《㊟ウトゥラカコーネーン ㊨ウトゥラカサタン》有名である。評判である。＊直訳すると「音高い」。

**ウトゥ「ルー** [ʔutuˈruː] 图 恐ろしい人。アレー 〜 ヤンロー〈あの人は(すぐ怒るので)恐ろしい人だ〉。

**「ウトゥルー」イン** [ʔuturuːˈin] 動《ʔuturuːr- ʔuturuːt-; ㊟ウトゥルーラン ㊥ウトゥルーイ ㊦ウトゥルートーン ㊨ウトゥルータン》衰える。チカグルン シェー ウトゥルートーン〈近頃は(体が)衰えている〉。

**ウトゥルサウ「ミー** [ʔuturusaʔuˈmiː] 图 肝っ玉の小さい人。こわがりや。アレー 〜 ロー〈彼はこわがりやだ〉。

**ウトゥ「ルサ」ヒーサ** [ʔutuˈrusaçiːsa] 图 恐れおののくこと。びくびくすること。

**ウトゥルサ「ムン** [ʔuturusaˈmun] 图 恐ろしいもの。こわいもの。 〜ヌ ミーブサムン〈こわいもの見たさ〉。

**ウトゥ「ル」サン** [ʔutuˈruˈsan] 形《㊟ウトゥルシコーネーン ㊨ウトゥルサタン》恐ろしい。こわい。ウトゥルサ スン〈こ

わがる。恐れる〉 / ウトゥルサ シミレー〈こわがらせなさい。おどしてやれ〉 / ウトゥルサン シラン〈こわさも知らない。こわいもの知らず〉 / ウトゥルシーッチュ〈こわい人。得体の知れない人〉 / ユーリー ウトゥルサ スル ッチュ〈幽霊をこわがる人〉。

ウドゥン ⇨ ウルン。

「ウゥナイ [unai] 图【をなり】(兄弟から見た)姉妹。＊ 「ィィキーの対。年寄りが使っていた語である。沖縄では姉妹が霊的に兄や弟を守護するという「おなり神(ウゥナイガミ)」信仰がある。

ウゥナイィ「キー [unaiji'ki:] 图 兄弟姉妹。

「ウゥナイガミ [unaigami] 图 おなり神。沖縄では、姉妹は霊力をそなえていて、その霊力で男の兄弟を守護すると信じられている。兄や弟が旅立つときは姉妹がその安全を神に祈った。

「ウゥナイシトゥ [unaiʃitu] 图 小姑(こじゅうと)。夫の姉妹。

ウニ「 [ʔuni'] ① 图 鬼。ひどいやつ。アレー ～ル ヤル〈彼は鬼のようなやつだ〉。② 接頭《文》「偉大な。立派な」の意。ウニ「ウブ'グシク〈偉大な大城(おおぐすく)。大城は武将の名〉。

ウ「ニー [ʔu'ni:] 图【御根】系統。血筋。ワッター シマブクン スイ ～ル ヤル〈我々島袋の(家)も首里系だ〉。

「ウヌ [ʔunu] 連体 その。～ ワラビ ソーティ イケー〈その子を連れて行け〉 / ～ グトゥ〈そのように。そんなに〉。

「ウヌッウィー [ʔunuʔwi:] 图 その上。さらに。それに加えて。

「ウヌクル [ʔunukuru] 图 その頃。

ウヌ「サク [ʔunu'saku] 图 そのくらい。このくらい。その程度。この程度。⇨ サク¹。 ～ ビケーン イッティ クィレー〈その[この]くらい入れてくれ〉。

ウヌサク「グヮー [ʔunusaku'gwa:] 图 それしきのこと。これしきのこと。それっぱかり。これっぱかり。 ～ ヤサ〈これしきのとだ〉。

ウヌ「チャ [ʔunu'tʃa] 图 その年齢。その年。 ～ ナティカラン オーイミ〈その年になってからも喧嘩するのか〉。

「ウヌッチュ [ʔunuttʃu] 图 その人。＊「ンンチュともいう。

「ウヌトゥチ [ʔunututʃi] 图 そのとき。

「ウヌ「バー [ʔunu'ba:] 图 そのとき。⇨ バー。 ～ アレー ウゥランタン〈そのとき彼はいなかった〉。

ウヌ「ヒャー [ʔunu'ça:] 图 この野郎。こんちくしょう。そやつ。こやつ。

ウヌ「ヒン [ʔunu'çin] 图 その辺。そのあたり。

ウヌ「フェー [ʔunu'ɸe:] 图 そのような早さ。そんなに早く。 ～ カチャミ〈そんなに早く書いたか〉。

ウヌマー「マー [ʔunuma:'ma:] 图 ウヌ「ママに同じ。

ウヌ「ママ [ʔunu'mama] 图 そのまま。 ～ ウッチャンナギトーケー〈そのままほっておけ〉。

「ウヌヨーナ [ʔunujo:na] 連体 そのような。 ～ クトゥッシン ワジーミ〈そのようなことでも怒るか〉。

ウ「ネ [ʔu'ne] 感 ①おや。やあ。珍しいことに遭遇したときなどに発する語。 ～ ヒルマシー ムン ヤサ〈おや珍しいことだ〉。 ②それ。ほら。さあ。指示するときにいう語。 ～ クレーッャー ムン ヤサ〈ほら、これはきみのものだ〉。 ＊目上に対しては、男ならばウ「ネサイ、女ならばウ「ネタイという。

「ウネ」ウネ [ʔune ʔune] 感 おやおや。おやまあ。珍しいことに遭遇したときなどに発する語。

ウネー「イン [ʔune:'in] 動《ʔune:r- ʔune:t-; 否ウネーラン 連ウネーイ 繰ウネートーン 過ウネータン》(悪い夢などで)うなされる。

「ウバ [ʔuba] 图【料理】さらしくじら。お祝いのときに出る食べ物。

ウゥバ「マー [uba'ma:] 图 おば。ウ「フン」

マー〈伯母〉とバー「チー〈叔母〉の両方を含む。親族名称であって、呼びかけには用いない。ワンネー 〜 ミッチャイ ウゥン〈私はおばが三人いる〉。

ウビ「[^1] [ʔubi] 图 (桶、樽などの)たが(箍)。＊「帯」はウー「ビという。

ウビ「[^2] [ʔubi] 图 覚え。記憶。ウベーネーン〈覚えはない〉。

ウビー「ン [ʔubi:ⁿ] 動《ʔubir- ʔubit-; ⓔウビラン ⓥウビー ⓝウビトーン ⓟウビタン》覚える。記憶する。ウ「ビトーミ〈覚えているか〉/ ッヤー ウビトーキヨーヒャー〈おまえ覚えておけよ(捨てぜりふ)〉。

ウビー「ンジャ「スン [ʔubi:ʔndʒa-sun] 動《ʔubi:ʔndʒas- ʔubi:ʔndʒatʃ-; ⓔウビーンジャサン ⓥウビーンジャシ ⓝウビーンジャチョーン ⓟウビーンジャチャン》ウビ「ンジャ「スンに同じ。

ウ「ビ「ジニ [ʔu'biˈdʒini] 副 ウビ「ラジに同じ。

ウビ「ラキ [ʔubiˈraki] 图 桶などのウビ「〈たが〉に用いる竹。

ウビ「ラジ [ʔubiˈradʒi] 副 急に。いきなり。思いがけず。〜ニ クルラン〈急に転んだ〉/ 〜ニ ハイチャタン〈思いがけず行き会った〉。＊ウ「ビ「ジニともいう。

ウビ「ンジャ「スン [ʔubiˈʔndʒaˈsun] 動《ʔubiʔndʒas- ʔubiʔndʒatʃ-; ⓔウビンジャサン ⓥウビンジャシ ⓝウビンジャチョーン ⓟウビンジャチャン》思い出す。＊ウビー「ンジャ「スンともいう。

ウフ [ʔuɸu] 接頭「大きい」意を表す。ウフ「ッチュ〈大人〉、ウフ「ミチ〈大道〉、ウフ「ガチ〈大の食いしん坊〉など。

ウフ「アヤ [ʔuɸuˈʔaja] 图 柄の大きい着物。大柄。

「ウフィ「 [ʔuɸi] 图 少し。少々。〜ッシ シムン〈少しよい〉/ 〜ナー カムン〈少しずつ食べる〉/ 〜 マッチョーサ〈少し待っているよ〉。

ウフイー「チ [ʔuɸuʔi:ˈtʃi]【大息(おほいき)】ため息。嘆息。ウフイーチェー シーケーシゲーシ スタン〈ため息をしきりにしていた。しきりにため息をついていた〉。

ウフイー「ビ [ʔuɸuʔi:ˈbi] 图【大指(おほゆび)】親指。

ウフイィキ「ガ [ʔuɸujikiˈga] 图 本来は「大男」の意。女の子が生まれたとき、逆に大男が生まれたといって、女の子を欲しがる魔物から守るのだといわれる。

ウフィ「グヮー [ʔuɸiˈgwa:] 图 ほんの少し。わずか。

ウフィ「ナー [ʔuɸiˈna:] 图 それだけ(の量、大きさ)。そんなに多く[大きく]。〜ヌ ムン〈そんなに大きいもの〉/ 〜ヌッチュヌ ユトータン〈とても多くの人が集まっていた〉。

ウフィィナ「グ [ʔuɸujinaˈgu] 图 本来は「大女」の意。男の子が生まれたとき、逆に大女が生まれたといって、男の子を欲しがる魔物から守るのだといわれる。

ウフ「イユ [ʔuɸuˈʔiju] 图 大魚。大きい魚。ヒンガチャシェー チャー 〜 ヤサ《諺》〈逃がしたのはいつも大きい魚だ。逃がした魚は大きい〉。

ウ「フータンメー [ʔuˈɸu:ˈtamme:] 图 曾祖父。ひい(お)じいさん。

ウ「フーチャーチャー [ʔuˈɸu:ˈtʃa:tʃa:] 图 伯父。父母の兄。＊ウ「フン「マー〈伯母〉に対する。「叔父」はウゥン「チューという。

ウ「フーパーパー [ʔuˈɸu:ˈpa:pa:] 图 曾祖母。＊平民階級の言葉。

ウ「フーハンシー [ʔuˈɸu:ˈhanʃi:] 图 曾祖母。＊士族階級の言葉。

「ウフウフート「ゥ [ʔuɸuʔuɸuˈtu] 副 たっぷりと。たくさん。〜 イリリ〈たっぷり入れろ〉。

「ウフォーク [ʔuɸo:ˈku] 图副 たくさん。多く。〜 アン〈たくさんある〉/ 〜 マンローン〈とてもたくさんある〉。

ウフ「ガチ [ʔuɸuˈgatʃi] 图【大餓鬼】大の食いしん坊。非常に食い意地の張った

者。
**ウフ「ガチ」マヤー** [ʔuɸuˈgatʃiˈmajaː] 图 どうしようもないくらい盗み食いをする者。とんでもない食いしん坊。＊マ「ヤー〈猫〉が付いているからもとは泥棒猫を表したものか。
**ウフ「ギー** [ʔuɸuˈgiː] 图 大木。
**ウブ「ク** [ubuˈku] 图 御仏供(ぶく)。小さな茶碗に円錐形に盛って神仏に供える飯。供えたあと、これを男の子が食べると毛が生えないといわれた。
**ウ「ブクイ** [ʔuˈbuˈkui] 图 結納の儀式。男の家から母親とおばたちが女の家に行き、杯を交わして帰る。男は父親を始め誰も行かない。
**ウフ「グィー** [ʔuɸuˈgwiː] 图 大声。
**ウフクー「ガー** [ʔuɸukuˈgaː] 图 大きんたま。フィラリアを患った結果である。
**ウフ「グチ** [ʔuɸuˈgutʃi] 图 大口。大きな口。＊「大口を叩く」に相当するような用法はない。
**ウフ「クビ** [ʔuɸuˈkubi] 图 「大首」の意。次のように用いる。 ナマネー ～ ウゥーリトーン〈今は大首を折っている。ついに我を折って頭を下げている〉。
**ウフ「ゲー** [ʔuɸuˈgeː] 图 ①(豚など、動物の)胃。 ②大飯食らい。 ヤナ ～ ワラバー〈この大飯食らい小僧め〉。
**ウフサニカタジキ「ルー** [ʔuɸusani-kataʤikiˈruː] 图 じゃんけんの一種だが、手の甲と掌の二種で勝負を決める。多数決。⇨ ブーサー。
**ウ「ブ「サン** [ʔuˈɸuˈsan] 形《㊀ウフコーネーン ㊁ウフサタン》(数、量が)多い。 ナーフヮーッチュス ～〈那覇は人が多い〉。
**ウフ「シ** [ʔuɸuˈʃi] 图【大瀬】大岩。大石。 ナカシマヌ ～〈仲島の大石。昔久米村で風水上縁起がよいとして大切にされ、現在は指定文化財である〉。
**ウフ「ジー** [ʔuɸuˈʤiː] 图【大地(おほぢ)】沖縄本島。
**ウフジネー** [ʔuɸuʤiˈneː] 图 大家族。大所帯。
**ウフ「ジム** [ʔuɸuˈʤimu] 图【大肝】気前がいいこと。惜しげなく人に物を与えること。⇨ チム。 サキ ヌリ ～ ナティ ヤマチリタン〈酒を飲んで気前がよくなってとんでもないことになってしまった〉。
**ウフ「ジン** [ʔuɸuˈʤin] 图 大金。多額の金。
**「ウフソー** [ˈʔuɸusoː] 图 そそっかしい者。間抜け。馬鹿。阿呆。
**「ウフソー「ムン** [ˈʔuɸusoːˈmun] 图 「ウフソーに同じ。
**ウフチジャーマー「ミ** [ʔuɸutʃiʤaː-maːˈmi] 图 大豆。豆腐などの原料。＊トーフマーミともいう。
**ウフチブ「ラー** [ʔuɸutʃibuˈraː] 图 頭が大きい者。頭でっかち。
**ウフチョー「レー** [ʔuɸutʃoːˈreː] 图【大兄弟(おほきょうだい)】たくさんの兄弟姉妹。
**ウブ「チラン** [ʔubuˈtʃiran] 图 お仏壇。普通三段からなり、上段に先祖の位牌を安置する。
**ウフ「ッチュ** [ʔuɸuˈttʃu] 图 大人。
**ウフッチュ「グィー** [ʔuɸuttʃuˈgwiː] 图 大人のような声。
**ウフッチュグヮー「シー** [ʔuɸuttʃu-gwaːˈʃiː] 图 大人のような振舞いをすること。大人ぶること。
**ウフニン「ジュ** [ʔuɸuninˈʤu] 图 大人数。大勢。
**ウフヌス「ル** [ʔuɸunusuˈru] 图 大泥棒。
**ウフ「ブシ** [ʔuɸuˈbuʃi] 图【大節(おほぶし)】古典音楽のうち、演奏技術を要し、時間も長い大曲。グジンフー〈御前風〉、クティブシ〈特牛節〉など。
**ウフ「ブニ** [ʔuɸuˈbuni] 图 大船。大きい船。
**ウフマチ「ヤ** [ʔuɸumatʃiˈja] 图 大きな店。
**ウフ「ミチ** [ʔuɸuˈmitʃi] 图 大道。大通り。 ～ルーサー ヤサ〈どこにも曲がらなく

て)まっすぐだ。直訳は「大通りどうしだ」》。

**ウフミンタ「マー** [ʔuɸuminta「ma:] 图 目玉が大きい者。

**ウフムー「トゥ** [ʔuɸumu:「tu] 图【大本(おほもと)】総本家。

**ウフ「ムジ** [ʔuɸu「mudʑi] 图 大麦。

**ウフムヌ「イー** [ʔuɸumunu「ʔi:] 图 大言壮語。大風呂敷を広げたものの言い方。

**ウフムヌワ「レー** [ʔuɸumunuwa「re:] 图 大いに笑うこと。アン イチョーティ 〜 スル シカタ ヤサ 〈そう言って大いに笑ったことだ〉。

**ウフ「ヤー** [ʔuɸu「ja:] 图【大家(おほや)】本家。

**ウフヤーニン「ジュ** [ʔuɸuja:nin「dʑu] 图 大家族。〜ヌ コーレーグスン クサラサンサ 〈大家族なんだから(食い扶持が多くて)唐辛子さえ腐らさないよ〉。

**ウフヤ「シー** [ʔuɸuja「ʃi:] 图 おとなしい者。性格温厚な者。アレー 〜 〈彼はやさしい人だ〉。

**ウフヤックヮ「ナー** [ʔuɸujakkwa「na:] 图 大きいきんたまの者。フィラリアで睾丸が大きくなった者。

**ウフ「ヤッ「サン** [ʔuɸu「jas「saɴ] 圏《⑩ウフヤッシコーネーン ⑩ウフヤッサタン》おとなしい。やさしい。ウフヤシーッチュ(または)ウフヤッサル ッチュ 〈おとなしい人。やさしい人〉。

**ウフヤッ「チー** [ʔuɸujat「tʃi:] 图 一番上の兄。長兄。

**ウフユクシム「ナー** [ʔuɸujukuʃimu「na:] 图 大うそつき。

**ウフユクシムヌ「イー** [ʔuɸujukuʃimunu「ʔi:] 图 大うそ。〜 スン 〈大うそをつく〉。

**ウフル「スイ** [ʔuɸuru「sui] 图【大年寄り】高齢。

**ウフル「メー** [ʔuɸu「ru「me:] 图【御振舞い】お祝いのごちそう。ユチグンヌ 〜 〈祝いのときに出る多くの品のそろったごちそ

う〉。

**ウフルンモー「イ** [ʔuɸurummo:「i] 图 驚愕。びっくり仰天。ッチュ 〜 シミティ 〈人をびっくり仰天させて(とんでもないことだ)〉。

**ウフ「ワタ** [ʔuɸu「wata] 图 妊婦などの大きな腹。〜 ソーン 〈妊娠している〉。

**ウフワ「ター** [ʔuɸuwa「ta:] 图 大食い。

**ウフワ「レー** [ʔuɸuwa「re:] 图 大笑い。〜 スン 〈大笑いする〉。

**ウ「ブン** [ʔu「buɴ] 图 お盆。食器などをのせて運ぶ道具。

**ウフンカ「シ** [ʔuɸuŋka「ʃi] 图 大昔。＊「イチンカシともいう。

**ウ「フン「マー** [ʔu「ɸumma「] 图 伯母。父母の姉。＊ウ「フー「チャーチャー〈伯父〉に対する。「叔母」はバーチーという。

**「ウホーク** [「ʔuho:ku] 图 オホークに同じ。

**ウマーシ「ブイ** [ʔuma:ʃi「bui] 图 思わせぶり。〜 サンケー 〈思わせぶりするな〉。

**「ウマージ」フラージ** [「ʔuma:dʑi「ɸura:dʑi] 副 思いがけず。だしぬけに。いきなり。〜 スグラッタン 〈いきなり殴られた〉。＊前半はウマー〈思わ〉ジ(打ち消し)からなる。フラージは反復部分で意味を強めている。

**「ウマ「チー** [「ʔuma「tʃi:] 图【お祭り】(特に、農耕に関して行われる)祭り。二、三月は麦の祭り、四月は田畑のあぜの祓い、五、六月には稲の祭りがある。そのときには那覇ではちょっとしたごちそうを作り、仏壇などに供える。

**「ウマンチュ** [「ʔumantʃu] 图 世間の人。多くの人。万人。

**「ウミ** [「ʔumi] 图 海。〜 アッチュン 〈海での仕事を生業とする。漁師、船乗りなど〉 / 〜 キジャースン 《(仕事をしないで)遊びのために海で泳いだり、釣りなどをする。海で遊ぶ。直訳は「海をかきまわす」》。

**ウミアッ「チャー** [ʔumiat「tʃa:] 图 漁師。船乗り。＊直訳すると「海を歩く

人」。

ウ「ミー」ヤミー [ʔuˈmiːˈjamiː]【思い病み】图 あれこれ思い悩むこと。思いためらうこと。 ～ スン〈どうしようかと思い悩む〉。

「ウミ」ガーミ [ˈʔumiˈgaːmi] 图 海亀。＊ウミガーミーともいう。

ウミガー「ミー [ʔumigaˈmiː] 图「ウミガーミに同じ。

「ウミ」カキーン [ˈʔumiˈkakiːn] 動《ʔumikakir- ʔumikakit-; ㊁ウミカキラン ㊂ウミカキー ㊃ウミカキトーン ㊄ウミカキタン》お目にかける。ご覧にいれる。ミシー「ン〈見せる〉の敬語。 タンメーンカイ ウミカキティマー〈お祖父さんにお目にかけてみろ〉。

「ウミ」カジ [ˈʔumiˈkadʑi] 图 海風。

ウミ「サトゥ [ʔumiˈsatu] 图《文》恋人（男）。ウミン「ゾに対する。＊「思里」と表記される。琉歌「名に立ちゆる今宵や月影もきよらさ思里よさそて眺めぼしやの」（全64）。

「ウミ「チーン [ʔumiˈtʃiːn] 動《ʔumitʃir- ʔumitʃitʃ-; ㊁ウミチラン ㊂ウミチー ㊃ウミチッチョーン ㊄ウミチッチャン》思い切る。あきらめる。

ウミ「チキ」ラン [ʔumiˈtʃikiˈran] 連体 思いがけない。意外な。 ヌーガ ～ ガンジュー ヤティー〈あれまあ、思いがけない、元気だったか〉。

ウミ「チ」チュン [ʔumiˈtʃitʃun] 動《ʔumitʃik ʔumitʃitʃ; ㊁ウミチカン ㊂ウミチー ㊃ウミチッチョーン ㊄ウミチッチャン》思いつく。

ウミチッ「チ [ʔumitʃitˈtʃi] 副 思い切って。決心して。存分に。

ウミチッ「トゥ [ʔumitʃitˈtu] 副 思い切り。強く。うんと。 ～ クルサッタン〈思い切り殴られた〉。

ウミ「チ」ムン [ʔumiˈtʃiˈmun] 图【御三つもの】かまどの神。火の神。＊以前のかまどは石三つからできていたので、そこから

の命名。ヒヌ「カンともいう。

ウミチャキン ネーン [ʔumitʃakin neːn] 連語 思いがけない。急な。 ～ クトゥ〈思いがけないこと〉。

「ウミ」ナーク [ˈʔumiˈnaːku] 副 ①心配事がすっかり解決したさま。 ～ ナタン〈すっきりした〉。 ②何一つ残っていないさま。 ～ ナルカ チカタン《（インクなど）すっかりなくなるまで使った》。

ウミ「ナイ」ウシジ [ʔumiˈnaiʔuʃidʑi] 图 姉妹の霊力。＊チョー「レー〈兄弟、姉妹〉のうち女は霊的に男よりまさり、男兄弟を霊的に守護するという信仰がある。男兄弟が故郷を離れるときは姉妹の髪や手ぬぐいなどを持っていったという。

ウミナイ「ビ [ʔuminaiˈbi] 图 お姫様。 ～ヌ スガイ ソーン〈お姫様の恰好（ˈˈ）をしている〉。

「ウミ」バタ [ˈʔumiˈbata] 图 海ばた。海辺。海岸。

「ウミ」ハマイン [ˈʔumiˈhamain] 動《ʔumihamar- ʔumihamat-; ㊁ウミハマラン ㊂ウミハマイ ㊃ウミハマトーン ㊄ウミハマタン》励む。熱心に努める。＊「思い嵌（は）まる」にほぼ対応。

「ウミ」マーチ [ˈʔumiˈmaːtʃi] 图【海松】黒珊瑚。

ウミン「グヮ [ʔumiŋˈgwa] 图【思い子ら】お子さん。他人の子（主として女の子）の敬語だが、現在はめったに使わない。

ウミン「ゾ [ʔuminˈzo] 图《文》恋人（女）。ウミ「サトゥに対する。＊普通「思無蔵」と表記される。琉歌「待ちかねてをれば思無蔵が使のにや来ゆら来ゆらともておぞでたさ」（全195）。

ウミン「チュー [ʔuminˈtʃuː] 图【海の人】漁師。漁夫。＊最近のティーシャツなどに「海人」とプリントされているものがあるが、読みはウミンチューである。イユトゥ「ヤーともいう。

ウ「ムイ [ʔuˈmui] 图 ①思い。考え。願望。 ②思慕。胸の内。

ウムイ「アタ」イン [ʔumuiʔatain] 動《ʔumuiʔatar- ʔumuiʔatat-; ㊀ウムイアタラン ㊁ウムイアタイ ㊂ウムイアタトーン ㊃ウムイアタタン》思い当たる。

ウムイ「ケー」スン [ʔumuiˈkeːsun] 動《ʔumuikeːs- ʔumuikeːtʃ-; ㊀ウムイケーサン ㊁ウムイケーシ ㊂ウムイケーチョーン ㊃ウムイケーチャン》思い返す。思い直す。＊「過ぎ去ったことを再び思う」の意では用いない。

ウムイ「タ」チュン [ʔumuiˈtaˈtʃun] 動《ʔumuitat- ʔumuitattʃ-; ㊀ウムイタタン ㊁ウムイタチ ㊂ウムイタッチョーン ㊃ウムイタッチャン》思い立つ。思いつく。

ウムイ「ヌク」スン [ʔumuiˈnukuˈsun] 動《ʔumuinukus- ʔumuinukutʃ-; ㊀ウムイヌクサン ㊁ウムイヌクシ ㊂ウムイヌクチョーン ㊃ウムイヌクチャン》思い残す。未練に思う。

ウム「イン [ʔumuˈin] 動《ʔumur- ʔumut-; ㊀ウムラン ㊁ウムイ ㊂ウムトーン ㊃ウムタン》①思う。考える。ウムイル ママ〈思うまま。思うとおり〉/ ッチュヌ ウマーン クトゥヌ カンゲーティ〈人が考えないことを考えて。「取り越し苦労」の意で用いる場合が多い〉/ ウムタイ カンゲータイ〈思ったり考えたり。よくよく思案して〉。②心にかける。案ずる。ックヮヌ クトゥ ～〈子供のことを心にかける〉。③慕う。恋する。ウムイ ウムティ〈思いに思って。深く恋して。「よくよく考えて」の意にも用いる〉。

ウム「カジ [ʔumuˈkadʒi] 名 面影。～ヌ タチュタサ〈面影が浮かんでいたよ〉。

ウ「ム」サン [ʔuˈmuˈsan] 形《ウムコーネーン ㊃ウムサタン》①面白い。アヌ シバエー ウムサタン〈あの芝居は面白かった〉。②うれしい。チューヤ マキティ ウムコーネーン〈今日は負けてうれしくない〉。

ウム「ティ [ʔumuˈti] 名 表。カビヌ ～〈紙の表〉。＊ウラ〈裏〉の対。

ウムティ「ムチ [ʔumutiˈmutʃi] 名 表向き。うわべのこと。

ウム「ヌ」グシク [ʔumuˈnuˈguʃiku] 名 中国貿易の品物を収めた倉庫。那覇港の入り口にあった。＊直訳は「御物城」。

ウム「ヤー [ʔumuˈjaː] 名 ウムヤー「グヮーに同じ。

ウムヤー「グヮー [ʔumujaːˈgwaː] 名 心に思う相手。恋人。＊ウム「ヤーよりもよく用いられる。

「ウムヨー [ʔumujoː] 副 かすかに。ほんの少し。ちょっと。～グヮー ニチョーン〈ほんの少し似ている〉。

ウモー「イ」クヮンクヮン [ʔumoːˈiˈkwaŋkwaŋ] 連語 頭髪の手入れをしないでぼさぼさになっているときにいう。～ ソーン〈髪がぼさぼさになっている〉。

ウヤ「[ʔuja] 名 親。タイヌ～〈二親。両親〉/ ナタル ムン イランネー ナラン〈親たる者、言わなければならない〉。

「ウヤウグヮンス [ʔujaʔugwansu] 名【親御元祖】グヮンスに同じ。

ウヤウ「ムイ [ʔujaʔuˈmui] 名 親思い。孝行。～ヌックヮ〈親思いの子。親孝行の子〉。

ウヤウム「ヤー [ʔujaʔumuˈjaː] 名 親思い。親孝行者。

ウヤガ「カイ [ʔujagaˈkai] 名 親がかり。いつまでも生活面などで親を便りにすること。

ウヤガナ「シー [ʔujaganaˈʃiː] 名 親御さん。敬愛する親。他人の親はもちろんのこと自分の親にもいえる。～ ヤミシェーン〈親御さんでいらっしゃる〉/ ワー ～〈私の敬愛する親〉。

ウヤガ「ワイ [ʔujagaˈwai] 名 親代わり。

「ウヤギーン [ʔujagiːn] 動《ʔujagir- ʔujagit-; ㊀ウヤギラン ㊁ウヤギー ㊂ウヤギトーン ㊃ウヤギタン》①支える。押し上げる。②(土などを)盛り上げる。アブシ ～〈畦を盛り上げる〉。③援助す

る。金品などを提供する。 イッターン ウフィナーヤ ウヤギレー 〈おまえたちも少しはお金を出しなさい〉。

**ウヤシラ「シ˥バー** [ʔujaʃiraˈʃiˈbaː] [名] 親知らず。第三の大臼歯。

**ウヤッ「クヮ** [ʔujakˈkwa] [名] 親子。親と子。

**ウヤ「ヌ˥タミ** [ʔujaˈnuˈtami] [名] 親のため。 ウヤヌタメー シール スル 〈親のためにはしなければならない〉。

**ウヤヌ「ヤー** [ʔujanuˈjaː] [名] 親の家。生家。

**ウヤフ「コー** [ʔujaɸuˈkoː] [名] 親不孝。 〜ナ ユムジラ 〈親不孝なやつ〉。

**「ウヤ˥フジ** [ˈʔujaˈɸudʒi] [名] 先祖。父祖。

**ウヤ「フヮー˥フジ** [ʔujaˈɸaːˈɸudʒi] [名]【親母大父(おやははおほぢ)】先祖。父祖。

**ウヤ「ブン˥ノー「ックヮチク˥ソー** [ʔujaˈbunˈnoː ˈkkwatʃikuˈsoː] [連語] 直訳すると「親は煩悩、子は畜生」。親は子を思うが子は畜生で親のことを思わない。親の心子知らず。

**「ウヤマー˥イン** [ˈʔujamaːˈiɴ] [動]《ʔujamaːr- ʔujamaːt-; [否]ウヤマーラン [連]ウヤマーイ [継]ウヤマートーン [過]ウヤマータン》「ウヤマインに同じ。

**「ウヤマイ˥クトゥバ** [ˈʔujamaiˈkutuba] [名]【敬い言葉】敬語。 アレー 〜ンシラン ボー ナギーンネー ッシ ムヌ イーン 〈あれは敬語も知らない、棒を投げるように(ぶっきらぼうに)ものを言う〉。

**「ウヤマイン** [ˈʔujamaiɴ] [動]《ʔujamar- ʔujamat-; [否]ウヤマラン [連]ウヤマイ [継]ウヤマトーン [過]ウヤマタン》敬う。崇める。＊「ウヤマー˥インともいう。

**ウヤマ「サイ** [ʔujamaˈsai] [名] 親まさり。親よりまさること。

**ウヤ「マサ˥イングヮ** [ʔujaˈmasaˈiŋgwa] [名] 親まさりの子。親よりまさっている子。

**ウヤマ「リー** [ʔujamaˈriː] [名]【親惑(まど)い】①親を失うこと。 ②迷子になること。 ⇨ マリー。

**ウヤ「ムトゥ** [ʔujaˈmutu] [名] 親元。 ナンブ ウヤムトー マシ 〈何といっても親元はいい〉。

**「ウユブン** [ˈʔujubuɴ] [動]《ʔujub- ʔujur-; [否]ウユバン [連]ウユビ [継]ウユローン [過]ウユラン》およぶ。到達する。手が届く。否定の形で用いる場合が多い。 イッターガー ウユバランサ 〈きみたちでは手が届かないよ〉。

**ウゥユ「ミ** [ujuˈmi] [名] 四季折々の祝日。節日。年中行事。

**ウラ「** [ʔuraˈ] [名] 裏。ウム「ティ〈表〉の対。 〜 ウチュン 〈炊いた飯を裏返して蒸らす〉。

**ウラーキー「ン** [ʔuraːkiːˈɴ] [動]《ʔuraːkir- ʔiraːkit-; [否]ウラーキラン [連]ウラーキー [継]ウラーキトーン [過]ウラーキタン》水につける[浸す]。(食器などを)水につけて汚れを取りやすくする。 マカイ ウラーキトーケー 〈茶碗を水につけておけ〉。

**「ウラースン** [ˈʔuraːsuɴ] [動]《ʔuraːs- ʔuraːtʃ-; [否]ウラーサン [連]ウラーシ [継]ウラーチョーン [過]ウラーチャン》①どなりつける。どやす。 ヌーガ ッチュ ウラースル 〈どうして人をどなりつけるのか〉。 ②(犬などが)吠える。

**ウラウム「ティ** [ʔuraʔumuˈti] [名] ①裏表。裏と表。 ティーヌ 〜 〈手の裏表〉。 ②裏返し。 〜 ナトーン 〈裏返しになっている〉。

**ウラゲー「イン** [ʔurageːˈiɴ] [動]《ʔurageːr- ʔurageːt-; [否]ウラゲーラン [連]ウラゲーイ [継]ウラゲートーン [過]ウラゲータン》裏返る。

**ウラゲー「スン** [ʔurageːˈsuɴ] [動]《ʔurageːs- ʔurageːtʃ-; [否]ウラゲーサン [連]ウラゲーシ [継]ウラゲーチョーン [過]ウラゲーチャン》裏返す。

**ウラ「ジ** [ʔuraˈdʒi] [名] (衣服の)裏地。

**ウラ「ジャ** [ʔuraˈdʒa] [名] 裏座敷。

**ウラヌチムヌ「イー** [ʔuranutʃimunuˈʔi:] 图【裏貫(ﾇ)き物言い】皮肉。当てこすり。ウラヌチムヌイ「サー〈皮肉屋〉。

**ウラハゴー「サ** [ʔurahagoːˈsa] 图 妬(ﾀﾞ)ましく思うこと。妬(ﾀﾞ)み。やっかみ。そねみ。～ッチュ ～ スン〈他人を妬(ﾀﾞ)む〉。

**ウラハ「ゴー「サン** [ʔurahaˈgoːˈsan] 形《㊐ウラハゴーコーネーン ㊊ウラハゴーサタン》妬(ﾀﾞ)ましい。

**ウラ「ミ** [ʔuraˈmi] 图 恨み。

**ウラ「ムン** [ʔuraˈmuŋ] 動《ʔuram-ʔurar-; ㊐ウラマン ㊊ウラミ ㊋ウラローン ㊌ウララン》恨む。ウラマリー「ン〈恨まれる〉。

**ウラン「ナ** [ʔuranˈna] 图【御旦那】旦那(様)。(ご)主人(様)。＊沖縄芝居などで聞く程度で、日常生活では用いない。

**ウラン「ラ** [ʔuranˈra] 图【オランダ】西洋。

**ウラン「ラー** [ʔuranˈraː] 图 西洋人。

**ウランラ「グチ** [ʔuranraˈgutʃi] 图 西洋語。(特に)英語。～ ピリンパラン アビトーン〈西洋語をぺらぺらしゃべっている〉。

**ウリ**[1] [ʔuri] 图 腕。肩から手首までの部分。～ カキーン〈腕相撲をする〉。

**「ウリ**[2] [ʔuri] ①代名 それ。そのこと[物]。その人。彼。～ヤカー クレー マシ〈それよりこれがよい〉。＊自分の領域に近いところでもウリを用いる。ウレー ワームンの訳は「これは私の物」「それは私の物」の両方あり、あいまいになる。②感 ほら。それ。人に注意を促したり、物を渡したりするときなどにいう語。～ユ 〈それそれ(と言って物を渡す)〉。＊目上には、男は～サイ、女は～タイ、さげすんだりぞんざいに言ったりする場合は～ヒャー、～ッサなどと言い分ける。

**ウ「リー** [ʔuˈriː] 图【うるおい】雨が降って畑がうるおうこと。～ ソーグトゥ ガッコーヤ ヤシミ ヤサ〈雨で畑がうるおっているから学校は休みだ。以前農村では、雨が降って作物の植えつけで忙しくなると、学校全体を休みにして農作業の手伝いをさせた〉。

**「ウリーン**[1] [ʔuriːŋ] 動《ʔurir- ʔu-rit-; ㊐ウリラン ㊊ウリー ㊋ウリトーン ㊌ウリタン》売れる。 シナムンヌ ～〈品物が売れる〉。

**ウリー「ン**[2] [ʔuriːˈŋ] 動《ʔurir- ʔurit; ㊐ウリラン ㊊ウリー ㊋ウリトーン ㊌ウリタン》降りる。 バスカラ ～〈バスから降りる〉。

**「ウリ「ウリ** [ˈʔuriˈʔuri] 感 ほらほら。それそれ。急いで注意を促すときにいう語。～ トゥレー〈ほらほら取れ〉 / ～ クルブンロー〈それそれ転ぶぞ〉。

**ウリ「カー** [ʔuriˈkaː] 图 その辺。その付近。

**「ウリカラ** [ʔurikara] 副 接続 それから。それ以後。

**「ウリジカ「ラ** [ʔuridʒikaˈra] 图 腕の力。腕力。

**「ウリッ「サ** [ʔurisˈsa] 感 それ。怒って物を渡すときなどにいう語。～ トゥイクゥレー〈それ取りやがれ〉。

**ウリマッ「クヮ** [ʔurimakˈkwa] 图【腕枕】他人の腕を枕にして寝ること。＊自分の腕を枕にして寝ること(いわゆる「腕枕」)はティーマッ「クヮという。

**ウリヨー「ウリ「ヨー** [ʔurijoːˈʔuriˈjoː] 图 (危ないのであれあれよと)騒ぎたてること。大騒ぎ。～ スン《あれよあれよと)騒ぎたてる〉。

**「ウリラキ** [ˈʔuriraki] 代名 それ[これ]だけ。それ[これ]ほど。～ イチン ワカラニ〈これだけ言っても分からないか〉。

**「ウル** [ˈʔuru] 图 砂。砂利。クヌ メーヤ ～ヌ グトーン〈このご飯は(固くて)砂利のようだ〉。

**ウゥルイ** [urui] 图 踊り。舞踊。

**ウゥルイ「サー** [uruiˈsaː] 图 踊りをする者。踊り衆。

**「ウゥルイニンジュ** [ˈuruinindʒu] 图 踊りの一団。踊りを専門とする人たち(舞踊団、劇団)。

**「ウゥルイハニ** [ˈuruihani] 图 踊ったり跳ねたりすること。欣喜雀躍。

「ウゥルイン [ˈuruin]⑩《urur- u-rut-;㉠ウゥルラン ㉡ウゥルイ ㉢ウゥルトーン ㉣ウゥルタン》踊る。舞う。沖縄の古典舞踊を踊る。＊カチャー「シーなどは「モーインというのが普通。

ウルウビー [ˈʔuruʔubi:] 图 うろ覚え。あやふやな記憶。

ウルキ「ン [ʔurukiːˈn]⑩《ʔurukir- ʔurukit-;㉠ウルキラン ㉡ウルキー ㉢ウルキトーン ㉣ウルキタン》損する。商売で失敗する。モーキーンソーロー スルムノー ウルキティ ネーン〈儲けようとしていたのに損をしてしまった〉。

ウル「スン [ʔuruˈsun]⑩《ʔurus- ʔurutʃ-;㉠ウルサン ㉡ウルシ ㉢ウルチョーン ㉣ウルチャン》①降ろす。ニムチ ～〈荷物を降ろす〉。②堕胎する。おろす。

ウル「ニー [ʔuruˈni:] 图 生煮え。

ウル「ニートーン [ʔuruˈni:ˈto:n] 連語 生煮えである。＊ウルニーンという終止形が予想されるが、それは聞かない。

ウル「ニーナマニー [ʔuruˈni:ˈnamani:] 图 生煮え。ウル「ニーの強調形。

ウルルカ「スン [ʔururukaˈsun]⑩《ʔururukas- ʔururukatʃ-;㉠ウルルカサン ㉡ウルルカシ ㉢ウルルカチョーン ㉣ウルルカチャン》驚かす。びっくりさせる。

ウルル「チュン [ʔururuˈtʃun]⑩《ʔururuk- ʔururutʃ-;㉠ウルルカン ㉡ウルルチ ㉢ウルルチョーン ㉣ウルルチャン》驚く。びっくりする。ウルルカ「スン〈驚かす。びっくりさせる〉。

ウ「ルン [ʔuˈrun] 图【御殿（どの）】御殿（てん）。豪邸。大きくて立派な家。もとは中央集権によって首里に集められた按司などが住まった邸宅を指したが、現在はもうその意味はなくなっている。～ヌ グトーン〈御殿のようだ〉。＊ウ「ルントゥンチともいう。

ウ「ルン「トゥンチ [ʔuˈrunˈtuntʃi] 图 ウ「ルンに同じ。

ウレー「マ「サン [ʔure:ˈmaˈsan] 形《㉠ウレーマシコーネーン ㉢ウレーマサタン》うらやましい。

「ウワイ [ʔuwai] 图 終わり。

「ウワイジュー「コー [ʔuwaidʒu:ˈko:] 連語【終わり焼香】三十三回忌。最後の法事。これ以後死者は神となって昇天すると信じられている。＊「サンジュー「サンニン「チともいう。

「ウワイン [ʔuwain]⑩《ʔuwar- ʔuwat-;㉠ウワタン ㉡ウワイ ㉢ウワトーン ㉣ウワタン》終わる。シキノー ウワタン〈試験は終わった〉。

「ウン¹ [ʔun] 图 運。～ヌ ネーン〈運がない。運が悪い〉。＊「ウンスーともいう。

「ウン² [ʔun] 連体 その。～グトゥ〈そのように〉/ ～チュ〈その人〉。＊「ウヌの変化したもの。ただし、ウヌ スムチ〈その本〉、ウヌヤー〈その家〉などはウンにならない。

「ウゥン¹ [un] 图 恩。恩義。～ヌ アッチュ〈恩のある人。恩人〉。

「ウゥン² [un]⑩《ur- ut-;㉠ウゥラン ㉡ウゥイ ㉢ウゥトーン ㉣ウゥタン》①いる。おる。タイヌヤー ウゥラン〈両親はいない〉/ クマー ターン ウゥラニ〈ここは誰もいないか〉/ ッチュヌ ウゥル カジリ ソーティ イチュン〈人のいる限り（全員）連れてゆく〉。②（...して）いる。ユレー ウゥシガ ヌーン ワカラン〈読んではいるが何も分からない〉/ マチヤー ナマ アチェー ウゥラン〈店はまだ開いてはいない〉。

ウン「グトゥ [ʔunˈgutu] 图 そんなに。こんなに。その[この]ように。～ッシ シェー〈この[その]ようにせよ〉。

ウン「グ「トール [ʔunˈguˈto:ru] 图 そのような。そんな。主として悪い意味で用いる。～ ヤナーヤ ンーチェーンーラン〈そんな悪いのは見たこともない〉。

ウングトー「ルー [ʔungutoːˈru:] 图 そんなやつ。そのような粗悪なもの。

ウゥンゲー「シ [ungeːˈʃi] 图 恩返し。

ウンケー「ビー [ʔuŋkeːˈbi:] 图 お迎え

火。盆の初日（旧暦七月十三日）に、先祖を迎えるため門の両脇で焚くお迎えの火。

「ウゥンジ [「undʒi] 图 恩義。～カンジュン〈恩義をこうむる〉。

ウゥン「ジ「ボーチャク [un「dʒi「bo:-tʃaku] 图【恩義忘却】恩を忘れること。～ナ ユムジラ〈恩知らずなやつ〉。

ウン「ジュ [ʔun「dʒu] 代名 あなた。目上に対して、また妻が夫に対するときなどに用いる。～ガル イチャエー サニ〈あなたが言ったことだろうが〉。

ウン「ジュ「クル [ʔun「dʒu「kuru] 图 あなた自身。ご自分。ご自身。～シミソーレー〈ご自身でなさってください〉。

ウンジュ「ナー [ʔundʒu「na:] 图 ①あなたがた。⇨ ナー<sup>11</sup>。②あなたの家。お宅。～カイ ムッチ イチュサ〈お宅に持って行くよ〉。

「ウンジュミ [「ʔundʒumi] 图 機会。折。次のような句で用いる。アトゥ～〈とどのつまり。あげくのはて〉／アトゥヌウンジュミネー ヒティティ ネーンシェー〈最後には失ってしまったよ〉。

「ウンスー [ʔunsu:] 图【運数】運。運命。ッチュヌ ～ンリ イーシェー ワカラン〈人の運命というものは分からない〉。 ＊「ウンともいる。

ウン「チェー [ʔun「tʃe:] 图【植】ヨウサイ（蕹菜）。ヒルガオ科のつる性の野菜。中国渡来のようである。

ウン「チェー「ムン [ʔun「tʃe:「mun] 图 拝借。「借りること」の敬語。アンシェー ～ サビラ〈それでは拝借します〉。 ＊最近はあまり使わない。

ウンチ「ケー [ʔuntʃi「ke:] 图【御使(おつか)い】ご招待。ご案内。お供すること。トゥナイス タンメー ～ ッシ クーワ〈隣のおじいさんをご案内してこい〉。

「ウンチ「フィンチ [「ʔuntʃi ɸintʃi] 图 運。ッチュヌ ～ンリ イーシェー イララン〈人の運というものは何とも言えない〉。

「ウンチュ [「ʔuntʃu] 图「ウヌッチュに同じ。

ウゥン「チュー [un「tʃu:] 图 ①叔父。父母の弟。＊バー「チー〈叔母〉に対する。「伯父」はウ「フー「チャーチャーという。 ②おじさん。自分の父より年下の男の人にいう。

「ウンチン [「ʔuntʃin] 图 運賃。

ウン「ナ [ʔun「na] 連体 そんな。こんな。～ クトゥッシェー ナラン〈そんな[こんな]ことをしてはいけない〉。

ウン「ナギ [ʔun「nagi] 图 その長さ。そんなに長く。～ナー ソータン サンジャコー アテーンヤー〈そんなに(ずいぶん)長かった。三尺はあっただろうよ〉。

ウンナ「ゲー [ʔunna「ge:] 图 そんなに長い間。～ ミーランタシガ ガンジュー ヤティー〈ずいぶん長い間見なかったが元気だったか〉。

「ウンニン [「ʔunnin] 图 そのとき。その折。ウンニンカラ〈そのときから〉／「ウンニンニ〈そのときに〉／「ウンニンヌ クトー ワシララン〈そのときのことが忘れられない〉。

「ウン「ヌカイン [「ʔun「nukain] 動《ʔunnukar- ʔunnukatt-；㋐ウンヌカラン ㋑ウンヌカイ ㋒ウンヌカットーン ㋓ウンヌカッタン》お聞きになる。「チチュン〈聞く〉の敬語。シンシーガ ウンヌカットーン〈先生がお聞きになっておられる〉。

「ウン「ヌキーン [「ʔun「nuki:n] 動《ʔunnukir- ʔunnukit-；㋐ウンヌキラン ㋑ウンヌキー ㋒ウンヌキトーン ㋓ウンヌキタン》申し上げる。「イーン〈言う〉の敬語。

ウンネー「ル [ʔunne:「ru] 連体 そのような。そんな。～ クトー ワカラン〈そのようなことは分からない〉。

ウンネー「ルー [ʔunne:「ru:] 图 そのようなことをするやつ。そのようなつまらない物。～ル ヤクトゥ ウジランケー〈そのようなくだらんやつなのだから怒るな〉。

「ウンブイ「コーブイ [「ʔumbui「ko:-bui] 副 こっくりこっくり。居眠りの際にうなずくように頭を動かすさま。～ ソーン

〈こっくりこっくりしている〉。

**ウンボー「ジュー** [ʔumboːˈdʒuː] 图 坊っちゃん。小さい男の子。

**ウンラー「ギー** [ʔunraːˈgiː] 图 ぶらんこ。

**ウン「レー** [ʔunˈreː] 图 お叱り。目上が叱る[怒る]こと。～ アティラリミソーチ〈(王などの)逆鱗に触れて〉。

# エ

**エイ「サー** [eiˈsaː] 名 盆踊り。旧暦の七月十五日の送り火がすむと、十六日の夜は村の青年たちが各家を回り(その年に不幸のあった家は除く)、酒や餅、寄付金などをもらい、最後に村の広場で踊り明かしたが、その踊りで歌うはやしにエイサーというのがあり、それによる。現在は祖霊との関係意識は薄く、青年団の親睦やあるいは旧暦七月の盆の催しとしてのショー的な性格も持ち、全島エイサー大会なども行われている。

「**エー**[1] [ʔeː] 名《魚》アイゴ(藍子)。刺身やマース「ニー〈塩煮〉などにしておいしい。

**エー**[2] [eːˈ] 名 間(ま)。 〜ヌ アン〈間がある〉/〜ン ネーン チューサ〈間もなく来るよ。すぐに来るよ〉。

**エー**[3] [ʔeːˈ] 名 藍。

**エー**[4] [eːˈ] 感 ああ。まあ。ほう。軽くあいづちを打つときなどに用いる。 〜 アンル ヤルィィ〈ああ、そうなのか〉。

**エー**[5] [ʔeːˈ] 感 おい。もし。ねえ。あのう。同輩、目下への呼びかけの語。 〜 マーカイガ〈おい、どこへか。おい、どこへ行くのか〉。 ＊目上へ呼びかけるときは、男はエー「サイ、女はエー「タイという。

「**エーイン**[1] [ʔeːin] 動《?eːr- ?eːt-; 否 エーラン 連 エーイ 敬 エートーン 過 エータン》(乳、膿などが)出る。 ッンミヌ 〜〈膿が出る〉。

**エー「イン**[2] [ʔeːˈin] 動《?eːr- ?eːt-; 否 エーラン 連 エーイ 敬 エートーン 過 エータン》(野菜、魚介類などを味噌、胡麻、辛子などで)あえる。あえ物にする。

**エー「エー** [ʔeːˈʔeː] 感 おおいおおい。遠くから呼びかける語。 〜ローサミ〈おおいおおいと呼んでいるのに。声をかけても相手が気づかないで、振り向いてくれない場合にいう〉。

**エー「カ** [ʔeːˈka] 名 親戚。親類。 ＊吠えている犬に向かって、〜ローヤー 〜ローヤー〈親戚だよ親戚だよ〉といってなだめることがある。ッウェー「カともいう。

**エー「ガサ**[1] [ʔeːˈgasa] 名 悪性の腫れ物。次のように用いられる。 〜 ッンミガサ〈こわい腫れ物も化膿すれば心配ない〉。

**エー「ガサ**[2] [ʔeːˈgasa] 名【藍傘】芝居などで用いられる藍色の紙を張ったから傘。

**エー「カハロージ** [ʔeːˈkaharoːdʒi] 名 縁戚。親類縁者。 アマー エーカハロージェー アラングトゥ ウコー ウサギラン ティンシムン〈向こうは縁戚関係ではないから線香はあげなくてよい〉。 ＊ハロージは今は単独では用いない。

**エー「キ** [ʔeːˈki] 名 金持ち。財産家。裕福。＊ッウェー「キともいう。

**エー「キー** [ʔeːˈkiː] 名 金持ち。財産家。裕福。＊エー「キの強調形。ッウェー「キーともいう。

**エーキン「チュ** [ʔeːkinˈtʃu] 名 金持ち。資産家。財産家。＊ッウェーキン「チュともいう。

**エーキン「チュー** [ʔeːkinˈtʃuː] 名 金持ち。財産家。＊エーキン「チュの強調形。ッウェーキン「チューともいう。

**エー「ク** [ʔeːˈku] 名 櫂(かい)。＊ッウェー「クともいう。

**エークー** [ʔeːkuː] 接尾 (普通の体とは違って)変わった体つきに生まれること。 タクスエー「クー〈(骨のない蛸のように)立って歩けない人。転じて、しゃきっとしないだらけた者〉。

「**エーサチ** [ʔeːsatʃi] 名 挨拶。 〜 ウンヌキーン〈挨拶申し上げる〉。

**エー「ジ** [ʔeːˈdʒi] 名【合図】呼ぶこと。 〜 スン〈呼ぶ〉。

「**エー「シチマ** [ʔeːˈʃitʃima] 名 ひききり。とぎれること。間が切れること。 エーシ

チマー ネーン ジン イミーサ〈ひっきりなしに金を催促するよ〉。

エー「ジャ [ʔeːˈʤa] 图 間(だ)。すき間。 タタンス ～〈畳のすき間〉。

エー「ジュー [ʔeːˈʤuː] 图 仲間。友達。

「エースン [ˈʔeːsun] 動《ʔeːs- ʔeːtʃ-; 圖エーサン 連エーシ 禁エーチョーン 継エーチャン》(乳、膿などを)出す。(にきびなどを)つぶす。

エー「ソー [ʔeːˈsoː] 图 相性。 ～ヌ アタラン〈相性がよくない〉。

「エーソーグフゥサン [ˈʔeːsoːˈɡuɸasan] 形《圖エーソーグフゥコーネーン 継エーソーグフゥサタン》相性が悪い。

エー「チョー「レー [ˈeːtʃoːˈre] 图 婚姻関係による義理の兄弟姉妹。

エ「ッチャ [eˈttʃa] 感 おやまあ。珍しいときに女性が発する言葉。

エー「ティ [ʔeːˈti] 图 相手。 ～ スン〈相手する〉。

「エーネー [ˈʔeːˈneː] 副 あるいは。 ～ アンガ ヤラ ワカラン〈あるいはそうかもしれない〉。

エー「マ¹ [ʔeːˈma] 图 (空間、時間的な)間。…までの間。 ヤーカラ ヤクスヌ ～〈家から役所の間〉/ ナーフッカラ ティミグシクヌ エーマー アッチウーサン〈那覇から豊見城までは歩けない〉/ アサティス ～ナカイ ケーシェー シムサ〈明後日までに返せばよいよ〉。 ＊ッウェー「マともいう。

「エーマ² [ˈeːma] 图 八重山。石垣島とその周辺諸島。

エーマカー「ブヤー [ˈeːmakaːˈbuja:] 图 〖動〗ヤエヤマ(オオ)コウモリ(八重山(大)蝙蝠)。偏屈な者を指していう場合もある。

エー「ラ [ʔeːˈra] 图 (空間、時間的な)間。…までの間。 トゥンローカラ ナンミーヌ エーラー トゥーサン〈通堂(とぅん)から波之上(なみの)の間は遠い。トゥン「ロー〈通堂〉もナン「ミー〈波之上〉も那覇市内の地名。ナン「ミーにはよく知られた護国寺がある。〉/ アチャーヌ ～ マッチ トゥラショー〈明日まで待ってくれよ〉/ ウヌ エーラー ガンジュー ヤティー〈その間は元気だったか〉/ ユサンリヌ ～ネー クーヨー〈夕方までには来いよ〉。 ＊ッウェー「ラともいう。

エー「ラエーラ [ʔeːˈraʔeːra] 图 間間(あいだあいだ)。合間合間。 ビンチョーヌ ～ネー アシブン〈勉強の合間合間には遊ぶ〉。

エーレーバン「シ [ʔeːreːbanˈʃi] 图 いい加減な仕事。熱心さが足りない仕事。 クリガ スル ワジャー ムル ～ ヤサ〈これがする仕事はみないい加減だ〉。 ＊ッウェーレーバン「シともいう。

エン「チュ [ʔenˈtʃu] 图 ねずみ。 ＊ッウェン「チュともいう。

エンチュヤー「マ [ʔentʃujaːˈma] 图 ねずみ捕り。強力なバネ仕掛けで挟んで捕る道具。

エン「ミサ [ʔemˈmisa] 图 降参。まいること。 ～ ヤイビーン〈まいりました。申し訳ございません〉。

エン「ラー [ʔenˈraː] 图 エンラー「グヮーに同じ。

エンラー「グヮー [ʔenraːˈɡwaː] 图 おとなしい人。やさしい人。 アレー ～ローヤー〈彼はおとなしい人だよ〉。

エン「ラサン [ʔenˈrasan] 形《圖エンラコーネーン 継エンラサタン》やさしい。おとなしい。 アレー ～ローヤー ッチュトー オーランロー〈彼はおとなしいよ、人と喧嘩(けん)はしないよ〉。

# オ

**オー**「¹ [oˈː] 图 王。国王。＊ウスガナ「シーともいう。

**オ**「ー² [ʔoˈː] 感 はい。目上への応答の言葉。承諾、肯定などを表す。 ～ネー トゥガー ネーン〈はいには罰はない。はいと言えば罰せられることはない〉。＊現在はウ「ーに取って代られている。

**オー**「イン [ʔoːˈin] 動《ʔoːr- ʔoːt-; 沖 オーラン 運 オーイ 糸 オートーン 過 オータン》喧嘩(けん)する。たたかう。

**オー**「エー [ʔoːˈeː] 图 喧嘩(けん)。アトゥヌウンジュミネー ～ ナイン〈最後の最後は喧嘩になる〉。

**オーエーティー**「エー [ʔoːeːtiːˈeː] 图 手を出さんばかりにしきりに喧嘩(けん)すること。

**オーエームン**「ロー [ʔoːeːmunˈroː] 图 大声を出して盛んに喧嘩(けん)をすること。⇨ ムンロー。

「**オーカン** [oːkan] 图【往還】街道。ラテーンス ～ヌ ミチ〈大きな街道〉。

「**オーグス** [ʔoːgusu] 图「オーチビに同じ。

**オーグラ**「シン [ʔoːguraˈʃin] 图 真っ暗闇。⇨ クラシン。

「**オーサン** [ʔoːsan] 形《沖 オーコーネーン 過 オーサタン》①青い。青から緑色あたりまでを表す。 ②(果実が)青い。熟していない。

**オー**「ジ [ʔoːˈdʒi] 图 扇。扇子。うちわ。

**オーシェー**「トゥー [ʔoːʃeːˈtuː] 图 お手玉。女の子の遊びの一つ。

**オージ**「メー [ʔoːdʒiˈmeː] 图 扇舞い。扇を持って踊る踊り。

「**オージャーニーシェー** [ʔoːdʒaːˈniʃeː] 图 青二才。青年を卑しめていう語。

**オー**「ジュン [ʔoːˈdʒun] 動《ʔoːg- ʔoːdʒ-; 沖 オーガン 運 オージ 糸 オージョーン 過 オージャン》扇ぐ。 オージッシ ～〈扇で扇ぐ〉。

「**オーチビ** [ʔoːtʃibi] 图 びり。しんがり。＊「オーグス、「オーバンともいう。

「**オーッテーン** [ʔoːtteːn] 副 青々と。真っ青に。 ナマ ～ ソーン〈まだ青々としている〉。

**オートゥ**「バー [ʔoːtuˈbaː] 副 青白いさま。 イルン ～ ソーン〈色も青白い〉。

**オー**「トー [ʔoːˈtoː] 图【青唐】柑橘類の一つ。

「**オー**「バー [ʔoːˈbaː] 图 青葉。

**オーバ**「チャー [ʔoːbaˈtʃaː] 图【魚】ブダイの類。イラブチャーの雄で青緑色。30センチぐらいの白身の魚。

「**オーバン** [ʔoːban] 图「オーチビに同じ。

**オーヒジュ**「ルー [ʔoːçidʒuˈruː] 图 とても冷たいもの。 ティーヌ ～ ソーン〈手がとても冷たい〉。

**オービ**「チャイ [ʔoːbiˈtʃai] 图 青光り。

**オー**「フヮ [ʔoːˈɸa] 图【青葉】菜っ葉。葉野菜。＊ナー「、オー「フヮ「チクサともいう。

**オー**「フヮ「チクサ [ʔoːˈɸaˈtʃikusa] 图 オー「フヮに同じ。

「**オーベー** [ʔoːbeː] 图 青蠅。

「**オーホー** [ʔoːhoː] 图 知らせ。情報。 ～ ウキティ シランフーナーヤ ナラン〈知らせを受けて知らんぷりはできない〉。

**オーマー**「ミー [ʔoːmaːˈmiː] 图【青豆】《植》リョクトウ(緑豆)。やえなり(八重生り)。小豆(あずき)に似ているが緑色である。アマ「ガシやもやしを作る。

「**オームン** [ʔoːmun] 图【青物】果実の熟していないもの。

**オー**「ヤー [ʔoːˈjaː] 图 よく喧嘩(けん)をする者。喧嘩が強い者。

**オーヤームー**「シー [ʔoːjaːmuːˈʃiː]

图 すぐ喧嘩(けん)をする者。喧嘩好き。

**オーラー** [ˈʔoːˌraː] 图 もっこ。シュロの毛を材料にして作っているものが多い。荷物を運ぶのに用いる。

**ˈオーラキ** [ˈʔoːraki] 图 青竹。

**ˈオーラムン** [ˈʔoːramun] 图 枯れきっていない薪。～ メーシーネー キブイン〈枯れていない薪を燃やすと煙る〉。

**オーˈルー** [ʔoːˈruː] 【青色】图 青。緑色。青緑色。

**オーンナˈジャー** [ʔoːʔnnaˈdʒaː] 图〚動〛リュウキュウアオヘビ(琉球青蛇)。青大将と思われているが間違い。

**ˈオホーク** [ˈʔohoːku] 图 多く。たくさん。＊「ウホーク」より古い言い方。

**ˈオホオホ** [ˈʔohoʔoho] 擬音 ごほんごほん。咳をする音。～ スン〈咳をする〉。

# カ

**カ** [ka] 接尾 …ほど。…まで。 ワタヌ ハッチリル〜 ムヌ カラン〈腹がはちきれるほど飯を食べた〉／チャー アンリル〜 イリーン〈茶をあふれるほど入れる〉。

**ガ**¹ [ga] 助 か。文中にあって疑問を表す。そのかかる活用語に ―ラの形を求める係り結びの働きがある。 ニンティ〜 ウゥラ〈寝ているのかしら〉／ビンチョー〜 スラ〈勉強をしているのかしら〉／アイ〜 スラ〈あるのかしら〉。

**ガ**² [ga] 助 か。文末にあって主に疑問詞に付き疑問を表す。 マー〜〈どこか〉／ター〜〈誰か〉／ヌー〜〈何か〉。 ＊動詞に付くときは準連体形に、形容詞の場合は名詞形に付く。チャー ス〜〈どうするのか〉。助詞が介在する例もある。マース〜〈どこのか。「どこの子か」の意〉／ターカラ〜〈誰からか。「誰から送られてきたのか」の意〉。

**ガ**³ [ga] 助 ①が。主格を表す。人名、人称代名詞など身近にとらえている人間関係を表す語に付く。主格は他にヌでも表される。 タルー〜 チューン〈太郎が来る〉／チルー〜 ナチョーン〈鶴子が泣いている〉／ッヤー〜 サン〈おまえがした〉／ワー〜 ンンフタン〈私が芋を掘った〉／シンシー〜 メンソーチョーン〈先生がいらしている〉／アンシ タカサルムヌ コーイシ〜 ウゥミ〈あんなに高いのに買うやつがいるか〉。 ＊ガのあとに係助詞がか。疑問〉、ル〈ぞ。強調〉、や〈は。題目〉、ン〈も。合説〉が付いて、ガガ、ガル、ガー〈ガヤの変化したもの〉、ガンという形で用いられるのも特徴的である。 チルーガガ チュラサラ〈鶴子が美しいのだろうか〉／チルーガル チュラサル〈鶴子が美しいのだ〉／ワーガン ナランシガ ッヤーガー ナイサ〈私もできないが、おまえはできる〉／クレー ワーガン ナイン〈これは私もできる〉。 ②の。連体修飾の働きをする。 アリ〜 グーサン〈彼の杖〉／ウンジュ〜 オージ〈あなたの扇〉。 ＊ただし、ワー〈私〉の場合は、ワー グーサン〈私の杖〉、ワー オージ〈私の扇〉のようにガは付かない。 ③動詞の連用形に付いて、「…しに、…するために」の意を表す。 イユ チュ〜 イチュン〈魚を釣りに行く〉／アシビー〜 イチュン〈遊びに行く〉。

**「カー**¹ [「ka:] 名【川】井戸。釣瓶を使って汲むものもあれば、ヒージャー「ガー〈湧き水を樋で引いてためたもの〉などもある。

**カー**「² [ka「:] 名 皮。革。皮膚。

**カー**³ [ka:] 接尾 程度のはなはだしいさま。ヤリ「カー〈服などがひどく破れているさま〉などごく限られて用いられる。 ヤリ〜 ソーン〈ひどく破れている〉。

**カー**⁴ [ka:] 接尾 …あたり。…付近。 アリ「カー〈あのあたり〉／クリ「カー〈このあたり〉。

**「ガー** [「ga:] 名 我。ガー ウゥーリーン〈我が折れる。我を折って他に従う〉。

**ガーイ** [ga:i] 接尾 …に相当[匹敵]するもの。 ジューニン〜 ヤサ〈十人に匹敵するよ〉。

**ガーイ「ムン** [ga:i「mun] 名 威張り散らす者。

**ガー「イン** [ga:「in] 動《ga:r- ga:t-; 否 ガーラン 連 ガーイ 継 ガートーン 過 ガータン》①威張る。おごり高ぶる。②綱引きやエイ「サー〈盆踊り〉などのとき、対抗するグループどうしが大声を上げ、陽気に踊りまわって威勢をつける。

**ガー「エー** [ga:「e:] 名【我合え】綱引きやエイ「サー〈盆踊り〉の競演などのとき、威勢をつけるため競争相手に向けて大声を上げたり、喧嘩腰(げんかごし)とは違う陽気で挑発的な大仰(おおぎょう)な動作をしたりすること。

**カー「カー** [ka:「ka:] 名《幼児》辛(から)いもの。

**カー「ガー** [ka:「ga:] 名 ①(鏡などに映る)

影。②影法師。

「ガーガー」[「ga:ga:]〔擬音〕重機などがうるさく音を立てるさま。

カーガーウゥ「ルイ [ka:ga:u「rui]〔名〕映画。＊直訳は「影踊り」。クゥチ「ローく活動写真〉ともいう。

カーカー「カー [ka:ka:「ka:]〔感〕猫を呼ぶときに発する声。

カーカ「スン [ka:ka「suŋ]〔動〕《ka:kas-ka:katʃ-；㊥カーカサン ⦿カーカシ ㊥カーカチョーン ㊦カーカチャン》乾かす。乾燥させる。

カー「ギ [ka:「gi]〔名〕【影】①姿。器量。容貌。 イィー～〈美人〉／～シガタ〈容貌〉。 ②陰。日陰。 キーヌ～〈木陰〉。

カー「キー [ka:「ki:]〔名〕①賭け。②指切り。約束のしるし。 ～ スン〈指切りする。約束する〉。

カーギー [ka:gi:]〔接尾〕...の器量[容貌]の人。 チュラカー「ギーく美人〉／ヤナカー「ギーく不美人〉。

カーキー「ン [ka:ki:「n]〔動〕《ka:kir-ka:kit-；㊥カーキラン ⦿カーキー ㊥カーキトーン ㊦カーキタン》①(のどが)渇く。 ②(水分がなく地面などが)乾く。干上がる。

カーギガワ「イ [ka:gigawa「i]〔名〕【影変わり】(兄弟など)似てよさそうなのにそうでないこと。

カー「サ [ka:「sa]〔名〕食べ物などを盛ったり包んだりする、葉の広いもの。「サンニン」ガーサ、クバガーサなどがある。

カーサヌ「フヮー [ka:sanu「ɸa:]〔名〕カー「サに同じ。

「カージ [「ka:dʒi]〔名〕つど。(...する)たび。 チュール ～〈来るたび〉。

カー「シー [ka:「ʃi:]〔名〕カ「シーに同じ。

カージェー「ク [ka:dʒe:「ku]〔名〕皮細工。また、それを生業とする者。

カージェー「クー [ka:dʒe:「ku:]〔名〕皮細工を生業とする者。

ガー「ジュー [ga:「dʒu:]〔名〕我の強い者。我を曲げない者。意地っ張り。

ガー「ジュー「サン [ga:「dʒu:「san]〔形〕《㊥ガージューコーネーン ㊦ガージューサタン》我が強い。意地っ張りである。

カー「スー [ka:「su:]〔名〕皮膚がかさかさに乾いている者。

カー「ター¹ [ka:「ta:]〔名〕仲間。 アッターヤ ～〈彼らは仲間〉。

カー「ター² [ka:「ta:]〔名〕一緒。共同。 ～ ッシ カムンく一緒に食べる〉。

ガーター [ga:ta:]〔接尾〕...しそう。まさに起ころうとしているさま。 シニ～〈死にそう〉／トーリー～〈倒れそう〉／アシビーガ イチ～ナトーンく遊びに行きそうになっている〉。 ＊ガタマートーン〈もう少しでだめになりそう〉という限られた用法もあるが、このガタはガーターの自立語的用法である。

カー「チー [ka:「tʃi:]〔名〕夏至。二十四節気の一つ。

カーチー「ベー [ka:tʃi:「be:]〔名〕夏至の頃に吹く南風。 ～ヤ ハックジューグっチこフチュンくカーチーベーは八、九、十月頃に吹く〉。

ガー「ナー [ga:「na:]〔名〕たんこぶ。ぶつけてできるこぶ。 ～ アガインくたんこぶができる〉。

カー「ニー「グンバー [ka:「ni:「gumba:]〔名〕【昆】ハナムグリ(花潜)。

カーヌヌー「シ [ka:nunu:「ʃi]〔連語〕【皮の主】菓子などを皆に分配して自分の分がなくなった場合にいう。「実質は他人、名目は自分に」という場合にもいう。

「カーハイン [「ka:hain]〔動〕《ka:har-ka:hat-；㊥カーハラン ⦿カーハイ ㊥カーハトーン ㊦カーハタン》①皮が張る。(ひからびて)皮のように張りつく。 ハナライヌ ～〈鼻水が(乾いて)こびりついている〉。 ②(帰ろうとせずに)いつまでも長居する。 イチマリン カーハティ イィシカトーンくいつまでも居座っていやがる〉。

カービ「シー [ka:bi「ʃi:]〔名〕皮の薄いもの。 ヤマトゥヌ クニボー ～ ヤンく本土のみ

かんは皮が薄い〉。＊「皮膚の薄い者」の意には用いない。

カー「ブイ¹ [ka:ˈbui] 图 醬油(しょうゆ)などに生える薄いかび。〜 クーイン〈薄くかびが生える〉。

カー「ブイ² [ka:ˈbui] 图【かぶり】(否定、拒否の意を表して)頭を横に振ること。

カーブイカー「ブイ [ka:buika:ˈbui] 图【かぶりかぶり】いやいや。幼児が嫌がって頭を左右に振ること。

カーブ「チー [ka:buˈtʃi:] 沖縄産のみかん。温州みかんより少し小さい。皮は緑色で厚く、果肉は甘みがあり、種が多い。

カーブ「ヤー [ka:buˈja:] 图【かわもり(川守)】こうもり(蝙蝠)。

「ガーブラチ [ga:buratʃi] 图 (居眠りなどで)口をあんぐりと開けること。

「カーマ [ˈka:ma] 图 遠く。遠方。〜 アマ〈ずっと遠くの方〉。

ガー「マ [ga:ˈma] 图 無茶。無茶な行為。〜 カカイン〈無茶なことをする〉。

カー「ミ¹ [ka:ˈmi] 图 かめ(亀)。ヤンバルガー「ミー〈リュウキュウヤマガメ〉などがいる。

カー「ミ² [ka:ˈmi] 图 甕(かめ)。アンラガー「ミ〈油甕〉、ンー「ス」ガーミ〈味噌甕〉などがある。

カーミー「クー [ka:miˈku:] 图 亀の甲。〜ヤカー トゥシヌスクー〈亀の甲より年の功〉。

カーミナクー「バカ [ka:minaku:ˈbaka] 图 亀甲墓(かめこうばか)(きっこうばか)。屋根が亀の甲の形をしている。

カーミヌ「チビ」ティー「チ [ka:minuˈtʃibi ti:ˈtʃi] 連語 直訳は「甕の底も一つ」。夫婦は死んで同じ甕(かめ)に入ることから、夫婦仲睦まじくのたとえとして用いられる。⇒ チビ、ティーチ。ミートゥンラー 〜 ヤサ〈夫婦はいつまでも仲睦まじくということだ〉。

カー「ラ¹ [ka:ˈra] 图 瓦。ウゥーガー「ラ〈牡瓦〉、ミーガー「ラ〈牝瓦〉などの種類がある。

「カーラ² [ˈka:ra] 图【川原】川。

カーラ³ [ka:ra] 接尾 …きり。ンンジャル 〜 ヤン〈行ったきりだ〉。

ガーラーフィッ「チャイ [ga:ra:ɸitˈtʃai] 副 物が倒れてがらがらと音のするさま。

「カーラカ」スン [ˈka:rakaˈsun] 動《ka:rakas- ka:rakatʃ-; 否カーラカサン 連カーラカシ 敬カーラカチョーン 過カーラカチャン》(衣類などを)乾かす。

「カーラチュン [ˈka:ratʃun] 動《ka:rak- ka:ratʃ-; 否カーラカン 連カーラチ 敬カーラチョーン 過カーラチャン》(洗濯物など、濡れたり湿ったりしたものが)乾く。 チンヌ 〜 〈衣類が乾く〉。

「カーラバンタ [ˈka:rabanta] 图 川端。川べり。

カーラブッ「チャイ イシブッ「チャイ [ka:rabutˈtʃai ʔiʃibutˈtʃai] 連語 女の子と仲よく遊んでいる男の子を冷やかしていう子供の言葉。 イィキガトゥ イィナグトゥ 〜 〈男と女が仲よく遊んでいるやあい〉。

カー「ラヤー [ka:ˈraja:] 图 瓦屋。瓦葺の家。

カイ [kai] 助 へ。に。目標や目的地などを表す。 スイ〜 イチュン〈首里へ行く〉／ヤー〜 ケーイン〈家に帰る〉／シクチ〜 イチュン〈仕事に行く〉。＊ンカイもほぼ同じ意で用いることがある。

カイイ「レー [kaiˈire:] 图 借りること。(特に親しい間の)貸し借り。

「カイクン [ˈkaikun] 图 開墾。〜 アキーン〈開墾をあける。開墾する〉。

カイブチ「ヤー [kaibutʃiˈja:] 图 茅葺の家。

「カイムン [ˈkaimun] 图 借り物。

「カイヤ [ˈkaija] 图《文》【仮屋】在番奉行が勤める役所。＊琉歌では「仮家」という表記も見られる。「道のきよらさや仮家の前あやごのきよらさや宮古のあやご」(全1326)。

「カイン¹ [ˈkain] 動《kar- kat-; 否カラ

ン [連]カイ [継]カトーン [過]カタン》借りる。

「カイン² [ˈkaiɴ] [動]《kar- kat-; [否]カラン [連]カイ [継]カトーン [過]カタン》刈る。

「カウ [ˈkau] [名]《文》顔。＊琉歌「かさに顔かくす忍ぶ夜やしらぬさやか照り渡る月のらめしや」(全 99)。口語ではチラ「という。

カ「カイ˥サーラチ [kaˈkaiˈsa:ratʃi] [名] さしさわり。障害。 カカイサーラチェー ネーンサ〈さしさわりはないよ〉。

カ「カイ˥シガイ [kaˈkaiˈʃigai] [名]【かかりすがり】つきまとうこと。まつわりつくこと。関わり合いが多いこと。 ～ヌ ウフサヌ シクチン ナラン〈関わり合いが多くて仕事もできない〉。

カカイ「ムン [kakaiˈmuɴ] [名] 憑(つ)きもの。＊どういうわけで取り憑いたのかは「ユタ〈巫女〉に判じてもらう。

カカイ「レー [kakaiˈre:] [名] 頼りがい。 ～ヌ アン〈頼りがいがある〉。

カカ「イン [kakaˈiɴ] [動]《kakar- kakat-; [否]カカラン [連]カカイ [継]カカトーン [過]カカタン》①掛かる。引っかかる。 ススヌ ～〈裾が引っかかる〉。 ②(金が)かかる。 ③頼る。厄介になる。 イチマリン ウヤ ～〈いつまでも親に頼る〉。 ④合格する。

カカジー「ン [kakadʒi:ˈɴ] [動]《kakadʒir- kakadʒit-; [否]カカジラン [連]カカジー [継]カカジトーン [過]カカジタン》①(足などを)引っかけてすりむく。 ヒサ ～〈引っかけて足をすりむく〉。 ②(畑などを)耕す。多少さげすんだいい方。 ハル ～〈畑を耕す〉。

カガナ「イン [kaganaˈiɴ] [動]《kaganar- kaganat-; [否]カガナラン [連]カガナイ [継]カガナトーン [過]カガナタン》(見る目が)しっかりしている。確かである。 ミーヌ ～〈見る目がしっかりしている〉。

カカ「ワイ [kakaˈwai] [名] 関わり。関係。

カカワ「イン [kakawaˈiɴ] [動]《kakawar- kakawat-; [否]カカワラン [連]カカワイ [継]カカワトーン [過]カカワタン》関わる。関係する。

カ「ガン [kaˈgaɴ] [名] 鏡。

「カキ [ˈkaki] [名]【欠け】(陶器などの)かけら。

カキ「アー˥イン [kakiˈʔa:ˈiɴ] [動]《kakiʔa:r- kakiʔa:t-; [否]カキアーラン [連]カキアーイ [継]カキアートーン [過]カキアータン》間に合う。

カキ「アー˥スン [kakiˈʔa:ˈsuɴ] [動]《kakiʔa:s- kakiʔa:tʃ-; [否]カキアーサン [連]カキアーシ [継]カキアーチョーン [過]カキアーチャン》間に合わせる。

カキー「ン¹ [kaki:ˈɴ] [動]《kakir- kakit-; [否]カキラン [連]カキー [継]カキトーン [過]カキタン》言いつける。命令する。 イキョーンリチ カキテーシガル〈行けよと言いつけてあるのだが〉。

「カキーン² [ˈkaki:ɴ] [動]《kakir- kakit-; [否]カキラン [連]カキー [継]カキトーン [過]カキタン》欠ける。 チャーワンヌ ～〈茶碗が欠ける〉。

カキー「ン³ [kaki:ˈɴ] [動]《kakir- kakit-; [否]カキラン [連]カキー [継]カキトーン [過]カキタン》①掛ける。懸ける。架ける。 ミジ ～〈水を掛ける〉/ ティーサージ ～〈手ぬぐいを掛ける〉/ サナジ ～〈ふんどしをする〉/ ウリ ～〈腕相撲で腕を掛ける〉/ ハシ ～〈橋を架ける〉/ ティー ～〈手を掛ける。殴る〉。 ②賭ける。 チャッサヤティン ジン ～〈いくらでも金を賭ける〉。 ③掛け持つ。 アリクリ ～〈あれこれ掛け持つ〉。 ＊琉歌にも「たまたがけ里〈二股掛の愛しい人(男)〉」とある。 ④(秤に)掛ける。量る。 ウリ カキティマー〈さあ、秤で量ってごらん〉/ カキレー キタヌル ウゥーリール〈秤に掛けて比べると秤の竿さえ折れる。同程度の似たり寄ったりの場合にいう〉。

「カギーン [ˈkagi:ɴ] [動]《kagir- kagit-; [否]カギラン [連]カギー [継]カギトーン [過]カギタン》欠席する。

カキ「エー [kakiˈe:] [名] 掛け合い。談判。交渉。 ～ サリーンロー〈掛け合いされ

るぞ。ねじ込まれるその意〉。
カ「キ」ニンオーラン [ka「ki」nin?o:-ran] 連語 とんでもない。お話にならない。 ～ ムヌイーカタ〈とんでもないものの言い方〉。
カキ「ムチ [kaki「mutʃi] 图 掛け持ち。
「カキムン [「kakimun] 图 (茶碗など)欠けたもの。
カキ「メー [kaki「me:] ユー「レー〈無尽講〉に出すお金。このお金は貯まってのちに自分のものになる。
カ「ギン [ka「gin] 图 加減。手心。 ワラビル ヤグトゥ ～ ショー〈子供だから手加減しなさいよ〉。
「カク [「kaku] 图 四角。方形。
「カクイ [「kakui] 图 囲い。囲ってある所。
「カクイン [「kakuin] 動 《kakur- kakut-; ㊥カクラン ㊥カクイ ㊥カクトーン ㊥カクタン》囲う。 マンマルマーチ ～〈丸く囲う〉。
「ガクガク [「gakugaku] 副 ぺらぺら。口達者なさま。
カク「ガニ [kaku「gani] 图 掛けがね。戸口などにかける鍵。
カク「グ¹ [kaku「gu] 图 【格護】《文》① 大事にしまっておくこと。保管。＊琉歌「文庫小の内に菓子格護しゃことひばりから蟻の忍で入ゆさ」(全 2823)。 ② 守護すること。＊組踊「亀千代が格護油断するな」(『忠士身替の巻』)。
カク「グ² [kaku「gu] 图 覚悟。 ～ ソーキョー〈覚悟しておけよ〉。
「ガクサ [「gakusa] 图 学者。
カク「ジ [kaku「dʒi] 图 下あご。下あご全体をいう。下あごの突き出た部分は特にウトゥ「ゲーという。 ～ チカリーミ〈あごに一発くらわすぞ。罵倒するときに使う〉。
ガク「シー [gaku「ʃi:] 图 学生。
カク「シー」マーシー [kaku「ʃi:「ma:-ʃi:] 副 ひた隠しに隠して。大事にばれないように隠して。

カクシ「グトゥ [kakuʃi「gutu] 图 隠し事。
カク「スン [kaku「sun] 動 《kakus- kakutʃ-; ㊥カクサン ㊥カクシ ㊥カクチョーン ㊥カクチャン》隠す。秘密にする。
「カクビチ [「kakubitʃi] 图 【格別】非常に親しい間柄。 イッペーガ ～ ヌ ルシ〈非常に親しい友〉。
「ガクブリ [「gakuburi] 图 【学ふれ】勉強しすぎて普通の判断ができない者。学問のしすぎて異常な行動をとる者。⇨ フリーン¹。
「カクムン [「kakumun] 動 《kakum- kakur-; ㊥カクマン ㊥カクミ ㊥カクローン ㊥カクラン》囲む。
ガク「ムン [gaku「mun] 图 学問。勉強。
カゲー「ウチ [kage:「?utʃi] 图 領地。支配している地域。
カ「ケー」ヒチェー [ka「ke:「çitʃe:] 图 複雑な関わり合い。 ～ヤ ヌーン ネーン〈複雑な関わり合いは何もない〉。
カ「コー [ka「ko:] 图 【かかふ(ほろ)】おし。おむつ。
カコービ「カジャ [kako:bi「kadʒa] 图 きな臭いにおい。＊関係ある語として『物類称呼』に「かこびくさい〈きな臭い〉」がある。
カサ「¹ [kasa「] 图 笠。傘。 ラン「ガサ〈こうもり傘〉、「クバガサ〈蒲葵の葉で作った笠〉、ムンジュ「ルー〈麦藁で作った笠〉、ハナ「ガサ〈花笠〉などがある。
カサ「² [kasa「] 图 瘡(かさ)。皮膚にできる悪性の腫れ物。
「ガサガサ [「gasagasa] 擬音 ① がさがさ。物のこすれ合う音。 ② じゃりじゃり。(食べ物に砂などが入って)口ざわりの悪いさま。 ニリ～ スン〈砂がまじって)じゃりじゃりする〉。
カサギー「ン [kasagi:「n] 動 《kasagir- kasagit-; ㊥カサギラン ㊥カサギー ㊥

カサギトーン ⑱カサギタン》妊娠する。みごもる。
カサギン「チュ [ˈkasaginˈtʃu] 图 妊婦。
「カサグイ [ˈkasagui] 图 痰(たん)。
「カサニガサニ [ˈkasanigasani] 副 重ね重ね。 ～ リージ ウンヌキーン〈重ね重ね感謝申し上げます〉。
「カサバイン [ˈkasabain] 動《kasabar-kasabat-; ⓐカサバラン ⓜカサバイ ⓟカサバトーン ⓣカサバタン》①かさばる。②重なる。
カサビ [kasabi] 接尾 …重ね。チュカ「サビ〈一重ね〉、「タカサビ〈二重ね〉など。
「カサビーン [ˈkasabi:n] 動《kasabir-kasabit-; ⓐカサビラン ⓜカサビー ⓟカサビトーン ⓣカサビタン》重ねる。
「カサブタ [ˈkasabuta] 图 かさぶた。
ガサ「ミ [gasaˈmi] 图〖動〗ガザミ。ノコギリガザミ。海にいて体が大きく美味。
カシ「¹ [kaʃiˈ] 图（酒、豆腐、脂身などの）かす。
カシ「² [kaʃiˈ] 图【かせ(綛)】《文》布を織る経糸(たていと)。＊琉歌「里があかいづ羽御衣すらんとてもてけふのよかる日にかせよかけら」(全 473)。
「カジ¹ [ˈkadʒi] 繊維。筋(すじ)。 ～ヌ イッチョーン〈(にんにくの茎、大根などに)筋がある〉。
「カジ² [ˈkadʒi] うなじ。襟首(えりくび)。 ～ クンピーン〈うなじを踏みつける。馬鹿にするの意〉。
カジ「³ [ˈkadʒiˈ] 图 数。 ～ ユリマーニ〈数を数えてごらん〉。
「カジ⁴ [ˈkadʒi] 图 風。
カジ「⁵ [ˈkadʒiˈ] 图 舵。
カジ⁶ [kadʒi] 接尾 …ごと(に)。…たび(に)。…ことごとく。「チネーカジ〈家ごとに〉／ ムラヌ ムラ〈村という村ことごとく。直訳は「村の村ごとに」〉。
「ガシ [ˈgaʃi] 图【餓死】飢饉。
カ「シー [kaˈʃi:] 图 加勢。手伝い。応援。 ～ スン〈手伝いする〉。＊カー「シーともいう。

「カシーカシー [ˈkaʃi:kaʃi:] 副 さっさと。急いで。 ～ ショー〈さっさとしなさいよ〉。
カシ「ン [kaʃiˈn] 動《kaʃir- kaʃit-; ⓐカシラン ⓜカシー ⓟカシトーン ⓣカシタン》痛飲する。深酒する。
カシ「ガー [kaʃiˈga:] 图 南京袋。それを作る粗布にもいう。＊カシガーブク「ルともいう。
「カジガー [ˈkadʒiga:] 图 首根っこ。 ～ カチミーン〈首根っこをつかむ〉。
カシガーブク「ル [kaʃiga:bukuˈru] 图 カシ「ガーに同じ。
「カジ「カキーン [ˈkadʒiˈkaki:n] 動《kadʒikakir- kadʒikakit-; ⓐカジカキラン ⓜカジカキー ⓟカジカキトーン ⓣカジカキタン》①念を押す。だめを押す。②固く約束する。
カジ「カジ [kadʒiˈkadʒi] 副【数々】たびたび。いろいろ。 ～ ミンロー カキタン〈いろいろ面倒をかけた〉。
「カジガタカ [ˈkadʒigataka] 图 ①風除け。②防御壁。⇒ カタカ。
「カシジェー [ˈkaʃidʒe:] 图（泡盛の)酒ともいう。
カシ「チー [kaʃiˈtʃi:] 图 おこわ。もち米をシェー「ロー〈蒸籠〉》などで蒸したもの。＊カシチー「メーともいう。
カシチー「メー [kaʃitʃi:ˈme:] 图 カシ「チーに同じ。
「カジチリ」アビー [ˈkadʒitʃiriˈʔabi:] 图 声の限り叫ぶこと。絶叫。
カシ「ティラ [kaʃiˈtira] 图 ①カステラ。菓子名。 ②〖料理〗カステラカマボコ。魚肉をすりつぶし卵を入れて作ったかまぼこ。
「カジフイ [ˈkadʒiɸui] 图 加勢。助勢。 ～ ッシ クィリョー〈加勢してくれよ〉。
「カジフチ [ˈkadʒiɸutʃi] 图【風吹き】暴風。＊普通はウー「カジ〈大風。台風〉という。
「カジフチ」アーケージュー [ˈkadʒi-

ɸutʃiʔa:ke:dʒu:] 名【昆】ウスバキトンボ（薄羽黄蜻蛉）。暴風の吹きそうなとき、群れをなして飛ぶ。その群れ飛ぶ様子に暴風の兆しを見る。

「カジマー「イ [kadʒima:ˈi] 名【風廻り】風向きが変わること。

「カシマサン [ˈkaʃimasan] 形《㋐カシマシコーネーン ㋥カシマサタン》かしましい。うるさい。「わずらわしい」の意にも用いる。 ワラビヌ 〜＜子供がまとわりついてうるさい＞。

「カジマチ [ˈkadʒimatʃi] 名【風巻き】旋風。つむじ風。

カジマ「ヤー [kadʒimaˈja:] 名 ①風車（かざぐるま）。田舎ではアダン（阿檀）の葉を十字に交差させるように組んで作った風車もあった。〜ヌ ウーウェー＜数え九十七歳のお祝。本人に風車を持たせて盛大に祝う＞。②十字路。 ニシンジョーカジマヤー＜西武門（にしんじょう）十字路＞。

ガジ「マル [gadʒiˈmaru] 名【植】榕樹。クワ科。成木になると幹は太く、四方に枝を広げ、涼しい木陰を作る。果実は黒褐色で小さい。植物学者はガジュマルというが、沖縄ではそういう名称はない。

カジミー「ン [kadʒimiːˈn] 動《kadʒi-mir- kadʒimit-; ㋐カジミラン ㋥カジミー ㋣カジミトーン ㋺カジミタン》大事にしまっておく。秘蔵する。

「カジミ「フカスン [kadʒimiɸukaˈ-sun] 動《kadʒimiɸukas- kadʒimiɸukatʃ-; ㋐カジミフカサン ㋥カジミフカシ ㋣カジミフカチョーン ㋺カジミフカチャン》大切にしまいこんで置き所がわからなくなる。

「カジャ [ˈkadʒa] 名 におい。臭いにおいの場合に多く用いる。＊よいにおいは「カバ」という。

「カジャー [ˈkadʒa:] 名 粘り強い者。簡単に負けない者。

「カジャイ [ˈkadʒai] 名 飾り。装飾。

「カジャイン [ˈkadʒain] 動《kadʒar-kadʒat-; ㋐カジャラン ㋥カジャイ ㋣カジャトーン ㋺カジャタン》飾る。

カジャディ「フー「ブシ [kadʒadi-ˈɸu:ˈbuʃi] 名 かぎやで風節。琉球古典音楽の歌曲名（⇨ グジンフー）。祝宴の最初に歌われる。＊カジャディフーともいう。この語の由来については「カンジュー首里に出るの風儀」（南島八重垣）など諸説あるが、未詳。現在うたわれているのは次の歌詞である。「けふのほこらしやややなをにぎやなたてるつぼでをる花の露きやたごと」（全521）。

ガ「ジャン [gaˈdʒan] 名 蚊。

カジュー「イン [kadʒu:ˈin] 動《ka-dʒu:r- kadʒu:t-; ㋐カジューラン ㋥カジューイ ㋣カジュートーン ㋺カジュータン》数える。＊ユムンともいう。

「カジョーサン [ˈkadʒo:san] 形《㋐カジョーコーネーン ㋥カジョーサタン》風が強い。 カジョーサグトゥ ハシル ヒチャーシェー＜風が強いから戸を閉めなさい＞。

カジョー「ラー [kadʒoːˈra:] 名 蕁麻疹（じんま）。

カシ「ラ [kaʃiˈra] 名【頭（かしら）】《文》髪。＊琉歌「あがりあかがれば墨習ひが行きゆんかしら結てたばうれ我親がなし」（全2504）。

「カジリ [ˈkadʒiri] ①名 限り。 イチチョール 〜＜生きている限り＞。②接尾 ...の限り。...のありったけ。 スチ 〜 ハタラチュン＜命の限り働く。命をかけて働く＞。

ガジリ [gadʒiri] 接頭「やせ細った」の意。「ガジリゴー」ヤー＜やせ細ったゴーヤー＞／「ガジリレー」クニ＜やせ細った大根＞。

「ガジリーン [ˈgadʒiri:n] 動《gadʒirir-gadʒirit-; ㋐ガジリラン ㋥ガジリー ㋣ガジリトーン ㋺ガジリタン》やせ細る。みすぼらしくなる。

「ガジリムン [ˈgadʒirimun] 名 やせた者。

カジワー「ラ [kadʒiwaːˈra] 名 風上。⇨ ッワーラ。

「カタ[1] [ˈkata] 名 ①型。②（かたどった）絵。 ッンマヌ 〜＜馬の絵＞。

カタ⌈2 [kata⌈] 图 肩。
カタ3 [kata] 接頭 片…。片一方の…。カタ⌈リー〈片手〉/ カタ⌈チム〈もう一方の考え方〉。
カタ4 [kata] 接尾 ①方向。方面。「アガリカタ〈東の方〉。②親戚。血縁。味方。シマ⌈ブ⌉クヌカタ〈島袋の血縁〉。
⌈ガタ [⌈gata] 图【潟】埋立地。
⌈カタイン [⌈katain] 動《katar- katat-;㊥カタラン ㊥カタイ ㊥カタトーン ㊥カタタン》語る。話す。＊鳥が鳴いたときにいまじない言葉として、イィークトゥ カタリ〈よいことを語れ〉というのがある(鳥の鳴き声は不吉とされている)。カタインは特殊な場合に用い、「話す」の意では普通ハナシスンを用いる。
カタウム⌈イ [kata?umu⌈i] 图 片思い。片恋。
カタ⌈ウヤ [kata⌈?uja] 图 片親。
カタ⌈ウリ [kata⌈?uri] 图 片腕。＊「頼みとする協力者」の意には用いない。
カタ⌈カ [kata⌈ka] 图 ①さえぎるもの。遮蔽物。アミガタ⌈カ〈雨除け〉、⌈カジガタカ〈風除け〉など。②かばうこと。シージャガ ～ソーン〈兄がかばっている〉。
カタ⌈カシ [kata⌈kaʃi] 图【魚】ヒメジ。赤みを帯び、下あごの先に二本のひげがある。その形態から近頃は「オジサン」という言い方もする。
カタカシ⌈ラ [katakaʃi⌈ra] 图 昔の成人男子の髪型。髪を中央で結んだ。
ガタガ⌈ター [gataga⌈ta:] 1 擬態 がたがた。恐怖、寒さなどで体が震えるさま。2 擬音 がたがた。立てつけの悪い戸などが音を立てるさま。
カタ⌈グー [kata⌈gu:] 图 片方。
カタグーマジ⌈ラー [katagu:madʒi⌈ra:] 图 カタグーマン⌈チャーに同じ。
カタグーマン⌈チャー [katagu:man⌈tʃa:] 图 ちぐはぐ。下駄、靴、箸などで一対となるべきものが不ぞろいになっていること。＊カタグーマジ⌈ラーともいう。

カタクシ⌈ヌジ [katakuʃi⌈nudʒi] 图 女が働きやすくするために着ている着物の片袖を脱ぐこと。
カタクジ⌈ラ [katakudʒi⌈ra] 副 ①ずっと。継続して。クーサイニカラ ～〈小さいときからずっと〉。②…をはじめとしてことごとく。＊現在は②の用法はない。組踊「とじくわ(妻子)かたくずら残らずに殺ち、味方に怪我やいちにぬ(一人)も居やべらぬ」(『忠士身替の巻』)。
カタクチワ⌈レー [katakutʃiwa⌈re:] 图【片口笑い】①微笑(ほほ)(じょう)。②嘲笑。苦笑。
⌈カタサン [⌈katasan] 形《㊥カタコーネーン ㊥カタサタン》固い。堅い。
カタジキ⌈ン [katadʒiki⌈n] 動《katadʒikir- katadʒikit-;㊥カタジキラン ㊥カタジキー ㊥カタジキトーン ㊥カタジキタン》片づける。整理する。
カタ⌈シミ [kata⌈ʃimi] 图 片隅。＊カタシ⌈ミーともいう。
カタシ⌈ミー [kataʃi⌈mi:] 图 カタ⌈シミに同じ。
カタ⌈スリ [kata⌈suri] 图 片袖。
⌈カタチ1 [⌈katatʃi] 图 ①敵(かな)。②仲の悪い者。アッターヤ ～〈彼らは仲が悪い〉。
⌈カタチ2 [⌈katatʃi] 图 形。
カタチブル⌈ヤン [katatʃiburu⌈jan] 图 偏頭痛。⇒ チブルヤン。
カタ⌈ティマ [kata⌈tima] 图 片手間。
カタ⌈トゥチ [kata⌈tutʃi] 图《文》片時。＊琉歌「おへも片時も放さらぬものや暑さすだましゆる玉の団扇」(全 1478)。
カタ⌈ナ [kata⌈na] 图 刀。
ガタナサン [gatanasan] 助動 …しにくい。…しがたい。イチ～〈行きにくい〉/ ヒライ～〈付き合いにくい〉。＊動詞の連用形に付く。
カタ⌈ニー [kata⌈ni:] 图【片荷】半分の荷物。
カタ⌈ハー [kata⌈ha:] 图 片刃。

カタ「バイ [kataˈbai] 图【肩張り】肩の張り出し具合。肩幅の広さ。

カタ「ハバ [kataˈhaba] 图 肩幅。

「カタバル [ˈkatabaru] 图【潟干る】干潟。潮の干満によって現れたり隠れたりするところ。かつては干潟だったところが、満潮時でも隠れないところをいう場合もある。そのようなところ、たとえば久茂地、泊あたりのカタバルでは運動会、野球大会などが行われた。

カタ「ヒサ [kataˈçisa] 图 片足。 カタヒサー クヮンチェーバクンカイ イットーン〈片足が棺桶に入っている〉。

「カタヒチ」ムン [ˈkataçitʃiˈmun] 图 かたわ者。

カタ「フ [kataˈɸu] 图《文》片帆。片方の帆。*琉歌「高禰久に登て真南向かて見れば片帆舟と思めば真帆どやゆる」(全768)。

カタ「ブイ [kataˈbui] 图【片降り】(片方は晴れているのにもう片方では降る)夏の局地的な雨。俗にンマヌ ナガニン フイワカスン〈馬の背中も降り分ける〉といわれている。

「ガタマー」イン [ˈgatamaːin] 動《gatamaːr- gatamaːt-;㊥ガタマーラン ㊥ガタマーイ ㊥ガタマートーン ㊥ガタマータン》まもなく終わりを迎えようとしている。アンベーヌ ワッサヌ ガタマートーン〈具合が悪くて(命の)終わりを迎えようとしている〉。

「カタマイ [ˈkatamai] 图 かたまり。

「カタマイン [ˈkatamain] 動《katamar- katamat-;㊥カタマラン ㊥カタマイ ㊥カタマトーン ㊥カタマタン》①固まる。 ンムクジヌ ～〈澱粉が固まる〉。②つまる。 ハナヌ ～〈鼻がつまる〉。

「カタミ[1] [ˈkatami] 图 形見。

「カタミ[2] [ˈkatami] 接尾 …かつぎ。かつぎ上げる荷を数えるのに用いる。チュカ「タミ〈一かつぎ〉、「タカタミ〈二かつぎ〉など。 チュカタミ グインシ ウタン〈一かつぎ五円で売った〉。

カタ「ミー [kataˈmiː] 图 ①片目。一方の目。 ～ッシ ンージュン〈片目で見る〉。②片方の目が見えないこと。または、その人。

カタミー「ン [katamiˈːn] 動《katamir- katamit-;㊥カタミラン ㊥カタミー ㊥カタミトーン ㊥カタミタン》かつぐ。担う。 ミジ ～〈水を天秤棒でかつぐ〉。

カタ「ミチ [kataˈmitʃi] 图 片道。

カタミ「リマ [katamiˈrima] 图 かついで運ぶ手間賃。

カタ「リー [kataˈriː] 图 片手。

カタワキ「ティ」イーン [katawakiˈti ʔiːn] 連語 理を正して言う。正しく説明する。

カタ「ワリ [kataˈwari] 图 ①片割れ。割れた一片。②仲間の一人。

カタンキー「ン [kataŋkiˈːn] 動《kataŋkir- kataŋkit-;㊥カタンキラン ㊥カタンキー ㊥カタンキトーン ㊥カタンキタン》傾ける。

カタン「チ [katanˈtʃi] 图 傾き。傾斜。

カタンチ「バイ [katantʃiˈbai] 图【傾き走り】(恥ずかしくてまたは都合が悪くて)こそこそ急いで行くこと。

カタン「チュン [katanˈtʃun] 動《kataŋk- katantʃ-;㊥カタンカン ㊥カタンチ ㊥カタンチョーン ㊥カタンチャン》傾く。傾斜する。

「カチ[1] [ˈkatʃi] 图 垣。イシ「ガチ〈石垣〉、「ヒー」ガチ〈板塀〉などがある。

「カチ[2] [ˈkatʃi] 图 勝ち。

カチ[3] [katʃi] 接尾 動作を表す語に付いて、「反復」の意を表す。「スイ」カチ〈雑巾(ぞうきん)がけ〉、ホー「チ」カチ〈掃(は)き掃除〉、ユー「ジュ」カチ〈用足し〉など。

「ガチ [ˈgatʃi] 图【餓鬼】食いしん坊。食べ物をがつがつ食う者。

ガチー [gatʃiː] 接尾 (…し)ながら。(…し)つつ。(…し)がてら。 カマ～ ムヌ ユムン

〈食べながらおしゃべりしている〉。

**カチイク「サ** [katʃiʔiku「sa] [名] 勝ちいくさ。戦勝。

**カチ「イ˥リーン** [katʃi「ʔi˥ri:n̥] [動]《katʃiʔirir- katʃiʔitt-; [否]カチイリラン [連]カチイリー [継]カチイットーン [過]カチイッタン》書き入れる。

**ガチ「ギ˥サン** [gatʃi「gi˥san̥] [形]《[否]ガチギコーネーン [過]ガチギサタン》いかにも食い意地が張っている。いやしい。

**カチ「クー˥スン** [katʃi「ku:˥sun̥] [動]《katʃiku:s- katʃiku:tʃ-; [否]カチクーサン [連]カチクーシ [継]カチクーチョーン [過]カチクーチャン》掻(か)いて勢いよくくずす。突きくずす。

**カチ「ク˥ムン** [katʃi「ku˥mun̥] [動]《katʃikum- katʃikur-; [否]カチクマン [連]カチクミ [継]カチクローン [過]カチクラン》(食べ物などを)かき込む。

**カチ「シ˥ガイシガイ** [katʃi「ʃi˥gaiʃi-gai] [副] しきりにすがりつくさま。しきりに抱きつくさま。

**カチ「チキ** [katʃi「tʃiki] [名] 書きつけ。文書。

**カチ「ホー˥イン** [katʃi「ho:˥in̥] [動]《katʃiho:r- katʃiho:t-; [否]カチホーラン [連]カチホーイ [継]カチホートーン [過]カチホータン》かき散らす。

**カチホー「リー** [katʃiho:「ri:] [名] かき散らすこと。乱雑。

**「カチ˥マキ** [「katʃi˥maki] [名] 勝ち負け。勝敗。

**ガチマ「ヤー** [gatʃima「ja:] [名] 食いしん坊。直訳すると「餓鬼猫」となるが、普通は食い意地の張った者を卑しめていう。

**「カチミーン** [「katʃimi:n̥] [動]《katʃi-mir- katʃimit-; [否]カチミラン [連]カチミー [継]カチミトーン [過]カチミタン》つかむ。握る。 ホーチャー カチミトーン〈包丁を握っている〉/ アンラナービー カチミトーン〈油鍋をつかんでいる。揚げ物の最中である〉。

**カチミンソー「リー** [katʃiminso:「ri:] [名] 鬼ごっこ。＊「つかまえなさい」の意から。

**カチ「ミン˥グヮスン** [katʃi「miŋ˥gwa-sun̥] [動]《katʃimiŋgwas- katʃimiŋ-gwatʃ-; [否]カチミングヮサン [連]カチミングヮシ [継]カチミングヮチョーン [過]カチミングヮチャン》(水、人間関係などを)引っかき回す。かき乱す。

**カチ「ムン** [katʃi「mun̥] [名] 書きもの。

**「カチャ** [「katʃa] [名] 蚊帳(かや)。

**カチャー「シー** [katʃa:「ʃi:] [名]「サンシン〈三線〉の曲の一種で、テンポが速い。その曲に合わせて踊る踊りは即興的で、自由自在である。普通は祝いの座の最後に弾かれ踊られる。

**カ「チャー˥スン** [ka「tʃa:˥sun̥] [動]《ka-tʃa:s- katʃa:tʃ-; [否]カチャーサン [連]カチャーシ [継]カチャーチョーン [過]カチャーチャン》かき混ぜる。引っかき回す。 ＊「かき合わす」にほぼ対応。

**「カチャムン** [「katʃamun̥] [動]《katʃam- katʃar-; [否]カチャマン [連]カチャミ [継]カチャローン [過]カチャラン》引っかく。

**「カチャンクヮイン** [「katʃaŋkwain̥] [動]《katʃaŋkwar- katʃaŋkwat-; [否]カチャンクヮラン [連]カチャンクヮイ [継]カチャンクヮトーン [過]カチャンクヮタン》激しく引っかく。かきむしる。

**カチ「ヤン˥ジュン** [katʃi「jan˥dʒun̥] [動]《katʃijanr- katʃijant-; [否]カチヤンラン [連]カチヤンジ [継]カチヤントーン [過]カチヤンタン》かき破る。引っかき回してめちゃくちゃにする。

**「カチュー** [「katʃu:] [名] 鰹。鰹節。

**「カチューブシ** [「katʃu:buʃi] [名] 鰹節。慶良間諸島産の鰹節が有名である。

**「カチューユー** [「katʃu:ju:] [名] 鰹節を削って味噌とともに湯で溶いた汁。

**カ「チュン**1 [ka「tʃun̥] [動]《kak- katʃ-; [否]カカン [連]カチ [継]カチョーン [過]カチャン》書く。描く。 イィー 〜〈絵を描

く〉。

**カ⌈チュン**2 [ka⌈tʃuɴ] [動]《kak- katʃ-; [否]カカン [連]カチ [継]カチョーン [過]カチャン》①(かゆいところなどを)掻(か)く。②(恥を)かく。 ハジ 〜 〈恥をかく〉。

**⌈カチュン**3 [⌈katʃuɴ] [動]【かく(構く)(懸く)】《kak- katʃ-; [否]カカン [連]カチ [継]カチョーン [過]カチャン》組み立てる。作る。 タナ 〜 〈棚を作る〉。

**カ⌈チュン**4 [ka⌈tʃuɴ] [動]《kat- kattʃ-; [否]カタン [連]カチ [継]カッチョーン [過]カッチャン》①勝つ。②まさる。すぐれる。 ジンブノー カッチョーン 〈才能がすぐれている〉。

**ガ⌈チュン** [ga⌈tʃuɴ] [名] あじ(鯵)。

**カッ⌈コー** [kak⌈ko:] [名] 恰好(かっこう)。なりふり。

**⌈ガッコー**1 [⌈gakko:] [名] 学校。

**ガッコー**2 [gakko:] [接尾]【恰好(かっこう)】…しそう。物事の状態、ありさまを表す。 ケーイガッ⌈コー 〈帰りそう〉/ アミフイガッ⌈コー 〈雨が降りそう〉。

**⌈カッサン** [⌈kassaɴ] [形]《[否]カルコーネーン [過]カルサタン》(お産、病気などが)軽い。

**⌈ガッサン** [⌈gassaɴ] [形]《[否]ガッコーネーン [過]ガッサタン》(重量などが)軽い。

**⌈ガッソー⌉リーン** [⌈gasso:⌉ri:ɴ] [動]《gasso:rir- gasso:rit-; [否]ガッソーリラン [連]ガッソーリー [継]ガッソーリトーン [過]ガッソーリタン》やせる。頬がこける。げっそりする。 ヌーガ アンシ ガッソーリトール 〈どうしてそうやせているのか〉。

**カッ⌈チカ⌉ムン** [kat⌈tʃika⌉muɴ] [動]《kattʃikam- kattʃikar-; [否]カッチカマン [連]カッチカミ [継]カッチカローン [過]カッチカラン》つかむ。ひっつかむ。

**⌈カッティ** [⌈katti] [名] ①勝手。きまま。わがまま。 ッヤー 〜 シェー 〈君の勝手にしなさい(あとは知らんぞ)〉。②得意とするところ。 アリガ 〜 ヤサ 〈彼の得意とするところだ〉。③都合のよいこと。便利なこと。 アチネーンカイ 〜 ヤサ 〈商売に都合がよいよ〉。

**ガッ⌈ティン** [gat⌈tiɴ] [名] 合点。承知。了解。 ガッティヌイィ 〈承知するか〉/ 〜 ナラン 〈承知できない〉。

**カッ⌈パ** [kap⌈pa] [名] 合羽。

**ガッ⌈パイ** [gap⌈pai] [名] 突き出たおでこ。

**ガッパ⌈ヤー** [gappa⌈ja:] [名] おでこの突き出た者。

**カティー⌈ン** [kati:⌈ɴ] [動]《katir- katit-; [否]カティラン [連]カティー [継]カティトーン [過]カティタン》(食事の)おかずにする。 ッンミブシ カティティ ムヌ カムン 〈梅干しをおかずにご飯を食べる〉。

**カティ⌈ムン** [kati⌈muɴ] [名] おかず。 〜 カムン 〈おかずを食べる〉。

**⌈カテームン** [⌈kate:muɴ] [名]【難(かた)きもの】(特に家庭内または内輪で起こる)困ったこと。厄介なこと。

**⌈カナ**1 [⌈kana] [名] かんな。大工道具の一つ。

**⌈カナ**2 [⌈kana] [名] かな(滕)。かせ(桛)にかける前の一束にした糸のこと。＊琉歌「むぢやれかなわかち布になしゆばかり花もやすらみも織りどしやべる」(全 206)。

**⌈カナ**3 [⌈kana] [名] 仮名。 〜 タラスン 〈発音を正しくする。平民の発音を士族の発音に矯正する教育。ウ⌈グ⌉シクジトゥミ 〈お城勤め〉、すなわち首里城での勤めには必須のことであったらしい〉。

**ガナ**1 [gana] [接尾] 疑問詞に付いて、「不定」の意を表す。 ヌー〜 〈何か〉/ チャー〜 〈どうにか〉/ ター〜 〈誰か〉。

**ガナ**2 [gana] [接尾]《文》(…できる)限り。 カユル〜 カユティ 〈通える限り通って〉。

**ガナー** [gana:] [接尾] (…し)ながら。 アッチャ〜 カメータン 〈歩いているときに拾った〉/ ムヌガタイ サ〜 ワジャン ソーン 〈話しながら仕事もしている〉。＊動詞の継続形、過去形の末尾から ン [ɴ] を除いた形に付く。

カ「ナー」スン [ka「na:」sun] 動《kana:s- kana:tʃ-; ㊥カナーサン ㊦カナーシ ㊧カナーチョーン ㊨カナーチャン》何度もかむ。咀嚼(そしゃく)する。

カナイ「ムン [kanai「mun] 名 元気でよく働く者。

カナ「イン [kana「in] 動《kana:r- kanat-; ㊥カナーラン ㊦カナイ ㊧カナトーン ㊨カナタン》①達者である。元気である。働ける。 ナママレー ～〈まだまだ元気である。まだ働ける〉/ ミーヌ カナーラン〈目が不自由である〉/ クチ ～〈口が達者である。よく口答えをする〉。②叶(かな)う。望みどおりとなる。 ウムタル クトゥヌ ～〈思ったことが叶う〉。③敵(かな)う。戦って[勝負して]勝てる。 ッヤーガー ～〈きみなら勝てる〉。④適(かな)う。適合する。 チーニ ～〈気にかなう。気に入る〉。

「カナガナートゥ [「kanagana:tu] 副 仲よく。大切にし合って。愛し合って。 ～ ソーン〈愛し合っている〉。

カ「ナ」ギーン [ka「na」gi:n] 動《kanagir- kanagit-; ㊥カナギラン ㊦カナギー ㊧カナギトーン ㊨カナギタン》からげる。まくり上げる。 スス ～〈裾をまくり上げる〉。

「カナグ [「kanagu] 名 金具。

カナク「リー [kanaku「ri:] 名 かんなくず。

ガナシー [ganaʃi:] 接尾【かなし(愛し)】…様。「尊敬」の意を表す。 ウスガナ「シー〈国王様〉、ソーローガナ「シー〈お精霊様〉、ウヤガナ「シー〈親御様〉など。＊琉歌では「加那志」の表記が当てられることが多い。

ガナシーメー [ganaʃi:me:] 接尾【かなし前】ガナシーに敬称の接尾辞メーが付いて、さらに敬意が加わったもの。 ウスガナ「シー」メー〈国王様〉。

カナジ「チャー [kanadʒi「tʃa:] 名 カニジ「チャーに同じ。

「カナシングヮ [「kanaʃiŋgwa] 名 愛しい子。愛児。

カナミ [「kanami] 名【要(かなめ)】人と付き合う際の守るべき要点。挨拶。義理。 ～ カキーン〈挨拶する。前もって話を通す。根回しする〉。

「カナミジョージ [「kanamidʒo:dʒi] 名 挨拶上手。交際上手。根回し上手。

「カナムン [「kanamun] 名 金物。

カナムン「ヤー [kanamun「ja:] 名 金物屋。

「カニ[1] [「kani] 名【矩(かね)】社会的規範。常識。理性。理解力。 ～ ハンリトーン〈常識を逸脱している〉。

「カニ[2] [「kani] 名【金】金属。

「カニ[3] [「kani] 名 鐘。鉦(かね)。

「ガニ [「gani] 名 かに(蟹)。

「カニーヌ マヤー [「kani:nu maja:] 連語 庚(かのえ)の猫。庚の日が転居の吉日とされ、子育て中の猫が頻繁に巣を替えることから、 カニーヌ マヤートー ユスムン ヒッチーウチーサ〈庚の猫のように何回も引越しするね〉のようにいう。

カニー「マースン [kani:「ma:」sun] 動《kani:ma:s- kani:ma:tʃ-; ㊥カニーマーサン ㊦カニーマーシ ㊧カニーマーチョーン ㊨カニーマーチャン》かばう。擁護する。保護する。

カニー「ン [kani:「n] 動《kanir- kanit-; ㊥カニラン ㊦カニー ㊧カニトーン ㊨カニタン》兼ねる。

「カニウビ [「kaniʔubi] 名 (桶などの)金属製のたが。

「カニガラ [「kanigara] 名 かなてこ。石を割る鉄の棒。

カニ「ク [kani「ku] 名 海岸に近い砂地。これに由来する地名は各地にあるが、那覇にも「ウチガニク〈内兼久〉」がある。

「カニクス [「kanikusu] 名 かなくそ。鉄を焼いて鍛えるときはがれ落ちるくず。

カニジ「チャー [kanidʒi「tʃa:] 名 金づち。＊カナジ「チャーともいう。

カニチ「ボー [kanitʃi「bo:] 名 綱引きのとき、雌綱のつなぎ目の丸い輪に雄綱の輪

を入れて、その雄綱の輪に通す丸木棒。

「カニティ [ˈkaniti] 图 かねて。以前より。前もって。あらかじめ。 〜カラ シッチョーン〈かねてから知っている〉。

「カニ「ハンリーン [ˈkaniˈhanriːn] 動《kanihanrir- kanihanrit-; 㐧カニハンリラン 運カニハンリーー 祈カニハンリトーン 過カニハンリタン》耄碌(ろくもう)する。ぼける。性格がルーズで、約束を守らない場合などには、年齢に関係なく用いる。

ガネー [ganeː] 接尾 …あたり。 チヌー〜〈昨日あたり〉。

「カバ [ˈkaba] 图 香り。よいにおい。反対は「カジャ。 〜 ウコー〈香りのよい線香〉。

「カバサン [ˈkabasan] 形《㐧カバコーネーン 過カバサタン》芳しい。香りがよい。

「カビ [ˈkabi] 图 紙。

「カブ [ˈkabu] 图 釘の頭。

「カフー [ˈkaɸuː] 图 果報。幸運。 〜ヌ アテーサヤー〈果報があったんだな。運がよかったんだな〉。

カフー「シ [kaɸuːˈʃi] 图 ありがとう。目下への感謝の言葉。 〜ロー〈ありがとうよ〉。 ＊丁寧にいうときや目上には「ニフェーレービル という。

「カマ [ˈkama] 图 かまど。土をこね、藁などを入れて作る。

「ガマ [ˈgama] 图 洞窟。ほら穴。壕。 ＊南城市玉城にある玉泉洞は有名である。また、沖縄戦で避難壕として使われたものもある。

ガマ「ク [gamaˈku] 图 腰まわりの細くくびれた部分。＊琉球舞踊には 〜 イリーン〈腰を入れる〉という技法もある。

カマ「サー [kamaˈsaː] 图《魚》カマス。

カマ「ジー [kamaˈdʑiː] 图 かます(叺)。穀物を入れる大きな袋。

「カマジェー [ˈkamadʑeː] 图 こおろぎ。 ＊「かまどのそばにいるばった」の意から。

「カマジサー [ˈkamadʑisaː] 图 (いつも苦虫をかみつぶしているような)無愛想な者。仏頂面の者。

「カマジシ [ˈkamadʑiʃi] 图 (苦虫をかみつぶしたような)無愛想。 〜 クーイン〈苦虫をかみつぶしたように、無愛想にしている〉。

カマ「チ [kamaˈtʃi] 图 どたま。「頭」の卑語。 〜 ワラリーンロー〈頭をたたき割るぞ。罵倒するときに使う〉。

「カマブク [ˈkamabuku] 图 かまぼこ。 ＊以前は魚をすり鉢でつぶして作った。

「カマラサー [ˈkamarasaː] 图 気むずかしい者。

「カマラサン [ˈkamarasan] 形《㐧カマラシコーネーン 過カマラサタン》気むずかしい。文句ばかり言って付き合いにくい。

カマンカ「マン「ガ ナナマカ「ヤー [kamaŋkaˈmaŋga nanamakaˈjaː] 連語 食べない食べないと言っていながら七杯も食べる者。一見食べないように見えるが、食べ始めると大食いすること。

カマン「タ¹ [kamanˈta] 图 農家などで芋を煮るときに使う大鍋のふた。茅や藁などで作り円錐形をしている。

カマン「タ² [kamanˈta] 图《魚》エイ。

「カミ [ˈkami] 图 神。「ティンヌカミ〈天の神〉、ヒヌ「カン〈火の神〉、「フールヌカミ〈便所の神〉、ウヤ「フゥー」フジ〈先祖〉など。

カミアチ「ネー [kamiʔatʃiˈneː] 图 女が頭上に品物をのせて売り歩くこと。

カミー「ン [kamiːˈn] 動《kamir- kamit-; 㐧カミラン 運カミー 祈カミトーン 過カミタン》①(女性が運搬のため荷を)頭の上にのせる。＊この方法でかなりの重さを運ぶことができるので、一人で頭にのせることができない場合はカミ「ラチ トゥラシェー〈頭の上にのせるのを手伝ってくれ〉といって頼む。 ②おしいただく。(目上から物を)いただく。 ③(牛が)角で突き上げる。

カミ「ク [kamiˈku] 图 (琉歌の)上の句。琉歌は八八八六の三十字からなるが、そのうち最初の八八の句のことをいう。⇨ シムク。

カミ「グリ」サン [kamiˈguriˈsan] 形《㊟カミグリコーネーン ㊥カミグリサタン》(歯痛、気がかり、遠慮などで)食べにくい。

「カミシム [ˈkamiʃimu] 【上下(かみしも)】身分の上の者と下の者。

「カミ」ニゲー [ˈkamiˈnige:] 名 (神への)祈願。祈り。

カミヌク「シ [kaminukuˈʃi] 名 食べ残し。 ～ ワンニンカイ クィールバーイィ 〈食べ残しを私によこすのか。直訳は「…私にくれるのか」〉。

カミ「ハン」スン [kamiˈhanˈsun] 動《kamihans- kamihantʃ-; ㊟カミハンサン ㊥カミハンシ ㊨カミハンチョーン ㊊カミハンチャン》食いそこなう。食いはぐれる。⇒ カムン、ハンスン。

カミフトゥ「キ [kamiɸutuˈki] 名 神仏。

カミホー「リー [kamihoˈri:] 名 食い散らすこと。

カミヤー「ウシ [kamija:ˈʔuʃi] 名 よく人を突く牛。

カミラー「リ [kamira:ˈri] 名 神がかり。神霊がのりうつって常人とは違う言動をすること。

カミラリー「ン [kamirariˈ:n] 動《kamirar- kamiratt-; ㊟カミララン ㊥カミラリー ㊨カミラットーン ㊊カミラッタン》胃けいれんの症状を起こす。牛の角などで突き上げられるような痛みをいう。＊カミ—「ン〈突き上げる〉の受身形。

カミラリ「ヤー [kamirariˈja:] 名 胃けいれんを起こす持病のある者。煙草を吸うと治るといわれていた。

カミン「チュ [kaminˈtʃu] 名 【神人(かみんちゅ)】神に仕える人。

「カム [ˈkamu] 名 かも(鴨)。

「カムイン [ˈkamuin] 動《kamur- kamut-; ㊟カムラン ㊥カムイ ㊨カムトーン ㊊カムタン》かまう。干渉する。世話する。「カムラン」ケー〈かまうな。干渉するな〉。

カム「ロー [kamuˈro:] 名 河童(かっぱ)。

「カ「ムン [kaˈmun] 動《kam- kar-; ㊟カマン ㊥カミ ㊨カローン ㊊カラン》食べる。食う。カマランカミ〈食べたくないのになお食べようとすること〉/ カマンル カマンサ〈食べないから食べないだけだ。いくらでも食べてもよいほど豊富だ。裕福なこと〉/ カメー〈食べなさい。相手に勧める意のみでなく、端的な愛情表現または好意表現も含んでいる〉。 ＊「嚙(か)む」にほぼ対応。敬語は「ウサガイン。卑語は「クィン。

「カメー [ˈkame:] 名 構え。こしらえ。作り。ヤー〈家の構え〉。

カメーイ「ムン [kame:iˈmun] 名 拾い物。拾ったもの。

カメー「イン¹ [kame:ˈin] 動《kame:r- kame:t-; ㊟カメーラン ㊥カメーイ ㊨カメートーン ㊊カメータン》①(落し物などを)拾う。 ②探す。探し求める。チナ ～〈綱を探す〉。 ③(妻を)めとる。トゥジ ～〈妻をめとる〉。 ＊トゥメ—「インともいうが、それよりざっくばらんない方。

「カメーイン² [ˈkame:in] 動《kame:r- kame:t-; ㊟カメーラン ㊥カメーイ ㊨カメートーン ㊊カメータン》構える。身構える オーインチ ～〈喧嘩するといって構える〉。

「カヤ [ˈkaja] 名 茅。屋根を葺くのに用いる。

ガヤー [gajaː] 助 かな。かね。かしら。軽い疑問。レンワー ターカラ～〈電話は誰からかしら。この場合ガヤーのかわりにガとすると明瞭な質問になる。〉/ イチュ～ イカンウチュ～〈行こうかな行かないでおこうかな〉。

「カヤースン [ˈkaja:sun] 動《kaja:s- kaja:tʃ-; ㊟カヤーサン ㊥カヤーシ ㊨カヤーチョーン ㊊カヤーチャン》何度も持ち運ぶ。

カユイン [ˈkajuin] 動《kajur- kajut-; ㊟カユラン ㊥カユイ ㊨カユトーン ㊊カユタン》通う。

カラ

「カラ¹ [「kara] 图 体力。 ~ヨーサン〈体力が弱い〉。

「カラ² [「kara] 图 から(空)。中身がないこと。＊「ガラともいう。

「カラ³ [「kara] 图 から(殻)。さや。マーミヌ~〈豆のさや〉。＊「ガラともいう。

カラ⁴ [kara] 助 ①から。時間、空間の出発点を示す。アマ~ チューシェー ターガ〈あそこから来るのは誰か〉／アサ~ バンマリ ハタラチュン〈朝から晩まで働く〉。 ②から。物事の順序を示す。シシ~ カムン〈肉から食べる〉。 ③で。原料、材料を示す。サケー クミ~ チュクイン〈酒は米でつくる〉。 ④で。手段、方法を示す。バス~ チャン〈バスで来た〉。 ⑤を。動作の行われる場所を示す。タンメーヤ ハーマ~ アッチュタン〈お祖父さんは浜を歩いていた〉／ティーラ~ アッチーネー チブル ヤムンロー〈照りつける太陽の中を歩くと頭が痛くなるよ〉。 ⑥から。部分を示す。シシェー アンラガタイ~ コーリョー〈肉は脂ののっているところから買えよ〉。 ⑦と。並列を示す。イン~ マヤー~ チカナトーン〈犬と猫とを飼っている〉。

カラ⁵ [kara] 接尾 …匹。…頭。豚や馬などの家畜を数えるのに用いる。チュカ「ラ〈一頭〉、タカ「ラ〈二頭〉など。

「ガラ¹ [「gara] 图 から(空)。＊「カラに同じ。

「ガラ² [「gara] ①图 殻。固い外皮。~ビケーン ヌクトーン〈殻ばかり残っている〉。 ②接尾 「(あとに残った)から。かす」の意を表す。シブイ「ガラ〈しぼりかす〉、ウゥージ「ガラ〈砂糖きびのしぼりがら〉など。

「ガラ³ [「gara] 图 柄(がら)。品位。~ ワッサン〈品(ひん)が悪い〉。

カライワー「キー [karaiwa:「ki:] 图 家畜を飼うのに、一方が資金を出し、他方が飼育して、両者が利益を分け合う方法。

カラ「イン [kara「in] 動《karar- ka-rat-；㊀カララン ㊁カライ カラトーン ㊂カラタン》(動物などを)飼う。

「カラウィーバチ [「karawi:batʃi] 图 からえずき。吐き気がありながら、何も吐けないこと。

カラカ「ラー [karaka「ra:] 图 酒を入れる陶製の器。急須の形をしているが、急須よりも背が低く扁平型である。

ガラガ「ラー [garaga「ra:] 图 がらがら。幼児の玩具の一種。

「カラクジ [「karakudʒi] 图 からくじ。はずれくじ。

ガラ「サー [gara「sa:] 图 からす(烏)。＊ガラ「シよりも多少卑語という感じがするが、現在は卑語意識も薄くなり、よく使われる。

カ「ラ」サン [ka「ra」san] 形《㊀カラコーネーン ㊁カラサタン》(唐辛子、わさびなどが)辛い。塩味についてもいう。マーソー ~〈塩は辛い〉。

カラ「シ [「kara「ʃi] 图 からし(辛子)。

カラ「ジ [kara「dʒi] 图 髪。頭髪。~トゥヤースン〈髪を整える〉／~ ユーイン〈髪を結う〉／~ ヌ キー〈髪の毛〉。

ガラ「シ [gara「ʃi] 图 からす(烏)。沖縄本島では主に北部に多い。那覇では時たま見かける程度である。

カラジ「ギー [karadʒi「gi:] 图 頭髪。髪(の毛)。

カラジ「クェー [karadʒi「kwe:] 图 かみきり虫。

ガラシヒー「バー [garaʃiçi:「ba:] 图 【動】ガラスヒバア。ナミヘビ科の蛇。琉球諸島に棲息。無毒。背面が黒褐色をしている。

カラジブチ「カー [karadʒibutʃi「ka:] 图 抜けた毛髪。抜け毛。~ヌイッチョーン〈おつゆなどに抜け毛が入っている〉。

ガラシマガ「イ [garaʃimaga「i] 图 【からすまがり】手足などの筋肉がひきつって激しく痛むこと。

カラシ「ヤー [karaʃi「ja:] 图 貸家。~ン タカノー アタン〈貸家も二軒はあった〉。

「カラジャー [「karadʒa:] 图 から茶。お茶請けなしのお茶。

カラ「ジャキ [karaˈdʒaki] 图【空酒】つまみなしで飲む酒。

「カラジャッ「クィー [ˈkaradʒakˈkwi:] 图 から咳。咳ばらい。痰のからまない咳。

カラジュー「ヤー [karadʒiju:ˈja:] 图 髪結い床。理髪店の以前の呼称で、ランパチ「ヤーともいった。

「カラジュスイ [ˈkaradʒusui] 图 乾いた雑巾でふくこと。からぶき。

カラ「ス [karaˈsu] 图 塩辛。＊スクガラ「ス〈スクの塩辛〉、イチャガラ「ス〈いかの塩辛〉などがある。

「カラスン¹ [ˈkarasun] 動《karas- karatʃ-; ㊥カラサン 連カラシ 禁カラチョーン 過カラチャン》貸す。＊「カイン〈借りる〉の使役形。

「カラスン² [ˈkarasun] 動《karas- karatʃ-; ㊥カラサン 連カラシ 禁カラチョーン 過カラチャン》①(草木を)枯らす。②(声を)からす。

「カラタ [ˈkarata] 图 体。身体。体格。

カラハー「イ [karaha:ˈi] 图【からはり(唐針)】羅針盤。

カラ「ヒサ [karaˈçisa] 图 カリッ「サに同じ。

カラ「フェー [karaˈɸe:] 图 石灰。

「カラフニ¹ [ˈkaraɸuni] 图【空骨】骸骨。人間以外には使わない。

「カラフニ² [ˈkaraɸuni] 图 から船。荷物を積んでいない船。

「ガラマギ「サン [ˈgaramagiˈsan] 形《㊥ガラマギコーネーン 過ガラマギサタン》図体が大きい。

カラミー「ン [karami:ˈn] 動《karamir- karamit-; ㊥カラミラン 連カラミー 禁カラミトーン 過カラミタン》捕まえる。逮捕する。＊「搦(からめ)る」にほぼ対応。

カラミ「トゥ「イン [karamiˈtuˈin] 動《karamitur- karamitutt-; ㊥カラミトゥラン 連カラミトゥイ 禁カラミトゥットーン 過カラミトゥッタン》から

め捕る。捕まえて縛る。

カラ「ムン [karaˈmun] 图 辛(から)いもの。コーレー「グス〈唐辛子〉などで味つけしたもの。塩辛い味つけにもいう。

カラ「メー [karaˈme:] 图【からまい(空米)】おかず、お汁などのつかないご飯。

カラ「ユカ [karaˈjuka] 图【空床】板敷き。(畳など敷いていない)板の間。～ンカイ ニントーン〈板敷きに寝ている〉。＊単に「ユカともいう。

「カラヨー「サン [karajo:ˈsan] 形《㊥カラヨーコーネーン 過カラヨーサタン》体が弱い。虚弱である。

カラ「ワタ [karaˈwata] 图 空腹。すきっ腹。～ンカイ サキ ヌムン〈すきっ腹に酒を飲む〉。

カ「リー [kaˈri:] 图【嘉例】めでたいこと。縁起のよいこと。～ナ ムン〈めでたいもの。縁起物〉。

「カリイチャ [ˈkariʔitʃa]【枯れ烏賊】するめ。

「カリイチャ「グヮー [ˈkariʔitʃaˈgwa:] 图 するめ。～ヌ グトーン〈するめのようだ。やせていたりみすぼらしい様子をしている場合にいう〉。

「カリーン [ˈkari:n] 動《karir- karit-; ㊥カリラン 連カリー 禁カリトーン 過カリタン》①(草木が)枯れる。②(声が)かれる。

「カリキ [ˈkariki] 图 枯れ木。

「カリギー [ˈkarigi:] 图 枯れ木。

「カリクサ [ˈkarikusa] 图 枯れ草。

「カリグニ [ˈkariguni] 图【枯れ国】寒村。産物の豊かでない村。

「カリッ「サ [karisˈsa] 图 裸足。～ブーブーッシ イチュタン〈裸足であわてふためいて行ってしまった〉。＊カラ「ヒサともいう。

「カリバー [ˈkariba:] 图 枯れ葉。

「カリハティーン [ˈkarihati:n] 動《karihatir- karihatit-; ㊥カリハティラン 連カリハティー 禁カリハティトーン 過カリハティタン》枯れ果てる。すっ

かり枯れてしまう。

**カリ「ユシ** [kariʃuʃi] 图【嘉例吉】《文》めでたいこと。縁起がよいこと。＊琉歌「だんじよかねよしぜ選でさし召しやいるお船の綱とれば風やまとも」(全23)。

**カリユラ** [ˈkarijura] 图 枯れ枝。

**「カルガルートゥ** [ˈkarugaru:tu] 副 軽々と。簡単に。～ ムチュン〈軽々と持つ〉／～ イチェー ナラン〈軽々しく言ってはいけない〉。

**カル「カン** [karuˈkan] 图 かるかん(軽羹)。菓子の一種。沖縄では山芋と米で生地を作り、それであんこを包んで蒸す。

**「カルクナイン** [ˈkarukunain] 動《karukunar- karukunat-; ㋶カルクナラン ㋵カルクナイ ㋱カルクナトーン ㋰カルクナタン》軽くなる。 カサギトータシガックゥ ナチ カルクナトーン〈妊娠していたが、子を産んで軽くなっている〉。

**「カルシ** [karuʃi] 图 軽石。

**ガルニー** [ˈgaruni:] 图 軽い荷物。

**ガルムン** [ˈgarumuŋ] 图 軽いもの。

**「カルンジーン** [ˈkarundʒi:n] 動《karundʒir- karundʒit-; ㋶カルンジラン ㋵カルンジー ㋱カルンジトーン ㋰カルンジタン》軽んじる。粗末にする。大事にしない。

**「カワイ** [ˈkawai] 图 代わり。代理。

**「カワイン** [ˈkawain] 動《kawar- kawat-; ㋶カワラン ㋵カワイ ㋱カワトーン ㋰カワタン》①変わる。変化する。ンカシトー カワラン〈昔とは変わらない〉／ヤマトゥトゥ カワラン〈本土と変わらない〉。②代わる。交替する。入れ替わる。トゥシヌ ～〈年が替わる〉／ヌーシヌ ～〈持ち主が交替する〉。

**「カワッタ「クトゥ** [ˈkawattaˈkutu] 图 変わったこと。変なこと。珍しいこと。～ スッサー〈変なことをするなあ〉。

**「カワティ** [ˈkawati] 副 格別。特別に。ことに。 チカグルンシェー ～ シラサン〈近頃は格別涼しい〉。

**「カン**[1] [ˈkan] 图 寒。寒さ。

**「カン**[2] [ˈkan] 图 勘。さとり。了解。～ トゥイン〈さとる。了解する〉。

**「カン**[3] [ˈkan] 副 こう。このように。～ シェー〈このようにしてやりなさい〉。

**「ガン** [ˈgan] 图 龕(がん)。葬式のとき、棺を入れて墓地まで運ぶための輿。四人でかつぐ。車社会になった現在ではあまり使われていない。

**「カン「カン** [ˈkaŋkan] 副 こうこう。かくかく。～ ヤタン〈こうこうだった〉。

**カン「ゲー** [kaŋˈge:] 图 考え。思考。

**カンゲー「イン** [kaŋge:ˈin] 動《kaŋge:r- kaŋge:t-; ㋶カンゲーラン ㋵カンゲーイ ㋱カンゲートーン ㋰カンゲータン》①考える。思案する。②世話をする。面倒を見る。アリガ クトゥ ～〈彼の世話をする〉。

**カンゲー「グトゥ** [kaŋge:ˈgutu] 图 考え事。心配事。

**カンゲー「ムン** [kaŋge:ˈmun] 图 考えもの。慎重に判断して決めるべき物事。

**「カンサチ** [ˈkansatʃi] 图 鑑札。(営業)免許証。

**カン「シ** [kanˈʃi] 副 このように。こう。こんなに。～ チュクレー〈このように作りなさい〉。

**カン「ジ** [kanˈdʒi] 图 とさか。

**カンシー「ン** [kanʃi:ˈn] 動《kanʃir- kanʃit-; ㋶カンシラン ㋵カンシー ㋱カンシトーン ㋰カンシタン》(布団などを)かぶせる。掛ける。着せる。ウール ～〈布団を掛ける〉／ウゥンジ ～〈恩を着せる〉／ウッカ ～〈借金をかぶせる〉。

**カンジェー「クー** [kandʒe:ˈku:] 图 鍛冶屋。いかけ屋。

**ガンシ「ナー** [ganʃiˈna:] 图 女が荷物を頭にのせて運ぶとき、荷物の下に敷く輪状の台座。荷物がじかに頭に当たるのを防ぎ、荷物の安定にも役立つ。藁や砂糖きびの葉またはタオルでも作った。

**カンジ「ムン** [kandʒiˈmun] 图 ①かぶり

もの。「クバガサ〈ビロウ(蒲葵)で作った笠〉など。②布団、毛布などの夜具。

カン「ジャー [kan'dʒa:] 图 鍛冶屋。

カンジャー「ヤー [kandʒa:'ja:] 图 鍛冶小屋。

ガン「ジュー [gan'dʒu:] 图 頑丈。元気。丈夫。～イィ〈元気か。同輩または目下への挨拶の言葉〉。

ガンジュー「ギサン [gandʒu:'gi'san] 形《ガンジューギコーネーン 過ガンジューギサタン》頑丈そうである。丈夫そうである。⇒ ギサン。

ガンジュー「ムン [gandʒu:'mun] 图 頑丈な者。丈夫な者。

「ガンジュミ ['gandʒumi] 图 ペンチ。釘抜き。

カン「ジュン [kan'dʒun] ①動《kanr-kant-; カンラン 連カンジ 禁カントーン 過カンタン》①かぶる。 クバガサ ～〈ビロウ(蒲葵)の笠をかぶる〉。②(負債などを)背負う。損をする。 シー ～〈借金を背負う〉。②接尾盛んに...する。「サチカン」ジュン〈咲きこぼれる〉/ タチ「カン」ジュン〈人だかりしている〉。

カン「スイ [kan'sui] 图 剃刀(かみそり)。

カン「スカ [kan'suka] 副 これほど。こんなに。～ スンレー ウマーンタン〈これほどするとは思わなかった〉。

カンスカワー「キ [kansukawa:'ki] 副 これほどまでに。

カン「ター [kan'ta:] 图 髪を手入れせずにばさばさにしていること。

カンチ「ゲー [kantʃi'ge:] 图 勘違い。～ンリーシ ヤサ〈勘違いというものだ〉。

ガン「チョー [gan'tʃo:] 图 眼鏡(がんきょう)(めがね)。

カンティー [kanti:] 接尾 ...しかねること。 カミカン「ティー〈食べかねること〉/ アッチカン「ティー〈歩きかねること〉。

カン「トゥ [kan'tu] 图 「髪」の卑語。

「カンナージ ['kanna:dʒi] 副 必ず。

カン「ナイ [kan'nai] 图 雷。* フリー「〈稲光〉と一緒につ「リー「カンナイ〈稲光と雷鳴〉として使われる場合が多い。

「カンナジ ['kannadʒi] 副 必ず。

「カンヌー [kannu:] 图 肝要。～ナムン〈重要なもの〉。

カンネー「ル [kanne:'ru] 連体 このような。こんな。多少卑しめる意を伴う。～ムン〈こんな者。こんなやつ〉。

「カンパチ ['kampatʃi] 图 頭の傷やできものなどが治ったあとにできるつるつるした部分。はげの一種。

カン「プー [kam'pu:] 图 首里王朝期の男の髪型。

カン「ボー [kam'bo:] 图 看病。～ スン〈看病する〉。

ガンマ「ラー [gamma'ra:] 图 よくいたずらする者。

ガン「マリ [gam'mari] 图 いたずら。ふざけること。

カン「ムシ [kam'muʃi] 图 (小児の)疳(かん)の虫。

「ガンヤー ['ganja] 图 龕(がん)を保管する小屋。

カン「ラ [kan'ra] 图 かずら(葛)(蔓)。つる草。

カンラ「バー [kanra'ba:] 图 さつまいもの葉。

カンラブー「ニー [kanrabu:'ni:] 图 さつまいもの葉のついている茎。

カン「ル [kan'ru] 图 寒露(かん)。二十四節気の一つ。旧暦九月の節で、太陽暦の十月八日、九日ごろ。* カン「ルーともいう。

カン「ルー [kan'ru:] 图 カン「ルに同じ。

カン「ワイン [kaŋ'wa'in] 動《kaŋwar-kaŋwat-; カンワラン 連カンワイ 禁カンワトーン 過カンワタン》(梅干しの種などを)嚙(か)んで割る。

# キ

「キー¹ [「ki:] 图 毛。毛髪。羽毛や獣毛などにもいう。

キー「² [ki:「] 图 木。樹木。木材。

キー「ウイ [ki:「ʔui] 图 きゅうり。

「キーガーイ [「ki:ga:i] 图【毛替わり】（鶏などの)毛の生え替わり。

キー「カシ [ki:「kaʃi] 图 おがくず。

キー「クサ [ki:「kusa] 图【木草】草木。

キー「クジ [ki:「kudʒi] 图 木釘。木製の釘。

「キーサチ [「ki:satʃi] 图 警察。

キー「ジリ [ki:「dʒiri] 图 木切れ。木片。

ギー「ター [gi:「ta:] 图 片足跳び。けんけん。イチチ 〜〈五歳けんけん。「五歳になるとこの動作ができる」という意〉。

キーヌ「カー [ki:nu「ka:] 图 木の皮。樹皮。

キーヌカー「ギ [ki:nuka:「gi] 图 木陰（こかげ）。

キーヌ「ナイ [ki:nu「nai] 图 木の実。果実。果物。

キーヌ「ニー [ki:nu「ni:] 图 木の根。

キーヌ「ヒジ [ki:nu「çidʒi] 图【木の髭】（ガジ「マル〈榕樹〉などの)植物の気根。

キーヌ「フヮー [ki:nu「ɸa:] 图 木の葉。

キーヌフヮー「ジョー [ki:nuɸa:「dʒo:] 图 (運動会などのときに)ソテツ(蘇鉄)の葉などで飾りつけした門。

キーヌ「マタ [ki:nu「mata] 图 木の股。

キービ「サー [ki:bi「sa:] 图 竹馬。＊直訳すると「木の足」。

キーフク「ガー [ki:ɸuku「ga:] 图 鳥肌。〜 タチュン〈鳥肌が立つ〉。

「キーマー [「ki:ma:] 图 毛深い者。毛むくじゃら。

キーマッ「クヮ [ki:mak「kwa] 图 木枕。

「キームシ [「ki:muʃi] 图 毛虫。

「キームム [「ki:mumu] 图【毛桃】表面に細毛のある桃。プラム(西洋すもも)の大きさで、初めは緑色、熟すると赤みを帯びる。

「キーモー [「ki:mo:] 普通生えているべきところに毛のない者。⇨ モー²。

キー「ン [ki:「n] 動《kir- kitt-; 禹キラン 運キー 樹キットーン 過キッタン》蹴る。

ギキ「チャー [giki「tʃa:] 图〔植〕ゲッキツ(月橘)。ミカン科。白い花が咲き、花の多いときは暴風が来るといわれている。生垣にし、木は堅く、印鑑、櫛などの材料となる。

「キサ [「kisa] 图 さっき。先刻。〜 チャン〈さっき来た〉。

ギサン [gisan] 助動 …そうだ。…(する)ようだ。…らしい。マーサギサル シシ〈おいしそうな肉〉/ アン ヤイ〜〈そうらしい〉/ アッチョーイ〜〈歩いているようだ〉/ ナチカシギサ ソーン〈悲しそうにしている〉/ ネーラン〜〈ならしい〉。＊活用語の連用形に付く。

「キジ [「kidʒi] 图 ①傷。②(容姿、行為などの)欠点。

「ギシギシ [「giʃigiʃi] 擬音 ぎしぎし。歯ぎしりの音。ハー 〜 スン〈歯ぎしりする〉。

キジム「ナー [kidʒimu「na:] 图 ガジ「マル〈榕樹〉など年数を経た木に住んでいるといわれている妖怪。漁がうまく、魚の目を食うとされる。人家に火をもらいに来るとか、人間の屁には弱いなどの言い伝えもある。

キジムナー「ビー [kidʒimuna:「bi:] 图 夜、人里離れた遠くの方に見える小さな火。

「キジャースン [「kidʒa:sun] 動《ki-dʒa:s- kidʒa:tʃ-; 禹キジャーサン 運キジャーシ 樹キジャーチョーン 過キジャ

「キジュン [ˈkidʒun] 動《kig- kidʒ-; ㊀キガン ㊁キジ ㊂キジョーン ㊃キジャン》皮肉を言っていらいらさせる。(人を)中傷して嫌がらせをする。

「キタ [ˈkita] 名 桁。(秤の)竿。カキレー〜ヌル ウゥーリール〈秤に掛けて比べると秤の竿さえ折れる。いい勝負、勝ち負けのない勝負の意〉。

「キチ [ˈkitʃi] 名 たるき(垂木)。

キッ「チャキ [kitˈtʃaki] 名 つまずき。イシンカイ 〜 スン〈石につまずく〉。

キッ「チャキ「マルビ [kitˈtʃakiˈmarubi] 副 つまずいたり転んだり。たいそう苦労するさま。〜 スン〈つまずいたり転んだりする〉。

ギッ「チョー [gitˈtʃoː] 名 左きき。左ききを嫌って、右ききに直される場合が多かった。

「キブイン [ˈkibuin] 動《kibur- kibut-; ㊀キブラン ㊁キブイ ㊂キブトーン ㊃キブタン》煙る。くすぶる。

「キブサン [ˈkibusan] 形《㊂キブコーネーン ㊃キブサタン》煙い。煙たい。

「キブシ [ˈkibuʃi] 名 煙。〜 ウーマチャーシ ソーン〈煙がひどく渦巻いている〉。

「キブシカジャ [ˈkibuʃikadʒa] 名 煙のにおい。

「キベーイン [ˈkibeːin] 動《kibe:r- kibe:t-; ㊀キベーラン ㊁キベーイ ㊂キベートーン ㊃キベータン》暴れる。乱暴狼藉(ろうぜき)を働く。大立ち回りをする。

「キラマ [ˈkirama] 名 慶良間諸島。沖縄本島の西方にある。キラマー ミーシガ マチゲー ミーラン《諺》〈慶良間の島は見ることができるがまつ毛は見ることができない。「灯台もと暗し」の意〉。

キラ「マー [kiraˈmaː] 慶良間諸島産の鰹節。品質がよいといわれていた。

キリ「ケー「ラスン [kiriˈkeːˈrasun] 動《kirike:ras- kirike:ratʃ-; ㊀キリケーラサン ㊁キリケーラシ ㊂キリケーラチョーン ㊃キリケーラチャン》蹴ってひっくり返す。

キリ「トゥバスン [kiriˈtubaˈsun] 動《kiritubas- kiritubatʃ-; ㊀キリトゥバサン ㊁キリトゥバシ ㊂キリトゥバチョーン ㊃キリトゥバチャン》蹴飛ばす。

「キル [ˈkiru] 名 間柄。キロー トゥーヌ チョーン〈間柄は疎遠になっている〉。

キ「ロー「クノー [kiˈroːˈkunoː] 副 がみがみ。口やかましく文句を言うさま。〜 サッタン〈がみがみ言われた〉。

# ク

ク [ku] 接頭 九…。「クニチ〈九日〉、クン「グッチ〈九月〉など。

グ¹ [gu] 接頭 五…。「グニン〈五人〉、「グナン〈五男〉など。

グ² [gu] 接頭【御】尊敬を表す。 グテー「フッ〈ご冗談〉 / グ「リー〈お辞儀〉 / グブ「リー〈ご無礼〉。

「クイ [「kui] 名《文》恋。＊琉歌「恋に思ひの乱れ髪さばち呉てたばうれ我肝やすま」（全 968）。口語では使わない。

「クィー¹ [「kwi:] 名 杭。 ～ ウチュン〈杭を打つ〉。

「クィー² [「kwi:] 名 ①声。 ～ヌ チカリーン〈声が聞こえる〉。②音信。消息。 ワーガ ～ チチュタンリ イチ トゥラショー〈私が消息を尋ねていたと言ってくれよ〉。

クィーガー「イ [kwi:ga:「i] 名 声変わり。

「グィーグィー [「gwi:gwi:] 擬音 ぶうぶう。豚を縛ったりするときなどの鳴き声

クィー「クチ [kwi:「kutʃi] 名【食い口】（煙管（きせる）などの）吸い口。

クィージュ「クイ [kwi:dʒu「kui] 名 声（ぬ）作り。咳払いなどをして存在を知らせること。裏声を使って自分を隠しながらそれとなく存在を知らせること。

クィー「チーン [kwi:「tʃi:n] 動《kwi:tʃir- kwi:tʃittʃ-; 否クィーチラン 連クィーチー 禁クィーチッチョーン 過クィーチッチャン》食い切る。食いちぎる。かみ切る。

クィー「チチュン [kwi:「tʃitʃun] 動《kwi:tʃik- kwi:tʃitʃ-; 否クィーチカン 連クィーチチ 禁クィーチチョーン 過クィーチチャン》食いつく。かみつく。

クィー「チャースン [kwi:「tʃa:sun] 動《kwi:tʃa:s- kwi:tʃa:tʃ-; 否クィーチャーサン 連クィーチャーシ 禁クィーチャーチョーン 過クィーチャーチャン》（歯を）強くかみ合わせる。しっかりかみ合わせる。食いしばる。（戸などを）固く閉める。

クィームー「ク [kwi:mu:「ku] 名【乞婿】娘の婿になってくれと願うこと。また、その婿。

「クィーン¹ [「kwi:n] 動《kwi:r- kwi:t-; 否クィーラン 連クィー 禁クィートーン 過クィータン》越える。 ンージュ トゥンジ ～〈溝を跳んで越える〉。

「クィーン² [「kwi:n] 動《kwir- kwit-; 否クィラン 連クィー 禁クィートーン 過クィタン》くれる。与える。やる。＊敬語は「クィミシェーン〈くださる〉、「ウサギーン〈差し上げる〉という。 ワンニンカイ クィレー〈私にくれ〉 / ッヤーンカイ ～〈きみにやる〉。

クイケー「シ「ゲーシ [kuike:「ʃige:ʃi] 副 繰り返し。何度も。

クイ「ケースン [kui「ke:sun] 動《kuike:s- kuike:tʃ-; 否クイケーサン 連クイケーシ 禁クイケーチョーン 過クイケーチャン》繰り返す。

クイ「ジ [kui「dʒi] 名《文》恋路。＊琉歌「恋路忘れゆる年やあらなしゆて恨めしや義理の我肝せめて」（全 1943）。

「クィタチチ [「kwitatʃitʃi] 名【越えた月】先月。

クイ「フィチ [kui「ɸitʃi] 名 ひどく後悔すること。

クイマー「シ [kuima:「ʃi] 名【繰り回し】やりくり。融通。

クイ「ムルスン [kui「murusun] 動《kuimurus- kuimurutʃ-; 否クイムルサン 連クイムルシ 禁クイムルチョーン 過クイムルチャン》《文》繰り戻す。繰り返す。＊琉歌「走川（はいかわ）のごとに年波やたちゆいくり戻ち見ぼしや花の昔」（全 172）。

**グ⌈イン** [gu⌈iɴ] [名]《文》ご縁。＊琉歌「くり返ち結ぶご縁待ちめしやうれ染めてあるかなのあだになゆめ」(全 346)。

**クー⌈**[1] [ku:⌈] [名] ①いかけ(鋳掛け)。鍋、釜、たらいの穴を修繕すること。ナービナ〜 サビラ〈鍋の穴を修繕しましょう〉。②衣類のほころびを直すこと。チンヌ〜 スン〈衣類のほころびを直す〉。

**⌈クー**[2] [⌈ku:] [名] 籠(かご)。鳥籠。ソーミナー⌈クー〈めじろを入れる籠〉。

**⌈クー**[3] [⌈ku:] [名] こつ。要領。方法。ガサミ トゥイル 〜〈ワタリガニを捕まえるこつ〉。

**⌈クー**[4] [⌈ku:] [名] 九。＊普通はクク⌈ヌチ〈九つ〉という。

**クー⌈**[5] [ku:⌈] [名] 粉。粉末。ムージナ⌈クー〈小麦粉〉/ 〜 フチャー ッンム〈粉を吹いたさつまいも。沖縄百号などをふかしたときに真ん中にできる粉状のもので、それが多いものほどおいしいとされた〉。

**⌈クー**[6] [⌈ku:] [名] 功。カーミークーヤカートゥシヌクー〈亀の甲より年の功〉という諺で用いられる。

**⌈クー**[7] [⌈ku:] [名] (亀などの)甲。甲羅。

**⌈クー**[8] [⌈ku:] [名] 劫(こう)。囲碁の手。

**クー**[9] [ku:] [接尾] …個。卵を数えるのに用いる。チュ⌈クー〈一個〉、タ⌈クー〈二個〉、ミ⌈クー〈三個〉、⌈ユクー〈四個〉など。

**グー⌈**[1] [gu:⌈] [名] ①仲間。相棒。恋の相手。ワッターヤ 〜〈私たちは仲間〉/ アッターヤ 〜〈彼らは仲間。「恋仲」の意も表す〉。②二つで組になったもの。対のもの。

**⌈グー**[2] [⌈gu:] [名] 五。＊イチ⌈チ〈五つ〉ともいう。

**⌈グー**[3] [⌈gu:] [名] 碁。〜 ウチュン〈碁を打つ〉。

**クーイ⌈ジー** [ku:i⌈dʒi:] [名]【乞い乳】もらい乳。

**クー⌈イユ** [ku:⌈ʔiju] [名] 鯉。

**⌈クーイン**[1] [⌈ku:iɴ] [動]《ku:r- ku:t-; [否]クーラン [連]クーイ [継]クートーン [過]クータン》閉じる。ミー 〜〈目を閉じる〉/ クチ 〜〈口を閉じる〉。

**クー⌈イン**[2] [ku:⌈iɴ] [動]《ku:r- ku:t-; [否]クーラン [連]クーイ [継]クートーン [過]クータン》①かみつく。ハブヌ 〜〈ハブがかみつく〉。②(歯に)しみる。ハー 〜〈(食べ物が冷たくて)歯にしみる〉。

**クー⌈イン**[3] [ku:⌈iɴ] [動]《ku:r- ku:t-; [否]クーラン [連]クーイ [継]クートーン [過]クータン》嫁に来てくれと頼む。ユミ 〜〈嫁になってくれと乞う〉。＊「乞う」にほぼ対応。

**グーウ⌈チャー** [gu:ʔu⌈tʃa:] [名] 碁打ち。棋士。

**クー⌈ガ** [ku:⌈ga] [名] ①卵。普通は鶏卵のこと。＊他の場合はアヒラーヌ クーガ〈あひるの卵〉のように動物名を付す。②睾丸。きんたま。

**クーガウブ⌈ルー** [ku:gaʔubu⌈ru:] [名] 卵とじ。

**クーガフヮー⌈フヮー** [ku:gaɸa:⌈ɸa:] [名] 卵焼き。＊⌈フヮーフヮーは擬態語で、ふわふわしている様子から。

**クー⌈ギ** [ku:⌈gi] [名]【濃毛】陰毛。

**⌈グーグー** [⌈gu:gu:] [擬態] ぶつぶつ。不平不満を言うさま。〜 スン〈ぶつぶつ文句を言う〉。

**クー⌈クェー** [ku:⌈kwe:] [名] 後悔。〜 スン〈後悔する〉。

**クー⌈グェー** [ku:⌈gwe:] [名]【粉肥(こえ)】粉末状の肥料。

**クーグ⌈スイ** [ku:gu⌈sui] [名] 粉薬。

**⌈クーサイニ** [⌈ku:saini] [名] 小さいとき。幼い頃。〜 アシラン〈小さいとき遊んだ〉。

**⌈クーサン**[1] [⌈ku:saɴ] [形]《[否]クーコーネーン [過]クーサタン》小さい。幼い。クーサル バスニ アシラン〈小さいときに遊んだ〉。

**⌈クー⌉サン**[2] [⌈ku:⌉saɴ] [形]《[否]クーコーネーン [過]クーサタン》濃い。クヌ チャー 〜〈このお茶は濃い〉。

**グー⌈サン** [gu:⌈saɴ] [名] 杖(つえ)。

**クーサン⌈クー** [ku:saŋ⌈ku:] [名] 空手の型の名。

ク

「クージ [「ku:dʒi] 图 公儀。お上。役所。
グー「シ [gu:「ʃi] 图 (主に竹製の)串。
クー「ジー [ku:「dʒi:] 图 (小麦粉などが)長く放置してかびること。
グーシー [gu:ʃi] 接尾 …おき。ヒッチーグー「シー〈一日おき〉、タトゥグー「シー〈二年おき〉など。＊グシ、グシーともいう。
クーシーカー「シー [ku:ʃi:ka:「ʃi:] 图 副 つぎはぎ。つぎはぎだらけ。〜ヤ アラン〈つぎはぎではない〉／〜 チチョーン〈つぎはぎだらけを着ている〉。
「クーシー」ムン [「ku:ʃi:「mun] 图 貧乏人。貧民。
クージャー「ユー [ku:dʒa:「ju:] 图 濃い茶。
クー「ジュン [ku:「dʒun] 動《ku:g-ku:dʒ-；⑮クーガン ⑲クージ ⑭クージョーン ⑪クージャン》①漕ぐ。フニ〜〈船を漕ぐ〉。②居眠りする。うつらうつらする。ニーブイ〜〈居眠りをする〉。
「クージョー [「ku:dʒo:] 图 (芝居などの)口上。
クー「ス [ku:「su] 图 古酒。泡盛を長期間密閉して貯蔵したもの。百年保存のものもあったという。新酒に比べはるかに美酒である。甕に入れた古酒は消費した分を新たに加えて量を減らさないようにする。
「クースン¹ [「ku:sun] 動 考える。チュージーク ネーン クーッシミマー〈よくよく考えてみよ〉。＊本例は1901年生まれの筆者の父が文久2年生まれの祖父から聞いたもの。動詞ではあろうが活用の詳細は不明である。現在ではほとんど用いない。
クー「スン² [ku:「sun] 動《ku:s-ku:tʃ-；⑮クーサン ⑲クーシ ⑭クーチョーン ⑪クーチャン》こわす。解体する。ヤー〜〈家をこわす〉。
クー「チョー [ku:「tʃo:] 图 胡弓。琉球古典音楽を奏する楽器名。「サンシン〈三線〉と同じく三弦であるがそれより小さい。弓でこすって音を出す。
クーテー「マー [ku:te:「ma:] 图 小さい物。小さい者。
「クーテーン [「ku:te:n] 图 少し。ちょっと。量に関していう。時間に関しては「ウフィやイチュ「タなどを用いる。〜 カメー〈少し食べろ〉／〜 クィーン〈ちょっとやる〉／「クーテーン」グー〈少し。わずか。ちょっと。⇨ グゥー〉／「クーテーン」ナー〈少しずつ。⇨ナー¹⁰〉。
クー「トゥ¹ [ku:「tu] 图 以外。アンマークートー ターガン ンーラン〈母以外は誰も見ない。幼児を夜外出させるときに魔物などを見ないようにという意を込めたまじない言葉〉。
クー「トゥ² [ku:「tu] 副 そうでもなく。前言を打ち消して言いさしの形で用いる。カムガヤーンリ ウムレー 〜 カマンガヤーンリ ウムレー 〜〈食べるかと思うとそうでもなく、食べないかと思うとそうでもなく〉。
グートゥ [gu:tu:] 接尾 (…しない)ように。否定の意図を表す。アシバン〜 ムルティ クー〈遊ばないように戻って来い。遊ばないで戻って来い〉／ビンチョーヤ サン〜 スン〈勉強はしないようにする。勉強したがらない〉。
グートゥミー「トゥ [gu:tumi:「tu] 图 対のもの。一そろいのもの。夫婦にもいう。シミトゥ シジレー 〜 ヤサ〈墨と硯は対のものだ〉。
グー「ナ イン [gu:「na]in] 動《gu:nar-gu:nat-；⑮グーナラン ⑲グーナイ ⑭グーナトーン ⑪グーナタン》仲間になっている。結婚している。「親や周囲の同意なしで勝手に結婚している」の意も表す。
クー「バー [ku:「ba:] 图 蜘蛛(く)。＊琉歌では「クブという。
クーバーガー「シー [ku:ba:ga:「ʃi:] 图 蜘蛛(く)の巣。
グーハジ「ラー [gu:hadʒi「ra:] 图 仲間はずれのもの。対の一方がないもの。不ぞろいのもの。
「クービ [「ku:bi] 图 [植] グミ(茱萸)。
クー「ブ [ku:「bu] 图 昆布。

グー「フ [guː⸢ɸu] 图 こぶ(瘤)。

クーブイリ「チー [kuːbuʔiri⸢tʃiː] 图 料理名。昆布を細かく刻み、肉、かまぼこ、こんにゃくなどを入れて油で炒めたもの。昔はお祝いの料理で、常食ではなかった。

クーブ「マチ [kuːbu⸢matʃi] 图 昆布巻。魚を昆布で巻いて、砂糖と醤油で煮たもの。

「クーベー「サン [⸢kuːbeː⸢san] 圏《⸢クーベーコーネーン 過クーベーサタン》味わいがある。こくがあって何ともいえぬ妙味がある。

クー「ヤー¹ [kuː⸢jaː] 图 (犬など)かみつくもの。

クー「ヤー² [kuː⸢jaː] 图 求婚の交渉をする者。 〜ガ チョータン〈求婚の交渉をする者が来ていた〉。

クーヤー「イン [kuːjaː⸢ʔin] 图 かみつき癖のある犬。

グーヤー「ブニ [guːjaː⸢buni] 图 豚の尻から足の付け根にかけての骨。

「クーリ [⸢kuːri] 图 氷砂糖。＊クーリジャー「ターともいう。

クーリー「ン [kuːri⸢ːn] 動《kuːrikuːrit-; ⓟクーリラン 連クーリー 過クーリトーン 過クーリタン》こわれる。くずれる。ミチヌ 〜〈(水害などで)道がこわれる〉。

クーリジェー「ウェー [kuːridʒeː⸢weː] 图 失敗したことが結果的にうまくいくこと。崩壊してしまったことがかえって幸いすること。

クーリジャー「ター [kuːridʒaː⸢taː] 图 氷砂糖。＊クーリともいう。

クー「ルー [kuː⸢ruː] 图 独楽(こま)。 〜ヌ ミグインネー〈独楽が回るよう。「貧乏ひまなし」のたとえ〉。

クェー「¹ [kweː⸢ː] 图 鍬(くわ)。

クェー「² [kweː⸢ː] 图 こえ(肥)。こやし。肥料。

クェー「イン [kweː⸢in] 動《kweːrkweːt-; ⓟクェーラン 連クェーイ 過クェートーン 過クェータン》(体が)肥える。太る。

クェーウー「キ [kweːu⸢ki] 图 肥桶(こえおけ)。

「グェーグェー [⸢gweːgweː] 擬態 衣類がひどく汚れているさま。〜 ユグリトーン〈ひどく汚れている〉。

「クェークチ [⸢kweːkutʃi] 图 食費。食いぶち。〜 ウチャキレー〈食いぶちを出せ〉。

クェー「ター [kweː⸢taː] 图 太っている者。でぶ。ふとっちょ。＊クェーブ「ター、クェーターブー「ターともいう。

クェーターブー「ター [kweːtaːbuː⸢taː] 图 クェーターに同じ。

「クェー「タンラ ウチュン [⸢kweː⸢tanra ʔutʃun] 連語 丸々と太っている。クェータンラ ウッチ エーキンチュギサン〈丸々と太っていて金持ちのようだ〉。

クェーニー「ブ [kweːniː⸢bu] 图 肥びしゃく。

「クェーブー [⸢kweːbuː] 图 食べ物にありつく運。＊その家でまれにうまいものを食べているところに来あわせるとクェーブース アン〈食べる果報がある〉と言って食べさせる。

「クェーブ「ター [kweːbu⸢taː] 图 でぶ。ふとっちょ。＊クェー「ターともいう。

「クェームン [⸢kweːmun] 图 食い物。食べ物。＊「クッタムンともいう。

「クェーローリ [⸢kweːroːri] 图 食い倒れ。＊那覇とその近郊の土地柄を表す句にスインチョー チーローリ ナーフヮンチョー クェーローリ トゥマインチョー シーローリ〈首里の人は着倒れ、那覇の人は食い倒れ、泊の人は働き倒れ〉というのがある。

グェッ「タイ [gwet⸢tai] 图 ぬかるみ。＊ジッ「タイともいう。

「クェンクェン [⸢kweŋkweŋ] 擬態 ①ぷかぷか。ゆらゆら。物が浮いているさま。ウチャガティ 〜 ソーサ〈浮いてぷかぷかしているよ〉。 ②なみなみ。汁など今にもあふれそうなさま。

クガ「タ [kugaˈta] 图 こちらの方。こちら側。こっち。

クガ「トー [kugaˈto:] 图 こんなに遠く。

「クガニ [ˈkugani] 图 黄金(ﾎﾞ)。

クガ「ニー [kugaˈni:] 图 柑橘類の一種。シークヮーサーよりやや小さくて甘い。黄金色の実をしているところからの命名。

「クガニジー「フヮー [ˈkuganidʒiː-ɸa:] 图 黄金の簪(ｶﾝｻﾞｼ)。上流階級の女性が使用した。今は芝居や舞踊の小道具として使われる。

「クガニジェーク [ˈkuganidʒe:ku] 图 【黄金細工】飾り職。

「クガラスン [ˈkugarasun] 動《kuga-ras- kugaratʃ-; 㐧クガラサン 逋クガラシ 㢊クガラチョーン 過クガラチャン》 ①(鍋などを)焦がす。 ②(身を)恋い焦がす。

「クガリジニ [ˈkugaridʒini] 图 焦がれ死に。恋い慕うあまり病気になって死ぬこと。

「クク [ˈkuku] 图 仲が悪いこと。天敵。 タルートー ～〈太郎とは仲が悪い〉。

クク「チ [kukuˈtʃi] 图 心地。気分。 イィー ～〈いい気分〉。

クク「ティルサン [kukuˈtiruˈsan] 形《㐧ククティルコーネーン 㢊ククティルサタン》《文》やるせない。心さびしい。 ＊琉歌「ませこまてをればこことてるさあものおす風とつれて忍でいらな」(全 492)。

ククトゥミン「グヮー [kukutumiŋ-ˈgwa:] 图 目まい。目が回ること。眩暈(ﾒﾏｲ)。～ スン〈目まいがする〉。＊ミークラ「ガンの方がよく用いられる。

「クグニーン [ˈkuguni:n] 動《kuguni:r- kuguni:t-; 㐧クグニーラン 逋クグニー 㢊クグニートーン 過クグニータン》(道具や荷物などを)整頓する。

クク「ヌチ [kukuˈnutʃi] 图 九つ。九。九歳。

クク「ヌ トゥ「グンジュー [kukuˈnu-tuˈgundʒu:] 图 (数え年で)四十九歳。～ ヤイギサン〈数えて四十九歳だそうだ〉。

クク「ムイ [kukuˈmui] 图 つぼみ。

クク「ムン [kukuˈmun] 動《kukum- kukur-; 㐧ククマン 逋ククミ 㢊ククローン 過ククラン》口に含む。ミジ ～〈水を口に含む〉。 ＊「くくむ(銜む)」にほぼ対応。

グク「ラク [gukuˈraku] 图 極楽。

クク「リー [kukuˈri:] 图 心得。理解。 ～ヤ アリワル エー サニ〈心得はないといけない〉。

ククリー「ン [kukuriˈn] 動《kuku-ri:r- kukuri:t-; 㐧ククリーラン 逋ククリー 㢊ククリートーン 過ククリータン》心得る。気をつける。用心する。 ククリートーキ〈心得ておけ〉。

クク「ル [kukuˈru] 图 心。精神。 ～ ウチアキーン〈本心を明かす〉／～ヌ スク〈心の底〉／～ ユルスン〈安心する。ほっとする〉／ナマ ククロー ユルサラン〈まだ安心はできない〉。＊チム〈心〉とほぼ同意で、普通はチムの方をよく用いる。

ククルガキー「ン [kukurugakiˈn] 動《kukurugakir- kukurugakit-; 㐧ククルガキラン 㢊ククルガキートーン 過ククルガキタン》心がける。努める。

ククルガ「ワイ [kukurugaˈwai] 图 心変わり。変心。

クク「ルミ [kukuˈrumi] 图 試み。ためし。

ククル「ムチ [kukuruˈmutʃi] 图 心持ち。気持ち。

ククルムトゥ「ナ「サン [kukurumu-tuˈnaˈsan] 形《㐧ククルムトゥナシコーネーン 㢊ククルムトゥナサタン》心もとない。不安である。

ククル「ヤキ [kukuruˈjaki] 图 【心焼け】胸やけ。さつまいもを食べすぎたり、二日酔いなどのときに起こることがある。

ククル「ヤッサン [kukuruˈjasˈsan] 形《㐧ククルヤッシコーネーン 㢊クク

ルヤッサタン》心安い。安心である。

**ク「ゲー** [kuˈgeː] 图【くがい(公界)】付き合い。交際。 ～ヌ ウフサヌ レージ〈付き合いが多くて大変だ〉。

**クサ「** [kusaˈ] 图 草。雑草。 ハルンカイ ～ヌ ミーン〈畑に草が生える〉。

**ク「サー** [kuˈsaː] 图 後方。背後。 ～ウッチェーイン〈後ろを振り向く〉/ ～ ナスン〈後ろにする。ないがしろにする〉。

**グサークナカ「ムイ** [gusa:kunakaˈmui] 图 五勺枡。五勺は一合の半分。

**クサ「カイ** [kusaˈkai] 图 草刈り。

**クサカ「ヤー** [kusakaˈjaː] 图 草を刈る人。草刈りをする道具。

**クサ「キ** [kusaˈki] 图 草木。

**クサ「キー** [kusaˈkiː] 图 こんなにたくさん。 ～ ムッチ チャン〈こんなにたくさん持ってきた〉。

**クサク「サー** [kusakuˈsaː] 副 くさくさ。気持ちがすっきりしないさま。

**ク「サ「サン** [kuˈsaˈsan] 形《㋐クサコーネーン ㋑クササタン》臭(くさ)い。＊「カバサン〈香りがよい〉の対。

**「クサジ** [ˈkusadʑi] 图【植】クサギ(臭木)。クマツヅラ科。

**クサ「ジュン** [kusaˈdʑun] 動《kusagkusadʑ-; ㋐クサガン ㋑クサジ ㋒クサジョーン ㋓クサジャン》こそげる。そぎ落とす。 グンボー ～〈ごぼうの皮をそぎ落とす〉。＊「こそぐ」にほぼ対応。

**クサ「ティ** [kusaˈti] 图 ①後ろにすること。背にすること。 ハーヤ ～ スン〈柱を背にする〉。 ②頼りにすること。よりどころにすること。 ウゥトゥ ～ スン〈夫を頼りにする〉。

**クサヌ「ニー** [kusanuˈniː] 图 草の根。

**クサヌ「フヮー** [kusanuˈɸaː] 图 草の葉。

**クサ「バナ** [kusaˈbana] 图 草花。

**「クサビ** [ˈkusabi] 图 くさび(楔)。

**クサ「ビー** [kusaˈbiː] 图 特に臭い屁。

**クサブッキィー「ン** [kusabukkwiːˈn] 動《kusabukkwir- kusabukkwit-; ㋐クサブックィラン ㋑クサブックィー ㋒クサブックィトーン ㋓クサブックィタン》大人ぶっている。物知り顔で威張っている。ませている。

**クサブッ「クヮー** [kusabukˈkwaː] 图 大人ぶっている者。ませている者。相手を見下していう語。 ヤナ ～〈嫌な大人ぶっているやつ。嫌な野郎〉。

**クサフル「ヤー** [kusaɸuruˈjaː] 图 フィラリア。フィラリア患者。 ～ ナトーン〈フィラリアになっている〉/ アレー ～〈あれはフィラリア患者だ〉。

**クサミ「チュン** [kusamiˈtɕun] 動《kusamik- kusamitɕ-; ㋐クサミカン ㋑クサミチ ㋒クサミチョーン ㋓クサミチャン》怒る。憤慨する。

**クサムヌ「イー** [kusamunuˈʔiː] 图 大言壮語の言い方。威張ったものの言い方。 チャー ～ ソーン〈いつも威張ったものの言い方をしている〉。

**クサ「ラー** [kusaˈraː] 图 腐ったもの。＊クサリ「ムンともいう。

**クサリー「ン** [kusariːˈn] 動《kusarirkusarit-; ㋐クサリラン ㋑クサリー ㋒クサリトーン ㋓クサリタン》腐る。腐敗する。＊「腐れる」にほぼ対応。煮た食べ物が悪くなって糸を引くような状態になるとシー「ン〈饐(す)える〉といい、腐敗がさらに進むとクサリー「ンという。

**クサリ「ムン** [kusariˈmun] 图 腐ったもの。＊クサ「ラーともいう。

**クシ「¹** [kuʃiˈ] 图 梳櫛(すきぐし)。歯の細かい櫛。シ「ラン〈しらみ〉やジチャ「シ〈しらみの卵〉を除去するのに役立つ。＊普通に髪を整えるのに用いるのはサバ「チという。

**「クシ²** [ˈkuʃi] 图 ①癖。性癖。「ヤナグシ〈悪い癖〉。 ②欠点。傷。 ヌーヌ ～ネーン〈何の欠点もない〉。

**「クシ³** [ˈkuʃi] 图 ①腰。背中。＊特に細くくびれた部分をガマ「クといい、顔と同じように美の対象となった。背中は「クシナガニ

ともいう。 ②後ろ。後方。 ヤーヌ ～〈家の後ろ〉/ ～ ナスン〈背を向ける。拒絶する〉。

「クジ」¹ [kudʒi˺] 图 くず(粉)。澱粉。

「クジ²[kudʒi] 图 釘。

「クジ」³ [kudʒi˺] 图 くじ(籤)。 ～ アタイン〈くじに当たる〉。

「クジ⁴ [kudʒi] 图 故事。 ムジン ～ン ワカラン〈文字も故事も分からない。物事の道理をわきまえない〉。

「クシーン [˺kuʃi:n] 動《kuʃir- kuʃit-; ㊥クシラン ㊇クシー ㊈クシトーン ㊉クシタン》着せる。着物を作って[買って]人に与える。 チン ～〈着物を着せる〉。

クジー「ン [kudʒi˺n] 動《kudʒir- kudʒit-; ㊥クジラン ㊇クジー ㊈クジトーン ㊉クジタン》①くじる。ほじくる。 ②皮肉を言う。悪口を言う。 ッチュ ～〈人に皮肉を言う〉。

グシ「ク [guʃi˺ku] 图 ①城。支配者の居城。スイグシ「ク〈首里城〉、ナカグシ「グ グシク〈中城城〉などがある。 ②(防備または監視用の)砦。「ミーグシク〈三重城〉などがある。

クジグ「フヮー [kudʒiguɸa:] 图 抽籤のくじになかなか当たらない者。くじ運がない者

クジ「ケー [kudʒi˺ke:] 图 ①(学校、役場などの)小使い。 ②小遣い。

「クシスン [˺kuʃisun] 動《kuʃis- kuʃis-; ㊥クシサン ㊇クシシー ㊈クシソーン ㊉クシサン》嫌う。忌避する。

クシ「チ [kuʃi˺tʃi] 图 戸籍。

グシ「チ [guʃi˺tʃi] 图 すすき(薄)。

「クシナガニ [˺kuʃinagani] 图【こしながむね(腰長胸)】背中。＊ナガ「こともいう。

クジヌ「ジャー [kudʒinu˺dʒa:] 图 釘抜き。

「クシハジ [˺kuʃihadʒi] 图 着物の両方の袖を脱いで、帯から上の上半身をあらわにすること。もろ肌脱ぎ。

「クシブニ [˺kuʃibuni] 图【腰骨】背中。

クジャ「ラ [kudʒa˺ra] 图 小皿。

クジュ「[kudʒu˺] 图【こぞ】去年。

グ「ジュー [gu˺dʒu:] 图 五十。五十歳。

グジ「ラ [gudʒi˺ra] 图 くじら(鯨)。

クジリー「ン [kudʒiri˺n] 動《kudʒirir- kudʒirit-; ㊥クジリラン ㊇クジリー ㊈クジリトーン ㊉クジリタン》くずれる。 シーヌ ～〈岩がくずれる〉。

クジリゴー「シー [kudʒirigo:˺ʃi:] 图 かすり模様だけの布地。総絣(そうがすり)。女の着物にする。

「クシレーイン [˺kuʃire:in] 動《kuʃire:r- kuʃire:t-; ㊥クシレーラン ㊇クシレーイ ㊈クシレートーン ㊉クシレータン》(魚や鳥などを)料理できるよう準備する。さばく。下ごしらえする。＊「こしらえる」にほぼ対応。

グジン「フー [gudʒiɱɸu:] 图【御前風】琉球古典音楽の歌曲名。＊国王の前で奏されたのでこの名がついた。次の五曲からなる。カジャディ「フー」ブシ〈かぎやで風節〉、ウン「ナ」ブシ〈恩納節〉、ナカグシクハンタ「メー」ブシ〈中城はんた前節〉、「クティ」ブシ〈こて(特牛)節〉、「ナガイヒャ」ブシ〈長伊平屋節〉。現在は祝宴の最初に奏される。

クス「[kusu˺] 图 くそ。大便。 ～ マイン〈大便をする〉。

ク「スイ [ku˺sui] 图 薬。

クスイ「ムン [kusui˺mun] 图【薬物(くすりもの)】①病気のときなどの食べ物。滋養や薬効のある食べ物。養生食。②(一般に)とてもおいしい食べ物。

クスイ「ヤー [kusui˺ja:] 图 薬屋。薬局。

クスイ「レー [kusui˺re:] 图 薬代(くすりだい)。

グスー「ジ [gusu:˺dʒi] 图 ご祝儀。「スージ〈祝儀〉の丁寧語。

グスー「ヨー [gusu:˺jo:] 图【御衆(じゅう)よ】皆様。聴衆に向かって呼びかける言葉。＊スー「ヨーともいう。

「クスグイン [˺kusuguin] 動《kusugur- kusugut-; [否]クスグラン [連]クスグイ [継]クスグトーン [過]クスグタン》くすぐる。＊ただし「琉球語大辞典」(『伊波普猷全集』11巻)にはクチュグインとある。

「クス⌉クェー [「kusu⌉kwe:] [感] くそくらえ。くしゃみをしたときに物の怪に魂を取られないために唱えるまじない言葉。

クス「グェー [kusu「gwe:] [名] 下肥。

「グスグス [「gusugusu] [擬音] ①ごほんごほん。ぜいぜい。咳き込むさま。ヒミチ ～〈喘息でぜいぜい〉。②さくさく。ざくざく。刃物で物を切るさま。＊童謡に、ナチュルワラベー ミミ グスグス〈泣く子は耳をさくさく切る〉とある。

クスチリ「バイ [kusutʃiri「bai] [名] 一目散に走ること。一所懸命に走ること。

クスヒ「リー [kusuçi「ri:] [名] 下痢。

グス「ミチ [gusu「mitʃi] [名] 軟骨。

「クスン [「kusun̩] [動]《kus- kutʃ-; [否]クサン [連]クシ [継]クチョーン [過]クチャン》《文》越す。越える。＊琉歌「あちやからのあさて里が番上りたんちや越す雨の降らなやすが」(全32)。

グ「ソー [gu「so:] [名] 後生。あの世。死後の世界。

グソーム「ルイ [guso:mu「rui] [名]【後生戻り】あの世帰り。大病を患っていた者が元気を取り戻した場合などにいう。その人は長生きするともいわれている。

「グタグタ [「gutaguta] [擬態] ぐうぐう。熟睡しているさま。

クタ「スン [kuta「sun̩] [動]《kutas- kutatʃ-; [否]クタサン [連]クタシ [継]クタチョーン [過]クタチャン》腐らせる。＊「腐(くた)す」にほぼ対応。

「グタットゥ [「gutattu] [副] ぐったり。疲れきって動く気力もないさま。

クタン「リ [kutan「ri] [名] くたびれ。疲れ。疲労。ナンジ ワジャ ッシ ～ ッンジャチョーン〈難儀な仕事をして疲れが出ている〉。

クタンリー「ン [kutanri:「n̩] [動]《kutanrir- kutanrit-; [否]クタンリラン [連]クタンリー [継]クタンリトーン [過]クタンリタン》くたびれる。疲れる。＊「ウゥタインともいう。

クタンリノー「シ [kutanrino:「ʃi] [名]【くたびれなおし】疲れを取ること。疲労回復のため食べ物、飲み物などを取ること。＊「ウゥタイノーシーともいう。

「クチ[1] [「kutʃi] [名] 骨。遺骨。

「クチ[2] [「kutʃi] [1] [名] ①口。～ クーイン〈口を閉じる。だまる〉/ ～ トゥガイン〈口がとがる。不満そうな表情をする〉/ ～ ヤンジュン〈口を破る。質素な食事をしているところに、ごちそうを食べて、その差に気づいたときにいう〉/ ～ クーイン〈口にしみる。通常の味以外の刺激的な味を感知したときにいう〉。＊琉歌には「口を吸う。口づけする」の用例もある。「諸鈍めやらべの雪のろの歯口いつか夜のくれてみ口吸はな」(全503)。②物を出し入れするところ。ビンヌ ～〈瓶の口〉。③言葉。言語。～ ウーイン〈口を追う。言ったとおりになる〉/ ～ カナイン〈口が達者である。よく口答えする〉/ ～ヌ ワッサン〈口が悪い。あしざまにものを言う〉/ ッンムヌ～〈芋の口。訥弁〉。[2] [接尾] ①…語。ウチナー「グチ〈沖縄語〉/ ヤマトゥ「グチ〈日本語〉/ ウランラ「グチ〈西洋語〉。②「始め」の意。ミー「グチ〈商売などの口開け〉/ ハカ「グチ〈仕事の始まり〉。

「グチ [「gutʃi] [名] (草、野菜などの)茎。

クチ「カジ[1] [kutʃi「kadʒi] [名]《文》東風(こちかぜ)(とうふう)。＊琉歌の古歌に「東風の吹けば み頭の痛みゆり さんか珍しやや だぬもならぬ」(『伊波普猷全集』4巻 p. 314)とある。

「クチカジ[2] [「kutʃikadʒi] [名] 口数。言葉数。

「クチガシー [「kutʃigaʃi:] [名] 言葉で加勢、応援をすること。

「クチガッ⌉サン [「kutʃigas⌉san̩] [形]《[否]クチガッコーネーン [過]クチガッサタン》

口が軽い。軽々しくしゃべって秘密をもらしやすい。⇨ ガッサン。

「クチカラジ [「kutʃikaradʒi] 图 無駄な言葉をしゃべること。徒労に帰す物言い。次のような句で用いる。 ～ ヤローティ ヌースガ〈無駄なことを言って疲れるばかりでどうするのだ。無駄なことをしゃべって何になるか〉。* クチは「口」、カラジは現在は「髪」の意であるが、ここではもとの意味で「頭」の意か。

「クチガン」スイ [「kutʃigan」sui] 图【口剃刀(かみそり)】話し方が剃刀のように鋭利であること。口達者。口巧者。

クチ「キ [kutʃi「ki] 图 朽木。

「クチグフヮー [「kutʃiguɸa:] 图 言葉が荒々しい者。口の悪い者。

「クチグフヮ」サン [「kutʃiguɸa」san] 形《㊥クチグフヮコーネーン ㊊クチグフヮサタン》言葉が荒々しい。口が悪い。言葉がとげとげしい。

「クチサビ」サン [「kutʃisabi」san] 形《㊥クチサビコーネーン ㊊クチサビサタン》口さびしい。何かちょっと食べたい。食事ではなく黒砂糖などを食べたいという感じを表す。

ク「チ」サン [ku「tʃi」san] 形《㊥クチコーネーン ㊊クチサタン》苦しい。つらい。せつない。

「クチシバ [「kutʃiʃiba] 图 うわさ。評判。主に芝居の台詞で用いられる。 シキンヌ ～ニ カカイン〈世間のうわさになる〉。

「クチジャン」シン [「kutʃidʒan」ʃin] 图 口三線。口でトゥントゥンテントゥンなどと三線のまねをすること。

「クチシル [「kutʃiʃiru] 图【口汁】唾。よだれ。唾液。

「クチヌ」ィータティ [「kutʃinu-ji:tati] 图 樽を作るときに最後の樽板(くれた)をはめること。

クチヌ「メー [kutʃinu「me:] 图【口の前】自分一人やっと食べていけるだけの稼ぎ。⇨ メー[6]。

「クチノーシ [「kutʃino:ʃi] 图 口直し。

「クチハゴー」サン [「kutʃihago:」san] 形《㊥クチハゴーコーネーン ㊊クチハゴーサタン》口汚い。ものの言い方が下品である。

クチ「ビ [kutʃi「bi] 图 クチュ「ビに同じ。

「クチビタ [「kutʃibita] 图 口べた。訥弁(とつべん)。

「クチブシ [「kutʃibuʃi] 图【口武士】ほら吹き。

「クチベー」サン [「kutʃibe:」san] 形《㊥クチベーコーネーン ㊊クチベーサタン》しゃべるのが早い。早口である。* 直訳すると「口早い」。

「クチャ [「kutʃa] 图 (若夫婦の)寝室。

グチャ「フヮ [gutʃa「ɸa] 图 ぜにたむし。皮膚病の一種。始め赤いぶつぶつができ、のち輪状に蔓延。ひどいかゆみを伴う。

「クチュクチュ [「kutʃukutʃu] 副 こちょこちょ。くすぐるときに言う語。* クチュクチューともいう。

クチュク「チュー [kutʃuku「tʃu:] 副「クチュクチュに同じ。

クチュ「ビ [kutʃu「bi] 图 (皮膚にできる)いぼ(疣)。* クチ「ビともいう。

「クチルミ [「kutʃirumi] 图【口止め】他言しないこと。

グ「チン [gu「tʃin] 图 乱暴。～ネー サンケー〈乱暴はするな〉。

「クチンブ」サン [「kutʃiʔmbu」san] 形《㊥クチンブコーネーン ㊊クチンブサタン》口が重い。訥弁(とつべん)である。すらすらとしゃべらない。

クッ「サ [kus「sa] 图 これだけ(の数)。これくらい(の数量)。 ～ ッシ シムサ〈これだけでよい〉。

クッ「ピ [kup「pi] 图 これほど(の量)。このくらい。 クッペーッヤー ムン〈これくらいはきみのもの。この分はきみのもの〉/クッピ「ナー〈これくらいずつ。⇨ ナー[10]〉。

クッピ「ナー [kuppi「na:] 图 これほどの大きさ。 ～ヌ ムン〈これほどの大きさの

物〉。

「クッ「ペール [kup「pe:ru] 連体 これほどの(量、大きさの)。

クッペー「ルー [kuppe:「ru:] 图 これくらいの大きさ[量]のもの。

クティ「ウシ [kuti「ʔuʃi] 图【特牛(うごい)】大きな力の強い牡牛。

「クティブシ [「kuti「buʃi] 图 特牛(ごと)節。琉球古典音楽の歌曲名。グシン「フー五曲の中の一つ。＊特牛節の最初の歌は琉歌「おほにしの特牛やなざちやらど好きゆるわすた若者や花ど好きゆる」(全 71)であり、この歌から特牛節と名づけられた。

グ「テー [gu「te:] 图【五体】①体格。〜ヌ マギサン〈体格が大きい〉。②力。〜ヌ アン〈力がある〉。

クテー「イン [kute:「in] 動《kute:r- kute:t-; 否 クテーラン 連 クテーイ 継 クテートーン 過 クテータン》(疲れなどが体に)こたえる。

「クトゥ¹ [「kutu] 图 ①こと。事。②事件。大変なこと。ッヤーガ シェール クトゥレージナ 〜 ヤン〈おまえがしてあることは大変なことだ〉／〜ヌ ウクリトーン〈大ごとが起こっている〉／〜ロー〈大変なことだぞ〉。

クトゥ² [kutu] 助 ので。から。理由を表す。マジューン イチュ〜 マッチョーキ〈一緒に行くから待っておけ〉。＊アン「ス「クトゥ〈そうだね〉という場合は終助詞の働きである。グトゥともいう。

「グトゥ¹ [「gutu] 图【ごと(如)】ごとく。よう(に)。前に来る語とともに副詞的に働く形式名詞。ユーリーヌ 〜 ウトゥルサン〈幽霊のようにこわい／タルーガ 〜 リキーシェー ウゥラン〈太郎のようにできるの(秀才)はいない〉／ハロー クナサン 〜 フカウゥティ アシベー〈畑を踏み荒らさないように他で遊びなさい〉／チルー 〜 チュラサタレーヤー〈鶴子のように美しかったらなあ〉。

グトゥ² [gutu] 助 ので。から。クトゥに同じ。

「ク「トゥー [ku「tu:] 图 琴。普通、琉球音楽の伴奏楽器として用いられる。

グトゥ「ク [gutu「ku] 图(火鉢で食べ物を温めるときに使う)五徳。

クトゥ「シ [kutu「ʃi] 图 今年。本年。

クトゥ「バ [kutu「ba] 图 ①言葉。アリガ 〜ヨー〈彼の言葉(のひどいこと)よ〉。②方言。スイクトゥ「バ〈首里方言〉／「イナカクトゥバ〈田舎の方言〉。

クトゥバ「カジ [kutuba「kadʑi] 图 言葉数。口数。

クトゥユシー「ン [kutujuʃi:「n] 動《kutujuʃir- kutujuʃit-; 否 クトゥユシラン 連 クトゥユシー 継 クトゥユシトーン 過 クトゥユシタン》ことよせる。かこつける。口実を設ける。ヌース ムヌン クトゥユシティ サン〈口実を設けて何もしない〉。

クトゥワ「イン [kutuwa「in] 動《kutuwar- kutuwat-; 否 クトゥワラン 連 クトゥワイ 継 クトゥワトーン 過 クトゥワタン》断る。辞退する。

グトーン [guto:n] 連語 ようだ。ようである。助詞ヌ、ガや活用語の連体形に付く。ウシヌ 〜〈牛のようだ〉／ウフッチュガ グトーサ〈大人のようだよ〉／ニントール〜〈寝ているようだ〉／ハシットゥ ナトールグトーサ〈病気がすっかりよくなったようだ〉。＊「如くあり」にほぼ対応。

「クナースン [「kuna:sun] 動《kuna:s- kuna:tʃ-; 否 クナーサン 連 クナーシ 継 クナーチョーン 過 クナーチャン》①踏みつける。踏み荒らす。②馬鹿にする。いじめる。シトゥンカイ クナーサッタン〈姑にいじめられた〉。＊「こなす」にほぼ対応。

「クニ [「kuni] 图 ①村。集落。ジー コーテーラー 〜 コーテーシトー ユヌムン〈土地を買ったら村を買ったのと同じ。土地は高価でとても大切な財産という意〉。②国。国家。

「クニジュー [「kunidʑu:] 图 国中。国の全部。

「クニチ [「kunitʃi] 图 九日(ここの)(にち)。

「グニチ [「gunitʃi] 图 五日(いつ)(か)。

「**クニチョー」レー** [「kunitʃoː「reː] 図 直接血のつながりはないが良く似た者をいう語。他人のそら似。

**クニ「ブ** [kuni「bu] 図 柑橘類の総称。シークヮー「サー、カーブ「チー、オー「トーなどがある。

**「クニラチ** [「kuniratʃi] 図【国立ち】生活の根拠をしっかり定めること。 ナーフゥウゥテー クラサラン クミジマンカイ 〜 シーガッンジャン〈那覇では暮らせなくなって久米島に生活を確立するために移住して行った〉。

**「クニンラ ビタ「タイッワートー「ナー** [「kuninra bita「tai ʔwaːto「naː] 連語 那覇の人が隣の久米の人に対して言う悪口。直訳すると「久米村人しなびた豚の餌入れ」であろう。いい恰好(かっこう)をしているが生活はみじめなものだの意。

**「クヌ** [「kunu] 連体 この。 〜ッチュ〈この人〉。

**クヌ「ウチ** [kunu「ʔutʃi] 図 近いうち。近日中。 アンシェー 〜ヤー〈それでは近いうちにね〉。

**「クヌグル** [「kunuguru] 図 この頃。

**「クヌグルンシ** [「kunugurunʃi] 図 この頃。最近。 クヌグルンシェー チャーガ〈近頃はどうか〉。

**クヌ「サク** [kunu「saku] 図 このくらい。これほどの量。

**クヌ「タキ** [kunu「taki] 図〈文〉これほど。 ＊組踊「此(く)たけに我(わ)もなやがやり居(を)すが、気に叶(かな)ふ女(をなご)側(そば)にまた居(を)らぬ」(『大川敵討』)。

**クヌ「チャ** [kunu「tʃa] 図 (長年過ごしてきた)この歳。 ＊クヌ「チャユチャともいう。

**「クヌッチュ** [「kunuttʃu] 図 この人。 ＊「クンチュともいう。

**「クヌ「トゥチ** [「kunu「tutʃi] 図 このとき。

**クヌ「ヒャー** [kunu「çaː] 図 こいつ。この野郎。

**クヌ「ヒン** [kunu「çin] 図 この辺。このあたり。

**クヌ「ミ** [kunu「mi] 図 ①考え。計画。②たくらみ。計略。

**「クヌムン** [「kunumun] 動《kunum-kunur-; 否クヌマン 連クヌミ 継クヌローン 過クヌランン》 ①考える。計画する。 ②たくらむ。 ＊芝居の台詞などでよく用いる。

**「クヌユー** [「kunujuː] 図 この世。現世。

**「クヌヨーナ** [「kunujoːna] 連体 このような。 〜ムン〈このようなやつ。こんなやつ〉。

**ク「ネー** [ku「neː] 図 こんな(遅い)時間。 チューヌ 〜カラ アン イーサ〈今日のこんな時間(今頃)になってからそう言うよ〉。 ＊『混効験集』には「こねや」とあり、これから変化したもの。

**クネー「イン** [kuneː「in] 動《kuneːr-kuneːt-; 否クネーラン 連クネーイ 継クネートーン 過クネータン》 ①我慢する。こらえる。 クネートキヨ〈我慢しておけよ〉。 ②(喧嘩(けんか)ののちに)仲直りする。 オーティ クネーティ イチバンルシ〈喧嘩して仲直りして一番の友〉。

**クネー「ラ** [kuneː「ra] 図 この間。先頃。

**「クネーランシ** [「kuneːranʃi] 図 この間。最近。 〜 アリトゥ イチャタン〈この間彼と会った〉。

**「クバ** [「kuba] 図【植】ビロウ(蒲葵)(檳榔)。ヤシ科。葉で笠、うちわなどを作る。またムーチーく鬼餅〉の時にその葉で包んでチカラムーチーく力餅〉を作る。

**クバイ「ムン** [kubai「mun] 図 配りもの。お礼の品など方々に配るもの。

**クバイン** [kuba「in] 動《kubar- kubat-; 否クバラン 連クバイ 継クバトーン 過クバタン》 配る。分配する。

**「クバオージ** [「kubaʔoːdʑi] 図 ビロウ(蒲葵)の葉で作ったうちわ。作りがしっかりしているので涼しい風を作る。

**「クバガーサ** [「kubagaːsa] 図 ビロウ(蒲葵)の葉。

**「クバガサ** [「kubagasa] 図 ビロウ(蒲葵)

の葉で作った笠。細く削った竹で骨組みを作り、その上をビロウの葉でおおう。

**グ「バン** [gu「ban] 图 碁盤。

**グバン「グー** [guban「gwa:] 图 碁盤目模様のものまたは衣類。

**「クビ¹** [「kubi] 图 壁。板壁。

**「クビ²** [「kubi] 图 ①首。 ナマネー ~ ウゥーリートーン〈今は首が折れている。とうとう降参だ〉。 ②(着物の)襟。

**「クビラル「サン** [「kubiraru「san] 形 《㋐クビラルコーネーン ㋑クビラルサタン》首がだるい。

**「クブ** [「kubu] 图《文》くも(蜘蛛)。*琉歌「くぶの糸かせにかかるなやう蝶しのぶませうちの花に迷て」(全2534)。

**「グブ** [「gubu] 图 五分。半分。

**クフィ「ナ** [kuɸi「na] 图 こんな大きさ。~ヌ ムン〈こんな大きい物〉。*クフィ「ナーともいう。

**クフィ「ナー** [kuɸi「na:] 图 クフィ「ナに同じ。

**グフー「クー** [guɸu:「ku:] 图 ご奉公。

**グフェー「ロー** [guɸe:「ro:] 图 ご拝領。(勲功などにより)国王から物をいただくこと。

**グフェーロー「バカ** [guɸe:ro:「baka] 图 ご拝領の墓。

**クブ「シミ** [kubu「ʃimi] 图《動》コブシメ。コウイカ(甲烏賊)科の大型種。最大50センチぐらいになる。

**グブ「リー** [gubu「ri:] 图 ご無礼。失礼。~ サビラ〈ごめんください。失礼します。他家を辞するとき、他人と別れるとき、人前を通るときなど〉/ ~ サビタン〈失礼しました。謝罪するとき〉。

**クフヮ** [kuɸa] 接頭【こは(強)】「堅い」の意。クフゥ「ムチ〈堅い餅〉、クフゥチブ「ル〈堅い頭〉、クフゥロー「リ〈いきなり病で倒れること〉など。

**クフヮ「イン** [kuɸa「in] 動《kuɸar-kuɸat-; ㋐クフヮラン ㋑クフヮイ ㋒クフヮトーン ㋓クフヮタン》①(柔らかいものが)固くなる。固まる。 ッワース アンラヌ ~〈豚肉の油が固まる〉。 ②仲が悪くなる。不仲になる。 アッター チョーレーヤ クフゥトーン〈彼ら兄弟は仲が悪くなっている〉。 ③凍える。体が冷えて震える。 ④目がさえる。眠れなくなる。 ミー ~〈目がさえる〉。

**クフヮ「サン** [ku「ɸa「san] 形《㋐クフヮコーネーン ㋑クフゥサタン》こわ(強)い。堅い。固い。 イシェー ~〈石は固い〉。

**クフゥジュー「シー** [kuɸadʒu:「ʃi:] 图【こは(強)雑炊】炊き込みご飯。水分の多いジュー「シーより、豚肉などいろいろ具の入ったクフゥジューシーは美味である。

**クフヮチブ「ル** [kuɸatʃibu「ru] 图【こは(強)つむり】堅い頭。男の頭を指していう。

**クフヮ「ディサ** [kuɸa「disa] 图《文》ッンーマー「ギーに同じ。*琉歌「屋慶名こはでさの首里にあたらましおれが下なかへ茶屋のたたなまし」(全747)。

**クフヮ「ムチ** [kuɸa「mutʃi] 图【こは(強)餅】堅い餅。固くなった餅。

**クフヮロー「リ** [kuɸaro:「ri] 图【こは(強)倒れ】頑強そうな者がいきなり病で倒れたり死んだりすること。

**「クブン** [「kubun] 图 くぼみ。くぼ地。

**「クマ** [「kuma] 图 ①ここ。こちら。 ~ンカイ チューン〈ここに来る〉。 ②この方。この人。眼前にいる人や近くの人を指す場合に用いる。 クマー マー ヤミシェーガ〈こちらはどなた様でいらっしゃるか〉。

**グマ** [guma] 接頭 「小さい。わずかな」などの意。

**グ「マー** [gu「ma:] 图 小さいもの。*マ「ギー〈大きいもの〉の対。

**「グマイスジ** [「guma?isudʒi] 图 小急ぎ。小走り。⇒ イスジ。

**クマ「イン¹** [kuma「in] 動《kumar-kumat-; ㋐クマラン ㋑クマイ ㋒クマトーン ㋓クマタン》こもる。引きこもる。

クマ「イン² [kumaˈin] 動《kumar- kumat-;㊦クマラン ㊦クマイ ㊦クマトーン ㊦クマタン》困る。

グマガサ「ガサ [gumagasaˈgasa] 名 (家での仕事などを)あれこれせわしくすること。

クマ「キー [kumaˈki:] 名 細かく砕けたもの。細かいかけら。

グマ「ギー [gumaˈgi:] 名 小さい木。

グマ「ギィー [gumaˈgwi:] 名 小声。

「クマグマ [ˈkumaguma] 名 こまごま。詳しいこと。

ク「マ「サン [kuˈmaˈsan] 形《㊦クマコーネーン ㊦クマサタン》(生活のしかたが)つつましい。 スーテーヤ ～〈暮らしはつつましい〉。＊「細(ほそ)い」にほぼ対応。

グ「マ「サン [guˈmaˈsan] 形《㊦グマコーネーン ㊦グマサタン》小さい。小型である。

グマ「ジー [gumaˈdʒi:] 名 小さい字。

グマ「ジン [gumaˈdʒin] 名 小銭。わずかな金。

「グマヌスル [ˈgumanusuru] 名 こそ泥。⇒ ヌスル。

グマ「ブイ [gumaˈbui] 名 小降り。小雨。

クマム「ティー [kumamuˈti:] 名 こちら側。こっちの方。

グマ「ムン [gumaˈmun] 名 ①小さいもの。②小間物。

グマ「ヤー [gumaˈja:] 名 小さい家。

クマリ「カー [kumariˈka:] 名 この近辺。このあたり。

クミ「 [kumiˈ] 名 米。

グミ「 [gumiˈ] 名 ごみ。塵芥(ちりあくた)。

クミアレー「ジル [kumiʔare:ˈdʒiru] 名【米洗い汁】米のとぎ汁。庭の野菜などのかけ水に使う。＊クミヌ「シルともいう。

クミー「ン [kumi:ˈn] 動《kumir- kumit-;㊦クミラン ㊦クミー ㊦クミトーン ㊦クミタン》狭いところに入れる。押し込める。(弾を)装填(そうてん)する。＊「こめる」にほぼ対応。

クミウ「ルイ [kumiuˈrui] 名 組踊。沖縄の古典音楽、舞踊、台詞を組み合わせた古典劇。1719年に玉城朝薫が踊奉行に任ぜられ、冊封使(中国からの使節)を歓迎するために初めて組踊を作った。彼が作った「銘苅子」「執心鐘入」「孝行之巻」「女物狂」「護佐丸敵討」は組踊五番といい、有名である。他によく知られているものとしては、平敷屋朝敏の「手水之縁」、高宮城親雲上の「花売之縁」などがある。本土の能、歌舞伎の影響を受けているといわれる。初めは選ばれた士族の子弟が役者となって演じられたようだが、現在では村芝居などでも上演され、親しまれている。台詞中には古いウチナー「グチ〈沖縄口。沖縄方言〉も多く見られる。

クミ「カン [kumiˈkan] 名 こめかみ。

クミ「グラ [kumiˈgura] 名 米蔵。

クミ「タティーン [kumiˈtati:n] 動《kumitatir- kumitatit-;㊦クミタティラン ㊦クミタティー ㊦クミタティトーン ㊦クミタティタン》組み立てる。

クミ「チジ [kumiˈtʃidʒi] 名 米粒。

クミヌ「クー [kuminuˈku:] 名 米の粉。

クミヌ「シル [kuminuˈʃiru] 名 米のとぎ汁。＊クミアレー「ジルが普通。

クミ「ラー [kumiˈra:] 名【鳥】クイナ(秧鶏)(水鶏)。

クミラー「ラ [kumira:ˈra] 名 米俵。

「クミンチュン [ˈkumintʃun] 動《kumiŋk- kumintʃ-;㊦クミンカン ㊦クミンチ ㊦クミンチョーン ㊦クミンチャン》①踏み入れる。 ヒサ ～〈足を踏み入れてしまう〉。②(水瓶などに水をたくさん勢いよく)汲み入れる。

クム「 [kumuˈ] 名 雲。

「グム [ˈgumu] 名 ゴム。

クム「イ¹ [kumuˈi] 名 池。池のようになっているところ。＊古典語「こもり(隠り)」に関係あるか。

クムイ² [kumui] 接尾 昔の貨幣単位。イチグ「ムイ〈二厘〉、タクムイ〈四厘〉など。

クム「イン [kumuˈin] 動《kumur- kumut-; ㊊クムラン ㊁クムイ ㊂クムトーン ㊃クムタン》曇る。

グム「チ [gumuˈtʃi] 名【御物(ぎょっ)】公の物。公共物。

グムッ「トゥム [gumutˈtumu] 名 ごもっとも。「まさにそのとおり」という意の敬語。

グムマー「イ [gumumaːˈi] 名 ゴムまり。

クム「ヤー [kumuˈjaː] 名 曇り。曇りがかっていること。

クムヤーッワー「チチ [kumujaːʔwaːˈtʃitʃi] 名 曇りの天気。曇天。

グム「ル [gumuˈru] 名【植】ゴモジュ。スイカズラ科。赤い小さな実がなり、観賞植物として庭にも植える。

「クムン¹ [ˈkumun] 動《kum- kur-; ㊊クマン ㊁クミ ㊂クローン ㊃クラン》(はきものを)はく。 サバ ～〈草履をはく〉。

「クムン² [ˈkumun] 動《kum- kur-; ㊊クマン ㊁クミ ㊂クローン ㊃クラン》汲む。 ミジ ～〈水を汲む〉。

「クムン³ [ˈkumun] 動《kum- kur-; ㊊クマン ㊁クミ ㊂クローン ㊃クラン》①組む。編む。 ボーシ ～〈帽子を編む〉。 ②組織する。編成する。

「クメーキ [ˈkumeːki] 名 ①質素。倹約。 ②綿密。細心。注意深いこと。

「クメーキーン [ˈkumeːkiːn] 動《kumeːkir- kumeːkit-; ㊊クメーキラン ㊁クメーキー ㊂クメーキトーン ㊃クメーキタン》①つつましくする。質素に暮らす。 ジノー クメーキティ チカリヨー〈金はつつましく使えよ〉。 ②細心の注意を払う。綿密に[丁寧に]する。

「クメーキヤー [ˈkumeːkijaː] 名 ①倹約家。しまりや。けちけちしている者。 ②細心の注意を払って仕事をする者。物事を注意深くする者。

「クヤ [ˈkuja] 名【こうや(紺屋)】《文》染物屋。＊琉歌「染めて色つかぬかなのあめ世界に情あて染めれ紺屋の主」(全355)。

「クヤ「ミ [kujaˈmi] 名 悔やみ。人の死を悼んで言う言葉。 ～ イーン〈お悔やみを言う〉。

「クヤ「ムン [kujaˈmun] 動《kujam- kujar-; ㊊クヤマン ㊁クヤミ ㊂クヤローン ㊃クヤラン》悔やむ。後悔する。 ＊普通はクー「チェー」スン〈後悔する〉などを多く用いる。

「クユ「イ [kujuˈi] 名《文》今宵。今夜。 ＊琉歌「情あてたばうれ空しげる雨もたまに約束の今宵やれば」(全2065)。

グ「ユー [guˈjuː] 名 ご用。 クージカラユ ～〈お上からのご用〉。

クユ「ミ [kujuˈmi] 名 暦。

「クヨー [ˈkujoː] 名 供養。

「クラ¹ [ˈkura] 名 蔵。倉庫。

「クラ² [ˈkura] 名 鞍。

「クライクルチ [ˈkuraikurutʃi] 名 下り口説(どき)。琉球古典音楽の歌曲名。薩摩での任務を終えた首里王府の役人が帰国するまでの道中を歌ったもの。二才踊りの振りが付けられ、薩摩在番奉行を歓迎する踊りとして演じられた。

「クライン [ˈkurain] 動《kurar- kurat-; ㊊クララン ㊁クライ ㊂クラトーン ㊃クラタン》下る。中央から地方へ行く。

「クラガー [ˈkuragaː] 名 さつまいもの一品種。

クラキー「ン [kurakiːˈn] 動《kurakir- kurakit-; ㊊クラキラン ㊁クラキー ㊂クラキトーン ㊃クラキタン》砕ける。砕けて細かくなる。

「グラグラ [ˈguragura] 擬態 ぐらぐら。揺れ動いて安定しないさま。 ～ ンジュチュン〈ぐらぐら動く〉。

「クラサン [ˈkurasan] 形《㊊クラコーネーン ㊃クラサタン》暗い。

「クラシ¹ [ˈkuraʃi] 名【下し】下痢。

「クラシ² [ˈkuraʃi] 图 暮らし。生活。生計。
「クラシガタ [ˈkuraʃigata] 图 暮らし方。生活のしかた。生計。
「クラシグスイ [ˈkuraʃigusui] 图【下し薬】下剤。
「クラシグリ˥サン [ˈkuraʃiguriˈsan] 形《㊟クラシグリコーネーン 過クラシグリサタン》暮らしにくい。生活が苦しい。
ク「ラシヤッ˥サン [ˈkuraʃijasˈsan] 形《㊟クラシヤッシコーネーン 過クラシヤッサタン》暮らしやすい。生活が楽である。 ンカシェー クラシヤッサタン〈昔は暮らしやすかった〉。
「クラシン [ˈkuraʃin] 图 暗闇。真っ暗。 ～ヌ ミー〈真っ暗なところ〉。
「クラスン¹ [ˈkurasun] 動《kurasɨ-kuratʃ-; ㊟クラサン 連クラシ 過クラチャン》(腹を)下す。下痢する。
「クラスン² [ˈkurasun] 動《kurasɨ-kuratʃ-; ㊟クラサン 連クラシ 過クラチャン》暮らす。生活をする。 アミリカウゥティ クラチョーン〈アメリカで暮らしている〉。
クラ「チュン [kuraˈtʃun] 動《kurakɨ-kuratʃ-; ㊟クラカン 連クラチ 過クラチャン》砕く。砕いて細かくする。
「クラビーン [ˈkurabiːn] 動《kurabir-kurabit-; ㊟クラビラン 連クラビー 過クラビタン》比べる。比較する。
「クラミ [ˈkurami] 图 踏み台。踏み石。
「クラミーン [ˈkuramiːn] 動《kuramir-kuramit-; ㊟クラミラン 連クラミー 過クラミタン》踏む。踏みつける。
ク「リ˥¹ [ˈkuriˈ] 图 いかの墨。汁ものにする。
「クリ² [ˈkuri] 代名 これ。このこと[物]。この人。話し手の領域に属するものを指す。

「グリ [ˈguri] 图 沈殿物。おり。かす。 グレー ヒティーン〈おりは捨てる〉。
グ「リー [guˈriː] 图【御礼(ぉぃ)】お辞儀。 ～ スン〈お辞儀する〉。
グリー「ジン [guriːˈdʒin] 图 ご霊前。
クリ「カー [kuriˈkaː] 图 この辺。この付近。
「クリカラ [ˈkurikara] 图 これから。今後。
ク「リ˥サン [kuˈriˈsan] 形《㊟なし ㊟クリサタン》苦しい。 ＊ク「チ˥サンの方がよく用いられる。
グリサン [gurisan] 助動 …しにくい。 アッチ「グリ˥サン〈歩きにくい〉／アビー「グリ˥サン〈言いにくい〉。 ＊動詞の連用形に付く
ク「リ˥タ [kuriˈta] 图 くれ板。桶や樽などを作るために小さく切った板。
クリーマ「ヤー [kuriːmaˈjaː] 图 さかりのついた猫。 ＊直訳は「狂い猫」。
「クル¹ [ˈkuru] 图 頃。時分。 ワカサタル ～〈若かった頃〉。
クル² [kuru] 接尾 …自身。 ワン「クル〈私自身〉／「ルー クル〈自分自身〉／ッヤン「クル〈きみ自身〉／ウン「ジュ クル〈あなた自身〉／ナン「クル〈自然に〉／ワンクル サ〈自分でやるよ〉／ナンクル アン ナティ ネーン〈自然にそうなってしまった〉。
グル [guru] 接尾 …ごろ(頃)。 ナンジ～〈何時頃〉／イチ～〈いつ頃〉。
グ「ルイ [guˈrui] 图 ぐりぐり。リンパ節が腫れたもの。
ク「ルー [kuˈruː] 图 黒いもの。色の黒い人。
クル「クム [kuruˈkumu] 图 黒雲。
「グルグル [ˈguruguru] 擬態 ①ぐるぐる。物の回転するさま。 ②きょろきょろ。あたりをせわしく見回すさま。 ミー ～ スン〈目をきょろきょろする〉。 ③動作の早いさま。 ～ シェー〈さっさとしなさい〉。
グル「クン [guruˈkun] 图《魚》タカサゴ (高砂)。フエダイ科。体長15-20センチくら

いの沖縄の代表的な魚。肉が豊かでおいしく、から揚げなどに向いている。

ク⌈ルサン [kuˈruˈsan] 形《⑤クルコーネーン ⑳クルサタン》黒い。シメー～〈墨は黒い〉。

グ⌈ルサン [guˈruˈsan] 形《⑤グルコーネーン ⑳グルサタン》すばやい。動作が機敏である。

クルシ⌈バー [kuruʃiˈbaː] 名（体調が悪く、あるいは長時間水につかって）唇が青黒くなること。

クルシ⌈ムン [kuruʃiˈmun] 動《kuruʃim- kuruʃir-; ⑤クルシマン ⓔクルシミ ⑭クルシローン ⑳クルシラン》苦しむ。

クルジャー⌈ター [kurudʒaːˈtaː] 名 黒砂糖。ウゥー⌈ジ〈砂糖きび〉をしぼって作る。

⌈クルスン [ˈkurusun] 動《kurus- kurutʃ-; ⑤クルサン ⓔクルシ ⑭クルチョーン ⑳クルチャン》①殺す。主に動物を殺すのにいう。②殴る。打つ。たたく。「クルサリーミ〈殴られるか。殴るぞ〉/⌈クルシェー〈殴れ〉。

クル⌈チ¹ [kuruˈtʃi] 名 口説（くどぅち）。七五調で歌われる歌謡。「ヌブイクルチ〈上り口説〉、「クライクルチ〈下り口説〉などがある。

クル⌈チ² [kuruˈtʃi] 名【植】くろき。リュウキュウコクタン（琉球黒檀）。カキノキ科。三線の棹の部分を作る材料になる。

クル⌈トゥン [kuruˈtun] 名【植】クロトン。ヘンヨウボク（変葉木）。トウダイグサ科の低木。観賞用。

クルビンケー⌈リン [kurubiŋkeːˈrin] 名 ころげ回ること。～ッシ アシローン〈ころげ回って遊んでいる〉。

⌈クルブン [ˈkurubun] 動《kurub- kurur-; ⑤クルバン ⓔクルビ ⑭クルローン ⑳クルラン》転ぶ。ひっくり返る。＊使役表現としては「クルバスン〈転ばす。転がす〉がある。

クル⌈ベー [kuruˈbeː] 名 黒かび。白い衣類、布などに生じる黒いかび。～クートーン〈黒かびが生えている〉。

クル⌈マ [kuruˈma] 名 車。荷車なども指すが、現在ではほとんど自動車を指していう。

クル⌈マー [kuruˈmaː] 名 人力車夫。＊クルマヒ⌈チャーともいう。

クルマヒ⌈チャー [kurumaçiˈtʃaː] 名 クル⌈マーに同じ。＊「車引き」にほぼ対応。

クルマ⌈ルー [kurumaˈruː] 名【黒丸】ムヌアカ⌈シェー〈なぞなぞ〉でサーターアンラ⌈ギー〈丸い揚げ菓子〉のこと。

クル⌈ムン [kuruˈmun] 動《kurum- kurur-; ⑤クルマン ⓔクルミ ⑭クルローン ⑳クルラン》黒くなる。黒ずむ。打身の黒ずみにもいう。

グル⌈ムン [guruˈmun] 名 すばしこい者。動作が機敏な者。

⌈クルン [ˈkurun] 名 衣（ころも）。僧衣。

ク⌈レー [kuˈreː] 名 仏壇の下の部分。位牌などのある下の空間。

グレー [gureː] 助 ぐらい（位）。程度を表す。ティガネー～ヤ ナエー サニ〈手伝いぐらいはできるだろう〉。

⌈クロー [ˈkuroː] 名 苦労。

グヮー [gwaː] 接尾【子（ぐ）ら】①小さいものを表し、愛称ともなる。トゥイ⌈グヮー〈小鳥〉/イン⌈グヮー〈子犬〉/マヤー⌈グヮー〈子猫〉/ミー⌈グヮー〈細く小さい目。また、そういう目をした人〉。②少量の意を表す。ウッピ⌈グヮー〈これっぽっち〉/ウフィ⌈グヮー〈ちょっぴり〉/チラグヮー ナサッティヨー〈穴があれば入りたいような心境にさせられた〉。③人名に付いて親愛の意を表す。チルー⌈グヮー〈鶴子ちゃん〉/ジラー⌈グヮー〈次郎ちゃん〉。④さげすむ意を表す。ブシジョー⌈グヮー〈世間知らずの者〉/「トゥルバヤー⌈グヮー〈ぽかんとしている者〉/ヒジ⌈グヮー〈ひげを生やした者〉。

⌈クヮーギ [ˈkwaːgi] 名【桑木】桑の木。

クヮーギヌ⌈シチャ [kwaːginuˈʃitʃa]

感【桑木の下】くわばらくわばら(桑原桑原)。雷を避けるまじないの言葉。

「クヮークヮー [ˈkwa:kwa:] 擬態 ぷんぷん。怒っているさま。 ～ ソーン〈ぷんぷん怒っている〉。

クヮークヮークヮーンーモーンーモー [kwa:kwa:kwa:m:mo:m:ˈmo:] 擬態 非常に怒っているさま。 ～ ソーン〈ものすごく怒っている〉。

クヮーシ [kwaːˈʃi] 名 菓子。

グヮーシー [gwaːʃi:] 接尾 …ごっこ。…のまねをすること。 ウーエーグヮーˈシー〈ままごと〉/ ウフッチュグヮーˈシー〈大人のまねごと〉。

クヮーシヤー [kwaːʃiˈja:] 名 菓子屋。

クヮースン¹ [kwaːˈsun] 動《kwa:s- kwa:tʃ-; 否 クヮーサン 連 クヮーシ 禁 クヮーチョーン 過 クヮーチャン》(両側から)挟み込む。(重い大きな物体の下に丸太などを)敷く。(車などで)轢(ひ)く。

「クヮースン² [ˈkwa:sun] 動《kwa:s- kwa:tʃ-; 否 クヮーサン 連 クヮーシ 禁 クヮーチョーン 過 クヮーチャン》①食わす。食わせる。「クゥイン〈食らう〉の使役形。②くらわす。(好ましくないものを)こうむらせる。 バチ ～〈罰を与える〉/ ティージクン ～〈げんこつをくらわす〉。

クヮーナジェーク [kwaːˈnaʤe:ku] 名 砂糖樽職人。

「クゥイン [ˈkwain] 動《kwar- kwat-; 否 クゥラン 連 クゥイ 禁 クゥトーン 過 クゥタン》①食らう。食う。カˈムン〈食べる〉の卑語。*動物に用いるのが普通であるが、嫌だと思う人に対しても用いる。②(ばくちで)もうける。利益を得る。 クヮーリーˈン〈賭け事でしてやられた〉。 ③接尾 …しやがる。 アッチˈクゥイン〈歩きやがる〉/ ナチクゥイン〈泣きやがる〉。

「グヮサグヮサ [ˈgwasagwasa] 擬態 うようよ。うじゃうじゃ。 ヤンバルムシヌ ～ ウゥン〈ヤスデがうじゃうじゃいる〉。

グヮサˈナイ [gwasaˈnai] 副 うじゃうじゃ。多く存するさま。 ムシヌ ～ ウゥン〈虫がうじゃうじゃいる〉/ チュス ～ ウゥン〈人がうじゃうじゃいる〉。

「クヮジ [ˈkwaʤi] 名 火事。

クヮˈソー [kwaˈso:] 名 火葬。

「クヮタクヮタ [ˈkwatakwata] 擬音 「グヮタグヮタに同じ。

「グヮタグヮタ [ˈgwatagwata] 擬音 ぐつぐつ。ものの煮え立つ音。 ～ タジーン〈ぐつぐつ沸騰する〉。*「クヮタクヮタ、クヮタクヮˈターともいう。

クヮタクヮˈター [kwatakwaˈta:] 擬音 「グヮタグヮタに同じ。

「クヮタムン [ˈkwatamun] 「クヮームンに同じ。俗ない方。

クヮチクヮˈチー [kwatʃikwaˈtʃi:] 擬態 ぷんぷん。ひどく怒っているさま。

クヮチˈロー [kwatʃiˈro:] 名【活動】活動写真。映画。

クヮックィーˈン [kwakkwiːˈn] 動《kwakkwir- kwakkwit-; 否 クヮックィラン 連 クヮックィー 禁 クヮックィトーン 過 クヮックィタン》①隠れる。②雨宿りする。

クヮックィˈマーイ [kwakˈkwi-ma:i] 名 隠れ回ること。相手に会わないように逃げ回ること。

クヮックヮˈスン [kwakkwaˈsun] 動《kwakkwas- kwakkwatʃ-; 否 クヮックヮサン 連 クヮックヮシ 禁 クヮックヮチョーン 過 クヮックヮチャン》隠す。隠蔽する。

クヮッˈチー [kwatˈtʃi:] 名 ごちそう。 ～ サビラ〈ごちそうになります。いただきます〉/ ～ サビタン〈ごちそうさまでした〉。

「クゥビーン [ˈkwabi:n] 動《kwabi:r- kwabi:t-; 否 クゥビーラン 連 クゥビー 禁 クゥビートーン 過 クゥビータン》華美にする。ぜいたくにする。 ルク クゥビートーンヤー〈あまりに華美にしているねえ〉。

「クヮラクヮラ [ˈkwarakwara] 擬態 か

んかん。ぎらぎら。日が強烈に照りつけるさま。 ティーラ 〜 ソーン〈太陽がぎらぎら照りつけている〉。

**クヮン¹** [ˈkwan] 图 官。公。お上。〜トー オーラン〈お上とは喧嘩(ゲンクヮ)はできない〉。

**クヮン²** [kwan] 接尾 …貫。昔の貨幣単位。

**クヮンク** [kwaŋˈku] 图 次のように用いる。〜 クゥトーン〈引き締まった顔立ちをしている〉。＊「琉球語大辞典」(『伊波普猷全集』11巻)のガンクの項に、「主として子供などのしまりのある顔附にいふ語。つら(面)ガンククゥトーンなどのやうに用ひる」とある。

**グヮンク** [gwaŋˈku] 图 頑固。かたくな。意固地。

**グヮンクー** [gwaŋˈkuː] 图 頑固者。〜 タンメー〈頑固じじい〉。

**クヮンクヮン** [ˈkwaŋkwan] 副 顔立ちが立派なさま。上品で威厳のあるさま。チラン 〜トゥ ソーン〈顔も堂々として立派である〉。

**グヮンジチ** [gwanˈʤitʃi] 图 元日。

**クヮンジミ** [kwanˈʤimi] 图 缶詰。

**グヮンス** [gwanˈsu] 图 元祖。先祖。家系の初代の人、あるいは仏壇に祭られている人々。＊ウヤグヮンスともいう。

**クヮンソー** [kwanˈsoː] 图『植』カンゾウ(萱草)。ワスレグサ(忘れ草)。ユリ科。黄色い花や白い茎は食用になる。不眠症の薬になるといわれた。

**グヮンタン** [gwanˈtan] 图 元旦。

**クヮンチェーバク** [ˈkwantʃeːˈbaku] 图 棺箱。棺桶。

**クヮンニン** [kwanˈnin] 图 官人。役人。トゥラン〜〈取らぬ官人。トゥランクヮンニンの項参照〉。

**クヮンヌンアヒラー** [ˈkwanˈnunˈʔaçiraː] 图 観音アヒル。普通のあひるより体が大きく、薬用に供される。

**クン** [kun] 接頭 動詞に付いて「力まかせに…する。激しく…する」の意。踏み…。「クントゥイン〈ひったくる〉/「クンクル」バスン〈突き倒す〉。

**クングトゥ** [kuŋˈgutu] 副 こんなに。このように。

**クングトール** [kuŋˈguːtoːru] 图 こんなような。このような。このあとには普通卑しめた言葉が続く。〜 ユムジラ〈こんな生意気な者〉。

**クングトールー** [kuŋgutoːˈruː] 图 こんなやつ。こんなもの。これと似たもの。

**クンクルバーシェー** [kuŋkurubaːˈʃeː] 图 押し合いへし合い。互いに相手を押しのけ転ばし合うような大混雑。スインチョー スリージュリー ナーフゥンチョー ナーハイバイ クニンランチョー 〜 トゥメーンチョー トゥゥメールメーイ〈首里の人は打ちそろい、那覇の人はてんでんばらばら、久米村の人は押し合いへし合い、泊の人は助け合い。那覇近郊の村の特徴をいう言葉〉。

**クンクヮースン** [ˈkuŋkwaːsun] 動《kuŋkwaːs- kuŋkwaːtʃ-; クンクヮーサン 適 クンクヮーシ 禁 クンクヮーチョーン 進 クンクヮーチャン》無理に飲ましたり食べさせたりする。ハナ ウスティ 〜〈鼻を押さえて無理やり飲ます〉。

**クングヮチ** [kuŋˈgwatʃi] 图 九月。

**グングヮチ** [guŋˈgwatʃi] 图 五月。〜 ユッカヌヒー〈旧暦五月四日。ハーリーのある祭りの日で、子供たちは玩具などを買ってもらって楽しむ〉。

**クンクンシー** [kuŋkunˈʃiː] 图 工工四。琉球音楽の楽譜。「サンシン〈三線〉のウゥージル〈一の糸〉、ナカジル〈二の糸〉、ミージル〈三の糸〉についてそれぞれ独特の符号を用いてメロディーを表す。

**クンコー** [ˈkuŋkoː] 图 勲功。

**グンゴーナカムイ** [guŋgoːnakaˈmui] 图 五合枡。

**グンゴーラチ** [guŋgoːˈratʃi] 图 五合炊きの釜。

**クンジー** [ˈkunʤiː] 图 紺地。紺地の

布、着物。

クンジャサバ「クイ [kundʒasaba-「kui] 图 国頭さばくり 国頭から首里王府に木材を運ぶときの労働歌。八八調ではやし調をつけて歌う。

クン「ジュー [kun「dʒuː] 图 九十。

グン「ジュー [gun「dʒuː] 图 銭五十文。＊民謡「汗水節」でイチニチニ 〜〈一日に五十文〉と歌われるが、この場合は「わずかな金」の意である。

「クンジュン [「kundʒun] 動 《kunr- kuntʃ-; 否 クンラン 連 クンジ 希 クンチョーン 過 クンチャン》 くくる。縛る。 チナシ 〜〈綱でくくる〉。

クン「ジョー [kun「dʒoː] 图 根性 意地悪。性根の悪いこと。 アリガ 〜ヤ タジール スル〈彼の性根の悪さといったらたぎるくらいだ(ものすごく悪い)〉。 ＊「根性」に対応する語だが悪い意味にしか使わない。

クンジョー「ムン [kundʒoː「mun] 图 意地悪な人。性根の悪い者。

「グンジン [「gundʒin] 图 権現(ごん)。 フティ「マ「グンジン〈普天間権現〉。

「クンスグイン [「kunsugu「in] 動 《kunsugur- kunsugut-; 否 クンスグラン 連 クンスグイ 希 クンスグトーン 過 クンスグタン》 ぶん殴る。ひっぱたく。

「クンタバイン [「kuntaba「in] 動 《kuntabar- kuntabat-; 否 クンタバラン 連 クンタバイ 希 クンタバトーン 過 クンタバタン》 ふん縛る。引っくくる。

「クンチ [「kuntʃi] 图 根気。 〜ヌ ネーン〈根気がない〉。

「クンチーン [「kuntʃiːn] 動 《kuntʃir- kuntʃittʃ-; 否 クンチラン 連 クンチー 希 クンチッチョーン 過 クンチッチャン》 横切る。(道のないところまたは通ってはいけないところを)突っ切って近道をする。

「クンチカイン [「kuntʃika「in] 動 《kuntʃikar- kuntʃikat-; 否 クンチカラン 連 クンチカイ 希 クンチカトーン 過 クンチカタン》 こき使う。酷使する。

「クンチスーブ [「kuntʃisuːbu] 图 根気勝負 根くらべ。

「クンチチ [「kuntʃitʃi] 图 こんつき(今月) 今月。

クン「チャー [kun「tʃaː] 图 ①ハンセン病患者。②物乞い。

「クンチャキーン [「kuntʃaki「n] 動 《kuntʃakir- kuntʃakit-; 否 クンチャキラン 連 クンチャキー 希 クンチャキトーン 過 クンチャキタン》 (水などを)ひっかける。ぶっかける。 ミジ 〜〈水をぶっかける〉。

「クンチュ [「kuntʃu] 图 クヌッチュに同じ。

「クンチュー [「kuntʃuː] 图 困窮。貧乏。

クンチリミー「チー [kuntʃirimiː「tʃiː] 图 クンチリ「ミチに同じ。

クンチリ「ミチ [kuntʃiri「mitʃi] 图 近道。(普通の道でなく)突っ切って早く目的地に行けるような道。⇒ クンチーン。 〜スン〈近道する〉。 ＊クンチリミー「チーともいう。

「クントゥイン [「kuntui「n] 動 《kuntur- kuntutt-; 否 クントゥラン 連 クントゥイ 希 クントゥットーン 過 クントゥッタン》 奪い取る。ひったくる。

「クントースン [「kuntoː「sun] 動 《kuntoːs- kuntoːtʃ-; 否 クントーサン 連 クントーシ 希 クントーチョーン 過 クントーチャン》 踏み倒す。踏み荒らす。

クン「ナ [kun「na] 連体 こんな。

クン「ナギ [kun「nagi] 图 このくらいの長さ。

クンナ「ゲー [kunna「geː] 图 以前。前。 〜ヤ ユー チュータシガ ナマー クーンナトーン〈前はよく来たが最近は来なくなっている〉。

「クンヌジュン [「kunnudʒun] 動 《kunnug- kunnudʒ-; 否 クンヌガン 連 クンヌジ 希 クンヌジョーン 過 クンヌジャン》 追い抜く。追い越す。

「クンパイン [「kumpain] 動 《kumpar- kumpat-; ㊥クンパラン ㊥クンパイ ㊥クンパトーン ㊥クンパタン》①ふんばる。両足でしっかりと立つ。 ②がんばる。しつこく粘る。

「クンハン」スン [「kuŋhan」suŋ] 動《kuŋhans- kuŋhantʃ-; ㊥クンハンサン ㊥クンハンシ ㊥クンハンチョーン ㊥クンハンチャン》（足場などを）踏みはずす。

「クン「ピチ [「kum「pitʃi] 名 踏みつける[にじる]こと。

「クンピラ」カスン [「kumpira」kasuŋ] 動《kumpirakas- kumpirakatʃ-; ㊥クンピラカサン ㊥クンピラカシ ㊥クンピラカチョーン ㊥クンピラカチャン》（うっかり）踏みつぶす。わざと人を足蹴にする場合にもいう。

クン「ピン [kum「piŋ] 名 菓子の名。小麦粉を卵と砂糖で練って、中にごまの餡を入れて焼く。最近は柔らかいものもある。 ＊首里では「クンペンという。

グン「ボー [gum「boː] 名 ごぼう(牛蒡)。

「クンマー」スン [「kummaː」suŋ] 動《kummaːs- kummaːtʃ-; ㊥クンマーサン ㊥クンマーシ ㊥クンマーチョーン ㊥クンマーチャン》（嫌なことを避けるために)少し遠回りする。ちょっと回り道する。

「クンマギーン [「kummagiːŋ] 動《kummagir- kummagit-; ㊥クンマギラン ㊥クンマギー ㊥クンマギトーン ㊥クンマギタン》①無理に曲げる。ひん曲げる。 ②お仕置きをする。 クンマギティトゥラサ〈お仕置きをしてやろう〉。

クン「ヤク [kuɲ「jaku] 名 こんにゃく。沖縄にはこんにゃくいもは産しない。

クン「ラ [kun「ra] 名 こむら。ふくらはぎ。

クンラアガ「ヤー [kunraʔaga「jaː] 名 こむら返り。ふくらはぎが突然痙攣を起こし、激痛を覚えること。

クン「ル [kun「ru] 名 ①今度。 ②今年。 クンロー シチジョー スン〈今年は卒業する〉。

# ケ

「ケー¹ [ˈkeː] 图 (大切な着物類を入れる) 衣装箱。

ケー² [keː] 接尾 命令の意を表す。ウケー〈置け〉が接尾辞化したもの。「サンケー〈するな〉/「イカンケー〈行くな〉。

ケー³ [keː] 接尾 …階。ニー「ケー〈二階〉、「サンケー〈三階〉など。

「ゲー [ˈgeː] 图【害】反抗。敵対。 ~ スン〈反抗する〉/ ワンニンカイ ~ スルバーイ〈私に反抗するのか〉。

「ケーイジン [ˈkeːidʒin] 图 着替え(の衣服)。

ケーイ「ミチ [keːiˈmitʃi] 图 帰り道。帰途。

ケー「イン¹ [keːˈin] 動《keːr- keːt-; 㐂ケーラン 連ケーイ 継ケートーン 過ケータン》①(自宅などに)帰る。②(もとの所有者などに)返る。

「ケーイン² [ˈkeːin] 動《keːr- keːt-; 㐂ケーラン 連ケーイ 継ケートーン 過ケータン》①替える。ジョートートゥ ~ 〈(品物など)よいものと替える〉/ ジン ~ 〈お金を両替する。お金をくずす〉。②変える。

ケーサー [keːsaː] 接尾 繰り返し[何度も]…すること。イー~ スン〈何度も言い直す〉/ アチラシ~ スン〈何度も温め直す〉。

ゲー「サー [geːˈsaː] 图 反抗する者。

ケー「シ [keːˈʃi] 图 ①お返し。返礼。ケーシェー ヌー スガ〈お返しは何をするのか〉。②(台風の)吹き返し。台風の目に入り、一時はおさまったかのように見えるが、しばらくすると反対方向から吹き返してくる強い風。

ケーシ「マー [keːʃiˈmaː] 图 衣服を裏返しに着ること。

ケーシムル「シー [keːʃimuruˈʃiː]

【返し戻し】おつり。つり銭。ウリ ~ ヤサ〈ほら、おつりだよ〉。

「ケージョー [ˈkeːdʒoː] 图【開静(かいじょう)】《文》日の出頃に寺で鳴らす鐘。* 琉歌「開静鐘や鳴ちてもおぞむ人やゃらぬ 一期この世界や闇がやゆら (全 2523)。

ケー「スン [keːˈsun] 動《keːs- keːtʃ-; 㐂ケーサン 連ケーシ 継ケーチョーン 過ケーチャン》①(もとの所有者などに)返す。(品物を)返品する。②(家に)帰る。③動詞連用形に付いて、接尾辞的にも用いられる。トゥイ「ケースン〈取り返す〉。

「ケーソー [ˈkeːso] 图 海上。大海原。

「ケーテー [ˈkeːte] 副 かえって。むしろ。 ~ カマンシェー マシ〈かえって食べない方がよい〉。

「ケー「トゥナイ [ˈkeːˈtunai] 图 隣近所。* チュ「ケー「トゥナイともいう。

ケー「ナ [keːˈna] 图 かいな。二の腕。

ケーラシクル「バシ [keːraʃikuruˈbaʃi] 副 ひっくり返したり転がしたり。引っかき回してものをぞんざいに扱うさま。

ケーラ「スン [keːraˈsun] 動《keːras- keːratʃ-; 㐂ケーラサン 連ケーラシ 継ケーラチョーン 過ケーラチャン》ひっくり返す。ナービ ~ 〈鍋をひっくり返す〉。

ケーリー「ン [keːriːˈn] 動《keːrir- keːrit-; 㐂ケーリラン 連ケーリー 継ケーリトーン 過ケーリタン》ひっくり返る。転覆する。

ケー「リクルビ [keːˈrikurubi] 图【返り転び】すべって何度もひっくり返ること。笑いころげること。

ケーリラケー「リラ [keːrirakeːˈrira] 副 ひっくり返らんとするさま。トーリラヨーヘーッシ ~ ソーン〈倒れてひっくり返ろうとしている〉。

ケーリンクル「ビン [keːriŋkuruˈbin]

副 ①ころげ回るさま。 ②(だらしなく)ごろごろするさま。

**ケー「ルー** [keːˈruː] 名 交換。取り替えっこ。

**ケーン** [keːn] 接尾 …回。チュケー「ン〈一回〉、「タケーン〈二回〉、「ミケーン〈三回〉、「ユケーン〈四回〉、イチケー「ン〈五回〉など。

**ゲー「ン** [geːˈn] 名 ①すすき(薄)。 ②すすきを数本束ね、葉の先を折り曲げて結び、魔除けとしたもの。持ち運ぶ食べ物に添えたり、あるいは暗い夜道など魔除けの必要なところを通る場合に携えた。⇨ サン[1]。

**ゲッ「チョー** [getˈtʃoː] 名 子供の遊戯の名。または、その道具の名。10センチほどの短い棒と40センチほどの長さの棒を使う。長い棒で短い棒を打ち上げて飛ばし、その飛距離を争う。

**ケンクンケン「クン** [keŋkuŋkeŋˈkun] 擬態 片足を引きずるように歩くさま。 ～ アッチュン〈びっこを引いて歩く〉。

## コ

「コー [ˈkoː] 图【科】士族男子が受けた文官試験。第一次、第二次と行われたらしいが、現在は芝居の台詞などで聞く程度である。アヤーガルロー アンラジシ クィティノーン トゥルトゥル ～ン アタラン〈お母さんが脂肉を食べさせて脳もとろとろして思考も働かず試験も受からなかった。『薬師堂』という芝居の台詞〉。

「ゴー¹ [ˈgo] 图 壕。ほら穴。洞窟。＊沖縄戦では避難場所にもなった。ガマともいう。

ゴー² [goː] 接尾 …合。一升の十分の一。約180ミリリットル。イチ「ゴー〈一合〉、ニ「ゴー〈二合。ニン「ゴーともいう〉、サン「ゴー〈三合〉、シン「ゴー〈四合〉、グン「ゴー〈五合〉など。

「コーイウジ「ラーサン [ˈkoːiʔudʑiraːsaŋ] 形《㊇コーイウジラーコーネーン ㊔コーイウジラーサタン》買い物上手である。

「コーイムン [ˈkoːimuŋ] 图 買い物。買った物。～ シーガ イチュン〈買い物をしに行く〉/ ウレー ～〈これは買った物だ〉。

コーイムン「サー [koːimuŋˈsaː] 图 買い物をする人。

「コーイユカッチュ [ˈkoːijukattʃu] 图 士族の身分を金で買った者。平民、士族の区別のあった頃の言葉。⇨ ユカッチュ。

「コーイン [ˈkoːiŋ] 图《[koːr- koːt-; ㊇コーラン ㊔コーイ ㊄コートーン ㊂コータン》買う。クルアミグヮー ～〈黒飴を買う〉。

「コーイン「グェー [ˈkoːiŋˈgweː] 图 買い食い。

コーガー「キー [koːgaˈkiː] 图 ほおかぶり。頭からほおにかけて手ぬぐいをかぶること。手ぬぐいの下の両端は口でくわえる場合が多い。

コー「グ [koːˈgu] 图 次の句で用いる。
～ マガトーン〈（高齢などのために）腰が曲がっている〉。

コー「グー [koːˈguː] 图（高齢などのために）腰が曲がっている者。佝僂（くる）病の人。

ゴー「グチ [goːˈgutʃi] 图 不平不満を言うこと。ムンヌ ゴーグチェー サンケー〈食べ物の不平を言うな〉。

ゴー「グチ「ハーグチ [goːˈgutʃihaːˈgutʃi] 图 盛んに不平不満を言うこと。ゴー「グチの強調形。～ スン〈盛んに不平不満を言う〉。

ゴーグ「チャー [goːguˈtʃaː] 图 不平不満[文句]ばかり言う者。～ バーチー〈文句ばかり言うおばさん〉。

「コー「グヮーシ [ˈkoːˈgwaːʃi] 图 落雁（らくがん）。もち米を蒸し乾燥させて粉にしたものに砂糖と水あめを混ぜて作る干菓子。冠婚葬祭に用いる。

コー「コー [koːˈkoː] 图 孝行。～ナムン〈孝行者〉。

「ゴーゴー [ˈgoːgoː] 擬音 海鳴りの音。水が激しく流れる音。

コーコー「ムン [koːkoːˈmuŋ] 图 孝行者。

コー「サー¹ [koːˈsaː] 图 指を軽く曲げて、中指、人差し指の関節の部分でこつんと打つこと。子供を叱るときなどに用いる。

コー「サー² [koːˈsaː] 图 疥癬（かいせん）にかかった者。

コー「シ [koːˈʃi] 图 疥癬（かいせん）。

「コージ [ˈkoːdʑi] 图 ①麹。味噌、酒などの醸造用に穀物を蒸して作る。②かび（黴）。～ フチュン〈かびが生える〉。

コー「ジュイ [koːˈdʑui] 图【顔剃】剃刀。

コージュイ「マキ [koːdʑuiˈmaki] 图 剃刀まけ。

「コー「ジン [「ko:dʒin] 图【荒神】密告。告げ口。〜 スン〈告げ口する〉。＊組踊『護佐丸敵討』に「勝連の按司のかうずみしやうち」とあるが、この「かうずみ」は古形である。

コー「チン [ko:「tʃin] 图 鶏の一品種。

コー「トゥ [ko:「tu] 图 鳥獣の爪[爪先]。また人の手や手先の卑語。

コー「パー [ko:「pa:] 图 けちなこと。けちんぼ。しみったれ。

コーピー「ピー [ko:pi:「pi:] 图 線香作りを生業とする人たち。

「コームイン [「ko:muin] 動《ko:mur-ko:mut-; 㐧コームラン 連コームイ 禁コームトーン 勧コームタン》こうむる。ウゥンジ 〜〈恩義をこうむる〉。＊普段の生活ではあまり使用されず、芝居の台詞などで聞かれる。

ゴー「ヤー [go:「ja:] 图〖植〗にがうり(苦瓜)。ツルレイシ(蔓荔枝)。実は円柱状で緑色。苦いが沖縄では豆腐や豚肉などと一緒に炒めて好んで食べる。

コー「ヤク [ko:「jaku] 图 膏薬。

コーリ「ガシ [ko:ri「gaʃi] 图 高利貸し(行為、商売)。

コーリガ「シー [ko:riga「ʃi:] 图 高利貸し(人)。

「ゴーリビン「スー [「go:ribin「su:] 图 ひどい貧乏人。＊ゴーリは「転ぶ」、ヒンスーは「貧乏人」の意。

ゴー「ルー [go:「ru:] 图 ゆるゆる。ぴったりでなくゆるいこと。〜 ソーン〈ゆるゆるだ〉。

「コールコール [「ko:ruko:ru] 擬音 があがあ。いびきをかく音。〜ンチ ハナ フチュン〈があがあといびきをかく〉。

コール「マー [ko:ru「ma:] 图 輪回し(の輪)。

コールマージ「リー [ko:ruma:dʒi-「ri:] 图 輪切り。レー「クニ〈大根〉、チレーク「ニー〈にんじん〉などを横に切ること。

コーレー「グス [ko:re:「gusu] 图【高麗胡椒】唐辛子。クチェー 〜〈口は唐辛子。辛辣なことを言うこと〉。

コッ「コ「レー「ウー [kok「ko「re:-「ʔu:] 擬音 こけこっこう。雄鶏の鳴き声。〜 ッシ ウタイン〈こけこっこうと鳴く〉。

「コンコン [「koŋkon] 擬音 ごほんごほん。咳き込む音。

「ゴンゴン [「goŋgon] 擬態 どんどん。さっさと。健脚なさま。〜 アッチュン〈どんどん歩く〉。

# サ

**サ** [sa] 助 よ。さ。念押しの意。動詞の準連体形、形容詞の名詞形に付く。 ユム「サ〈読むよ〉/ アンヤサ〈そうだよ〉/ タ「カササ〈高いよ〉。

「**サー**[1] [「saː] 名 (人の持つ)霊力。

**サー**[2] [saː] 接頭 「少々」の意を表す。サーフー「フー〈ほろ酔い〉/ 「サーワレー〈うす笑い。せせら笑い〉。

「**サーイ**[1] [「saːi] 名【障り】つわり。 〜ソーン〈直訳は「つわりがしている」。つわりになっている〉。

**サーイ**[2] [saːi] 助 サーニに同じ。

「**サーイチーン** [「saːitʃiːn] 動《saːitʃir- saːitʃittʃ-; 否 サーイチラン 連 サーイチー 継 サーイチッチョーン 過 サーイチッチャン》(一滴残らず)注ぎきる。(容器の液体をすっかり出して)あける。 チャーサーイチークゥッテーサ〈お茶を一滴残らず出しきっていやがるよ。沖縄ではいつも急須に茶が入っていて、その茶湯をすっかり出しきることを嫌う〉。

「**サーイン**[1] [「saːin] 動《saːr- saːt-; 否 サーラン 連 サーイ 継 サートーン 過 サータン》(液体を)つぐ。入れる。 ユーサーインケー〈湯を入れろ〉。＊お茶などを一滴残らず注ぎきるのは「サーイチーンという。

「**サーイン**[2] [「saːin] 動《saːr- saːt-; 否 サーラン 連 サーイ 継 サートーン 過 サータン》さわる。触れる。 サーレーサングヮン〈直訳は「さわったら三貫(六銭)」。さわると大変というときにいう文句〉/ サーレーサングヮンシグナチュンロー〈さわったら大変、すぐ泣くぞ〉。

**サーク** [saːku] 接尾 ...勺。 グサーク〈五勺〉/ サキグサークヌラン〈酒を五勺飲んだ〉。＊これ以外はあまり使わない。

**サー「シ** [saː「ʃi] 名 錠。錠前。 〜 イリーン〈錠をかける〉。

「**サーシヌ「ックヮ** [saː.ʃinu「kkwa] 名 (錠前に差し込む)鍵。

「**サージャー** [「saːdʒa] 名 さぎ(鷺)。

「**サージャートゥ** [「saːdʒa:tu] 副 さっぱり(と)。はればれと。 ムルウワティ 〜 ナタン〈全部終わってさっぱりした〉/ チムン 〜 ナイルグトーン〈心もはればれとなるようだ〉。

**サー「ター** [saː「ta] 名 砂糖。 シルジャー「ター〈白砂糖〉/ クルジャー「ター〈黒砂糖〉。

**サーターアンラ「ギー** [saːta:ʔanra「giː] 名 菓子の名。小麦粉、砂糖、卵を混ぜて作った生地を丸い形にし油で揚げたもの。今は、カボチャ、胡麻、紅芋、田芋などを混ぜて作ったものもある。⇒ アンラギー。＊首里方言形のサーターアンダギーの名で一般に知られている。

**サーターグル「マ** [saːta:guru「ma] 名 砂糖きびから汁をしぼり取るための歯車。牛馬に引かせて回すと、歯車どうしがかみあって汁をしぼり取る仕掛けになっている。

**サーター「ラル** [saːta:「raru] 名 砂糖樽。黒砂糖を入れる樽。

**サーナーゲ「イ** [saː.na:ge「ʔi] 名 逆さま。ひっくり返ること。 〜 ソーン〈逆さまになっている。ひっくり返っている〉。

**サーニ** [saːni] 助 で。＊サーイまたはッシともいう。 ①手段、方法、材料などを表す。 ラキ 〜 ンメーシチュクイン〈竹で箸を作る〉。 ②原因、理由を表す。 チブルヤリー 〜 ユクトーン〈頭痛で休んでいる〉。 ③期限、限度、範囲を表す。 ミチチサーネーナイルスル〈三か月でできるよ〉。

「**サーハゴー「サン** [「saːhago:「san] 形《否 サーハゴーコーネーン 過 サーハゴーサタン》①うす汚い。 ②うす気味悪い。不気味である。

「サーフー」「フー [saːɸuːˈɸuː] 图 副 ほろ酔い(のさま)。一杯機嫌(の様子)。〜ッシ ユクバイ ソーン〈ほろ酔いでふらふら歩いている〉。

「サーマキ [ˈsaːmaki] 图 自分の「サー〈霊力〉に体力が負けること。霊力があると思われる者が青白い顔をしているときなどにいう。

サー「ユー [saːˈjuː] 图 さゆ(白湯)。

サー「ラ [saːˈra] 图【魚】サワラ(鰆)。

「サーラカ「サン [ˈsaːrakaˈsan] 形《⑮サーラカコーネーン ⑳サーラカサタン》霊力が高い。グ「ソー〈死後の世界。あの世〉との交信ができる人についていう。 アヌィ ナゴー 〜〈あの女は霊力が高い〉。

「サーラカ」ンマリ [ˈsaːrakaˈʔmmari] 图 霊力高く生まれること。霊力の高い人。

サー「ルー [saːˈruː] 图 猿。

「サーワレー [ˈsaːwareː] 图【しら笑い】うす笑い。せせら笑い。馬鹿にしたような笑い。*「ウスワレーともいう。

サイ [sai] 助 男が目上に対して話したり呼びかけたりするときなどに用いる敬語で、文末に付ける。女はタイと言う。 エー「サイ〈もしもし。呼びかけ〉/ ウンジョー マーカイ メンシェービーガ〜〈あなたはどこへいらっしゃいますか〉。

サイ「タ [saiˈta] 連体 変な。奇妙な。〜ッチュ〈変な人〉/ 〜 イチムシ〈奇妙な生き物〉。

「サカ [saka] 图 逆(さか)(ぎゃく)。逆さま。反対。 アリガ イーシェー ムル 〜〈彼が言うのはみな逆〉。

サ「ガイ¹ [saˈgai] 图【下がり】低地。低くなっているところ。 〜 ナトーン〈低地になっている〉。 *「ウシマチ」サガイ〈牛町下がり〉のように地名などにも付く。

サ「ガイ² [saˈgai] 图【下がり】掛け。買った品物の代金をあとで払うこと。

サガイ「ウイ [sagaiˈʔui] 图 掛け売り。

「サカイ」ウトゥルイ [ˈsakaiˈʔuturui] 图【栄え衰え】栄枯盛衰。 ニンジノー 〜ヌアン〈人間は栄枯盛衰がある〉。

サガイゴー「イ [sagaigoːˈi] 图 掛け買い。⇒コーイン。

サガイティー「ラ [sagaitiːˈra] 图 落日。夕日。*サガイティーラー ンージュル ムノー アラン〈(不幸が訪れるから)沈む夕日を見るものではない〉といわれることがある。

「サカイン [ˈsakain] 動《sakar- sakat-; ⑮サカラン ⓒサカイ ⑳サカトーン ⓟサカタン》栄える。

サガ「イン¹ [sagaˈin] 動《sagar- sagat-; ⑮サガラン ⓒサガイ ⑳サガトーン ⓟサガタン》①(位置などが)下がる。②ぶら下がる。③(値段が)安くなる。(質などが)低くなる。

サガ「イン² [sagaˈin] 動《sagar- sagat-; ⑮サガラン ⓒサガイ ⑳サガトーン ⓟサガタン》掛けで買う。 サガラ「スン〈掛けで売る〉/ サ「ガ」トーケー〈掛けで買っておけ〉。

「サカジチ [ˈsakadʑitʃi] 图 杯。

「サカジュイ [ˈsakadʑui] 图 逆剃り。

「サカナ [ˈsakana] 图 (酒の)肴。

「サカナヤー [ˈsakanajaː] 图【肴屋】料亭。料理屋。

「サカマチギ [ˈsakamatʃigi] 图 逆まつ毛。

「サカムヌ」イー [ˈsakamunuˈʔiː] 图【逆もの言い】理に合わない[矛盾した]ことを言うこと。 〜 ソーシガ アタマニ オーラオーラ ソーン〈理にかなわないことを言っているが、はなから喧嘩(けんか)しようとしている〉。

「サカヤ [ˈsakaja] 图 造り酒屋。酒造家。

「サカラチ [ˈsakaratʃi] 图 逆立ち。「サカラチ」ユーリー〈逆立ち幽霊。伝説を元にした有名な怪談劇。またそれに登場する幽霊〉。

「サカンキ [ˈsakaŋki] 图 逆むけ。ささくれ。

「サカンマリ [ˈsakaʔmmari] 图【逆産まれ】逆子で生まれること。

「サキ [「saki] 图 酒。(特に)泡盛。最近はいろいろな酒と区別するためにシマ「ジャキ〈島酒。泡盛のこと〉といういい方もする。

「サギ [「sagi] 图 (三線の)下げ。本調子のこと。⇨ サンサギ、ニーアギ。

サ「キー [sa「ki:] 图 酒飲み。酒豪。⇨ サキクェー。

サキ「ン [saki:「n] 動《sakir- sakit-; ㋡サキラン ㋣サキー ㋠サキトーン ㋤サキタン》裂ける。 キーヌ ~ 〈木が裂ける〉。

サギ「ン [sagi:「n] 動《sagir- sagit-; ㋡サギラン ㋣サギー ㋠サギトーン ㋤サギタン》①(位置などを)下げる。 ②下げる。ぶら下げる。 ③(値段を)下げる。安くする。 ④(膳などを)下げる。

「サキガーミ [「sakiga:mi] 图 酒甕。

「サキガク [「sakigaku] 图 ①飲酒を原因とする病気。記憶障害など。 ②アルコール中毒。

サキ「クェー [saki「kwe:] 图 のんだくれ。酔っぱらい。酒飲みを罵っていう語。ただし最近は、普通の酒飲みの意からののしっていう場合まで広く用いられる。サ「キーの方はあまり聞かなくなった。

「サキグェーイ [「sakigwe:i] 图 酒太り。

「サキグシ [「sakiguʃi] 图 酒癖。 ~ ワッサン〈酒癖が悪い〉。

サギグ「スイ [sagigu「sui] 图【下げ薬】のぼせを治す薬。「イチャ〈いか(烏賊)〉、クブ「シミ〈コブシメ〉などに豚肉やフーチ「バー〈よもぎ〉などを少し入れ煎じて、汁ごと食べる。

「サキ「サカナ [「saki「sakana] 图 酒と肴。

サギジョー「キー [sagidʒo:「ki:] 图 竹で編んだふたつきの平たい籠(かご)。中に食べ物を入れて梁(はり)などから下げ、ねずみなどの害を防ぐ。

「サキジョー「グ [sakidʒo:「gu] 图【酒上戸】酒好き。上戸。悪い意味では用いない。

「サキジョー「グー [sakidʒo:「gu:] 图 酒好き。酒飲み。酒がとても好きな者。* サキジョー「グの強調形。

「サキビン [「sakibin] 图 酒瓶。

「サキルッ「クイ [「sakiruk「kui] 图【酒徳利】徳利。

「サク¹ [「saku] 图 程度。具合。頃合い。適度。適量。アリガ サコー ナラン〈彼のぐらいにはできない。彼ほどにはできない〉/ サコー タフシビケーン ヤサ〈ご飯を炊くときの水の適量は(指の)二節(ふし)ぐらいだ〉/ イィー サコー イッチョーン〈適当な量が入っている〉/ ~ン ネーン ヌミカタ〈程度もない飲み方。限度のない飲み方〉。

「サク² [「saku] 图 酌。 ~ ッシ ウサギレー〈酌をして差し上げろ〉。

「サグ [「sagu] 图 (三線の)合の手。 ~ チキーン〈(三線の曲に)合いの手を入れ調子を整える。直訳は「合いの手をつける」〉。

「サグイン [「saguin] 图《sagur- sagut-; ㋡サグラン ㋣サグイ ㋠サグトーン ㋤サグタン》探る。

「サグイン「グェー [「saguiŋ「gwe:] 图【探り食い】盗み食い。* ヌスルン「グェーともいう。

「サク- [「saku:] 图 瘧癪(かんしゃく)もち。怒りん坊。* 「サクムチともいう。

サク「グミ [saku「gumi] 图 うるち(粳)。粘り気の少ない米。普通に炊いて食べる米。

サク「サアマサ [saku「sa?amasa] 連語 もろいこと。トゥシイ ナイネー チーヌミチヌ ~ ナイン〈年寄りになると血管がもろくなる〉。

サ「クサン [sa「kusan] 形《㋡サクコーネーン ㋤サクサタン》もろい。こわれやすい。

「サクヒラ [「sakuçira] 图〈文〉急な坂。* 琉歌「若さひと時の通い路の空や闇のさくひらも車たう原」(全179)。

「サクムチ [「sakumutʃi] 图 瘧癪(かんしゃく)もち。 ~ ナサリーン〈癪癪もちにされる。(嫌

なことをされて)癇癪を起こしそうになる〉。＊「サクーともいう。

「サクラ [「sakura] 图 桜。ヒカンザクラ(緋寒桜)のこと。二月頃に咲く。花は散るのではなく、しおれて落ちる。

「サケー [「sake:] 图 境。境界。

「サケーイン [「sake:in] 動《sake:r- sake:t-; 㐧サケーラン 連サケーイ サケートーン 過サケータン》栄える。繁盛する。ウンナ クトゥ シーネー サケーラン〈そんなことをすると栄えない〉。

「サゲースン [「sage:sun] 動《sage:s- sage:tʃ-; 㐧サゲーサン 連サゲーシ サゲーチョーン 過サゲーチャン》探す。拾う。

「ササ [「sasa] 图 魚をとるために水に投げ込む毒物。キリンソウ(麒麟草)やルリハコベ(瑠璃繁縷)の茎や葉をたたいて液を出し、それを水中に投入して魚を麻痺させ動けなくする。

サジェー「ンナ [sadʒe:「nna] 图 さざえ(栄螺)。

サジカ「イン [sadʒika「in] 動《sadʒi- kar- sadʒikat-; 㐧サジカラン 連サジカイ サジカトーン 過サジカタン》授かる。ックヮ ～〈子を授かる〉。

サジキー「ン [sadʒiki:「n] 動《sadʒikir- sadʒikit-; 㐧サジキラン 連サジキー サジキトーン 過サジキタン》授ける。ックヮ ～〈子を授ける〉。

サシ「クルスン [saʃi「kuru「sun] 動《saʃikurus- saʃikurutʃ-; 㐧サシクルサン 連サシクルス サシクルチョーン 過サシクルチャン》刺し殺す。ヤイッシ ～〈槍で刺し殺す〉。

サシ「チマ「イン [saʃi「tʃima「in] 動《saʃitʃimar- saʃitʃimat-; 㐧サシチマラン 連サシチマイ サシチマトーン 過サシチマタン》(その時期が)押し詰まる。差しせまる。＊「差し詰まる」にほぼ対応。

サシ「トゥ「ミーン [saʃi「tu「mi:n] 動《saʃitumir- saʃitumit- 㐧サシトゥミラン 連サシトゥミー 継サシトゥミトーン 過サシトゥミタン》差し止める。禁止する。

サシ「ミ [saʃi「mi] 图 刺身。

サシ「ムン「ジェーク [saʃi「mun「dʒe:ku] 图【指物細工】指物師。

サシワキ [saʃi「waki] 图 区別。弁別。差別。＊イル「ワキともいう。

サ「シン [sa「ʃin] 图 写真。～ ヌジュン〈直訳は「写真を抜く」。写真を撮る。⇨ ヌジュン[2]〉。

サ「シン「チュン [sa「ʃin「tʃun] 動《sa- ʃink- saʃintʃ-; 㐧サシンカン 連サシンチ 継サシンチョーン 過サシンチャン》差し込む。⇨ ンチュン。

サ「スン [sa「sun] 動《sas- satʃ-; 㐧ササン 連サシ 継サチョーン 過サチャン》①刺す。ハチャーンカイ ササッタン〈蜂に刺された〉。②(刀などを腰に)差す。帯びる。タチ ～〈太刀を差す〉。③(液体などを)注す。つぐ。注ぐ。チャー ～〈茶を注す〉。

サタ [sata「] 图 ①沙汰。うわさ。話題。評判。～ン ナラン〈話題にもならない。問題にならない〉／ ～ ウッチョーン〈直訳は「沙汰を打っている」。評判になっている〉。②音信。消息。～ スタンリイチ クィリョー〈消息を聞いていた(直訳は「沙汰をしていた」)と言っていた〉。

「サチ [「satʃi] 图 ①先。前。～ ナイン〈先になる。先に行く〉。②まっさき。最初。～ ナティ チョータン〈まっさきに来ていた〉。③先端。ヒサヌ サチェー ヤイヌ ～〈足の先は槍の先。足の向く先はいろいろなことが起こるから注意せよの意〉。④先。将来。～ヌ クトー ターガン ワカラン〈将来のことは誰も分からない〉。

サチ「イー [satʃi「i:] 图【裂藺】【植】い(藺)。茎を裂いて乾かし畳表にする。

「サチウゥトゥ [「satʃiutu] 图 先夫。前夫。

「サチカン「ジュン [「satʃikan「dʒun] 動

《satʃikanr- satʃikant-；㋐サチカンラン ㋑サチカンジ ㋒サチカントーン ㋓サチカンタン》咲きこぼれる。咲き乱れる。

「サチグチ [ˈsatʃiɡutʃi] 图 先口。先約。アリガル ～ ヤル〈彼の方が先約だ〉。

「サチジャチ [ˈsatʃidʒatʃi] 图 先々。将来。～ チャーガ ナイラ ワカラン〈先々どうなるか分からない〉。

「サチシレー [ˈsatʃiʃire:] 图【先次第】先着順。早い者順。

「サチダチュン [ˈsatʃidatʃun] 動《satʃidak- satʃidatʃ-；㋐サチダカン ㋑サチダチ ㋒サチダチョーン ㋓サチダチャン》《文》先立つ。先に死ぬ。サチダチュル フコーヤ ユルチ クィミソーリ〈先立つ不孝を許してください〉。

「サチチーン [ˈsatʃitʃi:n] 動《satʃitʃir- satʃitʃittʃ-；㋐サチチラン ㋑サチチー ㋒サチチッチョーン ㋓サチチッチャン》（花が）満開になる。＊「咲ききる」にほぼ対応。「サチチリーンともいう。

「サチチリーン [ˈsatʃitʃiri:n] 動《satʃitʃirir- satʃitʃirit-；㋐サチチリラン ㋑サチチリー ㋒サチチリトーン ㋓サチチリタン》「サチチーンに同じ。

「サチトゥジ [ˈsatʃitudʒi] 图【先刀自】先妻。

サチナイシガム「ヌー [satʃinaiʃiɡamuˈnu:] 图「先になった者の物」の意。早い者勝ち。

サチナイシ「レー [satʃinaiʃiˈre:] 图 サチナイシン「レーに同じ。

サチナイシン「レー [satʃinaiʃinˈre:] 图【先なり次第】先着順。早い者順。～ ウチクッティ ネーン〈先に着いた順にすっかり食べつくしている〉。 ＊サチナイシ「レーともいう。

「サチヌ「ユー [satʃinuˈju:] 图【先の世】①前世。②昔。

「サチバイ [ˈsatʃibai] 图 先駆け。イィナゴー イクサヌ ～〈諺〉〈女は戦の先駆け。戦の始めに女が相手への呪いの祈願を行ったことから〉。

「サチマーイ [ˈsatʃima:i] 图 先回り。～ ッシ カチミーン〈先回りして捕まえる〉。＊「抜け駆け」の意味にはあまり使わない。

「サチュン¹ [ˈsatʃun] 動《sak- satʃ-；㋐サカン ㋑サチ ㋒サチョーン ㋓サチャン》咲く。ハナヌ ～〈花が咲く〉。

サ「チュン² [saˈtʃun] 動《sak- satʃ-；㋐サカン ㋑サチ ㋒サチョーン ㋓サチャン》裂く。引き裂く。

「サチルシ [ˈsatʃiruʃi] 图 先年。過ぎ去った年。

「サチッンジーン [ˈsatʃiʔndʒi:n] 動《satʃiʔndʒir- satʃiʔndʒit-；㋐サチッンジラン ㋑サチッンジー ㋒サチッンジトーン ㋓サチッンジタン》咲きだす。咲き始める。

サッ「クィー [sakˈkwi:] 图 咳。～ オホオホ スン〈咳をごほごほする〉／～ チチュン〈咳き込む〉。

サッ「コー¹ [sakˈko:] 图 いい加減。でたらめ。～ナ ムヌイーカタ〈いい加減なものの言い方〉。

サッ「コー² [sakˈko:] 副 非常に。とても。～ ヒーサン〈とても寒い〉。

サッコー「ビ [sakko:ˈbi] 图 しゃっくり。～ スン〈しゃっくりをする〉。

「サッシーン [ˈsaʃʃi:n] 動《saʃʃir- saʃʃit-；㋐サッシラン ㋑サッシー ㋒サッシトーン ㋓サッシタン》《文》察する。＊歌劇『薬師堂』にサッシリ察してくれ。直訳は「察しなさい」とある。

サッ「ティム [satˈtimu] 感 さても。いやはや。なんとまあ。感動したりあきれはてたりしたときなどに発する言葉。

サッ「ティム「サッティム [satˈtimu-sattimu] 感 さてもさても。いやはや。なんとまあ。＊老女が右の人指し指をうまく使って、左の人指し指の背にぱちぱち音を立てながらサッ「ティムサッティムという。孫の説教やとんでもない話題などについて、非難を込めてするしぐさである。これを ～ サッ

タン〈驚きあきれられた〉という。

「サッパッ」トゥナ [「sappat「tuna] 連体 (性格が)さっぱりした。 ～ ニーシェー〈さっぱりした青年。好青年〉。

サップー「シ [sappu:「ʃi] 图 冊封使(さくほう)。明治以前琉球国王の即位にあたり、トー「〈中国〉から冠を授与しに来た使者のこと。正副の二使からなり、総員数百人の諸官を従えて約半年間滞在し、非常に歓待されたという。

「サティ「サティ [「sati「sati] 感 さてさて。 ～ チャーガ スラ〈さてさてどうしようというのだ〉。

サトゥ「 [satu「] 图【里】《文》背の君。わが君。彼氏。琉歌、組踊で女が男の恋人をいう語。ンジ〈男が女の恋人をいう語〉に対する。＊琉歌「里とわが仲や木しよなれば連理鳥なれば比翼いつも共に」(全506)。

「サトゥイン [「satuin] 動《satur- satut-; ㊤サトゥラン ㊥サトゥイ ㊦サトゥトーン ㊧サトゥタン》さとる。感づく。

サナ「ジ [sana「dʒi] 图 褌(ふんどし)。昔の男の下着。

「サニ [「sani] 图 さね。(果実の)種。核。

「サバ[1] [「saba] 图 さめ(鮫)。ふか(鱶)。

「サバ[2] [「saba] 图 ぞうり。藁製品が多かったが、今はゴム製も目立つ。

サバキー「ン [sabaki:「n] 動《sabakir- sabakit-; ㊤サバキラン ㊥サバキー ㊦サバキトーン ㊧サバキタン》(品物などが)さばける。売れてしまう。

サバ「チ [saba「tʃi] 图 櫛(くし)。歯が密でない櫛。⇒ クシ[1]。 ～ッシ サバチュン〈櫛ですいて髪を整える〉。

サバ「チュン [saba「tʃun] 動《sabak- sabatʃ-; ㊤サバカン ㊥サバチ ㊦サバチョーン ㊧サバチャン》くしけずる。(髪が乱れないように)すいて整える。 カラジ ～〈髪をすいて整える〉。＊「捌(は)く」にほぼ対応。

サバ「ニ [saba「ni] 图 小型の漁船。元はくり舟。現在は形は同じだが、板を張り合わせて造る。

サビ「[1] [「sabi] 图 悪いこと。やましいところ。 ～ン トゥガン ネーン〈一点のやましいところもない〉。

サビ「[2] [「sabi] 图 錆。

サ「ビ「サン [sa「bi「san] 形《サビコーネーン ㊧サビサタン》さびしい。 ヌーン ネーングトゥ ～〈何もないからさびしい〉/「クチサビ「サン〈口さびしい〉。

サビ「ジル [sabi「dʒiru] 图 だしの入っていない汁。味のない汁。 ンナシルーヤ ～ ヤサ〈何も入っていない汁は味のないものだ〉。

サビ「ムン [sabi「mun] 图 おいしくない食事。だしも脂気もない食事などにいう。

サビリー「ン [sabiri:「n] 動《sabirir- sabirit-; ㊤サビリラン ㊥サビリー ㊦サビリトーン ㊧サビリタン》さびれる。 クンナゲーヤ ッチュン ウゥタシガ ナマー サビリトーン〈前は人もいたが今はさびれている〉。

サビワカ「シー [sabiwaka「ʃi:] 图 まずい食べ物。調味料などの入っていないおかず。

「サフー [「saɸu:] 图 作法。 ～ン シラン〈作法も知らない〉。

「サベー [「sabe:] 图 作物の葉や茎などにつく小さな害虫。 ～ヌ チチョーン〈害虫がついている〉。

サボーリー「ン [sabo:ri:「n] 動《sabo:rir- sabo:rit-; ㊤サボーリラン ㊥サボーリー ㊦サボーリトーン ㊧サボーリタン》さびれる。荒れ果てる。

「サマ [「sama] 图 しらふ。 サラニ ～ル ヤロー〈本当にしらふだよ〉。

サマ「イン [sama「in] 動《samar- samat-; ㊤サマラン ㊥サマイ ㊦サマトーン ㊧サマタン》①(熱、湯などが)冷める。 ②酔いがさめる。＊サミー「ンともいう。

「サマジャマ [「samadʒama] 图 さまざま。いろいろ。 ウレー ～ ヤサ〈それはさまざまだ〉。

サマ「スン¹ [sama「sun] 動《samas- samatʃ-; ㋷サマサン ㋺サマシ ㋥サマチョーン ㋣サマチャン》熱を冷ます。ぬるくする。

サマ「スン² [sama「sun] 動《samas- samatʃ-; ㋷サマサン ㋺サマシ ㋥サマチョーン ㋣サマチャン》①覚ます。目を覚ます。 ②酔いをさます。

「サマタギ [「samatagi] 图 妨げ。邪魔。

「サマタギーン [「samatagi:n] 動《samatagir- samatagit-; ㋷サマタギラン ㋺サマタギー ㋥サマタギトーン ㋣サマタギタン》妨げる。邪魔する。

サミ [sami] 助 文末にあって強調を表す。 …なのだ。…なのだぞ。「イチュン」サミ〈行くのだ〉/アレー タルール ヤッ〜〈あれは太郎だ〉。

サミー「ン¹ [sami:「n] 動《samir- samit-; ㋷サミラン ㋺サミー ㋥サミトーン ㋣サミタン》(熱、湯などが)冷める。 ＊サマ「インともいう。

サミー「ン² [sami:「n] 動《samir- samit-; ㋷サミラン ㋺サミー ㋥サミトーン ㋣サミタン》①覚める。目が覚める。 ②酔いがさめる。

サミー「ン³ [sami:「n] 動《samir- samit-; ㋷サミラン ㋺サミー ㋥サミトーン ㋣サミタン》色があせる。

「サムレー [「samure:] 图【侍(さむらい)】士族。ハグ「ソー〈平民〉に対する。＊ユカ「ッチュともいう。

サヤ [saja「] 图 (刀などの)鞘(さや)。

「サラ¹ [「sara] 图 皿。＊小さいものはクジャ「ラ〈小皿〉という。

サラ² [sara] 接頭 本当の…。真の…。 サラフリ「ムン〈本当の馬鹿者〉、サラバン「ジ〈最盛期〉、サラマク「トゥ〈馬鹿正直〉など。

「サライン [「sarain] 動《文》先に立って行く。先行する。＊琉歌「らくふつの御帯よはらおし廻ち首里ぎやなしみやだいりでわないさだら」(全 1768)。

サラウシェー「イ [sara?uʃe:「i] 图 本当に馬鹿にすること。

サラ「カチ [sara「katʃi] 图【植】サルカケミカン。ミカン科のつる性常緑樹。茎やつるには棘が多い。

「サラシ [「saraʃi] 图 さらし木綿。

「サラスン [「sarasun] 動《saras- saratʃ-; ㋷サラサン ㋺サラシ ㋥サラチョーン ㋣サラチャン》さらす。漂白する。

サラバン「ジ [saraban「dʒi] 图 最盛期。真っ盛り。

サラフリ「ムン [saraɸuri「mun] 图 本当の馬鹿者。正真正銘の馬鹿者。

サラマク「トゥ [saramaku「tu] 图 馬鹿正直。お人よし。 〜ナ ムン〈お人よしの人〉。

サラ「ミ [sara「mi] 图 定め。決まり。

サラミー「ムン [sarami:「mun] 图 真新しいもの。

サラミー「ン [sarami:「n] 動《saramir- saramit-; ㋷サラミラン ㋺サラミー ㋥サラミトーン ㋣サラミタン》定める。決める。

サラ「ランシー [sararan「ʃi:] 图 いやいやながらすること。しかたなく無理にすること。

「サル [「saru] 图 (十二支の)申(さる)。

サル「カン [saru「kan] 图 猿環。釣り具のよりもどしの装置。

「サレーイン [「sare:in] 動《sare:r- sare:t-; ㋷サレーラン ㋺サレーイ ㋥サレートーン ㋣サレータン》浚(さら)う。つまったごみなどを取り払う。 ンージュ 〜〈溝(みぞ)を浚う〉。

サレーク「ワタ [sare:ku「wata] 图 後産(あとざん)。胎盤など。

「サワイ [「sawai] 图【障り】病気。体の異常。

「サワイン [「sawain] 動《sa:r- sa:t-; ㋷サーラン ㋺サーイ ㋥サートーン ㋣サータン》障る。さしつかえる。邪魔になる。 シグトゥンカイ サーラニ〈仕事に邪魔にならないか〉。

「**サワジュン**「[ˈsawadʒuŋ] 動《sawag-sawadʒ-; ㊥サワガン ㊗サワジ ㊟サワジョーン ㊡サワジャン》あわてる。うろたえる。 ヌーヌガ アタラ サウジョーン〈何があったのかうろたえている〉。

**サン**「[1] [ˈsaŋ˥] 名 芭蕉やすすきなどの葉を結んで作る魔除けの道具。お供えや食べ物をよそに持って行くときなどには小さく作ったものを上に置く。垣根などには大きいものを置いたりする。⇨ ゲーン。

**サン**「[2] [ˈsan] 名 三。数の三番目。＊「ミーチともいう。

**サン**³ [ˈsan] 名 山。地形が山の形に盛り上がっているところ。

**サン**⁴ [ˈsan] 名 (板戸などの)桟。

**サン**「**カク** [saŋˈkaku] 名 三角。

**サンガマ**「**チ** [saŋgamaˈtʃi] 名 サンガマ「チャーに同じ。

**サンガマ**「**チャー** [saŋgamaˈtʃa:] 名 材木の一種。細長い角材。＊サンガマ「チともいう。

**サン**「**グヮチ** [saŋˈgwatʃi] 名 三月。

**サングヮチサニ**「**チー** [saŋgwatʃisaniˈtʃi:] 名 旧暦三月三日の行事。浜でごちそうを食べるハマ「ウリ〈浜降り〉を行う。またこの日は女性たちが家事から解放され、ナガリブー「ニー〈船遊び〉などを楽しむ。＊サングヮチサンニ「チーともいう。

**サングヮチサンニ**「**チー** [saŋgwatʃisanniˈtʃi:] 名 サングヮチサニ「チーに同じ。

**サングヮ**「**ナー** [saŋgwaˈna:] 名 街娼。＊花代が三貫(六銭)だったのでこの名がついた。

「**サンケー** [ˈsaŋke:] 名【三階】三階建ての家。 アッター ヤーヤ ～ ヤン〈彼の家は三階建てだ〉。

**サン**「**サギ** [sanˈsagi] 名 三下げ。「サンシン〈三線〉で、三の糸を本調子より一音下げた調子。⇨ ニーアギ。

**サンサ**「**ナー** [sansaˈna:] 名〖昆〗クマゼミ(熊蟬)。八月頃の夏の盛りに大きな声で鳴く。その鳴き声からきた命名である。

**サンシ**「**クヮン** [sanʃiˈkwan] 名 三司官。王朝時代の高位の位階名。大臣に相当する。

「**サンシチ**「**ブシチ** [ˈsanʃitʃiˈbuʃitʃi] 名 (物事の)長所短所。

「**サンジャン** [ˈsandʒan] 名 散々。ひどいこと。めちゃくちゃ。 シキノー レイテン トゥッティ ～ ヤタン〈試験は零点取って散々だった〉。

「**サンジャン**「**クンジャン** [ˈsandʒaŋ-kundʒaŋ] 名 散々。めちゃくちゃ。「サンジャンの強調形。 ～ ヌラーッタン〈散々叱られた〉。

**サン**「**ジュー** [sanˈdʒu:] 名 三十。三十歳。

「**サンジュー**「**サンニン**「**チ** [ˈsandʒu:-sanninˈtʃi] 連語 三十三年忌。三十三回忌。最後の法事。＊「ウイジュー」コーともいう。

「**サンシン** [ˈsanʃin] 名 三線。昔は三味線、蛇皮線などといった。三本の糸があり、太い順にそれぞれウゥー「ジル〈一の糸〉、ナカ「ジル〈二の糸〉、ミー「ジル〈三の糸〉という。

**サンジン**「**ソー** [sandʒinˈso:]【三世相】易者。

「**サンニチ** [ˈsannitʃi] 名 三日(さん)(か)。

「**サンニン**¹ [ˈsannin] 名〖植〗ゲットウ(月桃)。ショウガ科。ムー「チク〈鬼餅〉を包むのに用いる。

**サン**「**ニン**² [sanˈnin] 名 三年。＊「ミトゥともいう。

「**サンニン**「**ガーサ** [ˈsanniŋˈga:sa] 名「サンニン〈月桃〉の葉。長くて幅の広い葉はムー「チー〈鬼餅〉を包むのに用いたりするが、また食べ物を盛る皿代わりにも用いる。独特な香りがある。

「**サンニン**「**チ** [ˈsanninˈtʃi] 名 三年忌。三回忌。

**サン**「**バ** [samˈba] 名 産婆。＊「ックヮナシミ「ヤー〈子供を産ませる者の意〉ともいう。

**サン**「**バク** [samˈbaku] 名 三百。

**サン**「**バシ** [samˈbaʃi] 名 桟橋。

**サン「ピン** [sam「pin] 图【香片(シャンピン)《中国語》】サンピン茶。ジャスミンの花で香りをつけたお茶で、沖縄では以前からよく飲まれている。

**「サンベー** [「sambe:] 图 三倍。

**サン「ミン** [sam「min] 图 計算。勘定。 サンミヌン ナラン〈(額が多すぎて、または能力がなく)計算もできない〉/ 〜ヌ アタラン〈勘定が合わない〉。

**サンミンバッ「ペー** [sammimbap-「pe:] 图 計算違い。見積もり違い。⇨ バッペー。

**サン「リ** [san「ri] 图 三里。約12キロメートル。

# シ

シ [ʃi] 接尾 (…する、…した、…してある)の、もの、こと。動詞の準連体形(下略形ともいう)、形容詞の名詞形に付いて体言の働きを与えるから準体助詞とする考え方もある。ウレー ワーガ カム〜〈これは私が食べるものだ〉/ カラシェー ヌーガ〈食べたのは何か〉/ ユレー〜カラ カラシサ〈読んだものから貸すよ〉/ タカサ〜カラ トゥレー〈高いものから取れ〉。

「シアキ [ˈʃiaki] 名【仕明】開墾。

「シー¹ [ˈʃiː] 名 四。*「ユーチともいう。

「シー² [ˈʃiː] 名【瀬】岩。岩石。

シー「³ [ʃiːˈ] 名 債。借金。負債。〜 カントーン〈借金をかかえている〉。*ウッ「カともいう。

「シー⁴ [ˈʃiː] 名 (刀の)鞘。

「シー⁵ [ˈʃiː] 名 巣。ホートゥヌ 〜〈鳩の巣〉。

「シー⁶ [ˈʃiː] 名 精。精力。元気。〜 ヌ ガットゥーン〈精気を抜かれている。元気がなくなっている〉。

シー⁷ [ʃiːˈ] 名 感《幼児》おしっこ。しい。子供に小便を促す語。

シー⁸ [ʃiːˈ] 感 しい。ほい。犬、猫、鶏などを追い払うときに発する声。

ジー「¹ [ʤiːˈ] 名 ①字。文字。クヌ 〜 ユリマー〈この字を読んでみろ〉。②筆跡。アリガ 〜ヤ シグ ワカイン〈彼の筆跡はすぐ分かる〉。

ジー「² [ʤiːˈ] 名 地。土地。地面。地所。〜 コーテーレー クニ コーテーシトゥ ユヌムン ヤサ〈土地を買ったのなら国を買ったのと同じだ。土地は何にも勝る財産だの意〉。

「ジー³ [ˈʤiː] 名 痔。

「ジー⁴ [ˈʤiː] 名 (骨の)髄。

シーイッ「ペー [ʃiːʔipˈpeː] 名 精いっぱい。あらん限りの力を出すこと。力の限り。〜 アッチャン〈力の限り歩いた〉。

シーイミ「ヤー [ʃiːʔimiˈjaː] 名 借金取り。

ジーウ「テー [ʤiːʔuˈteː] 名 (組踊や舞踊の)地謡(じたい)。主な楽器は三線と琴、大太鼓、小太鼓である。地謡は普通舞台に出ないが、最近は舞台後方か向かって右手に列座して演奏する場合もある。

「シーウワイン [ˈʃiːʔuwaˈin] 動《ʃiː-ʔuwar- ʃiːʔuwat-;否シーウワラン 連シーウワイ 禁シーウワトーン 過シーウワタン》し終わる。完了する。

「ジーカジ [ˈʤiːkaʤi] 名 聞き分け。物分かり。〜ン チカン ワラビ〈聞き分けのない子〉。

ジーカシ「ティラ [ʤiːkaʃiˈtira] 名 菓子の名。黒砂糖を入れたカステラ。

シー「カジャ [ʃiːˈkaʤa] 名 食べ物の腐った臭い。⇨ シーン²、カジャ。

ジー「カチ [ʤiːˈkatʃi] 名【字書き】書家。書の巧みな人。

ジーカ「チャー [ʤiːkaˈtʃaː] 名 ①字の上手な人。②(仕事の分担などで)書記役の人。

シーキー「ン [ʃiːkiːˈn] 動《ʃiːkir- ʃiː-kit-;否シーキラン 連シーキー 禁シーキトーン 過シーキタン》押しやる。ずらす。アガタンカイ シーキレー〈向こうへ押しやれ〉。

シー「グ [ʃiːˈgu] 名 小刀。ナイフ。

「ジーグイ [ˈʤiːgui] 名 不平。文句。〜 スン〈不平を言う〉。

「ジーグイ「ハーグイ [ˈʤiːguiˈhaːgui] 名 不平ばかり言うこと。文句ったら。

「ジークーイン [ˈʤiːkuːin] 動《ʤiː-kuːr- kuːt-;否ジークーラン 連ジークーイ 禁ジークートーン 過ジークータン》不平を言う。不満を言う。

ジーグー「シ [dʑi:gu:ʃi] 图 植物を根っこごと引き抜くこと。

「ジーグフワー [「dʑi:guɸa:] 图 気むずかしや。無愛想な人。強情な人。

ジークヮー「クヮー [dʑi:kwa:「kwa:] 副【地食はう食はう】地をはうように。地面すれすれに。 マッテーラーヌ 〜 ッシトゥローン〈つばめが地面すれすれに飛んでいる〉。

シークヮー「サー [ʃi:kwa:「sa:] 图〖植〗ヒラミレモン。柑橘類の一種。直径4-5センチぐらいの酸っぱい実がなる。以前は芭蕉布をさらすのに用いたが、現在は料理に使ったり加工してジュースなどにしたりする。

「シーケー「スン [「ʃi:ke:「sun] 動《ʃi:ke:s- ʃi:ke:tʃ-; 否 シーケーサン 連 シーケーシ 希 シーケーチョーン 条 シーケーチャン》直す。やり直す。＊「仕返す」にほぼ対応。

シー「サー [ʃi:「sa:] 图 ①(獅子舞の)獅子(と)。 ②(屋根などの上に置いてある)魔除けの獅子像。

シーサー「プー [ʃi:sa:「pu:] 图 粉末ジュース。

シーサーワー「ウー [ʃi:sa:wa:「u:] 图 獅子(と)のような容貌。 アレー 〜ヌ グトーン〈あれは獅子のような容貌だ〉。

「シー「サン [ʃi:「san] 形《シーコーネーン 希 シーサタン》酸い。酸っぱい。

シー「シ¹ [ʃi:「ʃi] 图 すす(煤)。 〜 カントーン〈すすだらけになっている〉。

シー「シ² [ʃi:「ʃi] 图 (獅子舞の)獅子(と)。

「ジージー [「dʑi:dʑi:] 副 だらだら。よだれを流すさま。 ユライ 〜 ソーン〈よだれをだらだら垂らしている〉／ 〜 ユグリトーン〈よだれなどを垂らして汚れている〉。

ジー「シ」ガーミ [dʑi:「ʃi「ga:mi] 图【ずしがめ(厨子甕)】遺骨を納める甕。骨壺。

「シーヌ「イリケー [「ʃi:ʃinu「ʔirike:] 連語 ひっきりなしに来訪者があること。

「シージマ [「ʃi:dʑima] 图 相撲の結びの一番。⇒ シマ²。

シージ「ムチ [ʃi:dʑi「mutʃi] 图 政治の行方。

シー「ジャ [ʃi:「dʑa] 图 ①兄。姉。兄弟姉妹の中の年上の者。 ワー シー「ジャ〈私の兄または姉〉。＊男女を区別するときはイッキガシー「ジャ〈兄〉、イナグシー「ジャ〈姉〉という。 ②年上(の者)。年長者。 ＊ウッ「トゥ〈年下。弟。妹〉の対。

シー「ジャー [ʃi:「dʑa:] 图 椎(と)(の木)。 ＊シージャー「ギー ともいう。

ジー「ジャー [dʑi:「dʑa:] 图 蟬の総称。

シージャー「ギー [ʃi:dʑa:「gi:] 图 シー「ジャーに同じ。

シージャ「カタ [ʃi:dʑa「kata] 图 先輩たち。年上の人たち。 〜ガ イーシン チカンサ〈年上の人たちが言うのも聞かないよ〉。

シージャカタシ「レー [ʃi:dʑakataʃi「re:] 图 年長順。年上から順に行うやり方。

シージュク「リー [ʃi:dʑuku「ri:] 图 巣作り。

シーシラー「マー [ʃi:ʃira:「ma:] 图〖植〗ジュズダマ(数珠玉)。イネ科の多年草。

シー「ソーユー [ʃi:「so:「ju:] 图 酢醬油。

シーチ「カカイン [ʃi:tʃi「kakain] 動《ʃi:tʃikakar- ʃi:tʃikakat-; 否 シーチカカラン 連 シーチカカイ 希 シーチカカトーン 条 シーチカカタン》詰め寄る。詰問する。 シーチカカラッティ スケーチャン〈詰め寄られて困った〉。

シー「チュン¹ [ʃi:「tʃun] 動《ʃi:k-ʃi:tʃ-; 否 シーカン 連 シーチ 希 シーチョーン 条 シーチャン》いざる。 アマンカイ シーケー〈向こうに寄れ〉／ シーチャーシーチャー スン〈いざるように移動する〉。

シー「チュン² [ʃi:「tʃun] 動《ʃi:k-ʃi:tʃ-; 否 シーカン 連 シーチ 希 シーチョーン 条 シーチャン》シジ「チュンに同じ。

「シーチロー [「ʃi:tʃiro:] 图 やりかねないこと。いかにもやりそうなこと。 アリガー シ

ーチローロー〈彼ならばやりかねないよ〉。

シー「ティ¹ [ʃiːˈti] 副 強いて。無理に。あえて。 ~ン オーイルバーイィ〈強いて喧嘩(か)するのか〉/ ~ シグトゥ スン〈無理に仕事をする〉。

シーティ² [ʃiːti] 接尾 シーティーに同じ。

シーティー [ʃiːtiː] 接尾【添えて】…ごと。…ぐるみ。カー~ カムン〈皮ごと食べる〉/ フニ~ マンヌン サン〈骨ごと丸飲みした〉。＊シーティともいう。

「シートゥジ「ニーン [ˈʃiːtuʤiˈniːn] 動《ʃiːtuʤinir- ʃiːtuʤinit-; ㊅シートゥジニラン 連シートゥジニー 継シートゥジニトーン 過シートゥジニタン》し終わる。完了する。

「シーナ「リーン [ˈʃiːnariːn] 動《ʃiːnarir- ʃiːnarit-; ㊅シーナリラン 連シーナリトーン 継シーナリトーン 過シーナリタン》し慣れる。(日頃決まってすることとして)やり慣れる。

ジー「ヌー [ʤiːˈnuː] 名 芸能。音楽、舞踊、芝居などの芸。

ジーヌヌー「シ [ʤiːnunuːˈʃi] 名 地主。

シー「ノー [ʃiːˈnoː] 名【水嚢(すいのう)】篩(ふるい)。粉をふるい分けるのに用いる。

「シーノー「スン [ˈʃiːnoːˈsun] 動《ʃiːnoːs- ʃiːnoːtʃ-; ㊅シーノーサン 連シーノーシ 継シーノーチョーン 過シーノーチャン》し直す。やり直す。

シー「バイ [ʃiːˈbai] 名 小便。 ~ スン〈小便する〉。

シーバイジ「チン [ʃiːbaiʤiˈtʃin] 名 膀胱。

シーバイブク「ル [ʃiːbaibukuˈru] 名 膀胱。

「シービー「サン [ˈʃiːbiːˈsan] 形《㊅シービーコーネーン 過シービーサタン》うすら寒い。

ジー「ビラ [ʤiːˈbira] 名 ねぎ(葱)。＊ビラに同じ。

ジーブー「ネー [ʤiːbuːˈneː] 名【地船酔い】(長い船旅のあと)下船しても揺れているような感じがすること。 ~ スン〈船酔い状態が続いている〉。

ジー「フヮー [ʤiːˈɸaː] 名 かんざし。

「シーブン [ˈʃiːbun] 名【添え分】おまけ。売買のときに余分に与えたりもらったりするもの。値引きすることにはいわない。

シー「ベー [ʃiːˈbeː] 名【䗈(しょう)え蠅(ばい)】ショウジョウバエ。腐ったものにたかる小さい蠅。

ジーマー「ミ [ʤiːmaːˈmi] 名【地豆】落花生。ピーナッツ。

シー「ミ [ʃiːˈmi] 名 潜水。

シー「ミー [ʃiːˈmiː] 名 ①清明(せい)(節)。二十四節気の一つ。春分の十五日後で、新暦の四月四日、五日頃に当たる。 ②清明祭。清明節に行う祭り。一族が集まって墓参りしごちそうなどを供えて供養する。最近は家族の日程に合わせて清明節の前後で行う場合もある。

「シームン¹ [ˈʃiːmun] 名 吸い物。ナカミヌ ~ 〈豚の内臓の吸い物〉。

シー「ムン² [ʃiːˈmun] 名 酸っぱいもの。

ジー「メー [ʤiːˈmeː] 名 地米(じまい)。 ＊首里では本土産の米をいうようであるが、那覇では沖縄産の米をいう。シマ「グミ〈沖縄産の米〉に同じ。本島北部などではおかば(陸稲)を指すところもある。

シーヤー「プー [ʃiːjaːˈpuː] 名 イーユヌ「ミー〈幼児の遊戯〉のときに歌う歌の文句。

「シーヤッ「サン [ˈʃiːjasˈsan] 形《㊅シーヤッシコーネーン 過シーヤッサタン》①しやすい。やりやすい。簡単である。 ②暮らしやすい。生活が楽である。チカグルン シェー ~ 〈近頃は生活が楽である〉。

「シーヤンジ「グトゥ [ˈʃiːjanʤiˈgutu] 名 しそこなったこと。失敗。しくじり。

「シーヤン「ジュン [ˈʃiːjanˈʤun] 動《ʃiːjanr- ʃiːjant-; ㊅シーヤンラン 連シーヤンジ 継シーヤントーン 過シーヤンタン》しそこなう。しくじる。失敗する。 ⇒ ヤンジュン。

「シーヨー [ʃi:joː] 图 しよう。しかた。やり方。 ~ヌ カッチョーン〈やり方が立派だ〉。

シー「ラ [ʃi:ra] 图 災難。苦しみ。病気。「イーン〈入る〉とともに用いる。 ~ イーン〈困ったことになる。病気になる〉/ ルク サキ ヌミーネー ~ イーンロー〈あまり酒を飲むと病気になるぞ〉/ ウゥトゥヌ アシバー ナティ ~ イッチョーン〈夫が遊び人で困っている〉。

「シーラカ「サン [ʃi:rakaˈsan] 形《㊟シーラカコーネーン 過シーラカサタン》霊力がある。霊力を身につけている。気高い。＊シジ「ラカ「サンを多く用いる。

シーラ「ラン [ʃi:raran] 動 次の句でのみ用いる。イジス ~ 〈我慢できない。腹にすえかねる〉。

シー「リ [ʃi:ri] 图 肥だめ。溝(どぶ)(を)。

ジーリ [ʤi:ri] 接尾 …きり。…限り。ッヤートー チュー ~ ヤサ〈きみとは今日限りだ〉。

シー「リ「グェー [ʃi:riˈgwe:] 图 下肥。溝(どぶ)の下にたまったもの。以前は肥料に用いた。

ジーワジー「ワー [ʤi:waʤi:ˈwa:] 图 クロイワツクツク。秋口に鳴く小さい蟬。＊命名はその鳴き声からきている。単にジー「ワともいう。

「シーン[1] [ʃi:n] 動《ʃi:r- ʃittʃ-; ㊟シラン 過シー ㊚シッチョーン 過シッチャン》知る。＊継続形シッチョーン〈知っている〉を多く用いる。

シー「ン[2] [ʃi:n] 動《ʃi:r- ʃi:t-; ㊟シラン 過シー ㊚シートーン 過シータン》饐(す)える。腐って酸っぱくなる。

シー「ン[3] [ʃi:n] 動《ʃi:r- ʃittʃ-; ㊟シラン 過シー ㊚シッチョーン 過シッチャン》擦(す)こる。こする。シミ ~〈墨を擦る〉。

「シーン[4] [ʃi:n] 動《ʃi:r- ʃi:t-; ㊟シラン 過シー ㊚シートーン 過シータン》①添える。付け加える。②（売買のときに）おまけとしてつける。ワー ムヌンカイン シーレー〈私のものにもおまけをつけろ〉。

シェー[1] [ʃeː] 图 ばった。⇨ッンナグラージェー、カマジェー。

シェー[2] [ʃeː] 图 えび（海老）。

「シェーウェー [ʃe:we:] 图《文》幸い。幸運。

シェー「ガー [ʃe:ˈga:] 图 斜め。~ンカイ チーン〈斜めに切る〉。

シェーガージ「リー [ʃe:gaʤiˈri:] 图 斜めに切ること。レークニ ~ スン〈大根を斜めに切る〉。

「シェーガナ [ʃe:gana] 图 おろしがね。

「シェーキーン [ʃe:kiːn] 動《ʃe:kir- ʃe:kit-; ㊟シェーキラン ㊚シェーキートーン 過シェーキタン》（食べ物を次々と）食べて片づける。たいらげる。ウサキヌ ムン シェーキテーン〈あんなにたくさんのものをたいらげてしまった〉。

シェー「ク [ʃe:ˈku] 图【細工】大工。職人。クゥー「ナ」ジェーク〈樽職人〉、サシ「ム」ンジェーク〈指物師〉、ヒチ「ム」ンジェーク〈挽物師〉などがいる。

シェークロー「グ [ʃe:kuroːˈgu] 图 大工道具。工具。

シェー「グヮー [ʃe:ˈgwa:] 图 シラ「シェーに同じ。

「ジェージェー [ʤe:ʤe:] 擬態 がたがた。ぶつぶつ。不平不満を言うさま。 ~シーネー ウチクルサリーンロー〈がたがた抜かすとぶん殴るぞ〉。

シェージ「チャー [ʃe:ʤiˈtʃa:] 图 さいづち（才槌）。木槌。げんのう（玄翁）。金槌。

「シェージャラ [ʃe:ʤara] 图【菜皿】おかず用の浅い皿。

シェー「シン [ʃe:ˈʃin] 图（食べ物の）おかわり。二回目のおかわり。 ~ナー カローティ ヌーンリ イーガ〈おかわりまでしていて何を言うか（この上まだおかわりが欲しいのか）〉。

ジェー「ムク [ʤe:ˈmuku] 图 材木。

「ジェーラクェーラ [ˈdʒeːrakweːra] 副 簡単に。ジェーラクェーラー ネーンシガ〈簡単に(手に)入らないが〉。

シェー「ロー [ʃeˈroː] 名 蒸籠(せいろう)。蒸し器。

シェンス「ルー [ʃensuˈruː] 名〔昆〕イトトンボ。小さくて細長いとんぼ。

シガ [ʃiga] 助 が。けれども。動詞の準連体形、形容詞の名詞形に付く。ビンチョーサ～ ウティタン〈勉強したが落ちた〉/マーコーネーン～ カラン〈うまくないが食べた〉/チチュ～ イレーイミ〈聞くけれども返事するものか。聞かぬふりをしている〉。

「シカー [ʃikaː] 名 臆病者。

「シガイン [ʃigain] 動《ʃigar- ʃigat-;⊕シガラン ⊕シガイ ⊕シガトーン ⊕シガタン》縋(すが)る。

「シカキ¹ [ʃikaki] 名【仕掛け】(仕事の)やりかけ。やり始め。

「シカキ² [ʃikaki] 名 仕掛け。装置。

「シカキーン [ˈʃikakiːn] 動《ʃikakir- ʃikakit-;⊕シカキラン ⊕シカキー ⊕シカキトーン ⊕シカキタン》①しかける。しかけるし始める。やり始める。シクチ～〈仕事をしかける〉/ハイ シカキトーミ〈やあ(仕事を)やり始めているか。挨拶の言葉〉。②(喧嘩(けんか)などを)しかける。

シカ「ク [ʃikaˈku] 名 シカ「クーに同じ。

シカ「クー [ʃikaˈkuː] 名 四角。四角いもの。ウレー ～ ヤン〈それは四角だ〉/～ ムッチ クワ〈四角いものを持って来い〉。*シカ「クともいう。

「シカサン [ˈʃikasan] 形《⊕シカコーネーン ⊕シカサタン》臆病である。びくびくしている。

シカシーマー「シー [ʃikaʃimaˈʃiː] 名 ①なだめすかすこと。②だますこと。～ サリヤーニ ウットゥラッタン〈うまくだまされて取られてしまった〉。

「シカシカ [ˈʃikaʃika] 副 びくびく。恐る恐る。～ スグトゥ シーヤンティ ネーン〈恐る恐るするから失敗してしまった〉。

シカ「スン [ʃikaˈsun] 動《ʃikas- ʃikatʃ-;⊕シカサン ⊕シカシ ⊕シカチョーン ⊕シカチャン》①(泣く子を)なだめすかす。あやす。なだめる。②(女などを)だます。*「賺(すか)す」にほぼ対応。

「シカタ [ˈʃikata] 名 ①しかた。方法。シカター ネーン〈しかたがない〉。②ざま。ていたらく。好ましくない状態についていう。アン イール ～ ヤサ〈そういう(言うとおりの)ていたらくだよ〉。

「シガタ [ˈʃigata] 名 姿。身なり。カーギカラ ～ イッペー ジョートゥー〈容姿から身なりまでたいそう立派だ〉。

「シカットゥ [ˈʃikattu] 副【しかと】①しっかりと。ちゃんと。ッヤー ～ ウビトーミ〈おまえしっかりと覚えているか〉。②驚いたことに。本当に。～ ニーブイ ソータン〈本当に居眠りしていた〉/～ アン イール シカタ ヤサ〈驚いたことによくそう言ったもんだよ〉。

ジガ「ネー [dʒigaˈneː] 名【地金】①土地にかかる税金。②地代。借地料。

「シカミー「グルグル [ˈʃikamiːguruguru] 副 おどおど。びくびく。臆病な心からあたりをきょろきょろ見るさま。

「シカムン [ˈʃikamun] 動《ʃikam- ʃikar-;⊕シカマン ⊕シカミ ⊕シカローン ⊕シカラン》おじける。びっくりする。驚く。ユーリー ヌーチ シカローン〈幽霊を見て驚いている〉。

シカ「ラー「サン [ʃikaraːˈsan] 形《⊕シカラーコーネーン ⊕シカラーサタン》ものさびしく静まっている。とてもさびしい。ウーソージョートゥーッシ ～ヤー〈非常にもの静かでさびしいね〉。

「シガリナミ [ˈʃigarinami] 名 津波。高潮。

「ジカン [ˈdʒikan] 名 時間。～ヌ ネーン〈時間がない〉。

「シカンカー [ˈʃikaŋkaː] 副 びくびく。臆病なさま。マジムノーッンジランガヤーンチ ～ ソーン〈化け物は出ないかとびくびく

している〉。
「シキーン [ʃiki:n] 動《ʃikir- ʃikit-; 㐧シキラン 連シキー 希シキトーン 過シキタン》(米をとぎ水の分量を整えて)炊く準備をする。⇨ スガイン。
「シギーン [ʃigi:n] 動《ʃigir- ʃigit-; 㐧シギラン 連シギー 希シギトーン 過シギタン》すげる。取りつける。結びつける。アシジャヌ ウゥー ～〈下駄の鼻緒をすげる〉。
シ「キン [ʃi「kin] 图 世間。世の中。世間並み。～ スン〈世間並みとなる。世間並である〉/ ～ ウシェートーン〈世間を馬鹿にしている〉/ ～ニ ウトゥ ウッチョーン〈世間に評判になっている〉。
シ「キン ウマンチュ [ʃi「kin ʔumantʃu] 图 世間の人々。天下万民。
シキン「ナミ [ʃikin「nami] 图 世間並み。人並み。ウヌ アタイヤ ～ ヤサ〈そのくらいは世間並みだ〉。
シキン「ナリ [ʃikin「nari] 图 世間慣れ。世間に通じること。
シキンバナ「シ [ʃikimbana「ʃi] 图 世間話。
シキンビ「レー [ʃikimbi「re:] 图 世間との付き合い。⇨ ビレー。
「シグ [ʃigu] 副 すぐ。ただちに。～ タレーマ ナトーン〈すぐだ今できている。あっという間に完成している〉。
シグ「ク [ʃigu「ku] 副《文》至極。まこと。非常に。～ ジャンニンナ クトゥ〈至極残念なこと〉。
ジグ「ク [dʒigu「ku] 图 地獄。
「シクチ [ʃikutʃi] 图 仕事。スーヤ カイッンジャン〈父は仕事に行った〉。＊「シグトゥともいう
「シグトゥ [ʃigutu] 图 仕事。ヌーガナ シグトゥー ネーニ〈何か仕事はないか〉。＊「シクチともいう
「シクミ [ʃikumi] 图【仕組み】計画。
「シクムン [ʃikumun] 動《ʃikum- ʃikur-;㐧シクマン 連シクミ 希シクローン 過シクラン》仕込む。味噌などを作るために原料を調合して桶などに詰める。ンース シクローン〈味噌を仕込んでいる〉。
「シケー [ʃike:] 图 世界。世の中。
「ジコー [dʒiko:] 副 ひどく。すごく。とても。非常に。～ ヨーサン〈とても弱い〉。＊「イッペーまたはレー「ジナなどという場合が普通。
「シコーイ [ʃiko:i] 图 用意。準備。ヒチグッチヌ ～〈盆の用意〉/ ～ガター ナトーニ〈準備は整いそうか〉。
「シコーイ ムコーイ [ʃiko:i muko:i] 图 あれこれ準備をすること。～ヌ ウフサヌ〈あれこれ準備をすることが多くって〉。
「シコーイン [ʃiko:in] 動《ʃiko:r- ʃiko:t-; 㐧シコーラン 連シコーイ 希シコートーン 過シコータン》準備する。支度(だく)する。アサバン ～〈昼ご飯を支度する〉。
「ジサットゥ [dʒisattu] 副 びっしり。ぎっしり。すき間なく詰まっているさま。ンレーシーヌ ～ ナトータン〈桑の実がびっしりなっていた〉。
シシ「 [ʃiʃi「] 图 肉。「マッシシ〈赤身の肉〉/ アンラ「ジシ〈脂身〉。
「シジ[1] [ʃidʒi「] 图 (オボツ・カグラまたはニライ・カナイなどといわれる)他界の霊力。＊古形はセチ、セチ(精霊)で、「おもろ」などに見られる。
「シジ[2] [ʃidʒi] ① 图 ①筋。血筋。血統。～ヌ イチク〈父親どうしが兄弟であるいとこ〉。②筋。条理。道理。トー ウヌ ～ ヤサ〈よし、そういうわけだ〉/ ～ヌ トゥーラン〈筋が通らない〉。③筋。線。～ヌ トゥートーン〈線が通っている〉。② 接尾 …滴(てき)。チュシ「ジ〈一滴〉、「タシジ〈二滴〉など。
「ジシー [dʒiʃi:] 图 時勢。世の移り変わり。～ンリ イーシ ヤサ〈世の移り変わりというものだ〉。
シジー「ン[1] [ʃidʒi:「n] 動《ʃidʒir- ʃidʒit-; 㐧シジラン 連シジー 希シジトー

シジー「ン² [ʃidʒiːˈn]《ʃidʒir- ʃi-dʒit-; ㊥シジラン 連シジー ㊤シジトーン ㊣シジタン》(度が)過ぎる。ウフェーシジトーンロー〈少し度が過ぎてるぞ〉。

シジー「ン³ [ʃidʒiːˈn]《ʃidʒir- ʃi-dʒit-; ㊥シジラン 連シジー ㊤シジトーン ㊣シジタン》煎じる。

シジェーラカ「スン [ʃidʒeːrakaˈsun] 動《ʃidʒeːrakas- ʃidʒeːrakatʃ-; ㊥シジェーラカサン 連シジェーラカシ ㊤シジェーラカチョーン ㊣シジェーラカチャン》散らかす。とり散らかす。

シジ「カ [ʃidʒiˈka] 形 静か。～ナ トゥクル〈静かな所〉/ ～ ヤン〈静かだ〉。

「シジ「カタ [ˈʃidʒiˈkata] 名【筋方】父方。～ ヤグトゥ イカントー ナラン〈父方だから行かないといけない〉。

「ジシチ [ˈdʒiʃitʃi] 名 時節。季節。時期。イィー ～ ナタン〈いい季節になった〉。

シジ「チュン [ʃidʒiˈtʃun] 動《ʃidʒik- ʃidʒitʃ-; ㊥シジカン 連シジチ ㊤シジチョーン ㊣シジチャン》後ろへさがる。退(しりぞ)く。ウフェー クシンカイ シジケー〈少し後ろへさがれ〉。＊シー「チュンともいう。

「シジムン [ˈʃidʒimun] 動《ʃidʒim- ʃidʒir-; ㊥シジマン 連シジミ ㊤シジローン ㊣シジラン》(水中に)沈む。

「シジャマ [ˈʃidʒama] 名【しざま】ざま。様子。態度。普通、好ましくない状態についていう。アリガ ～ヨー〈あいつのざまよ〉。＊「ショーシジャマともいう。

シ「ジュー [ʃiˈdʒuː] 名 四十。四十歳。

シジュームル「ルチ [ʃidʒuːmuruˈrutʃi] 名 四十暗がり。四十歳頃になると視力が衰えることをいう。⇒ ムルルチュン。

「シショー [ˈʃiʃoː] 名 師匠。先生。

「ジジョー [ˈdʒidʒoː] 名 事情。チャーネール ～ヌガ アラ〈どういう事情があるのだろうか〉。

シジ「ラカ「サン [ʃidʒiˈrakaˈsan] 形《㊥シジラカコーネーン ㊤シジラカサタン》神々しい。(他界の)霊力が宿っていそうな人や場所についていう。⇒ シジ¹、タカサン。アマー ～〈向こうは神々しい〉。
＊「シーラカサンともいう。

シジラ「ラン [ʃidʒiraˈran] 連語 耐えられない。我慢できない。＊イジス ～〈(感情が爆発寸前で)我慢できない〉という形で用い、イジス シジラリーティー〈我慢できたか〉、イジス シジラリーミ〈我慢できるもんか〉のように、助動詞部分にわずかの活用が見られる。

シジ「リ [ʃidʒiˈri] 名 硯(すずり)。

シジリ「バク [ʃidʒiriˈbaku] 名 硯(すずり)箱。

「シジントゥ [ˈʃidʒintu] 副 自然と。おのずと。～ アン ナティ ネーン〈自然とそうなってしまった〉。

シジンニ [ˈʃidʒinni] 副 自然に。おのずから。～ チャーティ ネーン〈自然に消えてしまった〉。

シ「タイ [ʃiˈtai] 感【したり】よくやった。でかした。うまくやった者に対して発する語。＊同輩以下にはシ「タイ「ヒャー〈よくやった〉、目上にはシ「タイ「サイ〈よくなさいました〉という。

シ「タイ「サイ [ʃiˈtaiˈsai] 感 ①よくなさいました(賛辞)。②(目上の失敗に対して)それ見たことか。

シ「タイ「ヒャー [ʃiˈtaiˈçaː] 感 ①よくやった。でかした。②ざまあみろ。馬鹿め。人が失敗したときに発する語。賛辞の場合の裏返しである。～ イチャノー アラニ〈馬鹿め言ったではないか〉。＊自分が失敗したときはラ「ー、「ラ「ーナー〈しまった〉という。

「シタガー「イン [ˈʃitagaːˈin] 動《ʃitaga:r- ʃitaga:t-; ㊥シタガーラン 連シタガーイ ㊤シタガートーン ㊣シタガータン》従う。服従する。

「シタク [ˈʃitaku] 名 ①支度(したく)。用意。②身支度。身なりを整えること。～ヌ ワッサー スバ ナリナリ〈身なりの整わない者はだめ。民謡の一節〉。③綱引きのと

き、綱の上に乗る人物。歴史上の人物や若武者に扮する。

「ジタジタ [dʒitadʒita] 副 じめじめ。じとじと。水分が多く湿ったさま。 ～ ソーン〈じめじめしている〉。

シタ「タカ [ʃitaka] 名副 したたか。ものすごく。はなはだ。 ～ナ ムン〈したたかな者。とんでもなく悪いやつ〉 / ～ ニーブイ スタン〈ものすごく眠たかった〉 / ～ ヤナカーギー〈はなはだ不美人〉。

「シタティーン [ʃitati:n] 動《ʃitatir-ʃitatit-; 㞢 シタティラン 連 シタティー 禁 シタティトーン 過 シタティタン》仕立てる。

シタ「ナサ」ハゴーサ [ʃitanasahago:sa] 名 汚いこと。 ～ ッシ ムル サーラン〈汚いと言って誰もさわらない〉。＊シタ「ナ」サン〈汚い〉とハ「ゴー」サン〈汚い〉の名詞形の反復した形。

シタ「ナ」サン [ʃitanasan] 形《㞢 シタナコーネーン 過 シタナサタン》汚い。不潔である。

シタ「ネー」クトゥ [ʃitane:kutu] 名 汚いこと。困ったこと。もてあますこと。

シタ「ネー」ムン [ʃitane:mun] 名 (破廉恥なことなどをする)とんでもないやつ。困った者。

シタ「ラク [ʃitaraku] 名 ざま。ていたらく。 アリガ ～ヨー ヌーンリン イララン〈彼のざまったら何とも言えない〉。

シタリー「ン [ʃitari:n] 動《ʃitarir-ʃitarit-; 㞢 シタリラン 連 シタリー 禁 シタリトーン 過 シタリタン》すたれる。

シチ「[1] [ʃitʃi] 名 好き。 ルクカラ ～ ナトーン〈とても好きになっている〉。

シチ「[2] [ʃitʃi] 名【節】季節。時節。 ～ナイネー ハナン サチュン〈季節になると花も咲く〉。

シチ「[3] [ʃitʃi] 名 四季。

シチ「[4] [ʃitʃi] 名 七。＊普通はナナ「チという。

シチ「[5] [ʃitʃi] 名 質。質草。

ジチ「[1] [dʒitʃi] 名 実(じつ)。本当。 ジチェー ユー ワカラン〈実はよく知らない〉。

ジチ「[2] [dʒitʃi] 名 時期。期限。 ウーロー ～ ナトーン〈布団はなっている(古くなっている)〉。

ジチ[3] [dʒitʃi] 接尾 …のくせに。…にもかかわらず。 シリ～ニ アン イータン〈知っているくせにああ言っていた〉。

「シチウク]スン [ʃitʃiʔukusun] 動《ʃitʃiʔukus-ʃitʃiʔukutʃ-; シチウクサン 連 シチウクシ 禁 シチウクチョーン 過 シチウクチャン》(田畑を)鋤(すき)き起こす。

「シチキ [ʃitʃiki] 名 ①しつけ。礼儀作法などを身につけさせること。 ②いじめ。

「シチキーン [ʃitʃiki:n] 動《ʃitʃikir-ʃitʃikit-; 㞢 シチキラン 連 シチキー 禁 シチキトーン 過 シチキタン》①しつける。礼儀作法などを身につけさせる。 イッターワラビ シチキラントー〈きみたちの子供をしつけないと(いけないよ)〉。 ②殴る。いじめる。叱る。 ヌーガ ワッター ワラビ シチキール〈どうして私たちの子供をいじめるのだ〉。

「シチキガタ [ʃitʃikigata] 名 しつけ方。礼儀作法などの教育のしかた。

シチ「グ」ナティ [ʃitʃigunati] 連語 弱っている。

シチタン「ガニ [ʃitʃitaŋgani] 名 【石炭鉄(たん)】ブリキ。

シチタン「ユー [ʃitʃitaŋju:] 名 【石炭油(ゆ)】石油。

シチナガ「リ [ʃitʃinagari] 名 質流れ。

シチナン「カ [ʃitʃinaŋka] 名 七七日(なななぬか)(なななのか)。＊シン「ジュー」クニチ〈四十九日〉ともいう。

シチ「ビ [ʃitʃibi] 名 【せつび(節日)】節日。祭りの日。 ～ヌッチュヌ ユラリテー ナランサ〈祭りの日の人はのんびりしてはいけないよ。「祭りの日を迎えたらのんびりはできない」の意〉。

シチマジ「ムン [ʃitʃimadʒimun] 名 妖怪。魔物。

「シチムン [ˈʃitʃimuɴ] [名] (畳、むしろ、毛布などの)敷物。
「シチャ [ˈʃitʃa] [名] 下。「ッウィー〈上〉の対。
シチ「ヤ [ʃitʃiˈja] [名] 質屋。
シチャ「ガチ [ʃitʃaˈgatʃi] [名] 下書き。草稿。
「シチャグクル [ˈʃitʃagukuru] [名] 下心。悪い意味で用いる。
ジチャ「シ [ʤitʃaˈʃi] [名] しらみ(虱)の卵。
「シチャシバ [ˈʃitʃaʃiba] [名] 下唇。
シチャ「ナ [ʃitʃaˈna] [名] 尻の下に敷くもの。 〜 スン〈尻に敷く〉/ ⇨ ボーシチャナー。
シチャ「ヌイ [ʃitʃaˈnui] [名] 下塗り。下地を塗ること。
シチャ「バー[1] [ʃitʃaˈbaː] [名] 下葉。
シチャ「バー[2] [ʃitʃaˈbaː] [名] 下歯。
シチャ「ラン [ʃitʃaˈraɴ] [名]【細螺(しただみ)】巻き貝の一種。直径 3 センチくらいで、ふたがついている。石の下にくっついていて、食用にする。
「シチャリー [ˈʃitʃariː] [名] 賄賂。袖の下。 〜 クヮーサットーン〈賄賂をつかまされている〉。
「シチャワタ [ˈʃitʃawata] [名] 下腹。下腹部。 〜 キラリーミ〈下っ腹を蹴られるか(蹴飛ばすぞ)〉。
シ「チュン[1] [ʃiˈtʃuɴ] [動]《ʃik- ʃitʃ-; [否]シカン [連]シチ [継]シチョーン [過]シチャン》好く。好む。 サケー シカン〈酒は好かん。酒は嫌いだ〉。
「シチュン[2] [ˈʃitʃuɴ] [動]《ʃik- ʃitʃ-; [否]シカン [連]シチ [継]シチョーン [過]シチャン》(梳櫛(すきぐし)で)すく。
「シチュン[3] [ˈʃitʃuɴ] [動]《ʃik- ʃitʃ-; [否]シカン [連]シチ [継]シチョーン [過]シチャン》敷く。ムシル 〜〈むしろを敷く〉。
シッ「クヮ [ʃikˈkwa] [名] ものが動かないように下に敷いたりはめ込んだりするもの。くさび、石など。
シッ「クヮ˥スン [ʃikˈkwa˥suɴ] [動]《ʃikkwas- ʃikkwas-; [否]シックヮサン [連]シックヮシー [継]シックヮソーン [過]シックヮサン》ものを安定させるために下に敷いたりはめ込んだりする。
「シッシー [ˈʃiʃʃiː] [感] しっしっ。動物を追い払うときに発する語。 〜 ッシ イーホーレー〈しっしっと言って追い払え〉。
「シッシー˥サンシクヮン [ˈʃiʃʃiː˥san-ʃikwaɴ] [名]【摂政三司官】首里王府の最高位の役人。
シッ「タイ [ʃitˈtai] [名] じめじめしたところ。湿地。 〜 ナトーン〈湿地になっている〉。
ジッ「タイ [ʤitˈtai] [名] ぬかるみ。
ジッタイヌ「ミー [ʤittainuˈmiː] [名] ぬかるみのところ。 カンゲーヌ アティル 〜ンカイ イィチョール〈考えがあってこそぬかるみのところに座っているんだ。近々ある目的を達成するために今は我慢しているのだ。〉。
シッタイ「リー [ʃittaiˈriː] [名] 濡れ手。水に濡れた手。 〜ッシ アワ チカムンネー〈濡れ手で粟をつかむごとくだ〉。⇨ ティー[2]。
シッタ「イン [ʃittaˈiɴ] [動]《ʃittar- ʃit-tat-; [否]シッタラン [連]シッタイ [継]シッタトーン [過]シッタタン》(びしょびしょに)濡れる。
「ジッチュー [ˈʤittʃuː] [名] 月給。
ジッチュートゥ「ヤー [ʤittʃuːtu-ˈjaː] [名] 月給取り。サラリーマン。 アレー 〜 ナトーン〈彼はサラリーマンになっている〉。
シッ「ティ [ʃitˈti] [名] 下手(したて)(しもて)。 〜ムティ〈下手の方〉。
シッピラ「カー [ʃippiraˈkaː] [名] シピ「ジャーに同じ。
「シティーン [ˈʃitiːɴ] [動]《ʃitir- ʃitit-; [否]シティラン [連]シティー [継]シティトーン [過]シテイタン》①捨てる。 ②なくす。紛失する。 シティティ ネーン〈なくしてしまった〉。*「ヒティーンともいう。
シティ「ウイ [ʃitiˈʔui] [名] 捨て売り。投げ売り。
シティ「ガラ [ʃitiˈgara] [名]【捨て殻】

シ

シティタビ

捨てたかす。粗末に放り出すこと。 ～ニ スグトゥ ネーン ナトーシェー〈粗末にするからなくなってしまったよ〉。

「シティタビ [ˈʃititabi] 图【捨て旅】商売の旅に出て儲けないで帰ること。

シティホー「リー [ʃitihoˈriː] 图【捨て放り】ほったらかすこと。 ～ サットータン〈ほったらかされていた〉。

シティ「マク [ʃitiˈmaku] 图 腕白。乱暴者。＊アンマクともいうが、これは主として子供にいう場合が多い。

「シティムン¹ [ˈʃitimun] 图 捨てられたもの。

シティ「ムン² [ʃitiˈmun] 图 捨て値の品。

「シトゥ [ˈʃitu] 图 しゅうと。夫の親。普通は姑の方を指す。

「シトゥビレー [ˈʃitubireː] 图 姑との付き合い。姑への接し方。⇨ビレー

「シナ¹ [ˈʃina] 1 图 品。品物。2 接尾 品物の種類を数えるときに用いる。イク～ アガ〈幾品あるか。何種類あるか〉。

「シナ² [ˈʃina] 图 砂。砂利。

シナムン [ʃinamun] 图 品物。

ジナン [ʤinan] 图 次男。

「シニ [ˈʃini] 图 すね。＊相手をどやして、シニ ウゥーラリーンロー〈すねを折られるぞ(折るぞ)〉などのように用いる。

シニガー「ター [ʃinigaˈtaː] 图 死にそう。瀕死。 ～ヌ イチムシ〈死にそうな動物〉/ ～ ナトーン〈死にそうになっている〉。＊動物にいう場合が多い。⇨ ガーター。

シニッチュ [ˈʃinittʃu] 图 死人。死んだ人。＊イチ「ッチュ〈生きている人〉に対する。

シニヤン「ジャー [ʃinijanˈʤaː] 图 死にかけた者。死にそこなった者。

シニヤン「ジュン [ʃinijanˈʤun] 動《ʃinijanr- ʃinijant-; ㋒シニヤンラン ㋴シニヤンジ ㋵シニヤントーン ㋻シニヤンタン》死にかける。死にそこなう。

「シニワカリ [ˈʃiniwakari] 图 死に別れ。死別。 ウヤトー ～ ッシ ネーン〈親とは死に別れてしまった〉。

「シニン [ˈʃinin] 图 死人。死亡者。普通、事故などで死んだ人をいう。 ～ヌ ッンジトーン〈死者が出ている〉。

ジ「ニン [ʤiˈnin] 图 下人。下男。

ジ「ニン」ックヮ [ʤiˈninˈkkwa] 图 ジ「ニンに同じ。

「シヌジュン [ˈʃinuʤun] 動《ʃinuʤ- ʃinuʤ-; ㋒シヌガン ㋴シヌジ ㋵シヌジョーン ㋻シヌジャン》しのぐ。苦しい状態を切り抜ける。 クヌ チワー クリッシ ～〈この際はこれでしのぐ〉。

「シヌブン [ˈʃinubun] 動《ʃinub- ʃinur-; ㋒シヌバン ㋴シヌビ ㋵シヌローン ㋻シヌランラン》忍ぶ。こらえる。我慢する。 チムヌ シヌバラン〈同情にたえない。かわいそうで見過ごせない。直訳は「心が忍べない」〉。

「シヌン [ˈʃinun] 動《ʃin- ʃiʤ-; ㋒シナン ㋴シニ ㋵シジョーン ㋻シジャン》(動物などが)死ぬ。＊人間の場合は普通「マースンという。

「シバ [ˈʃiba] 图 ①舌。 ～ ネーイン〈舌を出す。馬鹿にする〉/ ～ ネーティマー〈舌を出してみろ〉/ ～ ネーラリーン〈舌を出される。物笑いにされる〉/ ～ クータン〈舌をかんだ〉。②唇。「ッワーシバ〈上唇〉/「シチャシバ〈下唇〉/ クルシ「バー〈(体調が悪く)唇が黒っぽくなること〉。

「シバイ [ˈʃibai] 图 芝居。

シバイ「シー [ʃibaiˈʃiː] 图 役者。俳優。

シバ「シ [ʃibaˈʃi] 副《文》しばし。少しの間。

「シバヤ [ˈʃibaja] 图 シバイに同じ。

ジ「バン [ʤiˈban] 图 襦袢。

「シビ [ˈʃibi] 图 まぐろ(鮪)。 ～ヌ イユ〈まぐろ〉。

シビー「ン [ʃibiːˈn] 動《ʃibir- ʃibit-; ㋒シビラン ㋴シビー ㋵シビトーン ㋻シビタン》(鼻を)かむ。(鼻汁を)ぬぐい取

る。 ハナライ ～〈鼻をかむ〉。

**シピ˹ジャー** [ʃipi˹ʤa:] [名] ①ぺしゃんこのもの。押しつぶされたもの。 ②実の入っていない米、麦など。＊シッピラ˹カーともいう。

**ジビ˹タ** [ʤibi˹ta] [連体] 下卑(げび)た。下品な。卑しい。けちな。 ～ ムン〈下品なやつ。どけちなやつ〉。

**シピタイカー˹タイ** [ʃipitaika:˹tai] [副] 見すぼらしいさま。汚い服装であるさま。

**シピタイガン˹ジュー˺サン** [ʃipitaigan˹ʤu:˺san] [形]《[否]シピタイガンジューコーネーン [過]シピタイガンジューサタン》体が弱そうで強い。弱そうでなかなか音を上げない。

**シピタイガンジュー˹ムン** [ʃipitaiganʤu:˹mun] [名] 体が弱そうで強い者。

**˹シピラー** [˹ʃipira:] [名] 鼻ぺちゃ。鼻が低いこと。

**˹シビリ** [˹ʃibiri] [名] ちびった糞。少しもらした糞。 ～グヮー タラチェーン〈ちびった糞を垂らしてある〉。

**˹シピリーン** [˹ʃipiri:n] [動]《ʃipirir- ʃipirit-; [否]シピリラン [連]シピリー [継]シピリトーン [過]シピリタン》(押しつぶされて)ぺしゃんこになる。 カンカラーヤ シピリトーン〈缶はぺしゃんこになっている〉。

**シ˹ブイ** [ʃi˹bui] [名]〔植〕トウガン(冬瓜)。

**˹ジフィ** [˹ʤiɸi] [副] ぜひ。必ず。きっと。 ～ サントー ナラン〈どうしてもしなければいけない〉/ ～ アン サワル ヤル〈必ずそうしなければならない〉。

**シブイ˹ガラ** [ʃibui˹gara] [名] しぼりがら。しぼりかす。

**˹シプイゴー˺ヤク** [˹ʃipuigo:˺jaku] [名] 吸い出し膏薬。

**シブ˹イタ** [ʃibu˹ʔita] [名] 四分板。厚さ四分に整材した板で、壁板によく用いる。

**シブイ˹ワタ** [ʃibui˹wata] [名] しぶり腹。赤痢。

**シブ˹イン** [ʃibu˹in] [動]《ʃibur- ʃibut-; [否]シブラン [連]シブイ [継]シブトーン [過]シブタン》しぼる。 タタンススヤー ～〈雑巾をしぼる〉。

**˹シプイン** [˹ʃipuin] [動]《ʃipur- ʃiput-; [否]シプラン [連]シプイ [継]シプトーン [過]シプタン》(飴などを)しゃぶる。(乳などを)口にくわえて吸う。 アイスケーキー ～〈アイスキャンディーをしゃぶる〉。

**˹シプー** [˹ʃipu:] [名] ①弾力性の強いもの。粘り強いもの。 ②強情な人。頑固者。

**シブー˹グヮー** [ʃibu:˹gwa:] [名] 背筋が曲がっている者。

**˹シプートゥ** [˹ʃipu:tu] [副] びっしょり。ぐっしょり。ひどく濡れたさま。 ～ ンリトーン〈びっしょり濡れている〉。

**シプカ˹ラー** [ʃipuka˹ra:] [名] シプカラ˹ムンに同じ。

**シプカラ˹グチ** [ʃipukara˹gutʃi] [名] スージュー˹グチに同じ。

**シプ˹カラ˺サン** [ʃipu˹kara˺san] [形]《[否]シプカラコーネーン [過]シプカラサタン》塩辛い。 カラソー ～〈塩辛は塩辛い〉。＊スー˹ジュー˺サンともいう。

**シプカラ˹ムン** [ʃipukara˹mun] [名] 塩辛いもの。＊シプカ˹ラーともいう。

**シ˹ブ˺サン** [ʃi˹bu˺san] [形]《[否]シブコーネーン [過]シブサタン》(味が)渋い。

**˹シプサン** [˹ʃipusan] [形]《[否]シプコーネーン [過]シプサタン》(日干ししたたこやいかなどのように)弾力性が強い。なかなか切れない。

**˹シプシプ** [˹ʃipuʃipu] [副] じめじめ。湿気が多く不快なさま。 スーマンボースー ヤグトゥ ～ ソーン〈梅雨の時期だからじめじめしている〉。

**˹ジフ˺スン** [˹ʤiɸu˺sun] [動]《ʤiɸus- ʤiɸus-; [否]ジフサン [連]ジフシー [継]ジフソーン [過]ジフサン》自負する。自覚する。

**˹シプタイ˺アチサン** [˹ʃiputai˺ʔatʃisan] [形]《[否]シプタイアチコーネーン [過]シプタイアチサタン》蒸し暑い。

**シプタイカー˹タイ** [ʃiputaika:˹tai]

[副] じめじめ。｢シプシプの強調形。

｢**シプタイ˥ナチ** [｢ʃiputai˥natʃi] [名] (子供が)いつまでもめそめそ泣くこと。

｢**シプタイン** [｢ʃiputaiɴ] [動]《ʃiputar- ʃiputat-; [否]シプタラン [連]シプタイ [継]シプタトーン [過]シプタタン》湿る。じめじめする。

｢**シプタヤー** [｢ʃiputaja:] [名] 弱虫のくせに意地っ張りの者。泣き虫のくせになかなか言うことをきかない者。

**シブ｢リー** [ʃibu｢ri:] [名] (嫌悪感、恐怖感などによる)身震い。 ～ ッシ ナラン 〈(嫌で嫌で)身震いしてならない。身震いがとまらない〉。

｢**ジブン** [｢ʤibuɴ] [1] [名] 時分。時刻。時間。 イィー ～ ナトーン 〈いい頃合いになった〉。 [2] [接尾] …時分。…頃。 アサバンジ｢ブン 〈昼飯どき〉。

**シ｢ベー** [ʃi｢be:] [名] 三つ口。兎唇。

**シ｢ホー˥ハッポー** [ʃi｢ho:˥happo:] [名] 四方八方。あらゆるところ。

**シマ**｢[1] [ʃima｢] [名] ①村落。村。 ②故郷。出身の村。 イッター シマー マーガ 〈きみらの故郷はどこか〉。 ③島。 キラマヌ ～ 〈慶良間の島〉。

｢**シマ**[2] [｢ʃima] [名]【すまふ(相撲)】相撲。四つに組んで互いに相手の帯を握り、構えてから戦う。相手の背中を地面につけた方が勝ちである。

**シ｢マー** [ʃi｢ma:] [名] 沖縄産の物。特に泡盛などをいう。 ～ ヌンミ 〈泡盛を飲むか〉。 ＊シマー｢グヮーともいう。

**シマー｢グヮー** [ʃima:｢gwa:] [名] シ｢マーに同じ。

**シマ｢グニ** [ʃima｢guni] [名] 島国。

**シマ｢グミ** [ʃima｢gumi] [名] 沖縄産の米。昔は病気のときやお祝いのときに食べた。＊ジー｢メーともいう。

**シマ｢スン** [ʃima｢suɴ] [動]《ʃimas- ʃimatʃ-; [否]シマサン [連]シマシ [継]シマチョーン [過]シマチャン》済ます。終わらせる。 フライレー シマチー 〈投票は済ませたか〉。

**シマナガ｢シ** [ʃimanaga｢ʃi] [名] 島流し。流罪。

｢**ジママ** [｢ʤimama] [名] 自まま。わがまま。 ～ヌ ユー シジトーン 〈わがままがとてもひどい〉。

｢**ジマン** [｢ʤimaɴ] [名] 自慢。

**シミ**｢[1] [ʃimi｢] [名] ①墨。 ②学問。 シメー シッチ ムノー シラン 〈学問は知っているが物の道理を知らない〉 / ～ン シラン ムン 〈無学な者。文盲〉。 ③消し炭。おき(燠)。＊ウチ｢リともいう。

**シミ**｢[2] [ʃimi｢] [名] 隅。 ～ンカイ イィチョーン 〈隅に座っている〉。

｢**シミーン**[1] [｢ʃimi:ɴ] [動]《ʃimir- ʃimit-; [否]シミラン [連]シミー [継]シミトーン [過]シミタン》させる。 ビンチョー ～ 〈勉強をさせる〉 / イーチケー ～ 〈お使いをさせる〉。

**シミー｢ン**[2] [ʃimi:｢ɴ] [動]《ʃimir- ʃimit-; [否]シミラン [連]シミー [継]シミトーン [過]シミタン》締める。

**シミー｢ン**[3] [ʃimi:｢ɴ] [動]《ʃimir- ʃimit-; [否]シミラン [連]シミー [継]シミトーン [過]シミタン》攻める。攻撃する。

**シミーン**[4] [ʃimi:ɴ] [助動]《ʃimir- ʃimit-; [否]シミラン [連]シミー [継]シミトーン [過]シミタン》…(さ)せる。動詞の未然形に付いて使役の意を表す。 アッカシミー｢ン 〈歩かせる〉 / トゥーラシミー｢ン 〈通らせる〉。

**シミキー｢ン** [ʃimiki:｢ɴ] [動]《ʃimikir- ʃimikit-; [否]シミキラン [連]シミキー [継]シミキトーン [過]シミキタン》しける。湿気をおびる。 シンビーヤ シミキトーン 〈せんべいはしけている〉。

**シミ｢クル˥スン**[1] [ʃimi｢kuru˥suɴ] [動]《ʃimikurus- ʃimikurutʃ-; [否]シミクルサン [連]シミクルシ [継]シミクルチョーン [過]シミクルチャン》絞め殺す。

**シミ｢クル˥スン**[2] [ʃimi｢kuru˥suɴ] [動]《ʃimikurus- ʃimikurutʃ-; [否]シミクル

サン ㊂シミクルシ ㊇シミクルチョーン ㊄シミクルチャン》攻め殺す。

**シミ「ナー** [ʃimiˈnaː] 图 墨縄。墨糸。木材や石に直線を引くための墨壺に巻き込んである糸。

**シミ「ムン** [ʃimiˈmun] 图【料理】煮しめ。肉、大根、にんじんなどをよく煮て汁をしみ込ませたもの。

**シミ「ユ」シーン** [ʃimiˈjuˈʃiːn] 動《ʃimijuʃir- ʃimijuʃit-; ㊂シミユシラン ㊇シミユシー ㊇シミユシトーン ㊄シミユシタン》攻め寄せる。

**「シム」[1]** [ˈʃimu] 图【しも(下)】台所。勝手。

**「シム」[2]** [ˈʃimu] 图【霜】冷雨。(真冬の)冷たい雨。 ～ヌ ウチカキカキ スン〈冷雨がぱらぱらと降る〉。 ＊「霜」に当たる語だが、沖縄には霜はないので「冷雨」を指す。同様に、「雪」に当たる「ユチ」は「霰(あられ)」の意である。

**シ「ムー** [ʃiˈmuː] 图 シムに同じ。

**シム「ク** [ʃimuˈku] 图 (琉歌の)下の句。琉歌は上の句八八と下の句八六の計三十音からなっている。⇨ カミク。

**シムジム** [ˈʃimuʤimu] 图【下々(しもじも)】下層階級。身分の低い者。

**シムチ** [ˈʃimutʃi] 图 気質。(特に)意地悪。性根の悪いこと。 アリガ シムチェータ タジール スル〈彼の意地悪はたぎるほどだ(ものすごくひどい)〉／ アリガ シムチョー〈彼の性根の悪さといったら〉。

**シム「チチ** [ʃimuˈtʃitʃi] 图 霜月。十一月。

**「シムチャー** [ˈʃimutʃaː] 图 意地悪。性根の悪い者。

**シム「ナイ** [ʃimuˈnai] 图 うらなり。果物などの時期はずれのものや比較的高齢になってから生まれた子供にもいう。＊シ「ムーともいう。

**シム「ル** [ʃimuˈru] 图 巣守。孵化せずに巣に残った卵。

**シ「ムン** [ʃiˈmun] 動《ʃim- ʃir-; ㊂シマン ㊇シミー ㊇シローン ㊄シラン》済む。終わる。 シム〈サ〈(これで)いいよ〉／ シクトヌ シララー チャーグヮー スメー〈仕事が済んだら茶でも飲め〉／ ～リ ウムトーミ〈(これで)済むと思っているのか〉。

**シメー「カ** [ʃimeːˈka] 图 住みか。住まい。住居。

**「シメークメー** [ˈʃimeːkumeː] 副 用意するさま。 ～ ソーン〈用意をしている〉。

**「シモータ** [ˈʃimoːta] 图 住みか。住宅地。 アリカーヤ ～ ナティ〈あの辺は住宅地になって〉。

**「ジャー「[1]** [ˈʤaː] 图 座。人の座る場所。 ～グヮー チュクレー〈座る場所を作れ〉。

**「ジャー[2]** [ˈʤaː] 图 蛇(じゃ)。次のような表現に用いる。 イィナグヌ ハティレー ～ ナイン〈女が怒りきわまったら(恐ろしい)蛇になる。執念深さのたとえ〉。

**ジャーガ「メー** [ʤaːgaˈmeː] 图【座構え】部屋の構造。調度品の配置。

**ジャー「ガル** [ʤaːˈgaru] 图 ねずみ色の土。「マージ〈赤土〉に比べ粘着性がある。

**ジャー「シ** [ʤaːˈʃi] 图【座主】和尚(じゅう)。住職。 クルカニ ～〈黒金座主。昔話『耳切り坊主』に登場する、妖術を使う住職〉。

**ジャーハネーカ「サー** [ʤaːhaneːkaˈsaː] 图 祝いの席などで、座をにぎやかにする陽気な者。＊ジャーハネーキ「ヤーともいう。

**ジャーハネーキ「ヤー** [ʤaːhaneːkiˈjaː] 图 ジャーハネーカ「サーに同じ。

**ジャー「フェー** [ʤaːˈɸeː] 图 始末[手]におえないこと。困ったこと。 ～ ナトーン〈始末におえなくなっている〉／ ～ナ ムン〈手におえない(乱暴)者〉。

**ジャーフェー「グトゥ** [ʤaːɸeːˈgutu] 图 始末[手]におえない事柄。厄介な事柄。

**ジャー「フェー「ティーフェー** [ʤaːˈɸeːtiːɸeː] 图 乱暴狼藉。めちゃくちゃ。ジャー「フェーの強調形。

「ジャーフェー「ムン [ʤaːɸeːˈmun] 图 手におえない者。乱暴者。

ジャー「マ [ʤaːma] 图 途方に暮れること。どうしていいか対処に困ること。～ウッチリトーン〈途方に暮れてあたふたしている〉。

ジャーム「チャー [ʤamuˈʧaː] 图 座持ちのよい者。祝いの座をにぎやかにする陽気な者。

「ジャーン」トゥーカンネーン [ˈʤaːn]tuːkanneːn] 連語「ジャーン」ネーンに同じ。

「ジャーン」ネーン [ˈʤaːnneːn] 連語 世間体を気にしない。気配りのない。座をわきまえない。⇨ジャー¹。～ シカタ〈他人をまったく気にしないやり方〉／ ムヌイーカタ〈気配りの足りないものの言い方。一方的なものの言い方〉。＊「ジャーン」トゥーカンネーンともいう。

ジャシ「チ [ʤaʃiˈʧi] 图 ①座敷。部屋。②寝間。寝床。～ シェー〈床をとれ。床の準備をせよ〉。

「ジャットゥ [ˈʤattu] 副 ざっと。大ざっぱに。～ サントー ナラン〈大ざっぱにしなければならない〉。

「ジャットゥグヮー [ˈʤattugwaː] 副 「ジャットゥに同じ。～ヤー〈簡単にだよ〉。

「ジャマ¹ [ˈʤama] 图 ざま。様子、なりふりをあざけっていう語。ジャマー ネーン〈ざまはない。作法がなってない。見苦しい〉。

「ジャマ² [ˈʤama] 图 邪魔。妨げ。

ジャマ「ジャ」マーネーン [ʤama-ˈʤamaːneːn] 連語 とんでもない。恐ろしいほどの。～ クトゥ シェーン〈とんでもないことをやらかしてある〉。

「ジャン [ˈʤan] 图 讒(ざん)。讒言。～サットーン〈讒言をされている〉。

「ジャンニン [ˈʤannin] 图 残念。シグク〜ナ クトゥ〈とても残念なこと〉。

「ジュー¹ [ˈʤuː] 图 尾。しっぽ。〜ヤ ケーティル マッチョール〈しっぽはそり返って待っている。「反撃の態勢を取っている」の意〉。

ジュー「² [ˈʤuː] 图 十。＊普通は「トゥーを用いる。

ジ「ユー [ʤiˈjuː] 图 自由。意のまま。思いどおり。アンシェー 〜ネー ナラン〈そう思いどおりにはならない〉。

ジュー「イチ [ʤuːˈʔiʧi] 图 十一。十一歳。

ジュー「ク [ʤuːˈku] 图 十九。十九歳。

ジュー「グ [ʤuːˈgu] 图 十五。十五歳。イーナ 〜 ナトーミ〈もう十五歳になったか〉。

ジューグニ「チ [ʤuːguniˈʧi] 图 十五日。チータチ 〜〈一日、十五日。毎月仏壇や火の神にお茶を供えて祈願をする日〉。

ジューグニン「シュー [ʤuːguninˈʃuː] 图 【十五人衆】首里王府の高官の一つで、三司官に次ぐ役人。

ジュー「グヤ [ʤuːˈguja] 图 十五夜。旧暦八月十五日の夜。

ジューグ「ヤー [ʤuːguˈjaː] 图 十五夜。または、その夜の月。チューヤ 〜 ナトーン〈今日は十五夜(の満月)だ〉。

ジュー「グチ [ʤuːˈgwaʧi] 图 十月。

ジュー「サン [ʤuːˈsan] 图 十三。十三歳。

ジュー「シ [ʤuːˈʃi] 图 十四。十四歳。

ジュー「シー [ʤuːˈʃiː] 图 ①雑炊。おじや。②炊き込みご飯。＊単にジューシーといえば①を指すことが多く、ジョロジョロジュー「シー、ヤフゥラジュー「シーともいう。フーチバージュー「シー〈よもぎの入った雑炊〉、ッンムジュー「シー〈さつまいもの入った雑炊〉などがある。②の意では普通クフゥジュー「シーといい、「トゥンジー「ジューシー〈冬至のときに作る炊き込みご飯〉などがある。

「ジュージュー [ˈʤuːʤuː] 图 重々。十分。～ ワカトーイビーサ〈重々分かっています〉。

ジュー「ニ [ʤuːˈni] 图 十二。十二歳。

ジュー「ニシ [ʤuːˈniʃi] 图 十二支。

ジューニン [ʤu:ˈnin] 图 十人。

ジューニンガーイ [ʤu:ninɡaˈi] 图 十人に匹敵すること。にぎやかさ、威張り方など。 ～ ヤサ〈十人分のにぎやかさだ。十人分に匹敵するほどの威張り方だ〉。

ジューバク [ʤu:ˈbaku] 图 重箱。

ジューハチ [ʤu:ˈhatʃi] 图 十八。十八歳。

ジュービタビーター [ʤu:bitabi:ˈta:] 图《鳥》セキレイ(鶺鴒)。尾を振ることからの命名。

ジューヒチ [ʤu:ˈçitʃi] 图 十七。十七歳。

ジューヒチハチ [ʤu:ˈçitʃiˈhatʃi] 图 十七八。年頃。

ジューブン [ʤu:ˈbun] 图 充分。十分。 ウリッシ ～ エー サニ〈これで十分だろう〉。

ジュームッカー [ʤu:mukˈka:] 图 尾の切れた[ない]動物。 ＊ジュームッˈコーともいう。

ジュームッコー [ʤu:mukˈko:] 图 ジュームッˈカーに同じ。

ジュールク [ʤu:ˈruku] 图 十六。十六歳。

ジュールクニチー [ʤu:rukuniˈtʃi:] 图 旧暦一月十六日に行う墓参り。グˈソー〈後生。あの世〉の正月だといわれる。

ˈジュシェーネーン [ˈʤuʃeːˈneːn] 連語 間違いなく。きっと。 ジノー ～ ッヤーガル トゥッテール〈お金は間違いなくおまえが取ってある〉。

ˈジュヌ [ˈʤunu] 連体 どの。 ～ ヤーガ〈どの家か〉。

ˈジュヌッチュ [ˈʤunuˈttʃu] 图 どの人。

ジュリˈ¹ [ʤuriˈ] 图 女郎。遊女。 ジュリュˈバー〈遊女を買う者〉。 ＊普通「尾類」と表記される。

ˈジュリ² [ˈʤuri] 代名 どれ。 ～ガ ～ヤラ〈どれがどれやら〉/ ～ ヤティン〈どれでも〉/ ～ンカイ スガヤーンリ ウムトーン〈どれにしようかと思っている〉。

ジュリアˈガイ [ʤuriʔaˈɡai] 图 女郎あがり。もと遊女であった者。

ジュリアˈシビ [ʤuriʔaʃiˈbi] 图 女郎遊び。女郎買い。

ジュリアンˈマー [ʤuriʔamˈma:] 图 女郎の抱え主。 ＊抱え主はすべて女で、アンˈマー〈母〉と称した。

ジュリˈウイ [ʤuriˈʔui] 图 娘を女郎として売ること。男の子を身売りに出して漁民として働かせたイチマンˈウイ〈糸満売り〉に対比される。

ジュリヌˈックヮ [ʤurinuˈkkwa] 图 女郎の子。

ジュリヌˈヤー [ʤurinuˈja:] 图 女郎屋。遊廓。

ジュリヌヤーグˈマイ [ʤurinuja:ɡuˈmai] 图 女郎屋に入りびたって家に帰らないこと。

ジュリムチˈリ [ʤurimutʃiˈri] 图 女郎に心を奪われること。

ジュリユˈバー [ʤurijuˈba:] 图 女郎買いをする者。女郎遊びをする者。

ジュリˈユビ [ʤuriˈjubi] 图 女郎買い。 イィキガガル ～ サキヌミン スル〈男が女郎買いも酒飲みもするのだ〉。

ジュリˈンマ [ʤuriˈʔmma] 图 女郎たちがハチカソーˈグッチ〈旧暦一月二十日〉に那覇の辻町で板に馬の形をかたどったものを前帯にはさみ行列を作って踊り歩く行事。豊年、商売繁盛を祈願したといわれる。今も行列そのものは残っているが、廃止すべきだとの意見もある。 ＊「尾類馬」と表記される。

ˈジュン [ˈʤun] 图 ①正常。当たり前。 ヤンリトータシガ ～ ナトーミ〈こわれていたが直っているか〉。 ②本当。正真正銘。 ～ニ ユーリーヌ ウゥタンリサ〈本当に幽霊がいたとさ〉。

ˈジュンタク [ˈʤuntaku] 图 潤沢。豊富。 ～ニ アタン〈豊富にあった〉。

ジョーˈ¹ [ˈʤo:ˈ] 图 門。

「ジョー² [ʤoː] 图 情。愛情。やさしい心。 ッヤーヤ ～ヌ ネーン〈きみは情がない〉。

「ジョーイ [ʤoːi] 副 とても。ずっと。とうてい。 ～ ナラン〈とうていできない〉 / ウリヤカー アレー ～ マーサン〈これよりあれはずっとうまい〉。

「ジョーエー [ʤoːeː] 图 情愛。

ジョー「グ [ʤoːgu] 图 じょうご(漏斗)。

ジョー「グー [ʤoːguː] ① 图 上戸。酒好き。 アレー ～ロー〈彼は酒好きだ〉。 ② 接尾 …好き。特定の食べ物を好む者。 サキジョー「グー〈酒好き〉 / マーサムンジョー「グー〈おいしいもの好き〉 / シシジョー「グー〈肉好き〉。

ジョーグ「チー [ʤoːguˈtʃiː] 图 門口(かどぐち)。

ジョー「サク [ʤoːˈsaku] 图 造作。家の中の作り。骨格。

ジョー「ジ [ʤoːˈʤi] 图 上手。 ～ ヤッサー〈上手だね〉。

「ジョージージョー「ジー [ʤoːˈʤiː-ʤoːˈʤiː] 副 おだてるさま。下手(じょうず)にてるさま。 ～ スグトゥル ヒラートール〈下手にでているからこそ付き合っている〉。

「ショーシジャマ [ʃijoːʃiʤama] 图「シジャマに同じ。

「ジョーシチ [ʤoːˈʃitʃi] 图【雑色(ぞうしょく)】炊事。台所仕事。

「ジョーシチ「カチ [ʤoːˈʃitʃiˈkatʃi] 图 台所仕事。

ジョーシ「チャー [ʤoːʃiˈtʃaː] 图 女中。お手伝いさん。

ジョー「ジフィタ [ʤoːˈʤiɸita] 图 上手下手(じょうずへた)。 ～ンリ イーシェー アルムン ヤサ〈上手下手というのはあるものだ〉。

ジョータン「カー [ʤoːtaŋˈkaː] 图 向こう隣。門が向かい合っている家。⇒ タンカー²。

ジョーチ「バイ [ʤoːtʃiˈbai] 图【上気張り】立派な働き。立派な努力。 クンロ ～ ヤテーサヤー〈今度は立派な働きだったねえ〉。

ジョー「トゥー [ʤoːˈtuː] 图 上等。すぐれてよいもの[こと]。＊ジョー「トーともいう。

ジョー「トー [ʤoːˈtoː] 图 ジョー「トゥーに同じ。＊母音変化をさせないで共通語と同形。

ジョーニグヮーヌ シ「ルー [ʤoːni-gwaːnuʃiˈruː] 图 雑煮。＊新しい言い方。「雑煮の汁」にほぼ対応。

ジョー「ノー [ʤoːˈnoː] 图 上納。租税。王府へ物を納めること。

「ジョーヒタ [ʤoːçita] 副 しょっちゅう。ひっきりなし(に)。いつも。 ～ シグトゥ ビケーン ヤサ〈しょっちゅう仕事ばかりだ〉。

ジョーブッ「クヮー [ʤoːbukˈkwaː] 图 情け深い者。 アマヌ ハンシーヤ ～ ヤン〈あちらのお祖母さんは情け深い人だ〉。

「ショームヨー [ʃijoːmujoː] 图 副 いろいろ準備をすること[さま]。 ～ヌ ウフサス〈いろいろ準備することが多くって〉 / ～ ソーン〈いろいろと準備を整えている〉。

ジョー「ヤチ [ʤoːˈjatʃi] 图 うわぐすりをかけて焼いた焼き物。瀬戸物。陶器。＊「アラヤチ〈素焼き〉に対する。

ジョロジョロージュー「シー [ʤoro-ʤoroːʤuːˈʃiː] 图 水分の多い雑炊。米が高くて買えなかった頃の食べ物。

シ「ラークサー [ʃiˈraːˈkusaː] 图 前後左右。周囲。 ～ カメータシガ ネーンタン〈周囲を探したがなかった〉。

シ「ライ¹ [ʃiˈrai] 图 すだれ。ブラインド。

シ「ライ² [ʃiˈrai] 图 しろあり(白蟻)。

シラ「ガ [ʃiraga] 图 しらが(白髪)。＊シラ「ギともいう。

シラ「ガー [ʃiraˈgaː] 图 白髪頭の者。＊悪口として用いる。普通はシラ「ブチムンという。

シラ「カジ [ʃiraˈkaʤi] 图 涼しい風。涼風。

シラ「ガ」ジョーミン [ʃiraˈgaʤoː-min] 图【しらが素麵】そうめん(素麵)の

一種。細くて白いのが白髪に似ているところからの命名。

シラ「ギ [ʃiraˈgi] 图【しらげ(白毛)】しらが(白髪)。 ～ カミトーン〈白髪である。直訳は「白髪を頭にのせている」〉。＊シラ「ガともいう。

シラギー「ン [ʃiragiːˈn] 動《ʃiragir- ʃiragitʃ-; ㊟シラギラン ㊦シラギー ㊧シラギトーン ㊨シラギタン》しらげる。精米する。

シラギチブ「ル [ʃiragitʃibuˈru] 图 白髪頭。

シラ「クム [ʃiraˈkumu] 图 白雲。

シラサ「ギサン [ʃirasaˈgiˈsan] 形《㊟シラサギコーネーン ㊨シラサギサタン》涼しそうである。

シ「ラ「サン [ʃiˈraˈsan] 形《㊟シラコーネーン ㊨シラサタン》涼しい。 ワッターヤーヤ ムル シラコーネーン〈私たちの家は全然涼しくはない〉。

「シラシ [ˈʃiraʃi] 图 ①知らせ。報告。通知。②前兆。

シラ「シェー [ʃiraˈʃeː] 图 川えび。小形で食用となる。＊シェー「グヮーともいう。

ジラジラ [ˈdʒiradʒira] 副 ぎらぎら。強烈に輝くさま。 ミーヤ ～ ソーン〈目がぎらぎらしている〉。＊「ジラバイともいう。

シラ「スン¹ [ʃiraˈsun] 動《ʃiras- ʃiratʃ-; ㊟シラサン ㊦シラシ ㊧シラチョーン ㊨シラチャン》(卵を)かえす。孵化する。

「シラスン² [ˈʃirasun] 動《ʃiras- ʃiratʃ-; ㊟シラサン ㊦シラシ ㊧シラチョーン ㊨シラチャン》知らせる。通知する。

シラ「ナミ [ʃiraˈnami] 图 白波。 ～ヌ タッチョール トゥクル〈白波の立っているところ〉。

「ジラバイ [ˈdʒirabai] 副「ジラジラに同じ。

シラ「ビ [ʃiraˈbi] 图 調べ。検査。調査。

シラビー「ン [ʃirabiːˈn] 動《ʃirabir- ʃirabit-; ㊟シラビラン ㊦シラビー ㊧シラビトーン ㊨シラビタン》調べる。検査する。

シラビ「ムン [ʃirabiˈmun] 图 調べ物。

シラ「ブチ「ムン [ʃiraˈbutʃiˈmun] 图 白髪頭の者。

シラ「ベー [ʃiraˈbeː] 图 白い斑点のできる皮膚病。はたけ(疥)。白なまず。

シラ「ムン¹ [ʃiraˈmun] 動《ʃiram- ʃirar-; ㊟シラマン ㊦シラミ ㊧シラローン ㊨シララン》涼む。 キーヌ ウィー ウゥティ ～〈木の上で涼む〉。

シラ「ムン² [ʃiraˈmun] 動《ʃiram- ʃirar-; ㊟シラマン ㊦シラミ ㊧シラローン ㊨シララン》(夜が明けて東の空が)白む。

シ「ラン [ʃiˈran] 图 しらみ(虱)。

「シランチュ [ˈʃirantʃu] 图 ①知らない人。ミチ イチャティン ～ スタン〈道で出会ったが知らん顔をしていた(直訳は「知らない人をしていた」)〉。②(幼児の)人見知り。 ～ スン〈人見知りする〉。

シランフー「ナー [ʃiraŋɸuːˈnaː] 图 知らんぷり。

「ジリ [ˈdʒiri] 图 義理。 ～ン ネーン〈義理もない。義理を欠く〉。

シ「リー [ʃiˈriː] 图 後ろ。後方。末尾。 イッチンヌ ～ マングラ〈(竿秤で量って)一斤の末尾あたりだ。一斤余りだ〉。

シリーマー「イ [ʃiriːmaˈi] 图 付近。あたり。クビヌ ～〈首のあたり〉。

シリー「ン [ʃiriːˈn] 動《ʃirir- ʃirit-; ㊟シリラン ㊦シリー ㊧シリトーン ㊨シリタン》(卵が)かえる。孵化する。 クーガヌ シリトーン〈卵がかえっている〉。＊首里方言とは異なり、「高貴な人が誕生する」の意味にはほとんど用いない。

「シリエー [ˈʃirieː] 图 知り合い。知人。

「シリガフー レービル [ˈʃirigaɸuː reːbiru] 連語 ありがとうございます。＊「ニフェー レービル〈ありがとうございます〉の方がよく用いられる。

シリ「キジ [ʃiriˈkidʑi] 图 すり傷。かすり傷。

シリ「グル [ʃiriˈguru] 图 (蟬やハブなどの)抜けがら。 ハブヌ ～〈ハブの抜けがら〉。

「シリジチニ [ˈʃiridʑitʃini] 副 知っているくせに。知っているのに。 ～ ナラーサン〈知っているのに教えない〉。

シリ「ナ」シーン [ʃiriˈnaˈʃiːn] 動《ʃirinaʃir- ʃirinaʃit-; ㋐シリナシラン ㋑シリナシー ㋒シリナシトーン ㋓シリナシタン》なすりつける。すりつける。 スリンカイ シリナシテーサ ハゴーサヌ〈袖にすりつけてさ、汚いね〉。

「ジリハジ [ˈdʑirihadʑi] 图【義理恥】世間体。恥。 ～ン ネーン〈世間体を無視している〉。

シリ「ハ」ジュン [ʃiriˈhaˈdʑun] 動《ʃirihag- ʃirihadʑ-; ㋐シリハガン ㋑シリハジ ㋒シリハジョーン ㋓シリハジャン》すりむく。

「ジリラティ [ˈdʑirirati] 图 義理立て。

「シル [ˈʃiru] 图 ①汁。液体。 ～ヌ ヒーン〈炊くことによって鍋などの)水分がなくなる〉/ ～ ナイン〈溶ける。(または)溶けてなくなる。直訳は「汁になる」〉。 ②汁。おつゆ。* 普通はウシ「ルという。

シルイイ「フェー [ʃiruʔiːˈɸeː] 图 白位牌。木牌を奉書紙で包んだもので、表に故人の名前を書いておく。四十九日のときに本位牌に書き換える。 ～ ナティ ネーン〈白位牌になってしまった。亡くなってしまった〉。

シルイ「ユー [ʃiruʔiˈjuː] 图 【しろいお(白魚)】『魚』シロダイ(白鯛)。フエフキダイ科。

シ「ルー [ʃiˈruː] 图 白いもの。

シル「カビ [ʃiruˈkabi] 图 白紙。

シルグェー「イ [ʃirugweˈi] 图 色白で太っていること。

シ「ル」サン [ʃiˈruˈsan] 形《㋐シルコーネーン ㋓シルサタン》白い。

「シルシ [ˈʃiruʃi] 图 ①しるし。標識。 ②感応。ごりやく。しるし(験)。 アミ タボーリーンチ ウガラグトゥ ～ヌ アティ アミヌ フタンリサ〈雨くだされと拝んだからしるしがあって降ったとさ〉。

シルジ「キー [ʃirudʑiˈkiː] 图 【汁漬け】。汁かけご飯。*シルジキ「ティーともいう。

シルジキ「ティー [ʃirudʑikiˈtiː] 图 シルジ「キーに同じ。

シルジャー「ター [ʃirudʑaːˈtaː] 图 白砂糖。

シルッ「チュー [ʃirutˈtʃuː] 图 白子。白皮症の人。

シルヌ「グリ [ʃirunuˈguri] 图 汁の下にたまっている沈殿物。⇒ グリ。

シル「ヌヌ [ʃiruˈnunu] 图 白い布。

シルボン「ボン [ʃirubomˈbon] 图 実が少なくて汁ばかりのおつゆ。

シルマー「ミー [ʃirumaːˈmiː] 图 白豆。

シル「ミ [ʃiruˈmi] 图 (卵などの)白身。* シル「ミーともいう。

シル「ミー¹ [ʃiruˈmiː] 图 シル「ミに同じ。

シル「ミー² [ʃiruˈmiː] 图 白目。 ～ ナスン〈白目にする。子供たちが遊びでまぶたをひっくり返したりして白目を出すこと〉。

シル「ワタ [ʃiruˈwata] 图 (魚などの)白い腹。 ～ ウッチェートーン〈魚が白い腹を上にして死んでいる〉。

「シレー [ˈʃireː] ①图 次第。事情。 ②接尾 …するに従って。…の順に。 カム～ ヤーシク ナトーン〈食べるに従って腹がすいてきている〉。 *シンレーともいう。

シレーシレー「ニ [ʃireːʃireːˈni] 副 次第次第に。 ～ル マシ ナイサ〈次第次第によくなるよ〉。

シレー「ニ [ʃireːˈni] 副 次第に。だんだんと。 ～ マシ ナトーン〈次第によくなっている〉。

シワ [ˈʃiwa] 图 【世話】心配。 チャー～ ソーン〈いつも心配している〉。

シワー「シ [ʃiwaːˈʃi] 图 師走。十二月。

年末。~ ナトーン〈師走になっている〉。

**シワーシアチ「ネー** [ʃiwa:ʃiʔatʃiˈne:] 图 師走の商売。歳末の商い。

**シワーシコーイ「ムン** [ʃiwa:ʃikoːiˈmun] 图 師走の買い物。正月用の買い物。

**シワーシジ「ケー** [ʃiwa:ʃidʒiˈke:] 图 師走に使う金。年末に使う費用。

**シワーシ「マチ** [ʃiwa:ʃiˈmatʃi] 图 師走の市。年末の市。⇒ マチ²。

**シワ「グゥ** [ʃiwaˈgutu] 图 心配事。~ビケーン ヤサ〈心配事ばかりだ〉。

**シワ「サー** [ʃiwaˈsa:] 图 心配性の人。心配事が絶えない者。

**「シワジャ** [ˈʃiwadʒa] 图 しわざ。所業。行為。タンス ムンス ~ガ〈誰のしわざか。一体全体誰がした所業だ〉。

**シン¹** [ʃinˈ] 图 さる。雨戸の戸締りをする仕掛け。~ イリーン〈さるで戸締りをする〉。

**シン²** [ʃinˈ] 图 ①心(しん)。芯。ものの中心部。~ヌ ニーラン〈(米、芋などの)芯が煮えない〉/ ~ヌ クサリトーン〈芯が腐っている〉。②灯心。③植物の先端部分。~ヌ ヌチジティ チューン〈先端が出てくる〉。④心(しん)。本心。~カラ ヤミ〈本心からなのか〉。

**シン³** [ʃinˈ] 1 图 寸。寸法。~ヌ タラン〈寸法が足りない〉。2 接尾 …寸。イッ「シン〈一寸〉/ ニ「シン〈二寸〉/ イッシヌ ニシヌヌ ウーティ チューサ〈ほんのそこまで(行くだけ)なのに(子供が)追ってくるよ〉。

**シン⁴** [ʃinˈ] 图 千。

**ジン** [dʒinˈ] 图 銭。金(かね)。金銭。

**ジンイリ「ミ** [dʒinʔiriˈmi] 图 金がかかること。出費の多いこと。物入り。クンロー ~ヌ ウフサス〈今度は出費が多くて〉。

**シン「カ** [ʃinˈka] 图〈文〉臣下。配下。

**ジン「カニ** [dʒinˈkani] 图 銭金。金銭。金(かね)。

**ジンカラ「サー** [dʒinkaraˈsa:] 图 金貸

し。高利貸し。~ッシ モーキタン〈金貸して儲けた〉。⇒ カラスン¹。

**シン「クチ** [ʃinˈkutʃi] 图 洗骨。墓に埋葬した骨を死後数年たってから取り出し洗い清めてから再び納骨した、火葬がなかった頃の埋葬儀式。今でも地域によっては三年忌に火葬した遺骨に水をかける儀式が行われている。

**シン「ク「マンク** [ʃinˈkuˈmaŋku] 图【千苦万苦】とても苦労をすること。

**シン「グヮチ** [ʃinˈgwatʃi] 图 四月。

**「シン「グヮン** [ˈʃinˈgwan] 图【千貫】大金。

**ジングン「ジュー「ウスメー** [dʒingunˈdʒuːʔusumeː] 图 (銭五十文さえ惜しむ)けちんぼな老人。

**シン「ケー** [ʃinˈke:] 图【神経】気違い。狂気。

**シンケー「グヮー** [ʃinke:ˈgwa:] 图 神経質。繊細。アレー ~ロー〈彼は神経質だ〉。

**シン「ジ** [ʃinˈdʒi] 图【煎じ】煎じた汁。スープ。ターイユヌ~〈鮒(ふな)を煎じた汁。熱さましとして飲む〉。

**「シンシー** [ˈʃinʃi:] 图 先生。主として学校の先生を指す。

**シンジー「ン** [ʃindʒi:ˈn] 動《ʃindʒir-ʃindʒit-; 否 シンジラン 希 シンジー 継 シンジトーン 過 シンジタン》信じる。信仰する。

**シンジグ「スイ** [ʃindʒiguˈsui] 图 煎じ薬。

**ジンジ「ケー** [dʒindʒiˈke:] 图 金づかい。金の使い方。~ヤ アラサン〈金づかいが荒い〉。

**シンジ「ジル** [ʃindʒiˈdʒiru] 图 煎じ汁。

**シン「ジチ** [ʃinˈdʒitʃi] 图【真実】真心。親切。やさしい心。~ニ アン イーン〈親切にそう言う〉。

**ジンシティ「グゥ** [dʒinʃitiˈgutu] 图【銭捨て事】金を捨てるようなこと。金

の無駄づかい。浪費。

シンジ「ムン [ʃindʑiˈmun] 图 煎じもの。煎じたもの。

シン「ジューク二チ [ʃinˈdʑu:ˈkunitʃi] 图 四十九日(の法事)。＊シチナン「カ、ナナナン「カともいう。

ジン「ジン [dʑinˈdʑin] 图 ほたる(蛍)。

「シンジントゥ [ˈʃindʑintu] 副【しみじみと】ひどいことに。情けなくも。～ アンイール シカタ ヤサ〈情けないことにそう言ったもんだ〉。

シン「チ」リーン [ʃinˈtʃiriːn] 動《ʃintʃirir- ʃintʃirit-; 否シンチリラン 連シンチリー 禁シンチリトーン 過シンチリタン》澄みきる。澄む。

ジンテー「サー [dʑinteːˈsaː] 图 金を無駄づかいする者。浪費する者。⇒テースン¹。

「ジントー [ˈdʑintoː] 图 本当。真実。～ フリムンル ヤシガ〈本当に馬鹿だね〉。

シン「二 [ʃinˈni] 图 新たに。チャーヤッンジラングトゥ ～ イリレー〈茶は出ないから[出がらしだから]新たに入れなさい〉。

ジンヌヌー「シ [dʑinnunuːˈʃi] 图【銭の主】①大金持ち。～トゥン オーイミ〈大金持ちと喧嘩(けんか)するか〉。②全権を握っている者。

ジン「バク [dʑimˈbaku] 图 銭箱。金(かね)を入れる箱。

シン「ビー [ʃimˈbiː] 图 せんべい(煎餅)。

ジンブク「ル [dʑimbukuˈru] 图【銭袋】巾着。

ジン「ブン [dʑimˈbuŋ] 图 知恵。分別。才能。～ヌ ネーン〈知恵がない〉/ ジンブノー マチクローン〈才能は大いにある〉。

シンブン「ガ二 [ʃimbuŋˈgani] 图 針金。

ジンブンクサ「ラー [dʑimbuŋkusaˈraː] 图 知恵のない者。愚鈍な者。＊クサ「ラーは「腐っている者」の意。

ジンブン「ムチ [dʑibumˈmutʃi] 图 知恵[才能]のある者。～ ヤッサー〈知恵者だなあ〉。

ジン「ミ [dʑimˈmi] 图【吟味】協議。～ チューラスン〈協議を重ねる〉。

ジン「ムチ [dʑimˈmutʃi] 图 金持ち。

シンメーナー「ビ [ʃimmeːnaːˈbi] 图 直径1メートル程度の大鍋。以前は一般の家庭にもあり、芋を常食としていた頃には、一度に一日分の芋を煮るなどに用いた。

ジンモーキ「ジク [dʑimmoːkiˈdʑiku] 图【銭儲けずく】金儲け。

ジン「ラカ [dʑinˈraka] 图【銭高】金額。

シンラカ「スン [ʃinrakaˈsuŋ] 動《ʃinrakas- ʃinrakatʃ-; 否シンラカサン 連シンラカシ 禁シンラカチョーン 過シンラカチャン》滑らす。滑らせる。シンラカチ ウトゥチャン〈滑らせて落とした〉。

シン「ラスン [ʃinˈrasuŋ] 動《ʃinras- ʃinratʃ-; 否シンラサン 連シンラシ 禁シンラチョーン 過シンラチャン》難儀する。

シンリー「ン [ʃinriːˈn] 動《ʃinrir- ʃinrit-; 否シンリラン 連シンリー 禁シンリトーン 過シンリタン》滑る。シンリティ ヒサ ウゥータン〈滑って足を折った〉。

シン「ルー [ʃinˈruː] 图【船頭】船長。

シンレー [ʃinreː] 接尾 …するに従って。…の順に。カムシン「レー〈食べるに従って〉/ カチュシン「レー〈書いた順に〉。＊シレーともいう。

シン「ロー [ʃinˈroː] 图 心労。気苦労。

# ス

ス [su] 接尾 …升(ﾏｽ)。約1.8リットル。イッ「ス〈一升〉、「ニス〈二升〉、サン「ジュ〈三升〉など。

スイ「[sui」] 名 首里。琉球王国の首都。＊尊称で「スイ「ッウェーグ」ともいう。

「スイ「ッウェーグニ [「sui「ʔwe:guni] 名【首里親国】王都首里の尊称。＊「ッウェーグ」ともいう。

「スイ「カチ [「sui「katʃi] 名 雑巾(ぞうきん)がけ。ふき掃除。～ シェー〈雑巾がけをしろ〉。⇨ カチ³。

スイクトゥ「バ [suikutu「ba] 名 首里の言葉。首里方言。

スイ「ティン「ガナシー [sui「tin」gana「ʃi:] 名【首里天かなし】《文》首里の国王様。＊スイ「ティン「ジャナシーともいう。⇨ ガナシー。

スイ「ティン「ジャナシー [sui「tin」-dʒanaʃi:] 名 スイ「ティン「ガナシーに同じ。

スイバク「ソー [suibaku「so:] 名 首里の百姓。首里の農民。

スイフー「ジ [sui「ɸu:「dʒi] 名【首里風儀】首里の流儀。首里の風俗。

スイ「フラ [sui「ɸura] 名 首里系。首里出身。

スイムヌ「イー [suimunu「ʔi:] 名 首里の言葉づかい。ゆっくりとした話し方が特徴的。

スイラ「ヤー [suira「ja:] 名 だらだらした首里人。物事をさっさとする那覇人から首里人をからかった言い方。逆は「トゥイクェー「ナーフゥー〈鶏を食う那覇人〉」というが、美食家をくさしたものなのか不明。

ス「イン [su「in] 動《sur- sut-;  ㊥スラン ㊥スイ ㊥ストーン ㊥スタン》剃(そ)る。コージュイッシ ～〈剃刀で剃る〉。

スイン「チュ [suin「tʃu] 名 首里の人。

スー「¹ [su:「] 名 父。お父さん。＊ワッター ～〈私たちの父〉、～サイ〈お父さん。呼びかけ〉のように名称、呼称の両方に用いる。

スー「² [su:「] 名 ①潮。海水。～ クムン〈潮を汲む。海水を汲む〉。②潮の干満。～ アティーン〈潮の満ち引きを当てる。それにあわせて冠婚葬祭も行われる〉。

「スーイン¹ [「su:in] 動《su:r- su:t-; ㊥スーラン ㊥スーイ ㊥スートーン ㊥スータン》吸う。チー ～〈乳を吸う〉。

「スーイン² [「su:in] 動《su:r- su:t-; ㊥スーラン ㊥スーイ ㊥スートーン ㊥スータン》沿う。添う。マヤーヤ ッチュヌ ワタ スーティ ニンジュン〈猫は人の腹にくっついて寝る〉。

スーカーワ「タイ [su:ka:wa「tai] 名【潮川渡り】海外など遠方の地で死ぬこと。

スー「ク [su:「ku] 名 証拠。

「スーグヮー「フィー [「su:gwa:「ɸi:] 名 少し。いくらか。～ ニチョールムンナー〈少し似ているなあ〉。

スー「コー [su:「ko:] 名【焼香】法事。「ハチナンカ〈初七日〉からシン「ジュー「クニチ〈四十九日〉まで七日ごとに行われる。

スー「サー [su:「sa:] 名【鳥】ヒヨドリ。

「スージ¹ [「su:dʒi] 名 祝儀。祝宴。

スー「ジ² [su:「dʒi] 名 スージ「グヮーに同じ。

スージ「グヮー [su:dʒi「gwa:] 名 小路。路地。表通りから横へ入った狭い道。＊スー「ジよりもよく用いられる。

「スージジャー [「su:dʒidʒa:] 名 祝いの座。祝宴の座。

スージュー「グチ [su:dʒu:「gutʃi] 名 塩辛い味を好む者。辛口。＊シブカラ「グチともいう。

スー「ジュー「サン [su:「dʒu:「san] 形

《㊥スージューコーネーン ㊊スージューサタン》塩辛い。*シプカラサンともいう。

スージ「ワチ [su:dʒiˈwatʃi] 图【小路分け】しらみつぶし。些細なことも逃さないこと。~ ッシン カメーリョー〈しらみつぶしに探せよ〉。

スー「スー [su:ˈsu:] 副图 ①少々。少し。~ヌ クトゥッシェー クテーラン〈少々のことではこたえない〉。②ともかく。さておき。ヤーサー ~ ワジャン サントー ナランアイ〈空腹はともかく仕事もしないといけないよ〉。

「スーチェー [ˈsu:tʃe:] 图 秀才。

スーチ「カー [su:tʃiˈka:] 图 豚肉の塩漬け。その肉と野菜を炒めた料理にもいう。

スーチュー「マー [su:tʃu:ˈma:] 图 穀物の量、金高などを表すのに用いた一種の文字。

スーティー「チャー [su:ti:ˈtʃa:] 图【植】ソテツ(蘇鉄)。赤い実がなる。実には猛毒があり、十分に洗わないと中毒死の危険があるが、以前農作物が不作の時には、食用に用いることもあった。また葉は箒として用いた。

スー「テー [su:ˈte:] 图 所帯。世帯。暮らし(向き)。

スーテー「アラサン [su:te:ˈʔara-san] 形《㊥スーテーアラコーネーネン ㊊スーテーアラサタン》所帯持ちが悪い。

スーテーロー「グ [su:te:ro:ˈgu] 图 所帯道具。

スー「トゥク [su:ˈtuku] 图 益。役にたつこと。ヌーヌ ~ン ネーン〈何の益にもならない〉/~ン ネーン ムン〈役にたたない者〉。

スー「ネー [su:ˈne:] 图 酢の物。

スー「ブ [su:ˈbu] 图 勝負。競争。~ スミ〈勝負するか〉。

「スーフェー「サン [ˈsu:ɸe:ˈsan] 形《㊥スーフェーコーネーネン ㊊スーフェーサタン》「甘くない。うまくない」の意。用法が限られていて、次の文脈でのみ用いられる。ウルクチンピンヌ ウージェー ~〈小禄あたりの砂糖きびはおいしくない〉。

スーマンボー「スー [su:mambo:-ˈsu:] 图【小満芒種】沖縄の梅雨期。*スー「マン〈小満〉、「ボースー「芒種〉とも、二十四節気の一つで、それぞれ太陽暦の五月二十一日頃と六月六日頃に当たる。

スー「ミ [su:ˈmi] 图 のぞき見。かいま見ること。ミーミーカラ ~ スン〈穴からのぞき見をする〉。

「スーミー [ˈsu:mi:] 图 聡明。賢いこと。~ナッチュ〈聡明な人〉。

スー「ミジ [su:ˈmidʒi] 图 塩水。

「スームン [ˈsu:mun] 图 証文。~ ヤグトゥ テーシチニ ソーキ〈証文だから大切にしておけ〉。

スー「ヨー [su:ˈjo:] 图 皆さん。*グスー「ヨーに同じ。

スー「ラ [su:ˈra] 图 梢(こずえ)。草木の先の方。ウージヌ ~〈砂糖きびの先端部分。甘味が薄い〉。

スー「ラー「サン [su:ˈra:ˈsan] 形《㊥スーラーシコーネーン ㊊スーラーサタン》かわいい。愛らしい。*「しおらしい」にほぼ対応。

「スーラカ [ˈsu:raka] 图 総高。総額。

スール「ビー [su:ruˈbi:] 图 音の出ない屁。すかし屁。臭い屁。

スー「ロー「リ [su:ro:ˈri] 图 総倒れ。~ ッシ ネーン〈総倒れしてしまった〉。

スーワ「ジョー [su:waˈdʒo:] 图 総動員。みんな駆り出すこと。

ス「ガイ [suˈgai] 图 ①服装。装い。身なり。~シ ッチョー ンーラリール〈身なりで人は判断される〉/チュラス「ガイ〈正装〉/「ヤナスガイ〈みすぼらしい身なり〉。②準備。支度(たく)。~ヤ ナトーミ〈準備はできているか〉。

スガ「イン [sugaˈin] 動《sugar- sugat-; ㊥スガラン ㊊スガイ スガトーン ㊊スガタン》①着飾る。身支度(じたく)

をする。ジャマジャマーネーン スガトーン〈ものすごく着飾っている〉。②支度(たく)する。準備する。ムヌ ～〈食事の支度をする〉。

「スガスン[ˈsugasun] 動《sugas- sugatʃ-; 㐧スガサン 連スガシ 継スガチョーン 過スガチャン》風に当てて冷やす。外気に当てて冷ます。

「スガリーン[ˈsugariːn] 動《sugarir- sugarit-; 㐧スガリラン 連スガリー 継スガリトーン 過スガリタン》風に当たって涼む。アチサグトゥ スガリティ クーワ〈暑いから涼んでこい〉。

スギーン[sugiːn] 動《sugir- sugit-; 㐧スギラン 連スギー 継スギトーン 過スギタン》やせる。やせ細る。チカグルン シェー ウフェー スギトーン〈近頃は少しやせている〉。＊「そげる」にほぼ対応。

「スク¹[ˈsuku] 图〘魚〙アイゴ(藍子)の稚魚。塩辛にして食べる。

「スク²[ˈsuku] 图 底。ナービヌ ～〈鍋の底〉/ ククルヌ ～〈心の底〉。

スグイ「ケー」ラスン[suguiˈkeːrasun] 《suguike:ras- suguike:ratʃ-; 㐧スグイケーラサン 連スグイケーラシ 継スグイケーラチョーン 過スグイケーラチャン》殴り倒す。ひっぱたく。

スグイ「トゥバスン[suguiˈtubasun] 《suguitubas- suguitubatʃ-; 㐧スグイトゥバサン 連スグイトゥバシ 継スグイトゥバチョーン 過スグイトゥバチャン》殴り飛ばす。

「スクイン¹[ˈsukuin] 動《sukur- sukut-; 㐧スクラン 連スクイ 継スクトーン 過スクタン》すくう。すくい取る。ティーナ ヒラッシ ～〈手のひらですくう〉。

「スクイン²[ˈsukuin] 動《sukur- sukut-; 㐧スクラン 連スクイ 継スクトーン 過スクタン》救う。ヌチ ～〈命を救う〉。

スグ「イン[suguˈin] 動《sugur- sugut-; 㐧スグラン 連スグイ 継スグトーン 過スグタン》殴る。たたく。ぶつ。スグイ「マチ」ウチュン〈殴って投げ飛ばす〉。

「スクェースン[ˈsukweːsun] 動《sukwe:s- sukwe:tʃ-; 㐧スクェーサン 連スクェーシ 継スクェーチョーン 過スクェーチャン》①困る。チヌーヤ ヒーサヌ スクェーチャン〈昨日は寒くて困った〉。②ばつの悪い思いをする。ッチュバッペー ッシ スクェーチャン〈人違いしてばつが悪かった〉。

スクガラ「ス[sukugaraˈsu] 图「スクの塩辛。

「スクソー[ˈsukusoː] 图【食傷】満腹。たらふく食べること。～ スカ カラン〈飽きるほど食べた〉。

「スクチ[ˈsukutʃi] 图 ①粗忽(こつ)。そそっかしいこと。②滑稽(けい)で一風変わっていること。ひょうきんなこと。～ナッチュ〈ひょうきんな人〉。

「スクブン[ˈsukubun] 图 職分。つとめ。本分。ウレーッヤー ～ ヤサ〈これはおまえのやるべきことだ〉。

「スクムン¹[ˈsukumun] 動《sukum- sukur-; 㐧スクマン 連スクミ 継スクローン 過スクラン》すくむ。縮み上がる。

「スクムン²[ˈsukumun] 動《sukum- sukur-; 㐧スクマン 連スクミ 継スクローン 過スクラン》巣ごもる。鳥が卵をかえすために巣の中にこもる。

「スグラー[ˈsuguraː] 图 すぐれた者。秀才。

「スグリーン[ˈsuguriːn] 動《sugurir- sugurit-; 㐧スグリラン 連スグリー 継スグリトーン 過スグリタン》すぐれる。秀でる。

「スグリムン[ˈsugurimun] 图 すぐれもの。優秀な者。秀才。

「スグリラッ「クィー[ˈsugurirakˈkwiː] 图 秀才の家系。優秀な血筋。

「スグリングヮ[ˈsuguriŋwa] 图 すぐれた子。

「スグリンチュ[ˈsugurintʃu] 图 すぐれた人。立派な人。

「スクンルイ[ˈsukunrui] 图 巣ごもって

いる鳥。～ヌ グトーン〈巣ごもっている鳥のようだ。じっとして動かない〉。

スジミー「ン [suʤimiːn] 動《suʤimir- suʤimit-; ㊊スジミラン ㊄スジミー ㊥スジミトーン ㊙スジミタン》片づける。整頓する。ワーガ スジミティ トゥラサ〈私が片づけてやろう。喧嘩(げんか)の相手、乱暴者をやっつけてやる〉。

スジュン [ˈsuʤun] 動《sug- suʤ-; ㊊スガン ㊄スジ ㊥スジョーン ㊙スジャン》（風が）そよぐ。

「スジョー¹ [ˈsuʤoː] 名【修行】立派なこと。次のような句で用いる。アンシェー ～ シェーサヤー〈それはご苦労さまでしたね。それはよかったね〉。

「スジョー² [ˈsuʤoː] 名 ①素性。血筋。～ヤ チャーガ〈血筋はどうか〉。②本来の性質。

「スシリ [ˈsuʃiri] 名《文》そしり。誹謗中傷。悪口。*琉歌「ほめそしりなかへかかはるな浮世人やただ誠一つさらむ」(全2588)。

「スス [ˈsusu] 名 裾。チンヌ ～〈着物の裾〉。

「ススイン [ˈsusuin] 動《susur- susut-; ㊊ススラン ㊄ススイ ㊥ススト一ン ㊙ススタン》ふく。ぬぐう。

「ススバタ [ˈsusubata] 名【裾端(すそばた)】端っこ。

「ススムン [ˈsusumun] 動《susum- susur-; ㊊ススマン ㊄ススミ ㊥ススローン ㊙ススラン》進む。チカグルン シェー ムヌン ススムシェー〈近頃は食事も進むよ〉。

ス「ソー [suˈsoː] 名 粗相。粗末。～ニ スン〈粗末にする〉。

スソー「ン [susoːˈn] 副 粗末にするさま。

スソー「ンガローン [susoːˈŋgaroːn] 副 非常に粗末に扱うさま。とてもいい加減に扱うさま。

「スナタ [ˈsunata] 名【そなた(其方)】《文》おまえ。きさま。相手をののしっていう語。アランヨー ～〈何を言うかおまえ〉。

「スナワイ [ˈsunawai] 名【備わり】《文》(人数、道具などが)十分そろうこと。ニンジュヌ ～〈人数が十分にそろうこと〉。

「スナワイン [ˈsunawain] 動《sunawar- sunawat-; ㊊スナワラン ㊄スナワイ ㊥スナワトーン ㊙スナワタン》備わる。十分にそろう。ニンジョー スナワトーミ〈人数はそろっているか〉。

ス「ヌイ [suˈnui] 名 モズク(水雲)。褐藻類の海草。沿海でとれる。三杯酢で食べるのが一般的だが、最近はてんぷらの材料にもする。

スバ「¹ [subaˈ] 名 そば(側)。かたわら。わき。～ ナレー〈わきになれ。そばに寄れ〉。

「スバ² [ˈsuba] 名 沖縄そば。小麦粉のみで作り、そば粉は入っていない。汁は豚骨や鰹節で作り、上に豚三枚肉やかまぼこなどをのせる。食堂などで普通に食べるもの。～ カミガ イカ〈そばを食べに行こう〉。

「スバヒラ [ˈsubaçira] 名 かたわら。*スバ〈そば〉とほぼ同意。

「スビ [ˈsubi] 名【首尾】完成。できあがること。ナー ～ ナトーミ〈もうできあがったか〉。

スビチャーカラ「カー [subitʃaːkaraˈkaː] 副 引きずり回すさま。引っ張り回すさま。

スビ「チュン [subiˈtʃun] 動《subik- subitʃ-; ㊊スビカン ㊄スビチ ㊥スビチョーン ㊙スビチャン》引きずる。受身形スビカリー「ンは「引きずられる。引っ張られる。警察に拘引される」の意。*スン「チュンともいう。

「スミーカタ [ˈsumiːkata] 名 染め方。

スミーケー「サー [sumiːkeˈsaː] 名 染め返し。染め返したもの。

「スミーケー「スン [ˈsumiːkeˈsun] 動《sumiːkeːs- sumiːkeːtʃ-; ㊊スミーケーサン ㊄スミーケーシ ㊥スミーケーチョーン ㊙スミーケーチャン》染め返す。染め直す。

「**スミーン**[ˈsumiːn] 動《sumir- sumitʃ-; 否スミラン 連スミー 敬スミトーン 過スミタン》染める。

「**スミケーイン**[ˈsumikeːˈin] 動《sumikeːr- sumikeːtʃ-; 否スミケーラン 連スミケーイ 敬スミケートーン 過スミケータン》染め替える。

「**スミケースン**[ˈsumikeːˈsun] 動《sumikeːs- sumikeːtʃ-; 否スミケーサン 連スミケーシ 敬スミケートーン 過スミケータン》「スミーケーイン」に同じ。

「**スミムン**[ˈsumimun] 名 染め物。

スミムン「**ヤー**[sumimunˈjaː] 名 染め物屋。

スム「**チ**[sumuˈtʃi] 名 ①書物。本。〜コータン〈本を買った〉。②易者。〜コーイガ イチュン〈「本を買いに行く」の意から転じて、易者に占ってもらいに行く〉。

スム「**チュン**[sumuˈtʃun] 動《sumuk- sumutʃ-; 否スムカン 連スムチ 敬スムチョーン 過スムチャン》《文》そむく。反逆する。

「**スムン**[ˈsumun] 動《sum- sur-; 否スマン 連スミー 敬スローン 過スラン》染まる。

スラ「[suraˈ] 名《文》①空。天空。「天の雲さがて、空に物音のあんとめし、頓て御神あらはれて」（組踊『孝行之巻』p157上）。②時。折。＊琉歌「旅の空やてもなれそめし無蔵や独り寝の空のお側ともて」（全1389）。＊口語では①は「ティン」、②は「トゥチ」という。

スラー「**スン**[suraːˈsun] 動《suraːs- suraːtʃ-; 否スラーサン 連スラーシ 敬スラーチョーン 過スラーチャン》そろえる。ローゴー スラーチェーン〈道具はそろえてある〉。

スラ「**チ**[suraˈtʃi] 名 育ち。育つこと。〜ワッサン〈育ちが悪い〉。

スラチ「**ミチ**[suratʃiˈmitʃi] 名【育ち道】育ち方。ウヤン ウゥラン 〜ン シラン チャーガ スラ〈親もいない育ち方も知らないい、どうするのだろう〉。

スラ「**チュン**[suraˈtʃun] 動《surat- suratʃ-; 否スラタン 連スラチ 敬スラチョーン 過スラチャン》育つ。

スラティー「**ン**[suratiːˈn] 動《suratir- suratit-; 否スラティラン 連スラティー 敬スラティトーン 過スラティタン》育てる。ッ ク ッ 〜〈子を育てる〉/ヤーシェー 〜〈野菜を育てる〉。

スラティ「**ウヤ**[suratiˈʔuja] 名 育て親。ナチャル ウヤヤカー 〜〈産みの親より育ての親〉。

スラティ「**ミチ**[suratiˈmitʃi] 名【育て道】育て方。〜ン シラン〈育て方も知らない〉。

「**スリ**[ˈsuri] 名 袖。

「**スリー**[suˈriː] 名 集まり。集会。会合。

「**スリージュリー**[ˈsuriːdʑuriː] 名 何かにつけてよく集まること。那覇人がスインチョー スリージュリー〈首里人は何かにつけてよく集まる〉という場合は、時間の無駄づかいを揶揄している。ただし首里人は那覇人の気質をナーフゥンチョー ナーハイバイ〈那覇人はてんでんばらばらだ〉という。

スリチ「**ラー**[suritʃiˈraː] 名 袖が短い衣類。

「**スル**[ˈsuru] 名《植》シュロ（棕櫚）。

スル「**イン**[suruˈin] 動《surur- surut-; 否スルラン 連スルイ 敬スルトーン 過スルタン》①集まる。②そろう。

「**スルガー**[ˈsurugaː] 名 シュロ（棕櫚）の皮。これで縄や蓑などを作る。

「**スルットゥ**[ˈsuruttu] 副 そっと。こっそり。〜グゥー チャン〈そっと来た〉。

スル「**ティ**[suruˈti] 副 そろって。一緒に。〜 イチュン〈そろって行く〉。

「**スルバン**[ˈsuruban] 名 そろばん。

スルルー「**グヮー**[sururuːˈgwaː] 名《魚》キビナゴ（黍魚子）。

「**スン**¹[ˈsun] 名 損。〜 ナイン〈損になる。損する〉。

「スン² [「sun] 動《sa- sa-; ㊀サン ㊁シー ㊂ソーン ㊃サン》する。行う。 シグトゥ ~ 〈仕事をする〉/ ヤマトゥグチ ~ 〈共通語を話す〉/ シーウー「スン〈することができる〉/ カミル スル〈食べるのだ。食べるよ〉/ アエー サニ〈あるにちがいない。あるだろう〉。

スン³ [sun] 助動《sa- tʃ-; ㊀サン ㊁シー ㊂チョーン ㊃チャン》…(さ)せる。動詞の未然形に付いて、使役を表す。 カカ「スン〈書かす。書かせる〉/ ッウィーガ「スン〈泳がす〉。*ただし、動詞スンの使役形はサスン(←サン(未然形)+スン(助動詞))ではなく、「シミーン」である。また「サ行」動詞の場合も、未然形+スンではなく、未然形+「シミーン」で使役を表す。

スン「ガチ [suŋ「gatʃi] 名 袖垣。垣根。

スンカ「ブイ [suŋka「bui] 名【損かぶり】商売などで損をすること。

「スンカン [「suŋkan] 名 どんぶり。「スバ〈沖縄そば〉などを入れる比較的小さいもの。 *「スンカン」マカイともいう。

「スンカン」マカイ [「suŋkam「makai] 名「スンカンに同じ。

「スンクヮイン [「suŋkwain] 動《suŋkwar- suŋkwat-; ㊀スンクヮラン ㊁スンクヮイ ㊂スンクヮトーン ㊃スンクヮタン》しみる。しみて痛む。 ヨーチン チキタグトゥ ~ 〈ヨードチンキをつけたからしみる〉。

スン「シー [sun「ʃi:] 名【筍子】たけのこの干したもので、祝いのイリ「チー〈油炒め〉などで用いられる。

スンチ「ケー」ラスン [suntʃi「ke:「rasun] 動《suntʃike:ras- suntʃike:ratʃ-; ㊀スンチケーラサン ㊁スンチケーラシ ㊂スンチケーラチョーン ㊃スンチケーラチャン》引きずり倒す。ひっくり返す。

スン「チュン [sun「tʃun] 動《suŋksuntʃ-; ㊀スンカン ㊁スンチ ㊂スンチョーン ㊃スンチャン》スビ「チュンに同じ。

「スン」トゥク [「sun「tuku] 名 損得。

# ソ

「ソー」[so:「] 图 ①竿。②陰茎。

「ソー²[「so:] 图【性(しょう)】根性。思慮。知恵。 ～ イッチョーン〈しっかりしている。賢い〉/ ～ヌ ネーン〈思慮がない。賢くない〉。

「ソー³[「so:] 副 早く。 ～ンリイチンンジュカン〈早く(やれ)と言っても動かない〉。

ソー⁴[so:] 接頭【正】「本物の。本当の。立派な」などの意。

ソー「イ [so:「i] 图 相違。違い。 ソーエーネーン〈相違ない〉。

ソーイ「ラー [so:ʔi「ra:] 图 利口者。賢い者。皮肉を込めて「馬鹿者」の意を表すこともある。

「ソー「イリ「ムン [so:ʔiri「mun] 图 ソーイ「ラーに同じ。

「ソーイン [「so:in] 動《so:r- so:t-; ソーラン ⓟ ソーイ ⓝ ソートーン ⓟ ソータン》連れる。同伴する。一緒に行く。 ィィガ ソーティ アッチュン〈女を連れて歩く。「浮気している」の意〉。

「ソーウヤ [「so:ʔuja] 图 実の親。本当の親。

ソー「ガー [so:「ga:] しょうが(生姜)。 ～ン クサラサン〈しょうがも腐らせない。辛いしょうがさえも腐らせないで食べてしまう意から転じて、何もかも食ってしまうこと〉。

ソー「キ¹[so:「ki] 图 あばら骨。肋骨。

ソー「キ²[so:「ki] 图 ざる。野菜などを入れる竹製の目の細かい籠(かご)。底は丸く浅い。＊芋などを入れる底の深い大きいものはバー「キという。

ソーキ「スバ [so:ki「suba] 图 豚の骨つきあばら肉の入った沖縄そば。比較的新しい料理である。

ソーキ「ブニ [so:ki「buni] 图 あばら骨。肋骨。

「ソーグ [「so:gu] 图 鉦(かね)。綱引きのときに打ち鳴らす。

「ソークトゥ [「so:kutu] 图 本当のこと。

「ソーグルシ [「so:guruʃi] 图 本気で殴ること。

ソー「グヮチ [so:「gwatʃi] 图 正月。一月。

ソーグヮチ「ジン [so:gwatʃi「ʤin] 图 正月に着る晴れ着。

ソーグヮチ「ヮー [so:gwatʃi「ʔwa:] 图 正月用につぶす豚。以前は正月のごちそう用に各家庭で豚をつぶした。⇒ッヮー。

ソーグヮチ「ヮレー [so:gwatʃiwa「re:] 图【正月笑い】正月のうきうきした気分。 ～ ササ〈ある出来事、話などで〉正月にふさわしい笑いをしたよ〉。

「ソーグヮチンナ「ラ [so:gwatʃinna「ra] 图 正月早々。普通よくないことに用いる。 ～ン クルリンサ〈正月早々転んでしまったよ〉。 ⇒ ンナーラ。

ソー「ジ [so:「ʤi] 图 掃除。 ～ スン〈掃除する〉。

「ソー「ジーン [「so:ʤi:n] 動《so:ʤir- so:ʤit-; ⓐ ソージラン ⓟ ソージー ⓝ ソージトーン ⓟ ソージタン》生じる。発生する。 ヤナジムヌ ～〈悪い心が生じる〉。

「ソーシチ [「so:ʃitʃi] 图 (生まれつきの)性質。 ヤナ ～ ムッチョーン〈悪い性質を持っている〉。

「ソーシチ「グヮチ [「so:ʃitʃi「gwatʃi] 图 正月と七月。一年中でもっとも行事の多い忙しい月。

「ソージョートゥ [「so:ʤo:tu] 副 ものさびしいさま。とても静まっているさま。 ～ ナトーン〈さびしくなっている〉。

「ソージン [「so:ʤin] 图 汗水たらして稼いだ立派な金。

「ソーソー¹[「so:so:] 副 早々(に)。さっさと。急いで。 ～ ンンジ クヮー〈さっさと

「ソーソー² [ˈsoːsoː] 擬態 ざあざあ。ぽろぽろ。水または涙が流れるさま。 ナラス ～ ウティーン〈涙がぽろぽろこぼれる〉。

「ソータマシ [ˈsoːtamaʃi] 图【正魂】健全な精神。平常心。立派な心。 イィナググヮーンカイ ヒカサリティ ～ン ネーン ナトーン〈女に引かされて平常心がなくなっている〉。

ソー「トー [soːˈtoː] 連体 相当な。非常な。 ～ ヤナガター ヤッサー〈相当な悪者だなあ〉。

「ソーナー [ˈsoːnaː] 图 本名。実名。

「ソーニン [ˈsoːnin] 图 生まれ年と同じ干支の年。十二年に一度めぐってくる。 *トゥシ「ビーまたは「ンマリルシともいう。

「ソーヌガー [ˈsoːnugaː] 图 あわて者。おっちょこちょい。「ソー〈思慮〉が抜けた者」の意。

「ソーヌギーン [ˈsoːnugiːn] 動《soːnugir- soːnugit-; 否 ソーヌギラン 連用 ソーヌギー 過 ソーヌギトーン 過 ソーヌギタン》うろたえる。冷静さを失う。あわてふためく。⇒ ソー²、スギーン²。 ソーヌギティ イチュタン〈あわてふためいて行った〉。

「ソーバ [ˈsoːba] 图 相場。市価。

「ソーブ [ˈsoːbu] 图 植 ショウブ(菖蒲)。端午の節句には葉を落とした茎を箸代わりにしてア「ガシを食べる。

「ソーブン [ˈsoːbun] 图 性分。性質。 ヤナ ～〈悪い性分〉。

ソーフン「トー [soːɸunˈtoː] 图 本当。事実。 ～ ヤミ〈本当であるか。本当か〉。

ソー「ベー [soːˈbeː] 图【商売】粗悪品。粗製品。

ソー「マー [soːˈmaː] 图 斜視。斜視の者。 ～ ヤン〈斜視だ〉。

ソーミ「ナー [soːmiˈnaː] 图 めじろ(目白)。

ソーミナー「クー [soːminaːˈkuː] 图 めじろを飼う籠(かご)。

ソー「ミン [soːˈmin] 图 そうめん。終戦直後はごちそうの類に入った。

ソーミンチャンプー「ルー [soːmintʃampuːˈruː] 图【料理】そうめんの油炒め。最近はねぎやもやしなどいろいろな具を入れる。 *ソーミンプットゥ「ルーともいうが、違いがあるともいわれている。

ソーミンプットゥ「ルー [soːmimputtuˈruː] 图【料理】そうめんの油炒め。 *ソーミンチャンプー「ルーともいう。

「ソームン [ˈsoːmun] 图 本物。立派な物。 ～ アタタン〈本物に当たった。本物に出会った〉。

ソー「ユー [soːˈjuː] 图 醤油。

ソー「ラー「サン [soːˈraːsan] 形《否 ソーラーシコーネーン 過 ソーラーサタン》賢い。しっかりしている。聡明である。 ヌー シミティン ～〈何をさせてもしっかりしている〉。

ソー「ラン [soːˈran] 图 相談。話し合うこと。 *首里方言とは異なり、「忠告。訓戒」の意味には用いない。

「ソーリーン [ˈsoːriːn] 動《soːrir- soːrit-; 否 ソーリラン 連用 ソーリー 過 ソーリトーン 過 ソーリタン》(積み上げられたものが)くずれる。 ニーヌ ～〈荷がくずれる〉。

「ソールクル [ˈsoːrukuru] 图 急所。クルリ ～ ウッチャン〈転んで急所を打った〉。

「ソールソール [ˈsoːrusoːru] 副 さらさら。よどみなく流れるさま。 ～ ナガーリティ イチュン〈さらさら流れて行く〉。

「ソーロー¹ [ˈsoːroː] 图 騒動。喧嘩(けんか)。戦争。 ～ヌ ウクリトーイギサン〈騒動が起こっているらしい。戦争が起こっているらしい〉/ウーソーロー〈大騒動〉。

ソーロー² [soːroː] 接尾 動詞の終止形に付いて、逆接の意に係る。あとにスルムノーを続けて、「…しようと思っていたのに。…するつもりだったのに」の意を表す。 カチュン～ スルムノー〈書くつもりだったのに(書けなかった)〉/ユムン～ スルムノー〈読む

つもりだったのに〈読めなかった〉》。
**ソーローガナ「シー** [soːroːgana「ʃiː]
图 お精霊様。先祖の霊。⇨ ガナシー。
**ソーローッンメー「シ** [soːroːʔmmeː-
「ʃi] 图《植》メドハギ(蓍萩)。マメ科の多年草。その茎を適当にしつらえて、お盆に先祖に供えるッンメー「シ〈箸〉として用いる。

**ソーローッンー「マー** [soːroːʔm̩ː-
「maː] 图《昆》ナナフシ。細長く褐色で、枯れた小枝に似せた擬態行動をとる。お盆に先祖の霊が乗ってくるとか、先祖の霊の薪取りをするとかいう言い伝えがある。
**「ソーングヮ** [「soːŋgwa] 图 実子。生みの子。

# タ

（★那覇方言ではｄとｒの区別がないため、本辞典ではダ音はｒで表記した。ただし、文語を除く）

タ [ta] 接頭【ふた】二…。「タケーン〈二回〉/「タタバイ〈二束〉/「タムルシ〈二往復〉/「タムトゥ〈二本〉。

「ター¹ [ˈta:] 图 ふう。二つ。声に出して数を数える際の二番目の数。

ター「²  [ta:ˈ] 图 田。＊関西方言のように語末が長音化する。

「ター³ [ˈta:] 代 ①誰。ッヤーヤ ターガ〈きみは誰か。氏素性を聞くときに言う〉。②誰の。タームンガ〈誰の物か〉/ター「チンガ〈誰の着物か〉。

ター⁴ [ta:] 接尾 ①…たち。人を表す語に付いて複数の意を表す。ワッ「ター〈私たち〉/イッ「ター〈きみたち〉/アッ「ター〈彼ら〉/タ「ルーター〈太郎たち〉。＊チャーという接尾辞もあり、ルシン「チャー〈友達〉、イチクン「チャー〈いとこたち〉と用い、この場合はターは使わない。②…の家。サンルー〜 ッンジョーン〈三郎の家に行っている〉。

ター「イユ [ta:ˈʔiju] 图【田魚】ふな（鮒）。昔はどこの河川、田んぼにもいたが、今はほとんど見ない。煎じて熱さましにした。

ター「イユヌカシラ [ta:ˈʔijunukaʃira] 图 お山の大将。がき大将。＊「鮒（ふな）の頭」の意。

ター「イユヌシンジ [ta:ˈʔijunuʃindʑi] 图 鮒（ふな）を煎じた汁。熱さましにした。⇨ シンジ

「ターガナ [ˈta:gana] 图 誰か。〜 ウゥラニ〈誰かいないか〉/〜ガ シェーサ〈誰かがしてあるよ〉。

ター「グ [ta:ˈgu] 图 たご（担桶）。水を運ぶ桶。桶の両側に伸びた板があり、それに横木を通して取っ手とした。終戦後は一斗缶の開いた口の上部に横木を渡して釘で止めて取っ手とし、桶代わりに用いた。

ター「クトゥ [ta:ˈkutu] 图【たわごと】うわごと。熱に浮かされて無意識に発する言葉。〜 ユムン〈うわごとを言う〉。

「ターチ [ˈta:tʃi] 图 二つ。二。二歳。〜 ティーチ〈二分の一〉。

ター「チー¹ [ta:ˈtʃi] 图 ッンム「カシ〈芋かす〉を粉にして煮た料理。食糧不足の頃の食べ物。

ター「チー² [ta:ˈtʃi:] 图（イシナー「グー〈いしなご〉などで）二つから始めるやり方。二つの小石を同時に上に放り投げ、下にある一つの小石を取り上げ、落ちてくる二つの小石をその手で受け取る。他にティー「チー、ミー「チー、ユー「チーがある。

ターチマ「チャー [ta:tʃimaˈtʃa:] 图 つむじが二つある者。やんちゃで乱暴者とされる。⇨ マチ¹。

ターチミ「シー [ta:tʃimiˈʃi:] 图 二つ違いの子供（を産むこと）。ワッター チョーレーヤ〈私たち兄弟は二つ違い〉。＊ティーチミ「シーは年子（を産むこと）。

ター「チュー [ta:ˈtʃu:] 图【二人（ふたご）】ふたご。双生児。

ターバージェー「ク [ta:ba:dʑeːˈku] 图 へたな大工。「田場」という名工に由来する語で、皮肉を込めて「へたな大工」にいう。

ター「ビ [ta:ˈbi] 图 足袋。

ターブッ「クヮ [ta:bukˈkwa] 图 田んぼ（が集合しているところ）。＊地名に付けてハニジターブッ「クヮ〈羽地田んぼ〉などという。

ターフヮー「クー [ta:ɸa:ˈku:] 图【打花鼓《中国語》】中国式の楽器、服装で演じる楽劇。

ター「ムン [ta:ˈmun] 图 誰の物。ウレー〜ガヤー〈これは誰の物かな〉。

ター「ラ [ta:ˈra] 图 俵。

ター「リー [ta:ˈri:] 图 父。お父さん。那覇の久米で用いられる表現。＊那覇の西町、東町などでは普通スー「というが、まれに

チャー「チャーともいう。
ター「レー [ta:ˈre:] 图 たらい。＊首里方言では「ハンジリ[ˈhandʒiri]【半切り】という。
ターローシ「ンンム [ta:roˈʃiˈʔmmu] 图 田の水を抜いて畑にして作ったさつまいも。甘味があって美味。
ター「ンナ [ta:ˈʔnna] 图【田蜷（たに）】たにし（田螺）。田んぼにいて、食用となる。
ター「ンム [ta:ˈʔmmu] 图 田芋。水田で栽培され、形は里芋に似ている。宜野湾市大山などが産地。
「タイ¹ [ˈtai] 图 二人。〜ヌヤ〈二親。両親。父母〉。
タイ² [tai] 助 女が目上の人に対して話したり呼びかけたりするときに用いる敬語で、文末に付ける。男はサイを用いる。マーカイ メンシェービーガ〜〈どこへいらっしゃいますか〉／スー「タイ〈お父さん。呼びかけ〉／エー「タイ〈もしもし。呼びかけ〉。
タイ³ [tai] 接尾 …人。「ユッタイ〈四人〉／イチ「タイ〈五人〉／ムッタイ〈六人〉。ただし、「チュイ〈一人〉／「タイ〈二人〉。＊「ミッチャイ〈三人〉にもタイが含まれているが、接尾辞として抜き出しがたいほどに音韻融合を起こしている。五人以上は「グニン〈五人〉、ルグ「ニン〈六人〉などともいう。
タイ「サガ「イン [taiˈsagaˈin] 動《tai-sagar- taisagat-; 否 タイサガラン 丁 タイサガイ 継 タイサガトーン 過 タイサガタン》（木の枝、幕などが）垂れ下がる。
「タイヌウヤ [ˈtainuʔuja] 图【二人の親】両親。
タイワン「ボー [taiwamˈbo:] 图 ひどい円形脱毛症。現在はあまり見かけない。
「タイン¹ [ˈtain] 動《tar- tat-; 否 タラン 丁 タイ 継 タトーン 過 タタン》（お金、物などが）足りる。
タイ「ン² [taiˈn] 動《tar- tat-; 否 タラン 丁 タイ 継 タトーン 過 タタン》（汗、水などが）垂れる。ミジヌ 〜〈水が垂れる〉。
タウ「チー [tauˈtʃi:] 图 ①闘鶏。②〘鳥〙シャモ（軍鶏）。鶏の一品種。
「タカ [ˈtaka] 图 鷹。（特に）サシバ。秋の始め頃北からやってきて終わり頃南へ渡って行く。宮古は中継地として有名である。〜ヌ モーレー ガラシン モーイン〈鷹が舞うと烏（がらす）も舞う。人まねをあざ笑った諺であるが、分相応のことをせよとの忠告の意味にも用いられる〉／ヒンスームンス 〜 イィータンネー〈貧乏人が鷹をもらったよう。相手の大変な喜びようを皮肉っていう諺〉。
「タカアガイ [ˈtakaʔagai] 图【高上がり】上座にいること。イィナグヌ 〜 ソーン〈女が上座にいる。分不相応の意〉。
タカ「ウイ [takaˈʔui] 图 高く売ること。＊対語はヤシ「ウイ〈安売り〉。
「タカウチャギ [takaʔutʃagi] 图【高うち上げ】高慢。偉そうにすること。チラー 〜 ソーン〈高慢な表情をしている〉。
タカ「ギー [takaˈgi:] 图 高い木。
タカゴー「イ [takagoˈi:] 图 相場より高く買うこと。⇨ コーイン。〜 ッシ フラーヤ アラニ〈高く買って馬鹿じゃないか〉。
タ「カ「サン [taˈkaˈsan] 形《否 タカコーネーン 過 タカサタン》①（位置、地位などが）高い。②（値段が）高い。③（声が）高い。大きい。
タカヌシー「バイ [takanuʃi:ˈbai] 图 「鷹の小便」の意で、鷹が渡る九月から十月頃にかけて降る霧雨のことをいう。
タカバシ「ル [takabaʃiˈru] 图 高窓。
タカ「ハナ [takaˈhana] 图【高端（たな）】崖っぷち。ナンミーヌ 〜〈波之上宮の崖っぷち〉。
タカハナ「リ [takahanaˈri] 图 高離島。那覇では、沖縄本島の東側、うるま市与那城の宮城島を指す。⇨ ハナリ。
「タカビーン [ˈtakabi:n] 動《takabir- takabit-; 否 タカビラン 丁 タカビー 継 タカビトーン 過 タカビタン》高ぶる。偉そうにする。＊古い言い方で、普段はあまり使わない。
タカ「ラ [takaˈra] 图 宝。大切な品。

「タカワレー [ˈtakawareː] 图 高笑い。大きな声で笑うこと。

タキ「¹ [takiˈ] 图 丈(たけ)。身長。

タキ「² [takiˈ] 图 岳。嶽。ウンナラキ〈恩納岳〉のように地名を冠して用いる。＊拝所のあるタキをウタキ〈御嶽〉という。

タ「キー」マーミ [taˈkiːˈmami] 图 腎臓。

タキナ「ムン [takinaˈmun] 图 程度の知れたやつ。たかの知れたやつ。人間の道にはずれた者にもいう。

タキ「フル [takiɸuru] 图 体格。体つき。～ウチャトーン〈体格の均整がとれている〉。

タク「[takuˈ] 图 たこ(蛸)。 タクヌエー「クー ⇒ エークー。

タグ「イン [taguˈin] 動《tagur- tagut-;㊥タグラン ㊨タグイ ㊧タグトーン ㊦タグタン》(紐、縄などを)たぐる。

「タクトゥ [ˈtakutu] 图 二言(にごん)。～ミーネー ゴーグチ スン〈二言めには文句を言う〉。

「タクブン [ˈtakubuɴ] 動《takub- takur-;㊥タクバン ㊨タクビ ㊧タクローン ㊦タクラン》(折り)たたむ。 ウール ～〈布団をたたむ〉。

タク「マー [takuˈmaː] 图 小利口。悪知恵にたけている者。

「タクムイ [ˈtakumui] 图 四厘。銭二百文。⇒ クムイ²。

タクムイ「グンジュー [takumuiˈgundʑuː] 图 五厘。銭二五〇文。

タク「ムン [takuˈmun] 動《takum- takur-;㊥タクマン ㊨タクミ ㊧タクローン ㊦タクラン》たくらむ。悪いことを企てる。

タゲー「イン [tageːˈin] 動《tage:r- tage:t-;㊥タゲーラン ㊨タゲーイ ㊧タゲートーン ㊦タゲータン》違(たが)える。(約束などを)破る。 ヤクスク ～〈約束を違える〉。

タゲー「スン [tageːˈsun] 動《tage:s- tage:tʃ-;㊥タゲーサン ㊨タゲーシ ㊧タゲーチョーン ㊦タゲーチャン》耕す。ハル ～〈畑を耕す〉。

タゲーチ「ゲー [tageːtʃiˈgeː] 图 互い違い。交互。

タゲー「ニ [tageːˈni] 图 互いに。～ワシリラヤー〈互いに忘れような〉。

「タケーン [ˈtakeːn] 图 二回。

「タシ [ˈtaʃi] 图 足し。補い。～イリーン〈補充する〉。

タシー「ン [taʃiːˈn] 動《taʃir- taʃit-;㊥タシラン ㊨タシー ㊧タシトーン ㊦タシタン》炒(いた)める。

「タジーン [ˈtadʑiːn] 動《tadʑir- tadʑit-;㊥タジラン ㊨タジー ㊧タジトーン ㊦タジタン》たぎる。沸騰する。煮え立つ。

タシ「カ [taʃiˈka] 图 確か。確実。本当。～ナー〈本当か〉／～ニ トゥラチャン〈確かに渡した〉。

タシカミー「ン [taʃikamiːˈn] 動《taʃikamir- taʃikamit-;㊥タシカミラン ㊨タシカミー ㊧タシカミトーン ㊦タシカミタン》確かめる。

タシ「キ [taʃiˈki] 图 助け。援助。救助。

タシキー「ン [taʃikiːˈn] 動《taʃikir- taʃikit-;㊥タシキラン ㊨タシキー ㊧タシキトーン ㊦タシキタン》助ける。

「タシナミ [ˈtaʃinami] 图 たしなみ。慎み。 タシナメー アイル スル〈慎みはある〉。

「タジニーン [ˈtadʑiniːn] 動《tadʑinir- tadʑinit-;㊥タジニラン ㊨タジニー ㊧タジニトーン ㊦タジニタン》尋ねる。訪ねる。＊「タンニーンともいう。

「タシマ [ˈtaʃima] 图【他島】他の村。よその集落。 タシマン「チュー〈よその集落の人〉。⇒ シマ¹。

タジラシケー「サー [tadʑiraʃikeːˈsaː] 图 ①何度も温め直すこと。また、その料理。＊ッンブラシケー「サーともいう。 ②何度も繰り返すこと。 チャー ～ ヤグトゥ ウムコーネーン〈何度も繰り返したものだから

面白くない〉。

「**タジラスン** [ˈtadʒirasun]《tadʒiras- tadʒiratʃ-;㋜タジラサン ㋺タジラシ ㋩タジラチャー ㋕タジラチャン》沸騰させる。(食べ物を)温め直す。＊「たぎらす」にほぼ対応。

タ「**ター**「サン [taˈtaːˈsan] 形《㋜タターコーネーン ㋕タターサタン》充分すぎる。分に過ぎる。ウッピシ タターサル アル〈それだけで充分すぎるほどだ〉。

「**タタカーイン** [tatakaːˈin] 動《tatakaːr- tatakaːt-;㋜タタカーラン ㋺タタカーイ ㋩タタカートーン ㋕タタカータン》戦う。喧嘩(ケンカ)する。

**タタ**「**チュン** [tataˈtʃun] 動《tataktatatʃ-;㋜タタカン ㋺タタチ ㋩タタチョーン ㋕タタチャン》たたく。

**タタ**「**チン**「**チュン** [tataˈtʃinˈtʃun] 動《tatatʃink- tatatʃintʃ-;㋜タタチンカン ㋺タタチンチ ㋩タタチンチョーン ㋕タタチンチャン》たたき込む。

「**タタン** [ˈtatan] 名 畳。

**タタンスス**「**ヤー** [tatansusuˈjaː] 雑巾(ゾウキン)。

**タタン**「**ヤー** [tatanˈjaː] 名 畳屋。

「**タチ**[1] [ˈtatʃi] 名【文】滝。＊琉歌「あちやからのあさて里が番上り滝ならす雨の降らなやすが」(全33)。

**タチ**「[2] [tatʃiˈ] 太刀。武具の一種。

「**タチ**[3] [ˈtatʃi] 名 (十二支の)辰(タツ)。

**タ**「**チー**「**マジクイ** [taˈtʃiːˈmadʒikui] 名 血統の異なる者がトートーメー〈位牌〉を継ぐことで、禁忌とされている。位牌の継承、奉祀に関する主要四規則の一つ。⇒チャッチウシクミ、チューレーカサバイ。

**タチ**「**エー** [tatʃiˈeː] 名 ①立ち会い。検証などのために立ち会うこと。②決闘。ヒヤースヤイッシ ～ ソーン〈いざいざと言って決闘している〉。

**タチ**「**ガリ** [tatʃiˈgari] 名 立ち枯れ。マーチェー ～ ソーン〈松は立ち枯れしている〉。

**タチカン**「**ティー** [tatʃikanˈtiː] 名 ①立ちかねること。立ちにくいこと。ハンタンカイヤ タチカンティー スン〈崖っぷちには立ちかねる〉。②暮らし向きが楽でないこと。

**タチ**「**クチ** [tatʃiˈkutʃi] 名【立ち口】最初の先祖。元祖。始祖。ウリガ ヌバルヌ ～ヌ フゥーフジ ヤサ〈それが野原家の最初の先祖だ〉。

**タチクン**「**パイ** [tatʃikumˈpai] 名 立ちっぱなし。立ち通し。立ったまま。

**タチシク**「**チ** [tatʃiʃikuˈtʃi] 名 立ってする仕事。立ち仕事。力仕事にもいう。

**タチ**「**チ**[1] [tatʃiˈtʃi] 名 来月。タチチェーチューン〈来月は来る〉。

**タチ**「**チ**[2] [tatʃiˈtʃi] 名 ふた月。二か月。

**タチ**「**ナチ** [tatʃiˈnatʃi] 名 犬の鳴き方の一つで、遠吠えのような鳴き方。夜、魔物を見て鳴いているといわれる。

**タチヌ**「**イユ** [tatʃinuˈʔiju] 名【魚】タチウオ(太刀魚)。

**タチ**「**バー** [tatʃiˈbaː] 名 高下駄。

**タチ**「**ハバカイン** [tatʃiˈhabaˈkain] 動《tatʃihabakar- tatʃihabakat-;㋜タチハバカラン ㋺タチハバカイ ㋩タチハバカトーン ㋕タチハバカタン》立ちはだかる。行く手をさえぎる。＊「立ちはばかる」にほぼ対応。

**タチ**「**フヮ** [tatʃiˈɸa] 名 立場。面目。～ ウシナイン〈立場を失う〉。＊共通語の「地位。境遇」、首里方言の「暮らし向き」の意では使わない。

**タチマー**「**イ**「**マーイ** [tatʃimaːˈiːmaːi] 副【立ち回り回り】時々立ち寄るさま。⇒マーイン。

**タチ**「**ムイ** [tatʃiˈmui] 名【立ち守り】(泣きやまない子供を抱いて)立った状態であやすこと。＊抱いてあやさないと泣きやまない子供の癖を共通語では「抱癖(ダキグセ)」というが、これに当たる言葉は見当たらない。

**タチ**「**メー** [tatʃiˈmeː] 名 嫁入り前。

**タチャー**「**イー** [tatʃaˈʔiː] 名 のっぽ。＊背の高い人への揶揄。

タチ「ヤッ」サン [tatʃiˈjasˈsan] 形《⑮タチヤッシコーネーン ㊷タチヤッサタン》暮らしやすい。生活が楽である。 チカグロー タチヤッサルグトーン〈近頃は生活が楽なようだ〉。

タ「チュン [taˈtʃun] 動《tat- tattʃi-; ㊷タタン ㊸タチ ㊹タッチョーン ㊺タッチャン》①立つ。建つ。 チュ ～ 〈人が立つ〉。②起きる。生じる。 ウムカジス ～〈面影が浮かぶ〉。③経つ。経過する。 ナマ ～〈今出発する〉。⑤(刃物などが)よく切れる。 トゥジェーグトゥ ユー ～ 〈研いであるからよく切れる〉。⑥嫁ぐ。ヤー ～ 〈嫁ぐ。直訳は「家が立つ」〉。

タチ「ンカ」イン [tatʃiˈŋkaˈin] 動《tatʃiŋkar- tatʃiŋkat-; ㊷タチンカラン ㊸タチンカイ ㊹タチンカトーン ㊺タチンカタン》(喧嘩(けんか)などで相手に)立ち向かう。相手になる。

「タッ」クィー [ˈtakkwiː] 名 血統。血筋。 チブルヌ ユタサル ～〈頭のよい血統〉/「スグリラッ」クィー〈秀才の家系〉。

「タッ」クィーン [ˈtakkwiːn] 動《takkwir- takkwit-; ㊷タックィラン ㊸タックィー ㊹タックィトーン ㊺タックィタン》(腫れ物などで皮膚が)ただれる。

タッ「クヮー」スン [takˈkwaːsun] 動《takkwaːs- takkwaːtʃ-; ㊷タックヮーサン ㊸タックヮーシ ㊹タックヮーチョーン ㊺タックヮーチャン》(もの、男女の仲などを)くっつける。密着させる。

タッ「クヮイ」ムックヮイ [takˈkwaiˈmukkwai] 副(餅、男女、親子などが)べたべたくっつき合うさま。

タッ「クヮ」イン [takˈkwain] 動《takkwar- takkwat-; ㊷タックヮラン ㊸タックヮイ ㊹タックヮトーン ㊺タックヮタン》(もの、男女の仲などが)くっつく。いちゃつく。密着する。

「タッ」シ [ˈtaʃʃi] 名《文》達し。上からの通達。

「タッ」シャ [ˈtaʃʃa] 名《文》達者。元気。健康。

「タッ」タ [ˈtatta] 副 だんだん。次第に。 ～ ヨーガリーン 〈だんだんやせる〉。

タッ「チ」カイムッチカイ [tatˈtʃikaimuttʃikai] 副(餅、糊、ご飯粒などが)べたべたくっつき合うさま。

タッ「チカ」イン [tatˈtʃikaˈin] 動《tattʃikar- tattʃikat-; ㊷タッチカラン ㊸タッチカイ ㊹タッチカトーン ㊺タッチカタン》(餅、木の葉、男女、親子などが)くっつく。 キーヌフゥーヌ ～〈木の葉がくっつく〉。

タッ「チキムッ「チキ [tattʃikimutˈtʃiki] 副 何度もくっつけるさま。

タッチャンタッ「チャン [tattʃantatˈtʃan] 感 立った立った。幼児が立ったときに感動して発する言葉。ほめ励ます意味も含んでいる。

タッ「チュー [tatˈtʃuː] 名【塔頭(たっちゅう)】(岩、柱など)先端がとがって立っているもの。

「タットゥブン [ˈtattubun] 動《tattub- tattur-; ㊷タットゥバン ㊸タットゥビ ㊹タットゥローン ㊺タットゥラン》尊(たっと)ぶ。

タッ「ピラ」カスン [tapˈpiraˈkasun] 動《tappirakas- tappirakatʃ-; ㊷タッピラカサン ㊸タッピラカシ ㊹タッピラカチョーン ㊺タッピラカチャン》たたきつぶす。ぺしゃんこにする。

タティ「 [tatiˈ] 名 縦。 ～ニン ユクニン ムヌ イーン〈いい加減にものを言う。でたらめなことを言う。言を左右にする。直訳は「縦にも横にもものを言う」〉。

タティーン [tatiːn] 動《tatir- tatit-; ㊷タティラン ㊸タティー ㊹タティトーン ㊺タティタン》①立てる。建てる。②起こす。生じさせる。 ナミ ～〈波を起こす〉。

タティケーイリ「ケー [tatikeːʔiriˈkeː] 副【立[点]て替え入れ替え】茶を何度も入れ替えるさま。ご飯のお代わりにはい

わない。＊イリケータティ「ケーともいう。

「タティ「フラ [tatiɸura] 图 立て札。

タティマ「ジン [tatimadʑin] 图 積立金。～スン〈積み立てる。積み立てにする〉。

「タティ「ユク [tatijuku] 图 縦横(なぎ)。

「タトゥ「[tatu] 图【ふたとせ】二年。

タトゥ「イ¹ [tatui] 图 例え。事例。ウンナ～ムッチ チャンテーマン ワカラン〈そんな例えを持ってきても分からない〉。

タトゥ「イ² [tatui] 副 たとえ。～ヤーサー アティン〈たとえ空腹ではあっても〉。

タトゥイバナ「シ [tatuibanaʃi] 图 たとえ話。～ル ヤッサミ〈たとえ話なんだ〉。

「タトゥ「イン [tatuin] 動《tatur- tatut-; ㋺タトゥラン ㋭タトゥイ ㋬タトゥトーン ㋑タトゥタン》たとえる。

「タトゥーイ [tatu:i] 图 二とおり。

タトゥグ「シー [tatuguʃi:] 图 二年おき。～ヤッンマリール スルムンス〈二年おきに生まれるものだから(大変だ)〉。

「タナ [tana] 图 棚。～カチュン〈棚を作る〉。

タナ「カ [tanaka] 图【ふた中】間。中間。

タナ「ガー [tanaga:] 图 テナガエビの類。川えび。

タナガーイ「ムン [tanaga:imun] 图 変わり種。＊タナガーヤーに同じ。

タナガー「イン [tanaga:in] 動《tanaga:r- tanaga:t-; ㋺タナガーラン ㋭タナガーイ ㋬タナガートーン ㋑タナガータン》従来のものと異なるものが生じる。変わり種ができる。

タナガー「ヤー [tanaga:ja:] 图 変わり種。生物、無生物にかかわらず用いる。

「タナバタ [tanabata] 图 七夕。旧暦七月七日。盆に祖先を迎えるに先立って、墓の掃除をする行事。他府県のような星祭りは行わない。

「タナンカ [tanaŋka] 图 二七日(ふたなぬか)(なのか)。死後二週間目に行う法事。

タニ「[tani] 图【種】陰茎。男根。＊部分的にソー〈陰茎〉、クー「ガ〈睾丸〉ともいう。幼児語ではチュー「チューという。

「タニン [tanin] 图 他人。チョーレーヤ～ヌ ハジマイ〈兄弟は他人の始まり〉。

タヌ「シミ [tanuʃimi] 图 楽しみ。

タヌシ「ムン [tanuʃimun] 動《tanuʃim- tanuʃir-; ㋺タヌシマン ㋭タヌシミ ㋬タヌシローン ㋑タヌシラン》楽しむ。＊比較的新しく共通語から取り入れたもので、知識階級の用語である。

タヌ「ヒャー [tanuça:] 图 どいつ。どの野郎。～ガ イータガ〈どいつが言ったのか〉。

タヌ「ミ [tanumi] 图 頼み。依頼。～ヌ アシガ チチ トゥラスミ〈頼みがあるが聞いてくれるか〉。

タヌ「ムン [tanumun] 動《tanum- tanur-; ㋺タヌマン ㋭タヌミ ㋬タヌローン ㋑タヌラン》頼む。依頼する。～リ イータン〈頼むと言っていた〉。

タ「バイ [tabai] 图 束(たば)。チュタ「バイ〈一束〉、タタバイ〈二束〉、イクタ「バイ〈幾束(いくたば)〉などのように接尾辞的にも用いる。

タバ「イン [tabain] 動《tabar- tabat-; ㋺タバラン ㋭タバイ ㋬タバトーン ㋑タバタン》たばねる。束(たば)にする。

タバ「ク [tabaku] 图 煙草(たばこ)。～フチュン〈煙草を吹かす。煙草を吸う〉。

タバク「イリー [tabakuʔiri:] 图 煙草(たばこ)入れ。

タバク「ブン [tabakubuŋ] 图 煙草(たばこ)盆。

「タビ [tabi] 图 旅。～カイ イチュン〈旅に行く〉。

タ「ビー [tabi:] 图 旅の者。流れ者。よそ者。＊見知らぬ人を見下したい方。

「タビスガイ [tabisugai] 图 旅姿。旅支度(したく)。

「タビヌッチュ [tabinuttʃu] 图 旅の人。見知らぬ人。他国の人。

「タビヤドゥ [tabijadu] 图《文》旅宿。

タビラチ

＊琉歌「旅宿の哀れ知らさなやあれに夜夜に通はしゆる夢路たよて」(全 273)。

「タビラチ [ˈtabiratʃi] 图 旅立ち。門出。

「タビンチュ [ˈtabintʃu] 图 「タビスッチュのヌを撥音化したもの。

「タブイン [ˈtabuin] 動《tabur- tabut-; ㋺タブラン ㋲タブイ ㋔タブトーン ㋑タブタン》保存する。ためる。取っておく。 ジン 〜〈金をためる〉/ ナチェー アチサグトゥ タブララン〈夏は暑いから取っておけない〉。

「タボーリ [ˈtaboːri] 動 ください。(...で)ありますように。祈りなどで用いられる。 アミ 〜〈雨をください。雨乞いの言葉〉。 ＊形の上から終止形はタボーインが考えられるが、命令形のタボーリしか用いない。韻文調であればタボリと短くなる。「賜(たも)れ」にほぼ対応。

タマ[1] [ˈtama] 图 ①玉。丸いもの。 ティッブーヌ 〜〈鉄砲の玉〉/ 〜 ハチョーン〈玉をはめている。赤ちゃんが丸々太って、手首あたりがくびれた状態をいう〉。 ②ガラス。

「タマ[2] [ˈtama] 图 たま。まれ。 〜ネーミグティ クーワ〈たまには寄っていけ〉。

「タマイミジ [ˈtamaimidʒi] 图 たまり水。くぼみなどにたまった水。

タマ「イン[1] [tamaˈin] 動《tamar- tamat-; ㋺タマラン ㋲タマイ ㋔タマトーン ㋑タマタン》たわむ。しなう。 チンブコー タマティン ウゥーリラン〈釣り竿はたわんでも折れない〉。

「タマイン[2] [ˈtamain] 動《tamar- tamat-; ㋺タマラン ㋲タマイ ㋔タマトーン ㋑タマタン》たまる。 ミジヌ 〜〈水がたまる〉/ ジノー タマラン〈金はたまらない〉。

タマウ「ルン [tamaʔuˈrun] 图 【霊御殿(たまおどぅん)】歴代琉球王の墓地。首里高校の南側にある。「玉陵」と表記されることもあり、現在一般には首里方言に基づきタマウドゥンと呼ばれる。

タマ「ガイ [tamaˈgai] 图 ひとだま(人魂)。人の死の前兆を示すなど凶兆とされている。

タマクガ「ニ [tamakugaˈni] 图 【玉黄金(こがね)】《文》とても大切なもの。

タマグ「ジャキ [tamaguˈdʒaki] 图 卵酒。

「タマサカ [ˈtamasaka] 图《文》たまさか。まれ。めったにないこと。＊琉歌「たまさかに花の島やこぎ渡て哀れ船つなくかたもならぬ」(全 2024)。

「タマシ[1] [ˈtamaʃi] 图 取り分。持ち分。ウレーッヤー 〜〈これはおまえの分〉。

タマ「シ[2] [tamaˈʃi] 图 魂。精神。人としての心。 タマシェー ネーン〈人としての心がない〉。＊「霊魂」の意にはマ「ブイを用いる。

「タマジーン [ˈtamadʒiːn] 動《tamadʒir- tamadʒit-; ㋺タマジラン ㋲タマジー ㋔タマジトーン ㋑タマジタン》(人の死などよくないことの)前兆が現れる。

「タマタガキ [ˈtamatagaki] 图 【二股掛け】《文》二股を掛けること。＊琉歌「庭の蜘蛛が巣に馬やつなぐともたまたがけ里に我肝呉るな」(全 2810)。

タマ「ナー [tamaˈnaː] 图 【玉菜】キャベツ。

タマヌ「ウゥ [tamanuˈwu] 图 【玉の緒】《文》命。＊琉歌「とにもかくにもならばなれしほらが玉の緒のある世かぎり」(全 990)。 ＊「玉の緒の命」のような用例もあり、その場合は枕詞のような働きをする。

タマヌ「ワリ [tamanuˈwari] 图 ガラスのかけら。 〜ヌ アグトゥ ウカーサンロー〈ガラスのかけらがあるから危ないぞ〉。

タマ「ビン [tamaˈbin] 图 ガラス瓶。

タマ「ミジ [tamaˈmidʒi] 图《文》玉水。水、井戸などの美称。＊琉歌「若夏がなれば童きやと共に玉水におりて遊ぶうれしや」(全 1510)。

「タマン [ˈtaman] 图《魚》ハマフエフキ(浜

笛吹)。フエフキダイ科。沖縄ではなじみのある魚。マグ「ブ〈シロクラベラ〉とともに美味とされる。 イーブーッシ ～ チーン〈イーブー(ハゼ)でタマンを釣る。えびで鯛を釣る〉。

**タマンチャー「ブイ** [tamantʃaːˈbui] 图【たまみかぶり(玉御冠)】王冠。

「**タミ** [ˈtami] 图 ため。ッヤー タメー アラン〈おまえのためではない〉。

「**タミー** [tamiː] 图 ふた目。 ～トー ンララン〈ふた目とは見られない〉。

「**タミーン**[1] [tamiːˈn] 動《tamir- tamit-; 否タミラン 連タミー 敬タミトーン 過タミタン》たわめる。曲げる。 ラキ ～〈竹をたわめる〉。 ＊「撓(た)める」にほぼ対応。

「**タミーン**[2] [ˈtamiːn] 動《tamir- tamit-; 否タミラン 連タミー 敬タミトーン 過タミタン》ためる。たくわえる。 ティンシー ～〈雨水をためる〉。

**タミ「シ** [tamiˈʃi] 图 ①ためし。ためすこと。試み。 ～ ソーシガ ナマ ナリラン〈ためしているがまだ慣れない〉。 ②前例。 ウットゥトゥッシス タミシェー アラン〈兄に対して弟として前例のない態度だ。弟がすることではない〉。

**タム「チ** [tamuˈtʃi] 图【保ち】保つこと。長持ちすること。 ～ヌ ワッサン〈もちが悪い〉。

**タム「チュン** [tamuˈtʃun] 動《tamuk- tamutʃ-; 否タムカン 連タムチ 敬タムチョーン 過タムチャン》保つ。長持ちする。もつ。 ガンジューサグトゥ イチマリン ～〈頑丈だからいつまでももつ〉。

**タム「トゥ** [tamuˈtu] 图 (着物の)たもと。

**タ「ムン** [taˈmun] 图 薪(たきぎ)。 ソーグッチラ「ムン〈正月用の薪〉。

**タムンウ「ヤー** [tamuɲʔuˈjaː] 图 薪(たきぎ)売り。薪を売ることを仕事としている者。

**タムントゥ「ヤー** [tamuntuˈjaː] 图 薪(たきぎ)取り。薪を集める仕事をする人。

**タユ「イ** [tajuˈi] 图 ①便り。消息。 ②頼り。縁故。よるべ。 ～ヌ ネーントー シグトー カメーララン〈縁故がないと仕事は探せない〉。

**タユ「イ「ヒチビチ** [tajuˈiçitʃibitʃi] 图 縁故。＊タユ「イともいう。

「**タラ** [ˈtara] 副 ①ただ。むなしく。いたずらに。 ～ カンゲールビケージ〈ただ考えるばかり〉。 ②たった。ほんの。 ～ チュマカイ〈たった一茶碗〉。

**タラ「スン** [taraˈsun] 動《taras- taratʃ-; 否タラサン 連タラシ 敬タラチョーン 過タラチャン》垂らす。したたらす。 ユライ ～〈よだれを垂らす〉。

**タラタラ** [ˈtaratara] 擬態 たらたら。 アンラグチ ～ スン〈おべっかをたらたら言う〉。

**タラ「フ** [taraˈɸu] 图 梅干しなどを入れるふたのついた食器。

「**タリ** [ˈtari] 感 もし。女性が用いる呼びかけの言葉。＊タ「イともいうがそれよりも古い。現在は芝居などでよく聞く。

**タリー「ン**[1] [tariːˈn] 動《tarir- tarit-; 否タリラン 連タリー 敬タリトーン 過タリタン》(酒などを)造る。醸造する。 サキ ～〈酒を造る〉。

「**タリーン**[2] [ˈtariːn] 動《tarir- tarit-; 否タリラン 連タリー 敬タリトーン 過タリタン》足りる。

「**タリーン**[3] [ˈtariːn] 動《tarir- tarit-; 否タリラン 連タリー 敬タリトーン 過タリタン》垂れる。

**タル「** [taruˈ] 图 樽。

**タル「ガー** [taruˈgaː] 图「タルガージェークーの略。

「**タルガージェークー** [ˈtarugaːdʒeːkuː] 图【樽皮細工】砂糖樽を作る職人。

「**タルガキーン** [ˈtarugakiːn] 動《tarugakir- tarugakit-; 否タルガキラン 連タルガキー 敬タルガキトーン 過タルガキタン》当てにする。頼みにする。 ウヤ ～〈親を当てにする〉。

「タレーイン [ˈtareːiɴ] 動《tareːr- tareːt-; ㊥タレーラン ㊦タレーイ ㊧タレートーン ㊨タレータン》足す。補う。タレートーキヨー〈補っておけよ〉。

タレー「マ [tareːˈma] 名 ただ今。即刻。即座。今すぐ。 ナマ 〜 クー〈今すぐ来い〉。

「タン¹ [ˈtaɴ] 名 反(たん)。着物一着分の布の長さ。

「タン² [ˈtaɴ] 名 炭。木炭。＊琉歌「あらたまの年に炭とこぶかざて心から姿若くなゆさ」(全4)。

「タン³ [ˈtaɴ] 名 痰。カートゥ カートゥッシ 〜 ンジャチョーン〈ごほんぺっごほんぺっと痰を出している〉。

「タンカー¹ [ˈtaŋkaː] 名 満一歳の誕生日。その日は食卓にウブ「ク〈神仏に供える飯〉、「スルバン〈そろばん〉、シジ「リ〈硯〉などを置き、誕生日を迎える子供に自由に取らせる。初めに取るもの、次に取るものの順に、将来を占い祝福する。たとえば、ウブ「クを取れば「食の果報がある」、「スルバンを取れば「商才がある」、シジ「リを取れば「学問に秀でる」などと言って喜ぶ。

「タンカー² [ˈtaŋkaː] 名 真向かい。正面。 〜ヌ ミートゥンラ〈正面の夫婦〉。

タン「カー³ [taŋˈkaː] 名 対等。碁などでハンデをつけずに勝負するときに タンカーッシ スミ〈対等でやるか〉という。＊タンカー「ナーともいう。

タンカー「イィー [taŋkaːˈjiː] 名 向かい合って座ること。差し向かい。

タンカー「ナー [taŋkaːˈnaː] 名 対等。勝負事でハンデをつけないことを意味するときなどに使う。 〜 ッシ タッチ ンージュミ〈対等で立ってみるか。対等で喧嘩するか〉。＊タン「カーともいう。

「タンカー「マンカー [ˈtaŋkaːˈmaŋkaː] 名 向かい合っていること。隣近所。 ンカシェー 〜 ヤタン〈昔は隣近所だった〉。

タンカーミ「シー [taŋkaːmiˈʃiː] 名 一つ違いの子(を産むこと)。年子(としご)(を産むこと)。＊ティーチミ「シーともいう。

タンカー「ラチ [taŋkaːˈratʃi] 名 新婚夫婦の所帯。次男以下が分家して夫婦で一家を営む場合をいう。 〜 ソーイニス クトゥ〈新婚夫婦時代のことだ〉。

タンキー「ン [taŋkiːˈɴ] 動《taŋkir- taŋkit-; ㊥タンキラン ㊦タンキー ㊧タンキトーン ㊨タンキタン》①(病気の体などを)大事にする。用心する。 ②手加減する。調節する。

タン「シ [taɴˈʃi] 名 たんす(箪笥)。

「タンチ [ˈtanntʃi] 名 短気。 〜 プープーソーン〈短気を起こしてぷりぷりしている〉／ 〜 ハラダチ キガス ムトゥ《諺》〈短気腹立ちは怪我のもと〉。

「タンチャー [ˈtantʃaː] 名 短気な者。

タン「ティー [taɴˈtiː] 名 探偵。

「タンニーン [ˈtanniːɴ] 動《tannir- tannit-; ㊥タンニラン ㊦タンニー ㊧タンニトーン ㊨タンニタン》尋ねる。訪ねる。 タンニタシガ ウゥランタン〈訪ねたがいなかった〉。＊「タジニーンともいう。

「タンヌムン [ˈtamumuɴ] 名 どいつ。何者。「ター〈誰〉の卑語。 〜 ガ〈どいつだ〉。

「タンバク [ˈtambaku] 名 炭を入れておく箱。

「タンビー [ˈtambiː] 名 炭火。

タン「メー [tamˈmeː] 名 祖父。おじいさん。血縁関係にない老翁にもいう。

タンラ [tanra]【たぶら】接尾 肉づきのよいことまたは部分を意味する接尾辞。「チビタンラ〈尻たぶ〉／ チェー〜 ウッチョーン〈丸々と太っている〉。

# チ

チ [tʃi]【つ】接尾 数に付く接尾辞。ティー「チ〈一つ〉」「ターチ〈二つ〉」「ミーチ〈三つ〉」など。

「チー¹ [tʃi:] 图 つるべ(釣瓶)。

「チー² [tʃi:] 图 気。～ タチュン〈気が立つ。興奮する〉/ ～ チチュン〈気がつく〉/ ～ チキーン〈気をつける〉/ ～ニ カナイン〈気に入る〉。

「チー³ [tʃi:] 图 ①血。血液。～ヌ ンジトーン〈血が出ている〉。 ②血筋。血統。～ ヒチョーン〈血を引いている〉。

チー「⁴ [tʃi:「] 图 ①乳。乳汁。 ～ヤッンジーミ〈乳は出るか〉。 ②乳房。 ～ヌ フックィトーン〈乳房がふくれている〉。

チー⁵ [tʃi:] 接頭 動詞に付いて「つい(...する)」「思い切って(...する)」の意を表す。チーシ「ティーン〈捨ててしまう〉。

チー⁶ [tʃi:] 接尾 ...対(?)。「イッチー〈一対〉。

チー「アン [tʃi:ʔan] 图 乳母(?)。⇒ アンマー。

チー「ガ¹ [tʃi:ga] 图 三線の胴の部分。丸みのある四角形をしている。終戦直後は缶詰の空き缶を利用したものもあった。

チー「ガ² [tʃi:ga] 图 升(?)。升目。

「チーカー [tʃi:ka:] 图 血筋。血統。

チー「ガー [tʃi:ga:] 图 おし。チー「グーの卑称。

チー「ク [tʃi:ku] 图 稽古事。習い事。～ スン〈稽古事をする〉。

チー「グー [tʃi:gu:] 图 口のきけない人。唖者。

「チーケェーブー [tʃi:kwe:bu:] 图《魚》クサフグ(草河豚)。

「チークス [tʃi:kusu] 图【血糞】血便。

チークヮーニー「クヮー [tʃi:kwa:ni:kwa:] 副 つっけんどんなさま。～ スン〈つっけんどんにする。じゃけんにする〉。

「チーケーイン [tʃi:ke:ʔin] 動《tʃi:ke:r- tʃi:ke:t-;㊊チーケーラン ㊋チーケーイ ㊌チーケートーン ㊍チーケータン》着替える。

「チーゴーゴー [tʃi:go:go:] 副《幼児》怪我。～ スンロー〈怪我するぞ〉。

チー「ジ [tʃi:dʒi] 图【辻】那覇にあった遊郭の名。

チー「シッタイン [tʃi:ʃittain] 動《tʃi:ʃittar- tʃi:ʃittat-;㊊チーシッタラン ㊋チーシッタイ ㊌チーシッタトーン ㊍チーシッタタン》ぐったりする。元気がなくなる。

チーシン「ブー [tʃi:ʃimbu:] 图【啓聖廟】孔子廟。

チー「タチ [tʃi:tatʃi] 图 ついたち。月の第一日。

チー「チー [tʃi:tʃi:] 图《幼児》乳。＊牛乳を指すときもある。

「チーチー」カーカー [tʃi:tʃi:ka:ka:] 副 食べ物がのどにつかえるさま。 ウシルヌネーンネー ～ スン〈お汁がないと食べ物がのどにつかえる〉。

チー「チ」ゲーラスン [tʃi:tʃi ge:rasun] 動《tʃi:tʃige:ras- tʃi:tʃige:ratʃ-;㊊チーチゲーラサン ㊋チーチゲーラシ ㊌チーチゲーラチョーン ㊍チーチゲーラチャン》骨折する。脱臼する。

「チーニ [tʃi:ni] 副 めったに。 チーネーネーン クトゥ〈めったにないこと〉。

チーヌ「クチ [tʃi:nukutʃi] 图 乳首。＊チーヌ クビともいう。

チーヌ「クビ [tʃi:nukutʃi] 图 乳首。＊チーヌ クチともいう。

チーヌミン「グヮ [tʃi:numiŋgwa] 图 乳飲み子。乳児。

「チーバ [tʃi:ba] 图【牙】犬歯。糸切り歯。

チーパーッ「パー [tʃi:pa:ppa:] 图

チーハイ

「チーハイ [「tʃi:hai] 图 局所の痛み。ある一部分の痛み。ッヤームノー 〜ル ヤッサミ〈おまえのは部分的な痛みだよ〉。

「チー「ビシ [「tʃi:'biʃi] 图 那覇港沖の三つの環礁の総称。

チー「ヒッ「タイン [tʃi:'çit'tain] 動《tʃi:çittat- tʃi:çittat-;㋻チーヒッタラン ㊗チーヒッタイ ㊁チーヒッタトーン ㊐チーヒッタタン》意気消沈する。すっかり気落ちする。しょんぼりする。⇨ チー²、ヒチュン¹。アレー クヌグル チーヒッタトーン〈彼は近頃しょんぼりしている〉。

チーブッ「クヮ [tʃi:buk「kwa] 图 乳房。おっぱい。普通は女性の盛りあがった乳房をいう。

「チーベー「サン [「tʃi:be:'san] 形《㋻チーベーコーネーン ㊐チーベーサタン》気が早い。せっかちである。

「チーライ [「tʃi:rai] 图 落胆。気落ち。*「チルライともいう。

「チール [「tʃi:ru] 图 黄色。*チー「ルーともいう。

チー「ルー [tʃi:「ru:] 图 黄色。黄色いもの。

「チーローリ [「tʃi:ro:ri] 图 着倒れ。スインチョー 〜 ナーフヮンチョー クェーローリ〈首里の人は着倒れ、那覇の人は食い倒れ〉。

チー「ン¹ [tʃi:「n] 動《tʃir- tʃittʃ-;㋻チラン ㊗チー ㊁チッチョーン ㊐チッチャン》切る。斬る。

チー「ン² [tʃi:n] 動《tʃir- tʃitʃ-;㋻チラン ㊗チー ㊁チチョーン ㊐チチャン》着る。ヨーフク 〜〈洋服を着る〉。

チー「ン³ [tʃi:「n] 動《tʃir- tʃittʃ-;㋻チラン ㊗チー ㊁チッチョーン ㊐チッチャン》釣る。イユ 〜〈魚を釣る〉。

チェ「ー [tʃe「:] 感 おや。まあ。驚いたり感嘆したりしたときなどに発する語。 〜 ヒルマシー ムン ヤサ〈おや珍しいことだ〉。*感情の表出によってはチェ「ー、「チェーとアクセントが違う。

チカ「 [「tʃika「] 图 つか(柄)。タチヌ 〜〈太刀のつか〉。

「チガーイン [「tʃiga:in] 動《tʃiga:r- tʃiga:t-;㋻チガーラン ㊗チガーイ ㊁チガートーン ㊐チガータン》(仕事を)交替する。

チガー「ルー [tʃiga:「ru:] 图 交替。 〜 ッシ カタミラナ〈交替してかつごうよ〉。

チカ「イン¹ [tʃika「in] 動《tʃikar- tʃikat-;㋻チカラン ㊗チカイ ㊁チカトーン ㊐チカタン》(火、明かりなどが)つく。ヒーヌ 〜〈火がつく〉/ レンキヌ 〜〈電気がつく〉。

「チカイン² [「tʃikain] 動《tʃikar- tʃikat-;㋻チカラン ㊗チカイ ㊁チカトーン ㊐チカタン》①使う。用いる。ミーガンチョー 〜〈眼鏡を使う〉/ ミジ 〜〈水を使う。炊事をする〉。②使いにやる。ワラビ 〜〈子供を使いにやる〉。

「チカイン³ [「tʃikain] 動《tʃikar- tʃikat-;㋻チカラン ㊗チカイ ㊁チカトーン ㊐チカタン》①(水に)つかる。②(漬物が)漬かる。アサジキーヌ 〜〈浅漬けが漬かる〉。

「チガカイ [「tʃigakai] 图 気がかり。 〜 ヤッサー〈気がかりだなあ〉。

「チガキ [「tʃigaki] 图【気掛け】心がけ。 〜 レーイチロー〈心がけが第一だぞ〉。

「チガキーン [「tʃigaki:n] 動《tʃigakir- tʃigakit-;㋻チガキラン ㊗チガキー ㊁チガキトーン ㊐チガキタン》(仕事、勉強などに)精出す。励む。

チ「カサン [tʃi「ka'san] 形《㋻チカコーネーン ㊐チカサタン》近い。ヒコーキッシェー チカムン ヤサ〈飛行機では近い〉。*チ「チャ」サンともいう。

「チカシ [「tʃikaʃi] 图 つっぱり。支え。つっかい棒。

チカジキー「ン [tʃikadʒiki:「n] 動《tʃikadʒikir- tʃikadʒikit-;㋻チカジキラン

チカジキー 継チカジキトーン 過チカジキタン》近づける。

チカジ「チュン [tʃikadʒiˈtʃun] 《tʃikadʒik- tʃikadʒitʃ-; 㑞チカジカン 運チカジチ 継チカジチョーン 過チカジチャン》近づく。

チカナ「イン [tʃikanaˈin] 動《tʃikanar- tʃikanat-; 㑞チカナラン 運チカナイ 継チカナトーン 過チカナタン》(家畜などを)飼う。(家族などを)養う。

チカナイン「グヮ [tʃikanainˈgwa] 名 養子。

チカ「ミチ [tʃikaˈmitʃi] 名 近道。

チカユ「イン [tʃikajuˈin] 《tʃikajur- tʃikajut-; 㑞チカユラン 運チカユイ 継チカユトーン 過チカユタン》近寄る。

「チカラ [ˈtʃikara] 名 力。

「チカラー [ˈtʃikaraː] 名 力持ち。

チカラム「チー [tʃikaramuˈtʃiː] 名 力餅。ムー「チーの日に作って子供に与える餅で、「クバ〈蒲葵〉の葉で包んだものをいう。

「チカリーン¹ [ˈtʃikariːn] 動《tʃikarir- tʃikarit-; 㑞チカリラン 運チカリー 継チカリトーン 過チカリタン》疲れる。＊類義語にクタンリー「ン、「ウゥタインもあり、むしろこちらの方をよく使う。首里方言とは異なり「チカリーンは精神的な、クタンリー「ンは肉体的な疲れなどという区別はない。

「チカリーン² [ˈtʃikariːn] 動《tʃikarir- tʃikatt-; 㑞チカリラン 運チカリー 継チカットーン 過チカッタン》聞こえる。有名である。名声が聞こえてくる。＊「チチュン〈聞く〉の受身形。

チガリー「ン [tʃigariˈn] 動《tʃigarir- tʃigarit-; 㑞チガリラン 運チガリー 継チガリトーン 過チガリタン》(何かしようとするときに)出鼻をくじかれる。腰を折られる。

チカン [tʃikan] 接尾 …つかみ。チュチ「カン〈一つかみ〉、「タチカン〈二つかみ〉など。 フロー チュ〜グヮール ソール 〈背は一つかみだ。背が低い〉。

チキ「アカ ガラスン [tʃikiˈʔakaˈgarasun] 動《tʃikiʔakagaras- tʃikiʔakagaratʃ-; 㑞チキアカガラサン 運チキアカガラシ 継チキアカガラチョーン 過チキアカガラチャン》(明かりを)煌々(ミミ)とともす。明々とともす。 レンキ 〜 〈電気を明々とともす〉。

チキア「ギー [tʃikiaˈgiː] 名【付け揚げ】料理名。魚肉のすり身ににんじん、ごぼうなどを刻んで入れて、油で揚げたもの。薩摩揚げに似ている。

チキー「ン¹ [tʃikiːˈn] 動《tʃikir- tʃikit-; 㑞チキラン 運チキー 継チキトーン 過チキタン》①付ける。 ムージナクー 〜 〈小麦粉を付ける〉。 ②(船などを)着ける。 サバニ 〜 〈サバニを着ける〉。 ＊「(着物などを)着る」の意には用いない。 ③(明かり、火などを)つける。 ヒー 〜 〈火をつける。火をともす〉/ ロー 〜 〈ろうそくをつける〉。

「チキーン² [ˈtʃikiːn] 動《tʃikir- tʃikit-; 㑞チキラン 運チキー 継チキトーン 過チキタン》①(水に)つける。浸す。 ミジンカイ 〜 〈水につける〉。 ②(漬物を)漬ける。

チキグ「スイ [tʃikiguˈsui] 付け薬。外用薬。

チキトゥル「キ [tʃikituruˈki] 名 付け届け。謝礼。賄賂。

「チキナ [ˈtʃikina] 名 漬け菜。

チキ「ビ [tʃikiˈbi] 名 付け火。放火。

「チキムン [ˈtʃikimun] 名 漬物。

チキ「ラキ [tʃikiˈraki] 名【付け竹】マッチ。

チク「 [tʃikuˈ] 名 菊。

チクージクー [ˈtʃikuːdʒikuː] 副 つくづく。よくよく。

チクサジ [tʃikuˈsadʒi] 名 (廃藩前の)警察官。

「チクスン [ˈtʃikusun] 動《tʃikus- tʃikutʃ-; 㑞チクサン 運チクシ 継チク

チョーン ⓟチクチャン》(孝、人情などを)尽くす。

**チク「ソー** [tʃikuˈsoː] 图 畜生。①鳥獣の総称。②人でなし。

**チクソーギー「ナー** [tʃikusoːgiˈnaː] 副 畜生のくせに。動物のくせに。~ ソーイッチョーン〈動物のくせに賢い〉。

**チクソー「ムン** [tʃikusoːˈmun] 图【畜生者】不人情な者。人でなし。

**「チグチ** [ˈtʃigutʃi] 图【津口】商売に適している場所。人の出入りが多くにぎやかなところ。もとは「港」の意。アチネーンカイィー ~ ヤン〈商売に適しているところだ〉。

**「チグトゥ** [ˈtʃigutu] 图 夜聞こえてくる泣き声などの不吉な音。不吉な前兆。

**チク「ラ** [tʃikuˈra] 图【魚】ボラ。

**チクリー「ン** [tʃikuriːˈn] 動《tʃikuriːr- tʃikuriːtʃ-;㋱チクリーラン ㋫チクリー ㋷チクリートーン ⓟチクリータン》費用がかかる。

**「チケー[1]** [ˈtʃikeː] 图【支え】さしさわり。 ~ ネーンサ〈さしつかえない。大丈夫だ。心配ない〉。

**「チケー[2]** [ˈtʃikeː] 图 ①使い。使者。~ガ チョータン〈使いが来ていた〉。②招待。

**「チケーカタ** [ˈtʃikeːkata] 图 使い方。

**「チケーミジ** [ˈtʃikeːmidʒi] 图 使い水。洗濯、掃除などに使う水。

**「チケーミチ** [ˈtʃikeːmitʃi] 图 (道具、金などの)使い道。使い方。

**「チゴー** [ˈtʃigoː] 图 都合。＊チュー「ゴーともいう。

**チサ「ナ** [tʃisaˈna] 图 チシャ(萵苣)。レタス。＊チサナ「バーともいう。

**チサナ「バー** [tʃisanaˈbaː] 图 チサ「ナに同じ。

**「チジ[1]** [ˈtʃidʒi] 图 (比較して)悪い[劣る]こと。ヌーヤカ ~〈何より悪い〉。

**「チジ[2]** [ˈtʃidʒi] 图 粒。「メーチジ〈ご飯粒〉。

**チジ[3]** [ˈtʃidʒi] 图 ①頭上。~ニ カミーン〈頭上に頂く〉。②頂上。てっぺん。ヤンタン~〈屋根のてっぺん〉。

**「チシーン** [ˈtʃiʃiːn] 動《tʃiʃiːr- tʃiʃiːtʃ-;㋱チシラン ㋫チシー ㋷チシトーン ⓟチシタン》便秘する。

**「チジーン** [ˈtʃidʒiːn] 動《tʃidʒiːr- tʃidʒiːtʃ-;㋱チジラン ㋫チジー ㋷チジトーン ⓟチジタン》さえぎる。止める。カジヌ フチ チューシ ~〈風が吹いてくるのをさえぎる〉。

**チジ「ウリ** [tʃidʒiˈʔuri] 图 神託。神のお告げ。

**「チジチュン** [ˈtʃidʒitʃun] 動《tʃidʒik- tʃidʒitʃ-;㋱チジカン ㋫チジチ ㋷チジチョーン ⓟチジチャン》続く。ヒャーイス ~〈日照りが続く〉。

**チジヌ「フェ** [tʃidʒinuˈɸe] 图《文》禁止の札。禁札。＊琉歌「恩納松下に禁止の牌の立ちゆす恋忍ぶまでの禁止やないさめ」(全31)。

**「チジミ** [ˈtʃidʒimi] 图【縮み】縮み織り。織物の名称。

**「チジミーン** [ˈtʃidʒimiːn] 動《tʃidʒimiːr- tʃidʒimiːt-;㋱チジミラン ㋫チジミー ㋷チジミトーン ⓟチジミタン》(布、紐などを)縮める。短くする。

**「チジムン** [ˈtʃidʒimun] 動《tʃidʒim- tʃidʒir-;㋱チジマン ㋫チジミ ㋷チジローン ⓟチジラン》(布、洋服などが)縮む。

**チジャーシハジャー「シ** [tʃidʒaːʃihadʒaːˈʃi] 图 チジャーハ「ジャーに同じ。

**「チジャースン** [ˈtʃidʒaːsun] 動《tʃidʒaːs- tʃidʒaːtʃ-;㋱チジャーサン ㋫チジャーシ ㋷チジャーチョーン ⓟチジャーチャン》接ぎ合わせる。つなぎ合わせる。

**チジャーハ「ジャー** [tʃidʒaːhaˈdʒaː] 图 つぎはぎ。ヒンスーギサス ~ ヤサ〈貧乏そうで着ているものがつぎはぎだ〉。＊チジャーシハジャー「シともいう。

「**チジャミタバク**」[「tʃidʑamitabaku」] 图 刻み煙草。

「**チジャムン**」[tʃidʑamun] 動《tʃidʑam- tʃidʑar-；㊀チジャマン ㊁チジャミ ㊂チジャローン ㊃チジャラン》刻む。細かく切る。

チジュー「ニン [tʃidʑu:「nin] 图 寄留人。＊もといた場所で生活しにくくなって移ってきた人の場合が多い。

チジュ「ヤー¹ [tʃidʑu'ja:] 图 ①〖鳥〗チドリ(千鳥)。浜で群れて鳴き飛ぶ小鳥。 ②浜千鳥。琉球舞踊の作品名。

チジュ「ヤー² [tʃidʑu'ja:] 图 髪の毛が縮れている者。

「**チジュン**¹ [「tʃidʑun] 動《tʃig- tʃidʑ-；㊀チガン ㊁チジ ㊂チジョーン ㊃チジャン》つぐ。サキ 〜 〈酒をつぐ〉／チャー 〜 〈茶をつぐ〉。 ＊汁、飯にはいわない。

「**チジュン**² [「tʃidʑun] 動《tʃig- tʃidʑ-；㊀チガン ㊁チジ ㊂チジョーン ㊃チジャン》①つなぐ。イィール— 〜 〈紐をつなぐ〉。 ②継ぐ。トートーメーヤ アリガ 〜 〈位牌は彼が継ぐ〉

「**チジョー**」[「tʃidʑo:] 图《文》知行。領地。

チシ「リ [tʃiʃi'ri] 图 きせる(煙管)。

チシリ「ジョー [tʃiʃiri'dʑo:] 图 煙管に用いる竹の管。ラオ(羅宇)。

「**チジン**」[「tʃidʑin] 图 つづみ(鼓)。⇨ パーランクー。

チタ「[tʃita「] 图 つた(蔦)。かずら(葛)。石垣などを這う植物。

チチ「[tʃitʃi「] 图 ①(天体の)月。 ②(暦の)月。

「**チチアキーン**」[「tʃitʃiʔaki:n] 動《tʃitʃiʔakir- tʃitʃiʔakit-；㊀チチアキラン ㊁チチアキー ㊂チチアキトーン ㊃チチアキタン》(戸などを)荒々しくぱっと開ける。＊「突き開ける」にほぼ対応。

「**チチアタイ**」[「tʃitʃiʔatai] 图 突き当たり。行き止まり。

「**チチアタ「イン**」[「tʃitʃiʔata'in] 動《tʃitʃiʔatar- tʃitʃiʔatat-；㊀チチアタラン ㊁チチアタイ ㊂チチアタトーン ㊃チチアタタン》(壁や木などに)突き当たる。ぶつかる。

「**チチウトゥ「スン**」[「tʃitʃiʔutu'sun] 動《tʃitʃiʔutus- tʃitʃiʔututʃ-；㊀チチウトゥサン ㊁チチウトゥシ ㊂チチウトゥチョーン ㊃チチウトゥチャン》聞き落とす。聞き漏らす。

「**チチウビ**」[「tʃitʃiʔubi] 图 聞き覚え。〜ヌ アン〈聞き覚えがある〉。

「**チチカミーン**」[「tʃitʃikami:n] 動《tʃitʃikamir- tʃitʃikamit-；㊀チチカミラン ㊁チチカミー ㊂チチカミトーン ㊃チチカミタン》(頭上のものが低くて)頭で突き上げる。頭がつかえる。⇨ チチュン⁴、カミーン。

「**チチカン「シーン**」[「tʃitʃikan'ʃi:n] 動《tʃitʃikanʃir- tʃitʃikanʃit-；㊀チチカンシラン ㊁チチカンシー ㊂チチカンシトーン ㊃チチカンシタン》(仕事などを)次々と負わせる。⇨ チチュン⁴、カンシーン。

「**チチクジーン**」[「tʃitʃikudʑi:n] 動《tʃitʃikudʑir- tʃitʃikudʑit-；㊀チチクジラン ㊁チチクジー ㊂チチクジトーン ㊃チチクジタン》突き刺す。突いてえぐる。⇨ チチュン⁴、クジーン。

「**チチグトゥ**」[「tʃitʃigutu] 图【聞きごと】(音楽など)聞きもの。聞いて楽しく価値のあるもの。

「**チチグリ「サン**」[「tʃitʃiguri'san] 形《㊂チチグリコーネーン ㊃チチグリサタン》(相手の声などが小さくて)聞きにくい。よく聞こえない。⇨ グリサン。

「**チチケー「シゲーシ**」[「tʃitʃike:'ʃi ge:ʃi] 副【聞き返し返し】幾度(ど)となく聞き返して。

「**チチケー「スン**」[「tʃitʃike:'sun] 動《tʃitʃike:s- tʃitʃike:tʃ-；㊀チチケーサン ㊁チチケーシ ㊂チチケーチョーン ㊃チチケーチャン》聞き返す。

チチ「シー [tʃitʃi'ʃi:] 图 月末。

「チチシミ [ˈtʃitʃiʃimi] 图 慎み。〜ンネーラン〈慎みがない〉。

チチ「ジム [tʃitʃiˈdʒimu] 图 近づいてくる人の心。⇨ チチュン³、チム。〜ル カナサル〈近づいてくる者はかわいい〉。

「チチシムン [ˈtʃitʃiʃimun] 動《tʃitʃiʃim- tʃitʃiʃir-; 㑋チチシマン 連チチシミ 規チチシローン 過チチシラン》慎む。クトゥバ 〜〈言葉を慎む〉。

「チチジョージ [ˈtʃitʃidʒo:dʒi] 图 聞き上手。

「チチチャクン」ネー「ン [ˈtʃitʃitʃakunneːˈn] 連語 聞きたくもない。聞き苦しい。〜 ムヌイーヨー〈聞きたくもないものの言い方〉。

チチ「チュン¹ [tʃitʃiˈtʃun] 動《tʃitʃik- tʃitʃitʃ-; 㑋チチカン 連チチチ 規チチチョーン 過チチチャン》咳き込む。しきりに激しく咳をする。

チチ「チュン² [tʃitʃiˈtʃun] 動《tʃitʃik- tʃitʃitʃ-; 㑋チチカン 連チチチ 規チチチョーン 過チチチャン》①つつく。こづく。②(鳥などがえさを)ついばむ。

チチナガ「ミ [tʃitʃinagaˈmi] 图【月眺め】月見。

チチ「ヌ」アマガサ [tʃitʃiˈnu]ʔamagasa] 图【月の雨傘】月暈(かさ)。

チチヌカー「ジ [tʃitʃinuka:ˈdʒi] 图 月ごと。毎月。

チチヌ「ムン [tʃitʃinuˈmun] 图 月のもの。月経。

チチヌ「ユー [tʃitʃinuˈju:] 图 月夜。

「チチハナスン [ˈtʃitʃihanaˈsun] 動《tʃitʃihanas- tʃitʃihanatʃ-; 㑋チチハナサン 連チチハナシ 規チチハナチョーン 過チチハナチャン》突き放す。

「チチフガスン [ˈtʃitʃiɸugaˈsun] 動《tʃitʃiɸugas- tʃitʃiɸugatʃ-; 㑋チチフガサン 連チチフガシ 規チチフガチョーン 過チチフガチャン》突いて穴をあける。⇨ フガスン。

チチブス「ク [tʃitʃibusuˈku] 图【月不足】早産。

「チチブリ [ˈtʃitʃiburi] 图 聞き惚れること。

「チチフリーン [ˈtʃitʃiɸuri:n] 動《tʃitʃiɸurir- tʃitʃiɸurit-; 㑋チチフリラン 連チチフリー 規チチフリトーン 過チチフリタン》(音楽、特に三線の音などに)聞き惚れる。⇨ フリーン²。

「チチマチ」ゲー [ˈtʃitʃimatʃiˈge:] 图 聞き間違い。

チチ「ミ [tʃitʃiˈmi] 图 包み。

チチ「ムン [tʃitʃiˈmun] 動《tʃitʃim- tʃitʃir-; 㑋チチマン 連チチミ 規チチローン 過チチラン》包む。

「チチャギモー」サギ [ˈtʃitʃagimo:ˈsagi] 图 告げ口。

チ「チャ」サン [tʃiˈtʃasan] 形《㑋チカコーネーン 過チカサタン》近い。＊チ「カ」サンともいう。

チチャンパン「チャン [tʃitʃampanˈtʃan] 图 つっけんどんな言い方。乱暴な振舞い。

チ「チュー [tʃiˈtʃu:] 图 月夜。

「チチュン¹ [ˈtʃitʃun] 動《tʃik- tʃitʃ-; 㑋チカン 連チチ 規チチョーン 過チチャン》利(き)く。効果がある。ハナヒチンカイ 〜〈風邪に利く〉。

「チチュン² [ˈtʃitʃun] 動《tʃik- tʃitʃ-; 㑋チカン 連チチ 規チチョーン 過チチャン》①(耳で)聞く。ハナシー 〜〈話を聞く〉/ チチュシガ イレーイミ〈聞いているが答えるものか。聞こえても応答しない者を皮肉っていう言葉〉。②尋ねる。クィーチチュタン〈声を聞いていた。安否を尋ねていた〉。③聞き入れる。従う。ウヤヌ イーチキュー 〜〈親の言いつけをよく聞く〉。＊②は新しい用法。本来は「タジニーン(または「タンニーン)、「トゥーインを用いる。

チ「チュン³ [tʃiˈtʃun] 動《tʃik- tʃitʃ-; 㑋チカン 連チチ 規チチョーン 過チチャン》①付く。チーヌ 〜〈血が付く〉。②着く。イチ ナーフゥンカイ チチャガ〈いつ

那覇に着いたか〉。

「チチュン⁴ [ˈtʃitʃun] 動《tʃik- tʃitʃ-; ㊅チカン ㊁チチ ㊂チチョーン ㊄チチャン》①突く。 ティージクンッシ 〜〈拳(ːʦ)で突く〉。 ②撞(ʦ)く。 ティラス カニ 〜〈寺の鐘を撞く〉。

チチ「ワイ [tʃitʃiˈwai] 名 月割り。月賦。

「チチワキ [ˈtʃitʃiwaki] 名 聞き分け。 〜ン ネーラン〈聞き分けもない。分かってくれない〉。

「チチワキーン [ˈtʃitʃiwaki:n] 動《tʃi- tʃiwakir- tʃitʃiwakit-; ㊅チチワキラン ㊁チチワキー ㊂チチワキトーン ㊄チチワキタン》聞き分ける。 ウフェー チチワキティ トゥラシェー〈少しは聞き分けてくれ。少しは分かってくれ〉。

「チットゥ [ˈtʃittu] 副【きっと】《文》きつく。強く。しっかりと。 * 琉歌「片ひしやや裏座片ひしやや仲前きつとこんばれやうこんだもろし」(全 2748)。

チッ「パク [tʃipˈpaku] 名 潔白。

チッ「パン [tʃipˈpan] 名 橘餅(ほえ)。菓子の名。クニ「ブ〈柑橘類〉を砂糖で煮詰めたもの。

「チテー [ˈtʃite:] 名 伝え。言い伝え。 アン イール 〜ヌ アン〈そういう言い伝えがある〉。

「チテーバナシ [ˈtʃite:banaʃi] 名 伝え話。言い伝え。伝説。

「チトゥ [ˈtʃitu] 名【つと(苞)】(お祝いに行って)持ち帰るお土産。

チトゥ「ミ [tʃituˈmi] 名 勤め。仕事。

チトゥミー「ン [tʃitumi:ˈn] 動《tʃitu- mir- tʃitumit-; ㊅チトゥミラン ㊁チトゥミー ㊂チトゥミトーン ㊄チトゥミタン》勤める。仕事をする。

チナ「 [tʃinaˈ] 名 綱。縄。 〜 クンジュン〈綱で結わえる〉。

「チナジュン [ˈtʃinadʒun] 動《tʃinag- tʃinadʒ-; ㊅チナガン ㊁チナジ ㊂チナジョーン ㊄チナジャン》つなぐ。 イィールー 〜〈紐をつなぐ〉。

チナ「ヒチ [tʃinaˈçitʃi] 名 綱引き。那覇大綱引きは琉球王朝の慶賀行事として行われたものを受け継いだ伝統を誇るイベントで、沖縄を代表する綱引きである。毎年十月八日に行われる。那覇市を東と西に分け、銅鑼やかね(鉦)、太鼓が鳴りとどろく中で勝負を競う。大綱はウゥー「ンナ〈雄綱〉とミー「ンナ〈雌綱〉からなり、雌綱の輪の中に雄綱の輪を入れ、雄綱の輪にカニチ「ボー〈繋ぎ止めの棒〉を通して二つの綱をつなぐ。二つの大綱にはそれぞれ多くの小綱を付けて、人々はそれをつかんで引き合う。なお、那覇大綱引きはギネスブックに登録されている。

チニ「 [tʃiniˈ] 名《文》常。平常。* 琉歌「お真人(うまんちゅ)のまぎり一人さだりさだりことし元旦や常にかほて」(全 1640)。

チヌ [ˈtʃinuˈ] 名 つの(角)。

チ「ヌー [tʃiˈnu:] 名 昨日。

「チヌーチュー [ˈtʃinu:tʃu:] 名 昨日今日。近頃。昨今。

チヌーヌユー「ル [tʃinu:nuju:ˈru] 名 昨日の夜。昨晩。* ユー「ビともいう。首里方言では一昨晩を意味するが、那覇方言では昨晩をいう。

チヌ「ク [tʃinuˈku] 名 きのこ。傘と柄のはっきりした松茸のようなものを指し、ミミ「グイ〈キクラゲ〉などにはいわない。 チヌコー ミミグイ〈きのこをキクラゲと言う。わけの分からないことを言う〉。

「チネー [ˈtʃine:] 名【けない(家内)】家族。家庭。* チュチ「ネー〈一家族〉、タ「チネー〈二家族〉のように接尾辞的にも用いる。

「チバイン [ˈtʃibain] 動《tʃibar- tʃi- bat-; ㊅チバラン ㊁チバイ ㊂チバトーン ㊄チバタン》がんばる。一所懸命働く。「チバリヨー〈がんばれ〉。*「気張る」にほぼ対応。

「チビ [ˈtʃibi] 名【つび(陰門の古称)】①尻。 〜 ヤムン〈尻が痛い〉。 ②後始末。

「チビガッサン　〜ヌ ネーン〈後始末が悪い〉。③(競走などでの)びり。最後。

「チビガッ「サン [tʃibigasˈsan] 形《㊂チビガルコーネーン ㊔チビガッサタン》身軽に動いて働く。てきぱき片づける。⇨ガッサン。アヌ ワラベー 〜〈あの子は身軽よく働く〉。＊直訳すると「尻軽い」。

「チビクス [tʃibikusu] 名【つび糞】びりっけつ。

チビク「スー [tʃibikuˈsu:] 名【つび糞】①尻をふかない者。悪口に用いる。②仕事の後始末をしない者。

「チビクチ [tʃibikutʃi] 名【つび口】つじつま。始めと終わり。〜 アタラン ムヌイーヨー〈つじつまの合わないものの言いよう〉。

「チビサガイ [tʃibisagui] 名 こっそり様子を探ること。

チビスン「チャー [tʃibisunˈtʃa:] 名 いざり。まだ歩けない幼児などが座ったままで進むことにもいう。

「チビタイ [tʃibitai] 名 尻たぶ。

「チビタッ「チュー [tʃibitatˈtʃu:] 名 尻の突き出た者。うつ伏せて尻を持ち上げた恰好(かっこう)にもいう。

「チビタンラ [tʃibitanra] 名 尻たぶ。尻べた。

チビヌグッ「スイ [tʃibinugusˈsui] 名 尾骶(びてい)骨。

チビヌグ「ヤー [tʃibinuguˈja:] 名 尻ぬぐいする者。他人の失敗などの後始末をする者。

チビヌ「ミー [tʃibinuˈmi:] 名 肛門。＊直訳すると「尻の穴」。

「チビ「ラー「サン [tʃibiˈra:ˈsan] 形《㊂チビラーコーネーン ㊔チビラーサタン》きびきびしている。てきぱきしている。的を射た行動で立派である。

「チビッンブ「サン [tʃibiʔmbuˈsan] 形《㊂チビッンブコーネーン ㊔チビッンブサタン》無精である。腰が重い。ちょっとしたことを頼んでもなかなかやってくれない。＊直訳すると「尻重い」。

「チブ¹ [tʃibu] 名 坪。土地の面積の単位。

「チブ² [tʃibu] 名 壺。

「チブイ [tʃibui] 名【壺折り】尻からげ。裾全体をまくり上げて帯にはさんだ恰好(かっこう)。〜 カナギーン〈尻からげをする〉。

「チフィジン [tʃiɸidʑin] 名【聞得大君】琉球王国の最高神女。代々、王の娘、または王妃、王の未亡人が当たり、高級神女から各地の祝女(のろ)まで統率した。

「チフェー [tʃiɸe:] 名【気早】てきぱき仕事を片づけること。ヤマトゥジ「フェー〈てきぱき仕事を片づける内地人〉。

チブ「トゥン [tʃibuˈtun] 名 根元。根元に近い部分。〜カラ チレー〈根元の方から切りなさい〉。

チブ「ル [tʃibuˈru] 名【つぶり】①頭。〜ヌ ヤムン〈頭が痛い〉。②ふくべ。ひょうたん。夏は野菜が少ないため、よく野菜代わりに食用とされた。

「チブルクル [tʃiburukuru] 名【つぼどころ】①(灸の)つぼ。灸点。②(物事の)つぼ。要点。急所。

チブル「ヤン [tʃiburuˈjan] 名 頭痛。

チマ「イン [tʃimaˈin] 動《tʃimar- tʃimat-; ㊂チマラン ㊔チマイ ㊗チマトーン ㊔チマタン》①(洗濯した衣類などが)縮む。②(穴などが)ふさがる。＊「詰まる」にほぼ対応。

「チマグ [tʃimagu] 名 ひづめ(蹄)。食用にもなる。

「チママ [tʃimama] 名 気まま。勝手。〜 ユー シジティ ナラン〈気ままが過ぎてだめだ〉。

「チマンチュン [tʃimantʃun] 動《tʃimaŋk- tʃimantʃ-; ㊂マンカン ㊔チマンチ ㊗チマンチョーン ㊔チマンチャン》(洗濯した衣類などを)しわをなくすために八方へ引き伸ばす。

「チミ [tʃimi] 名 爪。

チミー「ン [tʃimi:ˈn] 動《tʃimir- tʃimit-; ㊂チミラン ㊔チミー ㊗チミトー

ン ㊥チミタン》①詰める。ジューバクン カイ 〜〈重箱へ詰める〉。②切って整える。ランパチ 〜〈調髪する〉。③《文》思いがつのる。＊琉歌「あはぬ徒らに戻る道すがら恩納岳見れば白雲のかかる恋しさやつめて見ばしやばかり」(全34)。

「チミカタ [tʃimikata] 图 爪形。爪痕(つめあと)。

「チミクス [tʃimikusu] 图 爪糞。爪の垢。 〜ヌ ウッピ〈爪の垢の分量。とても少ないこと〉。

チミ「トゥガ [tʃimi「tuga] 图 罪科(つみとが)。＊やや古い言い方。

「チミニ [tʃimini] 图 積み荷。

チミンマー「ヤー [tʃimima:「ja:] 图 爪のところにできる腫れ物。爪を強く打ったあとにできる傷跡にもいう。＊チンマー「ヤーともいう。

チム「 [tʃimu「] 图 ①肝。肝臓。食用、薬用の豚の肝臓などにもいう。②心。心情。情。＊ククル〈心〉より多く用いられる。複合語と慣用句が多い。〜ナガサン〈気が長い〉／〜 クィーン〈情けをかける。組踊『大川敵討』に「誠真実の我肝どもくいらば村原が事も言やな置きゆめ」とある〉／〜トゥヤースン テートゥン カナーラン〈どうしようもない。ままならない。組踊『花売の縁』に「物作りともふさあらぬ、又塩焚けば雨の降続きゆり、旁々肝とんたいとん叶らん様子やゝべいたん」とある〉／〜ガナサ スン〈心から大切にする。かわいがる〉／〜 ヤムン〈心が痛む。心からすまないと思う。琉歌「末吉のかいじやう鐘や首里のかいじやうともて里起ちやらち我肝やみぬさ」(全513)〉／〜トゥヤースン〈気がかりなことを取り払って安心する〉／〜ン 〜 ナラン〈心も心ならず。重く心にのしかかって忍びがたく落ち着いていられない。組踊『忠士身替の巻』に「これまでよと思し肝も肝ならぬ。いきやしや な別に計いならぬ」とある〉／〜ン テーン アラン〈深く考えてのことではない〉／〜 ローモー ナイルグトーン〈心が乱れ、正常な判断ができなくなってしまうようだ〉。

チムアシ「ガチ [tʃimuˀaʃi「gatʃi] 图【肝足掻き】焦ること。気がせいていらだつこと。＊〜 スン〈焦る〉の形でよく用いられる。

「チムイ [tʃimui] 图【積み盛り】心づもり。当て。＊首里方言とは異なり「積もること」「見積もり」などの意味はない。

チム「イチャサン [tʃimu「ˀitʃa」san] 形《㊥チムイチャコーネーン ㊥チムイチャサタン》痛々しい。(心が痛むほど)かわいそうである。＊「肝痛し」にほぼ対応。

チムイチュ「ナサン [tʃimuˀitʃu「na」san] 形《㊥チムイチュナシコーネーン ㊥チムイチュナサタン》心せわしい。(あれこれあって)気ぜわしい。

チム「イリ [tʃimu「ˀiri] 图【肝入り】(心を込めた)親切。好意。

「チムイン¹ [tʃimuin] 動《tʃimur- tʃimut-; ㊥チムラン ㊥チムイ ㊥チムトーン ㊥チムタン》積もる。キーヌフゥーヌ 〜〈木の葉が積もる〉。

「チムイン² [tʃimuin] 動《tʃimur- tʃimut-; ㊥チムラン ㊥チムイ ㊥チムトーン ㊥チムタン》心づもりする。当てにする。ティガネー チムトータン〈手伝いを当てにしていた〉。

チム「ウチ [tʃimu「ˀutʃi] 图【肝内】内心。

チムウ「ミー [tʃimuˀu「mi:] 图【肝思い】あれこれ思い悩むこと。

チム「エー [tʃi「mue:] 图 意味。わけ。チャール 〜 ガ〈どういうわけか〉／アン スル クトゥヌ 〜ヌ ワカラン〈ああすることの意味が分からない〉／〜ン ネーン〈無意味である。理由がない〉。

チムガ「カイ [tʃimuga「kai] 图【肝掛かり】心がかり。気がかり。

チムガキー「ン [tʃimugaki:「n] 動《tʃimugakir- tʃimugakit-; ㊥チムガキラン ㊥チムガキー ㊥チムガキトーン ㊥チムガキタン》心がける。

**チム「ガナ」サン** [tʃimuˈganaˌsan] 形《㊤チムガナコーネーン ㊦チムガナサタン》(心から)いとおしい。かわいらしい。

**チム「グー」サン** [tʃimuɡuːˈsan] 形《㊤チムグーコーネーン ㊦チムグーサタン》気が小さい。小心である。内気である。

**チムグー「ムン** [tʃimuɡuːˈmun] 名 小心者。恥ずかしがりや。

**チムグク「ル** [tʃimuɡukuˈru] 名 心。考え。チム「、ククˈルともに「心」の意で、「心・精神」を強めていう語。〜ヌ リキトーン〈精神が立派である〉。

**チム「グチ** [tʃimuˈɡutʃi] 名【肝口】みぞおち。〜ヌ カミラリーン〈みぞおちが痛む〉。

**チムグリギー「ナー** [tʃimuɡuriɡiːˈnaː] 副【肝苦りげな】かわいそうに。気の毒に。〜 アン イラリーミ〈かわいそうに、そう言えるか〉。

**チム「グリ」サン** [tʃimuˈɡuriˌsan] 形《㊤チムグリコーネーン ㊦チムグリサタン》かわいそうである。気の毒である。不憫(ふびん)である。相手の見るに忍びない状況に対してこちらの心が痛むさまを表す。⇒ クリサン。

**チムサワ「ジ** [tʃimusawaˈdʒi] 名【肝騒ぎ】胸騒ぎ。漠然たる不安、心配などで心が穏やかでないこと。＊やや古語的である。

**チムシカ「ラー」サン** [tʃimuʃikaˈraːˌsan] 形《㊤チムシカラーシコーネーン ㊦チムシカラーサタン》さびしい。うらさびしい。

**チム「ジュー」サン** [tʃimuˈdʒuːˌan] 形《㊤チムジューコーネーン ㊦チムジューサタン》心強い。安心できる。

**チム「ジュラ」サン** [tʃimuˈdʒuraˌsan] 形《㊤チムジュラコーネーン ㊦チムジュラサタン》心やさしい。情け深い。清廉潔白だ。

**「チム」ティー「チ** [ˈtʃimuˌtiːˈtʃi] 連語【肝一つ】心を一つにすること。考え方、思いを同じくすること。

**チム「ナガ」サン** [tʃimuˈnaɡaˌsan] 形《㊤チムナガコーネーン ㊦チムナガサタン》気が長い。のんびりしている。

**チムニ「ゲー** [tʃimuniˈɡeː] 名【肝願い】心の中で絶えず願っている物事。

**チムヌウ「ミー** [tʃimunuʔuˈmiː] 名 気のせい。

**チムヌ「ヌビ** [tʃimunuˈnubi] 名【肝の伸び】心のゆとり。心がゆったりしていていらしないこと。寛大。

**チムヒジュ「ル」サン** [tʃimuçidʒuˈruˌsan] 形《㊤チムヒジュルコーネーン ㊦チムヒジュルサタン》(鳥肌が立つほど)こわい。恐ろしい。＊直訳は「心が冷たい」。

**チム「ビル」サン** [tʃimuˈbiruˌsan] 形《㊤チムビルコーネーン ㊦チムビルサタン》心が広い。寛容である。

**チムフ「クイ** [tʃimuɸuˈkui] 名【肝誇り】《文》喜び。歓喜。＊組踊『孝行之巻』に「いきやる事あとて、肝ほこりしゆゆが」とある。

**「チム」フジュン** [ˈtʃimuˈɸudʒun] 動《tʃimuɸuɡ- tʃimuɸudʒ-;㊤チムフガン ㊦チムフジ ㊧チムフジョーン ㊨チムフジャン》満足する。納得する。＊「肝(ほぐ)」にほぼ対応。

**チムフトゥフ「トゥー」スン** [tʃimuɸuɸuˈtuːˌsun]《tʃimuɸuɸutuɸus- tʃimuɸuɸutuɸutus-;㊤チムフトゥフトゥーサン ㊦チムフトゥフトゥーシー ㊧チムフトゥフトゥーソーン ㊨チムフトゥフトゥーサン》(怒りや寒さなどで)体ががたがた震える。

**チムマ「ユイ** [tʃimumaˈjui] 名【肝迷い】心の迷い。

**チムムチ「ムン** [tʃimumutʃiˈmun] 名【肝持者】温かい正しい心の持ち主。人情のある人。〜ヌ アンシェー ナランサ〈人情のある人がそんなやり方はできないよ〉。

**チム「ヨー」サン** [tʃimuˈjoːˌsan] 形《㊤チムヨーコーネーン ㊦チムヨーサタ

ン）気が弱い。

**チム「ラカ」サン** [tʃimuˈrakaˈsan] 形《㊀チムラカコーネーン ㊊チムラカサタン》霊力が高い。＊「肝高(ちむだか)い」にほぼ対応。

**チムラクラ「クー** [tʃimurakuraˈkuː] 副（緊張、激しい運動、不安などで）動悸が激しくなるさま。胸がどきどきするさま。

「**チムリ** [ˈtʃimuri] 图《文》煙。＊琉歌「塩屋の煙や身さ心朝夕こがれとて浮き世わたる」（全980）。口語では「キブシ」という。

**チムワサ「ミチ** [tʃimuwasaˈmitʃi] 图 ①（心配事やいやな予感などで起こる）胸騒ぎ。②（楽しいことで）心が浮き立つこと。

「**チムワサ「ワサ** [tʃimuwasaˈwasa] 副 ①（心配事やいやな予感などで）胸騒ぎするさま。心が落ち着かないさま。②（楽しいことで）心が浮き立つさま。

**チムワサワ「サー」スン** [tʃimuwasawaˈsaːˈsun] 動《tʃimuwasawasaːs- tʃimuwasawasaːs-; ㊀チムワサワサーサン ㊁チムワサワサーシー ㊂チムワサワサーソーン ㊃チムワサワサーサン》①（心配事やいやな予感などで）胸騒ぎする。②（楽しいことで）心が浮き立つ。心がせく。

「**チムン**[1] [ˈtʃimun] 動《tʃim- tʃir-; ㊀チマン ㊁チミ ㊂チローン ㊃チラン》積む。ニー～〈荷を積む〉。

「**チムン**[2] [ˈtʃimun] 動《tʃim- tʃir-; ㊀チマン ㊁チミ ㊂チローン ㊃チラン》（草花などを）摘む。

**チャー「**[1] [tʃaːˈ] 图 茶。

「**チャー**[2] [ˈtʃaː] 副【いか(如何)】どう。～ガ〈どうか。どうだ。元気か〉／～ガサイ〈どうですか。お元気ですか〉／～ ソーガ〈どうしているか。元気で暮らしているか〉／～スガ〈どうするのか。どうしよう〉／～ン ネーンサ〈どうもないよ。心配ないよ〉。

「**チャー**[3] [ˈtʃaː] ① 副 いつも。常に。～アシローン〈いつも遊んでいる〉／～チャーヌムン〈いつもお茶を飲む〉。② 接頭（…し）通し。あとに動詞の連用形を続けて動作、状態を続ける意を表す。チャーアッ「チ〈歩き通し〉／チャー「ナチ〈泣き通し〉。

**チャー**[4] [tʃaː] 接尾 …たち。…ら。複数の人を表す。ルシヌ「チャー〈友人たち〉、シージャヌ「チャー〈兄姉たち〉、イチクス「チャー〈いとこたち〉など。

「**チャーイン** [ˈtʃaːin] 動《tʃaːr- tʃaːt-; ㊀チャーラン ㊁チャーイ ㊂チャートーン ㊃チャータン》消える。ヒーヌ～〈火が消える〉／ユーリーヤ チャートータンリ〈幽霊は消えていたらしい〉。

「**チャーガナ** [ˈtʃaːgana] 副 どうにか。何とか。～ ナイサ〈どうにかできるよ〉。

**チャー「キ** [tʃaːˈki] 副 すぐ。じき。～ネーン ナタン〈すぐなくなった〉。

「**チャーギ** [ˈtʃaːgi] 图《植》イヌマキ（犬槙）。マキ科の常緑高木。最上の建築用材の一つとされている。

**チャー「シ** [tʃaːˈʃi] 副 どうして。どのように。～ スガ〈どのようにするのか〉。

「**チャーシン** [ˈtʃaːʃin] 副 どうしても。～ ナラン〈どうしてもできない〉。

「**チャーシン」カーシン** [ˈtʃaːʃiŋˈkaːʃin] 副 何としても。どうあろうと。

「**チャースン** [ˈtʃaːsun] 動《tʃaːs- tʃaːtʃ-; ㊀チャーサン ㊁チャーシ ㊂チャーチョーン ㊃チャーチャン》（字、火、電気などを）消す。ジー～〈字を消す〉／チャーティ ネーン〈消えてしまった〉。

**チャー「チャー** [tʃaːˈtʃaː] 图 父。お父さん。＊この語はほとんど聞かない。スー～が一般的である。

**チャーヌ「グリ** [tʃaːnuˈguri] 图 茶のおり。⇒グリ。

**チャーヌ「シン** [tʃaːnuˈʃin] 图 茶柱。

「**チャーネール―** [ˈtʃaːneːruː] 連体 チャンネー「ルーに同じ。

「**チャール** [ˈtʃaːru] 連体【いかなる】どんな。～ ワキガ〈どういうわけか。どうなのだ〉。

「**チャールン」リン** [ˈtʃaːrunˈrin] 副 何とも。～ イララン〈何とも言えない〉。

**チャーワカ「シェー** [tʃa:wakaˈʃe:] 名 茶と茶請けなどを囲んでの歓談の会。家族のちょっとしたお祝い事などで行う。

**チャー「ワン** [tʃa:ˈwan] 名 湯飲み茶碗。*チャ「ワンともいう(接尾辞的に用いる場合はチャーワンのみ)。

**「チャーン** [tʃa:n] 名 〘鳥〙チャボ(矮鶏)。鶏の一品種。

**「チャーンカーン」ナラン** [ˈtʃa:ŋka:n naran] 連語 どうにもこうにもならない。どうしようもない。

**チャガ「トー** [tʃagaˈto:] 名 どんなに遠く。とても遠いところ。～チョーン ヤグトゥ〈とても遠いところなんだから。考えている以上に遠いところだよ〉。

**「チャク** [tʃaku] 名 客。

**「チャクシ** [ˈtʃakuʃi] 名 嫡子。長男。*「チャッチともいう。

**チャクチャ「クー** [tʃakutʃaˈku:] 名 おっちょこちょい。落ち着きのない者。*チャック「ヤーともいう。

**チャサ「キー** [tʃasaˈki:] 名 どんなにたくさん。とてもたくさん。どれほどの量。～ン ムッチ チェーン〈とてもたくさん持ってきている〉。*チャッサ「キーともいう。

**チャタ「ク** [tʃataˈku] 名 茶托。

**チヤチヤー「ブイ** [tʃijatʃija:ˈbui] 名 こぬか雨。静かに降る小雨。

**チャック「ヤー** [tʃakkuˈja:] 名 チャクチャ「クーに同じ。

**チャッ「サ** [tʃasˈsa] 名 (数量、程度などについて)どれくらい。いくら。ウヌ シシェー～ガ〈その肉はいくらか〉。

**「チャッサガ** [ˈtʃasˈsaga] 副 どんなに。どれほど。～ ウッサラヤー〈どれほどうれしいのだろうか〉。

**チャッサ「キー** [tʃassaˈki:] 名 チャサ「キーに同じ。

**「チャッサン** [ˈtʃassan] 副 いくらでも。どれほどでも。たくさん。～ カムン〈いくらでも食べる〉。

**「チャッサン」カッサン** [ˈtʃassaŋ kas-san] 副 いくらでも。やたらと。「チャッサンの強調形。～ カミーネー ワタ ヤンジュン〈やたらと食べると腹をこわす〉。

**「チャッチ** [ˈtʃattʃi] 名 「チャクシに同じ。

**「チャッチウシクミ** [ˈtʃattʃiʔuʃikumi] 名【嫡子押し込み】嫡子をさしおいて次男以下の誰かがトートー「メー〈位牌〉を継ぐことで、禁忌とされている。位牌の継承、奉祀に関する主要四規則のうちの一つ。⇒ タチーマジクイ、チョーレーカサバイ。

**チャッ「ピ** [tʃapˈpi] 名 どれほど。どのくらい。いくら。～ アガ〈どれほどあるか〉。

**「チャッ」ペール** [tʃapˈpe:ru] 連体 どれくらいの。どれほどの。～ ムン ヤグトゥ〈(ハブ、魚など)どれほどの大きいものだから。とても大きいものだ〉。

**チャ「トー** [tʃaˈto:] 名【茶湯】霊前[仏壇]に供えるお茶。*ウ「チャ」トーともいう。

**チャ「トー」ミントー** [tʃaˈto:ˈminto:] 名 習慣的にチャ「トーを供えること。

**チャナ「ギ** [tʃanaˈgi] 名 どのくらいの長さ。*チャン「ナギともいう。

**「チャヌ** [tʃanu] 連体 どの。どんな。～ヨーナ ムンガ〈どのような者か〉。

**「チャヌヨーナ** [tʃanujo:na] 連体 どのような。～ ムン〈どのようなもの〉。

**チャ「ブン** [tʃaˈbun] 名 茶盆。

**「チャミシカ** [tʃamiʃika] 名 どれほど。いかほど。否定表現を伴って「さほどのことはない」の意でもよく用いる。 チャミシカーアラン〈大したことではない〉。

**チャラチャ「ラー** [tʃaratʃaˈra:] ① 擬音 油で炒めたり揚げたりするときの音。② 名 (牛肉、豚肉などの)油で炒めたもの。油炒め。

**チャワ「キ** [tʃawaˈki] 名 茶請け。黒糖、漬物など。

**チャ「ワン** [tʃaˈwan] 名 チャー「ワンに同じ。チュチャ「ワン〈一杯〉、「タチャワン〈二杯〉などのように接尾辞的にも用いるが、その場合はチャーワンとはいわない。

**チャン「グトゥ** [tʃaŋˈgutu] 副 どのよう

チャン「グ」トーガ [tʃaŋˈguˈto:ga] 連語 どんな様子か。どうなのだ。

チャン「グ」トール [tʃaŋˈguˈto:ru] 連体 どのような。

チャングトー「ルー [tʃaŋgutoˈru:] 名 どのようなもの。 ～ガ〈どのようなものか〉。

「チャントゥ [tʃantu] 副 ちゃんと。きちんと。しっかり。 シクチェー ～ シーヨー〈仕事はちゃんとやれよ〉。

チャン「ナギ [tʃanˈnagi] 名 どのくらいの長さ。 ～ アガヤー〈どのくらいの長さがあるだろうか〉。＊チャナ ₁ともいう。

チャン「ナ」ギーン [tʃanˈnaˈgi:n] 動《tʃannagir- tʃannagit-; ㊥チャンナギラン ㊥チャンナギー ㊥チャンナギトーン ㊥チャンナギタン》うっちゃる。投げ捨てる。ほうっておく。 アマンカイ ～〈あそこへ投げ捨てる〉。

チャンナ「ゲー [tʃannaˈge:] 名 どんなに長い間。 ～ マッチン クーン〈どんなに長い間待っても来ない〉。

チャンネー「ルー [tʃanne:ˈru:] 連体 どのような。 ～ ムンガ〈どのようなものか〉。 ＊「チャーネールーともいう。

チャンプー「ルー [tʃampu:ˈru:] 名 料理名。豆腐、野菜などを中心に油で炒めたもの。

チュ [tʃu] 接頭 「一。近く。同じ」の意。 チュチ「バイ〈一〈②〉がんばり〉／チュチン「ジュ〈近所〉／チュトゥ「シ〈同い年〉。

「チユ [ˈtʃiju] 名 露。琉歌などでははかなきもののたとえに使われる。＊琉歌「い言葉の匂ひどこの世界のかたみちりてよしまらぬ 露の命」(全 636)。

「チュイ [ˈtʃui] 名 一人。

チュイイィキガン「グヮ [tʃuijikigaŋˈgwa] 名 一人息子。

チュイイィナグン「グヮ [tʃuijinaguŋˈgwa] 名 一人娘。

「チュイ」ウーシウーシ [ˈtʃuiˈʔu:ʃi-ʔu:ʃi] 副 (仕事、責任など、何らかの負担を)互いに押しつけ合うさま。 ～ ッシ シクチェー ムル サン〈互いに押しつけ合って仕事をまったくしない〉。

チュイグラ「シ [tʃuiguraˈʃi] 名 一人暮らし。独身生活。

「チュイ」シージー [ˈtʃuiˈʃi:dʒi:] 副 互いに助け合うさま。 クマトーイネー ～ ヤサ〈困っているときは互いに助け合うものだ〉。

「チュイ」タレーラレー [ˈtʃuiˈtare:ra-re:] 副 互いに補い合うさま。

チュイチガー「ルー [tʃuitʃigaˈru:] 名 一人ずつ交替すること。代わるがわる。 ＊直訳すると「一人違える」。チュイナーカー「ルーともいう。

チュイ「ナー [tʃuiˈna:] 名 一人ずつ。

チュイナーカー「ルー [tʃuina:ka:ˈru:] 名 交替ごうたい。代わるがわる。 ＊直訳すると「一人ずつ替わる」。チュイチガー「ルーともいう。

「チュイ」ユジーユジー [ˈtʃuiˈjudʒi:-judʒi:] 副 (仕事やこれからやるべきことなど)互いに譲り合うさま。 ～ ッシ ムル シグトー アガカン〈互いに譲り合って全然仕事がはかどらない〉。

チュイン「グヮ [tʃuiŋˈgwa] 名 一人っ子。

チュー「 [ˈtʃu:ˈ] 今日。 ～ヌ クネーカラ ヒンビン スルバーイィ〈今日のこんなに遅くから返品するのか〉。 ＊首里方言ではチュー ウゥガナビラ〈こんにちは〉という(目上に対する)挨拶言葉があるが、那覇方言ではめったに使わない。

チューイ「ベー」サン [tʃu:iˈbe:ˈsan] 形《㊥チューイベーコーネーン ㊥チューイベーサタン》成長が早い。 ウヌ ワラベー ～〈この子は成長が早い〉。

チュー「イン [tʃu:ˈin] 動《tʃu:r-tʃu:t-; ㊥チューラン ㊥チューイ ㊥チュートーン ㊥チュータン》①強くな

る。(病人、産婦などが)元気になる。健康になる。 カジェー ~〈台風は強くなる〉。②(子供が)成長する。育つ。

**チュー「カー** [tʃuːˈkaː] 急須(きゅう)。

**「チーク** [ˈtʃuːku] 副 強く。ひどく。 ~ スグラッタン〈ひどくたたかれた〉。

**チュー「ゴー** [tʃuːˈgoː] 都合。 ~ヤ チャーガ〈都合はどうか〉。*「チゴーともいう。

**「チュー」サン** [ˈtʃuːˈsan] 形《㊥チューコーネーン ㊣チューサタン》①(力、体などが)強い。体力がある。 ハナヒチン ワ チャラングトゥ ~〈風邪も引かないほど(体が)強い〉。②(病の状態などが)重い。ひどい。

**「チュージューク** [ˈtʃuːdʒuːku] 副 たいそう強く。非常に激しく。とてもきつく。 ~ スグラッタン〈とても激しくたたかれた〉。

**チュー「チャン** [tʃuːˈtʃan] 副 急に。いきなり。 ~ マーチ ネーン〈急に死んでしまった〉。

**チューチュー** [tʃuːˈtʃuː] 《幼児》ちんちん。陰茎。

**チュー「バー** [tʃuːˈbaː] 力の強い者。丈夫な者。

**チューミー「ン** [tʃuːmiˈn] 動《tʃuːmir- tʃuːmit-; ㊥チューミラン ㊣チューミトーン ㊣チューミタン》①強める。②(内容などを)高める。尽くす。 ジンミ ~〈吟味を尽くす〉。

**チュー「ン** [tʃuːˈn] 動《k- tʃ-; ㊥クーン ㊣チー ㊣チョーン ㊣チャン》来る。相手のところに行く意にも用いる。 ッチュヌ ~〈人が来る〉/イッターンカイ チューサ〈きみのところへ行くよ〉。*命令形はクー「ワ〈来い〉。人の家を尋ねる場合にチャー「ビラ〈ごめんください〉というが、これは「来はべら」に由来する形である。これとの類推から、ウチナーヤマトゥ「グチ〈沖縄的共通語〉では同じ挨拶を「来ました」という。さらに丁寧ないい方として、チャービラにサイ、タイを付ける形もあり、前者は男が後者は女が用いる。

ユシリヤビラという古風ないい方もあったが今は聞かない。

**チュカ「キ** [tʃukaˈki] 一かけら。一切れ。 ~ グゥーン クィラン〈一切れもくれない〉。

**チュカ「タ** [tʃukaˈta] 【ひと片】一方。片一方。 ~カラ ハジミーン〈片一方から始める〉。

**チュカ「ター** [tʃukaˈtaː] ①凝り性(の人)。②まじりけがなく純粋なもの。生粋のもの。

**チュカ「タナ** [tʃukaˈtana] 《文》一刀(ひとかたな)(いっとう)。一太刀(ひとたち)。

**チュカ「タミ** [tʃukaˈtami] 一荷。一かつぎの荷。 ~ グインシ ウタン〈一荷五円で売った〉。

**チュ「クィー** [tʃuˈkwiː] 一声(ひとこえ)。

**チュクイ「カタ** [tʃukuiˈkata] 作り方。製造法。

**チュクイ「グィー** [tʃukuiˈgwiː] 作り声。本人であることがばれないように出す声。

**チュクイバナ「シ** [tʃukuibanaˈʃi] 作り話。 ~ル ヤッサミ ワジランケー〈作り話だよ、怒るなよ〉。

**チュク「イムジュクイ** [tʃukuˈiːmudʒukui] 農作物。

**チュクイムヌ「ィー** [tʃukuimunuˈʔiː] 【作り物言い】うそ(をつくこと)。

**チュクイ「ムン** [tʃukuiˈmun] ①作り物。人の作ったもの。 ~ヌ グトーン〈作り物のようだ〉。②農作物。

**チュクイ「ヤン」ジュン** [tʃukuiˈjanˈdʒun] 動《tʃukuijanr- tʃukuijant-; ㊥チュクイヤンラン チュクイヤンジ ㊣チュクイヤントーン ㊣チュクイヤンタン》作りそこなう。⇒ヤンジュン。

**チュクイヤン「メー** [tʃukuijamˈmeː] 【作り病(やま)】仮病。

**チュクイワー「キー** [tʃukuiwaˈkiː] 【作り分け】借りた土地の収穫物を地主と折半すること。

**チュクイワ「レー** [tʃukuiwaˈre:] 名 作り笑い。

**チュク「イン** [tʃukuˈin] 動《tʃukur- tʃukut-; ㊥チュクラン ㊥チュクイ ㊥チュクトーン ㊥チュクタン》作る。製造する。 ヤー ～〈家を建てる〉/ ンース ～〈味噌を作る〉。

**チュク「サイ** [tʃukuˈsai] 名 (お供えものなどの)一式。一そろい。

**チュク「チ** [tʃukuˈtʃi] 名 ①一口。口に入れる一回分。 ～ッシ カラン〈一口で食べた〉。②一口。寄付、出資などの単位。ユーレーグヮーンカイ ～ イーン〈無尽講に一口入る〉。

**チュク「トゥバ** [tʃukuˈtuba] 名 一言(ひとこと)。

**チュク「ヤー** [tʃukuˈja:] 名 作る者。製作者。 *首里方言では「農夫、農民」の意もあるが、那覇方言ではその意味には用いない。

**チュクリー「ン** [tʃukuri:ˈn] 動《tʃukuri:r- tʃukuri:t-; ㊥チュクリーラン ㊥チュクリー ㊥チュクリートーン ㊥チュクリータン》つくろう。整える。野菜など食べられる部分と食べられない部分に分けることにもいう。

**チュ「ケー」トゥナイ** [tʃuˈke:ˈtunai] 名 隣近所。 *「ケー」トゥナイともいう。

**チュケー「ン** [tʃukeːˈn] 名 一回。⇒ケーン。

**チュサカ「ジチ** [tʃusakaˈdʒitʃi] 名【ひとさかずき(一杯)】(杯)一杯。

**チュ「ジー** [tʃuˈdʒi:] 名 一字。

**チュシ「ナ** [tʃuʃiˈna] 名 一品(ひとしな)。

**チュター「グ** [tʃutaːˈgu] 名 (水桶)一杯。

**チュ「タイ** [tʃuˈtai] 名【一垂れ】一滴。

**チュタ「バイ** [tʃutaˈbai] 名 一束。

**チュタ「ラク** [tʃutaˈraku] 名 子孫。一族。一門。

**チュチ「カン** [tʃutʃiˈkan] 名 一つかみ。「小さい」の意味も表す。 フロー ～ル ソール〈背はとても小さい〉。

**チュチ「チ** [tʃutʃiˈtʃi] 名 一月(ひとつき)。

**チュチチグー「シー** [tʃutʃitʃiguːˈʃi:] 名 一月おき。隔月。

**チュチ「ネー** [tʃutʃiˈne:] 名 一家族。一家。

**チュチ「ブ** [tʃutʃiˈbu] 名 一坪。

**チュチャ「ワン** [tʃutʃaˈwan] 名【一茶碗】(茶碗)一杯。

**チュチン「ジュ** [tʃutʃinˈdʒu] 名 チン「ジュに同じ。

**チュ「ティー** [tʃuˈti:] 名 (チュン「ジー〈中国将棋〉や碁の)一手。

**チュ「ティン」ルクル** [tʃuˈtinˈrukuru] 名 一つのとりえ。どんな人間にもあるといわれる。

**チュ「テー** [tʃuˈte:] 名 (過去の)ある一時期。一頃。 ～ヤ エーキンチュ ヤタン〈一頃は金持ちだった〉。

**チュテー「バイ** [tʃuteːˈbai] 名 チュ「テーに同じ。

**チュトゥ「** [tʃutuˈ] 名 一年。

**チュトゥ「グシ** [tʃutuˈguʃi] 名 一年おき。隔年。

**チュトゥ「クマ** [tʃutuˈkuma] 名【一こま】一ところ。一か所。

**チュトゥ「クル** [tʃutuˈkuru] 名 一ところ。一か所。

**チュトゥ「シ** [tʃutuˈʃi] 名 同い年。 *「ユヌ「トゥシに同じ。

**「チュナーギ** [ˈtʃunaːgi] 名 ある一定の長さ、距離。 ～ キーッウィーテーン〈ある一定の長さに木が植えてある〉。

**チュハ「ク** [tʃuhaˈku] 名 一箱。

**チュバ「チ** [tʃubaˈtʃi] 名【ひとはつ(一撥)】①一撃。 ～ナカイ トーラスン〈一撃で倒す〉。②瞬時。 ～ナカイ スジミティネーン〈あっという間に片づけてしまった〉。

**チュヒ「サ** [tʃuçiˈsa] 名 一足(ひとあし)。ほんの短い距離。⇒ ヒサ。 ～ル ヤル〈すぐそこだ〉。

**チュヒ「ル** [tʃuçiˈru] 名 一尋(ひとひろ)。両

腕を伸ばした長さ。⇨ ヒル³。

**チュフ「シ** [tʃuɸuˈʃi] 图 ①(音楽の)一節(ふし)。一曲。 ②(竹、砂糖きびなどの)一節。

**チュフ「リ** [tʃuɸuˈri] 图 一筆(ひと)(じゅう)。⇨ フリ。～ カカナ 〈一筆書こう〉。

**「チュフヮーラ** [ˈtʃuɸaːra] 图 ①腹いっぱい。満腹。～ カラン 〈腹いっぱい食べた〉。 ②十分。～ アッチャン 〈十分歩いた〉。 ③飽きるほど十分。こりごりするほど十分。 ナンジェー ～ サン 〈難儀は飽きるほど十分した〉。

**チュマー「イ** [tʃumaːˈi] 图 一回り。(縄、帯などの)一巻き。

**チュマ「カイ** [tʃumaˈkai] 图 (茶碗)一杯。一椀。

**チュ「ミー** [tʃuˈmiː] 图 一目。ちらっと見ること。 チントゥ ～ル ンーチャル 〈ちらっと見た〉。

**チュミ「グイ** [tʃumiˈgui] 图 一めぐり。一周。

**チュミ「チ** [tʃumiˈtʃi] 图 【一道】《文》一つの道。一緒の道。同じ行動をとること。＊琉歌「いつも変るなやう松の葉のごとに草のかげまでもちゆみちだいもの」(全1838)。

**チュム「トゥ** [tʃumuˈtu] 图 (生えている植物などの)一本(ひと)(ぽん)。

**チュ「ヤー** [tʃuˈjaː] 图 【一屋】〈一(ひと)(や)〉一軒。同じ一軒の家またはそこに住む者全部の意も表す。

**チュユ「ル** [tʃujuˈru] 图 【一夜(ひと)(ばん)】 ①今夜。今晩。 ②一夜。一晩。 チュユローチョーン トゥマイル スル 〈一晩だけでも泊まりなさい〉。

**チュユルンチュユ「ルン** [tʃujurun-tʃujuˈrun] 副 仕事などを延ばし延ばしにするさま。～ ッシ シェートゥラサン 〈延ばし延ばしにしてなかなかしてくれない〉。

**チュラ** [tʃura] 接頭 【清ら】「美しい。清らかな。盛大な。立派な」などの意。 チュラ「トゥジ 〈美しい妻〉 / チュラ「ムン 〈きれいな立派な物〉。

**チュ「ラー** [tʃuˈraː] 图 美人。単独で、また地名などに付けて用いる。「ジノーンチューラー 〈宜野湾小町〉 / 「ガニクチュラー 〈我如古小町〉。

**「チュラーク** [ˈtʃuraːku] 副 ①きれいに。清潔に。～ ススレー 〈きれいにふけ〉。 ②すっかり。全部。～ カリネーン 〈すっかり食ってしまった〉。 ③見事に。立派に。～ チュクテーン 〈立派に作ってある〉。

**チュライィナ「グ** [tʃurajinaˈgu] 图 美しい女。美女。

**チュラカ「ギー** [tʃurakaˈgiː] 图 【清ら影】美人。美女。

**チュラ「ガサ** [tʃuraˈgasa] 图 【清ら瘡(かさ)】天然痘。あえて美称のチュラを冠することで、ほめて病気を退散させようとした。

**チュラ「クナスン** [tʃuraˈkunasun] 連語 洗骨する。＊直訳すると「きれいにする」。

**チュ「ラ「サン** [tʃuˈraˈsan] 形《⑯チュラコーネーン ⑳チュラサタン》①美しい。きれいである。 アヌ ィィナゴー ～ 〈あの女は美しい〉。 ②清潔である。 ウレー ハゴーコーネーンサ チュラササ 〈それは汚くはないよ清潔だよ〉。

**チュラ「ジン** [tʃuraˈdʒin] 图 【清ら衣(ぎん)】美しい着物。立派な衣服。⇨ チン¹。

**チュラス「ガイ** [tʃurasuˈgai] 图 正装。盛装。よそゆきの服装。

**チュラムヌ「イー** [tʃuramunuˈʔiː] 图 【清ら物言い】きれいごとを言うこと。美辞麗句を並べること。～ スン 〈きれいごとを並べる〉。

**チュン「ジー** [tʃunˈdʒiː] 图 中国将棋。日本式とはルールも駒の形も異なる。

**チョー「** [tʃoːˈ] 图 「チョームン」に同じ。

**チョーギ「ナー** [tʃoːgiˈnaː] 图 おどけ者。ひょうきん者。

**チョー「ギン** [tʃoːˈgin] 图 【狂言】滑稽(こっ)なこと。おかしいこと。

**チョー「シー** [tʃoːˈʃiː] 图 一食。～ン

ニジエーウーサン〈一食も我慢できない〉。

「チョー「チカ ['tʃo:'tʃika] 图【経塚(きょう)】地震のときに唱えるまじない。首里の郊外にある経塚は経文を記した巻物が埋めてあり、地震のときはそこだけは揺れないという言い伝えに由来するらしい。～～〈経塚経塚〉、～～ クヮーギヌシチャ レービレ〈経塚経塚桑の木の下ずで〉などと唱える。

チョー「チン ['tʃo:'tʃin] 图 堤燈(ちょうちん)。

チョーチン「ムチ ['tʃo:tʃim'mutʃi] 图 堤燈(ちょうちん)持ち。結婚式の際に新郎方から堤燈を持って新婦の家に供をして行く少年のこと。戦後までその風習が残っていたが、堤燈は持たず形式的になっていた。

チョーデー ⇨ チョーレー。

「チョー「トゥ ['tʃo:'tu] 图 京都。

「チョー「ナン ['tʃo:'nan] 图 長男。＊普通は「チャクシという。

チョー「バン ['tʃo:'ban] 图【京判】一升枡。今はメートル法になったから見なくなった。

「チョー「ミー ['tʃo:mi:] 图 長命。長生き。～ ヤサ〈長生きだね〉。

「チョー「ミン ['tʃo:'min] 图 帳面。ノート。

「チョー「ムン ['tʃo:'mun] 图 経文。お経。

「チョー「ル ['tʃo:ru] 副 ちょうど。ぴったり。ワンニンカイ ～ アタトーン〈私にぴったり合っている〉。

チョー「レー ['tʃo:'re:] 图 兄弟。姉妹。イィキガチョー「レー〈男兄弟〉／イィナグチョー「レー〈女きょうだい〉／イチャレー ～〈(一度)出会えば兄弟(だ)〉。

チョーレーカサ「バイ ['tʃo:re:kasa'bai] 图 一つの家屋敷に兄弟のトートー「メー〈位牌〉を一緒にまつることで、禁忌とされている。位牌の継承、奉祀に関する主要四規則のうちの一つ。⇨ チャッチウシクミ、タチーマジクイ。＊他に、ミートゥンラティー「チ [mi:tunrati:'tʃi] (夫婦の位牌を一緒にまつることで、守られなければならない。)というのもあるようだが、那覇方言ではほとんど用いない。

チョー「レー「グフヮ「サン ['tʃo:re:'gu-ɸa'san] 形《⓪チョーレーグフヮコーネーン ⓹チョーレーグフヮサタン》兄弟の仲が悪い。＊「きょうだいこはし(兄弟強し)」にほぼ対応。

「チョー「ロー「メー ['tʃo:ro:'me:] 图【長老前】お坊さん。

チョーン ['tʃo:n] 助 さえ。すら。ムヌカムシン～ ワシトーン〈ご飯を食べるのさえ忘れている〉／クサン～ ミーラン〈草さえ生えない〉。

「チョン「チョン ['tʃontʃon] 擬音 ぽたぽた。水滴がしたたり落ちるさま。

チョンラ「ラー ['tʃonra'ra:] 图【京太郎】《文》人の門口に立って芸能を演じたかどづけ(門付)芸人。葬儀で念仏歌を唱えるニンブ「チャーのような役割も果した。

チラ ['tʃira'] 图【つら(面)】顔。チラームッチェー アッカラン〈顔を持って歩けない。恥ずかしくて表を歩けない〉。

チラ「アフヮ「サン ['tʃira'ʔaɸa'san] 形《⓪チラアフヮコーネーン ⓹チラアフヮサタン》きまりが悪い。面映(おもはゆ)ゆい。てれくさい。恥ずかしくて見られない。

チラカー「ギ ['tʃiraka:'gi] 图【つらかげ(面影)】顔立ち。容貌。

「チラカイン ['tʃirakain] 動《tʃirakar-tʃirakatʃ-; ⓪チラカラン ⓺チラカイ ⓸チラカチョーン ⓹チラカチャン》散らかる。散らばる。

チラガタ「カ ['tʃiragata'ka] 图(壁、柱、背の高い人など)視界をさえぎるもの。

チラカマ「チ ['tʃirakama'tʃi] つら(面)。顔の卑語。～ ワラリーンロー〈つら割られるぞ(かち割るぞ)。喧嘩(げんか)のときの言葉〉。

チラ「グヮー ['tʃira'gwa:] 图「小さい顔」の意。次の句で用いる。～ ナサッタン〈穴があったら入りたいような気持ちにさせられた〉。

チラジラー「トゥ [tʃiradʒira:「tu] 副【つらつら(面面)と】面と向かって。はっきりと。~ イーン〈面と向かって言う〉。

チラ「スン [tʃira「sun] 動《tʃiras- tʃiratʃ-; ㊟チラサン 連チラシ 継チラチョーン 過チラチャン》(品物などを)切らす。ソーユー チラチョーン〈醬油を切らしている〉。

チラター「チャー [tʃirata:「tʃa:] 名 二枚舌。八方美人。「顔が二つある者」の意。

チラタマ「ヤー [tʃiratama「ja:] 名 額とあごが高く顔が曲がっている者。悪口に使う。

チラチ「ラー [tʃiratʃi「ra:] 擬態 きらきら。光を受けて輝くさま。

チラヌカーア「チー [tʃiranuka:ʔa-「tʃi:] 名 面の皮が厚い者。厚顔無恥な者。

チラヌ「ハジ [tʃiranu「hadʒi] 名 恥を知る心。「顔の恥」の意。 チラスハジェー アエー スミ〈恥ずかしいと思う心があるか〉。

チラハジ「カサン [tʃirahadʒi「ka「san] 形《㊟チラハジカシコーネーン 過チラハジカサタン》面映(おもは)ゆい。顔を見られるのが恥ずかしい。*「面恥ずかし」にほぼ対応。

チラ「ブイ [tʃira「bui] 名【つらふり(面振り)】顔をそむけること。知らぬふりをすること。 ミチ イチャティン ~ スタン〈道で会っても顔をそむけていた〉。

チラフッ「クヮー [tʃiraɸukʼkwa:] 名 何にでもすぐ腹を立ててふくれっ面をする者。*直訳すると「面がふくれた者」。

チラミッ「クヮサン [tʃiramikʼkwa:「san] 形《㊟チラミックヮシコーネーン 過チラミックヮサタン》顔を見ると憎たらしい。顔も見たくない。

チラ「ヨー [tʃira「jo:] 名【面様】不満げな顔。

チリ「¹ [tʃiri「] 名 ①きれ。布。 ②(物の)切れ端。

チリ² [tʃiri] 名 塵(ちり)。ごみ。
チリ³ [tʃiri] 名 連れ。仲間。同伴者。
チリ⁴ [tʃiri] 接尾 …切れ。切った菓子、魚などを数える場合に用いる。

チリ「アクタ [tʃiri「ʔakuta] 名 塵芥(ちりあくた)。ごみくず。

チリー [tʃiri:] 名 きれい。清潔。

チリー「ン [tʃiri:「n] 動《tʃirir- tʃirit-; ㊟チリラン 連チリー 継チリトーン 過チリタン》①(刃物が)切れる。 ②(糸、関係が)切れる。 イィン ~〈愛想がつきる。嫌になる〉。

チリ「キジ [tʃiri「kidʒi] 名 切り傷。
チリ「クチ [tʃiri「kutʃi] 名 切り口。
チリ「クル「スン [tʃiri「kuru「sun] 動《tʃirikurus- tʃirikurut-; ㊟チリクルサン 連チリクルシ 継チリクルチョーン 過チリクルチャン》切り殺す。

チリ「トー「スン [tʃiri「to:「sun] 動《tʃirito:s- tʃirito:tʃ-; ㊟チリトーサン 連チリトーシ 継チリトーチョーン 過チリトーチャン》切り倒す。

「チリナー「タラナー [「tʃirina:「tarana:] 副 必要な分量に足りないさま。 ムスン ~ ヤサ〈物も不足ぎみだ〉。

「チリナサン [「tʃirinasan] 形《㊟チリナシコーネーン 過チリナサタン》《文》つれない。無情である。*琉歌「つれなさや思ひ身にあまてをればさやか照る月もなだにくもて」(全361)。

チリ「ハシ [tʃiri「haʃi] 名 (木材、布などの)切れ端。

チリ「ヒ「ティーン [tʃiri「çi「ti:n] 動《tʃiriçitir- tʃiriçitit-; ㊟チリヒティラン 連チリヒティー 継チリヒティトーン 過チリヒティタン》切り捨てる。

チリビ「ラー [tʃiribi「ra:] 名【植】ニラ(韮)。

「チリ「フィジ [「tʃiri「ɸidʒi] 名《文》塵と泥。*琉歌「穂花咲き出ればちりひぢもつかぬ白ちやねやなびきあぶしまくら」(全149)。

「チリ「ミ [tʃiriˈmi] 图 切れ目。
「チリレー [ˈtʃirire:] 图 長方形の大きな盆。味噌を作るときに麹をまぶした米を寝かしたりするときに用いる。
「チル¹ [ˈtʃiru] 图 ①(三線などの)弦(げん)。②(筋肉の)筋(すじ)。
「チル² [ˈtʃiru] 图《文》鶴。*琉歌「千歳へる松のみどりばの下に亀が歌すれば鶴や舞方」(全24)。
「チルガイン [ˈtʃirugain] 動《tʃirugar-tʃirugat-; ㊥チルガラン ㊦チルガイ ㊧チルガトーン ㊨チルガタン》(水に)つかる。クビマリ ミジンカイ ~ 〈首まで水につかる〉。
「チルジ [ˈtʃirudʒi] 图 (鶏などの)けづめ(蹴爪)。
「チルミ [ˈtʃirumi] 图 (結婚の相手として適当な)同世代。同年輩。*ユンチル「ミともいう。
「チルムン¹ [ˈtʃirumun] 图 着る物。衣類。
チル「ムン² [tʃiruˈmun] 動《tʃirum-tʃirur-; ㊥チルマン ㊦チルミ ㊧チルローン ㊨チルラン》(動物が)交尾する。*「つるむ」にほぼ対応。
「チルライ [ˈtʃirurai] 图 落胆。気落ち。*「がっかりして体の筋がだれること」の意から。「チーライともいう。
チレーク「ニー [tʃire:kuˈni:] 图【黄大根】にんじん(人参)。
「チワ [ˈtʃiwa] 图 際(きわ)。時。ウヌ チワー カンゲーティ トゥラシ 〈その時は考えてくれ〉。
チン「¹ [ˈtʃin] 图【衣(きぬ)】衣類。着物も洋服も含む。
チン² [tʃin] 接尾 …間(けん)。長さの単位。一間はおよそ1メートル80センチ。*「イッチン〈一間〉、ニ「チン〈二間〉、「サン」ジン〈三間〉など。
チン³ [tʃin] 接尾 …斤。重量の単位。一斤は600グラムに当たる。*「イッチン〈一斤〉、ニ「チン〈二斤〉、「サン」ジン〈三斤〉など。

「チンクヮー [ˈtʃiŋkwa:] 图 かぼちゃ。*「ナンクヮーともいう。
チンサ「ヤー [tʃinsaˈja:] 图 検査屋。砂糖などの等級を決める検査をするところ。
「チンシ [ˈtʃinʃi] 图 膝。
チン「ジュ [tʃinˈdʒu] 图 近所。隣。*チュチン「ジュ〈隣近所〉ともいう。
チンジュビ「レー [tʃindʒubiˈre:] 图 近所付き合い。隣付き合い。⇨ビレー。
「チンジュル「カー [ˈtʃindʒuruˈka:] 副 血だらけ。血まみれ。~ アメートーン 〈血まみれになっている〉。
チンス「コー [tʃinsuˈko:] 图 菓子の名。小麦粉、砂糖、ラードを練って木型で形を整えて作る。沖縄の代表的なお土産品。
チンチ「ナー [tʃintʃiˈna:] 图《鳥》セッカ(雪下、雪加)。ヒタキ科。草原に棲むすずめぐらいの大きさの小鳥。*鳴き声による命名。沖縄ではチンチナーのことを「ひばり」と呼ぶ人が多いが、別物である。
チン「チ」フヮラ [tʃinˈtʃiˈɸara] 图 衣類。着物。~ヌ ネーントー イチカラン 〈衣類がないと生きていけない〉。
チン「チョー [tʃinˈtʃo:] 图 県庁。~ ジトゥミ ソーン 〈県庁勤めしている〉。
「チンチル「カー [ˈtʃintʃiruˈka:] 图【衣着る皮】衣類。着る物。~ン ネーン 〈着る物もない〉。
チン「チン」ッンマグヮー [tʃintʃim-ˀmmagwa:] 图 木馬。馬の形をした玩具。足に車がついていて、動くとチンチンと鳴る。
「チントゥ [ˈtʃintu] 副 ちょうど。ぴったり。~ ウッピル アル 〈ちょうどこれだけしかない〉。
チン「ナン [tʃinˈnan] 图 かたつむり(蝸牛)。
チン「ヌク [tʃinˈnuku] 图 里芋。
チンヌ「クー [tʃinnuˈku:] 图 つくろい。ほころんだ着物をつくろうこと。⇨クー¹。
チンヌ「クビ [tʃinnuˈkubi] 图【衣の首】着物の襟。

チンノーイバー「イ [tʃinno:iba:「i] 图【衣縫い針】着物を縫う針。縫い針。
＊「タタンバーイ〈畳針〉などと対比するとき以外普通は単にハー「イという。

「チンバー [「tʃimba:] 图 金歯。

「チンバーイ [「tʃimba:i] 图【金針】(医療用の)鍼(と)(はり)。

「チン「ハブ [「tʃin「habu] 图【金ハブ】金色のハブ。

チン「ビン [tʃim「bin] 图 菓子の名。小麦粉、黒砂糖、卵白を水でこね、クレープのように焼いたもの。

「チンピン [「tʃimpiɲ] 图 近辺。付近。

チン「ブク [tʃim「buku] 图〖植〗ホテイチク(布袋竹)。マダケ(真竹)の変種。釣り竿に用いる。

チンブルゲー「ヤー [tʃimburuge:-「ja:] 图 でんぐり返し。

チン「ペー [tʃim「pe:] 图 つば(唾)。〜 トゥートゥー スン〈つばをぺっぺっと吐く〉。

「チン「ベール [「tʃim「be:ru] 图 あかんべえ。

「チンボー「ラー [「tʃimbo:「ra:] 图 ウミニナ。巻き貝の一種。

「チンマー「ヤー [「tʃimma:「ja:] 图 チミマー「ヤーに同じ。

チン「マガ「イン [tʃim「maga「iɲ] 動《tʃimmagar- tʃimmagat-; 㐧チンマガラン 連チンマガイ 継チンマガトーン 過チンマガタン》ひん曲がる。

「チンミ [「tʃimmi] 图 斤目。目方。重さ。

「チンミー「ラカ [「tʃimmi:「raka] 图【金目鷹】金色の目をしたサシバ(鷹の一種)。

「チンラミ [「tʃinrami] 图 (三線などの)爪調(つまじら)べ。調弦。

「チンラン [「tʃinraɲ] 图 金襴(きんらん)。

## ツ

「ックヮ [ˈkkwa] 图 子。子供。親に対する子を指す。大人に対する子供はワラ「ビである。 ～ モーキトーン〈子供をもうけている〉。

ックヮ「グヮー [kkwaˈgwa:] 图 小さい子。動物の子にもいう。マヤーヌ ～ ナチェーン〈猫が子をなしている。猫が子を産んだ〉。

ックヮナ「サー [kkwanaˈsa:] 图 乳児のいる女。

「ックヮナシ「ジョージ [ˈkkwanaʃiˈdʒo:dʒi]【子生し上手】出産の軽い人。安産の人。ックヮナシジョージェー スラティ ジョージ〈安産の人は育て上手〉。

「ックヮナシ「ミチ [ˈkkwanaʃiˈmitʃi] 图【子生し道】子供の産み方。

ックヮナシミ「ヤー [kkwanaʃimiˈja:] 图 産婆。「子供を産ませる者」の意。＊サンバともいう。

「ックヮビー「チャー [ˈkkwabi:ˈtʃa:] 图 子をえこひいきする者。親馬鹿。

「ックヮムチ [ˈkkwamutʃi] 图 子持ち。子連れの親。主に女親にいう。

ックヮム「ヤー [kkwamuˈja:] 图 子守をする者。農村などには親が農作業をしている間乳飲み子や幼児のもりをする者がいた。

「ックヮッンマガ [ˈkkwaʔmmaga] 图【子らまご】子や孫。子孫。

ックヮッンム「ヤー [kkwaʔmmuˈja:] 图 子供をかわいがる者。子煩悩。

ッシ [ʃʃi] 助 で。手段、材料、行為者などを表す。フリ～ カチュン〈筆で書く〉 / サーターヤ ウウージ～ チュクイン〈砂糖は砂糖きびで作る〉/ ミッチャイ～ チュクタン〈三人で作った〉。＊動詞スン〈する〉の接続ッシと同形で、それより派生したもの。

「ッチュ [ˈttʃu] 图 ①人。他人。～ ナイン〈一人前になる。人並みになる。心身ともに用いる〉 / ～ヌ ククル〈人の心。分かりにくいもの、移りやすいものの含意でよく用いる〉 / ～ヌ クチ〈人のうわさ〉 / ～ヌ クトゥ〈人の事。他人事。(または)冠婚葬祭など世間事〉 / ～ヌ クトゥバ〈人の言葉。他人の言うこと〉 / ～ヌ ルー〈人間の身体〉 / ～ヌ ヌチ〈人の命〉 / ～ヌ ネービ〈人のまね〉 / ～ヌ ヒークシェー イール ムノー アラン〈人の難癖は言うものではない〉 / ～ン アラン〈他人でもない。遠慮する仲でもない〉 / ッチョー アラン〈人でなしである。人間としての心を持った者ではない。(または)遠慮する仲ではない〉。②代名詞的に用いて「私」「あなた」などの意。～ビカーン タルガ キーン〈私ばかり当てにする。直訳は「人ばかり当てにする」〉 / ～ ウルル カチヤー〈あなたを驚かしてね(悪いやつだ)。直訳は「人を驚かしてね」〉。③接尾辞的に用いて「...の人」の意。スイン「チュ〈首里の人〉 / ヤマトゥン「チュ〈本土の人〉。

「ッチュアトゥ [ˈttʃuʔatu] 图 人に遅れること。人後。～ ナテー ナランローヤー〈人に遅れてはいけないよ〉。

「ッチュイ [ˈttʃui] 图「チュイに同じ。

「ッチュイィー [ˈttʃuji:] 图【人酔い】人いきれに目まい、頭痛、吐き気などを催したりすること。

「ッチュウジー [ˈttʃuʔudʒi:] 图【人怖じ】人見知り。

「ッチュウシェーイムヌイー [ˈttʃuʔuʃe:iˈmunuʔi:] 人を馬鹿にした言い方[言葉づかい]。

「ッチュウシェーイムン [ˈttʃuʔuʃe:iˈmun] 图 人を馬鹿にする者。

「ッチュオーラ「サー [ˈttʃuʔo:raˈsa:] 图 よく人を喧嘩(けんか)させる者。喧嘩させて喜ぶ者。アレー ～〈彼は人を喧嘩させて喜

ぶやつだ〉。

「ッチュカジ [「ttʃukadʒi] 副 人ごとに。誰彼となくどの人にも。

ッチュカシマ「サー [ttʃukaʃima「saː] 图 人をうるさがること、またはその者。人間嫌い。 アレー ～ ヤン〈彼は人間嫌いだ〉。

「ッチュクェー」ビーラー [「ttʃukweː]-biːra:] 图 南京虫。

「ッチュグトゥ [「ttʃugutu] 图【人ごと】人との付き合い。社交。 ～ヌ ウフサヌ レージ ヤサ〈付き合いが多くて大変だよ〉。 ＊「ッチュビレーは「ッチュ〈人〉ヒ「レー〈いらえ〉からなるように、言葉のやり取りに着目した人との付き合いであるのに対し、「ッチュグトゥは「ッチュ〈人〉「クトゥ〈事〉で、冠婚葬祭などに着目した付き合いを意味する。

「ッチュサシ」イービ [「ttʃusaʃiʔiːbi] 图 人差し指。

「ッチュサチ [「ttʃusatʃi] 图 人先(ひとさき)。人に先んじること。 ヌーヌ ムヌン ～ シェー〈どんなものも人より先にせよ〉。

「ッチュチムグリサ [「ttʃutʃimuguri-sa] 图 人の見るに忍びない状況を見て心を痛めること。慈愛。

ッチュナミ [「ttʃunami] 图 人並み。世間並み。

「ッチュナリ [「ttʃunari] 图 人馴れ。(子供や動物などが)人に馴れていること。

「ッチュバッ」ペー [「ttʃubap」peː] 图 人違い。⇨ バッペー。

「ッチュバナリ [「ttʃubanari] 图 人離れ。人里から離れていること。

「ッチュビレー [「ttʃubireː] 图 人付き合い。交際。 ～ヤ サントー ナランエー サニ〈人付き合いはしなければならないだろう〉。⇨ ッチュグトゥ。

ッチュフルバ「サー [ttʃuɸuruba-「saː] 图 借金を踏み倒す者。⇨ フルブン。

「ッチュマサイ [「ttʃumasai] 图【人勝り】他人よりすぐれること。

「ッチュメー [「ttʃumeː] 图 人前。公衆の面前。

ッチュラマ「サー [ttʃurama「saː] 图 人をだます者。ペテン師。

「ッチュルーイ [「ttʃuruːi] 图 人通り。人の行き来。

# テ

(★ 那覇方言では d と r の区別がないため、本辞典ではディ音、デ音はそれぞれ、リ、レで表記した。ただし、文語を除く)

「ティー¹ [ˈtiː] 图 ひい。一つ。声に出して数を数える際の最初の数。

ティー²  [tiː] 「图 ①手。手首から先、または腕の付け根から先の全体を指す。 〜 ウサースン〈手を合わせる。合掌する〉/ 〜 カミーン〈手を額にのせて寝る。悲しいときにする恰好(かっこう)なので、普段その恰好で寝ると叱られた〉/ 〜 ミーン〈手が生える。子供が成長してたいていのことはできるようになることをいう〉。 ②取っ手。柄(え)。 ③手段。方法。 〜ヌ ネーン〈碁などで手がない。方法がない〉。 ④空手。 〜 チカイン〈空手を使う〉。

ティー「³ [tiː]「 图 樋(とい)。

ティー「アラ「サン [tiːˈʔaraˈsan] 形《㊀ティーアラコーネーン ㊁ティーアラサタン》手荒い。ものの扱いなどが荒っぽい。

ティーアン「ラ [tiːʔanˈra] 图【手油】料理を念入りにおいしく作ること。 〜ッンジャスン〈念を入れておいしい料理を作る。直訳は「手油を出す」♪〉。

ディーグ ⇨ リーグ

ティー「グシ [tiːˈɡuʃi] 图 手癖(てくせ)(てぐせ)。盗み癖。

ティークヮー「ヒサクヮー [tiːˈkwaːˈçisaˈkwaː]  連語「手を食おう足を食おう」の意。いちいちたてつくさま。人の言うことすることにすべて反対して非難攻撃するさま。 〜 スン〈何でも反対する〉/ ティー ネーレー ティークヮー ヒサ ネーレー ヒサクヮー スン〈何でもかんでも反対してどうしようもない。直訳は「手を出すと手を食おうとし足を出すと足を食おうとする」♪〉。

ティーサー「ジ [tiːsaːˈdʒi] 图 手ぬぐい。

ティーサ「グイ [tiːsaˈɡui] 图 手探り。

ティージカー「ン [tiːdʒikaːˈn] 图 手づかみ(で食べること)。 ティージカノー サンケー〈手づかみで食べることはするな〉。

ティージキー「ン [tiːdʒikiːˈn] 動《tiː-dʒikir- tiːdʒikit-; ㊀ティージキラン ㊁ティージキー ㊂ティージキトーン ㊃ティージキタン》(野鳥などを)手なずける。

ティーシグ「トゥ [tiːʃiɡuˈtu] 图 ①手仕事。(縫い物など)手先でする仕事。 ②(掃除、洗濯など)簡単な仕事。

ティージ「クン [tiːdʒiˈkun] 图 握り拳(こぶし)。げんこつ。

ティー「チ [tiːˈtʃi] 图 ①一つ。一歳。 ②似ていること。そっくり同じ。 チラ 〜 ヤン〈顔がそっくり同じである〉。

ティー「チー [tiːˈtʃiː] 图 (イシナー「グー〈いしなご〉などで)一つから始めるやり方。一つの小石を上に放り投げ、下にある一つの小石を取り上げ、落ちてくる一つの小石をその手で受け取る。＊他にター「チー、ミー「チー、ユー「チーがある。

ティーチイラ「ビー [tiːtʃiʔiraˈbiː] 图【一つ選び】(種子など)多くのものからよいものを一つ一つ丁寧に選び出すこと。

ティーチマ「チャー [tiːtʃimaˈtʃaː] 图 つむじが一つの者。ターチマ「チャー〈つむじが二つある者〉と対でよく用いられる。⇨ マチ¹

ティーチミ「シー [tiːtʃimiˈʃiː] 图【一つ見せ】年子(を産むこと)。＊タンカー「ミ「シーともいう。

ティーチ「ムン [tiːtʃiˈmun] 图 同じもの。同一のもの。ウッター チョーレーヤ 〜ヌ グトーン〈これら兄弟は同じ者のようだ。姿形や性格までまったく同じである場合にいう〉。

「ティー「トゥラトゥラ [ˈtiːˈturatura] 副 手を伸ばせば届きそうなくらい近いさま。

ティートーラー「チー [ti:to:ra:「tʃi:] 图 手をこまねいて傍観すること。
「ティーニー [「ti:ni:] 图 ①丁寧。②親しく丁寧に付き合うこと。アッタートー ～ヤン〈あれたちとは親しく丁寧に付き合っている〉。
ティー「ニー」サン [ti:「ni:」san] 形《㊀ティーニーコーネーン ㊁ティーニーサタン》仕事が遅い。＊直訳すると「手がのろい」。
ティー「ニ」カキ「ヒサニ」カキ [ti:-「ni」kaki「çisani」kaki] 連語 何から何まで。＊直訳すると「手に掛け足に掛け」。～ ムル ムッチル イチュルムン〈何から何までみんな持っていくよ〉。
ティーヌ「アヤ [ti:nu「ʔaja] 图 手の綾。手のひらのすじ。手紋。
ティーヌガン「マリ [ti:nugam「mari] 图 手でいじくり回してするいたずら。～ スナケー〈いじくり回していたずらするな〉。
ティーヌ「クビ [ti:nu「kubi] 图 手首。
ティーヌ「ワタ [ti:nu「wata] 图 手の腹。手のひら。
ティーネー「イ」ヒサネーイ [ti:ne:-「i」çisane:i] 副 手を出したり足を出したり（していどみかかるさま）。
ティーハゴー「サン [ti:ha「go:」san] 形《㊀ティーハゴーコーネーン ㊁ティーハゴーサタン》はがゆい。もどかしい。他人がやっていることなどを見て手を出したくなるような状態をいう。
ティー「ヒサ [ti:「çisa] 图 手足。～ ンラサン クラシ〈手足を濡らさない暮らし。とても楽な暮らし〉。
ティーヒサマチ「ブイ [ti:çisamatʃi-「bui] 图 足手まとい。
ティー「ベー」サン [ti:「be:」san] 形《㊀ティーベーコーネーン ㊁ティーベーサタン》①手早い。仕事が速い。②手が早い。短気ですぐ暴力をふるう。
ティーベーラ「シェー [ti:be:ra「ʃe:] 動 さっさとやれ。早くやれ。＊形の上から

終止形はティーベーラ「スンが考えられるが、実際に用いられるのは命令形のみである。
ティーマー「マー [ti:ma:「ma:] 副【手まま】（不意の出来事に）何の準備もなくあたふたとうろたえるさま。
ティーマッ「クヮ [ti:mak「kwa] 图 手枕。腕枕。自分の手を枕にして寝ること。⇨ ウリマックヮ。
ティーミミ「ジ [ti:mimi「dʒi] 图 疲れた手足や腰を手で揉むこと。あんま。
ティームター「ン [ti:muta:「n] 图 手でいじくり回すこと。⇨ ムターン。～ スナ〈手でいじくり回すな〉。
ティームチャ「ムチャ [ti:mutʃa「mu-tʃa] 副 粘り気のあるものがついて、手がべたべたするさま。
ティームッ「コー [ti:muk「ko:] 图 手のない者。＊ティー「モーに同じ。
ティー「モー [ti:「mo:] 图 手のない者。手無し。⇨ モー²。
ティー「ヨー」ヒサヨー [ti:「jo:」çisa-jo:] 图 身振り手振り。＊直訳すると「手の様(ᵏⁱⁱ)足の様(ᵏⁱⁱ)」。
ティー「ラ [ti:「ra] 图 太陽。お日さま。～ ヌ アガティメンシェーン〈太陽が昇っている。太陽を尊敬する表現〉。
ティーラアー「ミー [ti:ra「ʔa:」mi:] 图 照り雨。天気雨。沖縄ではよくある。
ティーラブー「イ [ti:rabu:「i] 图 日なたぼっこ。
ティー「ラル」サン [ti:「raru」san] 形《㊀ティーラルコーネーン ㊁ティーラルサタン》(長時間重い物を持ったり手を上げたりなどして)手がだるい。
ティー「ル [ti:「ru] 图 手籠(ᵏᵍ)。
ティーワタ「シ [ti:wata「ʃi] 图 手渡し。
ティーワチャ「レー [ti:watʃa「re:] 图 手を煩わせること。思い悩ますこと。面倒をかけること。ウヌ ワラバー ～ シミーサヤー〈この子供は面倒をかけるね〉。
ティー「ン [ti:「n] 動《tir- titt-; ㊅ティラン ㊁ティー ㊉ティットーン ㊃

ティッタン》照る。 ティーラヌ ～〈太陽が照る〉。

ティーン「ケー [tiːŋˈkeː] 图 手向かい。反抗。

ティーンジャー「リ [tiːndʑaːˈri] 图【手乱れ】①手を汚すこと。 ②厄介なことに関係すること。

ティ「オー「サオー [tiˈoːˈsaoː] 副 右往左往。うろたえ騒ぐさま。 ～ ソーン〈右往左往している〉。

ティガ「カイ [tigaˈkai] 图 手がかり。取っかかり。 ヌーヌ ～ン ネーン〈何の手がかりもない〉。

ティガ「ネー [tigaˈneː] 图（仕事などの）手伝い。加勢。

ティガ「ラ [tigaˈra] 图 手柄。功労。 ～ タティーン〈手柄をたてる〉。

ティガロー [tigaroː] 助 とか。とかいう。 イチュン～ンリ イータン〈行くとかって言っていた〉。

ティグ「スイ [tiguˈsui] 图 てぐす糸。てぐす蚕から取った糸で、細いが強靱。釣り糸として使う。

ティグ「マ [tiguˈma] 图 手先が器用なこと。

ティグ「ミ [tiguˈmi] 图【手組み】《文》段取り。手配。手はず。＊組踊『忠士身替の巻』に「いくさ押し寄せて、討ちとゆる手組しゆるうちどやたる」とある。

ティサ [tisa] 助 とさ。ってさ。伝聞を表す。 サチャン～〈咲いたとさ〉／イチュン～ イカンムシ〈行くってさ、行かないのに〉。

「ティジマ [tidʑima] 图 手縞。織物の柄の名。格子の中にかすり模様を織り込んだもの。

ティシ「ミ「ガクムン [tiʃiˈmiˈgakumun] 图【手墨学問】学問。勉強。

「ティチ [ˈtitʃi] 图《文》敵。かたき。

ティッ「コー [tikˈkoː] 图【手甲】「手」の卑語。 ～ タッチラリーミ〈手をたたき切るぞ〉。

ティッ「プー [tipˈpuː] 图 鉄砲。

ティナ「レー [tinaˈreː] 图 手習い。習字。

ティバナ「スン [tibanaˈsun] 動《tibanas- tibanatʃ-; ⓐティバナサン 連 ティバナシ 禁 ティバナチョーン 過 ティバナチャン》（持ち物などを売って）手放す。

ティビ「チ [tibiˈtʃi] 图『料理』ア シティビ「チに同じ。

ティ「フイ [tiˈɸui] 图（踊りの）手振り。 ＊琉歌「屋慶名こはてさや枝持ちのきよらさ屋慶名女童の手振りきよらさ」（全2195）。

「ティホー [ˈtihoː] 图【手法】手だて。すべ（術）。単独では用いず、～ ウシナティ ネーン〈なすべを失ってしまった〉のように用いる。

「ティマ [ˈtima] 图 ①手間。何かをする際に要する時間や労力。 ②手間賃。

ティマトゥ「ヤー [timatuˈjaː] 图 ①手間賃を取る者。日雇い労働者。 ②給料生活者。＊「高給取り」はタカリマトゥ「ヤー〈高手間取り〉という。

ティミ「ジ [timiˈdʑi] 图《文》【手水】女が男に手で水をすくって飲ませること。求愛を受け入れることを意味する。＊それにまつわる伝説が名護市の許田という集落にあり、組踊『手水の縁』に取り入れられている。「命捨つる程のことよ又やらば、お恥かしやあても、手水あげら」（『手水の縁』）。琉歌「馬よ引き返せしばし行き見ほしや音に聞く名護の許田の手水」（全36）。

テイヤリ [teijari] 助《文》とて。いって。＊琉歌「あちやの夕間暮や城岳のほて待ちゆんてやりあれに語で呉れよ」（全1804）。

ディヨーチャル ムヌヤ [dijoːtʃaru munuja] 連語《文》まかり出でたる者は。組踊で人物が登場して名乗る際の決まり文句。

「ティラ [ˈtira] 图 寺。

「ティラヌ「ユガローン [ˈtiranuˈjugaro:n]〖連語〗機嫌が悪い。＊直訳は「面(つら)が曲がっている」。

ティラムン [tiramun]〖接尾〗ティルムンに同じ。

ティル [tiru]〖助〗《文》という。＊琉歌「桃里(とうとう)てる島や果報の島やれは唐嶽(とうだき)や前なちおやけ繁昌(はんじょう)」(全2426)。

ティルムン [tirumun]〖接尾〗…というもの。…ともあろうもの。ワン～ ニーブイ イッシニンティ ネーン〈私ともあろうものが、眠たくて寝てしまった〉。

ティレーイン [tireːˀin]〖動〗《tireːr- tireːt-; ㊤ティレーラン ㊣ティレーイ ㊨ティレートーン ㊧ティレータン》饗応(きょうおう)する。もてなす。ごちそうする。

ティワキ [tiwaˀki]〖名〗手分け。何人かで仕事を分担すること。

ティン [ˀtin]〖名〗天。空。＊ティントーともいう。

ティンガーラ [ˀtiŋgaːra]〖名〗【天河原(てんかわら)】《文》天の川。銀河。＊琉歌「あけやう天河原や島横になたさてきやや立ち戻らよべの時分」(全1788)。

ティンゲー [tiŋˀgeː]〖名〗【天蓋】棒の先に竜を彫刻したものを取りつけた葬具。現在ではまったく見られなくなった。

ティンゲーマジムン [tiŋge-madʒiˀmun]〖名〗ティンゲーの形をした化け物。

ティンサーグー [tinsaːˀguː]〖名〗〖植〗ホウセンカ(鳳仙花)。女の子がこの花をもんで爪を赤く染めた。＊琉歌には「てんしやごの花や爪先に染めて親の寄せ言や肝に染めれ」(全2564)とある。

ティンシー [ˀtinʃiː]〖名〗天水。雨水。お茶には天水が適するといわれている。

ティンシーガーミ [ˀtinʃiːgaːmi]〖名〗【天水甕】天水をためておく甕(かめ)。

ティンジョー [tinˀdʒoː]〖名〗天井。

ティンチ [ˀtintʃi]〖名〗天気。＊普通は「ッワーチチ」がよく用いられる。

ティンチャマ [tinˀtʃama]〖名〗(手でするちょっとした)いたずら。

ティントー [ˀtintoː]〖名〗【天道】天。空。＊普通は「ティン」がよく用いられる。

ティンバチ [timbatʃi]〖名〗天罰。

ティンプラ [timˀpura]〖名〗てんぷら。「イユティン」プラ〈魚のてんぷら〉、ヤーシェーティン」プラ〈野菜てんぷら〉などがある。

ティンマ [ˀtimma]〖名〗伝馬船。はしけ船。主に内海を行き来する。

ティンマーオー [timmaːˀoː]〖名〗伝馬船を所有している人の子供。

ティンミー [ˀtimmiː]〖名〗天命。

テー¹ [teː]〖名〗【耐え】①力。耐える力。はね返す力。～ヌ アン〈力がある。弾力性があって簡単に折れない場合にもいう〉/ ～ン タタラン〈「力の入れどころがない」から転じて「話す気もない。話しがいがない」の意〉/ ～トゥン ミートゥン カナラン〈どうにもこうにもしようがない〉/ チムン ～ ア ランシガル〈「心でも力を入れてのことでもない」から転じて「深く考えてのことではない」の意〉。②むき。必要以上の本気。～ タッチ オートーン〈むきになって喧嘩(けんか)している〉。

テー² [teː]〖助〗よ。イチュン～ イカン～ン リチ オートータン〈行くよ行かないよと言って喧嘩(けんか)していた〉/ シクチカイ イチュン～ヤ〈仕事に行くよね〉。

テーイン [teːˀin]〖動〗《teːr- teːt-; ㊤テーラン ㊣テーイ ㊨テートーン ㊧テータン》①費(つい)える。乏しくなる。②絶える。途絶える。アトー ～〈あとは絶える。「子孫が絶える」の意〉。

テーク [teːˀku]〖名〗太鼓。

デークニ ⇨ レークニ。

テーゲー [teːˀgeː]〖名〗①大概。だいたい。～ ワカトーン〈大概分かっている〉。②ほどほど[まずまず](の程度)。～ル ヤル〈だいたいそんなところだ。大したことはない〉。

デージ ⇨ レージ。

テーシチ [teːˀʃitʃi]〖名〗大切。大事。ルー ～ニ スン〈体を大切にする〉。

テースン¹ [teːˀsun]〖動〗《teːs- teːtʃ-;

「テー「サン ⑭テーシ ㊗テーチョーン ㊹テーチャン》費(つい)やす。消費する。(消費して)絶やす。イチャンラ テーチ ネーン〈無駄に消費してしまった〉。

「テー「スン² [ˈteːʃun]《teːs- teːs-; ㊅テーサン ⑭テーシー ㊗テーソーン ㊹テーサン》はむかう。反抗する。

「テー「ソー [teːˈsoː] 图【大将】親分。長。

「テーチキーン [ˈteːtʃikiːn] 動《teːtʃikir- teːtʃikit-; ㊅テーチキラン ⑭テーチキー ㊗テーチキトーン ㊹テーチキタン》焚きつける。

「テーチチュン [ˈteːtʃitʃun] 動《teːtʃik- teːtʃitʃ-; ㊅テーチカン ⑭テーチチ ㊗テーチチョーン ㊹テーチチャン》燃えつく。(火が)熾(お)きる。種火から火が勢いよく燃え始める。

テーテームヌ「イー [teːteːmunuˈʔiː] 图 (幼児のような)舌足らず(な話し方)。

「テー「ビー [teːˈbiː] 图 松明(たいまつ)の火。

デービル ⇨ レービル。

「テーフー [ˈteːɸuː] 图 台風。*普通はウー「カジ〈大風。台風〉という。

テー「フヮ [teːˈɸa] 图【大話《中国語》】冗談。おどけ。滑稽(こっけい)。

テー「フヮー [teːˈɸaː] 图 ひょうきん者。冗談を言ったり、おどけたりする者。

テーマー [teːmaː] 助 テーマンに同じ。

テーマン [teːman] 助 ①ても。…したところで。ンジャン〜 ウゥラン〈行っても、(目当ての人が)いない〉。②だけ。ばかり。チャー〜 アランサ チャワキン カメー〈お茶だけでなく茶請けも食べなさい〉。

テーン [teːn] 助 テーマンに同じ。

デンシ [denʃi] 助《文》さえ。すら。*琉歌「心あて吹かな面影にだいんす我肝夕間暮の松のあらし」(全 264)。デンシには「ましてや…だ」「誠に…なのは当然だ」のような意を表す副詞的用法もある。琉歌「あだね垣だいんす御衣かけて引きゆりだいんすもとべらひや手取て引きゆさ」(全 897)。

「テンテン [ˈtenten] 擬音 三線の音のさま。

テントゥンテン「トゥン [tentunˈtenˈtun] 擬音 テンテンに同じ。

「テンブサー [ˈtembusaː] 图 でべその人をからかっていう語。

「テンブス [ˈtembusu] 图 へそ(臍)。(特に)でべそ。

# ト

（★ 那覇方言では d と r の区別がないため、本辞典ではドゥ音、ド音はそれぞれ、ル、ロで表記した。ただし、文語を除く）

**トゥ¹** [tu] 助 と。①共同の意を表す。 タルー〜ニービチスン〈太郎と結婚する〉。②並列を表す。 ナーベーラー〜ゴーヤー〈へちまとゴーヤー〉/イン〜マヤー〈犬と猫。「犬猿の仲」の意も表す〉。

**トゥ²** [tu] 接頭 十…。「トゥケーン〈十回〉、「トゥカ〈十日〉、「トゥナービ〈鍋十個〉など。

**トゥ³** [tu] 接尾 …斗。一升の十倍。イッ「トゥ〈一斗〉、「ニトゥ〈二斗〉、サン「トゥ〈三斗〉など。

**トゥ⁴** [tu] 接尾 …年。チュトゥ「〈一年〉/「タトゥ〈二年〉/「ミトゥ〈三年〉/ククヌトゥグンジュー《数えて》四十九歳〜。

**「トゥイ** [「tui] 名 ①鳥。(特に)鶏。〜ヌウタイン〈雄鶏が時を作って鳴く〉。 ②(十二支の)酉(ﾄﾘ)。

**トゥイ「アチ「カイン** [tui「ʔatʃi「kain] 動《tuiʔatʃikar- tuiʔatʃikat-; 否 トゥイアチカラン 連 トゥイアチカイ 継 トゥイアチカトーン 過 トゥイアチカタン》取り扱う。

**トゥイ「ウトゥ「スン** [tui「ʔutu「sun] 動《tuiʔutus- tuiʔututʃ-; 否 トゥイウトゥサン 連 トゥイウトゥシ 継 トゥイウトゥチョーン 過 トゥイウトゥチャン》(受け取ろうとして)取りそこなって落とす。＊「取り落とす」にほぼ対応。

**トゥイ「ク「ムン** [tui「ku「mun] 動《tuikum- tuikur-; 否 トゥイクマン 連 トゥイクミ 継 トゥイクローン 過 トゥイクラン》取り込む。取って自分のものにする。

**トゥイ「グヮー** [tui「gwa:] 名 小さい鳥。小鳥。

**「トゥイ「ケー** [「tui「ke:] 名【取り替え】付き合い。交際。

**トゥイ「ケー「スン** [tui「ke:「sun] 動《tuike:s- tuike:tʃ-; 否 トゥイケーサン 連 トゥイケーシ 継 トゥイケーチョーン 過 トゥイケーチャン》取り返す。回復する。

**トゥイ「シガ「イン** [tui「ʃiga「in] 動《tuiʃigar- tuiʃigat-; 否 トゥイシガラン 連 トゥイシガイ 継 トゥイシガトーン 過 トゥイシガタン》取りすがる。

**トゥイ「シマ「イン** [tui「ʃima「in] 動《tuiʃimar- tuiʃimat-; 否 トゥイシマラン 連 トゥイシマイ 継 トゥイシマトーン 過 トゥイシマタン》取り締まる。

**トゥイシラ「ビ** [tuiʃira「bi] 名 取り調べ。

**トゥイ「タ「ティーン** [tui「ta「ti:n] 動《tuitatir- tuitatit-; 否 トゥイタティラン 連 トゥイタティー 継 トゥイタティトーン 過 トゥイタティタン》①(借金などを)取り立てる。強制的に取る。②抜擢する。登用する。

**トゥイ「チガ「イン** [tui「tʃiga「in] 動《tuitʃigar- tuitʃigat-; 否 トゥイチガラン 連 トゥイチガイ 継 トゥイチガトーン 過 トゥイチガタン》①(ものを)取り違える。間違って取る。②誤解する。

**トゥイチカナ「ヤー** [tuitʃikana「ja:] 名 養鶏業者。

**トゥイ「チ「ジュン** [tui「tʃi「dʒun] 動《tuitʃig- tuitʃidʒ-; 否 トゥイチガン 連 トゥイチジ 継 トゥイチジョーン 過 トゥイチジャン》取り次ぐ。

**トゥイ「チラ「カスン** [tui「tʃira「kasun] 動《tuitʃirakas- tuitʃirakatʃ-; 否 トゥイチラカサン 連 トゥイチラカシ 継 トゥイチラカチョーン 過 トゥイチラカチャン》取り散らかす。乱雑に散らかす。

**トゥイヌクー「ガ** [tuinuku「ga] 名 鶏卵。

**「トゥイヌッチュ** [「tuinuttʃu] 西

年生まれの人。

**トゥイ「ハカ」ライン** [tuiˈhakaˌrain] 動《tuihakarar- tuihakarat-; 否 トゥイハカララン 連 トゥイハカライ 敬 トゥイハカラトーン 過 トゥイハカラタン》取り計らう。物事がうまくいくように処理する。

**トゥイ「ハン」スン** [tuiˈhanˌsun] 動《tuihans- tuihantʃ-; 否 トゥイハンサン 連 トゥイハンシ 敬 トゥイハンチョーン 過 トゥイハンチャン》取りそこなう。取ることに失敗する。⇒ トゥイン、ハンスン。

**「トゥイ」フィレー** [tuiˈɸireː] 名【問答(とぅゎ)へ】付き合い。交際。

**トゥイブサカッ「ティー** [tuibusakatˈtiː] 名 取り放題。勝手気ままに取ること。

**トゥイ「ムル」スン** [tuiˈmuruˌsun] 動《tuimurus- tuimurutʃ-; 否 トゥイムルサン 連 トゥイムルシ 敬 トゥイムルチョーン 過 トゥイムルチャン》取り戻す。取り返す。

**トゥイ「メー** [tuiˈmeː] 名【取り前】取り分。分け前。ユー「レー〈無尽講〉で受け取る資格があるのにもいう。

**トゥイ「ヤン」ジュン** [tuiˈjanˌdʑun] 動《tuijanr- tuijant-; 否 トゥイヤンラン 連 トゥイヤンジ 敬 トゥイヤントーン 過 トゥイヤンタン》やりそこなう。失敗する。⇒ ヤンジュン。

**トゥイ「ユ」シーン** [tuiˈjuˌʃiːn] 動《tuijuʃir- tuijuʃit-; 否 トゥイユシラン 連 トゥイユシー 敬 トゥイユシトーン 過 トゥイユシタン》取り寄せる。

**トゥ「イン** [tuˈin] 動《tur- tutt-; 否 トゥラン 連 トゥイ 敬 トゥットーン 過 トゥッタン》①取る。手にする。②奪う。盗む。ッチュス ムン ～〈人のものを盗む〉。

**トゥ「イン チカミン ナラン** [tuˈin tʃikamin naran] 連語 どうしようもない。始末[手]におえない。～ アマガクワラバー〈どうしようもないあまのじゃくのがきだ〉。＊直訳は「取ることもつかむこともできない」。

**「トゥー** [ˈtuː] 名 十(じゅう)(齢)。十歳。ワー ックヮー ～ ナイン〈私の子は十歳になる〉。

**「トゥーィ** [ˈtuːi] 名 (...する、...の)とおり。ッヤーガ イール ～ ヤサ〈きみが言うとおりだ〉。

**「トゥーイン¹** [ˈtuːin] 動《tuːr- tuːt-; 否 トゥーラン 連 トゥーイ 敬 トゥートーン 過 トゥータン》問う。尋ねる。

**トゥー「イン²** [tuːˈin] 動《tuːr- tuːt-; 否 トゥーラン 連 トゥーイ 敬 トゥートーン 過 トゥータン》①通る。通行[通過]する。クルマヌ ～〈車が通る〉。②貫通する。突きぬける。③通用する。④行き渡る。もれなく分配される。ウサキー トゥーイミ〈そんなにたくさん行き渡るか〉。

**「トゥー「サン** [ˈtuːsan] 形《否 トゥーコーネーン 敬 トゥーサタン》遠い。トゥーサル エーカヤカー チチャサル タニン〈遠くの親戚より近くの他人〉。

**トゥー「ジン** [tuːˈdʑin] 名 灯心。ランプなどで灯油に浸して火をともすもの。

**トゥー「スン** [tuːˈsun] 動《tuːs- tuːtʃ-; 否 トゥーサン 連 トゥーシ 敬 トゥーチョーン 過 トゥーチャン》通す。通行させる。貫通させる。ハーイスミー ～〈針の穴に(糸を)通す〉。

**トゥー「チ** [tuːˈtʃi] 副 いつも。絶えず。～ ニントーン〈いつも寝ている〉。＊「通して」にほぼ対応。

**「トゥーヌチュン** [ˈtuːnutʃun] 動《tuːnuk- tuːnutʃ-; 否 トゥーヌカン 連 トゥーヌチ 敬 トゥーヌチョーン 過 トゥーヌチャン》遠のく。遠ざかる。疎遠となる。キロー ～〈間柄は遠のく。疎遠になる〉。⇒ キル。

**「トゥーミグイ** [ˈtuːmigui] 名【遠めぐり】遠回り。迂回(うかい)。

**トゥー「ル** [tuːˈru] 名【燈籠】ランプ。

「トゥカ [ˈtuka] 图 十日(とぉ)。
トゥガ「[tugaˈ] 图 とが(咎)。罪。罰。ヌーヌ 〜ン ネーン〈何の罪もない〉。
トゥガ「イン [tugaˈin] 動《tugar- tugatʃ-;㊟トゥガラン ㊥トゥガイ ㊣トゥガトーン ㊐トゥガタン》とがる。ものの先端が鋭く細くなる。クチ 〜〈口がとがる。不満そうにする。主に子供についていう言葉で、大人には用いない〉。
トゥカ「スン [tukaˈsun] 動《tukas- tukatʃ-;㊟トゥカサン ㊥トゥカシ ㊣トゥカチョーン ㊐トゥカチャン》溶かす。
トゥガ「ニン [tugaˈnin] 图 咎人(とがにん)。罪人。
トゥガミー「ン [tugamiːˈn] 動《tugamir- tugamitʃ-;㊟トゥガミラン ㊥トゥガミー ㊣トゥガミトーン ㊐トゥガミタン》咎(とが)める。非難する。
トゥガ「ヤー [tugaˈjaː] 图 (先端が)とがっているもの。
トゥキー「ン [tukiːˈn] 動《tukir- tukitʃ-;㊟トゥキラン ㊥トゥキー ㊣トゥキトーン ㊐トゥキタン》溶ける。
トゥク「¹ [tukuˈ] 图 得。〜 ナタン〈得になった。得した〉。
トゥク「² [tukuˈ] 图 徳。人徳。〜ヌ ネーン〈徳がない〉。
「トゥク³ [ˈtuku] 图 床(とこ)。床の間。沖縄の家ではたいてい向かって一番右側の座敷に設ける。
「トゥクットゥ [ˈtukuttu] 副 ①とくと。じっくり。〜 カンゲーティミヤー〈とくと考えてみなさい〉。②気分がすっきりするさま。ナマネー 〜 ナタン〈今になってすっきりした〉。
「トゥクル [ˈtukuru] 图 所。場所。
「トゥクルバレー [ˈtukurubareː] 图 所払い。地域社会によくないと判断した者を居所から追放する制裁。以前慣行としてあったらしい。
「トゥクルルクル [ˈtukururukuru] 图 ところどころ。あちこち。
「トゥケ [ˈtuke] 图 〈渡海〉《文》海。大海原。*琉歌「渡海やへぢやめても月やへぢやめらぬ月に音信やいやりすらな」(全1194)。
トゥシ「¹ [tuʃi] 图 砥石(といし)。
トゥシ「² [tuʃi] 图 年。年齢。歳月。〜ヌ ハイヤッンマヌ ハイ《諺》〈年が過ぎ去るのは馬が走り去るのと同じだ。光陰矢の如し〉。
「トゥジ [ˈtudʒi] 图【とじ(刀自)】妻。〜 トゥメーイン〈妻をめとる〉。
トゥシ「ッウィー [tuʃiˈʔwiː] 图 年上。年長者。
「トゥジカタ [ˈtudʒikata] 图 妻の里方。
トゥシカッ「コー [tuʃikakˈkoː] 图 年恰好(としかっこう)。年齢のほど。
トゥジキー「ン [tudʒikiːˈn] 動《tudʒikir- tudʒikitʃ-;㊟トゥジキラン ㊥トゥジキー ㊣トゥジキトーン ㊐トゥジキタン》言い聞かす。訓戒する。教え諭す。イッター ワラビ ユー イチ トゥジキトーキヨー〈きみたちの子供はよく言い聞かせておけよ〉。
トゥシ「グル [tuʃiˈguru] 图 年頃。結婚適齢期。
トゥシ「シチャ [tuʃiˈʃitʃa] 图 年下。
トゥシ「ジリ [tuʃiˈdʒiri] 图【年切れ】年内に借金などを清算すること。
「トゥジックヮ [ˈtudʒikkwa] 图 妻子。
トゥシヌ「クー [tuʃinuˈkuː] 图 年の功。カーミヌクーヤカ 〜〈亀の甲より年の功。長年の経験が大切であること〉。
トゥシヌユー「ルー [tuʃinujuˈruː] 图 年の夜。大晦日の晩。豚肉を中心にごちそうを作って食べる。
トゥシ「ビー [tuʃiˈbiː] 图【年日】生まれた年と同じ干支の年。十二年に一度めぐってくる。那覇では、旧正月を迎えて各人の生まれ年と同じ干支の日を祝う慣わしがある。*「ソーニン」、「ンマリルシともいう。
トゥジマ「イン [tudʒimaˈin] 動《tu-

dʒimar- tudʒimat-; ⓟトゥジマラン ⓡトゥジマイ ⓚトゥジマトーン ⓠトゥジマタン》(話が)まとまる。(婚約などが)成立する。(事が)うまくいく。

トゥジミー「トゥ [tudʒimi:「tu] 图【とじめをと(妻女夫)】夫婦。＊「夫婦」のように男性を表す語が先にくるのではなく、女性を表す「とじめ(妻女)」が先にきているのが特徴。

トゥジミートゥ「ブラー [tudʒimi:-tu「bura:] 图 馬鹿夫婦。親しみを込めていう場合が多い。

トゥジミー「ン [tudʒimi:「n] 動《tu-dʒimir- tudʒimit-; ⓟトゥジミラン ⓡトゥジミー ⓚトゥジミトーン ⓠトゥジミタン》(仕事などを)仕上げる。完成させる。

トゥジャ「 [tudʒa「] 图 もり(銛)。やす。魚を刺して捕らえる道具。＊ィィナグ ミシレー ミーヤ トゥジャ ナティ〈女を見せたら目はもりのように鋭くなって(目が生き生きと輝いて)〉というはやり歌がある。

トゥ「ジュン [tu「dʒun] 動《tug-tudʒ-; ⓟトゥガン ⓡトゥジ ⓚトゥジョーン ⓠトゥジャン》(刃物を)研(と)ぐ。

トゥ「スイ [tu「sui] 图 年寄り。老人。

トゥスイヌ「ックヮ [tusuinu「kkwa] 图 年寄り子。年取ってからの子。

トゥスイヨー「イ [tusuijo:「i] 图【年寄り弱り】老衰。

トゥ「スイ」ワラビ [tu「sui」warabi] 图 年寄りと子供。

トゥチ「 [tutʃi「] 图 時。時間。 ナンルチナトーガ〈何時(なん)(どき)になっているか。何時(なんじ)か。

トゥ「チー [tu「tʃi:] 图 時計。

トゥチ「ウラ [tutʃi「ʔura] 图《文》時を占うこと。＊琉歌「思まぬayじやすが時占よすればいつも片われの月やあらぬ」(全1870)。

「トゥチ」ルチ [「tutʃi」rutʃi] 图 時々。時折。

トゥッ「カチ「ミーン [tuk「katʃi「mi:n] 動《tukkatʃimir- tukkatʃimit-; ⓟトゥッカチミラン ⓡトゥッカチミー ⓚトゥッカチミトーン ⓠトゥッカチミタン》取っ捕まえる。いきなり捕まえる。

トゥッ「クイ [tuk「kui] 图 徳利。酒器。＊酒器としては他にカラカ「ラー、「ラチビンなどがある。

トゥッ「クヮイン [tuk「kwain] 動《tukkwar- tukkwat-; ⓟトゥックヮラン ⓡトゥックヮイ ⓚトゥックヮトーン ⓠトゥックヮタン》食ってかかる。突っかかる。たてつく。

トゥトゥーミ [tutu:mi] 接尾 (ある状態、ものが)続く限り。ある限り。 イチミ〜〈生きている限り〉/ ヤミ〜〈病気である限り〉。

「トゥトゥナイン [「tutunain] 動《tu-tunar- tutunat-; ⓟトゥトゥナラン ⓡトゥトゥナイ ⓚトゥトゥナトーン ⓠトゥトゥナタン》①(道具などが)整う。全部そろう。 ②(男女の仲が)うまくいく。

「トゥナイ [「tunai] 图 隣。隣家。

「トゥナイムラ [「tunaimura] 图 隣村(となり)(むら)(りん)(そん)。

「トゥナカ [「tunaka] 图《文》沖合い。沖の海。沖の方。＊琉歌「かれよしのお船の渡中おしてれば波もおしそひて走るがきよらさ」(全15)。

トゥヌーマ「ヌー [tunu:ma「nu:] 副 うろたえるさま。まごまごするさま。思い迷うさま。

トゥビイ「チャー [tubiʔi「tʃa:] 图【飛び烏賊】するめいか。

「トゥビジン [「tubidʒin] 图【飛び衣】(天女の)羽衣(はごろも)。

「トゥビトゥイ [「tubitui] 图 (空を飛ぶ)鳥。鶏と区別して野鳥などを指す。

トゥブ「イン [tubu「in] 動《tubur- tubut-; ⓟトゥブラン ⓡトゥブイ ⓚトゥブトーン ⓠトゥブタン》ともる。火がつ

く。ウコーヌ 〜〈線香がともる〉。
「**トゥブー**[「tubu:] 图 とびお。
**トゥブ**「**シ** [tubuʃi] 图 とぼし。松脂の多くついた松材を焚きつけ用、照明用に細く割ったもの。〜ヌ グトゥ メーイン〈とぼしのように燃える〉。
「**トゥブン** [「tubun] 動《tub- tur-; 㐬 トゥバン 連 トゥビ 継 トゥローン 過 トゥラン》飛ぶ。アーケージューヌ 〜〈とんぼが飛ぶ〉／ブーブートゥーベー ッシ 〜〈土ぼこりなどが〉びゅうびゅう音を立てて飛ぶ〉。
「**トゥベートゥベーニ** [「tube:tube:ni] 副 とびとびに。あちこちに。〜 アン〈とびとびにある〉。
**トゥマイク**「**ルー** [tumaikuˈru:] 图 さつまいもの一品種。肉は薄紫色で表皮は白っぽく、甘みがありおいしい。
「**トゥマイン** [「tumain] 動《tumar- tumat-; 㐬 トゥマラン 連 トゥマイ 継 トゥマトーン 過 トゥマタン》①止まる。②泊まる。宿泊する。
「**トゥミーン** [「tumi:n] 動《tumir- tumit-; 㐬 トゥミラン 連 トゥミー 継 トゥミトーン 過 トゥミタン》①止める。②制止する。やめさせる。③泊める。④記す。書きとめる。ワシリラングトゥ トゥミ トーケー〈忘れないように記しておけ〉。
**トゥミバ** [tumiba] 連語《文》と思えば。＊助詞「と」に「思えば」が付いてつづまった形。琉歌「及ばらぬとめば思い増す鏡影やちやうもうつち拝みぼしやの」(全341)。
「**トゥム** [「tumu] 图 供。従者。
**トゥム**「**グー** [tumuˈgu:] 图 足の付け根の骨。股関節。〜ヌ ヤムン〈股関節が痛い〉。
「**トゥムティ** [「tumuti] 連語《文》と思って。＊助詞「と」に「思って」が付いてつづまった形。
「**トゥムリ** [「tumuri] 連語《文》と思え。＊助詞「と」に「思う」のラ行四段化した「思る」の命令形「思れ」が付いてつづまった形。琉歌「わがよだつはんち里に打ちはけて面影の立たば我胸ともれ」(全793)。
**トゥメーイ**「**ムン** [tume:iˈmun] 图 拾いもの。
**トゥメーイルメー**「**イ** [tume:iruˈme:ˈi] 副 探し探し。尋ね尋ね。あちこち探し求めるさま。
**トゥメー**「**イン** [tume:ˈin] 動《tume:r- tume:t-; 㐬 トゥメーラン 連 トゥメーイ 継 トゥメートーン 過 トゥメータン》①拾う。ジン 〜〈お金を拾う〉。②探し求める。カサ 〜〈傘を探す〉。③(妻を)めとる。トゥジ 〜〈妻をめとる〉。＊①②③いずれもカメー「インともいう。
**トゥ**「**ヤー**「**ガヤー** [tuˈja:ˈgaja:] 副 つりあいがとれるさま。〜 ナトールバーテー〈つりあいがとれるようになっているわけさ〉。
**トゥ**「**ヤー**「**スン** [tuˈja:ˈsun] 動《tu- ja:s- tuja:tʃ-; 㐬 トゥヤーサン 連 トゥヤーシ 継 トゥヤーチョーン 過 トゥヤーチャン》①そろえ整える。カラジ 〜〈髪を整える〉。②(縁談を)調(とと)える。まとめる。
**トゥユ**「**ムン** [tujuˈmun] 動《tujum- tujur-; 㐬 トゥユマン 連 トゥユミ 継 トゥユローン 過 トゥユラン》《文》①鳴り響く。名高くなる。有名である。＊琉歌「とよむ中城よしの浦のお月みかげ照り渡てさびやないさめ」(全432)。②(月が)出る。＊琉歌「いつも暗闇の道にをめやすが月とよむ間の待ちのくりしや」(全2264)。
「**トゥラ** [「tura] 图 ①虎。②(十二支の)寅(とら)。
**トゥラ**「**スン** [turaˈsun] 動《turas- turatʃ-; 㐬 トゥラサン 連 トゥラシ 継 トゥラチョーン 過 トゥラチャン》①取らせる。トゥ「イン〈取る〉の使役形。②やる。与える。渡す。アリンカイ 〜〈彼に与える〉。③(...して)やる。イチ 〜〈言ってやる〉／クチ 〜〈殴ってやる〉。④(命令形で)(...して)おくれ。ください。依頼の意を表す。カンゲーティ トゥラシェー〈考えてくだ

さい。配慮しておくれ〉/クネーティ トゥラシェー〈堪忍しておくれ〉。

「トゥラナ [「turana] 图 戸棚。作りつけのもので持ち運びはできない。

トゥラヌ「ジュー [turanu「dʒu:] 图【植】チトセラン(千歳蘭)。虎の尾に似ているところからの命名である。

トゥランクヮン「ニン [turaŋkwan-「nin] 图【取らぬ官人】直訳は「給料のない官人」で、役人をからかっていった言葉。転じて、高給取りでもないのに分不相応の身なりをしている者を揶揄していう場合にも使う。

「トゥリーン [「turi:n] 動《turir- turit-; ⊕ トゥリラン 連 トゥリー 継 トゥリトーン 過 トゥリタン》①凪(な)ぐ。波風が静まる。②ぼんやりする。＊琉歌「夕間暮つれて立ちゆる面影にあさましや我肝とれて行きゆさ」(全523)。

トゥル「キ [turu「ki] 图 ①届け。届けること。ウクイ〜 サン〈送り届けた〉。②(役所などへの)届け。

トゥルキー「ン [turuki:「n] 動《turukir- turukit-; ⊕ トゥルキラン 連 トゥルキー 継 トゥルキトーン 過 トゥルキタン》①(品物などを)届ける。送る。②(役所などへ)届ける。届け出る。

「トゥルクー「イン [「turuku「in] 動《turuku:r- turuku:t-; ⊕ トゥルクーラン 連 トゥルクーイ 継 トゥルクートーン 過 トゥルクータン》押し黙る。(体調などが悪くて)黙る。＊「滞(とお)る」にほぼ対応。

トゥル「チュン [turu「tʃun] 《turuk- turutʃ-; ⊕ トゥルカン 連 トゥルチ 継 トゥルチョーン 過 トゥルチャン》(品物などが)届く。シナムンヌ〜〈品物が届く〉。

「トゥルトゥル [「turuturu] 副 とろとろ。うとうと。まどろむさま。

「トゥルバイ「カーバイ [「turubai「ka:bai] 副 さびしげにぼんやりしているさま。

「トゥルバイ「ムン [「turubai「mun] 图 ぼんやりしている者。

「トゥルバイン [「turubain] 動《turubar- turubat-; ⊕ トゥルバラン 連 トゥルバイ 継 トゥルバトーン 過 トゥルバタン》ぼんやりする。ぽかんとする。

「トゥルバヤー [「turubaja:] 「トゥルバイ」ムンと同じであるが、そういう人を揶揄した意味も込められている。

「トゥルマイン [「turumain] 動《turumar- turumat-; ⊕ トゥルマラン 連 トゥルマイ 継 トゥルマトーン 過 トゥルマタン》とどまる。

トゥルミカ「スン [turumika「suŋ] 動《turumikas- turumikatʃ-; ⊕ トゥルミカサン 連 トゥルミカシ 継 トゥルミカチョーン 過 トゥルミカチャン》まどろむ。うとうとする。うたた寝する。⇒ミカスン。

ドゥルワカシー ⇒ ルルワカシー。

「トゥンクィーン [「tuŋkwi:n] 動《tuŋkwi:r- tuŋkwi:t-; ⊕ トゥンクィーラン 連 トゥンクィー 継 トゥンクィートーン 過 トゥンクィータン》飛び越える。

「トゥンケー「イン [「tuŋke:「in] 動《tuŋke:r- tuŋke:t-; ⊕ トゥンケーラン 連 トゥンケーイ 継 トゥンケートーン 過 トゥンケータン》ひょっと振り返る。振り向く。

「トゥンジー [「tundʒi:] 图 冬至。その日には「トゥンジー」ジューシーを炊いてお供えしたあと食べる。

「トゥンジー「ジューシー [「tundʒi:「dʒu:ʃi:] 图【冬至雑炊】田芋、豚肉、しいたけ、にんじん、かまぼこなどを入れて炊いたご飯。冬至に仏前に供える。

「トゥンジー「ビーサ [「tundʒi:「bi:sa] 图 冬至の頃に急に来る寒さ。

「トゥンジーン [「tundʒi:n] 動《tundʒi:r- tundʒi:t-; ⊕ トゥンジーラン 連 トゥンジー 継 トゥンジトーン 過 トゥンジタン》飛び出る。飛び出す。まかり出る。

＊組踊『大川敵討』で泊が登場する際の台詞に「とんぢたる者や、村原のあやと御神一つの近おんぱだん」とある。「近おんぱだん」は「近い親類」の意。

トゥンジャーモーヤー [tunʤa:mo:ja:] 图 小躍りして喜ぶこと。

トゥンジャク [tunʤaku] 图【頓着】①(物、人などの)取り扱い。手入れ。～ヌユタサン〈手入れがよい〉。②看病。特に寝たきりの病人を看病すること。

「トゥンジュン [tunʤun] 動《tuŋ-tunʤ-; 㐧 トゥンガン 連 トゥンジ 禁 トゥンジョーン 過 トゥンジャン》跳ねる。跳ねて飛ぶ。ウサジヌ ～〈うさぎが跳ねる〉。

トゥンタチィー [tuntatʃi'ji:] 图【飛び立ち居】(すぐ立てるような姿勢で)しゃがむこと。

トゥントゥルモーカー [tunturumo:ka:] 副 飛び跳ねて大騒ぎするさま。

トゥントゥンテン [tuntunten] 擬音 三線の音のさま。

「トゥンヌバガイン [tunnubagain] 動《tunnubagar- tunnubagat-; 㐧 トゥンヌバガラン 連 トゥンヌバガイ 禁 トゥンヌバガトーン 過 トゥンヌバガタン》ちょっと立ち寄る。

「トゥンハナリーン [tuŋhanari:n] 動《tuŋhanarir- tuŋhanarit-; 㐧 トゥンハナリラン 連 トゥンハナリー 禁 トゥンハナリトーン 過 トゥンハナリタン》ひょっと飛び離れる。

トゥンマーイマーイ [tumma:i-ma:i] 副 しばしば立ち寄る(または見回るさま。～ クーヨー〈時々立ち寄れよ〉。

トゥンムルヤー [tummuruja:] 图 しばしば行き来すること。行ったり帰ったりすること。

「トゥンモーイン [tummo:in] 動《tummo:r- tummo:t-; 㐧 トゥンモーラン 連 トゥンモーイ 禁 トゥンモートーン 過 トゥンモータン》飛び上がって驚く。非常に驚く。

トー[1] [to:] 图【唐】①中国。中国との正式の通交は明代になってからであるが、それ以前の名称「唐」を用いて中国を表す。②あの世。唐との交易は危険で帰らぬことが多かったところから。～カイ メンソーチャン〈あの世へ行かれた。亡くなった〉。

トー[2] [to:] ①感 さあ。それ。何かを始める前のかけ声。～ イケー〈さあ、行きなさい〉/ ～ チャー ソーガ〈さあ、どうしよう〉。②副 もう。～ ヤサ〈もういいよ〉/ ～イ ナーイィ〈もう準備はいいかね〉。

トーアチネー [to:atʃine:] 图【唐商い】中国との交易。

トーカチ [to:katʃi] 图 ①斗搔(とかき)。米、麦、粟などの穀類を枡で計るとき、枡の縁と同じ高さにかきならす竹製の棒。②トーカチューウェーに同じ。

トーカチューウェー [to:katʃiju:we:] 图 米寿(八十八歳)の祝い。＊トーカチともいう。

トーグミー [to:gu'mi:] 图【唐米】外米。粘りが少ない。＊地元の米はシマグミという。

トージャ [to:ʤa] 图 当座。しばらくの間。ンジャル トージャー レージ ヤタン〈行ってしばらくは大変だった〉。

トーシン [to:ʃin] 图【唐船】中国から来る船。

トーシンバイ [to:ʃimbai] 图 おたふく風邪。耳下腺炎。

トースン [to:sun] 動《to:s- to:tʃ-; 㐧 トーサン 連 トーシ 禁 トーチョーン 過 トーチャン》倒す。

トータビ [to:tabi] 图【唐旅】①中国への旅。②亡くなること。

「トーチョー [to:tʃo] 图 東京。

「トートー [to:to:] 感 さあさあ。それそれ。注意を喚起する言葉。～ フェークイケー〈さあさあ、早く行け〉。

トートーメー [to:to:me:] 图 位牌。

トーナカシー [to:nakaʃi:] 图 おか

ら。豆腐を作る際、水に浸しておいた大豆を挽いて、その汁から豆腐の成分を搾り取ったあとの残りかす。

**トーナ「チン** [to:na「tʃiɴ] [名]【唐のきび】唐きび。こうりゃん。

**トーナチン「ムチ** [to:natʃim「mutʃi] [名] 唐きびの粉で作った褐色の餅。

**「トーバル** [「to:baru] [名]《文》平坦な所。＊琉歌「与那の高ひらや汗はてと登る無蔵と二人なれば車たう原」(全 792)。

**トービー「ラー** [to:bi:「ra:] [名]《文》〘昆〙チャバネゴキブリ。

**「トー˥ヒャー** [「to:˥ça:] [感] ありゃ。大変なことになったというときに最初に発する語。

**トー「フ** [to:「ɸu] [名] 豆腐。本土の豆腐とは異なり沖縄の豆腐は固めである。

**トーフイリ「チー** [to:ɸuʔiri「tʃi:] [名] 料理名。豆腐を油で炒めたもの。

**トー「フ˥ジョーグー** [to:「ɸu˥ʤo:gu:] [名]【豆腐上戸】豆腐が大好きな者。豆腐好き。

**トーフチャンプー「ルー** [to:ɸu-tʃampu:「ru:] [名] 料理名。豆腐を中心に野菜などを加えて油炒めにしたもの。

**トーフナー「ビ** [to:ɸuna:「bi] [名] 豆腐を作る鍋。普通の鍋よりは大きい。

**トーフマー「ミ** [to:ɸuma:「mi] [名]【豆腐豆】大豆。＊ウフチジャーマー「ミともいう。

**トーフ「ヨー** [to:ɸu「jo:] [名] 豆腐餻(よう)。豆腐を米麹と泡盛を使って発酵、熟成させたもの。王朝時代から伝わる珍味で、現在は酒の肴によく用いられる。

**トー「ブン** [to「buɴ] [名] 当分。しばらくの間。

**トーマー「ミー** [to:ma:「mi:] [名] そら豆。 ～ヌ フヮー〈そら豆の葉。食用にもなる〉。

**「トーミーン** [「to:mi:ɴ] [動]《to:mir- to:mit-; [否]トーミラン [連]トーミー [継]トーミトーン [過]トーミタン》ならす。平らにする。

**トーヨー「イー** [to:jo:「i:] [名] 体が弱い者。病気がちの者。

**トーリー「ン** [to:ri:「ɴ] [動]《to:rir- to:rit-; [否]トーリラン [連]トーリー [継]トーリトーン [過]トーリタン》①倒れる。 キーヌ ～〈木が倒れる〉/ トーリムンカラ ハシルムンヌ ッンジーン〈倒れるものから走るものが出る。駄馬から駿馬。鳶が鷹を産む〉。 ②倒産する。

**トー「リ˥クルビ** [to:「ri˥kurubi] [副] 倒れたり転んだりするさま。 ミチヌ ワッサヌ ～ ソーン〈道が悪くて倒れたり転んだりしている〉。

**トーリラヨー「フェー** [to:rirajo:-「ɸe:] [副] まさに倒れようとするさま。

**トール「グヮイ** [to:ru「gwai] [名]〘植〙アロエ。＊ル「グヮイに同じ。

**トッパー「グヮー** [toppa:「gwa:] [名] 羽織に似た、冬用の着物の名。袖は長く、裾は短い。

**トントン「ミー** [tontom「mi:] [名] ①〘魚〙トビハゼ。 ②遊びにかまけてなかなか家に帰らない子を叱ったり嘆いたりするときなどにいう語。 ～ ナティ チャー ソーガ〈遊びほうけて家にも帰らないでどうしよう(困った子だ)〉。

# ナ

ナ¹ [na] 助 な。動詞の連体形に付いて、禁止の意を表す。ユム「ナ〈読むな〉/「イクナ〈行くな〉。＊さらに接尾辞ケーが付いて、ユム「ナ」ケー〈読むな〉、「イクナケー〈行くな〉ともいう。ただしこれらは古風な形で、今はユ「マン」ケー、「イカンケーという場合が多い。また、ラ行動詞にナをつける場合、トゥル「ナ〈取るな〉、アビ「ルナ〈叫ぶな〉なども古風な言い方で、今はトゥン「ナ、アビン「ナのようにル→ンとするのが普通である。

ナ² [na] 接尾 動詞の未然形に付いて、希望の意を表す。「イカナ〈行こうよ〉/ケー「ラナ〈帰ろうよ〉。

「ナー「¹ ['na:] 名 (前)庭。広場。

「ナー「² ['na:] 名 あなた。身近な父母、兄姉、おじ、おば、またはごく親しい年長者に対し、幾分敬意を込めていう。近年は那覇ではあまり使わないが、那覇の周辺部や芝居などには使われている。

「ナー「³ ['na:] 名 名。名前。(特に)童名。⇒ワラビナー。＊「ナメーともいう

ナー「⁴ ['na:] 名 菜。菜っ葉。＊オー「フヮ、オー「フヮ」チクサなどともいう。

ナー「⁵ ['na:] 名 縄。

ナー「⁶ ['na:] 副 おしまい。終わり。〜 ナティネーン〈しまいになった。死んだ〉。

ナー「⁷ ['na:] 副 ①もう。もはや。すでに。〜 カマン〈もう食べない〉/〜 チャーン ナラン〈もうどうにもならない〉/〜ィ〈もういいか。もう済んだか〉/〜 ヤサ〈もういいよ〉/〜 ニントーミ〈もう寝ているか〉。②もう。まもなく。やがて。〜 チューン〈まもなく来る〉。③もう。さらに。〜 チュケーン〈もう一回〉/〜 クーテーン〈もう少し〉/〜 ウフィ シーネー〈もう少しすると〉。

ナー⁸ [na:] 助 か。かい。軽く尋ねるときに用いる。「アリ「ナー〈あれか〉/「クリ「ナー〈これか〉。

ナー⁹ [na:] 接頭 「おのおの。それぞれ」の意を表す。あとに続く語を重複させることが多い。ナー「カン」ゲーカンゲー〈おのおのの考え〉/ナー「ア」ガチアガチ〈おのおのの働き。おのおのが精を出すこと〉。

ナー¹⁰ [na:] 接尾 …ずつ。ティーチ〜 トゥレー〈一つずつ取れ〉/ユヌ ウッサ〜〈同量ずつ〉/「ヨーンナー〈少しずつ。ゆっくり〉/ターチ〜 ウットゥロー〈二歳年下だよ。直訳は「二歳ずつ年下だよ」〉。

ナー¹¹ [na:] 接尾 …たち。複数を表す。＊この接尾辞はウン「ジュ〈あなた〉だけに付いて、ウンジュ「ナー〈あなたがた〉となる。

「ナーアサティ ['na:?asati] 名 翌々日。「ナーチャ〈翌日〉の次の日。

ナーイ「ルー [na:?i'ru:] 名 札付きの者。女たらし。

ナー「カ¹ [na:'ka] 名 中。中央。内部。〜ンカイ イリレー〈中に入れなさい〉。

ナー「カ² [na:'ka] 名 仲。(特に)親しい者どうしの仲。ナーカー ノートーシェー〈仲は直っている。仲直りしている〉。＊ナカともいう。

ナーカープー「カー [na:ka:pu:'ka:] 名 (野菜、果物など)中がからっぽ[すかすか]のもの。時期はずれの大根などに見られる。

ナーカタ「ゲー [na:kata'ge:] 名 仲たがい。

「ナー「ガティ ['na:'gati] 副 やがて。もうじき。〜 チェー サニ〈やがて来るだろう(直訳は「来はするね」)〉。＊ナー ヤガティともいう。

ナーカノ「イ [na:kano'i] 名 仲直り。和解。

ナーカマ「シー [na:kama'ʃi:] 名 (仕事などを)共同して交替で行うこと。〜シ チュクタン〈共同して交替で作った〉。

ナー「カ」メーイガメーイ [na:'kame:igame:i] 副 各自が探し合うさま。

ナーカンゲーカンゲー [na:ˈkaŋgeːkaŋeː] 名 おのおのの考え。スミ サニ コ チーテー 〜 ヤサ〈するかしないかについてはおのおのの考えだ〉。

ナージキー [na:dʑiˈkiː] 名 名づけ。命名。

ナーシビ [na:ˈʃibi] 名 なすび。茄子。

ナータマシラマシ [na:ˈtaˈmaʃiramaʃi] 名 各自の分。めいめいの分。おのおのに分け与えられたもの。

ナーチャ [ˈna:tʃa] 名 翌日。〜ヌ ヒティミティ〈翌朝〉/ 〜 ンジャン〈翌日行った〉。*「明日」はアˈチャーという。

ナーチャミーヌグトーン [na:tʃami:ˈnuˈguto:n] 連語 ひどくげっそりしている。落胆している。*直訳は「ナーチャミーのようだ」だが、ナーチャミーとは葬式の翌日に婦人が行う墓参りのことである(『那覇市史 那覇の民俗』)。

ナーチリジリ [na:ˈtʃiriˈdʑiri] 副 ちりぢり。ばらばら。四散するさま。

ナートゥメーイルメーイ [na:ˈtuːmeːirume:i] 副 各自が探し合うさま。

ナーナシイービ [ˈna:naʃiˈʔiːbi] 名 薬指。

ナーバ [na:ˈba] 名 きのこ。チヌˈクと同様、傘と柄のはっきりしたものを指す。

ナーハイバイ [na:ˈhaiˈbai] 名 各人ばらばら。てんでんばらばら。*那覇を含めたその近郊の土地柄を表す言葉にスインチョー スリージュリー ナーフゥンチョー ナーハイバイ クニンランチョー クンクルバーシェー トゥメインチョー トゥメーイルメーイというのがある(⇨ クンクルバーシェー)。

ナーバル [na:ˈbaru] 名 梅毒。

ナービ [na:ˈbi] 名 鍋。

ナービカチャー [na:bikaˈtʃa:] 名 〖昆〗アブラゼミ(油蟬)。

ナービサグイ [na:bisaˈgui] 名 つまみ食い。盗み食い。鍋の中のものをさぐって食べること。

ナーヒチビチ [na:ˈçitʃiˈbitʃi] 名 おのおのの縁故[親戚筋]。⇨ ヒチ。

ナービナクー [na:binaˈku:] 名 ナービヌˈクーに同じ。

ナービヌクー [na:binuˈku:] 名 鍋釜の穴のあいたものを修理すること。いかけ(鋳掛け)。また、いかけ屋。*ナービナˈクーとも、また単にクーˈともいう。

ナービヌヒング [na:binuçiŋˈgu] 名 鍋釜の底につく煤(す)。鍋墨。

ナービヌフタ [na:binuˈɸuta] 名 鍋のふた。*さつまいもを煮るときに用いる大きな円錐形をしたふたはカマンˈタという。

ナーヒン [na:ˈçin] 副 もっと。さらに。いっそう。〜 クィレー〈もっとくれ〉/ 〜 ハマレー〈もっとがんばれ〉。

ナーフラー [ˈna:ˈɸura:] 副 もう少し。すんでのことで。〜 レージ ステーサ〈すんでのことで大ごとになるところだった〉。

ナーフヮ [na:ˈɸa] 名 那覇。現在の県都。*ハ行転呼を起こしてナウのようにはならない。

ナーフヮー [na:ˈɸa:] 名 那覇人。卑称。*普通はナーフゥンˈチュ〈那覇の人〉という。

ナーフヮンチュ [na:ɸanˈtʃu] 名 那覇の人。

ナーベーラー [na:beˈra:] 名 へちま。夏場の果菜としてゴーˈヤーとともに重宝なものである。*ナビˈラーともいう。

ナームキムキ [na:ˈmukiˈmuki] 名 各自に合った仕事。めいめいの得意分野。

ナーメーメー [na:ˈme:ˈme:] 名 めいめい。各自。〜 ルークル カンゲーレー〈各自自分で考えろ〉。

ナーヤーヤー [na:ˈja:ˈja:] 名 おのおのの家。めいめいの家。

ナーラ [na:ˈra] 副 まだ。いまだ。〜 クーン〈まだ来ない〉。*マーˈラともいう。

ナーリー [na:ri:] 助 …から。…を通って。経由を表す。マチシ〜 スイカイ イチュン〈牧志を通って首里に行く〉/ マー〜

チャガ〈どこ経由で来たか〉/ イッソー〜 ウチクゥティ ネーン〈片っ端から食べてしまった(食べて何も残っていない)〉。

**ナールールー** [naːˈruːru] 图 おのおのの[それぞれ]の体。

**ナーワカイワカイ** [naːˈwaˈkaiwakai] 图 各自別々。別れ別れ。 〜 ナイン〈別れ別れになる〉。

「**ナーンチュ** [ˈnaːntʃu] 图 再来年。

**ナイ**「[naiˈ] 图【生り】実。果実。果物。木の実。

**ナイガーター** [naigaːtaː] 接尾 なりかけ。なる寸前。 ウフッチュナイガー「ター〈大人になりかけ〉/ ソーガッコーシーナイガー「ター〈小学生になりかけ。小学生になる直前〉。 ⇨ ナイン¹、ガーター。

**ナイクジリーン** [naiˈkudʒiriːn] 動《naikudʒirir- naikudʒirit-;㊅ナイクジリラン ㊁ナイクジリー ㊂ナイクジリトーン ㊃ナイクジリタン》できそこなう。なりそこなう。 ナイクジリティ ナマネー アンナトーン〈なりそこなって現在はああ(いう状態に)なっている〉。

**ナイクジリムン** [naikudʒiriˈmun] 图 できそこない。不出来なもの。

**ナイチーン** [naiˈtʃiːn] 動《naitʃir- naitʃittʃ-;㊅ナイチラン ㊁ナイチー ㊂ナイチッチョーン ㊃ナイチッチャン》なりきる。 アチョール ナイチッチョーン〈商売人になりきっている〉。

**ナイハンスン** [naiˈhanˈsun] 動《naihans- naihantʃ-;㊅ナイハンサン ㊁ナイハンシ ㊂ナイハンチョーン ㊃ナイハンチャン》なりそこなう。 ジュンサ 〜〈巡査になりそこなう〉。 ⇨ ナイン¹、ハンスン。

**ナイムン** [naiˈmun] 图 生(な)りもの。果物。果実。木の実。

**ナイン¹** [naˈin] 動《nar- nat-;㊅ナラン ㊁ナイ ㊂ナトーン ㊃ナタン》 ①(実が)なる。 シークヮーサーヌ 〜〈シークヮーサーがなる〉。 ②(ある状態に)なる。 ッチュ 〜〈(一人前の)人になる〉/ チューク 〜〈強くなる〉/ マーク 〜〈おいしくなる〉。 ③行く。寄る。来る。 アマ ナレー〈向こうに行け〉/ クマ ナレー〈こちらに来い〉。 ④できる。なしうる。 クレー ワンネー 〜〈これは私はできる〉/ ッヤーガー ナラン〈きみにはできない〉/ ナレー〈できるならば。なるべく〉/ ナレー サンシェー マシ〈なるべくならないほうがいい〉。

「**ナイン²** [ˈnain] 動《nar- nat-;㊅ナラン ㊁ナイ ㊂ナトーン ㊃ナタン》鳴る。 カニヌ 〜〈鐘が鳴る〉。

**ナカ**「[nakaˈ] 图 仲。 〜ヌ ワッサン〈仲が悪い〉。 *ナー「カともいう。

**ナ**「**ガー** [naˈgaː] 图 長いもの。

「**ナガアッチ** [ˈnagaˈattʃi] 图【長歩き】長旅。長期間出張などに行くこと。遠足で長距離を歩くこと。

「**ナガアミ** [ˈnagaʔami] 图 長雨。

**ナカイ** [nakai] 動 に。の中に。存在する場所を表す。 クレー ナーフゥ〜 アン〈これは那覇にある〉/ マーン ネーン クトゥロー〈どこにもないことだぞ〉/ ナービ〜 イッチョーサ〈鍋に入っているよ〉。 *ンカイもほぼ同意で用いることがある。

「**ナガイー** [ˈnagajiː] 图 長居。

**ナカイービ** [nakaʔiːˈbi] 图 中指。

「**ナガイチチ** [ˈnagaʔitʃitʃi] 图 長生き。長命。長寿。

「**ナガウーイ** [ˈnagaʔuːi] 图 長追い。長距離[長時間]追いかけること。 インチャボー ムッチ 〜 サリーン〈(悪いことをしたために)短い棒を持って長い間[遠くまで]追いかけられる(または、しつこく追求される)〉。

「**ナガガカイ** [ˈnagagakai] 图 長くかかること。長引くこと。

**ナカ**「**グ** [nakaˈgu] 图【中子】芯。中身。(植物の種子など)中心部にあるもの。 ティンブラースヌ 〜〈てんぷらの中身〉。

**ナカ**「**グル** [nakaˈguru] 图 中頃。

**ナ**「**ガサン** [naˈgaˈsan] 形《㊅ナガコーネーン ㊃ナガサタン》長い。 ナガサル ジカン〈長い時間〉/ チナー 〜〈綱は長

い〉。＊距離については「トゥーサン〈遠い〉という。

ナカ˺ジル [naka˺ʥiru]【中弦(なかぢる)】(「サンシン〈三線〉)の二の糸。太さ、音程ともウゥー˺ジル〈一の糸〉、ミー˺ジル〈三の糸〉の中間である。⇒ チル¹。

ナガ˺スン [naga˺suŋ] 動《nagas- nagatʃ-; ㋖ナガサン ㋙ナガシ ㋕ナガチョーン ㋓ナガチャン》流す。

˹ナガチジチ [˹nagatʃiʥitʃi] 名 長続き。～ ソーン〈長続きしている〉。

˹ナガチバー [˹nagatʃiba:] 名 長居をする者。

˹ナガチビ [˹nagatʃibi]【長つべ】長居。 ハナシニ ムチクゥーッティ ～ ソーン〈話に夢中になって長居している〉。

ナカ˹ティー [naka˹ti:] 名【中手】(大きさなどが)中くらいの物。

ナガ˹ニ [naga˹ni] 名【長胸】背中。＊「クシナガ」ともいう。

˹ナガニン [˹naganiŋ] 名 長年。長い間。

˹ナガヌチ [˹naganutʃi] 名【長命(ながいのち)】長生き。長命。長寿。 ナガヌチェー ネーン〈長生きはしない〉/ ～ ヌージミソーチャン〈長生きなさった。直訳は「長生き見なさった」〉。

ナガ˹ヌビ˺トーリ [naga˹nubi˺to:ri] 名 長々と寝そべること。 ～ ッシ ヌーン サン〈長々と寝そべっていて何もしない〉のように非難する場合が多い。

ナカノー˹イ [nakano:˹i] 名 仲直り。

ナカ˹バ [naka˹ba] 名 (距離、仕事などの)なかば。中間。中途。

ナカバシ˹ル [nakabaʃi˹ru] 名 部屋を仕切る引き戸。中戸。⇒ ハシル。

ナカ˹ビ [naka˹bi] 名《文》中空(なかぞら)(ちゅう くう)。＊琉歌「なかべ飛ぶ鳥や聞きやらはもよたしやかくれ思里が聞かばきやしゆが」(全 739)。

˹ナガビチュン [˹nagabitʃuŋ] 動《nagabik- nagabitʃ-; ㋖ナガビカン ㋙ナガビチ ㋕ナガビチョーン ㋓ナガビチャン》長引く。(終わるのが)遅くなる。

˹ナガブイ [˹nagabui] 名【長降り】長雨。

ナカ˹フー [naka˹ɸu:] 名 仲風。琉歌の形式の一つで、七七八六の形式を持つ。琉歌の八八八六と和歌の五七五七七の混交したもの。

ナガボー˹イ [nagabo:˹i] 名 (長々と)寝そべること。 シクチェー サン ～ ソーン〈仕事をしないで寝そべっている〉。＊ナガボー˹ヤーともいう。

ナガボー˹ヤー [nagabo:˹ja:] 名 ナガボー˹イに同じ。

ナカ˹ミ [naka˹mi] 名【中身】(食べ物としての)豚の腸胃。 ～ヌ シーモーン〈豚の腸胃を具にした吸い物〉。

ナガ˹ミ [naga˹mi] 名 ながめ。眺望。

ナガミー˹ン [nagami:˹ŋ] 動《nagamir- nagamit-; ㋖ナガミラン ㋙ナガミー ㋕ナガミトーン ㋓ナガミタン》眺める。見やる。

˹ナガミチ [˹nagamitʃi] 名 長道。長い道のり。

ナカ˹ムイ [naka˹mui] 名 米などの計量に使う枡。一合枡。＊イチゴーナカ˹ムイともいう。

˹ナカ˹ムートゥ [˹naka˹mu:tu] 名 (本家ではなく)分家の先祖。

˹ナガムチ [˹nagamutʃi] 名 長持ち。

ナガ˹ムン [naga˹muŋ] 名 長物。ハブの婉曲表現。

ナカ˹メー [naka˹me:] 名【中前】茶の間。居間。

ナカユ˹クイ [nakaju˹kui] 名 中休み。

ナカ˹ラ [naka˹ra] 名 半分くらい。半量。 ～ イッティ クィレー〈半分くらい入れてくれ〉。＊距離についてはナカ˹バを用いる。

ナガラ [nagara] 助 ながら。ではあるが。 イチムシ～ ソーイッチョーン〈動物ながら賢い〉。

ナカ˹ラチ [naka˹ratʃi] 名 仲立ち。仲

**ナカラ「ワタ** [nakaraˈwata] 图 腹半分。

**ナカラン「ナチ** [nakaranˈnatʃi] 图 無理に泣こうとすること。子供がだだをこねたり自分の思いどおりにしようとするときにする泣き方。 ～ シークヮトーン〈無理に泣こうとしてやがる〉。

**ナガ「リ** [naˈgari] 图 流れ。

**ナガリー「ン** [nagariˈːn] 動《nagarir- nagarit-; ㋪ナガリラン ㋷ナガリー ㋬ナガリトーン ㋣ナガリタン》流れる。

**ナガリブー「ニー** [nagaribuːˈniː] 图【流れ船】船遊び。旧暦三月三日に女たちが一日船に乗って歌ったり踊ったりすること。⇨サングヮッチサニチー。

**「ナガルーシ** [ˈnagaruːʃi] 图【長通し】長い間ずっと。続いて。 ～ ヤース イィチョーン〈ずっと続いて家がある（直訳は「座っている」）〉。

**ナガ「レー** [nagaˈreː] 图 長い間。長いこと。 ～ イチャランタン〈長い間会わなかった〉。

**ナギ「** [ˈnagi] 图 長さ。 ナゲー チャヌ アタイガ〈長さはどのくらいか〉／ティサジヌ ナガサヤ ～ ナガサ〈手ぬぐいの長さは長さが長い。民謡の歌詞〉。

**ナギー** [nagiː] 接尾 (時間的に)...あたり。...頃。 チューナ「ギー〈今日あたり〉／アチャーナ「ギー〈明日あたり〉。

**ナギーナ** [nagiːna] 接尾 ...ながら。...にもかかわらず。逆接の意。「シリナギーナ〈知りながら。知っているのに。〉／ナチー ムヌ カローン〈泣いていながら物を食べている〉。

**ナギー「ン** [nagiˈːn] 動《nagir- nagit-; ㋪ナギラン ㋷ナギー ㋬ナギトーン ㋣ナギタン》投げる。

**ナギ「エー** [nagiˈeː] 图 投げ合い。 イシ ～〈石の投げ合い〉。

**ナギホー「リー** [nagihoːˈriː] 图【投げ放り】放り出しておくこと。ほったらかしておくこと。 カバノー ～ ッシ アシローン〈鞄を放り出したまま遊んでいる〉。

**「ナグサミ** [ˈnagusami] 图《文》慰み。気晴らし。＊琉歌「慰みにとる石なごやあらぬ里がいまる月の算どとたる」（全562）。

**「ナグサミーン** [ˈnagusamiːn] 動《nagusamir- nagusamit-; ㋪ナグサミラン ㋷ナグサミー ㋬ナグサミトーン ㋣ナグサミタン》慰める。

**「ナクナク** [ˈnakunaku] 副 泣く泣く。涙ながらに。離別の悲しさを表す語。 ～ ウコー ウサギティ チャン〈涙ながらに線香を供えてきた〉。

**「ナグリ** [ˈnaguri] 图《文》名残。別れを惜しむ気持。＊琉歌「寄る年やつめて幾度ながめゆが名残り立ちまさる秋の今宵」（全299）。

**ナ「ゲー** [naˈgeː] 图 長い間。長らく。 ～ ンーランタン〈長い間会わなかった〉。

**ナ「ゲーサン** [naˈgeːsan] 形《㋪ナゲーコーネーン ㋣ナゲーサタン》久しい。時間が長く経過している。 ハイ ナゲーサヤタンヤー〈やあ久しぶりだなあ〉。

**「ナサガスン** [ˈnasagasun] 動《nasagas- nasagatʃ-; ㋪ナサガサン ㋷ナサガシ ㋬ナサガチョーン ㋣ナサガチャン》陰口を言う。 ヌーガ ッチュ ナサガスル〈どうして人の陰口を言うのだ〉。

**ナサ「キ** [nasaˈki] 图 情け。あわれみ心。ッヤーヤ ナサケー ネーンサーヤー〈おまえは情けがないなあ〉。

**ナシ「アガ「イン** [naʃiˈʔagaˈin] 動《naʃiʔagar- naʃiʔagat-; ㋪ナシアガラン ㋷ナシアガイ ㋬ナシアガトーン ㋣ナシアガタン》産み終わる。一定の年齢に達して子を産まなくなる。(鶏が)卵を産まなくなる。

**ナシー「ン** [naʃiˈːn] 動《naʃir- naʃit-; ㋪ナシラン ㋷ナシー ㋬ナシトーン ㋣ナシタン》なする。なすりつける。塗りつける。 クスイ ～〈薬を塗りつける〉。

ナシ「ウヤ [naʃiˀʔuja] 图【生(ﾅ)し親】産みの親。

「ナジキ [nadʒiki] 图 そぶり。ふり。ミジクムシェー ～ アシビーガ ッンジ ウゥラン〈水汲みのふりをして遊びに行ってしまっている〉。

ナジ「キー [nadʒiˀkiː] 接尾 (…する)ふり。動詞の連用形に付く。アッチ～ ッシ マーガ ンジャラ〈散歩するふりをしてどこに行ったのだろうか〉。

「ナジキーン [ˀnadʒikiːn] 動《nadʒikir- nadʒikit-; ㋐ナジキラン ㋑ナジキー ㋒ナジキトーン ㋓ナジキタン》せいにする。ふりをする。ッチュ ～〈人のせいにする〉。*「ナジャキーンともいう。

ナシ「ジチ [naʃiˀdʒitʃi] 图【生(ﾅ)し月】産み月。臨月。

「ナシスラティ [ˀnaʃiˀsurati] 图【生(ﾅ)し育て】産み育てること。～ サットーティン ガー スルバーイィ〈産み育てられたのに反抗するのか〉。

「ナシ「ハンジョー [ˀnaʃiˀhandʒoː] 图【生(ﾅ)し繁盛】家の繁栄のため子供をたくさんもうけること。

「ナシ「ヒルガイ [ˀnaʃiˀçirugai] 图「ナシヒルギに同じ。

「ナシ「ヒルギ [ˀnaʃiˀçirugi] 图【生(ﾅ)し広げ】子孫。グレーミヌ ～ ヤサ〈五代目の子孫だ〉。*「ナシヒルガイともいう。

ナシ「ムン「ヌックヮ [naʃiˀmunˀnukkwa] 图 産みの子。実の子。～ン ナチョーシェー〈実の子も産んでいるよ〉。

ナシ「メー [naʃiˀmeː] 图【生(ﾅ)し前】お産の前。産前。～ヤ チー チキリ〈お産前は気をつけろ〉。

「ナジャキーン [ˀnadʒakiːn] 動《nadʒakir- nadʒakit-; ㋐ナジャキラン ㋑ナジャキー ㋒ナジャキトーン ㋓ナジャキタン》「ナジキーンに同じ。

「ナジャシ [ˀnadʒaʃi] 图 名指し。指名。

ナ「スン [naˀsun] 動《nas- natʃ-; ㋐ナサン ㋑ナシ ㋒ナチョーン ㋓ナチャン》

①(ある状態に)する。なす。ワー トゥジ ～〈私の妻にする〉/ ウフッチュ ～〈大人にする〉/ チュラク～〈洗骨する。直訳は「きれいにする」〉。②産む。ックヮ ～〈子を産む〉/ ナチャル ウヤ〈産んだ親〉/ ナシミー「ン〈産ませる〉。③移す。寄せる。クマ ナシェー〈ここに寄せろ〉/ アマンカイ ～〈向こうに移す〉。

ナダ ⇨ ナラ。

「ナチ [ˀnatʃi] 图 夏。

「ナチアカスン [ˀnatʃiˀakaˀsun] 動《natʃiˀakas- natʃiˀakatʃ-; ㋐ナチアカサン ㋑ナチアカシ ㋒ナチアカチョーン ㋓ナチアカチャン》泣き明かす。

「ナチカカイン [ˀnatʃikakaˀin] 動《natʃikakar- natʃikakat-; ㋐ナチカカラン ㋑ナチカカイ ㋒ナチカカトーン ㋓ナチカカタン》泣きつく。泣いて訴える。*「泣きかかる」にほぼ対応。

ナチ「カサン [natʃiˀkaˀsan] 形《㋒ナチカシコーネーン ㋓ナチカサタン》悲しい。タンメー トーカイ メンソーチ ～〈お祖父さんが亡くなって悲しい〉。

「ナチグィー [ˀnatʃigwiː] 图 泣き声。

「ナチグェーグェー [ˀnatʃigweː-gweː] 副 激しく泣くさま。しゃくりあげるように泣くさま。～ ッシ ナチョーン〈しゃくりあげるように泣いている〉。

「ナチクラスン [ˀnatʃikuraˀsun] 動《natʃikuras- natʃikuratʃ-; ㋐ナチクラサン ㋑ナチクラシ ㋒ナチクラチョーン ㋓ナチクラチャン》泣き暮らす。

「ナチグリ [ˀnatʃiguri] 图《文》夕立。夏のにわか雨。*琉歌「夏ぐれのすぎて露の玉むすぶ庭のなでしこの花のきよらさ」(全215)。

ナチネー「ビー [natʃineːˀbiː] 图 泣きまね。～ ソーン〈泣きまねしている〉。

「ナチブ「サー [ˀnatʃibuˀsaː] 图 泣き虫。

「ナチマキ [ˀnatʃimaki] 图 夏負け。夏ばて。ルク アチサヌ ～ ソーン〈とても暑くて夏負けしている〉。

「ナチムヌ「イー [ˈnatʃimunuˈʔiː] 图 泣きながらものを言うこと。

ナチ「ムン [natʃiˈmun] 图 夏物。夏に着る衣類。

「ナチュン [ˈnatʃun] 動《nak- natʃ-; ㋱ナカン ㋵ナチ ㋱ナチョーン ㋱ナチャン》①(悲しんで)泣く。②〔文〕鳴く。*口語では、鶏は「ウタイン、小鳥はフキー「ン、犬などはアビー「ンのように区別して用いる。琉歌「誰よ恨めとてなきゆが浜千鳥あはぬつれなさや我身も共に」(全612)。

ナチョー「ラ [natʃoːˈra] 图〔植〕マクリ。カイニンソウ(海人草)。虫下しの薬になる。

「ナチワレー [ˈnatʃiwareː] 图 泣き笑い。

ナック「ェー [nakkweː] 助 などと。なんて。ワーガ スサ〜ンリチ チカン〈私がするなどと言って聞かない〉。

「ナナ [ˈnana] ①感 なな。七つ。声に出して数を数える際の七番目の数。②接頭 七(な)…。ナナケー「ン〈七回〉、ナナ「タビ〈七度〉など。

ナナ「チ [nanaˈtʃi] 图 七つ。七。七歳。

ナナナン「カ [nananaŋˈka] 图 七七日(なななんか)。シン「ジュー「クニチ〈四十九日の法事〉に同じ。

ナナ「ユミ [nanaˈjumi] 图《文》織機の筬(おさ)に経糸五六〇本を通すこと。またそれで織った布。*琉歌「わが手引しちやる七よみとはたいん里があかいづ羽御衣よすらね」(全471)。

ナニ「ガシ [naniˈgaʃi] 图《文》なにがし。誰。相手の名前を聞く際に用いる。ッヤーヤ マース〜ガ〈おまえはどこの誰だ〉。

「ナヌイン [ˈnanuin] 動《nanur- nanut-; ㋱ナヌラン ㋵ナヌイ ㋱ナヌトーン ㋱ナヌタン》《文》名乗る。

ナバ「クティ [nabaˈkuti] 副 馬鹿にして。ッチュ〜〈人を馬鹿にして〉。*動詞接続形からの転用。用例からしてナバクインという終止形があったのであろうが、今は聞かない。

ナビ「ゲー [nabiˈgeː] 图 おたま。汁や雑炊などをすくうもの。

ナビ「チュン [nabiˈtʃun] 動《nabik- nabitʃ-; ㋱ナビカン ㋵ナビチ ㋱ナビチョーン ㋱ナビチャン》(風、(また)他人の考えなどに)なびく。

ナビ「ラー [nabiˈraː] 图 ナーベー「ラーに同じ。

「ナフラ [ˈnaɸura] 图 名札。

「ナフヮユマチ [ˈnaɸajumatʃi] 图 那覇四町。西、東、若狭、泉崎の四町のこと。もと那覇の中心地で、このあたりが那覇方言の所在地であった。

「ナマ¹ [ˈnama] 图 ①今。現在。現代。〜イケー〈今行け〉/〜ヌッチュ〈現代の人〉。②今に。まもなく。もうすぐ。〜ウティーンロー〈今に落ちるぞ〉/〜チューサ〈まもなく来るよ〉。

「ナマ² [ˈnamaˈ] 图 生(なま)。食べ物などの煮たり焼いたりしていない状態、または煮足りない状態。

「ナマガタ [ˈnamagata] 图 今しがた。たった今。〜チョータン〈今しがた来ていた〉。*ナマサチともいう。

「ナマグル [ˈnamaguru] 图 今頃。

ナマグル「シ [namaguruˈʃi] 图 生殺し。半殺し。ひどく痛めつけること。

「ナマサチ [ˈnamasatʃi] 图 今しがた。先ほど。今さっき。*ナマガタともいう。

ナマ「サ」ッンマリリバ ウゥカ「サ」ビケジ [namaˈsa ʔmmaririba ukaˈsaˈbikedʒi] 連語 生半可に生まれるとおかしなことばかり。相手の言動、態度などを非難するときに用いる。*ナマサは形容詞ナマサンの名詞形であるが、終止形が用いられるのは聞かない。

ナマ「シ [namaˈʃi] 图 なます(膾)。魚や瓜類などを酢であえた料理。*クフゥジュー「シー〈炊き込みご飯〉にはきゅうりのなますがつく。

ナマ「ジシ [namaˈdʒiʃi] 图 なま肉。

ナマ「シ」バイ [namaˈʃibai] 图 あぶら

汗。調子が悪いときに出る汗。～ ジージー スン〈あぶら汗がじとじとと出る〉。

「ナマジブン [ˈnamadʑibuɴ] 图 今時分。今頃。

ナマ「ジム [namaˈdʑimu] 图【生肝(なまぎも)】人の痛み、悲しみを感知する心。

ナマ「ジラ [namaˈdʑira] 图 厚かましい顔。恥知らずの顔。～ タッカカリーンロー〈厚かましい面をぶったたくぞ〉。

「ナマジラー [namadʑira:] 图 ずうずうしい者。鉄面皮。

ナマタリー「ン [namatari:ꞑ] 動《na-matarir- namatarit-；㋺ナマタリラン ㋑ナマタリー ㋥ナマタリトーン ㋬ナマタリタン》病気が長引く。病気が完治しない。ニントーカントー ～ロー〈寝ておかないと病気が長引くぞ〉。

ナマ「チ [namaˈtɕi] 图 向こう見ず。無鉄砲。気が荒いこと。～ナ ムン〈気の荒い者〉。

ナマチブル「ヤン [namatɕiburuˈjaɴ] 图 軽い頭痛。

ナマ「チャー [namaˈtɕa:] 图 向こう見ず。無鉄砲な者。気が荒い者。

ナマ「テー [namaˈte:] 图 ①怠け者。②おどけ者。

ナマ「ヌチ [namaˈnutɕi] 图【生命(なまいち)】今生きている命。

ナマ「ミジ [namaˈmidʑi] 图 なま水。

ナマ「ムン [namaˈmuɴ] 图 なま物。ナマムンノー カマンシェー マシ〈なま物は食べないほうがよい〉。

ナマ「リー [namaˈri:] 副 いまだに。こんなに遅くなっても。まだ。～ クーンシガ チャー サガヤー〈まだ来ないがどうしたのかな〉/ ～ ナティ グブリー ナトーサ〈こんなに遅くなって申し訳ない〉。

ナマリー「ン [namari:ꞑ] 動《nama-rir- namarit-；㋺ナマリラン ㋑ナマリー ㋥ナマリトーン ㋬ナマリタン》なまる。刃物の切れ味が悪くなる。

ナマ「ッンム [namaˈʔmmu] 图 なまさ

つまいも。

ナミ「 [namiˈ] 图 波。

ナミ「カジ [namiˈkadʑi] 图 ①波風。②〈世間の〉波風。シキヌヌ ～〈世間の波風。生きていくときの種々の苦労をいう〉。

ナミ「ラ [namiˈra] 图《文》涙。＊口語ではナリ。琉歌「涙より外にい言葉やならぬつめて別れ路の近くなれば」(全469)。

「ナムジャー [ˈnamuzja:] 图 道理をわきまえぬ者。わからずや。乱暴者。～ ワラバー〈乱暴なガキ〉。

「ナメー [ˈname:] 图 〈人の〉名前。＊ナーともいう。

ナラ「 [naraˈ] 图 涙。～ ソーソー ウトゥスン〈涙をぽろぽろこぼす〉。＊ミー〈ナラともいう。

ナラー「シ [nara:ˈɕi] 图 教育。しつけ。ウフィナーヤ イー～ンッショー〈少しはしつけもしなさいよ〉。

ナラー「スン [nara:ˈsuɴ] 動《nara:s- nara:tʃ-；㋺ナラーサン ㋑ナラーシ ㋥ナラーチョーン ㋬ナラーチャン》教える。ユー ナラーショー〈よく教えろよ〉/ ムヌイーカタ ～〈言葉づかいを教える〉/ ナラーサットーン〈教えられている。入れ知恵されている〉。＊ナライン〈習う〉の使役形で、「習わす」にほぼ対応。

ナラ「イン [naraˈiɴ] 動《narar- na-rat-；㋺ナラーラン ㋑ナライ ㋥ナラトーン ㋬ナラタン》習う。学ぶ。

ナラグルグ「ルー [naraguruguˈru:] 副 涙ぐむさま。涙が今にも落ちんとするさま。～ スン〈涙ぐんでいる〉/ ～ マートーン〈涙ぐんでいる〉。

ナラ「スン¹ [naraˈsuɴ] 動《naras- na-ratʃ-；㋺ナラサン ㋑ナラシ ㋥ナラチョーン ㋬ナラチャン》ならす。平らにする。

「ナラスン² [ˈnarasuɴ] 動《naras- na-ratʃ-；㋺ナラサン ㋑ナラシ ㋥ナラチョーン ㋬ナラチャン》鳴らす。フィーフィー ～〈指笛を鳴らす〉/ カニ ～〈鐘を

鳴らす〉。

「ナラビ [ˈnarabi] 图 並び。アヌ カーラ ヤーヌ 〜 マングラ ヤサ〈あの瓦屋の並びあたりだ〉。

「ナラビーン [ˈnarabiːn] 動《narabir-narabit-; ㋐ナラビラン ㋑ナラビー ㋒ナラビトーン ㋓ナラビタン》並べる。そろえる。

「ナラブン [ˈnarabuŋ] 動《narab-narar-; ㋐ナラバン ㋑ナラビ ㋒ナラローン ㋓ナラランン》並ぶ。整列する。アトゥンカイ 〜〈後に並ぶ〉。

「ナラヤシ」コー ナ「ラン [ˈnarajaʃi-koː naˈraŋ] 連語 簡単にはできない。容易にはできない。ナラヤシの終止形はナラヤッサンであろうが、「ナラヤシク〈容易に〉」、「ナラヤッサミ〈簡単か〉のような活用形が見られるのみである。

ナラ「ヨー」サン [naraˈjoːsaŋ] 形《ナラヨーコーネーン ㋓ナラヨーサタン》涙もろい。泣き虫である。*「涙弱い」にほぼ対応。

ナリ「 [ˈnari] 图 習慣。アッター ヤース 〜〈彼らの家の習慣〉。

ナリー「ン¹ [nariːŋ] 動《narir-narit-; ㋐ナリラン ㋑ナリー ㋒ナリトーン ㋓ナリタン》なでる。イィーックヮ ヤ サンリチ チブル 〜〈いい子だといって頭をなでる〉。

ナリー「ン² [nariːŋ] 動《narir-narit-; ㋐ナリラン ㋑ナリー ㋒ナリトーン ㋓ナリタン》①(人に)慣れる。なじむ。イノー ッチュンカイ 〜〈犬は人に慣れる〉。②(物事に)慣れる。熟達する。習慣となる。アカチチウケー ナリトーン〈早起きは慣れている〉/ シクチェー ナリトーミ〈仕事は慣れているか〉。

ナリ「スミ [nariˈsumi] 图 なれそめ。イッター ナリスメー チャーシ ヤタガ〈きみらのなれそめはどうだったか〉。

ナリ「ユチ [nariˈjutʃi] 图 なりゆき。いきさつ。ナリユチェー チャー ナタガ〈なりゆきはどうなったか〉。

ナル「ビチ [naruˈbitʃi] 副 なるべく。どちらかというと。ナルビチェー サンシェー マシ〈なるべくはしないほうがよい〉。

ナル「フル [naruɸuru] 副《文》なるほど。*芝居などで聞く。口語でよく用いるン「チャを付けてナル「フルン」チャという場合があるが、「なるほど」の意を強調していると考えられる。

ナ「レー¹ [naˈreː] 图【習い】①習慣。②教育。しつけ。ヤース 〜ヌ ワッサヌ〈家庭でのしつけが悪くて〉。

ナ「レー² [naˈreː] 副 できれば。なるべく。どちらかというと。〜 スシェー マシ〈できればするほうがよい〉。

ナレー³ [nareː] 接尾 習うこと。練習。ムンナ「レー〈礼儀作法を習うこと〉、アッチナ「レー〈歩行訓練〉など。

ナン [naŋ] 接頭 何…。ナン「ル〈何度〉、ナン「ニン〈何年〉、ナンニチ〈何日〉など。

ナン「カ [naŋˈka] 图【七日(なぬか)(なのか)】人の死後七日ごとに行う法事。「ハチナンカ〈初七日〉、「タナンカ〈二七日〉、「ミナンカ〈三七日〉、「ユナンカ〈四七日〉、イチナン「カ〈五七日〉、「ムナンカ〈六七日〉、シン「ジュークニチ〈四十九日〉、ナナナン「カ〈七七日。四十九日〉など。

ナンカヌ「スク [naŋkanuˈsuku] 图 旧暦正月七日の節句。菜入りの雑炊を食べて祝う。

ナン「ク [naŋˈku] 图【何個】宴席で行う遊び。短く折った箸などを手の中に握って差し出し、その数を当てさせる。似たような遊びが「なんこ」の名で本土各地で見られる。

ナン「クル [naŋˈkuru] 图 自然(に)。ひとり(でに)。〜 ナトーシェー〈自然にできているよ。何とかなっているよ〉/ 〜 ナイサ〈何とかなるさ〉。

ナンクル「ミー [naŋkuruˈmiː] 图 自然に生えてくるもの。収穫後のさつまいも畑にしばらくして生えてくるさつまいもなど。

「ナンクヮー [「naŋkwa:] 图 かぼちゃ。＊「チンクヮーともいう。

ナン「ジ [nanˈdʑi] 图 難儀。苦労。 ワカサイニス ナンジェー コーティ ヤティン ッシ〈若いときの苦労は買ってでもせよ〉/ ナンジサー ヨーガラー〈難儀する者はやせる者。苦労ばかりして報われない者〉。

ナン「ジ」クンジ [nanˈdʑiˈkundʑi] 图 多くの難儀。たくさんの苦労。ナン「ジの強調形。

「ナンジャ [「nandʑa] 图 銀。

ナンジャジー「フヮー [nandʑadʑi:-「ɸa:] 图 銀のかんざし。

ナン「ジュ [nanˈdʑu] 副 大して。それほど。～ チャミシカー アラン〈それほど大したことではない〉/ ～ リキラン〈大してできない〉。

ナン「チチ [nanˈtʃitʃi] 图 (鍋の底に)焦げついたもの。おこげ。焦げ飯（ﾒｼ）。～ シミテーン〈焦げつかせてある〉。

ナンチチ「カジャ [nantʃitʃiˈkadʑa] 图 焦げ臭いにおい。(食べ物が鍋釜で)焦げたにおい。

「ナントゥ [「nantu] 副 何と。いくら。どう。～ イチン チカン〈いくら言っても聞かない〉。

ナン「トゥー [nanˈtu:] 图 なんとう餅。もち米の粉に味噌、ヒッパー「チ〈ヒハツモドキ〉、黒砂糖を混ぜ、「サンニン〈月桃〉の葉に包んで蒸したもの。旧正月の食べ物であった。＊ナントゥーニ「スともいう。

ナントゥーニ「ス [nantu:n:ˈsu] 图 ナン「トゥーに同じ。

「ナンニチ [「nannitʃi] 图 何日。幾日（ｲｸﾆﾁ）。

ナン「ニン[1] [nanˈnin] 图 何人。幾人（ｲｸﾆﾝ）。

ナン「ニン[2] [nanˈnin] 图 何年。幾年（ｲｸﾈﾝ）（ｲｸﾄｾ）。

「ナンバン」ガーミ [「nambaŋˈga:mi] 图 南蛮甕。南蛮焼き。泡盛を入れてクー「ス〈古酒〉を作るのに用いる。

「ナンブ [「nambu] 图 いくらかは。どちらかというと。～ マシ ヤサ〈いくらかはいいだろう〉。

「ナンマチ [「nammatʃi] 图 松並木。

ナン「ル [nanˈru] 图 何度。幾度（ｸﾄﾞ）。

ナン「ルチ [nanˈrutʃi] 图 何時（ﾅﾝｼﾞ）。～ ナトーガ〈何時になっているか〉。

ナンルー「ルー [nanruˈru:] 图 ①つるつるしているもの。②つかみどころのないもの。アレー ～〈彼はつかみどころがない〉。

ナン「ルル」サン [naˈruruˈsan] 形《🅰ナンルルコーネーン 🅱ナンルルサタン》すべっこい。なめらかである。つるつるしている。

「ナンルルッ」テーン [「nanrurut-te:n] 副 なめらかなさま。つるつるしているさま。性格が穏やかなさま。

ナンルル「ミチ [nanruruˈmitʃi] 图 すべりやすい道。すべって転びそうな泥んこ道。

ナンルル「ムン [nanruruˈmun] 图 すべりやすいもの。ッンナジェー ～ ヤサ〈鰻はぬるぬるしている〉。

ナンレー「シー [nanre:ˈʃi:] 图 桑の実。＊クヮーギヌ ナイ〈桑の実〉ともいう。

# ニ

ニ [ni] 勵 ①に。場所を表す。 ヤー〜 ウサ〈家にいるよ〉。 ②対象を表す。 ッヤー〜 ナラースン〈君に教える〉。 ③方法を表す。 ミーチ〜 ワキレー〈三つに分けろ〉。 ④時を表す。 ルクジ〜 ウキタン〈六時に起きた〉。 ⑤並列を表す。 チンクヮー〜 シブイ〜 レークニ コーイン〈かぼちゃに冬瓜に大根を買う〉。

ニー「[1] [ni:「] 图 そば。付近。近く。 イッター 〜ンカイ ウチョーチュン〈きみらのところに置いておく〉。

ニー「[2] [ni:「] 图 二。数の二番目。

ニー「[3] [ni:「] 图 荷。荷物。 〜 ウーシーン〈(馬に)荷物を負わせる〉/ 〜 ナイン〈荷物になる〉。

ニー「[4] [ni:「] 图 (十二支の)子(ね)。

ニー「[5] [ni:「] 图 ①(草木の)根。 ②腫れ物などの芯。 ③心の奥に抱く恨み。 〜 ムッチョーン〈恨みをもっている。根にもっている〉。

ニー「アギ [ni:ʔagi] 图 二上げ。「サンシン〈三線〉で、二の糸を本調子より一音上げた調子。⇨ サンサギ

ニーウ「サー [ni:ʔu:「sa:] 图 荷車。

ニー「カー [ni:「ka:] 图 (時間が)遅いこと。深夜。 〜ヤ アミヌ フインレーヤー〈夜遅く雨が降るだろうね〉。

ニー「グイ [ni:「gui] 图 切株。根元。根っこ。

ニーグー「シ [ni:gu:「ʃi] 图 根っこごと取り去ること。根っこごと倒されたりこわされたりすること。 ガジマロー 〜 サッタン〈ガジマルは根っこごと倒された〉。

「ニークタ [「ni:kuta] 副 煮えてくたくたになるさま。 〜 ナルカ ニチェーン〈くたくたになるまで煮てある〉。

ニーグル「マー [ni:guru「ma:] 图 荷車。

ニー「ケー [ni:「ke:] 图 二階。

ニーケー「ヤー [ni:ke:「ja:] 图 二階屋。二階建ての家。

ニー「サ フェーサ [ni:「sa ɸe:sa] 图 遅速。遅いことと速いこと。

ニー「サ マーサ [ni:「sa ma:sa] 图 まずいのうまいの。食べ物に関する愚痴。 ニーサマーサー イランケー〈食べ物の愚痴は言うな〉。 *これは形容詞ニーサン〈まずい〉、「マー」サン〈おいしい〉の名詞形の反復であるが、「まずい」意のニーサンは単独では聞かれない。

「ニー サン [「ni:「san] 形 《㊟ニーコーネーン ㊊ニーサタン》(速度が)遅い。のろい。

ニー「シェー [ni:「ʃe:] 图【二才】青年。エー 〜〈おい青年。呼びかけ〉。* 〜 〜 と重ねて、年長の者が若者を揶揄したりしなめたりするときにも用いる。

ニーシェーウ「ルイ [ni:ʃe:u「rui] 图 二才踊り。琉球古典舞踊の一種。

「ニーシジーン [「ni:ʃiʤi:n] 勵《ni:ʃiʤir- ni:ʃiʤit-; ㊟ニーシジラン ㊊ニーシジー ㊊ニーシジトーン ㊊ニーシジタン》煮すぎる。

ニージ「チュン [ni:ʤi「tʃun] 勵《ni:ʤik- ni:ʤit-; ㊟ニージカン ㊊ニージチ ㊊ニージチョーン ㊊ニージチャン》根づく。

ニージャ「ムン [ni:ʤa「mun] 图 おいしくない物。まずい物。 〜 カマサリーンロー〈まずい物を食べさせられるぞ〉。

ニージュ「クイ [ni:ʤu「kui] 图 荷造り。

ニー「タ サン [ni:「ta san] 形《㊟ニータシコーネーン ㊊ニータサタン》恨めしい。 ニータサ ソーン〈恨めしく思っている〉。 *「妬(た)し」にほぼ対応。

**ニー⌈ヌフヮ** [niː⌈nuɸa] [名] 子(ﾈ)の方向。北。＊単独ではあまり用いず、ニー⌈ヌフヮ⌉ブシなど複合語に見られる。
**ニー⌈ヌフヮ⌉ブシ** [niː⌈nuɸa⌉buʃi] [名] 北極星。＊「夜はらす船や子の方星めあて」(ユル ハラス フニヤ ニヌフヮブシ ミアティ)〈夜航行する船は北極星を目当てにして〉という琉歌(全 1079)の一節がある。この場合のニヌフヮブシは琉歌の定型に合わせるために長音部が省略されている。
**ニー⌈ビ** [niː⌈bi] [名] 淡黄色の砂質の土壌。保水性は悪い。
**ニー⌈ビチ** [niː⌈bitʃi] [名] 結婚。結婚式。婚礼。タルートゥ ～ スン〈太郎と結婚する〉/ アチャーヤ ～ヌ アン〈明日は結婚式がある〉。
**ニービチ⌈ジャー** [niːbitʃi⌈dʒaː] [名] 結婚式の祝いを行う座敷。昔は家庭で行った。
**ニービヌ⌈シン** [niːbinu⌈ʃiɴ] [名] ニー⌈ビの中にある堅い石。石敢当などを立てたりするのに用いられる。＊ニービヌ⌈フニともいう。
**ニービヌ⌈フニ** [niːbinu⌈ɸuni] [名] ニービヌ⌈シンに同じ。
**ニービ⌈ルー** [niːbi⌈ruː] [名]〔植〕ノビル(野蒜)。ユリ科の多年草。ネギに似ているが小さくて細い。食用になる。
**ニー⌈ブ** [niː⌈bu] [名] ひしゃく。
**⌈ニーブイ** [niːbui] [名] 居眠り。ワンネー ～ スン〈「私は居眠りする」から転じて、「眠たい」の意〉。
**⌈ニーブイ⌉カーブイ** [⌈niːbui⌉kaːbui] [副] しきりに眠気がさすさま。～ スン〈非常に眠そうにする〉。
**⌈ニーブイ⌉カマラサン** [⌈niːbui⌉kamarasaɴ] [形]《[否]ニーブイカマラシコーネーン [過]ニーブイカマラサタン》(子供が)眠たがってむずかっているさま。
**⌈ニーブイ⌉ゴーグチ** [⌈niːbui⌉goːguʧi] [名] 子供が眠たがってむずかること。子供が眠たいときに泣いたりすること。
**ニーブ⌈ター** [niːbu⌈taː] [名] 根太。円錐形の痛い腫れ物で中心に芯がある。
**⌈ニーブヤー** [⌈niːbujaː] [名] しょっちゅう眠たがる者。いつも眠そうにしている者。
**ニー⌈フラ** [niː⌈ɸura] [名] 値札。
**ニー⌈ムトゥ** [niː⌈mutu] [名] 根元。
**ニーワチャ⌈レー** [niːwatʃa⌈reː] [名] 厄介。面倒。
**⌈ニーン**[1] [⌈niːɴ] [動]《nir- nitʃ-; [否]ニラン [連]ニー [継]ニチョーン [過]ニチャン》似る。チョーレーヤ ニチョーン〈兄弟は似ている〉/ タートゥ ニチョーガ〈誰に似ているか〉。
**⌈ニーン**[2] [⌈niːɴ] [動]《nir- nitʃ-; [否]ニラン [連]ニー [継]ニチョーン [過]ニチャン》煮る。(ご飯などを)炊く。(芋などを)ふかす。ムヌ ～〈ご飯を炊く〉/ ッンム ～〈さつまいもをふかす〉。
**⌈ニーン**[3] [⌈niːɴ] [動]《niːr- niːt-; [否]ニーラン [連]ニー [継]ニートーン [過]ニータン》煮える。
**ニー⌈ン**[4] [niː⌈ɴ] [動]《niːr- niːt-; [否]ニーラン [連]ニー [継]ニートーン [過]ニータン》①練る。ッンムニー ～〈煮たさつまいもを練る〉。②殴る。クーサイニ アヌヒャーンカイ ニーラッティヨー〈小さいときにあいつに殴られたよ〉。
**ニウ⌈イ** [niu⌈i] [名]《文》におい。～ヌ カバサン〈においが芳しい〉。
**⌈ニエー** [⌈nieː] [名] 似合い。
**⌈ニオーイン** [⌈nioːiɴ] [動]《nioːr- nioːt-; [否]ニオーラン [連]ニオーイ [継]ニオートーン [過]ニオータン》似合う。ふさわしい。
**ニ⌈オー⌉ブトゥキ** [ni⌈oː⌉butuki] [名] 一対の仁王像の片方の名称。もう一方はマ⌈カー⌉ブトゥキという。ニ⌈オーもマ⌈カーも男のワラビ⌈ナー〈童名〉として用いられる他、比喩的に不美人のたとえとされることもある。
**ニガ⌈イン** [niga⌈iɴ] [動]《nigar- nigat-; [否]ニガラン [連]ニガイ [継]ニガトーン [過]ニガタン》願う。

ニク「[nikuʰ] 图 肉。＊普通は シシ「という。

「ニグーニグー [ˈnigu:nigu:] 圖 ゆったり。ゆっくり落ち着いてするさま。

「ニグトゥ [ˈnigutu] 图 寝言。 ～ アビトータン〈寝言を言っていた〉。

ニク「ブク [nikuˈbuku] 图 藁縄で編んだむしろ。農家で穀物など農産物を干すのに用いる。

ニク「ムン [nikuˈmun] 動《nikum-nikur-;㋖ニクマン㋱ニクミ㋙ニクローン㋺ニクラン》憎む。＊ミッ「クッサ「スンともいう。

ニ「クン [niˈkun] 图 にきび。

ニ「ゲー [niˈge:] 图 願い。願望。

ニゲー「グトゥ [nige:ˈgutu] 图 願い事。

ニ「ゴー [niˈgo:] 图 二合。＊ニン「ゴーともいう。

「ニシ¹ [ˈniʃi] 图 便所を指す古い言葉。＊他にフー「ルともいったが、現在は用いない。

「ニシ² [ˈniʃi] 图 北。那覇四町の「ニシ〈西〉、「ヒガシ〈東〉のように、「西」を表す用法もあるが、普通の口語では「北」の意に用いる。

ニジーカン「ティー [nidʑi:kanˈti:] 图 耐えられないこと。我慢できないこと。 ～ッシ スグタン〈我慢できなくてたたいた〉。

ニ「ジークネー [niˈdʑi:ˈkune:] 圖 我慢に我慢を重ねるさま。 ～ ソーティ フルッワーチャン〈我慢に我慢を重ねて育てあげた〉。

「ニシーン [ˈniʃi:n] 動《niʃir- niʃit-;㋖ニシラン㋱ニシー㋙ニシトーン㋺ニシタン》似せる。まねる。似せて作る。 シンシー ムン ニシティ チュクテーン〈先生のものに似せて作ってある〉。

ニジー「ン¹ [nidʑi:ˈn] 動《nidʑir- nidʑit-;㋖ニジラン㋱ニジー㋙ニジトーン㋺ニジタン》我慢する。こらえる。
＊ニジティ ニジララン チビヌ フンカ スバニ ウゥル ウチャク ハナ ウスティ タボリ〈我慢しても我慢できない尻の噴火、近くにいるお客様、鼻をつまんでください〉という狂歌がある。

「ニジーン² [ˈnidʑi:n] 動《nidʑir- nidʑit-;㋖ニジラン㋱ニジー㋙ニジトーン㋺ニジタン》握る。

「ニシチ [ˈniʃitʃi] 图《文》錦。＊琉歌「春にあやまれるもみぢばの錦雁の声聞きど秋や知ゆる」（全233）。

ニシ「ブチ [niʃiˈbutʃi] 图 北風。

「ニジムン [ˈnidʑiˈmun] 動《nidʑim-nidʑir-;㋖ニジマン㋱ニジミ㋙ニジローン㋺ニジラン》つねる。

「ニジヤー [ˈnidʑija:] 图 握り屋。けちんぼ。

「ニジャサマ [ˈnidʑasama] 寝ぼけること。 ～ スン〈寝ぼける〉。

「ニジャシチ [ˈnidʑaʃitʃi] 图【寝座敷】寝床。寝室。

「ニジャシチヌ「ユリー [ˈnidʑaʃitʃinuˈjuri:] 图 遺体を寝かしてあったところにいる霊。

「ニジャマ [ˈnidʑama] 图 寝ざま。寝相。＊ニンジャマに同じ。

「ニジャミ「ウルルチ [ˈnidʑamiˈʔururutʃi] 图《文》こわい夢などを見て急に目覚めること。＊琉歌「寝ざめ驚きに誰が袖よとめば庭に咲く梅のしほらし匂」（全286）。

「ニジュー¹ [ˈnidʑu:] 图 二十。

ニ「ジュー² [niˈdʑu:] 图 二重。 ～ ナトーン〈二重になっている〉。

「ニジューグニンチ [ˈnidʑu:guninˈtʃi] 图 二十五年忌。人の死後満二十五年の命日に行う法事。

「ニジリ [ˈnidʑiri] 图 右。＊ヒ「ジャイ〈左〉の対。

ニジ「レー [nidʑiˈre:] 图 忍耐力。我慢する力。 ～ヌ アシガル ウフイヨー トゥイル〈忍耐力のある者こそが大魚を釣る（よい結果が得られる）〉。

「ニシン｢ケー [niʃiŋˈkeː] 图 北向き。

ニス｢ラチ [nisuˈratʃi] 图 二升炊き(の鍋、釜)。

「ニタカマンタ [ˈnitakamanta] 图 似た者どうし。 ～ カキレー キタヌル ウゥーリール〈似た者どうし秤に掛けて比べると秤の竿さえ折れる。非常に似ているもののたとえとして用いられる〉。

ニチ｢1 [nitʃi] 图 熱。～ヌ アン〈(病気で)熱がある〉。 ニチェー アミ〈熱はあるか〉/～ヌ フゥーフゥー スン〈熱が高い〉。

ニチ2 [nici] 接尾 …日(ち)。日数、日付を表す。イチ｢ニチ〈一日〉、「サンニチ〈三日〉、「グニチ〈五日〉など。

「ニチサマシ [ˈnitʃisamaʃi] 图 熱さまし。解熱剤。＊ターｒイュ〈ふな(鮒)〉などの煎じた汁は熱さましによいとされた。

「ニッカ [ˈnikka] 副 (時間が)遅く。～ナイン〈遅くなる〉/～カラー ッチュス ヤーンカイ イカンロー〈遅くからは人の家に行くなよ〉。

「ニッチリ｢ケーチリ [ˈnittʃiriˈkeːtʃiri] 副 ゆっくりゆっくり。のろのろ。～ ムヌ イーン〈ゆっくりゆっくり話をする〉。

ニハー｢ク [nihaːˈku] 图 二百。

ニバン｢ルイ [nibanˈrui] 图 二番鶏。

ニブウッ｢タチ [nibuʔutˈtatʃi] 图 遅く出発すること。～ヌ フェーリッシン〈遅い出発が早い立身。遅くやり始めた者が早く立身すること。女性の場合は「晩婚だったが、子宝に恵まれ一家を成すのが早かった」の意〉。

「ニフェー レー｢ビル [ˈniɸeː reːˈbiru] 連語 ありがとうございます。感謝の意を表す言葉。目下に対してはカフー｢シという。

「ニマリカジャ [ˈnimarikadʒa] 图 腐ったにおい。～ッシヤー〈腐ったにおいがするなあ〉。

ニム｢チ [nimuˈtʃi] 图 荷物。

ニライカ｢ナイ [niraikaˈnai] 图 海の彼方にあると信じられている理想郷。

ニリ｢ [niri] 图 米の中に入っている砂、小石などの異物。～ プチャプチャ スン〈(ご飯をかんだときに砂がまじっていて)がりっとする〉。

ニリー｢ン [niriːn] 動《nirir- nirit-; 否ニリラン 連ニリー 継ニリトーン 過ニリタン》飽きる。(人、仕事、食物などが嫌になる。 ゴーヤー ニリトーン〈ゴーヤーは食べ飽きてしまった〉。

ニリガサ｢ガサ [nirigasaˈgasa] 副 じゃりじゃり。食べ物にまじった砂、小石が歯に当たって口ざわりの悪いさま。～ ッシ カマラン〈じゃりじゃりして食べられない〉。

「ニル｢ [ˈniru] 图 二度。

ニル｢ミ [niruˈmi] 图 二度目。

「ニワ｢ [ˈniwa] 图 庭。庭園。

ニン｢1 [ninˈ] 图 【念】集中する心。熱心な気持ち。～ イッティ ビンチョー ッシヨー〈一所懸命勉強しろ〉。

ニン2 [nin] 接尾 …人。「グニン〈五人〉、ルク｢ニン〈六人〉など。

ニン3 [nin] 接尾 …年。サン｢ニン〈三年〉、「ユニン〈四年〉など。

ニン｢イリ [ninˈʔiri] 图 【念入り】一所懸命。

ニン｢ガキ [ninˈgaki] 图 【念掛け】思い。心がけ。志。～ヌ タラン〈心がけが足りない〉。

ニンガキー｢ン [niŋgakiːn] 動《niŋ-gakir- niŋgakit-; 否ニンガキラン 連ニンガキー 継ニンガキトーン 過ニンガキタン》心がける。志す。ねらう。 イチ ヌム ガンリチ ニンガキトーン〈いつ飲もうかとねらっている〉。

「ニンカラ｢ニンジュー [ˈninkaraˈnin-dʒuː] 图 年がら年中。

「ニング｢ル [ˈninguru] 图 【懇(せん)ろ】情人。いろ。

ニン｢グチ [ninˈgwatʃi] 图 二月。～ カジマーイ〈二月に急に海が荒れること〉。

「ニングヮン [ˈniŋwan] 图 念願。心

に念ずること。ウリル ～ ソール〈それを念願としている〉/ ～ カナイン〈念願が叶う〉。

ニン「ゴー [niŋ˦go:] 图 二合。サキ ～ ヌローン〈酒を二合飲んでいる〉。*ニ「ゴーともいう。

「ニンシーン [ninʃi:n] 動《ninʃir- ninʃit-; 㐧ニンシラン 連ニンシー 禁ニンシトーン 過ニンシタン》①寝かせる。寝かせる。②(長いものを)横にする。寝かせる。

「ニンジジャマ [nindʑidʑama] 图 寝ざま。寝相。*ニジャマともいう。

「ニンジチゲー [nindʑitʃige:] 图 寝違え。～ ッシ クビヌ ヤムン〈寝違えて首が痛い〉。

「ニンジハナ [nindʑihana] 图 寝入りばな。

「ニンジブサン [nindʑibusan] 形《㐧ニンジブシコーネーン 過ニンジブサタン》眠たい。眠い。ワンネー ～〈私は眠たい〉。

「ニンジブスク [nindʑibusuku] 图 睡眠不足。寝不足。

「ニンジフリーン [nindʑiɸuri:n] 動《nindʑiɸurir- nindʑiɸurit-; 㐧ニンジフリラン 連ニンジフリー 禁ニンジフリトーン 過ニンジフリタン》眠り込む。眠りこける。眠りほうける。

「ニンジムヌガタイ [nindʑimunugatai] 图 寝物語。(男女が)夜、寝ながらする話。

「ニンジヤン「ジュン [nindʑijan˦dʑun] 動《nindʑijanr- nindʑijant-; 㐧ニンジヤンラン 連ニンジヤンジ 禁ニンジヤントーン 過ニンジヤンタン》寝そこなう。寝ようとしているときに邪魔が入って寝られなくなる。

ニン「ジュ [nin˦dʑu] 图 ①人数。人々。ニンジョー アチマトーミ〈人数は集まっているか〉。②(...の)一団。構成員。「アシビニンジュ〈踊りの一団〉、ヤーニン「ジュ〈家族〉など。

「ニンジュー [nindʑu:] 图 年中。一年中。～ オートーン〈年中喧嘩(けんか)している〉。

「ニンジュン [nindʑun] 動《ninr- nint-; 㐧ニンラン 連ニンジ 禁ニントーン 過ニンタン》眠る。寝る。ニンタイ ウキタイ〈寝たり起きたり〉/ ニンタイ ホータイ〈寝たり這ったり。ごろごろして〉/「ニンジミシリ〈眠りやがれ。寝ろ〉。

ニン「ジョー[1] [nin˦dʑo:] 图 人形。～ グヮーヌ グトゥ チュラサン〈人形のようにきれい〉。

「ニンジョー[2] [nindʑo:] 图 人情。

「ニンジリ [nindʑiri] 图 年切れ。年季。

ニン「ジン [nin˦dʑin] 图 人間。

ニン「スー [nin˦su:] 图 年数。～ヌ タッチョーン〈年数がたっている〉。

「ニンスク [ninsuku] 图 人足。人夫。

「ニンソー [ninso:] 图 人相。

ニンタフー「ナー [nintaɸu:˦na:] 图 寝たふり。～ ソーン〈寝たふりをしている〉。

ニン「チ [nin˦tʃi] 图 年忌。

「ニントゥー [nintu:] 图 年頭。年始。～ヌ エーサチ ウンヌキーン〈年頭の挨拶を申し上げる〉。

ニン「ニン [nin˦nin] 图 年々。年ごと。～ マシ ナイン〈年々よくなる〉。

ニン「ヒリ [nin˦çiri] 图【年経(へ)り】年数を経ていること。～ マヤー〈年を経た猫。年老いた猫〉。

「ニンプ [nimpu] 图 人夫。

ニンブ「チャー [nimbu˦tʃa:] 图 こじき。物乞い。もとは葬儀で念仏歌を唱える下層の者。

ニン「メー [nim˦me:] 图 二枚。

# ヌ

**ヌ** [nu] 助 ①の。連体修飾の働きをする。⑦所有、所属を表す。 キー〜フヮー〈木の葉〉/ タタン〜 ヒリ〈畳の縁〉/ ハーイ〜ミー〈針の穴〉。⑦状態を表す。 ッウィーッウィー〜 ッチュ〈上上(上層階級)の人〉。⑦名詞＋ヌ＋複数の接尾語で複数を表す。 ルシヌ「チャー〈友達〉/ イチクヌ「チャー〈いとこたち〉。④「…という(名の)」の意。 キラマ〜 シマ〈慶良間の島〉。④詠嘆を表す。 ンージュル ミー〜 クリサ〈見る目の苦しさ(見てかわいそうだ)〉。⑦同格を表す。 ワー ウヤ〜 モーシー〈私の親のモーシー〉。④開始を表して。 オーエー〜 ハジマイ〈喧嘩(はじめ)の始まり〉。②…してのあとは。…したあと。 ノーイムン〜 アトゥ〈縫い物のあと〉。⑦並列を表す。 ヌー〜ウィー〜ンリ イチ〈何のかのと言って〉。①姓や代名詞について「…の家の(者)」の意。 シマブク〜 サンナン〈島袋家の三男〉。⑨歳に関して「…の時の」の意。 イクチ〜 ックヮガ〈いくつの時の子か〉。⑦出身に関して「…の出身の」の意。 アンチュー マー〜 ヌ ヤミシェーガ〈あの人はどこの出身の人ですか〉。②ヌを中において同語を繰り返して強調する。 フユー〜 フユー ナラン〈怠けの怠けができない。怠けることが決してできない〉。⑦「…のような」の意。 ユチ〜 ヒジュイ〈雪のような冷たさ〉。⑤「…を迎えた。…にある」の意。 ナチ〜 ッチュヌ アミラントー クラサラン〈夏になると人は浴びないと(臭くなるので)暮らせない〉。②副詞ラッテーンに付く。 ラッテーン〜 シー〈巨大な岩〉。 *共通語では代名詞にも「の」を付けて所有を表すが、那覇方言ではこの場合はヌを用いない。 ワー バン〈私の順番〉/ ワー ムン〈私の物〉/ ッヤー グーサン〈おまえの杖〉/ ター チンガ〈誰の着物か〉。ただしアリ〈彼〉、ウンジュ〈あなた〉にはガを用いる。アリガ スムチ〈彼の書物〉/ ウンジュガ ムン〈あなたのもの〉。②が。の。⑦主格(主に人以外)や対象を示す。 ワタ〜 ヤムン〈腹が痛い〉/ ハブ〜 ウン〈ハブがいる〉。④係助詞ン〈も〉と結合する。 イン〜ン ワライミ〈犬も笑うか。犬は笑わないのに笑うのかの意〉。 *人名、人称代名詞の主格には普通ガを用いる。

**「ヌイ」** [ˀnui] 图 (接着用、洗濯用の)糊(のり)。 〜 イリーン〈糊を入れる〉。

**「ヌイグスイ」** [ˀnuigusui] 图 塗り薬。

**「ヌイムン¹」** [ˀnuimuŋ] 图 乗物。

**「ヌイムン²」** [ˀnuimuŋ] 图 塗物。漆器。

**「ヌイムン」ヤー** [ˀnuimuŋˈjaː] 图 塗物屋。漆器商。

**「ヌイン¹」** [ˀnuiŋ] 動《nur- nut-;㊟ヌラン ㊣ヌイ ㊤ヌトーン ㊥ヌタン》① (乗物に)乗る。 バスンカイ 〜〈バスに乗る〉。②(上に)のる。 ッウィーンカイ 〜〈上にのる〉。③載る。掲載される。 シンブヌンカイ 〜〈新聞に載る〉。

**「ヌイン²」** [ˀnuiŋ] 動《nur- nut-;㊟ヌラン ㊣ヌイ ㊤ヌトーン ㊥ヌタン》塗る。 チラ ンカイ シミ 〜〈顔に墨を塗る〉。

**ヌー** [nuː] 代名 何。 〜 ヤガ〈何か〉/ 〜 ヌ アガ〈何があるか〉/ 〜 ヒラティス アガ〈何の隔てがあろうか(、何もない)〉/ 〜 ヌ クトゥン ネーン〈何のこともない〉/ 〜ガ〈何か〉/ 〜ガ 〜ヤラ ワカラン〈何が何だか分からない〉/ 〜ガ 〜 ナトーラ ワケー ワカラン〈何がどうなっているのかわけが分からない〉/ 〜カラ 〜マリ〈何から何まで〉/ 〜ガ ヤラ〈どういうわけか〉/ 〜ガンリ イレー〈なぜなら。つまり。〜ガルン ヤレーともいう〉/ 〜 スガ〈何をするか。何をしているか。何の役にたつか〉/ ッヤーヤ 〜 スガ〈おまえは何をしているか。おまえは何をするか〉/ カンシッシ 〜 スガ〈こんなにして何になるか〉/ 〜トゥン

〈何とも〉/ ～ルンリン イララン〈言葉では言い表せない。何とも表現のしようがない〉/ ～ヌ〈何の。何が。何だって〉/ ～ヌ ウゥカサガ〈何がおかしいか。何がおかしいと言うんだ〉/ ～ヌ ミーニガ ンジャラ〈いつの間に行ったのだろうか〉/ ～ヤカン〈何よりも〉/ ～ヤカン マシ〈何よりもよい〉/ ～ ヤティン カムシェー ネーニ〈何でもいいから食べるものはないか〉/ ～ン ネーン〈何もない〉/ ～ンリ イチャル クトゥガ〈何ということだ。何たることか〉/ ～ンリチ〈なぜ。どうして〉/ ～ンリ チェー ネーン〈何ということはない。理由もどない〉。

「ヌー ガナ [ˈnuːgana] 图 何か。～ アエー サニ〈何かあるだろう〉。

「ヌー クィー [ˈnuːkwiː] 图 何やかや。何かがあること。～ネー ユー チュータンロー〈何かがあるとよく来たもんだよ〉。

「ヌー グトゥ [ˈnuːgutu] 图 何事。～ガ〈何事か〉。

ヌー「サル [nuːˈsaru] 連体 何ほどの。何の。大したことない。アレー ～ ムンガ〈彼は何ほどの者か〉/ ～ チュラカーギーガ ヤナカーギール レームンヌ〈何の美男(美人)なものか、ぶ男(不美人)じゃあないか〉。

「ヌー サワン [ˈnuːsawan] 副 何をしても。どうしようと。～ ッヤー カッティ〈どうしようとおまえの勝手〉。

ヌー サンクィー「サン [nuːsaŋkwiːˈsan] 副 何のかの。～ンリ イチン シカターナランサ〈何のかのと言ったってしかたがないよ〉。

ヌー「シ [nuːˈʃi] 图 主(ぬし)。持ち主。主人。

ヌー「ジ [ˈnuːdʑi] 图 虹。

「ヌー チク [ˈnuːtɕiku] 图 親どうしが「マタイチク〈またいとこ〉である間柄。

「ヌー チン クィー チン [ˈnuːtɕin kwiːtɕin] 副 何といっても。～ ワジワジー スシェー〈何といっても腹が立つよ〉。

「ヌー ティ クトゥ [ˈnuːtikutu] 图 何ということ。ヌーティクトー ネーン イッソー

ナーリー チレー〈何ということもない、片っ端から切りなさい〉。

「ヌー トゥン ガ ナッシ [ˈnuːtuŋ ganaʃʃi] 图 何かの拍子に。どうかしたはずみに。ちょっとしたはずみに。

「ヌー トゥン クィー トゥン [ˈnuːtuŋ kwiːtuŋ] 副 何ともかとも。何とも。～ タトゥララン〈何ともかともたとえられない。何とも比べられない〉。

「ヌー ヌー [ˈnuːnuː] 图 何々。何と何。～ コーイガ〈何と何を買うか〉/ ～クス マヤークス アンラギー〈直訳すると、何々の糞猫の糞てんぷら。特に意味はないが、子供が何かをしつこく尋ねるときに子供を煙に巻く言葉〉。

ヌー ヌ クィー「ヌ [nuːˈnu kwiːˈnu] 連語 何のかの。いろいろ。～ ゴーグチ スタン〈何のかのと文句を言っていた〉。

「ヌー ヌ サ ビン ネーン [ˈnuːnusabin neːn] 連語 何のさしさわりもない。いっこうにさしつかえない。天に恥じるようなことがない。

ヌー「ビ [nuːˈbi] 图 (疲れたときなどにする)伸び。

「ヌー メー [ˈnuːmeː] 图 玄米。

ヌー「ヤー クィー ヤー [nuːˈjaː kwiːˈjaː] 图 何やかや。あれこれ。～ イチュナサヌヨー〈あれこれ忙しくてね〉。

「ヌー ヤ ティン クィー ヤ ティン [ˈnuːjatin kwiːjatin] 副 とにかくどうあろうと。ともあれ。

「ヌー ラク [ˈnuːraku] 图 汚すこと。めちゃめちゃなこと。ルル ～ シミテーン〈泥で汚くしている〉。

ヌー「リ [nuːˈri] 图 こけ(苔)。～ ホーイン〈こけが繁殖する〉。

ヌー「リー [nuːˈriː] 图 のど。咽喉。

ヌー リー カー「カー [nuːriːkaːˈkaː] 副 のどに物が引っかかっているさま。～ ソーン〈のどに物が引っかかっている〉。

ヌー リー コー「コー [nuːriːkoːˈkoː] 图 のどぼとけ。

ヌーリーッワー「グヮー [nu:ri:ʔwa:-「gwa:] 图 のどびこ。のどちんこ。
ヌー「ル [nu:「ru] 图 祝女(ﾉﾛ)。村落の祭祀を司る神女。
「ヌー「ローク ィーロー [「nu:「ro:kwi:「ro:] 連語 何だかんだ。何のかの。何かのときには。〜ネー チャー チュータン〈何かのときにはいつも来た〉。
ヌーンクィー「ン [nu:ŋkwi:「n] 副 何もかも。すっかり。ことごとく。〜 ウチクッティ ネーン〈何もかも食ってしまって何も残っていない〉。
ヌカ「[nuka「] 图 糠。
ヌガー「イン [nuga:「in] 動《nuga:r- nuga:t-; ㊊ヌガーラン ㊁ヌガーイ ㊂ヌガートーン ㊃ヌガータン》のがれる。免れる。
ヌガーラ「スン [nuga:ra「sun] 動《nuga:ras- nuga:ratʃ-; ㊊ヌガーラサン ㊁ヌガーラシ ㊂ヌガーラチョーン ㊃ヌガーラチャン》許す。放免する。ッヤー ヤ ヌガーラサン〈おまえは許さない〉。
ヌガ「シ [nuga「ʃi] 副《文》どうして。いかなる理由によって。*琉歌「のがす思童物思顔しちをる思事のあらば語て聞かせ」(全 374)。
「ヌガスン [「nugasun] 動《nugas- nugatʃ-; ㊊ヌガサン ㊁ヌガシ ㊂ヌガチョーン ㊃ヌガチャン》のがす。逃げられる。*ヒンガ「スンの方がよく用いられる。
ヌカバ「チャー [nukaba「tʃa:] 图 蜂の一種。体は小さいが毒は強い。*「糠蜂」にほぼ対応。
「ヌキーン [「nuki:n] 動《nukir- nukit-; ㊊ヌキラン ㊁ヌキー ㊂ヌキトーン ㊃ヌキタン》のける。退ける。トゥッティ スキタン〈取りのけた。取り除いた。排除した〉。
「ヌギーン[1] [「nugi:n] 動《nugir- nugit-; ㊊ヌギラン ㊁ヌギー ㊂ヌギトーン ㊃ヌギタン》逃げる。逃走する。*ヒンギー「ンという場合が多い。

ヌギー「ン[2] [nugi:「n] 動《nugir- nugit-; ㊊ヌギラン ㊁ヌギー ㊂ヌギトーン ㊃ヌギタン》抜ける。ハース 〜〈歯が抜ける〉。
「ヌギッンジーン [「nugiʔndʒi:n] 動《nugiʔndʒir- nugiʔndʒit-; ㊊ヌギッンジラン ㊁ヌギッンジー ㊂ヌギッンジトーン ㊃ヌギッンジタン》抜きんでる。すぐれる。ヌー シミティ 〜〈何をさせても抜きんでている〉。
ヌ「クイ [nu「kui] 图 残り。余り。*ア「マイともいう。
ヌクイ「ムン [nukui「mun] 图 残り物。
ヌク「イン [nuku「in] 動《nukur- nukut-; ㊊ヌクラン ㊁ヌクイ ㊂ヌクトーン ㊃ヌクタン》残る。ワーム ノー ヌクトーミ〈私の物は残っているか〉。
ヌグ「イン [nugu「in] 動《nugur- nugut-; ㊊ヌグラン ㊁ヌグイ ㊂ヌグトーン ㊃ヌグタン》ぬぐう。ふき取る。チビ 〜〈尻をぬぐう〉 / タタンスス ヤーッシ 〜〈雑巾でふき取る〉。
ヌ「クサン [nu「ku「san] 形《㊊ヌクコーネーン ㊃ヌクサタン》温(ﾇｸ)い。暖かい。
ヌク「シ [nuku「ʃi] 图 食べ残し。
ヌク「ジリ [nuku「dʒiri] 图 のこぎり。
ヌク「スン [nuku「sun] 動《nukus- nukutʃ-; ㊊ヌクサン ㊁ヌクシ ㊂ヌクチョーン ㊃ヌクチャン》残す。ッヤー ムノー ヌクチェーン〈おまえの物は残してある〉。
「ヌクタマイン [「nukutama「in] 動《nukutamar- nukutamat-; ㊊ヌクタマラン ㊁ヌクタマイ ㊂ヌクタマトーン ㊃ヌクタマタン》暖まる。暖をとる。ヒーンカイ アタティ 〜〈日に当たって暖まる〉。
「ヌクタミーン [「nukutami:n] 動《nukutamir- nukutamit-; ㊊ヌクタミラン ㊁ヌクタミー ㊂ヌクタミトーン ㊃ヌクタミタン》暖める。温める。ユー

ヌクバーイン

〜〈湯を温める〉。

ヌクバー「イン [nukubaːˈin] 動《nukubaːr- nukubaːt-; ㊅ヌクバーラン ㊈ヌクバーイ ㊉ヌクバートーン ㊊ヌクバタン》(気候が)暖かくなる。温かくなる。 チカグルンシェー スクバートーン〈近頃は暖かくなっている〉。 ＊「温(ﾇｸ)まる」にほぼ対応。

ヌク「ムン [nukuˈmuɴ] 動《nukum- nukur-; ㊅ヌクマン ㊈ヌクミ ㊉ヌクローン ㊊ヌクラン》暖まる。暖をとる。 ｯﾔｰﾝ スクメー〈おまえも暖まれ〉。 ＊「温(ﾇｸ)む」にほぼ対応。

ヌク「ルシ [nukuˈruʃi] 名 暖かい年。暖冬の年。

「ヌシーン [ˈnuʃiːɴ] 動《nuʃir- nuʃit-; ㊅ヌシラン ㊈ヌシー ㊉ヌシトーン ㊊ヌシタン》①(車、船などに)乗せる。②(上に)のせる。 ｯウィーンカイ 〜〈上にのせる〉。 ③載せる。掲載する。 シンブヌンカイ 〜〈新聞に載せる〉。

「ヌシカイン [ˈnuʃikaiɴ] 動《nuʃikar- nuʃikat-; ㊅ヌシカラン ㊈ヌシカイ ㊉ヌシカトーン ㊊ヌシカタン》①むかう。②喧嘩(ｹﾝｶ)寸前の言い合いになる。 タイヌ ムン ヌシカトーン〈二人の者が喧嘩寸前の言い合いをしている〉。

「ヌシキーン [ˈnuʃikiːɴ] 動《nuʃikir- nuʃikit-; ㊅ヌシキラン ㊈ヌシキー ㊉ヌシキトーン ㊊ヌシキタン》差し出す。ちょっと出す。 ティー 〜〈手を差し出す〉。

ヌジ「フヮ [nudʒiˈɸa] 名 死者を寝かせていた場所に霊魂が残らないように抜き取る祭りをすること。

「ヌジュミ [ˈnudʒumi] 名 望み。希望。願望。

「ヌジュミルーイ [ˈnudʒumiruːi] 名 望みどおり。

「ヌジュムン [ˈnudʒumuɴ] 動《nudʒum- nudʒur-; ㊅ヌジュマン ㊈ヌジュミ ㊉ヌジュローン ㊊ヌジュラン》①望む。ほしがる。②結婚の相手に望む。

210

惚れる。 ｯﾔｰﾔ ヌジュマットーン〈おまえは結婚の相手に望まれている〉。

「ヌジュン[1] [ˈnudʒuɴ] 動《nugnudʒ-; ㊅ヌガン ㊈ヌジ ㊉ヌジョーン ㊊ヌジャン》だます。借りたものを返さないで自分のものにする。馬鹿にする。 ｯﾁｭ 〜〈人をだます〉。

ヌ「ジュン[2] [nuˈdʒuɴ] 動《nugnudʒ-; ㊅ヌガン ㊈ヌジ ㊉ヌジョーン ㊊ヌジャン》①抜く。 タチ 〜〈太刀を抜く〉。 ②脱ぐ。 ハカマ 〜〈下ばかまを脱ぐ〉。 ＊服など普通の衣類の場合はハジー「ン〈脱ぐ〉という。 ③(写真を)写す。撮る。 サシン 〜〈写真を写す。直訳は「写真を抜く」。写真を撮ると魂が抜き取られるという俗信がある〉。

ヌス「ムン [nusuˈmuɴ] 動《nusum- nusur-; ㊅ヌスマン ㊈ヌスミ ㊉ヌスローン ㊊ヌスラン》盗む。泥棒する。

ヌス「ル [nusuˈru] 名 泥棒。盗人。 〜ニ ムタッティン アテー ネーン〈泥棒に持ち上げられても分からない(ほど熟睡している)〉。

ヌスルン「グェー [nusuruŋˈgweː] 名 盗み食い。＊「サグイン」グェーともいう。

ヌタ「 [nutaˈ] 名 どろどろ。ぐにゃぐにゃ。固体が溶けて液状になること。 〜 ナトーン〈(芯がなく)ぐにゃぐにゃになっている〉。

ヌタエー「イ [nutaʔeːˈi] 名〖料理〗ぬたあえ。

ヌチ「[1] [ˈnutʃiˈ] 名 命。

「ヌチ[2] [ˈnutʃi] 名 貫(ﾇｷ)。貫木(ﾇｷﾞ)。柱を横に貫く木材。

ヌチカジ「リ [nutʃikadʒiˈri] 名〖命限り〗命がけ。一所懸命。 〜 ビンチョー サワル ヤンロー〈一所懸命勉強しないといけないぞ〉。 ＊ヌチカジ「リーともいう。

ヌチカジ「リー [nutʃikadʒiˈriː] 名 ヌチカジ「リに同じ。

ヌチガ「フー [nutʃigaˈɸuː] 名〖命果報〗運よく命が助かること。命拾い。 〜 ヤーテーサヤー〈運よく命が助かったんだなあ〉。

**ヌチグ「スイ** [nutʃiguˈsui] 图【命薬】①非常においしいもの。アギジャビョー 〜サッサー〈ああ、とてもおいしかったなあ〉。②(村芝居、踊りなど)見たり聞いたりして非常に楽しいもの。

**「ヌチクル「スン** [ˈnutʃikuruˈsun] 動《nutʃikurus- nutʃikurutʃ-; 否ヌチクルサン 連ヌチクルシ 敬ヌチクルチョーン 過ヌチクルチャン》刺し殺す。ヤイッシ 〜〈槍で刺し殺す〉。

**「ヌチジーン** [ˈnutʃidʒiːn] 動《nutʃidʒir- nutʃidʒit-; 否ヌチジラン 連ヌチジー 敬ヌチジトーン 過ヌチジタン》(芽が)出る。(月が)出る。チチヌ ヌチジティ チューン〈月が出てくる〉。⇨ スチュン²、ンジーン。*「抜き出る」にほぼ対応。

**「ヌチジヤー** [ˈnutʃidʒijaː] (柱を礎石に立て貫木(ﾇｷｷﾞ)を通して造った)本建築の家。*アナ「ヤー〈掘っ立て小屋〉に対する。

**ヌチ「ジル** [nutʃiˈdʒiru] 图【命弦】命。息の緒。〜 ヨーイン〈命が弱る。落命する〉。

**ヌチチリア「ビー** [nutʃitʃiriʔaˈbiː] 副命の限り叫ぶさま。あらん限りの声で叫ぶさま。

**「ヌチ「チリーン** [ˈnutʃiˈtʃiriːn] 動《nutʃitʃirir- nutʃitʃirit-; 否ヌチチリラン 連ヌチチリー 敬ヌチチリトーン 過ヌチチリタン》死ぬほど大変である。非常に困る。クネーラー ヌチチリタッサー〈この間は大変な目にあったなあ〉。

**ヌチチリ「バイ** [nutʃitʃiriˈbai] 图 死に物狂いで走ること。死に物狂いの状態も表す。〜 シミラサッタン〈死ぬほど(仕事などを)させられた。(または)死ぬほど走らされた〉。

**ヌチチリバタ「ラチ** [nutʃitʃiribataˈratʃi] 图【命切れ働き】死に物狂いで働くこと。

**ヌチトゥカク「ガー** [nutʃitukakuˈgaː] 图 命がけ。〜 ッシ サンロー〈命がけでやったのだぞ〉。

**ヌチ「ヌ「ウン** [nutʃiˈnuˈun] 图【命の恩】命を救ってくれた恩。ヌチヌウスン アイル スル〈命を助けてくれた恩もある〉。

**ヌチヌグスー「ジ** [nutʃinugusuːˈdʒi] 图 ヌチヌスー「ジに同じ。

**ヌチヌスー「ジ** [nutʃinusuːˈdʒi] 图 命拾いした祝い。鉄の暴風(太平洋戦争)が敗戦で終わりヌチヌスージをしたということである。*ヌチヌグスー「ジともいう。

**ヌチヒ「ター** [nutʃiçiˈtaː] 图 命知らずの者。危ないことを平気でする者。

**ヌチヒティ「グトゥ** [nutʃiçitiˈgutu] 图【命捨てごと】命がけの重大事。大変なこと。

**ヌチヒティ「ワジャ** [nutʃiçitiˈwadʒa] 图【命捨てわざ】命がけの仕事。

**ヌチャー「シー** [nutʃaːˈʃiː] 图 ごちそうを持ち寄って宴会をすること。(困っている人を助けるなどのために)一定の金額や物品を持ち寄ること。

**「ヌチャースン** [ˈnutʃaːsun] 動《nutʃaːs- nutʃaːtʃ-; 否ヌチャーサン 連ヌチャーシ 敬ヌチャーチョーン 過ヌチャーチャン》(等量ずつ金品を)持ち寄る。寄せ集める。

**「ヌチャガイン** [ˈnutʃagain] 動《nutʃagar- nutʃagat-; 否ヌチャガラン 連ヌチャガイ 敬ヌチャガトーン 過ヌチャガタン》抜けて上に出る。(邪魔するものを押しのけて)出現する。チチヌ ヌチャガティ チューン〈月が(雲を抜けて)出てくる〉。

**「ヌチュン¹** [ˈnutʃun] 動《nuk- nutʃ-; 否ヌカン 連ヌチ 敬ヌチョーン 過ヌチャン》集める。募る。ジン 〜〈金を集める〉。

**「ヌチュン²** [ˈnutʃun] 動《nuk- nutʃ-; 否ヌカン 連ヌチ 敬ヌチョーン 過ヌチャン》①貫く。穴に通す。ハーイスミー ヌチ トゥラシェー〈針の穴に(糸を)通してくれ〉。②突く。指す。ヤイッシ 〜〈槍で突

く〉/ イービッシ 〜〈指で指す〉。 ＊「抜く」にほぼ対応。

「**ヌチラシ「キ** [nutʃiraʃiˈki] 图【命助け】命を救うこと。救命。

**ヌチルク「ル** [nutʃirukuˈru] 图【命どころ】命にかかわるところ。急所。

「**ヌヌ** [ˈnunu] 图 布。

**ヌヌウ「ヤー** [nunuʔuˈjaː] 图 機織りを仕事とする者。＊「布織り」にほぼ対応。

「**ヌヌダキ** [ˈnunudaki] 图【布丈】《文》一反の布の長さ。短いことの意にも用いる。＊琉歌「照るてだや西に布だけになても首里みやだいりやてど一人のぼる」(全137)。

**ヌ「バガイカーギ** [nuˈbaˌgaikaːgi] 图【伸び上がり影】〈立ち寄る、または訪れる〉顔。次のように用いる。 〜ン ネーン〈さっぱり顔も見せない〉。

**ヌ「バガイン** [nuˈbaˌgain] 動《nubagar- nubagat-; 否 ヌバガラン 連 ヌバガイ 禁 ヌバガトーン 過 ヌバガタン》ちょっとのぞく。ちょっと顔を出す。たまに立ち寄る。 ウフェー ヌバガレー〈たまには顔を出せ〉。

**ヌバ「スン** [nubaˈsun] 動《nubas- nubatʃ-; 否 ヌバサン 連 ヌバシ 禁 ヌバチョーン 過 ヌバチャン》(縮んだものを)伸ばす。引っ張って長くする。(日時を)延期する。

「**ヌバチリーン** [ˈnubaˌtʃiriːn] 動《nubatʃirir- nubatʃirit-; 否 ヌバチリラン 連 ヌバチリー 禁 ヌバチリトーン 過 ヌバチリタン》のびる。くたばる。ひどい目にあう。

**ヌ「ビ** [nubiˈ] 图 ①伸び。伸びること。②寛大さ。寛容さ。 〜ヌ ネーン〈寛容さがない。狭隘(きょうあい)〉である。

**ヌビー「ン** [nubiːˈn] 動《nubir- nubit-; 否 ヌビラン 連 ヌビー 禁 ヌビトーン 過 ヌビタン》①伸べる。伸ばす。②(日時などを)延ばす。延期する。 ヒンビノー スバチ トゥラシェー〈返却は延ばしてくれ〉。③我慢する。堪忍する。こらえる。ッヤーガ ヌビレー シムサ〈おまえが我慢すればいいさ〉。

「**ヌビチジミ** [ˈnubiˌtʃidʑimi] 图 伸び縮み。伸縮。

**ヌビ「ヌビ** [nubiˈnubi] 副 延び延び。何度も延期されるさま。 ヤクスコー 〜 ナティ〈約束は延び延びになってしまって(すまない、残念だ〉。

**ヌビ「レー** [nubiˈreː] 图 包容力。寛容さ。寛大さ。忍耐力。 〜ヌ アン〈包容力がある〉。

「**ヌブイ** [ˈnubui] 图 ①上り。高いところへ行くこと。②都に行くこと。上京。古い言い方。 スイヌ「ブイ〈首里上り〉/ ヤマトゥヌ「ブイ〈大和上り〉。本土へ行くこと〉。

「**ヌブイクライ** [ˈnubuiˌkurai] 图 上り下り。上ったり下ったり。

「**ヌブイクルチ** [ˈnubuikurutʃi] 图 上り口説(どき)。琉球古典音楽の歌曲名。首里王府の役人が薩摩に上るまでの道中を歌ったもの。この歌曲に合わせた舞踊(二才踊りの振り付け)もある。

**ヌブイン** [ˈnubuin] 動《nubur- nubut-; 否 ヌブラン 連 ヌブイ 禁 ヌブトーン 過 ヌブタン》上る。登る。 キーンカイ 〜〈木に登る〉/ ヤーヌッウィーンカイ 〜〈屋根に登る〉。 ＊太陽、月の場合は「アガイン」が普通。都へ行く意には「イチュン〈行く〉」を使い、ヌブインはほとんど使わない。

「**ヌブシ** [ˈnubuʃi] 图 のぼせ。頭が重くて熱っぽく、時に鈍痛を伴う状態。体の不調の一種。

「**ヌブシーン**[1] [ˈnubuʃiːn] 動《nubuʃir- nubuʃit-; 否 ヌブシラン 連 ヌブシー 禁 ヌブシトーン 過 ヌブシタン》のぼせる。頭が重くて熱っぽく、だるくなる

「**ヌブシーン**[2] [ˈnubuʃiːn] 動《nubuʃir- nubuʃit-; 否 ヌブシラン 連 ヌブシー 禁 ヌブシトーン 過 ヌブシタン》高いところへ上げる。 タンシヌッウィーンカイ 〜〈たんすの上に上げる〉。＊「上(のぼ)す」にほぼ対応。

ヌ「ブン [nuˈbuŋ] 動《nub- nur-; 否 ヌバン 連 ヌビ 禁 ヌローン 過 ヌラン》①伸びる。(引っ張られて)長くなる。②(期日が)延びる。延期になる。

「ヌミ」¹ [ˈnumi] 名 のみ(蚤)。インヌ ハーニ ～〈犬の歯にのみ。めったに当たらないもののたとえ〉。

「ヌミ」² [ˈnumi] 名 鑿(のみ)。大工道具の一つ。

ヌミグ「スイ [numiguˈsui] 名 飲み薬。内服薬。

ヌミ「クムン [numiˈkumuŋ] 動《numikum- numikur-; 否 ヌミクマン 連 ヌミクミ 禁 ヌミクローン 過 ヌミクラン》①飲み込む。②理解する。会得する。

ヌミ「ミジ [numiˈmidʑi] 名 飲み水。飲料水。昔は大きな瓶にためて用いた。

ヌミ「ルシ [numiˈruʃi] 名 飲み友達。酒飲み仲間。⇨ ルシ。

ヌ「ムン [nuˈmuŋ] 動《num- nur-; 否 ヌマン 連 ヌミ 禁 ヌローン 過 ヌラン》飲む。(特に)酒を飲む。チューン スローサヤー〈今日も(酒を)飲んでいるなあ〉。

ヌヤ「マ [nujaˈma] 名《文》野山。＊琉歌「笠に音ならぬ降ゆる春雨や野山たちかくす霞ともて」(全 809)。

「ヌラーリーン [ˈnuraːriːŋ] 動《nuraːrir- nuraːtt-; 否 ヌラーリラン 連 ヌラーリー 禁 ヌラーットーン 過 ヌラーッタン》叱られる。怒られる。タンメーンカイ ～〈お祖父さんに叱られる〉。

「ヌライン [ˈnuraiŋ] 動《nurar- nurat-; 否 ヌララン 連 ヌライ 禁 ヌラトーン 過 ヌラタン》叱る。怒る。ヌラティ トゥラチャン〈叱ってやった〉。

ヌ「ルサン¹ [nuˈrusaŋ] 形《否 ヌルコーネーン 過 ヌルサタン》(液体が)ぬるい。ウス チャーヤ ～〈この茶はぬるい〉。

ヌ「ルサン² [nuˈrusaŋ] 形《否 ヌルコーネーン 過 ヌルサタン》(動作、速度などの)のろい。鈍い。

ヌルッ「クィーン [nurukkwiːˈŋ] 動《nurukkwir- nurukkwit-; 否 ヌルックィラン 連 ヌルックィー 禁 ヌルックィトーン 過 ヌルックィタン》冷めてぬるくなる。ぬるくなってまずくなる。ヌルックィトゥ アチラシェー〈(お汁など)が冷めてぬるくなっているから温めろ〉。

ヌルッ「クヮー [nurukˈkwaː] 副 冷めてぬるいさま。ぬるくていかにもまずそうなさま。～ ナトーン〈冷めてまずそうになっている〉。

ヌルミー「ン [nurumiːˈŋ] 動《nurumir- nurumit-; 否 ヌルミラン 連 ヌルミー 禁 ヌルミトーン 過 ヌルミタン》ぬるめる。ぬるくする。

ヌル「ムン [nuruˈmuŋ] 動《nurum- nurur-; 否 ヌルマン 連 ヌルミ 禁 ヌルローン 過 ヌルラン》(水などが)ぬるむ。

ヌ「ルン トゥルン [nuˈruŋˈturuŋ] 副 ぼんやり。ぼさっと。クス ワラベー ～ ソーン〈この子はぼんやりしている〉。

「ヌンクー [ˈnuŋkuː] 名《文》料理名。肉、かまぼこ、こんにゃく、豆、大根、豆腐、田芋、からし菜などを煮込んだもの。＊琉歌に「暖鍋思鍋がわたのくつめけばそろていまるる医者の匙のしげさ」(全 2815)とあり、その「暖鍋」である。

ヌンジティ [nu ʔndʑiti] 連語 …のくせに。…であるにもかかわらず。イィキガ～ナチョーサ〈男のくせに泣いているよ〉。＊ヌンジトーティともいう。

ヌンジトーティ [nu ʔndʑitoːti] 連語 ヌンジティに同じ。

# ネ



**ネー「**[1] [ne:「] [名]【なゐ】地震。 ～ヌ ユイタシガ アテー アティ〈地震があったが気づいたか〉。

**ネー**[2] [ne:] [助] (…する)ように。比喩などを表す。 ヒンスームンヌ タカ イィータン～〈貧乏人が鷹をもらったように(喜んでいる)〉 / アッチュン～ スタシガ マーカイ ッンジャガヤー〈散歩しているようだったがどこに行ったのだろうか〉。

**ネー**[3] [ne:] [助] (…し)たら。(…する)と。活用語の連用形に付いて、条件を表す。 トゥイ～ ヌラーリーンロー〈取ると叱られるよ〉 / タカサイ～ ヌブラララン〈高いと登れない〉。

**「ネーイン**[1] [「ne:iɴ] [動]《ne:r- ne:t-; [否]**ネーラン** [連]**ネーイ** [継]**ネートーン** [過]**ネータン**》出す。突き出す。差し出す。 シバ ～〈(嫌だといって)舌を出す〉 / ティー ～〈(物をもらおうと)手を出す。殴りかかる〉 / ジン ネーレー〈金を出せ〉。

**ネー「イン**[2] [ne:「iɴ] [動]《ne:r- ne:t-; [否]**ネーラン** [連]**ネーイ** [継]**ネートーン** [過]**ネータン**》萎(な)える。しおれる。弱くなる。 アミヌ フラングトゥ ネートーン〈雨が降らないから(草木が)しおれている〉 / ティーラヌ ネーティカラ イケー〈日ざしが弱くなってから行け〉。

**ネー「ガー** [ne:「ga:] [名] 足が不自由なもの。びっこ。＊ネー「グー、ネー「ジャーなどともいう。

**ネー「グー** [ne:「gu:] [名] ネー「ガーに同じ。

**ネー「ジャー** [ne:「ʤa:] [名] ネー「ガーに同じ。

**ネー「ジュン** [ne:「ʤuɴ] [動]《ne:g- ne:ʤ-; [否]**ネーガン** [連]**ネージ** [継]**ネージョーン** [過]**ネージャン**》片足を引きずるように歩く。びっこを引く。＊「蹇(なえ)ぐ」にほぼ対応。

**ネー「チリ** [ne:「ʧiri] [名] (着物の)揚げ。 ～ イッテーン〈(着物に)揚げを入れてある〉。

**「ネートゥケートゥ** [「ne:tuke:tu] [名] 似合い。似たり寄ったり。 ネートゥケートー アイル スル〈似たり寄ったりはあるものだ〉。

**「ネービ** [「ne:bi] [名] まね。しぐさ、表情などの模倣。 タルーヤ ジルー ～ ソーン〈太郎は次郎のまねをしている〉。

**ネー「ラン** [ne:「raɴ] [動]《不規則活用》ネー「ン に同じ。

**ネー「ラン⌝ムン** [ne:「ram⌝muɴ] [名] とても大切なもの。いざというときに使おうとしまいこんであったもの。

**ネー「ン** [ne:「ɴ] [動]【ないぬ】《不規則活用》①ない。「ない」に「ぬ(打ち消し)」が付いて、「ない(非存在、否定)」の意を表す。「アン〈ある〉の打ち消し。 ネー「ヤビ⌝ラン(または)ネー「ビ⌝ラン〈ありません〉 / ジン ～ ナスン〈お金をなくす〉 / ～ ナイン〈なくなる〉 / ～ロー〈ないよ〉 / ～ガヤー〈ないかね〉 / ～ガ アラ〈ないのだろうか〉 / ネーヌン アラン〈なくもない。ないわけでもない〉 / ッンジェー ～〈行ってはない〉 / シグトゥヌ シーヨーン ～〈仕事のしかたがなってない〉 / ～サミ〈(再三の催促に)(ないといったら)ないんだ〉。②(…して)しまった。 カリ ～〈食べてしまった〉 / イィチ ～〈(困ったことには)座ってしまった〉。＊ネー「ランともいう。

## ノ

**ノーイ「ムン** [noːiˈmuŋ] 图 縫い物。針仕事。

**ノー「イン**[1] [noːˈin] 動《noːr- noːt-; 否ノーラン 連ノーイ 継ノータン》①縫う。 チン ～〈着物を縫う〉。 ②な(綯)う。 チナ ～〈綱をなう〉。

**ノー「イン**[2] [noːˈin] 動《noːr- noːt-; 否ノーラン 連ノーイ 継ノータン》直る。よくなる。仲直りする。 クフヮトータシガ ノートーン〈仲が悪い状態だったが仲直りしている〉。

**ノー「ガ** [noːˈga] 图【冥加】名誉。ほまれ。 ～ナ クトゥ ヤサ〈名誉なことだ〉。

**ノー「ジ** [noːˈdʑi] 图 名字。姓。

**ノー「スン** [noːˈsun] 動《noːs- noːtʃ-; 否ノーサン 連ノーシ 継ノーチョーン 過ノーチャン》①直す。修理する。治療する。 ②片づける。しまう。 ヒチジャシーンカイ ノーチョーケー〈引き出しにしまっておけ〉。

**「ノータ** [ˈnoːta] 副 いくらか。幾分か。 ノーター アイル スル〈いくらかはあるだろう〉。

**「ノータケータ** [ˈnoːtaːkeːta] 图 ふさわしいこと。似合い。

**ノータル シカマー カメールビケージン ネーン** [noːtaru ʃikamaː kameːrubikeːdʑin neːn] 連語 探すに困らない、簡単に探せるというようなときに用いる。＊直訳すると「ふさわしい仕事は探すばかりもない」。

**ノー「ノー** [noːˈnoː] 图《幼児》花。

**ノー「ブ** [noːˈbu] 图 屏風。

# ハ

ハー⌈¹ [ha:⌈] 图 (包丁、鎌などの)刃。

ハー⌈² [ha:⌈] 图 歯。～ ヤムン〈歯が痛い〉／～ クーイン〈食物の冷たさが〉歯にしみる〉。

ハー³ [ha:] 感 ああ。おや。ほう。まあ。驚いた時、感じ入った時、あきれた時などに発する声。～ レージ ナトーッサー〈ああ大変なことになった〉／～ アンル ヤティー〈あああそうであったのか〉。

バー⌈ [ba:⌈] 图 ①場合。時。ニントール ～ニッンジ ウラン〈寝ている間に行ってしまった〉。②わけ。理由。チャール ～ガ〈(詰問して)どういうわけか〉。

⌈パー [pa:] 副 からっぽのさま。チブロー ～ ナトーン〈頭がからっぽになっている。物事の判断がつきにくいということ〉。

ハー⌈イ [ha:⌈i] 图 ①針。②鍼(はり)。

ハーイヌ⌈ミー [ha:inu⌈mi:] 图【針の目】針の穴。～ ヌチ トゥラシェー〈針の穴に糸を通してくれ〉。＊琉歌ではハリミとして現れ、「糸目から針目ほけるとも我身ののよで思里のみこし引きゆが」(全1842)とある。

ハーイバ⌈クー [ha:iba⌈ku:] 图 針箱。

ハー⌈イユー [ha:ʔi⌈ju:] 图《魚》サヨリ(細魚)(針魚)。下あごが長く突き出ている近海魚。

ハー⌈エー [ha:⌈e:] 图 かけ足。走ること。～ ナイン〈走る。かける〉。

ハーエースー⌈ブー [ha:e:su:⌈bu:] 图 かけっこ。徒競走。＊直訳すると「走り勝負」。

ハー⌈ガー [ha:⌈ga:] 图 車輪。クルマヌ ～〈車の車輪〉。

ハー⌈カタ [ha:⌈kata] 图 歯形。歯でかんだあと。～ イリーン〈歯形をつける〉。

バー⌈キ [ba:⌈ki] 图 (収穫した芋などを入れる)竹製の大きな籠(かご)。＊アラバー⌈キーともいう。

ハーギ⌈シー [ha:gi⌈ʃi:] 图 歯ぎしり。＊ハーギシギ⌈シーともいう。

ハー⌈ク [ha:⌈ku] 图 百。

パー⌈クー [pa:⌈ku:] 图《幼児》たばこ。

ハー⌈クス [ha:⌈kusu] 图 歯くそ。歯垢。歯に付着したかす。＊虫やくらげなどに刺されたところにつけると治るとされた。

バー⌈ケー [ba:⌈ke:] 图 奪い合い。

ハーシ [ha:ʃi] 接尾 箸を用いる回数を表す。チュハー⌈シ〈一箸〉、⌈タハーシ〈二箸〉、⌈ミハーシ〈三箸〉など。

ハー⌈チ [ha:⌈tʃi] 图【鉢】大皿。

バー⌈チー [ba:⌈tʃi:] 图 叔母。父母の妹。自分の父母より年下の女の人にもいう。ゴーグチャー ～〈文句ばかり言うおばさん〉。＊ウゥン⌈チュー〈叔父〉に対する。伯母はウ⌈フン⌈マーという。

ハートゥ⌈ヤー [ha:tu⌈ja:] 图 沖縄の地鶏の一品種。

⌈バーバー [⌈ba:ba:] 擬態 ぼうぼう。火の燃えるさま。ヒーヌ ～ メイン〈火がぼうぼう燃える〉。

パー⌈パー [pa:⌈pa:] 图 祖母。おばあさん。自分の祖母と同世代の女の人にもいう。＊平民階級の言葉。士族はハン⌈シーという。

パーパー⌈ヤー [pa:pa:⌈ja:] 图 パパイヤ。熟したものは果物として食べるが、熟れる前のものも刻んで野菜代わりに油で炒めて食べる。

バーハバ⌈カイ [ba:haba⌈kai] 图 場所ふさぎ。必要以上に広い場所を使って他者に迷惑をかけること。

ハーベ⌈ルー [ha:be⌈ru:] 图 蛾(が)。＊同系統の語ハベ⌈ルが琉歌では「蝶」を指す。

ハー⌈マ [ha:⌈ma] 图 浜。

ハー「メー [ha:ˈmeː] 名【母前】おばあさん。老女。＊もとは尊敬を伴ったいい方だったと思われるが、現在では軽蔑を込めたいい方。那覇方言では「祖母」にはハン「シー、パー「パーといい、ハーメーとはいわない。

ハー「モー [ha:ˈmoː] 名 歯のない者。⇨モー²。

ハー「ヤ [ha:ˈja] 名 柱。ッヤーヤ チネーヌ ～ロー〈きみは一家の柱だ〉。

ハー「ヤミ [ha:ˈjami] 名【歯病み】歯痛。

パーラミカ「スン [pa:ramikaˈsun] 動《pa:ramikas- pa:ramikatʃ-;㋣パーラミカサン ㋤パーラミカシ ㋥パーラミカチョーン ㋦パーラミカチャン》いきなりぱんとたたく。＊パーラは擬音。

パーラン「クー [pa:raŋˈkuː] 名 片張りの小太鼓。⇨ チジン。

ハー「リー [ha:ˈriː] 名【爬龍】旧暦五月四日に泊港で、泊、那覇、久米の三集落の対抗で行われる爬龍船での舟漕ぎ競走。または、その船。長崎のペーロンに似ている。

バー「ン [baːˈn] 名 番。～ ソーキョー〈番をしておけよ〉。

ハイ「イチャ「イン [haiˈʔitʃaˈin] 動《haiʔitʃar- haiʔitʃat-;㋣ハイイチャラン ㋤ハイイチャイ ㋥ハイイチャトーン ㋦ハイイチャタン》思いがけず[ひょっこり]出会う。

ハイ「カワ [haiˈkawa] 名《文》急流。＊琉歌「はり川のごとに月日おしやらち苦しやさびしさも語らひばしやの」(全537)。

ハイ「クヮー「スン [haiˈkwaːˈsun] 動《haikwa:s- haikwa:tʃ-;㋣ハイクヮーサン ㋤ハイクヮーシ ㋥ハイクヮーチョーン ㋦ハイクヮーチャン》①やり過ごす。あとから来たものを先に行かせる。 ②(ひょいと)通り過ぎる。 クメーキティ カメーラントー ～〈気をつけて見つけないと通り過ぎてしまう〉。

ハイ「シ」ジーン [haiˈʃiˈdʒiːn] 動《haiʃidʒir- haiʃidʒit-;㋣ハイシジラン ㋤ハイシジー ㋥ハイシジトーン ㋦ハイシジタン》才走る。小利口すぎる。

ハイシジ「ラー [haiʃidʒiˈraː] 名 小利口者。

「ハイチェー [ˈhaitʃeː] 名《文》海賊。＊中国語からの借用語。

ハイ「フニ [haiˈɸuni] 名《文》船足の速い船。＊琉歌に「三重城にのぼて手巾持上げれば走船のならひや一目ぞ見ゆる(花風)」(全553)とある。出航に際して、せつない別れを歌った歌である。

ハ「イン¹ [haˈin] 動《har- hat-;㋣ハラン ㋤ハイ ㋥ハトーン ㋦ハタン》流れる。 チー ～〈血が流れる〉／アシ ～〈汗が流れる〉。 ＊他の琉球方言では「舟などが走る」の意にもハインを用いるが、那覇方言では使わない。なお、「人が走る」はハーエー ナインという。

「ハイン² [ˈhain] 動《har- hat-;㋣ハラン ㋤ハイ ㋥ハトーン ㋦ハタン》張る。 カサ ～〈傘を張る〉。

ハイ「ッンマ [haiˈʔmma] 名 足の速い馬。駿馬(しゅんめ)。 ～ キッチャキ〈駿馬のつまずき。猿も木から落ちる〉／トーリッンマカラ ～〈倒れ馬から走り馬。駄馬から駿馬。鳶(とび)が鷹(たか)を産む〉。

「ハウハウ [ˈhauhau] 擬態 ぱくぱく。口を開けたり閉じたりするさま。 ～ カムン〈ぱくぱく食べる〉。

ハカ「 [hakaˈ] 名 墓。最近多く見られるのはフゥーフー「バカ〈破風式の墓〉で、カーミナクー「バカ〈亀甲墓〉は少なくなった。

ハ「ガー [haˈgaː] 名 はげ。＊からかっていう語。

バカーン [baka:n] 動 ビカーンに同じ。

ハ「カイ [haˈkai] 名 秤(はかり)。

ハカイヌ「ミー [hakainuˈmiː] 名 秤(はかり)の目盛。

ハカ「イン [hakaˈin] 動《hakar- hakat-;㋣ハカラン ㋤ハカイ ㋥ハカトーン ㋦ハカタン》計る。計測する。

ハカ「グチ [haka˥gutʃi] [名] 仕事の始まり。端緒。農村などでは鍬を入れ始めるところをいう。 ～ アキーン〈仕事を始める〉。
ハガ「スン [haga˥suɴ] [動]《hagas- hagatʃ-; [否]ハガサン [連]ハガシ [継]ハガチョーン [過]ハガチャン》剝(は)がす。＊「ハジュン〈剝ぐ〉ともいう。
ハガ「ナー [haga˥naː] [名] 切れ者。＊ハガ「ニ〈はがね(鋼)〉に人を表す接尾辞アーが付いたもの。
パカ「ナイ [paka˥nai] [副] どんどん。どしどし。がんがん。勢いが盛んなさま。 ～ スグラッタン〈がんがん殴られた〉。
ハガ「ニ [haga˥ni] [名] はがね(鋼)。鋼鉄。
ハカヌ「ジョー [hakanu˥ʤoː] [名] (葬式のときに棺を入れる)墓の入り口。＊普段はめったに開けない。第二次大戦時にはそこを開けて防空壕として用いたこともある。直訳すると「墓の門」。
「ハガマ [˥hagama] [名] 羽釜。周囲につばのついた炊飯用の釜。
ハカ「メー [haka˥meː] [名] 墓参り。＊清明祭のときなどにはごちそうを持って墓参りをする。
ハカ「レー [haka˥reː] [名]【計らい】《文》計略。計画。
ハ「ギー [ha˥giː] [名] はげ。はげ頭(の人)。
「ハキーン [˥hakiːɴ] [動]《hakir- hakit-; [否]ハキラン [連]ハキー [継]ハキトーン [過]ハキタン》①首にかける。 ②弁償させる。＊「佩(は)ける」にほぼ対応。
ハギー「ン [hagiː˥ɴ] [動]《hagir- hagit-; [否]ハギラン [連]ハギー [継]ハギトーン [過]ハギタン》①(毛、皮などが)抜け落ちる。剝(は)がれる。 ②ただれる。 ミーヌ ～〈まぶたがただれている〉。
バキー「ン [bakiː˥ɴ] [動]《bakir- bakit-; [否]バキラン [連]バキー [継]バキトーン [過]バキタン》化ける。
ハギチブ「ル [hagitʃibu˥ru] [名]【は(禿)げつぶり】はげ頭。
ハギ「モー [hagi˥moː] [名] (木の生えていない)荒れ地。荒れ野。草が生い茂っている場合もあり、もと畑であったところが荒れ果てた状態にもいう。
「ハク [˥haku] [名] 箱。 ハコー ネーニ〈箱はないか〉。＊チュハ「ク〈一箱〉、「タハク〈二箱〉などのように接尾辞的にも用いる。
「ハクジョー [˥hakuʤoː] [名] 薄情。 ～ナ ムン〈薄情者〉。
ハク「ソー [haku˥soː] [名]【百姓】平民。＊「サムレー、ユカ「ッチュ〈士族〉に対する平民を指し、農民とは限らない。いわゆる「農民」を指す語はハル「サー。
バク「チ [baku˥tʃi] [名] 博打(ばくち)。
パク「ナイ [paku˥nai] [副] ぱくぱく。口を開けたり閉じたりするさま。 ～ カムン〈ぱくぱく食べる〉/ ～ アビーン〈口をぱくぱくしてわめく〉。
「パクパク [˥pakupaku] [擬態] ①ぷかぷか。煙草を吸うさま。 タバク ～ フチュン〈煙草をぷかぷか吸う〉。 ②口答えするさま。 ～ クチ カナイン〈ぎゃあぎゃあ口答えする〉。
バク「ヨー [baku˥joː] [名] ばくろう(博労)(馬喰)(伯楽)。馬など家畜の売買をする者。
ハゴーウ「ミー [hagoːʔu˥miː] [名] くすぐったがりや。
ハゴー「ギ˥サン [hagoː˥gi˥saɴ] [形]《[否]ハゴーギコーネーン [過]ハゴーギサタン》汚らしい。汚く見える。
ハ「ゴー˥サン [ha˥goː˥saɴ] [形]《[否]ハゴーコーネーン [過]ハゴーサタン》①汚い。 ②くすぐったい。むずむずして気持ち悪い。 ワチャクイネー ～〈くすぐると気持ち悪いよ〉/ ヒサ ～〈ハブなどが出そうで足元がむずむずして気持ち悪い〉。 ③いやらしい。下品である。 アリガ ハナシェー ～〈彼の話はいやらしい〉。
ハゴー「ムン [hagoː˥muɴ] [名] ①汚いもの。 ②下品でいやらしい者。
ハゴー「リー [hagoː˥riː] [連体] 汚い。汚らしい。 ～ ッチュ〈汚れて汚らしい人〉/

〜 スガイ〈汚い恰好(かっこう)〉。

バサー [baˈsa:] 图 芭蕉布。

バサージン [basaˈdʑin] 图 芭蕉布で作った着物。

バサナイ [basaˈnai] 图 バナナ。在来のものをシマバサナイ〈島バナナ〉といい、タイワンバサナイ〈台湾バナナ〉と区別する。

ハサムン [hasaˈmun] 動《hasam- hasar-; 否ハサマン 連ハサローン 命ハサラン》挟む。

ハサン [haˈsan] 图 鋏(はさみ)。

ハシ [ˈhaʃi] 图 ①橋。〜 カキーン〈橋を架ける〉。②はしご。〜 ムッチ クヮー〈はしごを持ってこい〉。

ハジ¹ [ˈhadʑi] 图 大きな水桶。＊水道のない頃、那覇では船で水を運んできたが、その水を運ぶために用いた。現在は使われていない。

ハジ² [ˈhadʑi] 图【筈】たぶん…だろう。チュール 〜ロー〈来るはずだ。来るだろうよ〉／イチュル 〜〈行くはずだ。行くだろう〉。＊動詞の連体形に付く。

ハジ³ [hadʑiˈ] 图 恥。〜 チリーン〈恥を知らない〉／〜ン ネーン〈恥もない〉。

ハジーン [hadʑiːˈn] 動《hadʑir- hadʑit-; 否ハジラン 連ハジー ハジトーン 命ハジタン》剝(は)ぐ。脱ぐ。チン 〜〈着物を脱ぐ〉。

ハジカサウミー [hadʑikasaʔuˈmiː] 图 恥ずかしがりや。はにかみや。

ハジカサン [hadʑiˈkaˈsan] 形《ハジカシコーネーン 命ハジカサタン》恥ずかしい。ハジカサギサ ソーン〈恥ずかしそうにしている〉。

ハジギー [ˈhadʑigiː] 图【植】ハゼノキ。ウルシ科。美しく紅葉する。

ハジキーン [hadʑikiːn] 接尾《hadʑikir- hadʑikit-; 否ハジキラン 連ハジキー ハジキトーン 命ハジキタン》…しそこなう。…する機会を失う。カミ〜〈食べそこなう〉／ンージ〜〈見る機会を失う〉。＊動詞の連用形に付く。ハジャキーン

ともいう。

ハシ [haʃiˈʃi] 图【歯肉(しにく)】歯茎(はぐき)。〜 ヤムン〈歯茎が痛い〉。

ハジチ [hadʑiˈtʃi] 图【針突き】女が結婚したしるしに左右の手の甲と指の背にした入れ墨。明治の末頃廃止された。階級、地域によって模様が違っていたといわれる。

ハジチラー [hadʑitʃiˈraː] 图 恥知らず。

ハシットゥ [ˈhaʃittu] 副 元気に。しゃんと。病後の元気なさま。〜 ナイン〈(病気などが治って)元気になる〉。

ハジマイ [ˈhadʑimai] 图 始まり。

ハジマイン [ˈhadʑimain] 動《hadʑimar- hadʑimat-; 否ハジマラン 連ハジマイ 敬ハジマトーン 命ハジマタン》始まる。

ハジマキ [ˈhadʑimaiki] 图 ハゼノキにまけてかぶれること。

ハジミーン [ˈhadʑimiːn] 動《hadʑimir- hadʑimit-; 否ハジミラン 連ハジミー 敬ハジミトーン 命ハジミタン》始める。

ハジミティ [ˈhadʑimiti] 副 ①初めて。〜 カラン〈初めて食べた〉。②初めまして。初対面の挨拶。＊目下に対してはハジミティヤー、目上に対してはハジミティ ヤイビーンヤー などと言う。

ハジャキーン [hadʑakiːn] 接尾《hadʑakir- hadʑakit-; 否ハジャキラン 連ハジャキー 敬ハジャキトーン 命ハジャキタン》ハジキーンに同じ。

ハジュン¹ [haˈdʑun] 動《hag- hadʑ-; 否ハガン 連ハジ 敬ハジョーン 命ハジャン》配る。分配する。ミーチナー 〜〈三つずつ配る〉。

ハジュン² [ˈhadʑun] 動《hag- hadʑ-; 否ハガン 連ハジ 敬ハジョーン 命ハジャン》剝(は)ぐ。カー 〜〈皮を剝ぐ〉。＊ハガスン〈剝がす〉ともいう。

ハシル [haʃiˈru] 图 雨戸。

ハシルグチ [haʃiruˈgutʃi] 图 戸口。

家の出入り口。
バス「[basu「]图【場所】①場合。時。ヌーヌ ～ ヤタガヤー〈どういう時だったかね〉。②わけ。理由。チャール ～ガッヤーガ ナチュシェー〈どういうわけか、きみが泣くのは〉。
「ハタ¹ [「hata] 图 はた(端)。近く。そば。～ンカイ ナイン〈わきへどく〉。＊「ウミ」バタ〈海のそば〉、「マチ」バタ〈市のそば〉などのように接尾辞としても用いられる。
「ハタ² [「hata] 图 旗。
パ「タイ [pa「tai] 图 死。～ スン〈死ぬ。なくなる〉。＊戦後フィリピンから入った語。
「ハタカイン [「hatakain] 動《hatakar- hatakat-;㊀ハタカラン ㊁ハタカイ ㊂ハタカトーン ㊃ハタカタン》必要以上に場所を取る。＊「はだかる(開る)」にほぼ対応。
「ハタガシラ [「hatagaʃira] 图【旗頭】綱引きのときに東西両陣営に立てる飾り立てられた数メートルの旗。
「ハタガシラムチ [「hatagaʃiramutʃi] 图【旗頭持ち】「ハタガシラを持つ屈強な若者。
「ハタチ [「hatatʃi] 图 二十歳。
ハタハ「ター [hataha「ta:] 副 何かをしようとして焦るさま。痛くて我慢しているさまにもいう。イチュナサス ～ ソーン〈忙しくて焦っている〉/ヒサ クンピラッティ ～ ソーン〈足を踏まれてうなっている〉。
「ハタラチュン [「hataratʃun] 動《hatarak- hataratʃ-;㊀ハタラカン ㊁ハタラチ ㊂ハタラチョーン ㊃ハタラチャン》働く。仕事する。
「ハチ¹ [「hatʃi] 图 八。＊普通は「ヤーチという。
ハチ² [hatʃi] 接頭 初...。「ハチアッチ、「ハチウクシなど。
バチ「¹ [batʃi「] 图 罰(バチ)。
バチ「² [batʃi「] 图 撥(バチ)。
「ハチアッチ [「hatʃiʔattʃi] 图【初歩き】出産ののち産婦が産児を連れて里方へ行き、次に親戚回りなどをすること。
「ハチウクシ [「hatʃiʔukuʃi] 图【初起こし】(正月の)初仕事。仕事始め。
「ハチカ [「hatʃika] 图 二十日。
ハチカソー「グーチ [hatʃikaso:「gwatʃi] 图 二十日正月。正月の終わりとして簡単なごちそうを作って祝った。この日に那覇の辻町ではジュリ「ンマの行事が催された。
「ハチカユ [「hatʃikaju] 图【文】旧暦二十日の夜。＊月の出が遅いため宵闇の形容表現に用いられた。組踊『執心鐘入』に「廿日夜のくらさ道よもてをたん。御情の宿にしばしやすま」とある。
バチカン「ジャー [batʃikan「dʒa:] 图 罰当たり。
「バチ「クワイン [「batʃi「kwain] 動《batʃikwar- batʃikwat-;㊀バチクワラン ㊁バチクワイ ㊂バチクワトーン ㊃バチクワタン》うまくいく。いい目にあう。バチクワイヤー!〈でかした!やった!喜びの心境を表す語〉。
ハチ「グーチ [hatʃi「gwatʃi] 图 八月。
バチクワ「ヤー [batʃikwa「ja:] 图 立派なもの。すばらしいもの。
ハチ「コー「サン [hatʃi「ko:「san] 形《㊀ハチコーコーネーン ㊃ハチコーサタン》(言い方など)とげとげしくて角がある。何かとからんでくる。ハチコーサヌ ハナシー ナラン〈何かと突っかかってくるので話にならない〉。
「ハチジュー「ハチ [「hatʃidʒu:「hatʃi] 图 八十八歳。米寿。⇨トーカチューウェー。
「ハチナンカ [「hatʃinaŋka] 图 初七日。死後一週間目の法事。
「パチパチ [「patʃipatʃi] 擬音 両手をたたく音。木の枝などを折る音。薪の燃える音。炒り豆などのはぜる音。ティー ～ スン〈手をぱちぱちたたく〉。
パチミカ「スン [patʃimika「sun] 動《patʃimikas- patʃimikatʃ-;㊀パチミカ

サン ㉙パチミカシ ㉚パチミカチョーン ㉛パチミカチャン》ぱちんという。ぱちんとたたく。＊パチは擬音。

「ハチャー [ˈhatʃa:] 图 蜂。ウスーロー〜〈国王だぞ、蜂めが。ウスーロー ハチャーの項参照〉／〜ヌ サスン〈蜂が刺す〉。

ハチャイフィッ「チャイ [hatʃaiɸitˈtʃai] 图 吐き下し。吐いたり下したりすること。＊ハチャイヒッ「チャイともいう。

ハチャ「グミ [hatʃaˈgumi] 图 蒸して乾燥させたもち米を炒って砂糖などで固めた、おこしに似た菓子。

「ハチュン¹ [ˈhatʃun] 動《hak- hatʃ-; ㉕ハカン ㉖ハチ ㉚ハチョーン ㉛ハチャン》①首にかける。はめる。クビカラ〜〈首にかける〉／タマ〜〈玉をはめる。赤ちゃんが丸々太って、手首あたりがくびれた状態をいう〉。②(金で)弁償する。つぐなう。ッヤー ハケー〈おまえが弁償しろ〉。＊「佩(は)く」にほぼ対応。

ハ「チュン² [haˈtʃun] 動《hak- hatʃ-; ㉕ハカン ㉖ハチ ㉚ハチョーン ㉛ハチャン》吐く。

ハチ「ンジャスン [hatʃiˈʔndʒasun] 動《hatʃiʔndʒas- hatʃiʔndʒatʃ-; ㉕ハチンジャサン ㉖ハチンジャシ ㉚ハチンジャチョーン ㉛ハチンジャチャン》吐き出す。

「ハチンマガ [ˈhatʃiʔmmaga] 图 初孫。

「ハッカ [ˈhakka] 图 [植] ハッカ(薄荷)。

「ハッククンククン [ˈhakkukuŋˈkukun] 副 ほおばるさま。いっぱい口に入れて食べるさま。〜 シカムン〈ほおばって食べる〉。

パッ「サイ [pasˈsai] 图 空手の型の名。＊「抜塞」と表記される。

パッタラゲー「ヤー [pattarageˈja:] 擬態 ばたばた。じたばた。子供などが手足を激しく動かしてだだをこねるさま。〜 ッシ イミトーン〈ばたばたしてねだっている〉。

「ハッチャカ「イン [ˈhattʃakaˈin] 動《hattʃakar- hattʃakat-; ㉕ハッチャカラン ㉖ハッチャカイ ㉚ハッチャカトーン ㉛ハッチャカタン》出くわす。ルシ〜〈友達に出くわす〉。

「パッチリ [ˈpattʃiri] 擬音 ぱちん。陶器などにひびが入る音。

「ハッチリーン [ˈhattʃiri:n] 動《hattʃirir- hattʃirit-; ㉕ハッチリラン ㉖ハッチリー ㉚ハッチリトーン ㉛ハッチリタン》はち切れる。ムチ ヤチネー 〜〈餅を焼くとはち切れる〉。

「バッチン [ˈbattʃin] 图 罰金。

「ハットゥ [ˈhattu] 图《文》法度。禁制。＊組踊『執心鐘入』に「うんなははっとうはっとう。むどうりむどうり」とある。

「ハッ「トゥグルク [ˈhatˈtuguruku] 副 あっという間に。一瞬にして。〜 スビ ナタン〈あっという間に完成した〉。

「ハッパイン [ˈhappain] 動《happar- happat-; ㉕ハッパラン ㉖ハッパイ ㉚ハッパトーン ㉛ハッパタン》大きく開く。ミー〜〈目を大きく開く〉。

「ハップギーン [ˈhappugi:n] 動《happugir- happugit-; ㉕ハップギラン ㉖ハップギー ㉚ハップギトーン ㉛ハップギタン》はち切れる。破裂する。ブーカーヌ 〜〈風船が破裂する〉。

バッ「ペー [bapˈpe:] 图 間違い。あやまち。〜 ヤグトゥ クネーティ トゥラシェー〈あやまちだから堪えてくれよ〉。＊「計算違い」はサンミンバッ「ペーという。

バッペー「イン [bappeˈin] 動《bappe:r- bappe:t-; ㉕バッペーラン ㉖バッペーイ ㉚バッペートーン ㉛バッペータン》間違える。

「ハティ [ˈhati] 图 果て。終わり。〜ヌ ネーン〈終わりがない〉。

ハティー「ン [hati:n] 動《hatir- hatit-; ㉕ハティラン ㉖ハティー ㉚ハティトーン ㉛ハティタン》限界を越える。命を捨ててかかる。イィナグヌ ハティレージャー ナイン《諺》〈女が怒りきわまったら

(恐ろしい)蛇になる)。＊「果てる」にほぼ対応。

ハティユー「クー [hatijuːˈkuː] 图 ものすごい欲張り(者)。業突(ごう)張り。

ハナ「¹ [hanaˈ] 图 花。＊琉歌などでは「花のわらべ」「はなのおもかげ」のように、「美しい」の意の美称辞として用いられる。「添はぬもののよて夢も夜夜毎に袖よ引き起す花のわらべ」(全 2001)。

「ハナ² [ˈhana] 图 鼻。～ フチュン〈鼻を吹く。いびきをかく〉／～ フラチュン〈鼻を開く。得意になる。威張る〉／～ ヒーン〈くしゃみする〉。

「ハナ³ [ˈhana] ①图 はな(端)。突端。キース ～〈梢〉／タカ「ハナ〈崖っぷち〉。② 接尾 …ばな。物事の始まりを表す。ニンジ～〈寝入りばな〉。

ハナ「イカ [hanaˈika] 图 花いか。いかを花型に切ってゆで、塩味をつけて食紅で染めたもの。

ハナイ「チー [hanaiˈtʃiː] 【花生き】花瓶。

「ハナウゥー [ˈhanawuː] 图 (下駄や草履の)鼻緒。

「ハナカースン [ˈhanakaːsun] 動《hanakaːs- hanakaːtʃ-; ㊀ハナカーサン ㊁ハナカーシ ㊂ハナカーチョーン ㊃ハナカーチャン》(二つの事柄が)同時に起こる。かち合う。(人が)出会う。

ハナ「ガサ [hanaˈgasa] 图 花笠。花の形に作ったものや花模様で飾ったものがある。舞踊や組踊で用い、男物と女物で形が違う。

ハナカタマ「ヤー [hanakatamaˈjaː] 图 鼻づまり(の人)。

ハナ「ギ¹ [hanaˈgi] 【花木】图 花の観賞用に植える木。

「ハナギ² [ˈhanagi] 图 鼻毛。

「ハナクス [ˈhanakusu] 图 鼻くそ。

ハナ「シ [hanaˈʃi] 图 話。＊何か積極的に伝える内容がある場合にいう。単なる雑談はユン「タクという。～ スン〈話をする〉／

～ ハンガク〈人の話を聞けば半分学問をした価値がある。直訳は「話半学」〉。

「ハナジ [ˈhanadʒi] 图 鼻血。

ハナ「スン¹ [hanaˈsun] 動《hanas- hanatʃ-; ㊀ハナサン ㊁ハナシ ㊂ハナチョーン ㊃ハナチャン》話す。

ハナ「スン² [hanaˈsun] 動《hanas- hanatʃ-; ㊀ハナサン ㊁ハナシ ㊂ハナチョーン ㊃ハナチャン》離す。ティーハナサングトゥ カチミトーキ〈手を離さないようにつかまっておけ〉。

「ハナヌサチ [ˈhananusatʃi] 图 鼻先。すぐ目の前。

「ハナヌ「シマ [hananuˈʃima] 图 【花の島】花街。遊廓。

ハナピー「ピー [hanapiˈpiː] 副 風邪で鼻がつまり音をたてるさま。～ ソーン〈鼻づまりしている〉。

「ハナヒチ [ˈhanaçitʃi] 图 【鼻引き】風邪。～ ワチャライン〈風邪を引く〉。

ハナヒチガッ「コー [hanaçitʃigakˈkoː] 图【鼻引き恰好(だう)】風邪気味。

「ハナビラー [ˈhanabiraː] 图 鼻のひしゃげた者。鼻の低い者。鼻ぺちゃの人。

「ハナブックヮ [ˈhanabukkwa] 图 小鼻。～ チカリーンロー〈鼻を突くぞ。喧嘩(けん)のときの言葉〉。

ハナボー「ル [hanaboˈruː] 图 花ボール。小麦粉に砂糖を混ぜて、左右に丸く輪を描く形で焼いた祭祀用の菓子。

「ハナムヌ「イー [ˈhanamunuˈʔiː] 图【鼻物言い】鼻声。

ハナ「モー [hanaˈmoː] 图 鼻のない者。⇒ モー²。

「ハナライ [ˈhanarai] 图 【鼻垂れ】鼻水。

「ハナラヤー [ˈhanarajaː] 图 鼻水を垂らしている者。＊「ハナライ」ワラバー〈はなったれ小僧〉は若年層を叱りつけるときに用いる。

ハナ「リ [hanaˈri] 【離れ】离島。沖縄本島以外の島。＊現在もタカハナ「リ

〈宮城島〉、イチハナ「リ〈伊計島〉など、ハナリが付いた形で残っている。

ハナリ「ン [hanari:ˈn] 動《hanarir- hanarit-;㉠ハナリラン ㉡ハナリー ㉢ハナリトーン ㉣ハナリタン》離れる。

「ハニ [ˈhani] 名 羽。翼。羽毛。

バニ「[baniˈ] 名 ばね。

ハニー「ン [hani:ˈn] 動《hanir- hanit-;㉠ハニラン ㉡ハニー ㉢ハニトーン ㉣ハニタン》（水や泥などを）はねる。ルル ～〈泥をねる〉。

ハニ「エー」ジキーン [haniˈʔe:ˈdʒiki:n] 動《haniʔe:dʒikir- haniʔe:dʒikit-;㉠ハニエージキラン ㉡ハニエージキー ㉢ハニエージキトーン ㉣ハニエージキタン》（仕事などを）押しつける。（他人に）無責任に任せる。アリンカイ ～〈彼に任せっきりにする〉。

ハニ「チ」キーン [haniˈtʃiˈki:n] 動《hanitʃikir- hanitʃikit-;㉠ハニチキラン ㉡ハニチキー ㉢ハニチキトーン ㉣ハニチキタン》をはねつける。拒絶する。

バ「ニン [baˈnin] 名 たわし。

ハネーカスン [ˈhane:kasun] 動《hane:kas- hane:katʃ-;㉠ハネーカサン ㉡ハネーカシ ㉢ハネーカチョーン ㉣ハネーカチャン》にぎやかにする。ジャー ～〈座をにぎやかにする〉。

「ハネーキーン [ˈhane:ki:n] 動《hane:kir- hane:kit-;㉠ハネーキラン ㉡ハネーキー ㉢ハネーキトーン ㉣ハネーキタン》にぎやかにする。＊「ハネーカスンにほぼ同じ。

「ハネーチュン [ˈhane:tʃun] 動《hane:k- hane:tʃ-;㉠ハネーカン ㉡ハネーチ ㉢ハネーチョーン ㉣ハネーチャン》にぎわう。にぎやかになる。＊衣装などが華やかな場合にもいう。

「ハバ [ˈhaba] 名 幅。

ハバカイン [ˈhabakain] 動《habakar- habakat-;㉠ハバカラン ㉡ハバカイ ㉢ハバカトーン ㉣ハバカタン》はば

かる。必要以上に場所を取ってのさばる。＊「恐れ慎しむ」の意はない。

ハバ「チュン [habaˈtʃun] 動《habak- habatʃ-;㉠ハバカン ㉡ハバチ ㉢ハバチョーン ㉣ハバチャン》（食べ物が）たくさん食べてなくなる。（仕事などは）かどる。＊「人が普通以上によく食べる」の意にも用いる。普通の「食べる」はカ「ムンという。

「ババックヮースン [ˈbabakkwa:ˈsun] 動《babakkwa:s- babakkwa:tʃ-;㉠ババックヮーサン ㉡ババックヮーシ ㉢ババックヮーチョーン ㉣ババックヮーチャン》（注意をそらして）ごまかす。

「ハブ [ˈhabu] 名【食（は）む】ハブ。琉球列島に生息するクサリヘビ科の毒蛇。体長1メートル前後、まれに2メートルくらいまで成長する。猛毒を有し、かまれた場合、現在は血清注射で対応する。その形態からナガ「ムン〈長物〉ともいう。

ハブカク「ジャー [habukakuˈdʒa:] 名 ハブのようにあご骨の張った者。

ハベ「ル [habeˈru] 名【文】蝶。＊琉歌「飛び立ちゆるはべるまづよまてつれら我身や花の本知らぬあもの」（全63）。

ハマ「イン [hamaˈin] 動《hamar- hamat-;㉠ハマラン ㉡ハマイ ㉢ハマトーン ㉣ハマタン》精を出す。がんばる。没頭する。＊「はまる」にほぼ対応。

ハマ「ウリ [hamaˈʔuri] 名 浜降（お）り。リュウキュウアカショウビンなどの野鳥が家屋に入ると縁起が悪いとし、その厄払いのために浜におりて行って、一日そこで遊び暮らした行事をいう。⇒サングッチサニチー。

ハマチル「リ [hamatʃiruˈri] 名【文】浜千鳥。＊琉歌「誰し恨めとてなきゆが浜千鳥あはぬつれなさや我身も共に」（全612）。口語ではチジュ「ヤーという。

ハヤミー「ン [hajami:ˈn] 動《hajamir- hajamit-;㉠ハヤミラン ㉡ハヤミー ㉢ハヤミトーン ㉣ハヤミタン》《文》早める。早くする。＊アシ ハヤミリ〈足を早めろ。早く歩け〉は古風ないい方で、普

通はヘークアッケー〈早く歩け〉という。
「ハラ ['hara] 名 肌。
バラ [bara] 接尾【腹】…(の)一族。…(の)方(かた)。「チャッチバラ〈嫡子の一族〉/「ジナンバラ〈次男の一族〉/「ヌーバラガ〈どこの一族か〉。
ハラ「イン [hara'in] 動《harar- harat-; ⓟハララン ⓣハライ ⓝハラトーン ⓒハラタン》払う。支払う。返済する。レー ～〈代金を支払う〉。
ハラ「カ [hara'ka] 名 裸。
ハラ「スン [hara'sun] 動《haras- haratʃ-; ⓟハラサン ⓣハラシ ⓝハラチョーン ⓒハラチャン》晴らす。アミ ～〈雨を晴らす。雨がやむまで待つ〉/ ウラミ ～〈恨みを晴らす〉。
ハラ「ダチ [hara'datʃi] 名《文》腹立ち。*歌劇『泊阿嘉』にタンチ ハラダチヤ キガヌ ムトゥ〈短気腹立ちは怪我のもと〉とある。口語ではウジウジーという。
ハラティー「チ [harati:'tʃi] 名【腹一つ】はらから。母を同じくする兄弟。
ハラワ「カイ [harawa'kai] 名 腹違い。父親が同じで、母親が違う兄弟。
バラン [ba'ran] 名 尾花。すすきの花穂。
ハリー「ン [hari:'n] 動《harir- harit-; ⓟハリラン ⓣハリー ⓝハリトーン ⓒハリタン》晴れる。アミ ～〈雨が晴れる。雨がやむ〉/ ナー ～〈もう雨がやむ〉。
ハリ「ヤク [hari'jaku] 名 厄が晴れること。「ンマリルシの翌年。
ハル「 [haru'] 名【墾る】畑。屋敷内にある「アタイ〈畑〉に対して屋敷外にある畑、耕地を指す。 ～ スン〈農業をする〉。
ハル「サー [haru'sa:] 名 農業を生業とする人。農民。
ハルシク「チ [haruʃiku'tʃi] 名 畑仕事。
ハル「ミチ [haru'mitʃi] 名 畑中の道。
ハ「レー [ha're:] 名 払い。支払い。～ヌ ヌクトーン〈支払いが残っている〉。

ハン「¹ ['han'] 名 判。印鑑。～ チチュン〈印鑑を押す〉。
ハン² [han] 接頭 半…。「ハンリ〈半里〉、ハン「ブン〈半分〉など。
ハン³ [han] 接尾 …半。イチリ「ハン〈一里半〉、ニリ「ハン〈二里半〉など。
バン「 [ban'] 名 番。順番。ワー ～〈私の番だ〉。* イチ「バン〈一番〉、ニ「バン〈二番〉などのように接尾辞的にも用いる。
「パン」 ['pan] 擬音 ぱん(と打つこと)。～スンロー〈ぱんとたたくぞ。子供に対して言う〉。
ハン「キ [haŋ'ki] 名 亀頭。*昔那覇の湧田にハンキヌウ「ガンという拝所があり、男根の形をした石を神体として祭ってあったという。
ハンキー「ン [haŋki:'n] 動《haŋkir- haŋkit-; ⓟハンキラン ⓣハンキー ⓝハンキトーン ⓒハンキタン》(男性性器の)表皮が外側に剝ける。
「ハンジ ['handʒi] 名【判じ】易者やユタの判断。
「バンジ [bandʒi] 名 真っ最中。真っ盛り。ナマー タマナース ～〈今はキャベツの最盛期〉。
ハン「シー [han'ʃi:] 名 祖母。おばあさん。血のつながりのない老女にもいう。*士族階級の言葉。平民はパー「パーという。
「ハンジョー ['handʒo:] 名 繁盛。
バンジョー「ガニ [bandʒo:'gani] 名【番匠金】かねじゃく(曲尺)。
「ハンスン ['hansun]《hans- hantʃ-; ⓟハンサン ⓣハンシ ⓝハンチョーン ⓒハンチャン》① 動 はずす。ウービ ～〈帯をはずす〉。② 接尾 …しそこなう。…しそびれる。カミ「ハンスン〈食べそこなう〉/「ニンジハンスン〈寝そびれる〉。*動詞の連用形に付く。
「ハンタ ['hanta] 名 ① 端。② 崖。断崖。カユウチバン「タ〈国頭村宜名真にある断崖〉。
「ハンタガキ ['hantagaki] 名 ① 端に腰

かけること。②真ん中でなく端にずれていること。 〜 イリラットーン〈前約束をさせられている。根回しされている。直訳は「端にずれて入れられている」〉。

**ハン「チュン** [han「tʃuɴ] [動]《haŋk- hantʃ-; [否]ハンカン [連]ハンチ [継]ハンチョーン [過]ハンチャン》はじく。はじき飛ばす。 イービッシ 〜〈指ではじく〉。

**バン「ティ** [ban「ti] [名]【番手】《文》番人。＊組踊『手水の縁』に「恋のませ番手しゆるものやあらぬ。大事さらめわ身や急ぎぬげら」とある。

**バン「ナイ** [ban「nai] [副] どんどん。勢いがよいさま。 〜 ナイン〈どんどんできる〉。

**ハン「ナ˥ギーン** [han「na˥gi:ɴ] [動]《hannagir- hannagit-; [否]ハンナギラン [連]ハンナギー [継]ハンナギトーン [過]ハンナギタン》投げ捨てる。置き去りにする。

**バンバ「ラー** [bamba「ra:] [名] がらんとしていること。広い所に何もないこと。

**ハン「ブン** [ham「buɴ] [名] 半分。

**ハンブンワー「キー** [hambuŋwa:「ki:] [名]【半分わけ】半分っこ。折半。

**バンミカ「スン** [bammika「suɴ] [動]《bammikas- bammikatʃ-; [否]バンミカサン [連]バンミカシ [継]バンミカチョーン [過]バンミカチャン》ばんと打つ。やっつける。

**パンミカ「スン** [pammika「suɴ] [動]《pammikas- pammikatʃ-; [否]パンミカサン [連]パンミカシ [継]パンミカチョーン [過]パンミカチャン》ぱんと打つ。ぱんと音をたてる。

**「ハンメー** [「hamme:] [名]【飯米】食料。米に限らず、米の少なかった頃は芋類も指した。 〜 ネーラン〈食料がない〉。

**ハン「ラマ** [han「rama] [名]【はるたま】〘植〙スイゼンジナ(水前寺菜)。キク科の多年草。葉と若芽を食用にする。

**「ハンリーン** [「hanri:ɴ] [動]《hanrir- hanrit-; [否]ハンリラン [連]ハンリー [継]ハンリトーン [過]ハンリタン》はずれる。ウービヌ 〜〈帯がはずれる〉。

**ハン「ルー** [han「ru:] [名]【半胴】水がめ。飲料水をためるための比較的口の広い大きなかめ。水道が発達していない頃、雨水をたくわえることが多かった。＊ハンルーガー「ミともいう。

**ハンルーガー「ミ** [hanru:ga:「mi] [名] ハン「ルーに同じ。

# ヒ

「ヒー」¹ [çi:] 图 ①日。昼間。～ヌ ナガク ナイン〈日が長くなる〉。②日取り。チューヤ イィー ヤン〈今日はよい日だ〉。＊「フィーともいう。「太陽」の意ではヒーは用いず、ティーラという。

ヒー」² [çi:] 图 火。炎(ほの)。火事。燈火。～ テーチキーン〈火を焚(た)きつける〉／～ チキーン〈火をつける。放火する〉。＊フィー「ともいう。

ヒー」³ [çi:] 图 非。非難されるような欠点。～ヌ アン〈非がある〉。＊フィー「ともいう。

ヒー」⁴ [çi:] 图 屁。～ヒーン〈屁をひる。おならする〉。＊フィー「ともいう。

ヒ「ー⁵ [çi:] 感 ああ。なんだ。目下に呼ばれたときの応答。＊呼ばれたときにヒ「ーと答えるのは明治生まれあたりの老人である。

「ヒーカジ [çi:kadʒi] 图 日数(ふず)(にっ)(すう)。ヒーヌ ～ チューン〈日の日数(毎日)来る〉。＊フィーカジともいう。

「ヒーガチ [çi:gatʃi] 图【塀垣】板塀。＊「フィーガチともいう。

ビー「グ [bi:ˈgu] 图【備後】藺草(ぐさ)。＊うるま市照間などで産する。

ヒー「クシ [çi:ˈkuʃi] 图 欠点。非難すべきところ。～ イヤー〈欠点をあげつらう者。難癖をつける者〉。＊フィー「クシともいう。

ビー「グムシル [bi:ˈgu muʃiru] 图 藺草(ぐさ)で作ったむしろ(筵)。

ヒーグル「マー [çi:guru ma:] 图【火車】蒸気船。＊現在はほとんど使わない。フィーグル「マーともいう。

ヒーゲー「シ [çi:ge:ˈʃi] 图【火返し】火災などの悪いことが村に入って来ないように村の入り口で守っている石の獅子。＊フィーゲー「シともいう。

ヒーサー「オー [çi:saˈo:] 图 ヒー「サヌ〈寒い〉を連発する者。寒がりや。＊フィーサー「オーともいう。

ヒーサウ「ミー [çi:sauˈmi:] 图 寒がり(や)。＊直訳すると「寒さ思い」。フィーサウ「ミーともいう。

ヒー「サガタガタ [çi:ˈsa gatagata] 副 寒さでがたがた震えるさま。＊フィー「サガタガタともいう。

ヒーサグ「フヮイ [çi:saguˈɸai] 图 寒さで凍えること。＊直訳すると「寒さは(強)り」。フィーサグ「フヮイともいう。

ヒー「サクリサ [çi:ˈsa kurisa] 图 寒さで苦しむこと。＊フィー「サクリサともいう。

ヒーサマ「ガイ [çi:samaˈgai] 图 寒さでちぢこまること。＊直訳すると「寒さ曲がり」。フィーサマ「ガイともいう。

「ヒー「サン [ˈçi:ˈsan] 形《⑳ヒーコーネーン ⑱ヒーサタン》寒い。＊「フィー「サンともいう。

ヒー「ジー [çi:ˈdʒi:] 图 平常。通常。＊フィー「ジーともいう。

ヒー「ジャー [çi:ˈdʒa:] 图 やぎ(山羊)。沖縄では主に食用になる。＊フィー「ジャーともいう。

ヒージャー「ガー [çi:dʒa:ˈga:] 图 湧き水を懸樋(かけひ)などの導水管で引き、ためて利用できるようにしたところ。＊フィージャー「ガーともいう。

ヒー「ジリ [çi:ˈdʒiri] 图 燃えさし。～ タックヮーサリーンロー〈燃えさしをくっつけるぞ。相手をどやしつけるときに言う〉。＊フィー「ジリともいう。

ヒージン「トー [çi:dʒinˈto:] 图 童謡に合わせて行う幼児の遊戯で、左右の肘を交互に手のひらにのせること。⇨ イーユヌミー。＊フィージン「トーともいう。

ヒー「ター [çi:ˈta:] 图 冬用の衣類。袖は長く裾は短く、羽織に似ている。裏地との間に綿を入れたものもある。＊フィー「ター

ともいう。

「ヒーチ [「çi:「tʃi] 图 ひいき。＊ックっビー「チャーは「自分の子供をひいきする者。親馬鹿」である。「フィーともいう。

ビー「チャー [bi:「tʃa:] 图【動】ジャコウネズミ。＊これが鳴くとお金が入ってくるという言い伝えがある。

ヒー「チン [çi:「tʃin] 图 布巾(ふきん)。＊フィー「チンともいう。

ヒーテーチキ「ヤー [çi:te:tʃiki「ja:] 图 焚(た)きつけ。＊フィーテーチキ「ヤーともいう。

ヒー「トゥ [çi:「tu] 图 いるか(海豚)。以前は名護湾に群れをなして押し寄せたことがあり、漁民はこぞってそれを捕獲した。＊フィー「トゥともいう。

ヒーバー「シ [çi:ba:「ʃi] 图 火箸。＊フィーバー「シともいう。

ヒーバー「チ [çi:ba:「tʃi] 图 火鉢。＊フィーバー「チともいう。

「ヒービー [「çi:bi:] 图 日々。毎日。〜フルイーン〈日々成長する〉。＊「フィービーともいう。

「ピーピー [「pi:pi:] 擬態 貧乏なさま。ナマ 〜 ソーン〈今貧乏だ〉。

ヒーヒー「トゥー [çi:çi:「tu:] 图 立ち消え。なしのつぶて。約束事を守らないこと。＊フィーフィー「トゥーともいう。

ヒーヒ「ラー [çi:çi「ra:] 图 よく屁をひる者。＊フィーフィ「ラーともいう。

ヒー「フチ [çi:「ɸutʃi] 图【火吹き】火吹き竹。〜ヌ ミーカラ ティントー ンージュン《諺》〈火吹き竹の穴から天を見る。井の中の蛙大海を知らず〉。＊フィー「フチともいう。

ヒーフワーカマ「ジー [çi:ɸa:kama-「dʒi:] 图 藁むしろで作った穀物用の俵。かます。＊フィーフワーカマ「ジーともいう。

ヒームター「ン [çi:muta:「n] 图 火遊び。⇒ ムターン。＊フィームター「ンともいう。

ピー「ヨー [pi:「jo:] 图 雛(ひな)。ナマ 〜グヮール ヤル〈まだ雛だ〉。＊鳴き声から

の命名。

ヒー「ラ [çi:「ra] 图 農作業や草取りなどに使う農具の一つ。＊フィー「ラともいう。

ヒー「ラー [çi:「ra:] 图 油虫。ごきぶり。＊フィー「ラーともいう。

ビー「ラー [bi:「ra:] 图 弱虫。病弱の者にもいう。＊ビー「ルーともいう。

「ヒーラチュン [「çi:ratʃun] 動《çi:rak- çi:ratʃ-;㊥ヒーラカン㊦ヒーラチ㊨ヒーラチョーン㊧ヒーラチャン》(切り傷などが)ひりひり痛む。＊「疼(うず)ぐ」にほぼ対応。「フィーラチュンともいう。

ヒー「ラマ [çi:「rama] 图【火玉】火の玉。人魂。夕暮れや夜などに人里離れたところや空中を飛び、死者の怨念が宿るものといわれている。＊フィー「ラマともいう。

ピーラル「ラー [pi:raru「ra:] 擬音 笛などの管楽器の鳴るさま。

ビー「ルー [bi:「ru:] 图 ビー「ラーに同じ。

ヒー「ン¹ [çi:「n] 動《çir- çittʃ-;㊥ヒラン㊦ヒー㊨ヒッチョーン㊧ヒッチャン》干(ひ)る。干上がる。スーヌ 〜 〈潮が干る〉。＊フィー「ンともいう。

ヒー「ン² [çi:「n] 動《çir- çittʃ-;㊥ヒラン㊦ヒー㊨ヒッチョーン㊧ヒッチャン》①嚔(ひ)る。くしゃみをする。ハナ 〜 〈くしゃみをする〉。②(屁を)放(ひ)る。＊フィー「ンともいう。

ビカーン [bika:n] 助 ばかり。ビンチョー〜 ソーン〈勉強ばかりしている〉。＊語形は他にバカー、バカーイ、バカージ、バカーン、ビケー、ビケーイ、ビケージ、ビケーン、ビカー、ビカーイ、ピカージなど多様な形で現れる。

「ヒカサリーン [「çikasari:n] 動《çikasarir- çikasatt-;㊥ヒカサリラン㊦ヒカサリー㊨ヒカサットーン㊧ヒカサッタン》引かされる。誘惑される。ジンニ ヒカサッティ ニービチ サン〈金に引かされて結婚した〉。＊「フィカサリーンともいう。

「ヒガシ [「çigaʃi] 图 東。那覇四町の一つ。＊「フィガシともいう。

「ヒガラ [「çigara] 图 日柄。日のよしあ

し。何か事を行おうとするときに気にする。*「フィガラともいう。

ヒ「ガン [çi「gan] 图 彼岸(の祭り)。～ウサギーン〈彼岸の祭りを神にささげる〉。*フィ「ガンともいう。

ヒ「ク「サン [çi「ku「san] 形《㊟ヒクコーネーン ㊥ヒクサタン》低い。*フィ「グ「サンともいう。

「ヒケーイン [「çike:in] 動《çike:r- çike:t-; ㊟ヒケーラン ㊥ヒケーイ ㊨ヒケートーン ㊤ヒケータン》控える。控えて待つ。*「フィケーインともいう。

ビケーン [bike:n] 動 ビカーンに同じ。

ヒ「サ [「çisa] 图【平(ひら)】足。足全体を指すが、足首から下だけを指すときもある。*「フィサともいう。

「ヒサカタ [「çisakata] 图 足跡。*「フィサカタともいう。

「ヒサギーン [「çisagi:n] 動《çisagir- çisagit-; ㊟ヒサギラン ㊥ヒサギー ㊨ヒサギトーン ㊤ヒサギタン》手にさげて持つ。イッスビン ～〈一升瓶を手にさげて持つ〉。*「提(ひっ)げる」にほぼ対応。「ヒッサギーン、フィサギーンともいう。

ヒサマンチ [çisamantʃi] 图 正座。*「フィサマンチともいう。

ヒサ「モー [çisa「mo:] 图 足のない者。⇒ モー²。*フィサ「モーともいう。

「ヒサラー「カー [「çisara:「ka:] 图 爪先立ち。背伸び。*「フィサラー「カーともいう。

「ヒサラル「サン [「çisaru「san] 形《㊟ヒサラルコーネーン ㊥ヒサラルサタン》足がだるい。*「フィサラル「サンともいう。

「ヒサワタ [「çisawata] 图 足の裏。土踏まず。～ヌ ヤムン〈足の裏が痛い〉。*「フィサワタともいう。

ヒシ「 [çiʃi「] 图【干瀬】干潮の時は海面上に現れ、満潮の時には海面下に隠れる岩や洲。*琉歌でよく歌われる。「干瀬にうち寄せる波音もないらぬでかやう慰みに出でて遊ば」(全 409)。フィシ「ともいう。

「ヒジ¹ [「çidʒi] 图 返事。イレー～ン ネーン〈返事もない〉。*「フィジともいう。

「ヒジ² [「çidʒi] 图 ①ひげ(髭)。②(植物の)ひげ根。気根。ガジマルヌ ～〈ガジマル(榕樹)のひげ根〉。*「フィジともいう。

「ヒシー [「çiʃi:] 图 (布地や壁紙などの)薄っぺらなもの。*「フィシーともいう。

ヒジ「グヮー [çidʒi「gwa:] 图 短いひげ。ひげをたくわえている者。アマンカイ ～ガウゥン〈向こうにひげを生やしている者がいる〉。*フィジ「グヮーともいう。

「ヒジナカ「ジュイ [「çidʒinaka「dʒui] 图【髭中剃り】ひげを剃(そ)ること。ヒジ スイン〈ひげをそる〉という普通のいい方の他に ～ スン ということもある。中剃りとは男が髪を結っていた時代に頭髪の中央部だけを剃っていたことで、それがひげ剃りの語の中に痕跡をとどめているようである。*「フィジナカ「ジュイともいう。

ヒシビッタ「ラー [çiʃibitta「ra:] 图 (布地や壁紙など)薄っぺらでひらひらしたもの。*フィシビッタ「ラーともいう。

ヒジ「モー [çidʒi「mo:] 图 ひげなし。ひげの生えない人。⇒ モー²。*フィジ「モーともいう。

ヒ「ジャイ [çi「dʒai] 图 左。*「ニジリ〈右〉の対。フィ「ジャイともいう。

ヒジャイウチャー「シー [çidʒai?utʃa:「ʃi:] 图 (着物を)左前(に着ること)。⇒ ウチャースン。*フィジャイウチャー「シーともいう。

ヒジャイ「グン [çidʒai「gun] 图【左組】ご飯とお汁を普通とは逆の置き方にすること。つまり、飯が右で汁が左の置き方。*フィジャイ「グンともいう。

ヒジャイヌ「リー [çidʒainu「ri:] 图【左喉】音痴。*フィジャイヌ「リーともいう。

ヒジャイマ「チャー [çidʒaima「tʃa:] 图 つむじが左巻きの者。左巻きの人は普通とは異なる性質を持つという。⇒ マチ¹。*フィジャイマ「チャーともいう。

ヒジャイミ「グイ [çiʥaimi「gui] 图【左めぐり】左前。商売がうまくいかないこと。＊フィジャイミ「グイともいう。

ヒジャミー「ン [çiʥami:「n] 動《çiʥamir- çiʥamit-;㊥ヒジャミラン ㊥ヒジャミー ㊥ヒジャミトーン ㊥ヒジャミタン》隔(だ)てる。 クミジマトー ウミ ～〈久米島とは海を隔てている〉。 ＊フィジャミー「ンともいう。

ヒジャ「ヤー [çiʥa「ja:] 图 左きき。左ぎっちょ。 ＊フィジャ「ヤーともいう。

ヒジャ「ルー [çiʥa「ru:]【左胴】しっくり[うまく]いかないこと。 ヒジャイヌ ティーら カミーネ ～ ヤサ 〈左手で食べるとうまくできない〉。 ＊フィジャ「ルーともいう。

ヒ「ジュイ [çi「ʥui] 图 冷えこみ。冷気。 ～ イッチョーン 〈冷気に侵されて体が不調になる。直訳は〈冷えこみが入っている」〉。 ＊フィ「ジュイともいう。

ヒジュ「イン [çiʥu「in] 動《çiʥur- çiʥut-; ㊥ヒジュラン ㊥ヒジュイ ㊥ヒジュトーン ㊥ヒジュタン》冷える。冷たくなる。冷める。 ヒジュラン マーニ カメー 〈冷めないうちに食べなさい〉。 ＊フィジュ「インともいう。

「ヒジュッテーン [「çiʥutte:n] 副 冷え冷えと。ひやりと。冷たいさま。 ウイヤ ～ ソーサ〈すいかは冷たく冷えているよ〉。 ＊「フィジュッテーンともいう。

ビジュ「ル [biʥu「ru] 图 霊石。丸い石で、なでると子供を授かるという。

ヒジュル「アシ [çiʥuru「ʔaʃi] 图 冷や汗。寝汗。＊フィジュル「アシともいう。

ヒジュル「カジ [çiʥuru「kaʥi] 图 冷たい風。＊フィジュル「カジともいう。

ヒジュルカン「ジャー [çiʥurukan-「ʥa:] 副 冷え冷え。寒々。物事が盛んでないときにもいう。＊フィジュルカン「ジャーともいう。

ヒジュ「ル「サン [çiʥu「ru「san] 形《㊥ヒジュルコーネーン ㊥ヒジュルサタン》冷たい。ッヤー ティーヤ 〈おまえの手は冷たい〉。 ＊フィジュ「ル「サンともいう。

ヒジュル「ミジ [çiʥuru「miʥi] 图 冷たい水。＊フィジュル「ミジともいう。

ヒジュル「ムン [çiʥuru「mun] 图 冷たいもの。(食べ物などの)冷めたもの。 ＊フィジュル「ムンともいう。

ヒ「ジュン [çi「ʥun] 動《çiɡ- çiʥ-;㊥ヒガン ㊥ヒジ ㊥ヒジョーン ㊥ヒジャン》へ(剝)ぐ。そぐ。削る。 カチュー ～ 〈鰹節を削る〉。 ＊フィ「ジュンともいう。

ビタタイカー「タイ [bitataika:「tai] 副 ひどく汚れたさま。落ちぶれたさま。

ヒタ「ニ [çita「ni] 副 ひたすら。もっぱら。 ＊フィタ「ニともいう。

「ヒチ [「çitʃi] 图【引き】①縁故。つて。②(遠い親戚間も含めた)親戚。縁者。 ～ビチ 〈それぞれの縁者〉。 ＊「フィチともいう。

ビチ「 [bitʃi「] 图 別。よそ。 ～カイ ッンジャン 〈よそに行った〉。

ビチー [bitʃi:] 接尾 ...(す)べき。 ッヤーガ イチ～ ヤサ 〈きみが行くべきだ〉。

「ヒチウトゥ「スン [「çitʃiʔutu「sun] 動《çitʃiʔutus- çitʃiʔututʃ-;㊥ヒチウトゥサン ㊥ヒチウトゥシ ㊥ヒチウトゥチョーン ㊥ヒチウトゥチャン》(枯れ枝などを)引っ張って落とす。引いて落とす。 ＊「引き落とす」にほぼ対応。「フィチウトゥ「スンともいう。

ヒ「チェー [çi「tʃe:] 图 額(ひたい)。＊フィ「チェーともいう。

ビチェー [bitʃe:] 接尾【引き合い】...代わり。...に相当するもの。 アサバンビ「チェー 〈昼ご飯代わり〉。

「ヒチクムン [「çitʃikumun] 動《çitʃikum- çitʃikur-;㊥ヒチクマン ㊥ヒチクミ ㊥ヒチクローン ㊥ヒチクラン》引き込む。引っ張り込む。＊「フィチクムンともいう。

ヒチ「グチ [çitʃi「ɡwatʃi] 图 七月。盆。特に盆行事の行われる旧暦七月十三日、十四日、十五日をいう。

「ヒチケー'スン [çitʃikeːˈsun] 動《çitʃikeːs- çitʃikeːtʃ-; ㊥ヒチケーサン ㊥ヒチケーシ ㊥ヒチケーチョーン ㊥ヒチケーチャン》(もと来た道などを)引き返す。*「フィチケー'スンともいう。

「ヒチサチュン [ˈçitʃisatʃun] 動《çitʃisak- çitʃisatʃ-; ㊥ヒチサカン ㊥ヒチサチ ㊥ヒチサチョーン ㊥ヒチサチャン》(布などを)引き裂く。*「フィチサチュンともいう。

「ヒチジ [çitʃidʑi] 名 (十二支の)未(ひつじ)。*「フィチジともいう。

ヒチジャ「シー [çitʃidʑaˈʃiː] 名 (机、タンスなどの)引き出し。*フィチジャ「シーともいう。

ヒチ「ジュー [çitʃiˈdʑuː] 名 七十。七十歳。

「ヒチジュー'サン [ˈçitʃidʑuːˈsan] 名 (数え年で)七十三歳。～ヌ ウーエー〈(数えで)七十三歳の祝い〉。

ヒチ「ス [çitʃiˈsu] 名 引き潮。*フィチ「スともいう。

「ヒチトゥイン [ˈçitʃituin] 動《çitʃitur- çitʃitutt-; ㊥ヒチトゥラン ㊥ヒチトゥイ ㊥ヒチトゥットーン ㊥ヒチトゥッタン》(子供、年とった親などを)引き取る。*「フィチトゥインともいう。

「ヒチトー'スン [ˈçitʃitoːˈsun] 動《çitʃitoːs- çitʃitoːtʃ-; ㊥ヒチトーサン ㊥ヒチトーシ ㊥ヒチトーチョーン ㊥ヒチトーチャン》(木、砂糖きびなどを)引き倒す。*「フィチトー'スンともいう。

ヒチ「ニチ [çitʃiˈnitʃi] 名 七日。七日間。

ヒチ「ニン [çitʃiˈnin] 名 七人。

ヒチニン「チ [çitʃininˈtʃi] 名 七年忌。七回忌。

「ヒチ「ヌ'ジュン [çitʃiˈnuˈdʑun] 動《çitʃinug- çitʃinudʑ-; ㊥ヒチヌガン ㊥ヒチヌジ ㊥ヒチヌジョーン ㊥ヒチヌジャン》(大根、ごぼうなどを)引き抜く。*フィチ「ヌ'ジュンともいう。

「ヒチヌバ'スン [ˈçitʃinubaˈsun] 動《çitʃinubas- çitʃinubatʃ-; ㊥ヒチヌバサン ㊥ヒチヌバシ ㊥ヒチヌバチョーン ㊥ヒチヌバチャン》(ゴム、餅などを)引き伸ばす。*「フィチヌバ'スンともいう。

「ヒチハナ'スン [ˈçitʃihanaˈsun] 動《çitʃihanas- çitʃihanatʃ-; ㊥ヒチハナサン ㊥ヒチハナシ ㊥ヒチハナチョーン ㊥ヒチハナチャン》引き離す。別れさせる。*「フィチハナ'スンともいう。

「ヒチ'フイ [çitʃiˈɸui] 名 たくさん。十分。ムヌン ～ カローティ ヌーンリイーガ〈食事も十分食べていて何と言うか〉。

ヒチ「ムン'ジェーク [çitʃiˈmunˈdʑeːku] 名 挽物師。*フィチ「ムン'ジェークともいう。

「ヒチャースン [ˈçitʃaːsun] 動《çitʃaːs- çitʃaːtʃ-; ㊥ヒチャーサン ㊥ヒチャーシ ㊥ヒチャーチョーン ㊥ヒチャーチャン》(戸や障子などを)引いて閉める。閉じる。*「引き合わせる」にほぼ対応。*「フィチャースンともいう。

ヒ「チャイ [çiˈtʃai] 名 光。*フィ「チャイともいう。

ヒチャ「イン [çitʃaˈin] 動《çitʃar- çitʃat-; ㊥ヒチャラン ㊥ヒチャイ ㊥ヒチャトーン ㊥ヒチャタン》光る。*フィチャ「インともいう。

「ヒチャギーン [ˈçitʃagiːn] 動《çitʃagir- çitʃagit-; ㊥ヒチャギラン ㊥ヒチャギー ㊥ヒチャギトーン ㊥ヒチャギタン》持ち上げる。*「引き上げる」にほぼ対応。「フィチャギーンともいう。

ピチャ「ナイ [pitʃaˈnai] 副 ぴかぴか。きらきら。日光、星、鏡などが光るさま。

「ヒチャワシ [ˈçitʃawaʃi] 名《文》(神仏による)引き合わせ。*「フィチャワシともいう。

「ヒチユシーン [ˈçitʃijuʃiːn] 動《çitʃijuʃir- çitʃijuʃit-; ㊥ヒチユシラン ㊥ヒチユシー ㊥ヒチユシトーン ㊥ヒチユシタン》引き寄せる。*「フィチユシーンともい

う。

「**ヒチュン**¹ [ˈçitʃun] 動《çik- çitʃ-; ㊎ヒカン 連ヒチ 禁ヒチョーン 過ヒチャン》①(潮、水などが)引く。後ろにさがる。ウスヌ ～〈潮が引く〉。②(車、手、袖などを)引く。引っ張る。ティー ～〈手を引く。手をつなぐ〉/カチャ ～〈蚊帳を吊る〉。\*「フィチュン」ともいう。

「**ヒチュン**² [ˈçitʃun] 動《çik- çitʃ-; ㊎ヒカン 連ヒチ 禁ヒチョーン 過ヒチャン》弾く。クーチョー ～〈胡弓を弾く〉。\*「フィチュン」ともいう。

「**ヒチュン**³ [ˈçitʃun] 動《çik- çitʃ-; ㊎ヒカン 連ヒチ 禁ヒチョーン 過ヒチャン》(敷物などを)敷く。ムシル ～〈むしろを敷く〉。\*「シチュン」「フィチュン」ともいう。

「**ヒチンジャ**「**スン** [ˈçitʃiʔndʒaˈsun] 動《çitʃiʔndʒas- çitʃiʔndʒatʃ-; ㊎ヒチンジャサン 連ヒチンジャシ 禁ヒチンジャチョーン 過ヒチンジャチャン》(大根、ごぼうなどを、あるいは大勢の中からある人などを)引き出す。引っ張り出す。\*「フィチンジャ」スンともいう。

「**ヒッカキーン** [ˈçikkakiːn] 動《çik- kakir- çikkakit-; ㊎ヒッカキラン 連ヒッカキー 禁ヒッカキトーン 過ヒッカキタン》(枝、止め金などに)引っかける。\*「フィッカキーン」ともいう。

「**ヒッカタン**「**チュン** [ˈçikkatanˈtʃun] 動《çikkatan- çikkatantʃ-; ㊎ヒッカタンカン 連ヒッカタンチ 禁ヒッカタンチョーン 過ヒッカタンチャン》①傾く。②没頭する。熱中する。ルーチュイ ヒッカタンチョーティ ヌー ソーガ〈一人没頭していて何しているの〉。\*「フィッカタン」チュンともいう。

「**ヒックムン** [ˈçikkumun] 動《çik- kum- çikkur-; ㊎ヒックマン 連ヒックミ 禁ヒックローン 過ヒックラン》(バケツの底などがものに当たって)引っ込む。へこむ。\*「フィックムン」ともいう。

**ヒッ**「**コー** [çikˈkoː] 名 比較。エーキン チュトゥ ヒンスームントゥ ～ シェー チャースガ〈金持ちと貧乏人を比較してどうする(どうにもならないからやめておけ)〉。\*「フィッ」コーともいう。

「**ヒッサギーン** [ˈçissagiːn] 動《çissa- gir- çissagit-; ㊎ヒッサギラン 連ヒッサギー 禁ヒッサギトーン 過ヒッサギタン》(紙袋などを)手にさげて持つ。\*「引っさげる」にほぼ対応。「ヒサギーン」、「フィッサギーン」ともいう。

「**ヒッ**「**サン** [çisˈsan] 形《㊎ヒッコーネーン ヒッサタン》(厚さ、濃度、密度などが)薄い。スムチヌ ～〈書物が薄い〉/カラジヌ ～〈髪が薄い〉。\*「フィッ」サンともいう。

「**ビッシェー** [biʃˈʃeː] 名 機嫌が悪いこと。不機嫌。～ ソーン〈機嫌悪くしている。機嫌悪そうにしている〉。

「**ヒッスイ**「**ヒッスイ** [ˈçissuiˈçissui] 副 ずきんずきん。ひりひり。傷、おできなどが痛むさま。\*「フィッスイ」フィッスイともいう。

**ヒッ**「**タク**「**マッタク** [çiˈtakuˈmattaku] 副 ぺちゃくちゃ。おしゃべりするさま。～ スン〈ぺちゃくちゃおしゃべりする〉。\*「フィッ」タク」マッタクともいう。

**ヒッ**「**チー** [çitˈtʃiː] 名 ①一日。一日中。終日。～ ニントーン〈終日寝ている〉。②しきりに。しょっちゅう。～ ゴーグチ ソーン〈しょっちゅう文句を言っている〉。\*「フィッ」チーともいう。

**ヒッチーグー**「**シー** [çitˈtʃiːguːˈʃiː] 名 一日おき。\*「フィッチーグー」シーともいう。

**ヒッ**「**チー**「**ユッチー** [çitˈtʃiːˈjuttʃiː] 名 しょっちゅう。一日中。朝から晩まで。～ ジン イミーックゥイサ〈しょっちゅう金を催促しやがるんだ〉。\*「フィッ」チー」ユッチーともいう。

**ヒッ**「**チー**ン [çitˈtʃiːn] 動《çittʃir- çittʃittʃ-; ㊎ヒッチラン 連ヒッチー 禁ヒッチッチョーン 過ヒッチッチャン》引き切る。引きちぎる。\*「フィッ」チーンともいう。

ヒッチャティルーニー「ビチ [çit-tʃatiruːniˈbitʃi] 名 普通の慣習やルールによらない結婚。結婚式や披露宴などなしの結婚。出来合い婚。＊フィッチャティルーニー「ビチともいう。

ヒッ「チ」リーン [çitˈtʃiriːn] 動《çit-tʃirir- çittʃirit-; 否 ヒッチリラン 連 ヒッチリー 敬 ヒッチリトーン 過 ヒッチリタン》(綱、紐などが)切れる。＊「引き切れる」にほぼ対応。フィッ「チ」リーンともいう。

ヒッチリビッ「チリ [çittʃiribitˈtʃiri] 副 切れ切れ。ちぎれてばらばらになっているさま。＊フィッチリビッ「チリともいう。

ビッ「チン [bitˈtʃin] 名 財布。 フチュクルビッ「チン〈ふところ財布。すべて自分のところに取り込むこと。欲張り〉。

「ヒットゥイン [ˈçittuin] 動《çittur-çittuit-; 否 ヒットゥラン 連 ヒットゥイ 敬 ヒットゥトーン 過 ヒットゥッタン》(相手の持っているものなどをやや強引に)引っ張って取る。＊「引き取る」にほぼ対応。「フィットゥインともいう。

ヒッパー「チ [çippaːˈtʃi] 名【植】ヒハツモドキ。コショウ科のつる植物。実を粉にして香辛料にする。＊「フィッパー「チともいう。

「ヒッパイン [ˈçippain] 動《çippar-çippat-; ヒッパラン ヒッパイー ヒッパトーン ヒッパタン》(綱、ゴムなどを)引っ張る。＊「フィッパインともいう。

ヒティ「ミティ [çitiˈmiti] 名【つとめて】朝。＊「アサ〈朝〉は単独ではあまり用いない。

ヒティミティ「ウキ [çitimitiˈʔuki] 名 早起き。～ ソーティ マーカイ ッンジャガ〈早起きしてどこに行ったか〉。

ヒティミティ「ムン [çitimitiˈmun] 名【つとめてもの】朝ご飯。

「ヒナイン [ˈçinain] 動《çinar- çinat-; 否 ヒナラン 連 ヒナイ 敬 ヒナトーン 過 ヒナタン》減る。少なくなる。 ワタ ～〈腹が減る〉。 ＊「フィナインともいう。

「ビナサ」ワッサ [ˈbinasaˈwassa] 名 行き届かないこと。＊単独でビナサンとはいわない。

ヒニー「ン [çiniːˈn] 動《çinir- çinit-; 否 ヒニラン 連 ヒニー 敬 ヒニトーン 過 ヒニタン》ひねる。ねじる。＊フィニー「ンともいう。

ヒヌ「カン [çinuˈkan] 名 火の神。かまどの神。＊フィヌ「カンともいう。

「ヒバリ [ˈçibari] 名 ひび割れ。亀裂。～ イッチョーン〈ひびが入っている〉。＊「ヒビキ、「フィバリともいう。

「ヒバリーン [ˈçibariːn] 動《çibarir-çibarit-; 否 ヒバリラン 連 ヒバリー 敬 ヒバリトーン 過 ヒバリタン》ひび割れる。ひびが入る。＊「フィバリーンともいう。

「ヒビ [ˈçibi] 名 ひび。

「ヒビキ [ˈçibiki] 名「ヒバリに同じ。＊「フィビキともいう。

「ヒマ [ˈçima] 名 暇。＊「フィマともいう。

「ヒマラーリ [ˈçimaraːri] 名 むなしく時間をつぶすこと。無為に時を過ごすこと。長く待たされたときなど、～ シミティヤー〈(私に)むなしく暇をつぶさせてね〉と言う。＊「フィマラーリともいう。

「ヒミチ [ˈçimitʃi] 名 喘息(ぜんそく)。 ～ グスグス〈喘息でぜいぜい〉。 ＊「フィミチともいう。

「ヒミチャー [ˈçimitʃaː] 名 喘息をわずらっている人。＊「フィミチャーともいう。

「ヒムン [ˈçimun] 名 碑文。金石文。 ムジン クジン ワカラン マチガーヌ ～〈文字も故事も分からない松川の碑文。松川の碑文が摩滅して読めなくなっていることから転じて、相手の言っていることがいい加減ででたらめなことにいう〉。＊「フィムンともいう。

「ヒヤ [ˈçija] 感 えい。それっ。勢いをつけるときに発するかけ声。

「ヒャー¹ [ˈçaː] ① 名 野郎。相手をののしっていう語。アヌ ～〈あの野郎〉。 ② 動 目下の相手を見下した意を表す。 マーカイ イガ～〈どこへ行きやがる〉 / ッヤー ～ ヌー

ソーガ〜〈おまえ、何していやがる〉/ シタイ〜〈でかした!〉。

ヒャー² [ça:] 接尾《文》按司の家来の役名。＊姓のあとに付けて、ムラバルヌヒャー〈村原の比屋。組踊『大川敵討』の登場人物〉のようにいう。

「ヒャーイ [「ça:i] 名 日照り。旱魃(かん)。

ヒャクイ「チー [çakuʔi「tʃi:] 名 うそつき。「百に一つしか本当のことを言わない人」の意。

ヒヤミカ「スン [çijamika「sun] 動《çijamikas- çijamikatʃ-; 否 ヒヤミカサン 連 ヒヤミカシ 継 ヒヤミカチョーン 過 ヒヤミカチャン》えいっと気合を入れる。＊感動詞 ヒヤ に接尾辞 ミカスン が付いたもの。カチャー「シーで、三線を奏でても、みんながしりごみして踊ろうとしない場合などに、ヒヤミカ「シェー〈えいっといって踊れ〉と言う。

ヒ「ヨー [çi「jo:] 名【日傭】日雇い(労働者)。＊フィ「ヨーともいう。

ヒョー「シ [ço:「ʃi] 名【拍子】機会。折。はずみ。きっかけ。ヒサ ヤマチャシェーチャートゥンガナ スル 〜 ヤタン〈足を痛めたのはどうにかしたはずみだった〉。

ビョー「チ [bjo:「tʃi] 名 病気。＊普通はヤン メー〈病〉という。

「ヒラ [「çira] 名【平】坂。地名を冠して「ウフタビラ〈太田坂〉、ジャーガル「ビラ〈謝苅坂〉などという。＊「フィラともいう。

ビラ「 [bira「] 名 ねぎ(葱)。沖縄では主に葉葱のことをいう。

「ヒラー [「çira:] 名 平たいもの。＊「フィラーともいう。

ヒラ「イン [çira「in] 動《çirar- çirat-; 否 ヒララン 連 ヒライ 継 ヒラトーン 過 ヒラタン》付き合う。交際する。(目上に)仕える。ルシ〜〈友達と付き合う〉/ シトゥ〜〈姑に仕える〉。＊フィラ「インともいう。

ヒラカ「スン [çiraka「sun] 動《çirakas- çirakatʃ-; 否 ヒラカサン 連 ヒラカシ 継 ヒラカチョーン 過 ヒラカチャン》①平らにする。ぺしゃんこにする。②(相手を)やっつける。＊フィラ「スンともいう。

ヒラキー「ン¹ [çiraki:「n] 動《çirakir- çirakit-; 否 ヒラキラン 連 ヒラキー 継 ヒラキトーン 過 ヒラキタン》①平たくなる。ぺしゃんこになる。②疲れて座り込む。＊フィラキー「ンともいう。

ヒラキー「ン² [çiraki:「n] 動《çirakir- çirakit-; 否 ヒラキラン 連 ヒラキー 継 ヒラキトーン 過 ヒラキタン》開(ひら)ける。(考え方などが)進んでいる。イッターヤ ヒラキトーサヤー〈きみたちは考え方が進んでいるね〉。＊フィラキー「ンともいう。

「ヒラク [「çiraku] 副 次のように用いる。〜 ナレー〈楽になさい。くずしてください。直訳は「楽になれ」〉。＊「フィラクともいう。

「ヒラクムン [「çirakumun] 動《çirakum- çirakur-; 否 ヒラクマン 連 ヒラクミ 継 ヒラクローン 過 ヒラクラン》しびれる。ヒサヌ 〜〈足がしびれる〉。＊「フィラクムンともいう。

ヒラ「グン [çira「gun] 名【平組み】(中国男子の)弁髪。＊フィラ「グンともいう。

ヒラ「チュン [çira「tʃun] 動《çirak- çiratʃ-; 否 ヒラカン 連 ヒラチ 継 ヒラチョーン 過 ヒラチャン》開く。ウジュー〜〈重箱を開く〉。＊フィラ「チュンともいう。

「ヒラッテーン [「çiratte:n] 副 平たく。平らに。＊「フィラッテーンともいう。

ヒラ「ティ [çira「ti] 名 隔て。関係を疎遠にするもの。イチャレー チョーレー ヌー 〜 ヌ アガ〈出会ったら兄弟だ。何の隔てがあるものか〉。＊フィラ「ティともいう。

ヒラティー「ン [çirati:「n] 動《çiratir- çiratit-; 否 ヒラティラン 連 ヒラティー 継 ヒラティトーン 過 ヒラティタン》隔てる。疎遠にする。＊フィラティー「ンともいう。

ヒラ「フゥグサ [çira「ɸagusa] 名【平葉草】《植》オオバコ。葉を火にあぶっておできにつけ、吸い出し薬の代わりに用いた。

＊フィラ「フゥ」グサともいう。

ヒラヤ「チー [çiraja「tʃiː] 图【平焼き】料理名。小麦粉を薄くといて油を薄く引いたフライパンで広く伸ばして焼いたもの。＊フィラヤ「チーともいう。

「ヒリ [çiri] 图 縁(ふち)。タタンヌ ヒレークラミランケー〈畳の縁は踏むな〉。＊フィリともいう。

ヒリ「グサ」サン [çiri「gusa」san] 形《图ヒリグサコーネーン 過ヒリグササタン》(魚などが)生臭い。＊フィリ「グサ」サンともいう。

ヒリグサリ「ムン [çirigusari「mun] 图(魚など)生臭いもの。＊フィリグサリ「ムンともいう。

ヒリ「クマ」イン [çiri「kuma」in] 動《çirikumar- çirikumat-; ヒリクマラン 連ヒリクマイ 禁ヒリクマトーン 過ヒリクマタン》いりびたる。＊フィリ「クマ」インともいう。

ヒリム「サー [çirimu「saː] 图 イリム「サーに同じ。

ピ「リン」パラン [pi「rim」paran] 擬態 ①ぺちゃくちゃ。おしゃべりするさま。～ ムヌ アビトーン〈ぺちゃくちゃしゃべっている〉。②ぺらぺら。外国語をしゃべるさま。～ ウランラグチ アビトーン〈ぺらぺら西洋語をしゃべっている。英語であろうとドイツ語であろうと西洋語はウランラ「グチ(直訳は「オランダ語」)という〉。

「ヒル¹ [çiru] 图【蒜(ひる)】にんにく(大蒜)。＊フィルともいう。

「ヒル² [çiru] 图 昼。日中。ヒロー シクチ〈昼は仕事〉。＊フィルともいう。

ヒル³ [çiru] 图 接尾 尋(ひろ)。水深、糸の長さなどの単位。だいたい大人が両腕を広げた端から端までの距離。イク～ シーミウースガ〈幾尋潜れるか〉。＊フィルともいう。

「ヒルイン [çiruin] 動《çirur- çirut-; ヒルラン 連ヒルイ 禁ヒルトーン 過ヒルタン》拾う。ジン ～〈金を拾う〉。＊フィルインともいう。

「ヒルイン」ガミ [çiruiŋ「gami] 图 つまみ食い。＊「フィルイン」ガミともいう。

「ヒルガイ [çirugai] 图 子孫の広がり。子孫が増え方々で栄えること。ワッターヤウヌ ～〈私たちはその(系統の)広がりだ。私たちはその血筋だ〉。＊「フィルガイともいう。

「ヒルガイン [çirugain] 動《çirugar- çirugat-; 图ヒルガラン 連ヒルガイ 禁ヒルガトーン 過ヒルガタン》①広がる。伝播する。②子孫が増え方々で栄える。＊「フィルガインともいう。

「ヒルギーン [çirugiːn] 動《çirugir- çirugit-; 图ヒルギラン 連ヒルギー 禁ヒルギトーン 過ヒルギタン》広げる。ウチュクイ ～〈ふろしきを広げる〉。＊「フィルギーンともいう。

ヒ「ル」サン [çi「ru」san] 形《图ヒルコーネーン 過ヒルサタン》(空間、交際、心などが)広い。＊フィ「ル」サンともいう。

「ヒルジュー [çiruʤuː] 图 昼中(ひるなか)。終日。＊「フィルジューともいう。

「ヒルビルトゥ [çirubirutu] 副 (空間などが)広々と。～ ソーン〈広々としている〉。＊「フィルビルトゥともいう。

ヒル「マ [çiru「ma] 图【昼間】午後。昼過ぎ。＊フィル「マともいう。

ヒルマ「イン [çiruma「in] 動《çirumar- çirumat-; 图ヒルマラン 連ヒルマイ 禁ヒルマトーン 過ヒルマタン》広まる。普及する。＊フィルマ「インともいう。

ヒル「マ」サン [çiru「ma」san] 形《图ヒルマシコーネーン 過ヒルマサタン》(不可解なことについて)不思議である。怪しい。珍しい。ヒルマシー ッチュ〈不思議な[怪しい]人〉。＊フィル「マ」サンともいう。

ヒルミー「ン [çirumiːn] 動《çirumir- çirumit-; 图ヒルミラン 連ヒルミー 禁ヒルミトーン 過ヒルミタン》広める。宣伝する。吹聴する。＊フィルミー「ンともいう。

ヒ「レー [çi「reː] 图 付き合い。交際。(目

上の人に)仕えること。＊フィ「レーともいう。

**ビレー** [bireː] [接尾] …付き合い。「ルシビレー〈友達付き合い〉、トゥナイビ「レー〈隣付き合い〉など。

**ヒレーグ「リー** [çireːgu「riː] [名] 付き合いにくい者。気むずかしい者。無愛想な者。＊フィレーグ「リーともいう。

**ヒレー「グリ⌉サン** [çireː「guri⌉saɴ] [形]《[否] **ヒレーグリコーネーン** [過] **ヒレーグリサタン**》付き合いにくい。⇨ グリサン。＊フィレー「グリ⌉サンともいう。

**ヒレー「ヤッ⌉サン** [çireː「jas⌉saɴ] [形]《[否] **ヒレーヤッシコーネーン** [過] **ヒレーヤッサタン**》付き合いやすい。気安い。＊フィレー「ヤッ⌉サンともいう。

**ヒン** [çiɴ] [接頭] 動詞に付いて、意味を強める。ヒン「マ⌉ギーン〈ひん曲げる〉、ヒン「ム⌉リーン〈強くつねる〉など。＊フィンともいう。

「**ビン**⌉ [「biɴ⌉] [名] 瓶。

**ピン「アン** [piŋ「ʔaɴ] [名] 空手の型の名。

「**ヒンガー⌉マヤー** [「çiŋgaː⌉majaː] [名]「うす汚れた猫」の意から転じて、うす汚れた子供や人を指して卑しめていう語。＊「フィンガー⌉マヤーともいう。

**ヒンガ「スン** [çiŋga「suɴ] [動]《çiŋgas- çiŋgatʃ-; [否] **ヒンガサン** [連] **ヒンガシ** [継] **ヒンガチョーン** [過] **ヒンガチャン**》①逃がす。②死なす。ワラバー ～〈子供をなくす〉。＊フィンガ「スンともいう。

「**ビン⌉ガタ** [「biŋ⌉gata] [名] 紅型。布の上に型紙を置き、紅の染料を使って花鳥山水などの模様を染めつけた沖縄独特の染め物。

**ヒンギー「ン** [çiŋgiː「ɴ] [動]《çiŋgir- çiŋgit-; [否] **ヒンギラン** [連] **ヒンギー** [継] **ヒンギトーン** [過] **ヒンギタン**》逃げる。＊フィンギー「ンともいう。

**ヒン「ギ⌉マーイ** [çiŋ「gi⌉maːi] [名] 逃げ回ること。仕事をせずに逃げ回る場合にもいう。＊フィン「ギ⌉マーイともいう。

「**ヒング** [「çiŋgu] [名] 垢。～ ウトゥスン〈垢を落とす〉。＊「フィングともいう。

**ヒン「サー** [çin「saː] [名] すね者。ひねくれ者。＊フィン「サーともいう。

**ビン「シー** [bin「ʃiː] [名]【瓶水】酒を入れる鉄製の容器。祭祀などに用いる。

**ヒンジ「ムン** [çindʒi「muɴ] [名] 不良。村や仲間の慣習に従わない者。＊フィンジ「ムンともいう。

**ヒン「ジャー** [çin「dʒaː] [名] 不良。ならず者。＊フィン「ジャーともいう。

**ヒン「スー** [çin「suː] [名]【貧相】貧乏。＊フィン「スーともいう。

**ヒンスー「ムン** [çinsuː「muɴ] [名] 貧乏人。＊エーキン「チュ〈金持ち〉の対。フィンスー「ムンともいう。

「**ヒン⌉スン** [「çin⌉suɴ] [動]《çins- çins-; [否] **ヒンサン** [連] **ヒンシー** [継] **ヒンソーン** [過] **ヒンサン**》すねる。急に不機嫌になったりひねくれたりする。＊「フィン⌉スンともいう。

「**ヒンチ** [「çintʃi] [名] 不機嫌になること。急に機嫌が悪くなること。～ ソーン〈急に機嫌が悪くなっている〉。＊「フィンチともいう。

**ビン「チキ** [bin「tʃiki] [名] 鬢付け(油)。

「**ヒントー** [「çintoː] [名] 返答。返事。イレー～〈いらえ返答。返事〉。＊「フィントーともいう。

「**ビントー** [「bintoː] [名] 弁当。

「**ヒンニ** [「çinni] [名] 昼寝。＊「フィンニともいう。

「**ヒンヒン** [「çinçiɴ] [擬音] 馬の鳴き声。ッンマヌ ～ モートーン〈かんかんに怒っている。直訳は「馬がヒンヒン舞っている」〉。

**ヒン「ビン** [çim「biɴ] [名]【返弁】①返品。ウングトール ムン ～ ッシ クヮー〈こんなもの[不良品]、返品してこい〉。②返済。ヘーベートゥ ～ シェー〈さっさと返済しなさい〉。＊フィン「ビンともいう。

**ヒン「プン** [çim「puɴ] [名] 家と門の間にあって、家の中が見えるのを防ぐための塀。石を立てたものやコンクリートで作ったもの、植木で作ったものなどがある。＊フィン「プン

ともいう。
ヒン「マガ」イン [çim「maga」in] 動《çimmagar- çimmagat-; ㊁ヒンマガラン ㊂ヒンマガイ ㊃ヒンマガトーン ㊄ヒンマガタン》ひん曲がる。人の性格にもいう。＊フィン「マガ」インともいう。
ビンラ「レー [binra「re:] 名【鬢盥（びんだらい）】洗面器。

# フ

(★「フィ」で始まる語で以下にないものについては「ヒ」の項を参照)

**フィー「フィー** [ɸi:ˈɸi:] 图 口笛。指笛。＊普通は人差し指か小指を口に入れて吹き鳴らす。いずれも夜吹くと魔物を呼ぶといって叱られる。カチャー「シー、綱引きなど感じ入ったときや興奮したとき、また甲子園の応援などにもよく鳴らす。

**フィーフィー「グヮー** [ɸi:ɸi:ˈgwa:] 图 フィー「フィーに同じ。

**フイ「クミ」ラリーン** [ɸuiˈkumiˈrari:n] 動《ɸuikumirar- ɸuikumiratt-; 否 フイクミララン 連 フイクミラリー 継 フイクミラットーン 過 フイクミラッタン》(雨に)降り込められる。

**「フイケー」スン** [ɸuikeːsun] 動《ɸuike:s- ɸuike:tʃ-; 否 フイケーサン 連 フイケーシ 継 フイケーチョーン 過 フイケーチャン》(病気が)ぶり返す。

**「フイシティーン** [ɸuiʃiti:n] 動《ɸuiʃitir- ɸuiʃitit-; 否 フイシティラン 連 フイシティー 継 フイシティトーン 過 フイシティタン》振り捨てる。＊歌語としても用いられ、琉歌に「悪縁の結て放ち放されめふり捨てて行かば一道だいもの」(全1094)とある。

**「フィチハロージ** [ɸitʃiharoːdʒi] 图《文》(遠い親戚まで含めた)親類縁者。＊組踊『大川敵討』に「嶋知行も取らち、引きはろちまでもおの御肝きやさやある筈よだいもの」とある。口語ではエー「カ」ハロージという。

**フィ「チュイ** [ɸiˈtʃui] 图《文》一人。＊琉歌「照るでだや西に布だけになても首里みやだいりやてど一人のぼる」(全137)。口語では「チュイ」という。

**「フィトゥマゲー** [ɸitumageː] 图《文》人違い。＊組踊『手水の縁』に「人まがひやあらね、見ず知らず里前」とある。口語では「ッチュバッ」ペーという。

**「フィトゥマサイ** [ɸitumasai] 图《文》人よりまさっていること。＊組踊『手水の縁』に「里や花盛り人増りやれば」とある。口語では「ッチュマサイという。

**フイン¹** [ɸuˈin] 動《ɸur- ɸut-; 否 フラン 連 フイ 継 フトーン 過 フタン》① 振る。ティー〜〈手を振る〉。②(男女間で相手を)振る。嫌う。

**フイン²** [ɸuˈin] 動《ɸur- ɸut-; 否 フラン 連 フイ 継 フトーン 過 フタン》降る。アミヌ〜〈雨が降る〉。

**フイン³** [ɸuˈin] 動《ɸur- ɸut-; 否 フラン 連 フイ 継 フトーン 過 フタン》掘る。アナ〜〈穴を掘る〉。

**フイ「ッンジャ」スン** [ɸuiˈʔndʒaˈsun] 動《ɸuiʔndʒas- ɸuiʔndʒatʃ-; 否 フイッンジャサン 連 フイッンジャシ 継 フイッンジャチョーン 過 フイッンジャチャン》(地中から)掘り出す。

**フー「¹** [ɸuˈ] 图 果報。幸運。〜ヌアン〈幸運がある。幸運だ〉。

**フー²** [ɸu:] 图 帆。

**フー³** [ɸu:] 图 穂。

**フー「⁴** [ɸuˈ] 感 はい。目上に呼ばれたときの応答。＊妻から夫への返事にも用いる。

**フー⁵** [ɸu:] 接尾 …俵。イッ「プー〈一俵〉、こ「フー〈二俵〉、「サン」プー〈三俵〉など。

**プー「** [puˈ] 擬音 屁の音。〜スン〈屁をひる〉。

**フーガワイ** [ɸu:gawai] 图 風変わり。〜ナッチュ〈変わった人〉。

**フー「クー** [ɸuˈkuː] 图 奉公。転じて「無駄なこと。役に立たないこと」の意。ッチュス 〜 ッシ ヌースガ〈人のことばかりして(無駄なことばかりやって)どうするんだ〉。

**「フーケー」リーン** [ɸu:keːˈri:n] 動《ɸu:keːrir- ɸu:keːrit-; 否 フーケーリ

ラン 連フーケーリー 継フーケーリトーン 過フーケーリタン》ふくれる。ふくらむ。

ブー「サー [bu:ˈsa:] 图 じゃんけんの一種。親指は人指し指に、人指し指は小指に、小指は親指に勝つ。酒宴などでブーサーをし、負けた者には酒を飲ますという風習があり、そのゲーム自体が縁起ものであるとされている。 ブーサー シー!〈じゃんけんぽい!〉。

「フー「サン [ɸu:ˈsan] 形《台フーシコーネーン 過フーサタン》欲しい。 ジンフーサ スン〈金を欲しがる〉。

「フージ [ɸu:ˈdʒi] 图【風儀】①風習。しきたり。流儀。 ワッター ~〈我々のしきたり〉。 ②風采。なりふり。 フージェー ネーン〈みっともない〉。

フーシ「ムン [ɸu:ʃiˈmun] 图 干し物。洗濯して干したもの。

フー「ジョー [ɸu:ˈdʒo:] 图【宝蔵】たばこ入れ。*現在はほとんど用いない。

フー「スン [ɸu:ˈsun] 動《ɸu:s-ɸu:tʃ-;台フーサン 連フーシ 継フーチョーン 過フーチャン》干す。 ウール ~〈布団を干す〉。

「フータイ [ɸu:ˈtai] 图 頬(ほお)。

フー「チ¹ [ɸu:ˈtʃi] 图 (灸に用いる)もぐさ。⇨ フーチバー。

「フーチ² [ɸu:ˈtʃi] 图【風気】伝染病。はやり風邪など。 ~ヌ フェーイン〈伝染病がはやる〉。

「フーチゲーシ [ɸu:ˈtʃigeːʃi] 图【風気返し】伝染病除け。伝染病にかからないように酒や煎じものなどを飲むこと。特に酒は病除けになるといわれている。

フーチ「バー [ɸu:tʃiˈba:] 图 よもぎ。若葉は食用になり、雑炊や餅などに入れる。生長した葉は乾燥させてフー「チ〈もぐさ〉を作る。

「フーチ「ムチ [ɸu:tʃiˈmutʃi] 图 よもぎ餅。

ブートゥルカー「ン [bu:turukaːˈn] 图 肩車。

フー「ナー [ɸu:ˈna:] 图 まね(真似)。ふり。 ンーラン ~ ソーン〈見ないふりをしている〉/ ヤムン ~〈痛いふり〉。

フー「ネー [ɸu:ˈne:] 图 船酔い。 ~ スン〈船酔いする〉。

「フービ [ɸu:ˈbi] 图 ほうび(褒美)。

「フー「フー [ɸu:ˈɸu:] 擬音①苦しそうに息をするさま。 ②(熱いものを冷ますとき、子供が傷などで痛がっているときなど)息を吹きかけるさま。 ラー ~ スミ〈どれ、ふうふうしようか〉。

ブー「ブー¹ [bu:ˈbu:] 图《幼児》水。湯。

ブー「ブー² [bu:ˈbu:] 图 吸血療法。高熱などが出たとき、額などにカミソリで傷をつけ、血を吸い出して治す民間療法。

「プープー「カーカー [pu:pu:ˈka:ka:] 擬態 ぷんぷん。怒っているさま。 ~ ッシ ワジトーン〈ぷんぷん怒っている〉。

ブーブートゥー「ベー [bu:bu:tu:ˈbe:] 图 虫がぶんぶん群がること。風でものが飛ぶこと。

フー「フラ [ɸu:ˈɸura] 图 護符。紙に呪文を書いたもので、魔物を追い払う。家の入り口の柱などに貼りつける。

フーリン「ナー [ɸu:rinˈna:] 图【ほうれん菜】ほうれん草。

フー「ル [ɸu:ˈru] 图 (昔の)便所。昔は石垣囲いの豚小屋があり、その一角に便所があった。そこにも「フールヌカミ〈便所の神〉という守り神がましますと信じられていた。

「フールチ [ɸu:ˈrutʃi] 图 ひよめき。幼児の脳天の脈拍につれて動く柔らかい部分。

フーローマー「ミー [ɸu:ro:maːˈmi:] 图 ササゲ(豇豆)の一種。さやも豆も一緒に食べる。

フェー「¹ [ɸe:ˈ] 图【南風(はえ)】南。 ~ヌ カジ〈南風〉。

「フェー² [ɸe:ˈ] 图 灰。

「フェー³ [ɸe:ˈ] 图 蝿。「オーベー〈青蝿〉、シー「ベー〈ショウジョウバエ〉などがいる。 *「ヘーともいう。

**フェー⌈イ** [ɸeː⌈i] [名] (病気、風俗などの)はやり。流行。＊ヘー⌈イともいう。

**フェー⌈イン**[1] [ɸeː⌈iȵ] [動]《ɸeːr- ɸeːt-; [否]**フェーラン** [連]**フェーイ** [継]**フェートーン** [過]**フェータン**》はやる。流行する。 ウタヌ フェートーン〈歌が流行している〉。 ＊ヘー⌈インともいう。

**フェー⌈イン**[2] [ɸeː⌈iȵ] [動]《ɸeːr- ɸeːt-; [否]**フェーラン** [連]**フェーイ** [継]**フェートーン** [過]**フェータン**》《文》張る。張り渡す。＊琉歌「沖縄と八重山縁の糸はへて面影の立たば互に引かな」(全1863)。「延(は)う」にほぼ対応。

**フェー⌈ウキ** [ɸeː⌈ʔuki] [名] 早起き。＊ヘー⌈ウキともいう。

**フェー⌈ガサ** [ɸeː⌈gasa] [名] 頭部にできる湿疹。＊ヘー⌈ガサともいう。

**フェー⌈カジ** [ɸeː⌈kaʤi] [名] 南風。＊ヘー⌈カジともいう。

**フェーガッ⌈ティン** [ɸeːgat⌈tiȵ] [名] 早合点。＊ヘーガッ⌈ティンともいう。

**フェー⌈ク** [ɸeː⌈ku] [名] 早く。以前。昔。 アサ 〜〈朝早く〉/ カーマ 〜〈ずっと昔〉。＊ヘー⌈クともいう。

**⌈フェー⌉サン** [⌈ɸeː⌉saȵ] [形]《[否]**フェーコーネーン** [過]**フェーサタン**》早い。速い。＊⌈ヘー⌉サンともいう。

**フェー⌈シ** [ɸeː⌈ʃi] [名] はやし(言葉)。歌の合間合間に入れて調子をつける掛け声。サッサ、ハイヤなど。＊ヘー⌈シともいう。

**⌈フェージュリ** [⌈ɸeːʤuri] [名] (以前の)廓外の娼婦。街娼。私娼。

**フェー⌈チョー** [ɸeː⌈ʧoː] [名]《文》杯。＊琉歌「真福地のはいちやうや嘉例なものさらめいきめぐりめぐり元につきやさ」(全443)。

**フェーヌ⌈カジ** [ɸeːnu⌈kaʤi] [名] 南風。＊フェー⌈カジ、ヘー⌈カジともいう。

**⌈フェーフェー** [⌈ɸeːɸeː] [擬音] はあはあ。(激しい運動のあとなど)息を切らすさま。 イーチ 〜 ソーン〈息切れしている〉。

**⌈フェーベートゥ** [⌈ɸeːbeːtu] [副] 早々と。早く。 〜 メンソーリヨー〈早々といらっしゃい〉。＊⌈ヘーベートゥともいう。

**フェーマー⌈イ** [ɸeːmaː⌈i] [名]【南風回り】(冬などに)南風に変わること。なま暖かく雨になりやすい。＊ヘーマー⌈イともいう。

**フェーマー⌈シ** [ɸeːmaː⌈ʃi] [名]【早回し】早死に。＊ヘーマー⌈シともいう。

**フェー⌈ムン** [ɸeː⌈muȵ] [名] 早いもの。 ナー チチョーティイィ、〜 ヤサヤー〈もう着いていたか、早いもんだね〉。＊ヘー⌈ムンともいう。

**フェーランフー⌈ジー** [ɸeːraŋɸuː⌈ʤiː] [名]【はやらぬ風儀】受けようとしてやる言動や身なりが逆に不評を買うこと。＊ヘーランフー⌈ジーともいう。

**フェーリッ⌈シン** [ɸeːriʃ⌈ʃiȵ] [名]【早立身】(女性の)早婚。＊ヘーリッ⌈シンともいう。

**フェー⌈リン⌉チュン** [ɸeː⌈rin⌉ʧuȵ] [動]《ɸeːriŋk- ɸeːrinʧ-; [否]**フェーリンカン** [連]**フェーリンチ** [継]**フェーリンチョーン** [過]**フェーリンチャン**》入り込む。＊ヘー⌈リン⌉チュンともいう。

**⌈フェーレー** [⌈ɸeːreː] [名] 追はぎ。山賊。

**フェー⌈ワジャ** [ɸeː⌈waʤa] [名] 早業。

**フェーッンマ⌈ラー** [ɸeːʔmma⌈raː] [名] 早生まれの人。＊ヘーッンマ⌈ラーともいう。

**フェーッンマ⌈リ** [ɸeːʔmma⌈ri] [名] 早生まれ。一月から三月頃に生まれること。

**フェン⌈サー** [ɸen⌈saː] [名] はやぶさ(隼)。＊『混効験集』に「鷹の惣名(＝総称)」とある。

**フカ⌈** [ɸuka⌈] [名] ①外(そと)。 〜ンカイ ヒティレー〈外に捨てろ〉。 ②他。 〜ヌッチュ〈他の人〉。

**フ⌈カ⌉サン** [ɸu⌈ka⌉saȵ] [形]《[否]**フカコーネーン** [過]**フカサタン**》深い。＊⌈アササン〈浅い〉の対。

**フカ⌈スン** [ɸuka⌈suȵ] [動]《ɸukas- ɸukaʧ-; [否]**フカサン** [連]**フカシ** [継]**フカチョーン** [過]**フカチャン**》沸かす。 ユー

～〈湯を沸かす〉。＊ワカ｢スンともいう。

｢**フガスン** [｢ɸugasuɴ] [動]《ɸugas- ɸugatʃ-; [否]フガサン [連]フガシ [継]フガチョーン [過]フガチャン》(穴を)あける。＊九州方言でも「ほがす」という。

**フカ｢ダチ** [ɸuka｢datʃi] [名]【外(ほか)立ち】《文》下痢。＊以前は便所が外にあり、そこへしばしば立つ意から。伊波普猷『フカダチ考』(全集4巻)という論文がある。

**ブカッ｢コー** [bukak｢ko:] [名] 不恰好(ぶかっこう)。

｢**フガッティン** [｢ɸugattiɴ] [名]【不合点】不承知。納得しないこと。

**フカマー｢ルー** [ɸukama:｢ru:] [名](家に寄りつかず)外を遊び回ること。

**ブカ｢リー** [buka｢ri:] [名]【不嘉例】縁起が悪いこと。不吉。 ～ナ ムヌイーヨー〈縁起の悪いものの言い方〉。

**フキ｢** [ɸuki｢] [名]【火気(ほけ)】湯気。 ～ヌッンジーン〈湯気が出る〉。

**フキー｢ン**[1] [ɸuki:｢ɴ] [動]《ɸukir- ɸukit-; [否]フキラン [連]フキー [継]フキトーン [過]フキタン》くぐり抜ける。

**フキー｢ン**[2] [ɸuki:｢ɴ] [動]《ɸukir- ɸukit-; [否]フキラン [連]フキー [継]フキトーン [過]フキタン》(野菜などを)間引きする。

**フキー｢ン**[3] [ɸuki:｢ɴ] [動]《ɸukir- ɸukit-; [否]フキラン [連]フキー [継]フキトーン [過]フキタン》(小鳥が)さえずる。美しい声で鳴く。 ソーミナーヌ ～〈めじろがさえずる〉。＊「耽(ふけ)る」にほぼ対応。

｢**フギーン** [｢ɸugi:ɴ] [動]《ɸugir- ɸugit-; [否]フギラン [連]フギー [継]フギトーン [過]フギタン》(穴が)あく。＊九州方言でも「ほげる」という。

｢**フク** [｢ɸuku] [名](動物の)肺臓。＊夏負けにきくとして他の内臓と一緒に煎じて食べるが、おいしいとはいえない。

｢**フクイ** [｢ɸukui] [名] ほこり。 ～ ブーブーソーン〈ほこりがもうもうと立っている〉。

｢**フグイ** [｢ɸugui] [名] ふぐり。陰嚢。

**ブ｢クー** [bu｢ku:] [名] 不器用。

｢**フクギ** [｢ɸukugi] [名]〘植〙フクギ(福木)。オトギリソウ科の常緑高木。葉は楕円形で厚みがあり、みかんの大きさの実がなる。防火林、防風林になるので屋敷の周りに植えた。樹皮からは黄色の染料が採れ、紅型などに用いられる。＊｢フクジともいう。

**フク｢ター** [ɸuku｢ta:] [名] ぼろ(襤褸)。古びて破けた布や衣類。

**フクタームー｢シー** [ɸukuta:mu:｢ʃi:] [名] みの虫。

｢**フクチチ˥カジャ** [｢ɸukutʃitʃi˥kadʒa] [名] ほこり臭いにおい。

｢**フクラサン** [｢ɸukurasaɴ] [形]《[否]フクラシコーネーン [過]フクラサタン》《文》うれしい。喜ばしい。＊「誇らし」にほぼ対応。琉歌に「けふのほこらしやや木草色かはてひでりしゆる頃の雨きやたごと」(全767)とある(琉歌ではフクラシャンとなる)。口語ではイチュタブク｢ラサ〈つかの間の喜び〉という複合語に残っている。

**フク｢ル** [ɸuku｢ru] [名] 袋。

｢**フサジュン** [｢ɸusadʒuɴ] [動]《ɸusag- ɸusadʒ-; [否]フサガン [連]フサジ [継]フサジョーン [過]フサジャン》ふさぐ。閉じる。ふたをする。 ミチ ～〈道をふさぐ〉。

**ブサン** [busaɴ] [助動](…し)たい。動詞の連用形に付いて、願望を表す。カミ｢ブサン〈食べたい〉、｢イチブサン〈行きたい〉、ユミブ｢サン〈読みたい〉など。

**フシ｢**[1] [ɸuʃi｢] [名]【節】①関節。 ～ヌヤムン〈関節が痛む〉。 ②(竹などの)節。ラキヌ ～〈竹の節〉。 ③(木材などの)節。④(歌などの)節。

｢**フシ**[2] [｢ɸuʃi] [名] 星。 ～ヌ ナガリーン〈星が流れる〉。

｢**ブシ** [｢buʃi] [名]【武士】(武芸、空手などの)達人。大力の持ち主。

｢**フシジ** [｢ɸuʃidʒi] [名] 不思議。

**フシ｢ジュン** [ɸuʃi｢dʒuɴ] [動]《ɸuʃig- ɸuʃidʒ-; [否]フシガン [連]フシジ [継]フシジョーン [過]フシジャン》防ぐ。 フシジフシガラン〈防ごうにも防げない〉。

ブシ「ジョー [buʃiˈʤoː] 名【不修行】無粋。世間知らず。〜 ニーシェー〈世間知らずの青年〉。

「フシヌ」ヤーウ「チー [ɸuʃinuˈjaːʔuˈtʃiː] 連語【星の屋移り】流れ星。

「フシバリーン [ɸuʃibariːn] 動《ɸuʃibarir- ɸuʃibarit-；㋱フシバリラン ㋺フシバリー ㋨フシバリトーン ㋾フシバリタン》澄みきった夜空に多くの星が輝く。＊「星晴れる」にほぼ対応。

フシ「ブシ [ɸuʃiˈbuʃi] 名 節々。あちこちの関節。〜ヌ ヤムン〈節々が痛い〉。

「フジュー [ɸuʤijuː] 名 不自由。

「フジョーマキ [ɸuʤoːmaki] 名【不浄負け】葬式など不浄なところへ行き、治りかけの病気が悪くなったり、原因不明の皮膚病になったりすること。

「フスク [ɸusuku] 名 ①不足。②落ち度。〜ヌル アルイィ〈落ち度があるのか〉。

「フタ [ɸuta] 名 ふた(蓋)。

フタグク「ル [ɸutagukuˈru] 名《文》二心(ふたごころ)。背く心。＊組踊『忠士身替の巻』に「主人二人のでふたごころもちゆる生族(しょうぞく)むぞのいましめにしゆん」とある。

フチ「 [ɸutʃiˈ] 名【ほき】崖。

ブチ「 [butʃiˈ] 名 鞭。

「フチカ [ɸutʃika] 名 二日。

フチ「ク」ムン [ɸutʃiˈkuˈmun] 動《ɸutʃikum- ɸutʃikur-；㋱フチクマン ㋺フチクミ ㋨フチクローン ㋾フチクラン》(雨、風などが)吹き込む。

ブチ「クン [butʃiˈkun] 名 卒倒。気絶。人事不省。

ブチ「ゲー [butʃiˈgeː] 名 目まい。卒倒。気絶。〜 ナラナラ ソーン〈卒倒しそうになっている〉。＊ブチ「クンよりは多少程度が軽い。

フチ「トゥバ」スン [ɸutʃiˈtubaˈsun] 動《ɸutʃitubas- ɸutʃitubatʃ-；㋱フチトゥバサン ㋺フチトゥバシ ㋨フチトゥバチョーン ㋾フチトゥバチャン》吹き飛ばす。

「フチバンタ [ɸutʃibanta] 名 断崖。絶壁。

フチ「マ [ɸutʃiˈma] 名《植》マサキ(正木)。ニシキギ科の常緑低木。枝葉を仏壇に供える。

「フチャーイン [ɸutʃaːin] 動《ɸutʃaːr- ɸutʃaːt-；㋱フチャーラン ㋺フチャーイ ㋨フチャートーン ㋾フチャータン》(植物が)こんもりと茂る。

フチャ「ギ [ɸutʃaˈgi] 名【吹き上げ】蒸した楕円形の餅にゆで小豆をまぶしたもの。ジュー「グヤ〈十五夜〉にお供えする。

ブチュー「イ [butʃuːˈi] 名 (肉体的、精神的に)発育が悪いこと。

フチュ「クル [ɸutʃuˈkuru] 名《文》ふところ。＊琉歌「梅や花咲きゆり庭や雪降ゆり無蔵がふちよころや真南が吹きゆる」(全1242)。

フチュク「ルー [ɸutʃukuˈruː] 名 ふところ。〜ンカイ イリーン〈ふところに入れる〉。

フチュクルオージ「メー [ɸutʃukuruʔoˈʤiˈmeː] 名【ふところ扇舞】一人だけ得して人知れず喜ぶこと。表面はそう見えなくても内々は安楽に暮らしていること。

フ「チュン¹ [ɸuˈtʃun] 動《ɸuk- ɸutʃ-；㋱フカン ㋺フチ ㋨フチョーン ㋾フチャン》吹く。吐く。 イーチ 〜〈息切れする。直訳は「息を吐く」〉／タバク 〜〈煙草を吹かす[吸う]〉／ハナ 〜〈いびきをかく。直訳は「鼻を吹く」〉。

フ「チュン² [ɸuˈtʃun] 動《ɸuk- ɸutʃ-；㋱フカン ㋺フチ ㋨フチョーン ㋾フチャン》①(風が)吹く。 カジヌ 〜〈風が吹く〉。②沸騰する。 ユース 〜〈湯が沸騰する〉。

「フチュン³ [ˈɸutʃun] 動《ɸuk- ɸutʃ-；㋱フカン ㋺フチ ㋨フチョーン ㋾フチャン》(屋根を)葺(ふ)く。(家を)建てる。

ブチョー「ホー [butʃoːˈhoː] 名 不調

法。粗忽(ぞっ)。

ブチ「ラン [butʃiˈran] 名 仏壇。

ブチ「リー [butʃiriː] 名 【不綺麗】汚いこと。不潔。

フ「チン「チュン [ɸuˈtʃinˈtʃun] 動 《ɸutʃiŋk- ɸutʃintʃi-; ㊦フチンカン ㊣フチンチ ㊥フチンチョーン ㊤フチンチャン》(雨、風などが)吹き込む。

「ブッカ [bukka] 名 寒い日。

「フックィーン [ˈɸukkwiːn] 動 《ɸukkwir- ɸukkwit-; ㊦フックィラン ㊣フックィー ㊥フックィトーン ㊤フックィタン》ふくれる。腫れる。 チラ～〈怒って顔がふくれる〉。

ブックヮ [bukkwa] 接尾 「ふくれたところ。集合しているところ」などの意を表す。「ハナブックヮ〈小鼻〉、チーブックヮ〈乳房〉、ターブックヮ〈田んぼ(の集合しているところ)〉」など。

プッ「スイ [pusˈsui] 名 相手の肛門を突いて痛みを与える子供のふざけた遊び。

ブッ「タ「クヮッタ [butˈtaˈkwatta] 擬態 べたべた。粘りつくさま。

ブッタラ「コー [buttaraˈkoː] 名 でぶ。太っちょ。普通よりも大きいものにもいう。 ＊ブッ「テーともいう。

ブッ「テー [butˈteː] 名 ブッタラ「コーに同じ。

ブッ「トゥー [butˈtuː] 名 (疣(いぼ)、瘤(こぶ)など)ふくれ上がっているもの。 ＊ブットゥ「ルーともいう。

ブッ「トゥー「ヒットゥー [butˈtuː-ҫittuː] いぼいぼ。ぶつぶつ。 ＊ブッ「トゥーがいくつもある場合にいう。ヒットゥーは無意味な畳語。

プットゥ「ルー [puttuˈruː] 名 料理名。澱粉を用いた炒め料理。 ソーミンプットゥ「ルー〈そうめんの油炒め〉/ ンンムクジプットゥ「ルー〈芋の澱粉と味噌を水でとき、韮などを入れて油で炒めたもの〉。

「フトゥイン [ˈɸutuin] 動 《ɸutur- ɸutut-; ㊦フトゥラン ㊣フトゥイ ㊥フトゥトーン ㊤フトゥタン》(寒さ、恐怖などで)体が震える。

フトゥ「キ [ɸutuˈki] 名 【仏】仏像。

フトゥ「チュン [ɸutuˈtʃun] 動 《ɸutuk- ɸututʃ-; ㊦フトゥカン ㊣フトゥチ ㊥フトゥチョーン ㊤フトゥチャン》ほど(解)く。

フトゥɸ「トゥー [ɸutuɸuˈtuː] 副 ①ぶるぶる。わなわな。寒さ、怒り、恐怖などで震えるさま。 ②したいことを一刻も早くしようとして焦るさま。

ブトゥブ「トゥー [butubuˈtuː] 名 (豚の)脂身。

フ「ナー [ɸuˈnaː] 名 船乗り。見下した呼び方。

フナガ「カイ [ɸunagaˈkai] 名 【船がかり】船が途中の港で碇泊すること。

フナ「タビ [ɸunaˈtabi] 名 船旅。 ＊船で本土へ行く場合によく用いた。

フナ「チン [ɸunaˈtʃin] 名 船賃。乗船料。

フナ「ヌイ [ɸunaˈnui] 名 船乗り。船員。

フナ「バシ [ɸunaˈbaʃi] 名 【舟橋】《文》舟を並べて作った橋。 ＊琉歌「波荒れてさらめ恋の船橋もかけて渡ららぬ縁のつらさ」(全2071)。

フニ「[1] [ɸuniˈ] 名 舟。船。

「フニ「[2] [ˈɸuni] 名 ①(生きものの)骨。 ッチュス～〈人の骨〉。 ②(笠などの)骨。 ③(植物の)茎。 ウンチェーヌ～〈ヨウサイの茎〉。

フニ「ヤン [ɸuniˈjan] 名 【骨病み】(過労、骨折などの怪我、寒さなどで)骨が痛むこと。

「フニンジョー [ˈɸunindʒoː] 名 不人情。薄情。

フミー「タッ「クヮスン [ɸumiːˈtakˈkwasuŋ] 動 《ɸumiːtakkwas- ɸumiːtakkwatʃ-; ㊦フミータックヮサン ㊣フミータックヮシ ㊥フミータックヮチョーン ㊤フミータックヮチャン》やたら大

げさにほめる。「ほめごろし」に近い。

**フミー「ン** [ɸumiːn] 動《ɸumir- ɸumit-;㋐フミラン ㊥フミー ㋱フミトーン ㋑フミタン》ほめる。たたえる。

**フミカスン** [ɸumikasuŋ] 動《ɸumikas- ɸumikatʃ-;㋐フミカサン ㊥フミカシ ㋱フミカチョーン ㋑フミカチャン》(宴席などで)にぎやかにする。盛り上げる。フミカチ カリー チキーン〈にぎやかにして縁起を祝う〉。

**フミチ** [ɸumitʃi] 名【熱(ねつ)き】暑気。熱気。

**フミチュン** [ɸumitʃuŋ] 動《ɸumikɸumitʃ-;㋐フミカン ㊥フミチ ㋱フミチョーン ㋑フミチャン》蒸し暑くなる。＊「熱(ねつ)く」にほぼ対応。

**フヤ** [ɸuja] 名 (ランプの)ほや(火屋)。

**フヤカリ** [ɸujakari] 名【振り別れ】《文》(親子や恋人など親しい者どうしの)別れ。＊琉歌「飛びわたる雁に文やちゃうも持たち振別のつらさ知らせほしやの」(全367)。

**フヤワシ** [ɸujawaʃi] 名【振り合わせ】《文》めぐり合わせ。思いがけない出会い。＊琉歌「暁の別れ知らす鳥やらば振合わせの夜も語て呉らな」(全1777)。

**フユ** [ɸuju] 名 冬。＊「ナチ〈夏〉の対。四季のうち、口語で用いられるのはナチとフユのみ。

**フ「ユー** [ɸuˈjuː] 名 ものぐさ。無精。怠け。〜 ソーン〈怠けている〉／〜ナ ムン〈怠け者〉。

**フ「ユークサラー** [ɸuˈjuːkusaraː] 名 怠け者。見下した言い方。

**フユ「ムン** [ɸujuˈmuŋ] 名 冬物。冬に着用する衣類。

**フラ** [ɸura] 名 ①札(ふだ)。 ②出身。マー 〜 ガ〈どこの出身か〉。

**ブラ** [bura] 名 法螺(ほら)。お祭りのときに吹き鳴らす。

**フラー** [ɸuraː] 名 気がふれた者。馬鹿者。とんま。⇨ フリーン¹。

**フライリ** [「ɸurairi] 名【札(ふだ)入れ】投票。選挙。

**ブラ「ゲー** [buraˈgeː] 名 図体は大きいが何の役にも立たない者。うどの大木。

**フラチュン** [ɸuratʃuŋ] 動《ɸurakɸuratʃ-;㋐フラカン ㊥フラチ ㋱フラチョーン ㋑フラチャン》(目、口、穴などが)開く。 ハナ 〜〈鼻の穴が開く。得意になる。偉そうにする〉。

**ブラブラ** [「burabura] 擬態 ①ふらふら。よろよろ。足取りがおぼつかなくよろめくさま。イィーティ 〜 ソーン〈酔ってふらふらしている〉。 ②よちよち。幼児の歩くさま。〜 ッシ アッチューン〈よちよち歩いていた〉。

**ブラブラーアッ「チ** [buraburaːʔatˈtʃi] 名 よちよち歩き。

**フリ** [ˈɸuri] 名 筆。

**ブリ** [buri] 接頭【群れ】たくさん集合するさまを表す。ブリグヮーザ グヮーサ〈人がたくさん集まっているさま〉。

**フリー** [ɸuriː] 名 稲光。稲妻。

**ブ「リー** [buˈriː] 名 無礼。失礼。〜ナ ムン〈無礼な者〉。

**フリーン¹** [「ɸuriːŋ] 動《ɸurir- ɸurit-;㋐フリラン ㊥フリー ㋱フリトーン ㋑フリタン》気がふれる。気違いになる。馬鹿になる。フリティ ネーン〈気がふれてしまった〉。

**フリーン²** [「ɸuriːŋ] 動《ɸurir- ɸurit-;㋐フリラン ㊥フリー ㋱フリトーン ㋑フリタン》①惚(ほ)れる。恋をする。イィナグンカイ 〜〈女に惚れる〉。 ②すっかり気に入る。とりこになる。ジンニ 〜〈お金のとりこになる〉。

**ブリブシ** [「buribuʃi] 名 群星。スバルを指すともいわれる。＊琉歌「天のぼれ星や皆が上ど照ゆる黄金三つ星や我上ど照ゆる」(全835)。

**フリブリートゥ** [「ɸuriburiːtu] 副【ほれぼれと】《文》呆然と。ぼんやりと。＊琉歌「まことかや実か我肝ほれぼれと寝覚め驚きの夢の心地」(全659)。

ˈフリマクトゥ [ˈɸurimakutu] [名] 馬鹿正直。お人よし。＊サラマクˈトゥも同義。

ˈフリムヌˈイー [ˈɸurimunuˈʔiː] [名] 馬鹿な言い方。非常識な言い方。たわごと。

ˈフリムン [ˈɸurimuɴ] [名] ①気がふれた者。馬鹿。 ッチュ 〜ヌ ウクネー スン〈人を馬鹿にする〉。 ②不良。やくざ。 〜トーナラン〈不良とは付き合えない〉。

ˈブリヤシチ [ˈburijaʃitʃi] [名] 一か所に家が密集しているところ。

ˈフル [ˈɸuru] [名] 身長。背丈。 〜ヌ マギサン〈身長が高い〉。

ˈフルイーン [ˈɸuruʔiːɴ] [動]《ɸuru-ʔiːr- ɸuruʔiːt-; [否]フルイーラン [連]フルイー [継]フルイートーン [過]フルイータン》成長する。背が伸びる。 ビーナイ 〜〈ぐんぐん成長する〉。＊ˈフルッウィーンともいう。

フˈルˈサン [ɸuˈruˈsaɴ] [形]《[否]フルコーネーン [過]フルサタン》古い。

フルˈジˈアチネー [ɸuruˈʤiˈʔatʃineː] [名] 古着商。

フルˈジˈマチ [ɸuruˈʤiˈmatʃi] [名] 古着市。

フルˈチ [ɸuruˈtʃi] [名]【古血】梅毒。

フルˈッチュ [ɸuruˈttʃu] [名]【古人】梅毒にかかっている人。

フルˈトゥジ [ɸuruˈtuʤi] [名]【古刀自(とじ)】元の妻。前妻。

ˈフルフル [ˈɸuruɸuru] [名] よい年頃。 〜こ ナティ ニービチ スン〈よい年頃になって結婚する〉。

ˈフルブン [ˈɸurubuɴ] [動]《ɸurub- ɸurur-; [否]フルバン [連]フルビ [継]フルローン [過]フルラン》貸した金が取り戻せなくなる。踏み倒される。 フルバサッティネーン〈貸した金を踏み倒されてしまった〉。 ＊「滅ぶ」にほぼ対応。

ˈフルマギˈサン [ˈɸurumagiˈsaɴ] [形]《[否]フルマギコーネーン [過]フルマギサタン》大柄である。

フルˈヤー [ɸuruˈjaː] [名] 古い家。＊ˈミーヤー〈新築の家〉の対。

フルローˈグ [ɸururoːˈgu] [名] 古道具。

ˈフルッワーˈスン [ˈɸuruʔwaːˈsuɴ] [動]《ɸuruʔwaːs- ɸuruʔwaːtʃ-; [否]フルッワーサン [連]フルッワーシ [継]フルッワーチョーン [過]フルッワーチャン》成長させる。大きくする。

ˈフヮー [ˈɸaː] [名] 葉。

ˈフヮーウタ [ˈɸaːʔuta] [名]【端唄】流行歌。俗謡。＊ウフˈブシ〈古典音楽〉の対。

フヮーチブˈラー [ɸaːtʃibuˈraː] [名] おもちゃの面。 〜 カントールグトーサ〈あたかも面をかぶっているかのようだ〉。

フヮーˈフー [ɸaːˈɸuː] [名]【破風】切妻。建築様式の一種。棟の両側に傾斜する二枚の屋根をもつ造り。

フヮーフーˈバカ [ɸaːɸuːˈbaka] [名] 破風式の墓。

ˈフヮーˈフジ [ˈɸaːˈɸuʤi] [名]【母大父(ははおほち)】祖父母。

ˈフヮーフヮー [ˈɸaːɸaː] [擬態]（熱で）ほてるさま。 〜 ソーン〈熱がある〉。

ˈフヮフヮ [ˈɸaɸa] [名]《文》母。＊琉歌「後生の長旅や行きぼしややないらぬ母のためやてどほこて行きゆる」（全573）。口語ではアンˈマーという。

ˈフヮフヮウヤ [ˈɸaɸaʔuja] [名]《文》母親。＊組踊『銘苅子』に「いきやしがなけふや母親の側にいへも片時も離れぐれしや」とある。

フヮンˈナイ [ɸanˈnai] [副]（体の熱、火の熱など）熱が高いさま。

フˈン [ɸuˈɴ] [感] ふん。軽い返事。＊声を出さないで、唇を閉じたままフˈンと言うと、相手を小馬鹿にしたような返事になる。

ブンˈ [buɴˈ] [名] ①分。身の程。 ブノー ワキメーリワル ヤル〈身の程をわきまえないといけない〉。 ②身分。 〜ヌ アル ッチュ〈身分の高い人〉。

「ブンクー [ˈbuŋku:] 图 文久(年号)。

フン「シ [ɸunˈʃi] 图 風水。家や墓を造る際土地の吉凶を占うこと。～ヌ ワッサン〈風水が悪い。家相[地相]が悪い〉。

ブンジ「ラー [bundʑiˈra:] 图 棒切れ。

フンジ「ルー [ɸundʑiˈru:] 图【梵字炉】書き損じの紙を燃やす炉。現在はほとんど見かけない。

フン「トー [ɸunˈto:] 图 本当。ウレー ～イィ〈それは本当か〉。

フン「ヌ [ɸunˈnu] 連体 ほんの。～ ワラビル ヤル〈ほんの子供だ。失敗や幼稚なことをしでかしたとき冷笑していう〉/ ヤー ～ ブシジョーヤ〈ああほんの世間知らずだなあ〉。

ブン「ノー [bunˈno:] 图【煩悩】あれこれ心を煩わして悩むこと。ウヤ～ ックッチ クソー〈親は煩悩、子は畜生。親の心子知らず〉。

「フンビチ [ˈɸumbitʃi] 图《文》分別。思慮。転じて「計略」の意もある。＊組踊『大川敵討』に「御取込の最中、もっての外、火急な事、分別の分別ならぬ」とある。

「フンレー [ˈɸunre:] 图 わがまま。子供が甘えてわがままを言ったりすること。～ ソーン〈わがままを言っている〉。

# へ

**ベー「[beː「]** 图 倍。二倍。接尾辞的にも用いる。 ～ スン〈二倍する〉/ トー イチ～〈唐一倍。中国との交易は倍儲かる〉。

**ペ「ー [pe「ː]** 擬態《幼児》ぺっ。口からものを吐き出すさま。ぽい。ものを捨てるさま。 ～ シェー〈吐き出しなさい。捨てなさい〉。

**ペー「チン [peːˈtʃin]** 图 廃藩前の位階名。「親雲上」と表記される。地域によっては現在でも屋号として残っている場合がある。

**ベー「ベー [beːˈbeː]** 图《幼児》山羊。＊鳴き声から。

**ペー「ペー [peːˈpeː]** 图《幼児》汚いもの。

**「ベール [ˈberu]** 感 嫌だ。拒否するときに用いる乱暴な言葉。 ～ ナランサ〈嫌だ、できない。絶対だめだ〉。

**ベンス「ルー [bensuˈruː]** 图 グヮバ。 ～ マンヌン〈グヮバを丸飲み。驚いたときにいう言葉〉。 ＊首里方言ではバンシ「ルーという。

# ホ

ホー「[hoː] 图 女性の陰部。～ スン〈性交する〉。＊ホー「ミともいう。

ボー「[boː] 图 棒。

ホーイガジ「マル [hoːigadʑiˈmaru] 图 枝が横の方に長く伸びたガジマルの木。

ホー「イン[1] [ˈhoːin] 動《hoːr- hoːt-; 否ホーラン 希ホーイ 継ホートーン 過ホータン》這う。

「ホーイン[2] [ˈhoːin] 動《hoːr- hoːt-; 否ホーラン 希ホーイ 継ホートーン 過ホータン》こぼす。まき散らす。＊「放る」にほぼ対応。

ボー「イン [ˈboːin] 動《boːr- boːt-; 否ボーラン 希ボーイ 継ボートーン 過ボータン》奪う。力ずくで取り上げる。

ホー「カー [hoːˈkaː] 图 曲芸。軽業、奇術など。

ボー「シ [boːˈʃi] 图 帽子。

ボー「ジ [boːˈdʑi] 图 坊主。僧侶。

ボーシチャ「ナー [boːʃitʃaˈnaː] 图 （棒を尻に敷いて雇う人が来るのを待つ）最下層の自由労働者。

ボー「ジャー [boːˈdʑaː] 图 坊や。＊敬語はウンボー「ジュー〈坊っちゃん〉という。

「ボースー [ˈboːsu] 图 芒種。二十四節気の一つ。梅雨の後半の雨の激しく降る頃。

ホー「チ [hoːˈtʃi] 图 ほうき(箒)。～ スン〈掃除する〉。

ホー「チ」カチ [hoːˈtʃiˈkatʃi] 图 (掃き)掃除。⇨ カチ[3]。～ン ナラン〈掃除もできない〉。

ホー「チャー [hoːˈtʃaː] 图 庖丁(ほうちょう)。

「ホーチャク [ˈhoːtʃaku] 图 爆竹。火薬を紙に包んだもの。ヨーカ「ビー〈旧暦八月八日〉のときに鳴らして悪霊を退散させる。

「ボーチャク [ˈboːtʃaku] 图 忘却。ウゥンジ～ナ ユムジラ〈恩知らずのとんでもない奴〉＊組踊『大川敵討』にも「恩義忘却 情け切れやから」とある。

ホー「チュン [hoːˈtʃuŋ] 動《hoːk- hoːtʃ-; 否ホーカン 希ホーチ 継ホーチョーン 過ホーチャン》掃(は)く。

「ボー「チラー [ˈboːˈtʃiraː] 图 わがままな者。きかん坊。粗暴な者。＊「ボー「チリムンともいう。

「ボー「チリムン [ˈboːˈtʃirimuŋ] 图 「ボー「チラーに同じ。

ホー「チン」チュン [hoːˈtʃinˈtʃuŋ] 動《hoːtʃiŋk- hoːtʃintʃ-; 否ホーチンカン 希ホーチンチ 継ホーチンチョーン 過ホーチンチャン》①一か所に掃き集める。②(食物を)かき込む。ヤーサガ アラ ホーチンチョーン〈お腹がすいているのか、かき込んでいる〉。

ホー「トゥ [hoːˈtu] 图 はと(鳩)。

ボー「ボー [boːˈboː] 图 坊や。赤ちゃん。幼児を親しみを込めていう言葉。

ポー「ポー [poːˈpoː] 图 料理名。小麦粉を水でこねて薄く焼き、アンラン「スー〈油味噌〉を芯に入れて巻いたもの。

ホー「ミ [hoːˈmi] 图 ホー「に同じ。

「ホームイン [ˈhoːmuiŋ] 動《hoːmur- hoːmut-; 否ホームラン 希ホームイ 継ホームトーン 過ホームタン》葬る。

「ホーリーン [ˈhoːriːn] 動《hoːrir- hoːrit-; 否ホーリラン 希ホーリー 継ホーリトーン 過ホーリタン》こぼれる。散らばる。クミヌ ホーリトーン〈米がこぼれている〉。

「ポン」[ˈpoŋ] 擬態《幼児》ぽん。ぽとん。ものの落ちるさま。

「ボンボン [ˈbombom] 擬態 たぷたぷ。水などがいっぱいであふれそうなさま。

ポンミカ「スン [pommikaˈsuŋ] 動

《pommikas- pommikatʃ-; [否]**ポンミカサン** [連]**ポンミカシ** [継]**ポンミカチョーン** [過]**ポンミカチャン**》ぽとんと音をたてる。ぽんという。ポンミカチ ウティーン〈ぽとんと落ちる〉/ フタ ポンミカチ トゥイン〈瓶のふたをぽんと開ける〉。

# マ

マ [ma] 接頭 真…。「真の。本当の。まったくの」などの意。「マヒル〈真昼〉、「マユナカ〈真夜中〉など。 ＊マーと延びることもある。「マーマン」ナカ〈真ん真ん中〉。

マー「[ma:ˈ] 代名 どこ。 ～カイ イチュガ〈どこへ行くのか。「イチュガのイチュを略して、マーカイガと言っても同じ意である〉/ ～ヌ ッチュガ〈どこの人か。出身を問うことが多い〉。

「マーアンラ ['ma:ʔanra] 名【真油】菜種油。冬も固まることがない。

マー「イ¹ [ma:ˈi] 名 まり。手まり。 ～ウチュン〈まりをつく〉。

「マーイ² ['ma:i] ①名 回り。周囲。 ②接尾 …周。…回り。チュマー「イ〈一回り〉、「タマーイ〈二回り〉、「ミマーイ〈三回り〉など。

マーイーサー [ma:ʔi:ˈsa:] 名 黒くて固い石。ヤンバル（山原）地方に多い。

マーイウ「チェー [ma:iʔu:ˈtʃe:] 名 まりつき。

マーイナギ「エー [ma:inagiˈe:] 名 まり投げ。

「マーイン ['ma:in] 動《ma:r- ma:t-; 否 マーラン 連 マーイ 敬 マートーン 過 マタン》①回る。回転する。 ②遠回りをする。 アマカラ マーティ クーワ〈向こうから遠回りして来い〉。 ③立ち寄る。 マーティ クーヨー〈寄っていけよ〉。 ④…の状態になる。…らしくなる。 ナチガーター マートーン〈泣きそうになっている〉/ ガタマートーン〈もう少しでだめになる。ガタは接尾辞ガーターが自立語的に用いられたもの〉。

「マーウマー「ウ ['ma:umaˈu] 擬音【みゃうみゃう】にゃあにゃあ。猫の鳴き声。

マーオー「フワー [ma:ʔo:ˈɸa:] 名 (ハルノ)ノゲシなど、タンポポの類。

「マー「ガナ ['ma:ˈgana] 名 どこか。何とか。 ～カイ イチュン〈どこかに行く〉/ ～スットゥクル〈何とかというところ〉。

マーガマー「ガー [ma:gamaˈga:] 副 どこだどこだと。あわてふためいて探し回るさま。 ～ スン〈どこだどこだと探し回る〉。

「マーク ['ma:ku] 名 宮古島。宮古地方。

マー「グー [ma:ˈgu:] 名 しわの寄った物[人]。しわくちゃ。

マーグーヒー「グー [ma:gu:çiˈgu:] 副 しわくちゃ。しわだらけ。 アンチュガ チラー ～ ソーン〈あの人の顔はしわくちゃだ〉。

マークーマー「クー ['ma:ku:ma:ˈku:] 副 おいしそうに。 ～ カムンソーロースルムノー ナンチチ シミティ ネーン〈おいしく食べようと思っていたのに(調理しているときに)焦がしてしまった〉/ チャー ～ カムン〈いつもおいしそうに食べる〉。

マーサ「ムン [ma:saˈmun] 名 うまい食べ物。おいしいもの。

「マー「サン ['ma:ˈsan] 形《敬 マーコーネーン 過 マーサタン》うまい。おいしい。

「マージ ['ma:dʒi] 名 赤土。島尻マージ、国頭マージなどがある。

マーシガー「ター [ma:ʃigaˈta:] 名 死にそう。瀕死。⇒ガーター。＊動物の場合はシニガー「ターというのが普通。

「マージン ['ma:dʒin] 名【植】ヒエ(稗)。

マー「ス [ma:ˈsu] 名【真塩】塩。食塩。

マースー「クェー [ma:su:ˈkwe:] 名【動】ウニ(海胆)。＊「塩を食うもの」という意の命名。

マースウ「ヤー [ma:suʔuˈja:] 名 塩売り。泊の前島の塩売りがよく知られていた。

マース「ニー [ma:suˈni:] 名 塩煮。魚を塩味だけで煮ること。エーヌ ～〈アイゴの塩煮〉は美味である。

マー「ス」フチュン [ma:ˈsuˈɸutʃun]

マースミジ

マース 動《ma:suɸuk- ma:suɸutʃ-;㊥マースフカン ㊥マースフチ ㊥マースフチョーン ㊥マースフチャン》塩をふく。表面に塩分が浮き出る。⇒ フチュン²。

マース「ミジ [ma:su「midʒi] 图 塩水。〜 ハンチュン〈魔除けのために)塩水を振りまく〉。

「マースン¹ ['ma:sun] 動《ma:s-ma:tʃ-;㊥マーサン ㊥マーシ ㊥マーチョーン ㊥マーチャン》死ぬ。亡くなる。＊普通は人間に用いる。動物には「シヌン」を使う。「回す」にほぼ対応。

「マースン² ['ma:sun] 動《ma:s-ma:tʃ-;㊥マーサン ㊥マーシ ㊥マーチョーン ㊥マーチャン》回す。回転させる。

マー「チ [ma:「tʃi] 图 松。

マーチ「バー [ma:tʃi「ba:] 图 松葉。農村では枯れた松葉は薪代わりに用いた。

マー「チュー [ma:「tʃu:] 图 松林。

マー「ティク [ma:「tiku] 图【植】ダイサンチク(台山竹)。竹の一種。比較的大きく、竿や足場を組む材料などに使う。

マー「ニ [ma:「ni] 图【植】クロツグ。ヤシ科の常緑低木。高さは2-3メートルぐらい。幹の繊維は綱の材料になる。

マー「ヌ [ma:「nu] ①連体 どこの。どういうところの。②感 とんでもない。馬鹿じゃあないか。嫌なことを押しつけられたときに怒って相手に言う言葉。ッヤーン ッショー。〜 フリティン ウゥラン〈「おまえもやれよ」「とんでもない、馬鹿じゃあるまいし」〉。

マー「ヒン [ma:「çin] 图 どの辺。あたり。〜ヌ ムンガ〈どの辺の者か〉。

マーフワナ「チャー [ma:ɸana「tʃa:] 图 仰向けに寝ること。〜 ソーン〈仰向けに寝ている〉。

マーマー「トゥ [ma:ma:「tu] 副【まんまと】びしっと。〜 イラッタン〈びしっと言われた〉。

「マーマリン ['ma:marin] 副 どこまでも。しつこく。

「マーマン「ナカ ['ma:man「naka] 图 真ん真ん中。ど真ん中。

マー「ミ [ma:「mi] 图 豆。

マーミ「ガラー [ma:miga「ra:] 图 豆の殻。

マー「ミナ [ma:「mina] 图【豆菜】もやし。オーマー「ミー〈緑豆〉で作る。台風のときは葉野菜がなくなるから貴重である。

マーミナ「カー [ma:mina「ka:] 图 豆の皮。

マーミナカージューシー [ma:minaka:dʒu:「ʃi:] 图 豆の皮などを入れて炊いた雑炊。

マーミナ「クー [ma:mina「ku:] 图 きなこ(黄粉)。＊直訳は「豆の粉」。

マーミナチャンプー「ルー [ma:minatʃampu:「ru:] 图 料理名。もやし、豆腐などを油で炒めたもの。

マーミヌハナ「ジュー [ma:minuhana「dʒu:] 图 八月頃急に起こる潮の干満。

「マームコー ['ma:muko:] 图 真向かい。正面。

マームス「ビー [ma:musu「bi:] 图 真結び。こま結び。

マーム「ティー [ma:mu「ti:] 图 どの辺。どの方向。〜ンカイ ナギーガ〈どのあたりに投げるか〉。

マーユー「イー [ma:ju:「i:] 图 女の髪の結い方の一種。急ぐ場合など頭の頂で簡単に丸く結う結い方。

マー「ラ [ma:「ra] 副 まだ。〜 クーン〈まだ来ない〉。＊ナー「ラともいう。

マーリ「カー [ma:ri「ka:] 图 どの辺。どのあたり。

マー「ル [ma:「ru] 图 ①回り。周辺。ヤーヌ 〜〈家の周辺〉。②番。順番。ワッター 〜ィ〈私たちの番か〉。

マー「ルー [ma:「ru:] 图 ①周期。一回りの期間。ナンニン 〜ガ〈何年周期か〉。②丸いもの。

マー「ルグルシ [ma:「ruguruʃi] 图

【丸殺し】袋だたき。 クーサイニ 〜 サッタン〈小さいときに袋だたきにされた〉。

マーンクィー「ン [maːŋkwiːⁿ] 副 どこもかも。どこもかしこも。 〜 カジャラットータン〈どこもかも飾られていた〉。

マイ「チラ」カスン [maiˈtʃiraˈkasun] 動《maitʃirakas- maitʃirakatʃ-; ⓒマイチラカサン ⓔマイチラカシ ⓗマイチラカチョーン ⓟマイチラカチャン》あたり一帯に糞尿をする。⇨ マイン。＊「放(ま)り散らかす」にほぼ対応。

「マイ」フク [ˈmaiɸuku] 名 豊富。たくさん。 〜 ジンヌ アレーヤー〈たくさん金があったらなあ〉。

マ「イン [ˈmain] 動《mar- mat-; ⓒマラン ⓔマイ ⓗマトーン ⓟマタン》(大便,小便を)する。 クス 〜〈大便をする〉/シーバイ 〜〈小便をする〉。＊「放(ま)る」にほぼ対応。

マ「カー」ブトゥキ [maˈkaːˈbutuki] 名 一対の仁王像の片方の名称。こ「オー」ブトゥキと対をなす。不美人にもいう。

マ「カイ [maˈkai] ①名 (飯や汁を盛る)茶碗。椀。ミシマ「カイ〈飯碗〉,シルマ「カイ〈汁碗〉,「スンカン」マカイ〈小さいどんぶり〉などがある。 ②接尾 …杯。茶碗に入れた飯,汁などを数えるのに用いる。 チュマ「カイ〈一杯〉,「タマカイ〈二杯〉,「ミマカイ〈三杯〉など。

「マガイ [ˈmagai] 名【曲がり】湾曲したもの。

「マガイグチ [ˈmagaigutʃi] 名【曲がり口】曲がり角。

マガイグ「チー [magaiguˈtʃiː] 名【曲がり口】曲がっている所。 〜ンカイ ウチョーケ〈曲がっている所に置いておけ〉。

「マガイン [ˈmagain] 動《magar- magat-; ⓒマガラン ⓔマガイ ⓗマガトーン ⓟマガタン》①曲がる。 ②屈伏する。屈従する。 フロー クーサティン マガランティン シムサ〈背が小さいからといって言いなりにならなくてもいいよ〉。 ③心がねじける。屈折する。 アレー マガトーグトゥ ハナシェー ナラン〈彼は心がねじけているから(まともに)話ができない〉。

マ「カネー [ˈmakaneː] 名 まかない。食事を準備して食べさせること,またその食事。

マ「カネー」ヤー [ˈmakaneːjaː] 名【賄(まか)い屋】まかないをする所。食堂。

マガ「ヤー [magaˈjaː] 名 曲がっている物。 〜カラ ムッチ イケー《(木材など)曲がっている物から持ってゆけ》。

マガヤーヒガ「ヤー [magajaçigaˈjaː] 副 くねくね。曲がりくねっているさま。

マガ「ラ [magaˈra] 名 間柄。血縁関係。親戚。 ウコー ウサギール マガラー アラン〈線香をあげる間柄ではない〉。

マガルーヒガ「ルー [magaruçigaˈruː] 副 曲がりくねっているさま。 クヌ グンボーヤ 〜 ソーン〈このごぼうは曲がりくねっている〉。

「マキ [ˈmaki] 名 負け。勝負に負けること。抗えないこと。皮膚がかぶれる[荒れる]こと。＊「ナチマキ〈夏負け〉,「ハジマキ〈ハゼノキにかぶれること〉などの複合語にも用いる。

マ「ギー [maˈgiː] 名 大きいもの。

マキイクサ [ˈmakiʔikusa] 名 負け戦。敗戦。

マ「キーン [maˈkiːn] 動《makir- makit-; ⓒマキラン ⓔマキー ⓗマキトーン ⓟマキタン》(勝負,暑さに)負ける。(ハゼノキなどに)かぶれる。

マ「ギーン [maˈgiːn] 動《magir- magit-; ⓒマギラン ⓔマギー ⓗマギトーン ⓟマギタン》曲げる。

マギ「グィー [magiˈgwiː] 名 大声。

マ「ギサン [maˈgisan] 形《ⓒマギコーネーン ⓟマギサタン》大きい。高い。太い。 イチャル マギサ〈言ったことの大きさよ。大言壮語をする者を揶揄していう言葉〉。 ＊語幹は「フルマギー〈大柄で背の高い者〉,ワタマ「ギー〈腹が大きい者。太鼓腹〉などのように用いられる。

「マギマギートゥ [ˈmagimagi:tu] 副 大きく。ヤンメーヤカ ストー チャー ～〈病気以外は何でも大きい方がよい〉／ ソーン〈大きい〉。＊マ「ギ」サン〈大きい〉の語幹マギの重複に助詞トゥが付いたもの。

「マク¹ [ˈmaku] 名 腕白。乱暴者。大したやつ。⇨ ウーマク、アンマク、シティマク。～ ヤテーサ〈大したやつだったんだ〉。

マク「² [makuˈ] 名 幕。

マク「³ [makuˈ] 名 脈。脈搏。

マ「グイ [maˈgui] 名 しわ。

マグクル [ˈmagukuru] 名 真心。

マク「トゥ [makuˈtu] 名 ①誠。正直。律儀。～ナムン〈正直者。律儀者〉。②本当。真実。～ アンヤミ〈本当にそうか〉。

マク「トゥー [makuˈtu:] 名 正直者。律儀者。

マクブ [makuˈbu] 名《魚》シロクラベラ。ベラ科。「タマン〈ハマフエフキ〉とともに美味な魚の代表。

マグリー「ン [maguri:ˈn] 動《magurir- magurit-; 否 マグリラン 連 マグリー 条 マグリトーン 過 マグリタン》①しわくちゃになる。しわになる。②(紙の端などが)めくれる。(刀の刃などが)なまる。

マサイ [masai] 接尾「すぐれること。まさること」の意。シージャ～ンチル アル〈兄が(弟より)まさっているということだ〉。

マサイン [ˈmasain] 動《masar- masat-; 否 マサラン 連 マサイ 条 マサトーン 過 マサタン》まさる。すぐれる。ウヤ「マザ」イングヮ〈親よりすぐれている子〉。

マササン [masasan] 形 霊験あらたかである。＊ティヌン マササ アミソーチ〈天も霊験あらたかであられて〉以外の形ではほとんど用いないので活用は示せない。

「マシ [ˈmaʃi] 名 まし。よりよいこと。他方よりまさること。アリヤカー クレー ～〈あれよりはこれはよい〉。

「マジ [ˈmadʒi] 副 ①まず。最初に。マジェー ワンカラ スサ〈まずは私からしよう〉。②ちょっと。しばらく。マジェー マテー〈ちょっと待て〉。

マシカガ「ミ [maʃikagaˈmi] 名《文》「真澄の鏡」の略。「思ひ増す鏡」という形で用いられる。「(思いが)増す」と「真澄の鏡」の「ます」が掛詞になっている。和文学の影響を受けた語である。＊琉歌「自由ならぬとめば思ひ増す鏡影やちやうも写ち拝みばしやの」(全 226)。

「マシガチ [ˈmaʃigatʃi] 名《文》籬垣(ませがき)。＊琉歌「七重八重立てるませ垣の花も匂移すまでの禁止(ちぢ)やないさめ」(全 47)。

「マジム [ˈmadʒimu] 名【真肝】正直な心。立派な心。

「マジムン¹ [ˈmadʒimun] 名【蠱物(まじむん)】妖怪。化物。魔物。精。歳を経たもの、奇怪なものも妖怪に変化するという。

マジ「ムン² [madʒiˈmun] 動《madʒim- madʒir-; 否 マジマン 連 マジミ 条 マジローン 過 マジラン》積み上げる。積み重ねる。タムン ～〈薪を積み上げる〉。

「マジューン [ˈmadʒu:n] 名副 一緒(に)。とも(に)。～ ヤタンロー〈一緒だったよ〉／ ～ ケーラ〈一緒に帰ろう〉。

「マジリ¹ [ˈmadʒiri] 名 あるだけ。全部。一切。ッチュヌ ウゥル ～ アン イーン〈すべての人が(直訳は「人のいる一切が」)そう言う〉。

マジ「リ² [madʒiˈri] 名 間切。現在の市町村にあたる昔の行政単位。もと、按司地頭、総地頭の治めた行政単位で、ジノーンマジ「リ(現在の宜野湾市)、ユンタンジャマジ「リ(現在の読谷村)などがあった。

マタ「¹ [mataˈ] 名 股。叉。キーヌ～〈木の股〉。

「マタ² [ˈmata] ①接続 また。その上に。サキン ヌリ クヮッチーン カラン〈酒も飲んでまたごちそうも食べた〉。②副 また。再度。～ン アシビガ イカヤー〈また(直訳は「またも」)遊びに行こうな〉。

**マタ**[3] [mata] [接頭]「本物の。完全な」の意。「マタムン〈本物。完全なもの〉。＊古代語「全(また)し」の語幹。

**「マタイチク** [「mataʔitʃiku] [名] またいとこ。

**マタ「バシ** [mata「baʃi] [名] 股ぐら。股間。 ～ヌ ヤムサー〈股の間が痛いなあ〉。

**マタバシゴー「ヤク** [matabaʃigoː-「jaku] [名] 二股膏薬。定見がなくあちらについたりこちらについたりする者。

**「マタムン** [「matamuɴ] [名] 完全なもの。傷のついていないもの。

**「マタンカー** [「mataŋkaː] [名] 真向かい。真正面。

**「マタッンマガ** [「mataʔmmaga] [名]【またう孫】ひまご。曾孫。⇨ マタ[2]、ッンマガ。

**「マチ**[1] [「matʃi] [名]【巻き】つむじ。＊二つある者をターチマ「チャーといい、乱暴者、元気な者とされる。

**マチ「**[2] [matʃi「] [名] 市(いち)。市場。品物の売買を行うにぎやかなところ。 ～カイ イチュン〈市に行く。買い物に行く〉。

**「マチーン** [「matʃiːɴ] [動]《matʃir- matʃit-; [否]マチラン [連]マチー [継]マチトーン [過]マチタン》(先祖、亡くなった人などを)祀(まつ)る。

**マチ「ウ˥キーン** [matʃi「ʔu˥kiːɴ] [動]《matʃiʔukir- matʃiʔukit-; [否]マチウキラン [連]マチウキー [継]マチウキトーン [過]マチウキタン》待ち受ける。待ちかまえる。

**「マチ˥ウチュン** [「matʃi˥ʔutʃuɴ] [動]《matʃiʔut- matʃiʔuttʃ-; [否]マチウタン [連]マチウチ [継]マチウッチョーン [過]マチウッチャン》①背負い投げをする。一本をとる。 ②だます。欺く。

**マチガ「イン** [matʃiga「iɴ] [動]《matʃigar- matʃigat-; [否]マチガラン [連]マチガイ [継]マチガトーン [過]マチガタン》マチゲー「インに同じ。

**マチ「カジ** [matʃi「kadʒi] [名]【松風】祝賀用の菓子の名。赤く染めた生地を平たく伸ばして結び、焼いたもの。

**マチ「ギ** [matʃi「gi] [名] まつ毛。 キラマーミーシガ マチゲー ミーラン《諺》〈慶良間の島は見ることができるが、まつ毛は見ることができない。灯台もと暗し。自分の非に気づかないときにいう〉。

**マチ「グヮー** [matʃi「gwaː] [名] 市場。⇨ マチ[2]、グヮー。

**マチ「ゲー** [matʃi「geː] [名] 間違い。失敗。 ～ ヤタン〈間違い[失敗]だった。すまなかった〉。

**マチゲー「イン** [matʃigeː「iɴ] [動]《matʃigeːr- matʃigeːt-; [否]マチゲーラン [連]マチゲーイ [継]マチゲートーン [過]マチゲータン》①間違える。間違う。 ②あやまちを犯す。＊マチガ「インともいう。

**マチゲー「グトゥ** [matʃigeː「gutu] [名] 間違ったこと。失敗に終わったこと。

**マチナゲー「サ** [matʃinageː「sa] [名] 待ち遠しいこと。

**マチナ「ゲー˥サン** [matʃina「geː˥saɴ] [形]《[否]マチナゲーコーネーン [過]マチナゲーサタン》待ち遠しい。「待つ間が長い」の意。

**「マチバタ** [「matʃibata] [名] 市場の周辺。市のそば。

**「マチブイ** [「matʃibui] [名] ①からみ合った糸。 ②男女の腐れ縁。

**「マチブイン** [「matʃibuiɴ] [動]《matʃibur- matʃibut-; [否]マチブラン [連]マチブイ [継]マチブトーン [過]マチブタン》①からまる。からむ。 ②(子が親に)まとわりつく。(男女が)からみ合う。くっつき合う。

**「マチホー˥イン** [「matʃihoː˥iɴ] [動]《matʃihoːr- matʃihoːt-; [否]マチホーラン [連]マチホーイ [継]マチホートーン [過]マチホータン》まき散らす。⇨ マチュン[2]、ホーイン[2]。

**マチマー「イ** [matʃimaː「i] [名] 町を歩き回ってみること。 ～ ッシ クーワ〈町を散策してこい。新しい衣類などを買ったときに、それを着て出かけてみたら、ぐらいの意味

「マチヤ [ˈmatʃija] 图【町屋】店。商店。

「マチャースン [ˈmatʃa:sun] 動《matʃa:s- matʃa:tʃ-; ㋕マチャーサン ㋬マチャーシ ㋫マチャーチョーン ㋪マチャーチャン》たかる。群れ集まる。取り巻く。タカヌ マチャーチョーン〈鷹が群れている〉。

マチヤ「グヮー [matʃija'gwa:] 图 小さい店。⇨ グヮー。＊「マチヤとほぼ同意でも用いるが、小さい雑貨店のこともいう。

「マチュン¹ [ˈmatʃun] 動《mak-matʃ-; ㋕マカン ㋬マチ ㋫マチョーン ㋪マチャン》巻く。渦を巻く。丸くくるくるとたたむ。

「マチュン² [ˈmatʃun] 動《mak-matʃ-; ㋕マカン ㋬マチ ㋫マチョーン ㋪マチャン》蒔(ま)く。サニ 〜 〈種を蒔く〉。

マ「チュン³ [maˈtʃun] 動《mat-mattʃ-; ㋕マタン ㋬マチ ㋫マッチョーン ㋪マッチャン》待つ。ミーハギ マチカンティース ン〈目がつぶれかねないほどまでに待ちかねる。ものすごく期待をして待つ。⇨ カンティー〉。

「マチワラ [ˈmatʃiwara] 图 巻藁。空手の拳の突きを鍛練するもので、1メートル40–50センチの柱状のものに藁を巻きつける。

「マッカーラ [ˈmakka:ra] 图 真っ赤。〜 ソーン〈真っ赤だ〉／ チラン 〜グヮー ナティ〈顔が真っ赤になって〉。

マッカー「ラー [makkaˈra:] 图 真っ赤。真っ赤なもの。〜 ナサッタン〈真っ赤にされた。大恥をかかされた〉／ ハジギーヤ 〜 ナトーン〈ハゼノキは(紅葉して)真っ赤になっている〉。

「マッキタ [ˈmakkita] 图 秤の竿がちょうど釣り合うこと。

「マックール [ˈmakku:ru] 图 真っ黒。イルン イチ〜 ソーン〈色もたいそう真っ黒だ〉。

マックー「ルー [makku:ˈru:] 图 真っ黒。真っ黒なもの。

マッ「クヮ [makˈkwa] 图 ①枕。キーマッ「クヮ〈木枕〉、ティーマッ「クヮ〈手枕〉など。②土台。元手。ウリ 〜 ッシ アチネー ハジミタン〈それを元手として商いを始めた〉／ ウリ 〜 ッシ ハーヤ タティーン〈これを土台にして柱を立てる〉。

マックヮ「ガン [makkwaˈgan] 图 枕元。〜 ウゥトゥーティ ヌー ソーガ〈枕元にいて[枕元で]何をしているか〉。

マッ「コー [makˈko:] 图【植】ハリツルマサキ。ニシキギ科のつる性低木。盆栽に適する。

「マッサチ [ˈmassatʃi] 图 真っ先。

「マッシーグ [ˈmaʃʃi:gu] 副 まっすぐ。〜 ソーン〈まっすぐである。まっすぐだ〉。

マッシー「グー [maʃʃi:ˈgu:] 图 ①まっすぐな物。②正直者。馬鹿正直な者。

「マッシーラ [ˈmaʃʃi:ra] 图 真っ白。〜 ソーン〈真っ白である。真っ白だ〉。

マッシー「ラー [maʃʃi:ˈra:] 图 真っ白。真っ白なもの。

マッシー「サー [maʃʃiˈsa:] 图「マッシシに同じ。

「マッシシ [ˈmaʃʃiʃi] 图 赤身の肉。＊アンラ「ジシ〈脂身〉に対する。マッシ「サーともいう。

マッタ「クー [mattaˈku:] 图 凧(たこ)。

マッ「タチ [matˈtatʃi] 副 そっくり。本当。正真正銘。ウヤックゥー 〜 ニチョーン〈親子はそっくり似ている〉／ 〜 フリムン〈まったく馬鹿〉。

「マッテー「ラー [matte:ˈra:] 图 つばめ(燕)。

「マッテーン [ˈmatte:n] 副 まんまるく。まんまるに。ミー 〜 ナタサ〈(驚きのあまり)目がまんまるくなったよ〉。

「マットーバ [ˈmatto:ba] 副 まっすぐ。一直線に。スイマレー 〜〈首里まではまっすぐだ〉。

マットー「バー [matto:ˈba:] 图 ①まっすぐな物。②正直者。馬鹿正直な者。

マ「トゥ「[matu「] 图 的。目標。 ～ンカイ アティーン〈的に当てる〉。

「マトゥマイン ['matumain] 動《matumar- matumat-; ㊅マトゥマラン ㊆マトゥマイ ㊇マトゥマトーン ㊈マトゥマタン》(意見などが)まとまる。

「マトゥミーン ['matumi:n] 動《matumir- matumit-; ㊅マトゥミラン ㊆マトゥミー ㊇マトゥミトーン ㊈マトゥミタン》(話などを)まとめる。

「マトゥム ['matumu] 图【真艫(とも)】《文》船の後ろから吹く風。順風。＊琉歌「だんじよかれよしを選でさし召しやいるお船の網に風やまとも」(全23)。

「マニシ ['manifi] 图《文》真北。北。＊琉歌「真北(まし)の真北吹きつめてをれば按司添(あぢおそい)前(まへ)てだのお船ど待ちゆる」(全1735)。

「マヒル ['maçiru] 图 真昼。

「マフ ['maɸu] 图《文》【真帆】帆柱を二本もつ船で大きな主要な帆のことか。＊琉歌「高禰久(たかねく)に登て真南向かて見れば片帆舟と思めば真帆どやゆる」(全768)。

マ「ブイ [ma'bui] 图【守り】(生きている人間の)魂。時折離れてしまうこともあるという。～ヌ カトーテーサ〈魂が向かっていたんだな。うわさをすれば影〉/ ～ ウトゥチャン〈魂を落とした。たまげた。とても驚くようなことがあると魂が落ちるといわれている〉。たまげた。＊マブ「ヤーともいう。

マブイ「ウティ [mabui'ʔuti] 图 魂が体から離れること。沖縄では魂が人体から離れることを「落ちる」と表現する。奇怪なものを見たり、転んで仰天したりなど、異常な状態に陥ったとき、魂が人体から抜け落ちるといわれている。抜け落ちた魂はその筋の老女にマブイ「グミをしてもらい、もとの体に戻す。

マブイ「グミ [mabui'gumi] 图【守り込め】マブイ「ウティをした魂をもとの体に戻すこと。年寄りに頼んで祈願してもらう。

マブイワカ「シ [mabuiwaka'fi] 图 死後四十九日の間は、霊が家やその周辺に浮遊しているという。これは普通のあり方ではないので、死者は死者の世界へ行ってもらうため、四十九日の夜に「ユタ〈巫女〉に祈禱をしてもらう。これがマブイワカシである。

「マフェ ['maɸe]【真南風(まはえ)】《文》真南。＊琉歌「瓦屋つちのぼて真南向かて見れば島の浦と見ゆる里や見らぬ」(全422)。

「マフックヮ ['maɸukkwa] 图 (夏の暑い日の)真っ昼間。一日でもっとも暑い時間帯。～ ヤグトゥ ティーラー ネーラチカライケー〈真っ昼間だから日ざしが弱くなってから行け〉。

マブ「ヤー [mabu'ja:] 图 マ「ブイに同じ。

「ママ¹ ['mama] 图 一緒。とも。トゥジミートー マーマリン ～ ヤサ〈夫婦はどこでも一緒だ〉。

「ママ² ['mama] ① 图 まま。ヤリレー ヤリル ～〈破れたら破れるまま〉。② 接尾「…の言うなり」の意。トゥジ～ ヤサ〈妻の言うなりだ〉。

ママ³ ['mama] 接頭 まま(継)…。血のつながりのない親子、兄弟姉妹の関係を表す。「ママウヤ〈継親〉、「ママックっ〈継子〉など。

「マミジュン ['mamidʑuɴ] 動《文》間違う。誤る。＊琉歌「向かて行く先や暗さあらだいものまめくなうや童死出が山路」(全661)。口語ではバッペー「インという。

マ「ムイ [ma'mui] 图 守り。防御。守護。～ヌ ワッサン〈守備が悪い〉。

マム「イン [mamu'iɴ] 動《mamur- mamut-; ㊅マムラン ㊆マムイ ㊇マムトーン ㊈マムタン》①守る。守護する。防御する。②(決まり事を)守る。ヤクスク シェール クトー マムラントー ナラン〈約束していることは守らないといけない〉。

マ「ヤー [ma'ja:] 图 猫。ヤママ「ヤー〈野良猫〉、「ミキーマヤー〈三毛猫〉、ウンジョーマ「ヤー〈在来の猫〉などがいる。

マ「ヤー「ジクク [ma'ja:'dʑikuku] 图【鳥】ふくろう。みみずく。

**マヤー｢スン** [maja:ˈsuɴ] [動]《maja:s- maja:tʃ-; [否]マヤーサン [連]マヤーシ [継]マヤーチョーン [過]マヤーチャン》迷わす。惑わす。魔力で人を狂わす。 ッチュ ～〈人を迷わす〉/ ルーチュイ ウミカイ イチーネー マヤーサリーン〈一人で海に行くと迷わされる〉。

**｢マユ** [ˈmaju] [名] 眉。

**｢マユナカ** [ˈmajunaka] [名] 真夜中。

**｢マリ**[1] [ˈmari] [名] まれ。 ～ネー チューン〈まれには来る〉。

**マリ**[2] [mari] [助] まで。場所や時間などの到達点を示す。 ナーフヮ～ ッンジャン〈那覇まで行った〉/ ヒティミティカラ ユサンリ～ ハタラチュン〈朝から晩まで働く〉/ クヮタマ｢リー〈食ってばかりで働く意志のない者。ぐうたら。直訳は「食らったまで」〉。

**マリー** [mari:] [接尾]【惑い】「見失って惑う」意。 ヤーマ｢リー〈家を失うこと。迷子〉、イーチマ｢リー〈息を失うこと。窒息〉など。

**｢マリカナー** [ˈmarikana:] [連語] 次のように用いる。 ～ヤ チューン〈まれには来る〉。

**｢マリネー** [ˈmarine:] [連体] まれな。 ～クトゥ〈まれなこと〉。

**マル**｣[1] [maruˈ] [名] あいている時間。(仕事の)合間。暇。 アシブル マロー ネーン〈遊ぶ暇はない〉。

**｢マル**[2] [ˈmaru] [1] [名] 丸。球形。円。円形。 [2] [接頭] ①丸…。｢マルブン〈丸盆〉。②「全部。すっかり。完全」などの意。｢マルウルキ〈丸損〉。

**｢マルー** [ˈmaru:] [名] 丸いもの。球形[円形]のもの。

**｢マルケーティ** [ˈmaruke:ti] [名] [副] まれ(に)。たま(に)。 ～ナーヤ クーワ〈たまには来いよ〉/ ～ル チュール〈たまには来る。たまにしか来ない〉。

**｢マルサン** [ˈmarusaɴ] [形]《[否]マルコーネーン [過]マルサタン》丸い。球形[円形]である。

**｢マルチジン** [ˈmarutʃidʒiɴ] [名] 大金。まとまった金。 ～ ウチャキレー〈大金を耳をそろえて出せ〉。

**｢マルチャ** [ˈmarutʃa] [名] まな板。

**｢マルバイ** [ˈmarubai] [名] 丸出し。(特に)陰部などを露出すること。

**｢マルハラカ** [ˈmaruharaka] [名] 丸裸。全裸。

**｢マルブン** [ˈmarubuɴ] [名] 丸盆。

**マル｢マル** [maruˈmaru] [名] 暇暇。合間合間。 ～ネー クーワ〈暇なときには来いよ〉。

**｢マルマルートゥ** [ˈmarumaru:tu] [副] すっかり。一つ残らず。 ～ ウチクヮーッタン〈一つ残らず食われた。(賭け事などで)すっかり負けた〉。

**｢マルミーン** [ˈmarumi:ɴ] [動]《maru- mir- marumit-; [否]マルミラン [連]マルミー [継]マルミトーン [過]マルミタン》①丸める。丸くする。 ②丸め込む。意のままにする。

**マ｢ロー｣チョーン** [maˈro:ˈtʃo:ɴ] [動] ①(仕事などが片づいて)暇になる。 ②順番などが来る。 マ｢ロー｣チョーミ〈(立て込んでいたが)順番が来たか〉。 ＊形などから考えてマローチュンという終止形があったであろうが今はなく、(動作の継続を表す)継続形だけが用いられている。

**｢マン** [ˈmaɴ] [名] 万。

**｢マン｣イチ** [ˈmaŋˈʔitʃi] [名] 万一。

**｢マンガ** [ˈmaŋga] [名] 次のように用いられる。 ～ヌ アル ッチュ〈普通に食事をしないで菓子などを食う人〉。

**マンキー｢ン** [maŋki:ˈɴ] [動]《maŋkir- maŋkit-; [否]マンキラン [連]マンキー [継]マンキトーン [過]マンキタン》混ぜる。混入させる。

**｢マングラ**[1] [ˈmaŋgura] [名] あた(辺)り。おおよその場所を示す。 マーヌ ～ガ〈どこのあたりか。どの辺か〉/ ヤクスヌ ～〈役所のあたり〉。

**｢マングラ**[2] [ˈmaŋgura] [名] ｢マングルに同じ。

マ

「マングル [ˈmaŋguru] 图 頃。おおよその時を示す。 イチヌ ～〈いつの頃〉/ グングッチヌ ～〈五月の頃〉。＊「ヤーンマングル〈来年あたり〉、「サングッチマングル〈三月頃〉などのように接尾辞的にも用いる。「マングラともいう。

「マングヮスン [ˈmaŋgwasuŋ] 動《maŋgwas- maŋgwatʃ-; ⓐマングヮサン ⓑマングヮシ ⓒマングヮチョーン ⓓマングヮチャン》惑わす。 マングヮサットーン〈惑わされている〉。

マンサージ [mansaːˈʤi] 图 頭にターバンのように巻きつけるつむぎの鉢巻。ハーリー〈爬龍船競走〉、チナヒチ〈綱引き〉などで中心メンバーの人たちが用いている。

「マンサク [ˈmansaku] 图《文》満作。豊年。＊琉歌「大粒豆も満作し青豆赤豆も満作し今年来年も満作しゆてたたちへ遊ばな」(全1362)。

「マンサン [ˈmansaŋ] 图【満産】子供が生まれて七日目の夜に親類縁者が集まって行う祝い。七夜。

マンジュー [manˈʤuː] 图 まんじゅう。那覇にはティンピヌメーマンˈジュー〈天妃の前まんじゅう〉というのがあり、以前は子供たちに好まれ、今は名産品となっている。

マンジュン [manˈʤuŋ] 動《manr- mant-; ⓐマンラン ⓑマンジ ⓒマントーン ⓓマンタン》欲しそうに見る。うらやましそうにじっと見守る。 インヌ シシ マンタンネー〈犬が肉を(いかにも欲しそうに)見るように〉。

マンチャーヒンˈチャー [mantʃaːçinˈtʃaː] 副 まぜこぜ。ごたまぜ。

マンˈチュン¹ [manˈtʃuŋ] 動《maŋk- mantʃ-; ⓐマンカン ⓑマンチ ⓒマンチョーン ⓓマンチャン》混じる。混入する。

マンˈチュン² [manˈtʃuŋ] 動《maŋk- mantʃ-; ⓐマンカン ⓑマンチ ⓒマンチョーン ⓓマンチャン》①呼ぶ。声をかける。 ワーガ マンカンレー イチマリン イィチョーン〈私が呼ばなければいつまでも座っている〉。②合図する。目くばせする。 ＊「招く」にほぼ対応。

「マンナカ [ˈmannaka] 图 真ん中。中央。

「マンˈニン [ˈmanˈniŋ] 图 万人。多くの人。

「マンヌン [ˈmannuŋ] 图 丸飲み。～スン〈丸飲みにする〉。

マンˈパー [mamˈpaː] 图 継母(ままはは)。

「マンブリ [ˈmamburi] 图【まる惚れ】(異性に)首ったけ。べた惚れ。惚れ込んで夢中になること。

「マンマル [ˈmammaru] 图 まん丸。

マンマˈルー [mammaˈruː] 图 まん丸な物。

マンˈマン [mamˈman] 图《幼児》まんま。飯。

マンラチュン [manratʃuŋ] 動《manrak- manratʃ-; ⓐマンラカン ⓑマンラチ ⓒマンラチョーン ⓓマンラチャン》しっかり抱く。抱きしめる。大事そうにかかえる。 マンラーチェー ソーン〈抱き合っている〉/ クヮーシ マンラチョーン〈菓子を大事そうにかかえている〉。

「マンラマシ [ˈmanramaʃi] 图 魂まるごと。～ チンヌガチャン〈魂をまるごと落とした。おったまげた〉

「マンレー [ˈmanreː] 图 万代。いついつまでも。 ユー ～〈世万代。永遠〉。

「マンローン [ˈmanroːn] 動 たくさんある。たくさんいる。 マンˈローミ〈たくさんあるか〉/「マンˈロータン〈たくさんあった〉/「マンˈローテーン〈たくさんあっただろう〉。＊特殊な動詞で継続形のみが用いられる。

# ミ

ミ¹ [mi] 接頭 三…。「ミケーン〈三回〉、ミフゥー〈葉っぱ三枚〉、ミマカイ〈茶碗三杯〉など。

ミ² [mi] 接尾 …目。順序を表す。「ユレーミ〈四代目〉、グレーミ〈五代目〉など。

ミア「ティ [miʔaˈti] 名 目当て。目標。

「ミー¹ [ˈmi:] 名 いっぱい。ワタヌ〜カムン〈腹いっぱい食べる〉／ウゥーキヌ〜ミジイリリ〈桶にいっぱいの水を入れろ〉。

「ミー² [ˈmi:] 名 ①(…の)間。(…の)中。ウマンチュヌ〜ンカイッンジティンスーンアラン〈世間の人々の中に出ても何でもない〉／ルルミジヌ〜〈泥水の中〉。②(時間的な)間。ヌーヌ〜ニガッンジャラ〈いつの間に行ってしまったのだろうか〉。

「ミー³ [ˈmi:] 名 みい。三つ。声に出して数を数える際の三番目の数。

「ミー⁴ [ˈmi:] 名 (十二支の)巳(み)。〜ヌッチュ〈巳年生まれの人〉。

「ミー⁵ [ˈmi:] 名 ①実。中身。内容。〜ヌ イーン〈実が入る。実る〉／〜ヌ イッチョーン〈実が入っている。内容が濃い〉／〜ヌ イール ナーカー クビ ウゥーリリ〈実が実るほど頭は低くなるものだ。偉くなるほど謙虚になれ〉／〜 ナスン〈実のあるものにする。立派なものにする。完成させる〉。②(汁の)具。実。③(植物の)実。果実。

ミー「⁶ [ˈmi:] 1 名 ①目。〜 フラチュン〈目を開く。起きている〉／〜 クフゥイン〈目がさえて眠れない。目が覚める。直訳は「目が固まる」〉／〜 クーイン〈目を閉じる。死ぬ〉／〜 マッテーン ナイン〈(驚いて)目をまんまるくする〉／〜ヌ フェー ウーリ〈目の蠅を追う。他人の批評をするより自分自身のことを反省せよ〉／〜ヌ クェートーン〈目が肥えている〉／〜ントゥジャ ナイン〈事の真相を見極めようと見つめる。射すくめるように見る。(または)目を三角にして怒る。直訳は「目も鋲(びょう)になる」〉／〜トゥ ハナ〈目と鼻の先。すぐそこ〉／〜トゥ ユンタキ〈同じくらいの高さ。子供が成長して親と同じぐらいになること。同程度〉／〜トゥ ユンタキ ナタグトゥンチ ゲーッシェー ナラン〈同じ大きさになったからとて反抗してはいけない。子供をいさめる言葉〉。②穴。孔。イシガチヌ 〜〈石垣のすきまの穴〉／ハーイス〜 スチ トゥラシェー〈針の穴に(糸を)通してくれ〉／ハシルヌ 〜カラ スーミ スン〈雨戸の穴からのぞき見する〉。③欠陥。欠損。〜 フガスン〈(出納上の)欠損を出す〉。④目盛り。ハカイヌ〜〈秤の目盛り〉。⑤境遇。立場。ヤナ〜 ハッチャカタン〈いやな目にあった〉／イラランヌ〜ンカイ イッチャン〈非常に困った。直訳は「入れない穴に入った」〉。 2 接尾 …目。順序を表す。イチバン「ミー〈一番目〉、フチカミー〈二日目〉、イチチ「ミー〈五つ目〉、ナンバン「ミー〈何番目〉など。

ミー⁷ [mi:] 接頭 「新しい」の意。「ミームン〈新しい物〉、「ミーアシジャ〈新しい下駄〉、「ミーグミ〈新しい米〉など。

ミー⁸ [mi:] 接頭 雌…。牝…。ミー「ウシ〈雌牛〉、ミー「ルイ〈めんどり〉など。

ミー「ア「ティーン [mi:ˈʔaˈti:n] 動《mi:ʔatir- mi:ʔatit-；希 ミーアティラン 継 ミーアティー 禁 ミーアティトーン 条 ミーアティタン》見つける。探し出す。クヮックィトーシ ミーアティタン〈隠れているのを見つけた〉。＊「見当てる」にほぼ対応。ミー「チ」キーンともいう。

ミー「ウィー」ックヮ [mi:ˈwi:ˈkkwa] 名 姪甥。ミー「ックヮは独立して用いるが、ウィーックヮは用いられない。

ミーウ「クイ [mi:ʔuˈkui] 名 見送り。

ミー「ウシ [mi:ˈʔuʃi] 名 雌牛。

ミーウ「ジー [mi:ʔuˈdʑi:] 名【見怖じ】

見ただけでおじけづくこと。

ミー「ウシ」ナイン [miːʔuʃiˈnain] 動 《miːʔuʃinar- miːʔuʃinat-; ㊥ミーウシナラン ㊦ミーウシナイ ㊧ミーウシナトーン ㊨ミーウシナタン》見失う。

ミーウ「ティー [miːʔuˈtiː] 臨終。「死」の婉曲表現。

ミー「ウトゥシ [miːʔutuˈʃi] 名 見落とし。

ミー「ウトゥ」スン [miːʔutuˈsun] 動 《miːʔutus- miːʔutuʧ-; ㊥ミーウトゥサン ㊦ミーウトゥシ ㊧ミーウトゥチョーン ㊨ミーウトゥチャン》見落とす。

ミー「ウビ [miːʔuˈbi] 名 見覚え。～ヌネーン〈見覚えがない〉。

ミー「ガー [miːˈgaː] 名 【目皮】まぶた。～ ウッチェートーン〈まぶたがひっくり返っている。びっくりした〉。

ミー「カーイン [miːˈkaːin] 動 《miːkaːr- miːkaːt-; ㊥ミーカーラン ㊦ミーカーイ ㊧ミーカートーン ㊨ミーカータン》生え変わる。*「萌え変わる」にほぼ対応。

ミーガー「ラ [miːgaˈra] 名 牝瓦（めがわら）。沖縄の瓦屋根は、ウゥーガー「ラ〈牡瓦〉を牝瓦の上にのせ、しっくいで固めて台風に備える。

ミーカ「ガン [miːkaˈgan] 名 【目鏡（めがかみ）】眼鏡。水中めがね。*「眼鏡」はガン=チョーともいう。

ミーカファ「カファ [miːkaɸaˈkaɸa] 副 【目固固（めこほこほ）】眠れないさま。寝つきの悪いさま。

「ミー」カンゲー [ˈmiːˈkaŋgeː] 名 【見考（みかんが）え】世話。面倒。～ッシ トゥラショー〈面倒を見てくれよ〉。

ミーカン「ボー [miːkamˈboː] 名 【見看病】看病。～ スン〈看病する〉。

ミー「クー [miːˈkuː] 名 目が見えない人。盲人。

ミークー「ティー [miːkuˈtiː] 名 永眠。「死」の婉曲表現。「目を閉じている」の意。⇨ クーイン[1]。

ミークー「メー [miːkuˈmeː] 名 にらめっこ。

ミーク「ゲー [miːkuˈgeː] 名 目を動かすこと。目を離すこと。一瞬の油断。～ンナラン〈一瞬の油断もできない〉。

ミーク「サー [miːkuˈsaː] 名 いつも目やにが出ている者。(悪口として)目くそ野郎。

ミー「クス [miːˈkusu] 名 目くそ。目やに。

ミーグ「スイ [miːguˈsui] 名 目薬。

ミー「グチ [miːˈguʧi] 名 (商売の)口開け。⇨ ミー[7]。～ ヤグトゥ ヤシミトーチュサ〈口開けだから安くしておくよ。その日の最初の客などに向かって言う〉。

ミーグ「フヮー [miːguˈɸaː] 名 宵っぱり。夜遅くまで起きている子供にいう。⇨ クフヮッサン。*ユクネーニーブ「ヤー〈夜になるとたちまち寝る者〉の反対。

ミーグ「フヮイ [miːguˈɸai] 名 【目固（めこほ）り】心配事があって夜眠れないこと。⇨ クフヮイン。

ミークフヮ「ヤー [miːkuɸaˈjaː] 名 朝目を覚ましたときに食べるもの。特に子供に与える菓子など。目覚まし。おめざ。⇨ クフヮイン。

ミークラ「ガン [miːkuraˈgan] 名 目まい。目がくらむこと。

ミー「グリ」サン [miːguriˈsan] 形 《㊦ミーグリコーネーン ㊨ミーグリサタン》見にくい。見ることがむずかしい。*「見苦しい」にほぼ対応。

「ミー」グルグル [ˈmiːˈguruguru] 副 ①目をきょろきょろさせるさま。②あたりをしっかりと見回すさま。トゥルトゥロー サングトゥ ～ シェー〈ぼんやりしないでしっかりあたりを見回せ〉。

ミーグルグ「ルー [miːguruguˈruː] 名 ①目をきょろきょろさせている者。抜け目ない者にもいう。②あたりをしっかりと見回している者。

ミー「グヮー [miːˈgwaː] 名 細く小さい

目。また、そういう目をした人。

「ミー˥クヮースン [ˈmiː˥kwaːsun] [動]《miːkwaːs- miːkwaːtʃ-; [否]ミークヮーサン [連]ミークヮーシ [継]ミークヮーチョーン [過]ミークヮーチャン》間に合わせる。 クリッシ ミークヮーチョーケー〈これで間に合わせておけ〉。

ミーグヮッ「チー [miːgwatˈtʃiː] [名] ごちそうを見ただけで食べたような気持ちになること。⇨ クヮッチー。

「ミークンニ [ˈmiːkunni] [副] 新しく。新たに。 ～ チュクテール ムン〈新しく作った物(直訳は「作ってある物」)〉。

ミー「ケー˥シゲーシ [miːˈkeː˥ʃigeːʃi] [副]【見返し返し】振り返って何度も見るさま。繰り返し見るさま。 ミチ イチャタシガ ～ スタン〈道で会ったが振り返って何度も見ていた〉。

ミー「ケー˥スン [miːˈkeː˥sun] [動]《miːkeːs- miːkeːtʃ-; [否]ミーケーサン [連]ミーケーシ [継]ミーケーチョーン [過]ミーケーチャン》見返す。何度も見る。(もう一度)見直す。

ミーコー「ガー [miːkoːˈgaː] [名] 疲れて目がくぼむこと。

ミー「ジー˥グージー [miːˈdʒiː˥guːdʒiː] [副] ぶつぶつ。不平、不満を言うさま。

ミー「シ˥ーン [miːˈʃi˥ːn] [動]《miːʃir- miːʃittʃ-; [否]ミーシラン [連]ミーシー [継]ミーシッチョーン [過]ミーシッチャン》見知る。知り合いになる。 ミー「シラ˥ラン〈(何年ぶりかに会った子供が成長のあまり)見ても分からなかった〉/ ミーシッチョーティウタビミソーリ〈以後お見知りおきください〉。

「ミージタ˥ナサン [ˈmiːdʒita˥nasan] [形]《[否]ミージタナコーネーン [過]ミージタナサタン》(見るからに)うす汚い。⇨ シタナサン。

「ミージュー˥ルクニチ [ˈmiːdʒuː˥rukunitʃi] [名](前の年に亡くなった人のいる家で)正月十六日に行う法事。⇨ ミー[7]

ミージョー「キー [miːdʒoːˈkiː] [名](竹製で底の浅い円形の)み(箕)。穀物を干したり、殻をより分けたりする道具。

「ミージョー˥ロー[1] [ˈmiːdʒoː˥roː] [名] 新盆(にいぼん)(あらぼん)。初盆。人が死んで初めて迎える盆。

ミージョー「ロー[2] [miːdʒoːˈroː] [名] 目分量。

ミーシリ「シリ [miːʃiriˈʃiri] [副](起きてすぐに)目をこするさま。 ～ スン〈目をこする〉。

ミー「ジル [miːˈdʒiru] [名]【雌弦(めづる)】(「サンシン〈三線〉の)三の糸。もっとも細くて高い音が出る。⇨ チル[1]。＊ウゥー「ジル〈一の糸〉、ナカ「ジル〈二の糸〉に対する。

「ミージン[1] [ˈmiːdʒin] [名] 新しい着物、衣類。

「ミージン[2] [ˈmiːdʒin] [名] 新たに発行された金。

ミージン「ジン [miːdʒinˈdʒin] [名](頭を強く打って)目から火が出ること。(ショックで)頭がくらくらすること。 ～ ナサットーン〈頭がくらくらしている〉。

「ミーチ [ˈmiːtʃi] [名] 三つ。三。三歳。 イクチン ～ン〈いくつも。たくさん。直訳は「いくつも三つも」〉。

ミー「チー [miːˈtʃiː] [名](イシナー「グー〈いしなご〉などで)三つから始めるやり方。三つの小石を同時に上に放り投げ、下にある一つの小石を取り上げ、落ちてくる三つの小石をその手で受け取る。＊他にティー「チー、ター「チー、ユー「チーがある。

ミー「チ˥ーン [miːˈtʃi˥ːn] [動]《miːtʃir- miːtʃittʃ-; [否]ミーチラン [連]ミーチー [継]ミーチッチョーン [過]ミーチッチャン》見切る。見捨てる。 ミー「チラ˥リーン〈見捨てられる〉。

ミー「チ˥キーン[1] [miːˈtʃi˥kiːn] [動]《miːtʃikir- miːtʃikit-; [否]ミーチキラン [連]ミーチキー [継]ミーチキトーン [過]ミーチキタン》見つける。見つけ出す。＊ミー「ア˥ティーンともいう。

ミー「チ」キーン² [mi:ˈtʃikiːn] 動《mi:tʃikir- mi:tʃikit-; 否ミーチキラン 継ミーチキー 敬ミーチキトーン 過ミーチキタン》見つめる。注視する。

「ミーチティーチ [ˈmi:tʃitiːtʃi] 名 三分の一。

ミー「チャー」シリチャー [mi:ˈtʃaː]ʃiritʃaː] 名 日頃付き合っている者たち。(気遣いのいらない)知り合い。

ミー「チャ」クン ネー「ン [mi:ˈtʃakun neːˈn] 連語 見たくもない。

ミー「チュー [mi:ˈtʃuː] 名【三人(みっと)】三つ子。一度の出産で三人生れた子。

ミー「チ」ラー [mi:ˈtʃiraː] 名 まぶたに傷痕がある者。

ミー「ックヮ [mi:ˈkkwa] 名 姪。甥。 ＊本来は姪だけを指したであろう。

ミー「トゥ [mi:ˈtu] 名 めおと(妻夫)。⇨トゥジミートゥ。

ミー「トゥー」スン [mi:ˈtuːˈsun] 動《mi:tu:s- mi:tu:tʃ-; 否ミートゥーサン 継ミートゥーシ 敬ミートゥーチョーン 過ミートゥーチャン》見通す。シビティ〜〈すべて見通す〉。

「ミートゥジ [ˈmi:tudʒi] 名 新妻。結婚してすぐの妻。

ミー「トゥ」ルキ [mi:ˈtuˈruki] 名 見届けること。最後まで見て確かめること。＊ミトゥルキともいう。

ミー「トゥル」キーン [mi:ˈturukiːn] 動《mi:turukir- mi:turukit-; 否ミートゥルキラン 継ミートゥルキー 敬ミートゥルキトーン 過ミートゥルキタン》見届ける。最後まで見て確認する[面倒を見る]。

ミートゥン「ラ [mi:tunˈra] 名 夫婦。

ミートゥンラオー「エー [mi:tunraʔoːˈeː] 名 夫婦喧嘩(げんか)。

ミートゥンラグヮー「シェー [mi:tunragwaːˈʃeː] お父さんとお母さんの役を決めてするままごと。夫婦ごっこ。

ミートゥンラムヌガ「タイ [mi:tunramunugaˈtai] 名 夫婦だけでする話。夫婦の寝物語。

ミートー「ン」ネーン [mi:toːˈnneːn] 連語 みっともない。世間体が悪い。〜クトゥ サンケー〈みっともないことはするな〉。

ミーナイ「チチ」ナイ [mi:naiˈtʃitʃinai] 名 見聞きすること。見聞。〜ッシ ビンチョー サン〈見聞きして勉強した〉。＊ミーナリ「チチ」ナリともいう。

「ミーナイン [ˈmi:nain] 動《mi:narmi:nat-; 否ミーナラン 継ミーナイ 敬ミーナトーン 過ミーナタン》完成する。できあがる。立派になる。「実になる」の意。

ミー「ナラ [mi:ˈnara] 名【目涙】涙。＊ナラともいう。

ミー「ナ」リーン [mi:ˈnaˈriːn] 動《mi:narir- mi:narit-; 否ミーナリラン 継ミーナリー 敬ミーナリトーン 過ミーナリタン》見慣れる。

ミーナリ「チチ」ナリ [mi:nariˈtʃitʃinari] 名 ミーナイ「チチ」ナイに同じ。

ミーナ「レー [mi:naˈreː] 名 見習い。実際に手にとって仕事を経験すること。〜チチナレー〈見習い聞き習い。頭でっかちでなく実際に経験して体得していること〉。

「ミーニシ [ˈmi:niʃi] 名 秋から初冬頃にかけて吹く北風。冬の訪れを感じさせる。「新しい北風」の意。⇨ニシ²。

ミー「ニチ [mi:ˈnitʃi] 名 命日。

ミーヌ「ウー [mi:nuˈwuː] 名【目の緒】まぶた。次の句で用いられる。〜ンカイ サガイン〈まぶたに浮かんで離れない。とても気がかりである〉。

ミー「ヌ」ガーラスン [mi:ˈnuˈgaːrasun] 動《mi:nuga:ras- mi:nuga:ratʃ-; 否ミーヌガーラサン 継ミーヌガーラシ 敬ミーヌガーラチョーン 過ミーヌガーラチャン》見逃す。見ないふりをする。ミーヌガーラチ クィミソーリ〈見逃してください〉。

ミーヌ「シン [mi:nuˈʃin] 名【目の芯】

ひとみ(瞳)。瞳孔。～ヌ タッチョーン〈普通の精神状態ではなく)気が触れそうになっている。直訳は「ひとみが立っている」〉。

ミーヌ⌐チビ [mi:nuˈtʃibi] 图【目の尻(?)】目じり。まなじり。 ～ッシン ンーラン〈一瞥もしない。無視する。直訳は「目じりでも見ない」〉。

ミーヌ⌐メー [mi:nuˈme:] 图 目の前。目先。 ～ヌ クトゥカラル スル〈目先のことからするのだ〉。

ミー⌐バ [mi:ˈba] 图 みば(見場)。外見。見かけ。 ミーバー ユタサシガ…〈見かけはよいのだが…〉。

ミー⌐バイ [mi:ˈbai] 图【めばる】《魚》ハタ(羽太)科の魚。小は20センチぐらいの「イシミー⌐バイ〈カンモンハタ〉から、大は1メートルを越す アー⌐ラ⌐ミーバイ〈マハタの類〉までいる。

ミーハイウラー⌐シ [mi:haiʔura:ˈʃi] 图 にらみつけて叱ること。射すくめるようににらむこと。⇒ ウラースン。 ～ スン〈にらみつけてどなる〉。

ミーハイヌス⌐ル [mi:hainusuˈru] 图 目の前で起こった盗難。 ～ サッタン〈目の前で泥棒をされた〉。

ミーハ⌐ガー [mi:haˈga:] 图 目が炎症を起こしただれ目になっている者。結膜炎を起こしている者。

ミー⌐ハギ [mi:ˈhagi] 图 ただれ目。結膜炎。

ミーハ⌐ギー [mi:haˈgi:] 图 ミーハ⌐ガーに同じ。

ミー⌐ハッ⌐パイン [mi:ˈhapˈpain] 動 《mi:happar- mi:happat-;㋺ミーハッパラン ㋬ミーハッパイ ㋐ミーハッパトーン ㋕ミーハッパタン》(驚き、非常な喜びなどで)目を大きく見張る[見開く]。

ミーハッパ⌐ヤー [mi:happaˈja:] 图 目を大きく見開いている者。

ミーバッ⌐ペー [mi:bapˈpe:] 图 見間違い。見誤り。⇒ バッペー。

ミー⌐ハナ⌐スン [mi:ˈhanaˈsun] 動 《mi:hanas- mi:hanatʃ-;㋺ミーハナサン ㋬ミーハナシ ㋐ミーハナチョーン ㋕ミーハナチャン》見放す。見捨てる。

ミー⌐ハン⌐スン [mi:ˈhanˈsun] 動 《mi:hans- mi:hantʃ-;㋺ミーハンサン ㋬ミーハンシ ㋐ミーハンチョーン ㋕ミーハンチャン》見る機会を失う。見そこなう。⇒ ハンスン。

⌐ミー⌐ヒカイン [ˈmi:ˈçikain] 動 《mi:çikar- mi:çikat-;㋺ミーヒカラン ㋬ミーヒカイ ㋐ミーヒカトーン ㋕ミーヒカタン》(射すくめるように)にらむ。 シンシーンカイ ミーヒカラッタン〈先生ににらまれた〉。 ＊「目光る」にほぼ対応。

ミー⌐ヒチ⌐ハナヒチ [mi:ˈçitʃiˈhana-çitʃi] 图【目引き鼻引き】病気。風邪。 ブヨージョー シーネー ～ カカイン〈不養生すると病気にかかる〉。

ミーヒチャ⌐ラ⌐サン [mi:çitʃaˈraˈsan] 形《㋺ミーヒチャラコーネーン ㋕ミーヒチャラサタン》(きらきら光って)まばゆい。輝かしい。⇒ ミー⌐6、ヒチャイン。

ミー⌐ヒ⌐ティーン [ˈçiˈti:n] 動 《mi:çitir- mi:çitit-;㋺ミーヒティラン ㋬ミーヒティー ㋐ミーヒティトーン ㋕ミーヒティタン》見捨てる。

ミーフ⌐ガー [mi:ɸuˈga:] 图 穴のあいている硬貨。

ミーブシフッ⌐クヮー [mi:buʃiɸukˈkwa:] 图 まぶたが腫れること。また、そのようなまぶたをした者。 ～ ソーン〈まぶたが腫れている〉。

ミー⌐ブリ [mi:ˈburi] 图 うっとりと見惚れること。見とれること。

ミー⌐フヮ [mi:ˈɸa] 图 外見。見かけ。

ミーフヮー⌐フヮ [mi:ɸa:ˈɸa:] 图 期待がはずれてがっかりすること。失望。 ～ ナタン〈当てがはずれてがっかりした〉。

ミーマチ⌐ゲー [mi:matʃiˈge:] 图 見間違い。

ミー⌐マユ [mi:ˈmaju] 图【目眉】顔立ち。

ミー「マン」ジュン [miːˈmanˈdʑun] 動《miːmanr- miːmant-; ㋱ミーマンラン ㋾ミーマンジ ㋕ミーマントーン ㋸ミーマンタン》見守る。 ミーマントーティウタビミソーリ〈見守っていてください。祈りの言葉〉。

ミー「ミー [miːˈmiː] 名 穴。*ミー〈穴〉の重複形。

ミーミークー「ジー [miːmiːkuˈdʑiː] 名 隅々までほじくること。微に入り細に入り探り出すこと。 〜 タンニーン〈こまごまと（些細なことまで）尋ねる〉。

ミーミーフー「ガー [miːmiːɸuːˈgaː] 名 穴だらけ。ウヌ チノー 〜〈この着物は穴だらけ〉。

「ミーミチ [ˈmiːmitʃi] 名 新道。新しい道。

「ミームーク [ˈmiːmuːku] 名【新婿（にいむこ）】花婿。新郎。

ミー「ムシ [miːˈmuʃi] 名「目の虫」の意だが、次のようにのみ用いる。 〜 ホーインロー〈目に虫がはうぞ。朝寝坊を馬鹿にしていう言葉〉。

ミーム「ナー [miːmuˈnaː] 名 雌。*ウゥーム「ナー〈雄〉の対。ミー「ムンに同じ。

「ミームン¹ [ˈmiːmun] 名 新品。新しい物。

ミー「ムン² [miːˈmun] 名 雌。*ミーム「ナーに同じ。ウゥー「ムン〈雄〉の対。

ミー「ムン³ [miːˈmun] 名 見もの。見て面白いもの。チナ「ヒチ〈綱引き〉、ハー「リー〈爬龍船競走〉などのようなもの。

「ミーメー¹ [ˈmiːmeː] 名 新米。新米で炊いたご飯。

ミー「メー² [miːˈmeː] 名 見舞い。見舞うこと。

「ミーヤー [ˈmiːjaː] 名 新しい家。新築した家。

ミー「ヤッ」サン [miːˈjasˈsan] 形《㋕ミーヤッシコーネーン ㋸ミーヤッサタン》①見やすい。簡単に見ることができる。②見るにたえる。見られる。 ナマー ミーヤッシクナトーン〈体の状態、暮らしぶりなどが悪かった者がよい状態になって）今は見られるようになっている〉。

ミー「ヤン」ジュン [miːˈjanˈdʑun] 動《miːjanr- miːjant-; ㋱ミーヤンラン ㋾ミーヤンジ ㋕ミーヤントーン ㋸ミーヤンタン》見誤る。見そこなう。

「ミーユカッチュ [ˈmiːjukattʃu] 名 新参の士族。廃藩前は金で買うことができたという。

「ミーユミ [ˈmiːjumi] 名【新嫁（にいよめ）】花嫁。新婦。

ミー「ヨー [miːˈjoː] 名【目様（めよう）】①目くばせ。目で知らせること。 〜 スン〈目くばせする〉。②見よう。見方。見る方法。

ミー「ヨー」クチヨー [miːˈjoːkutʃi-joː] 名【目様口様（めようくちょう）】目や口のあたりを使って合図を送ること。

ミーラ「ヤー [miːraˈjaː] 目やにが垂れている者。

ミー「ラル」サン [miːˈraruˈsan] 形《㋕ミーラルコーネーン ㋸ミーラルサタン》目が疲れてだるい。

ミーラン「カー [miːraŋˈkaː] 副 見た目にははっきりしないさま。ぼんやりしているさま。 〜 ソーン〈輪郭などがはっきりしない〉。

ミーランカーミーラン「カー [miːraŋkaːmiːraŋˈkaː] 連語 遠くてはっきり確認できないさま。 〜 ソーン〈遠くてぼやけている〉。

ミー「ルイ [miːˈrui] 名 めんどり。 〜ヌ ウタイネー ヤク〈めんどりが時を告げると厄だ[縁起が悪い]〉。

ミー「ルー」サン [miːˈruːˈsan] 形《㋕ミールーコーネーン ㋸ミールーサタン》久しぶりである。 ミールーサタンヤー チャーガンジューイィ〈久しぶりだね、ずっと元気か。久しく会わなかった友達などへの挨拶の言葉〉。*直訳すると「目遠い」。

ミールク「ル [miːrukuˈru] 名 見どころ。見せ場。

ミー「ワカ」スン [mi:「waka「sun] 動 《mi:wakas- mi:wakatʃ-; ㊥ミーワカサン ㊥ミーワカシ ㊥ミーワカチョーン ㊥ミーワカチャン》見分ける。識別する。

ミー「ワキ [mi:「waki] 名 見分け。区別。識別。＊ミヲ「キともいう。

ミー「ワ」キーン [mi:「wa「ki:n] 動 《mi:wakir- mi:wakit-; ㊥ミーワキラン ㊥ミーワキー ㊥ミーワキトーン ㊥ミーワキタン》見分ける。見て識別する。

「ミーワク [「mi:waku] 名 【迷惑】不名誉。恥。シケノー ウティタンリ 〜 ヤサ〈試験に落ちたんだって、恥ずかしいね〉。

ミーワ「レー [mi:wa「re:] 名 【目笑い】微笑。

ミー「ン¹ [mi:「n] 動 《mi:r- mi:t-; ㊥ミーラン ㊥ミー ㊥ミートーン ㊥ミータン》生える。生ずる。ゴーヤーヌ ミーティ チューン〈ゴーヤーが生えてくる〉。＊「萌える」にほぼ対応。

ミー「ン² [mi:「n] 動 《mi:r- mi:t-; ㊥ミーラン ㊥ミー ㊥ミートーン ㊥ミータン》見える。目で確認できる。

ミーン「グヮ [mi:ŋ「gwa] 名 女の子。＊「ウゥーングヮ〈男の子〉の対。

ミー「ン」ジーン [mi:「ʔndʑi:n] 動 《mi:ʔndʑir- mi:ʔndʑit-; ㊥ミーンジラン ㊥ミーンジー ㊥ミーンジトーン ㊥ミーンジタン》(植物などが)生え出る。

ミー「ンジャ」スン [mi:「ʔndʑa「sun] 動 《mi:ʔndʑas- mi:ʔndʑatʃ-; ㊥ミーンジャサン ㊥ミーンジャシ ㊥ミーンジャチョーン ㊥ミーンジャチャン》見いだす。見つけ出す。

ミー「ンナ [mi:「nna] 名 雌綱。綱引きのときにウゥー「ンナ〈雄綱〉と結合する。

ミー「ンム [mi:「ʔmmu] 名 収穫のときに土中にあって忘れられ、その後自然に生えたさつまいも。⇒ミーン¹。

ミーンンムクジヤー [mi:ʔmmukudʑija:] 他人の畑のミー「ンムを掘って食べる貧乏人。⇒クジーン。

ミーンンー「レー [mi:ʔn:「re:] 名 ものもらい。麦粒腫。＊クヮン「ソー〈甘草〉の花を湯に浸して、それで患部をふくと治るといわれていた。

ミカ「キ [mika「ki] 名 見かけ。外見。〜トー ウゥージラン〈見かけと応じない。見かけ倒し〉。

「ミカジチ [「mikadʑitʃi] 名 三日月。

ミカスン [mikasun] 接尾 《mikas- mikatʃ-; ㊥ミカサン ㊥ミカシ ㊥ミカチョーン ㊥ミカチャン》(擬音語、擬態語に付いて)...とする。...という音を立てる。ロンミカ「スン〈どんという音を立てる〉／ヒヤミカ「スン〈えいっと気合を入れる〉／サーラミカ「スン〈気が動転する〉。

「ミカタ [「mikata] 名 味方。

「ミガワイ [「migawai] 名 身代わり。

「ミキーマヤー [「miki:maja:] 名 三毛猫。

「ミグイ [「migui] 【めぐり】 ① 名 ①周囲。回り。ヤシチヌ 〜〈屋敷の回り〉。②(金、仕事などの)回転。 ② 接尾 ...周。...めぐり。チュミ「グイ〈一めぐり〉、「タミグイ〈二めぐり〉など。

「ミグイヤン」ジュン [「miguijan「dʑun] 動 《miguijanr- miguijant-; ㊥ミグイヤンラン ㊥ミグイヤンジ ㊥ミグイヤントーン ㊥ミグイヤンタン》(商売、資金繰りなどに)失敗する。

「ミグイン [「miguin] 動 《migur- migut-; ㊥ミグラン ㊥ミグイ ㊥ミグトーン ㊥ミグタン》①めぐる。回る。回転する。クールース 〜ネー イチュナサン〈独楽が回るように忙しい〉。②角を曲がる。③立ち寄る。顔を出す。ミグティ クーヨー〈(たまには)立ち寄れよ〉。

ミク「チ [miku「tʃi] 名 【文】お口。＊琉歌「諸鈍めやらべの雪のろの歯口いつか夜のくれてみ口吸はな」(全503)。口語では接頭辞を付けずに「クチという。

「ミグトゥ [「migutu] 名 見事。レージ

ナ ～ ヤサ〈大変見事だ〉。

ミク「ミ [miku˦mi] 图 見込み。ミクメーネーン〈見込みがない〉。

ミク「ムン [miku˦mun] 動《mikum-mikur-; 否ミクマン 連ミクミ 禁ミクローン 過ミクラン》見込む。当てにする。

「ミグラスン [migurasun] 動《miguras- miguratʃ-; 否ミグラサン 連ミグラシ 禁ミグラチョーン 過ミグラチャン》めぐらす。回す。(金などを)融通する。

ミサケー「ネー」ラン [misake:˦ne:˦-ran] 連語 見境なし。誰彼の区別なく。

「ミジ [midʑi] 图 水。ンマヌ ～ ヌムンネー〈馬が水を飲むよう(みるみるなくなる)〉。

ミジア「レー [midʑiʔa˦re:] 图 水洗い。

ミシー「ン [miʃi:˦n] 動《miʃir- miʃit-; 否ミシラン 連ミシー 禁ミシトーン 過ミシタン》①見せる。ワンニンカイ ミシレー〈私に見せろ〉/ ウットゥ ～〈(親が兄弟姉妹の上の子に)下の子を見せる。二番目の子が生まれたときにいう〉。②(...して)見せる。ユリ ～〈読めて見せる〉/ アッチ ～〈歩いて見せる〉。＊接尾辞としての用法については ミシリ、ミシレーを参照。

ミシェーン [miʃe:n] 接尾《miso:r- miso:tʃ-; 否ミソーラン 連ミソーイ 禁ミソーチャン; 不規則活用》お...になる。...なさる。される。カチ「ミ」シェーン〈お書きになる〉/ カンゲー「イミ」シェーン〈お考えになる〉/ ワ「カ」サミシェーン〈若くていらっしゃる〉。＊動詞の連用形、形容詞の名詞形に付く。

ミジガー「ミ [midʑiga:˦mi] 图 水瓶。

ミジガ「サー [midʑiga˦sa:] 图 水疱瘡(みずぼうそう)。

ミシクー「ガ [miʃiku:˦ga] 图 「見せ卵」の意。産卵しようとするめんどりにここが巣だと思わせるために、あらかじめ入れておく卵。

ミジグ「スイ [midʑigu˦sui] 图 水薬。

ミジクブ「サー [midʑikubu˦sa:] 图 溲瓶(しびん)のようなもの。＊『那覇市史 那覇の民俗』に「夜間に居間か台所近くの縁に置いてあって、その中に小便をするに用いた」とある。

ミシ「ゲー [miʃi˦ge:] 图【飯匙(めし)】しゃもじ。

「ミジシラジ [midʑi˦ʃiradʑi] 图《文》見ず知らず。＊組踊「見ず知らず里前、手水てす知らぬ、あてなしよだいもの、ゆるちたばうれ」(『手水の縁』)。口語ではあまり用いない。

ミジタ「マイ [midʑita˦mai] 图 水たまり。

ミシナーク [miʃina:ku] 副 とんだ。めっそうな。次のような句で用いる。～ンネーン〈とんでもない。めっそうもない〉。＊「ミシナタークともいう。

「ミシナターク [miʃinata:ku] 副「ミシナークに同じ。

ミジヌ「ミー [midʑinu˦mi:] 图 水中。水の中。イョー ～ンカイ ウゥン〈魚は水中にいる〉。

ミジブク「ルー [midʑibuku˦ru:] 图 水ぶくれ。火傷のあとにできる水ぶくれ。

ミジ「ムイ [midʑi˦mui] 图【水盛】昔の婚礼の儀式。

ミジムター「ン [midʑimuta:˦n] 图 水遊び。⇒ムターン。＊ ～ スグトゥヤー〈水遊びするからだよ〉と叱られる場合が多い。

ミシ「ムン [miʃi˦mun] 图 見せ物。

ミ「ジュン [mi˦dʑun] 图 いわし(鰯)。

「ミジョー [midʑo:] 图【御棹(さお)】ティンマ〈伝馬船〉を進める竿。浅瀬になるとルー〈櫓〉、エーク〈櫂〉を使わず、～サーニ クージュン〈竿で漕ぐ〉という。

ミジ「ラサン [midʑi˦rasan] 形《否ミジラシコーネーン 過ミジラサタン》珍しい。

ミジラシ「ムン [midʑiraʃi˦mun] 图 珍しい物。

ミジララ「ララ [midʑirara˦rara] 副【水だらだら】雨に濡れて衣服などから水が

したたり落るさま。

ミシリ [miʃiri] 接尾 …しやがれ。ミシレーに同じ。「イチミシリ〈行きやがれ〉/カンゲーイミシ「リ〈考えやがれ〉。＊動詞ミシー「ンのぞんざいな命令形の接尾辞的用法。動詞の連用形に付く。

ミシレー [miʃire:] 接尾 …しやがれ。ミシリに同じ。＊動詞ミシー「ンのぞんざいな命令形の接尾辞的用法。

ミタ「スン [mita「sun] 動《mitas- mitatʃ-;㊟ミタサン 連ミタシ 継ミタチョーン 過ミタチャン》満たす。いっぱいにする。ルラムカン ～〈ドラム缶を満たす〉。

ミタ「ティ [mita「ti] 名 見立て。鑑定。

「ミチ [mitʃi] ① 名 ①道。道路。②人間の行うべき正しい道。道理。② 接尾「方法」の意。ックゥナシミチェー ワカイシガ スラティミチェー ワカラン〈子の産み方は分かるが育て方は分からない〉。

ミチー「ン¹ [mitʃi:n] 動《mitʃir- mitʃit-;㊟ミチラン 連ミチー 継ミチトーン 過ミチタン》閉める。閉じる。ハシル～〈戸を閉める〉。＊「ヒチャースンともいう。

ミチー「ン² [mitʃi:n] 動《mitʃir- mitʃit-;㊟ミチラン 連ミチー 継ミチトーン 過ミチタン》満たす。カーミ ～〈瓶を満たす〉。＊ミタ「スンともいう。

ミチ「キ [mitʃi「ki] 名 見つけてあること。心当たりがあること。～ シェーン〈見つけてある〉。

ミチ「ク」ミーン [mitʃi「ku「mi:n] 動《mitʃikumir- mitʃikumit-;㊟ミチクミラン 連ミチクミー 継ミチクミトーン 過ミチクミタン》閉じ込める。

ミチ「グヮー [mitʃi「gwa:] 名 小道。

「ミチシガラ [mitʃiʃigara] 名《文》道すがら。道中。＊琉歌「あはぬ徒らに戻る道すがら恩納岳みれば白雲のかかる恋しさやつめて見ぼしやばかり」(全 34)。

「ミチシバ [mitʃiʃiba]【道柴】《文》道ばたの草。＊琉歌「通ひ忍ぶの道しばにさはる夜嵐や吹かぬあらな」(全 960)。

ミチ「ス [mitʃi「su] 名 満ち潮。

「ミチナカ [mitʃinaka] 名 道中。途中。～ル エー サニ〈途中だろう〉。

「ミチバタ [mitʃibata] 名 道ばた。路傍。

「ミチバッ」ペー [mitʃibap「pe:] 名 道を間違えること。道に迷うこと。⇨バッペー。

「ミチヒジャミ [mitʃiçidʒami] 名 (家と家などが)道を隔てること。道をはさんで向き合うこと。⇨ヒジャミーン。

ミ「チュン¹ [mi「tʃun] 動《mit- mitʃ-;㊟ミタン 連ミチー 継ミッチョーン 過ミッチャン》満つ。満ちる。いっぱいになる。ウスス ～〈潮が満ちる〉。

ミチュン² [mitʃun] 接尾《mik- mitʃ-;㊟ミカン 連ミチ 継ミチョーン 過チャン》(擬音語、擬態語に付いて)…めく。…の状態になる。…という音を立てる。ラクミ「チュン〈びっくりして〉どきどきする〉。

「ミッカ [mikka] 名 三日(なっ)。

ミッ「クヮー [mik「kwa:] 名 めくら。盲人。＊ミー「クーに同じだが、やや卑語の感じである。

ミックヮサ「ムン [mikkwasa「mun] 名 憎らしい者。憎まれ者。＊ミックヮシ「ムンともいう。

ミッ「クヮ「サン [mik「kwa「san] 形《㊟ミックヮシコーネーン 過ミックヮサタン》憎い。憎らしい。ミックヮサ スン〈憎む。嫌う〉。

ミックヮシ「ムン [mikkwaʃi「mun] 名 ミックヮサ「ムンに同じ。

ミッ「タ [mit「ta] 副 非常に。とても。～ ウシェートーン〈非常に馬鹿にしている〉。

ミッチアマ「ヤー [mittʃaʔama「ja:] 才走った者。小利口者。能力が悪い方向に働く者。＊直訳は「満ちて余る者」。

「ミッチャ [mittʃa] 名 三日(なっ)。

「ミッチャイ [mittʃai] 名 三人。～カラー シキン ヤサ〈三人からは世間だ〉。

「ミッチャカーン [mittʃaka:n] 名 副 いっぱい。たくさん。マカイス ～ カラン〈茶碗に(直訳は「茶碗の」)いっぱい食べた〉/ ～ カムン〈たくさん食べる〉/ ～ イリレー〈たくさん入れろ〉。

ミッ「チャカ」イン [mitˈtʃakaˈin] 動《mittʃakar- mittʃakat-; ㋤ミッチャカラン ㋱ミッチャカイ ㋲ミッチャカトーン ㋳ミッチャカタン》満ちる。いっぱいになる。ターゴー ミッチャカトーン〈担桶(たご)はいっぱいになっている〉。

「ミトゥ [mitu] 名 みとせ。三年。＊サン「ニンともいう。

ミトゥー「シ [mituˈʃi] 名 見通し。

「ミトゥクル [mitukuru] 名【三(み)(ろ)ところ】三人様。御三方。「ミッチャイの敬語。

ミトゥ「ルキ [mituˈruki] 名 ミー「トゥル」キに同じ。

「ミナンカ [minaŋka] 名 三七日(なぬか)。死後二十一日目の法事。

「ミヌラル [minuraru] 名 料理名。豚肉に黒ごまをつけて蒸したもの。

「ミブン [mibun] 名 身分。身元。

ミミ「[mimi] 名 耳。

ミミ「ガー [mimiˈga:] 名【耳皮】「豚の耳たぶ」の意で、それで作る料理名。

ミミガーサシ「ミ [mimigaːsaʃiˈmi] 名【耳皮刺身】料理名。ミミ「ガーを薄く切りきゅうりなどと混ぜて味噌あえや酢のものにしたもの。

ミミ「グイ [mimiˈgui] 名 キクラゲ(木耳)。きのこの一種。チヌコー ～〈きのこをキクラゲという。わけの分からないことをいう〉。

ミミクジ「ヤー [mimikudʒiˈja:] 名 耳あかを掃除するもの。耳かき。⇨ クジーン。

ミミクジ「ラー [mimikudʒiˈra:] 名 ミンクジ「ラーに同じ。

ミミ「クス [mimiˈkusu] 名 耳くそ。耳あか。

ミミ「ジ [mimiˈdʒi] 名 ミミ「ジャーに同じ。

ミミ「ジャー [mimiˈdʒa:] 名 みみず。＊ミミ「ジともいう。

「ミミジュン [ˈmimidʒun] 動《mimig- mimidʒ-; ㋤ミミガン ㋱ミミジ ㋲ミミジョーン ㋳ミミジャン》いじめる。こらしめる。「ミミガリーン」ロー〈とっちめるぞ。直訳は「こらしめられるぞ」〉。

ミミヌ「タイ [miminuˈtai] 名【耳の垂れ】耳たぶ。

ミミヌ「フヮー [miminuˈɸa:] 名【耳の葉】耳。耳介。耳の外から見える部分。

「ミムチ [mimutʃi] 名 身持ち。品行。～ヌ ワッサン〈身持ちが悪い。品行が悪い〉。

ミヤク [mijaku] 名 都。にぎやかな町。

ミヤラビ [mijarabi] 名《文》おとめ。娘。＊琉歌「山の木の軽さ朝比と夕比宮童の軽さ二十宮童」(『琉歌百控』102)。この語は他の琉球方言にはあるが那覇方言の口語では聞かない。

ミラリー「ン [miranˈiːn] 動《mirarir- mirarit-; ㋤ミラリラン ㋱ミラリー ㋲ミラリトーン ㋳ミラリタン》乱れる。ユース ミラリトーン〈世が乱れている〉。

「ミルク [miruku] 名 弥勒。弥勒菩薩。～ヌ グトゥ クェートーン〈ふっくらしている。直訳は「弥勒のごとく肥えている」〉。

「ミルクユー [mirukuju:] 名【弥勒世】《文》豊年。理想的な世界。＊琉歌「道通のちまた歌うたて遊ぶ彌勒代のよがほ近くなたさ」(全861)。

「ミルク「ユガフー [mirukuˈjugaɸu:] 名【弥勒世果報】豊年。理想的な世界。

ミル「ミル [miruˈmiru] 副 見る間に。みるみる。あっという間に。～ニ ヒンガチャン〈あっという間に逃がした〉。

ミル「リ [miruˈri] 名【緑】芽。新芽。ゴー「ヤーなどの新芽にもいう。～グヮーヌ スチジティ チューン〈新芽が出てくる〉。

ミワ「キ [miwaˈki] 名 ミー「ワキに同じ。

ミン⌈カー [miŋ⌈ka:] [名] ミンクジ⌈ラーに同じ。
ミン⌈グィ [miŋ⌈gwi] [名] 濁り。濁っていること。
ミングィー⌈ン [miŋgwi:⌈ɴ] [動]《miŋ-gwir- miŋgwit-; [否]ミングィラン [連]ミングィー [継]ミングィトーン [過]ミングィタン》(水などが)濁る。
ミンクジ⌈ラー [miŋkudʒi⌈ra:] [名] 耳が遠い[聞こえない]者。＊ミン⌈カー、ミミクジ⌈ラーともいう。
ミングヮ⌈スン [miŋgwa⌈suɴ] [動]《miŋgwas- miŋgwatʃ-; [否]ミングヮサン [連]ミングヮシ [継]ミングヮチョーン [過]ミングヮチャン》濁らす。濁らせる。
ミン⌈ジャク [min⌈dʒaku] [名] 耳だれ。
ミンジャ⌈クー [mindʒa⌈ku:] [名] 耳だれの出る者。
ミンタ⌈ナー [minta⌈na:] [名]【水棚】(台所の)流し台。流し。
ミン⌈タマ [min⌈tama] [名] 目玉。眼球。
ミンタ⌈マー [minta⌈ma:] [名] 目の大きい人。
ミン⌈チャ⌉サン [min⌈tʃa⌉saɴ] [形]《[否]ミンチャコーネーン [過]ミンチャサタン》うるさい。やかましい。＊「耳痛さあり」にほぼ対応。
ミンチャム⌈ナー [mintʃamu⌈na:] [名] 目に入ったごみ。ミーンカイ 〜ヌ イッチョーン〈目にごみが入っている[入った]〉。
ミンチャン⌈バ [mintʃam⌈ba] [名]「頬」の卑語か。次のように用いる。〜 スグラリーンロー〈びんたを張られるぞ。びんたくらわすぞ〉。
ミン⌈ナ [min⌈na] [名]〘植〙ルリハコベ(瑠璃繁縷)。
⌈ミンヌクー [⌈minnuku:] [名]【水の子】砂糖きびの先端部分を細かく切ったもので、盆の時先祖が持ち帰っていくもの。道々、この世でもてなしを受けなかった餓鬼に施すといわれている。
ミン⌈ロー [min⌈ro:] [名] 面倒。厄介。〜 カキーサヤー〈厄介かけるなあ〉。

# ム

「ム [mu] 接頭 六…。「ムケーン〈六回〉、「ムタバイ〈六束〉など。

「ムイ「[mui] 名 丘。山。高く盛り上がっているところ。＊ヤマは共通語の「山」に対応する語であるが、山林や荒れ地などを指す。タキ〈嶽〉は小高い丘または山で、拝所のあるところは敬ってウタ「キ〈御嶽〉という。琉歌に「恩納岳あがた里が生まれ島もりもおしのけてこがたなさな」(全39)とある。

ムイ「クチ [mui「kutʃi] 名 果実などをもぎ取った跡。

ムイク「バナ [muiku「bana] 名 〖植〗マツリカ(茉莉花)。ジャスミンの一種。モクセイ科。香りがよく、サンピン茶の香りづけなどにも用いる。＊琉歌「もいこ花ニ花ものも言やむばかり露にうち向かて笑て咲きゆさ」(全450)。

ムイ「グヮー [mui「gwa:] 名 小山。小高い丘。

「ムイタティーン [「muitati:n] 動《muitatir- muitatit-; 否 ムイタティラン 連 ムイタティー 希 ムイタティトーン 過 ムイタティタン》盛り立てる。盛り上げる。

ム「イン[1] [mu「in] 動《mur- mut-; 否 ムラン 連 ムイ 希 ムトーン 過 ムタン》(果実などを)もぐ。

「ムイン[2] [「muin] 動《mur- mut-; 否 ムラン 連 ムイ 希 ムトーン 過 ムタン》盛る。盛り上げる。

ム「イン[3] [mu「in] 動《mur- mut-; 否 ムラン 連 ムイ 希 ムトーン 過 ムタン》漏る。割れ目などからしたたる。アミヌ ～〈雨が漏る〉/ ムティ ネーン ナトーン〈桶などから水が漏ってすっかりなくなっている〉。

ム「イン「チュン[1] [mu「in「tʃun] 動《muiŋk- muintʃ-; 否 ムインカン 連 ムインチ 希 ムインチョーン 過 ムインチャン》(果物などを)どんどんもぐ。盛んにもぐ。

ム「イン「チュン[2] [mu「in「tʃun] 動《muiŋk- muintʃ-; 否 ムインカン 連 ムインチ 希 ムインチョーン 過 ムインチャン》(疲れてたり、眠いときなどに)体が地中に沈み込むように感じる。ウゥタティ ～ネースン〈疲れてて体が沈み込むようだ〉。

「ムー[1] [「mu:] 名 むう。六つ。声に出して数を数える際の六番目の数。

「ムー[2] [「mu:] 名 藻。

ムーク [mu:「ku] 名 婿。娘の夫。

ムークチョー「レー [mu:kutʃo:「re:] 名 婿兄弟。妻どうしが姉妹である、その配偶者どうしのこと。

ムージナ「クー [mu:dʑina「ku:] 名 小麦粉。＊直訳すると「麦の粉」。

「ムーチ [「mu:tʃi] 名 六つ。六。六歳。

「ムー「チー [mu:「tʃi:] 名 鬼餅。旧暦十二月八日に「サンニン〈月桃〉の葉に餅を包んで子供たちに与える行事。または、その餅。子供たちの年の数だけムーチーをくくって壁にさげる。チカラムー「チーは「クバ〈蒲葵〉の葉に包んだものだが、少ししか作らない。シルムー「チーは砂糖の入っていない白い餅、「アカムー「チーは黒豆などが入った甘い餅である。

ムーチービー「サ [mu:tʃi:bi:「sa] 名 ムー「チーの頃にやってくる寒さ。

ムー「ティー [mu:「ti:] 名 元結い。もとどりを結って束ねる細い紐。

ムー「トゥ [mu:「tu] 名 ①元。本。先祖。②元手。元金。ムートーッンジャチトゥラスン〈元手は出資してやる〉。

ムー「トゥヤー [mu:「tu]a:] 名 本家。

ムートゥルク「ル [mu:turuku「ru] 名 本家。宗家。

「ムガク [「mugaku] 名 無学。シミン

「ムキジ [ˈmukidʒi] 图 無傷。

「ムクイ [ˈmukui] 图《文》報い。悪い結果をいう。*琉歌「昔袖振たる報いかやなまにつれなさの日日にまさて行きゆす」(全2354)。

「ムクムン [ˈmukumuɴ] 動《mukum-mukur-; 否ムクマン 連ムクミ 希ムクローン 過ムクラン》むくむ。ヒサヌ ～〈足がむくむ〉。

ムクヨー「シ [mukujoːˈʃi] 图 婿養子。

ムクルイ「ユミ」ルイ [mukuruiˈjumiˈrui]【婿取り嫁取り】副 ユミルイ「ムク」ルイに同じ。

「ムゲーイン [ˈmugeːiɴ] 動《mugeːr- mugeːt-; 否ムゲーラン 連ムゲーイ 希ムゲートーン 過ムゲータン》沸騰する。煮え立つ。クヮタクヮタ タッシ ユーヌ ムゲートーサ〈ぐつぐつと湯が沸騰しているよ〉/ワタヌ ～〈はらわたが煮えくり返る〉。

「ムコー [ˈmukoː] 图【向こう】眉間(みけん)。額(ひたい)。

ムコーウン「ジン [mukoːʔuɴˈdʒiɴ] 图 着いたところで運賃を払ってもらうこと。着払い。

「ムコームチ [ˈmukoːmutʃi] 图 向こう持ち。先方持ち。先方払い。

「ムサゲーイン [ˈmusageːiɴ] 動《musageːr- musageːt-; 否ムサゲーラン 連ムサゲーイ 希ムサゲートーン 過ムサゲータン》ざわめく。騒々しくする。

「ムサットゥ [ˈmusattu] 副 まったく。少しも。～ ワカラン〈まったく分からない〉。

「ムシ[1] [ˈmuʃi] 图 ①虫。昆虫。②腹の虫。腹立たしい気持ち。～ クーラ クーラスン〈むやみに喧嘩をしようとする。直訳すると「腹の虫がかみつこうとする」〉。

「ムシ[2] [ˈmuʃi] 图 回虫、蟯虫(ぎょうちゅう)などによって起こる病気。特に、虫気(むしけ)を指す場合が多い。

「ムシ[3] [ˈmuʃi] 副 もし。仮に。～ イチブシコーネーンラー イカンティン シムン〈もし行きたくないなら行かなくてもよい〉。*「ムシカともいう。

ムジ[1] [ˈmudʒiˈ] 图 ター「ッンム〈田芋〉の茎。ムジヌ「シルやルルヮガ「シーに入れて食べる。

ムジ[2] [ˈmudʒiˈ] 图 麦。

ムジ[3] [ˈmudʒiˈ] 图 文字。～ン クジン ワカラン マチガーヌ ヒムン〈文字も故事も分からない松川の碑文。松川の碑文は摩滅して判読できないところから転じて、相手の言っていることがいい加減でたらめなことにいう〉。

「ムシーン [ˈmuʃiːɴ] 動《muʃib- muʃir-; 否ムシバン 連ムシー 希ムシローン 過ムシラン》むしる。引っこ抜く。カントゥ ムシエー ソーン〈髪をむしり合って(喧嘩して)いる〉。

「ムシウトゥ「ルー [muʃiʔutuˈruː] 图 虫をこわがる者。

「ムシカ [ˈmuʃika] 副 もしか。もしも。*「ムシともいう。

「ムシクェー [ˈmuʃikweː] 图 虫食い。虫が食ったもの。*さつまいもの虫食いの場合はイリム「サーともいう。

「ムシクェー「バー [ˈmuʃikweːˈbaː]【虫食い歯】虫歯。*「ムシバともいう。

「ムシグスイ [ˈmuʃigusui] 图【虫薬】虫下し。ナチョー「ラ〈マクリ〉などを虫下しとして用いた。

ムジヌ「シル [mudʒinuˈʃiru] 图 ムジ「〈田芋の茎〉、豚肉、豆腐などを入れて炊いた汁。

「ムシバ [ˈmuʃiba] 图 虫歯。*「ムシクェー「バーともいう。

「ムシバー「イン [ˈmuʃibaːiɴ] 動《muʃibaːr- muʃibaːt-; 否ムシバーラン 連ムシバーイ 希ムシバートーン 過ムシバータン》取っ組み合う。

「ムシブン [ˈmuʃibuɴ] 動《muʃib- muʃir-; 否ムシバン 連ムシビ 希ムシ

ローン ⑩ムシラン》(紐などを)結ぶ。

ムジュ「クイ [mudʒuˈkui] 图 農作物。

「ムジュムジュ [ˈmudʒumudʒu] 擬態 むずむず。うずうず。あることがしたくて落ち着かないさま。ティー 〜 スン《自分でしたくて)手がうずうずする》。

「ムジョー [mudʒo:] 图 無情。冷酷。〜ナ ムン〈無情な者。冷酷なやつ〉。

「ムシ「ル [muʃiˈru] 图 むしろ(筵)。ござ。

「ムシルビー「チ [muʃirubiˈtʃi] 图【筵引き】子供がむしろに寝ているときにむしろごと引っ張って動かすこと。

ムス「ビー [musuˈbi:] 图【結び】契約。*牛馬などの売買契約は小宴を伴うこともある。

「ムスビクーブ [ˈmusubiku:bu] 图 結び昆布。結んだ昆布を煮込んだ料理。

「ムスブン [ˈmusubun] 動《musub-musur-; ㊥ムスバン ⑪ムスビ ㊦ムスローン ⑩ムスラン》(紐、綱などを)結ぶ。

ムスルビ「ヨー [musurubiˈjo:] 图 とても条件の悪い日雇い。

ム「ソー [muˈso:] 副【無性】我を忘れて。一心に。〜 ナティ オートーン〈我を忘れて喧嘩している〉。

ム「ソークソー [muˈso:ˈkuso:] 副 ム「ソーをさらに強調したもの。①やたらに。②あっという間に。〜 ナティッンジ ウゥラン〈あっという間に行ってしまった〉。

ムターン [muta:n] 接尾 …遊び。「いたずら。いじくり回すこと」の意。ティームター「ン〈手でいじくり回すこと〉、ミジムター「ン〈水遊び〉、ルルムター「ン〈泥んこ遊び〉など。

ムター「ンヒターン [muta:ˈnçita:n] いじくり回すさま。こねくり回すさま。〜 シーネー ヤンジュンロー〈いじくり回すとこわすぞ〉。

ムタ「ブン [mutaˈbun] 動《mutab-mutar-; ㊥ムタバン ⑪ムタビ ㊦ムタローン ⑩ムタラン》いたずらする。いじくる。ミジ 〜〈水遊びをする〉。

ムタラン「ムチ [mutaramˈmutʃi] 图【持たらぬ持ち】持つ人の能力を超えた重さのものをもつこと。重量ばかりでなく精神的な負担にもいう。*カマラン「カミ〈いっぱい食べているのにもっと食べようとすること〉、ナカラン「ナチ〈無理に泣こうとすること〉なども似た表現構造である。

「ムチ [ˈmutʃi] 图 ①餅。主として法要、祭祀に用いる。もち米を一晩水に漬け、石臼でひき脱水して、蒸籠で蒸して作る。②しっくい。牝瓦と牡瓦を暴風に飛ばされないためにしっかり接合させるのに用いる。

「ムチカサン [ˈmutʃikasan] 形《㊥ムチカシコーネーン ⑩ムチカサタン》①むずかしい。困難である。②病状が重い。③気むずかしい。付き合いにくい。「ムチカシー「グゥー〈付き合いにくい者〉。

「ムチグミ [ˈmutʃigumi] 图 もち米。

ムチ「クヮー「リーン [mutʃiˈkwa:ˈri:n] 動《mutʃikwa:rir- mutʃikwa:tt-; ㊥ムチクヮーリラン ⑪ムチクヮーリー ㊦ムチクヮーットーン ⑩ムチクヮーッタン》熱中する。夢中になる。ハナシンカイ 〜〈話に夢中になる〉。

「ムチサン [ˈmutʃisan] 形《㊥ムチコーネーン ⑩ムチサタン》粘っこい。ねばねばしている。

「ムチジェーク [ˈmutʃidʒe:ku] 图 しっくい職人。左官。

「ムチトゥ「カーサ [ˈmutʃituˈka:sa] 图 恋仲になった者の親密な関係。「ムチ〈餅〉とそれを包むカー「サ〈葉っぱ〉がくっついていることからの比喩表現。

ムチ「ノー「イン [mutʃiˈno:ˈin] 動《mutʃino:r- mutʃino:t-; ㊥ムチノーラン ⑪ムチノーイ ㊦ムチノートーン ⑩ムチノータン》(病状などが)持ち直す。回復する。ナマネー ムチノートーン〈今は持ち直している〉。

ムチ「ノー「スン [mutʃiˈno:ˈsun] 動《mutʃino:s- mutʃino:tʃ-; ㊥ムチノーサン ⑪ムチノーシ ㊦ムチノーチョーン

[過]ムチノーチャン》①(手荷物などを)持ち直す。②(病人が)持ち直す。回復する。ムチノーチ ッチュ ナトーシェー〈持ち直して普通の人になっている(健常である)〉。

**ムチ「ハン˥リーン** [mutʃi「han˥riːɴ] [動]《mutʃihanrir- mutʃihanrit-; [否]ムチハンリラン [連]ムチハンリー [継]ムチハンリトーン [過]ムチハンリタン》身を持ちくずす。堕落する。＊「持ち外れる」にほぼ対応。

**ムチ「メー** [mutʃi「meː] [名]【持ち前】自分が祀るべき先祖。持つ義務のある位牌。⇨ メー[6]。

**ム「チャ˥ガイン** [mu「tʃa˥gaiɴ] [動]《mutʃagar- mutʃagat-; [否]ムチャガラン [連]ムチャガイ [継]ムチャガトーン [過]ムチャガタン》持ち上がる。盛り上がる。

**ム「チャ˥ギーン** [mu「tʃa˥giːɴ] [動]《mutʃagir- mutʃagit-; [否]ムチャギラン [連]ムチャギー [継]ムチャギトーン [過]ムチャギタン》持ち上げる。高く上げる。ッンブムン ～〈重い物を持ち上げる〉。

**「ムチャムチャ** [「mutʃamutʃa] [副] ねばねば。粘りつくさま。ムチェー ～ スン〈餅はねばねばする〉。

**ム「チュン** [mu「tʃuɴ] [動]《mut- muttʃ-; [否]ムタン [連]ムチ [継]ムッチョーン [過]ムッチャン》①持つ。手に持つ。所有する。ジン ムッチョーン〈金を持っている〉。②(女が)結婚する。ウゥトゥ ～〈結婚する。直訳は「夫を持つ」〉。③もつ。持続する。

**「ムチリ** [「mutʃiri] [名] 恋仲になること。

**「ムチリーン** [「mutʃiriːɴ] [動]《mutʃirir- mutʃirit-; [否]ムチリラン [連]ムチリー [継]ムチリトーン [過]ムチリタン》恋仲になる。切っても切れない仲になる。ムチリティ アッチュン〈恋仲になっている。たいてい悪い意味で用いる〉。

**ム「チン˥チュン** [mu「tʃin˥tʃuɴ] [動]《mutʃiŋk- mutʃintʃ-; [否]ムチンカン [連]ムチンチ [継]ムチンチョーン [過]ムチンチャン》持ち込む。

**ムッコー** [mukkoː] [接尾]「体のある部分がなくなっている者」の意。⇨ モー[2]。ティームッ「コー〈手のない者〉、ハナムッ「コー〈鼻のない者〉など。

**ムッチャイクヮッ「タイ** [muttʃai-kwat「tai] [副] ねばねば。べとべと。べとつくさま。

**ムッ「チャカ˥イン** [mut「tʃaka˥iɴ] [動]《muttʃakar- muttʃakat-; [否]ムッチャカラン [連]ムッチャカイ [継]ムッチャカトーン [過]ムッチャカタン》粘りつく。べとべとする。

**ムッ「チョー˥ヒッチョー** [mut「tʃoː˥-çittʃoː] [副] のろのろ。もたもた。物事がはかどらないさま。

**「ムットゥ** [「muttu] [副] まったく。全然。ほとんど。チカグロー ～ ミーラン〈近頃はまったく見えない〉。

**ムティ** [muti] [接尾] 方。方向。側。クガタ「ムティ〈こちらの方〉、マー「ムティ〈どちら方面〉、フェー「ムティ〈南の方〉など。＊ムティーともいう。

**ムティ「アマ˥スン** [muti「ʔama˥suɴ] [動]《mutiʔamas- mutiʔamatʃ-; [否]ムティアマサン [連]ムティアマシ [継]ムティアマチョーン [過]ムティアマチャン》持て余す。ックヮ ～〈子を持て余す〉。

**ムティー** [mutiː] [接尾] ムティに同じ。

**「ムトゥ[1]** [「mutu] [名] もと(下)(許)。(…の)ところ。そば。ウヤヌ ～〈親のそば。親許〉。

**「ムトゥ[2]** [「mutu] [名] 元。～～カラ〈もともと。元来。直訳は「もともとから」〉。

**ムトゥ[3]** [mutu] [接尾] …本。…株。生えている植物を数えるのに用いる。チュム「トゥ〈一本〉、「タムトゥ〈二本〉、「ミムトゥ〈三本〉など。

**ムトゥビ「レー** [mutubi「reː] [名] 昔なじみ。前に付き合った人。

**「ムナンカ** [「munaŋka] [名] 六七日(むなぬか)(むなのか)。死後四十二日目に行う法事。

ム「ニー [mu「ni:] 图 ムヌ「イーに同じ。スイム「ニー〈首里風な言葉づかい〉。

「ムヌ [「munu] 图 ①食べ物。食事。ご飯。 ～ カムン〈飯を食う。ご飯を食べる〉/ ムノー カマリーミ〈ご飯食べられるか。病人に対して食欲はあるかという意でも用いる〉/ ～ スガイン〈ご飯の準備をする〉。②者。マーヌ ～ガ〈どこ(出身)の者か。マー ムンガ ともいう〉。③物。物質。④もの。物事。事物。道理。 ～ ワカラン〈道理が分からない〉/ ムノー ウマーン〈ものを思わない。思慮が足りない〉/ ～ シラサリーン〈あるべき道理を思い知らされる〉/ ～ン イラサン〈ものも言わさない。問答無用〉/ ～ ムノー ナラン〈ものにならない〉/ ～ン クトゥン ウマーラン〈どう対処していいか分からない。直訳すると「ものもことも考えられない」〉/ ムノー ユー イール ムン ヤサ〈(物事は言ったとおりになるから)物事は万事うまくいくように言うものだ〉/ ～ イラシェー ウフムヌイー スン〈ものを言うと大言壮語する〉。⑤魔物。 ～ニ ムタリーン〈魔物に取りつかれる。神隠しにあう〉。*「ムンともいう。

ムヌアカ「シェー [munuʔaka「ʃe:] 图【もの明かし】なぞなぞ。

ムヌアタ「ラサ [munuʔata「rasa] 图 大事にしまっておくこと。大切にすること。 ～ ッシ クサラチ ネーン〈大切にしすぎて腐らせてしまった〉。

ムヌ「イー [munu「ʔi:] 图 物言い。言葉づかい。*ム「ニーともいう。

ムヌイー「カタ [munuʔi:「kata] 图 ものの言い方。言葉づかい。話し方。 レージナ ～〈大変な(突拍子もない)ものの言い方〉。

ムヌイー「グィー [munuʔi:「gwi:] 图【物言い声】話し声。 ～ヌ チカリーン〈話し声が聞こえる〉。

ムヌイー「ジマ「サン [munuʔi:「dʑima「saɴ] 形《⓪ムヌイージマコーネーン ⓪ムヌイージマサタン》①話し方が重くてのろい。②口が重い。

ムヌイージョー「ジ [munuʔi:dʑo:-「dʑi] 图【物言い上手】話し上手。

ムヌイー「ナチ [munuʔi:「natʃi] 图【物言い泣き】泣きながらものを言うこと。

ムヌイー「ニー「サン [munuʔi:「ni:-「saɴ] 形《⓪ムヌイーニーコーネーン ⓪ムヌイーニーサタン》①(子供が)言葉を使い始めるのが遅い。②話し方が遅い。

ムヌイーハジ「ミ [munuʔi:hadʑi「mi] 图【物言い始め】(幼児の)言葉の使い始め。

ムヌ「イリ [munu「ʔiri] 图 物入り。出費が多いこと。

ムヌ「ウジ [munu「ʔudʑi] 图 物怖(お)じ。物事を恐れること。

ムヌ「ウトゥ [munu「ʔutu] 图 物音。 ヌーガナ ～ チカリーン〈何か物音が聞こえる〉。

ムヌウ「ビー [munuʔu「bi:] 图 物覚え。記憶。 ～ヌ ワッサン〈物覚えが悪い〉。

ムヌウ「ミー [munuʔu「mi:] 图 物思い。悲しみ。心配。 ～ヌガ アラ〈悲しいことがあるのだろうか〉。

ムヌガ「タイ [munuga「tai] 图【物語り】話。会話。談話。 ～ スン〈話をする〉。*ムヌガタ「レーともいう。

ムヌガタ「レー [munugata「re:] 图 ムヌガ「タイに同じ。

ムヌカン「ゲー [munukaŋ「ge:] 图【もの考え】思案。思索。 ～ スン〈思案する〉。

ムヌクー「ヤー [munuku:「ja:] 图 こじき。*「物乞い」にほぼ対応。

ムヌクェームー「ク [munukwe:mu:-「ku] 图【物食い婿】食いっぱぐれがなくていい身分の婿。揶揄する場合が多い。

ムヌ「グシ [munu「guʃi] 图 食べ物の好き嫌いをすること。 ムヌグシ「サー〈食べ物の好き嫌いをよくする人。食べ物の好き嫌いが激しい人〉。

ムヌシラシルク「ル [munuʃiraʃirukuʻru] 图《文》ものを思わせるところ。ものを分からせるところ。＊琉歌「高離島や物知らせどころにや物知やべたん渡ちたぼうれ」(全 808)。

ムヌシラ「リ [munuʃiraʻri] 图【物知られ】《文》案内を乞うこと。問いかけて応答を乞うこと。＊組踊「此宿のうちに物しられしやべら」(『執心鐘入』)。

ムヌ「シリ [munuʻʃiri] 图 ①物知り。いろいろなことを知っている者。②易者。占い師。

ムヌス「ガイ [munusuʻgai] 图 食事の準備[支度]。

ムヌハチ「ブサン [munuhatʃiʻbuʻsan] 厖《图ムヌハチブコーネーン 過ムヌハチブサタン》吐き気を催す。胸がむかつく。

ムヌフー「サ [munuɸuːʻsa] 图 物欲しそうにすること。(主に)食べ物を欲しがること。

ムヌフーサ「ギサン [munuɸuːsaʻgiʻsan] 厖《图ムヌフーサギコーネーン 過ムヌフーサギサタン》物欲しそうである。物欲しげである。ムスフーサギサ スン〈物欲しそうにする。食べたそうにする〉。

ムヌマ「イー [munumaʻiː] 图【もの迷い】神隠し。迷子。行方知れず。～ソーン〈行方知れずになっている〉。

ムヌユ「マー [munujuʻmaː] 图 おしゃべり。饒舌(じょう)家。特に不必要なことを言う者、告げ口をする者にもいう。

ムヌワ「シー [munuwaʻʃiː] 图 物忘れ。チカグルンシェー ～ヌ チューサヌ〈近頃は物忘れが激しくって〉。

ムヌワ「レー [munuwaʻreː] 图 物笑い。あざけり笑われること。～サリーンロー〈物笑いになるぞ〉。

「ムフン [ˈmuɸuŋ] 图 謀叛(ほん)。

「ムフンニン [ˈmuɸunniŋ] 图 謀叛(ほん)人。

「ムミ [ˈmumi] 图 籾(もみ)。

「ムミグトゥ [ˈmumigutu] 图 もめ事。争い事。

ム「ミン [muˈmin] 图 木綿。

「ムム¹ [ˈmumu] 图《植》ヤマモモ(山桃)。＊ヤマ「ムムともいう。

「ムム² [ˈmumu] 图 股(もも)。脚の上の部分。

「ムム³ [ˈmumu] 图《文》百。百歳。転じて、「大変な。多くの」の意。＊琉歌「孫の真実や杖につきめしやうち百の坂までものぼていまうれ」(全 1730)、「月の照るごとに浮世あかあかとうち仰ぐ民や百のうれしや」(全 1692)。

「ムムウイ「アングヮー [ˈmumuʔuiʻ-ʔaŋgwaː] 图 桃売り娘。以前はこのような娘がいたが、今は見ない。

「ムムガフー [ˈmumugaɸuː] 图《文》たくさんの果報。大いなる幸せ。＊組踊「夢やちやうん見だぬ 百果報どつちやる」(『銘苅子』)。

「ムム「トゥ [ˈmumuʻtu] 图《文》百年。百歳。⇨トゥ⁴。＊琉歌「ももとなるまでも待ち長さあもの花盛りうちにまたも拝ま」(全 2191)。

「ムムン [ˈmumuŋ] 動《mum- mur-;图ムマン 過ムミ ムローン 過ムラン》もむ。カタ ～〈肩をもむ〉。

「ムユーシ [mujuːʃi] 图 催し。

「ムユク [ˈmujuku] 图 無欲。欲がないこと。～ナ ムン〈無欲な者〉。

「ムヨー [ˈmujoː] 图 模様。様子。ショー～ ソーン〈しそうな様子をしている。何かの準備をしている〉。

「ムラ [ˈmura] 图 村。集落。村落。もとマジ「リ〈間切〉の下の行政単位で、宜野湾間切我如古(がに)(こ)であれば我如古集落がそれに当たる。～ヌ ～カジ〈あちこちの村々の村。村という村全部〉。

「ムラアシビ [ˈmuraʔaʃibi] 图 村の祭り。旧暦八月十五日の村芝居など。

「ムラガー [ˈmuragaː] 图 村の共同井戸。

「ムラガシラ [ˈmuragaʃira] 图【村頭

（ﾉｼﾞﾙ）】村の代表。

「ムラガッ」コー [˥muragak˩ko:] 图【村学校】以前首里、那覇の各村に置かれていた学校で、もっぱら漢籍を教えたといわれている。

「ムラジャケー [˥muradʒake:] 图 村境。

「ムラジュー [˥muradʒu:] 图 村中。村全部。

「ムラハジシ [˥murahadʒiʃi] 图 村はずれ。

「ムラバレー [˥murabare:] 图 村払い。村で悪事を働いた者を追放すること。

「ムラヤー [˥muraja:] 图【村屋】(以前の)村役場。

「ムリ [˥muri] 图 無理。〜ナ クトゥ〈無理なこと〉。

ムリー「ン¹ [muri:˥n] 動《murir- murit-; ㊥ムリラン ㊥ムリー ㊥ムリトーン ㊥ムリタン》①ひねる。よじる。コーイィールー 〜 〈こよりを作る〉。②(人が)ひねくれる。すねる。

ムリー「ン² [muri:˥n] 動《murir- murit-; ㊥ムリラン ㊥ムリー ㊥ムリトーン ㊥ムリタン》(加工したものなどがもとの状態に)戻る。クル「アミ〈黒飴〉がしばらく置いておくと粘り気がなくなり砂糖状になることなど。

ムリー「ン³ [muri:˥n] 動《murir- murit-; ㊥ムリラン ㊥ムリー ㊥ムリトーン ㊥ムリタン》(うわさなどが)漏れる。＊液体の場合は普通ム「イン〈漏る〉を用いる。

「ムル [˥muru] 图副【諸(ﾓﾛ)】①皆。全部。〜 クーワ〈皆来い〉/ 〜 カメー〈全部食え〉。②まるで。まったく。〜 ウビラン〈まったく知らない〉/ 〜 ワカラン〈まったく分からない〉。

ムル「イ [muru˥i] 图 戻り。帰り。

ムル「イン [muru˥in] 動《murur- murut-; ㊥ムルラン ㊥ムルイ ㊥ムルトーン ㊥ムルタン》戻る。帰る。ヤーンカイ 〜 〈家に帰る〉。

ムルサーゲー「ヤー [murusa:ge:˥ja:] 副 かたまりがあるさま。食べ物の中に異物などがあるときにもいう。

「ムルシ¹ [˥muruʃi] 图 かたまり(塊)。

ムル「シ² [muru˥ʃi] 接尾 …往復。チュ「ムルシ〈一往復〉、「タムルシ〈二往復〉、「ミムルシ〈三往復〉など。

ムル「スン [muru˥sun] 動《murus- murutʃ-; ㊥ムルサン ㊥ムルシ ㊥ムルチョーン ㊥ムルチャン》①戻す。帰す。返す。ヤーカイ 〜 〈家に戻す〉。②戻す。吐く。

「ムルノーイ [˥muruno:i] 图 病気が全快すること。⇨ ムル、ノーイン²。

「ムルルチュン [˥murururutʃun] 動《mururuk- murrurutʃ-; ㊥ムルルカン ㊥ムルルチ ㊥ムルルチョーン ㊥ムルルチャン》年をとって視力が落ちる。加齢で目がかすむ。

「ムルワシー [˥muruwaʃi:] 图【諸忘れ】すっかり忘れること。完全に失念すること。

ム「ルン [mu˥run] 图 (酒、醤油(ｼｮｳ)の)もろみ。

「ムン¹ [˥mun] ①图「ムヌに同じ(詳細は「ムヌ参照)。 〜 ナイン〈一人前の人間になる。立派な人になる〉/ 〜 ナスン〈成功させる。立派にする〉/ 〜 ナラースン〈道理を教える〉。②接尾「物。者。食べ物」などの意。「アレームン〈洗い物〉/ アチハティ「ムン〈飽きた物。仕事など〉/ ノーイ「ムン〈縫い物〉/ ヒティミティ「ムン〈朝ご飯〉/ ガンジュー「ムン〈頑丈な者〉/「カテームン〈厄介者〉。

ムン² [mun] 助 ①よ。さ。「イチュルムン〈行くよ〉/「イカンムン〈行かないよ〉。②(…する)ものを。のに。にもかかわらず。イチュル〜 エージン サンサ〈行くのに声もかけないよ〉。

ムンジュ「ルー [mundʒu˥ru:] 图 麦藁で作った笠。

「**ムンチャク** [ˈmuntʃaku] 图 悶着。面倒なこと。もめ事。

ムン「**チャニ** [munˈtʃani] 图 農作物の種。

ムン「**チャン** [munˈtʃan] 图 小さい子供。ちび。がき。＊子供を叱るときにいう。

「**ムンチュー** [ˈmuntʃuː] 图 門中。一門。一族。

「**ムンチュー**「**バカ** [ˈmuntʃuːˈbaka] 图 門中墓。一門の共同の墓。

**ムンナラーシ** [munnaraːˈʃi] 图【もの習わし】しつけ。 ウフェー 〜ン シェー〈少しはしつけもしろ〉。

**ムンナ**「**レー** [munnaˈreː] 图【もの習い】しつけを受けること。礼儀作法を習うこと。

**ムンヌ** [munnu] 助 (...する)ものを。接続の意を表す。イチュル〜 エージン サン〈行くのに声もかけない〉 / カチュル〜 カカンリ イーン〈書くのに書かないと言う〉。

**ムンヌ**「**アティ** [munnuˈʔati] 图【ものの当て】思慮。用心[注意]深さ。常識。 ムンヌアテー ネーン〈思慮が足りない〉 / 〜ン アイル スル〈思慮もあるのだ〉。

**ムン**「**ヌキ**「**ムン** [munˈnukiˈmun] 图 魔除け。護符。サン「〈すすきなどで作った魔除け〉、フー「フラ〈護符〉など。

**ムンヌゴー**「**グチ** [munnugoːˈgutʃi] 图 食べ物に関する不平不満。

**ムン**「**ヌ**「**ジブン** [munˈnuˈdʒibun] 图 食事時。

**ムン**「**ラニ** [munˈrani] 图 (釣り、猟などの)餌。魚釣りに用いるアー「マン〈やどかり〉などのようなもの。

**ムン**「**ロー** [munˈroː] 图【問答】喧嘩(けん)。口論。 〜ヌ ウクリトーン〈口論が起きている〉。

# メ

「メー¹ [「me:] 图【米(ﾏｲ)】米の飯。

メー「² [me:「] 图 ①前。そば。付近。グー ～ ナチョーン〈碁盤を前にしている〉/ヤクスヌ ～〈役所の前。役所のあたり〉。②(時間的に)前。以前。 ～ウゥティ イチョーケー シムルムン〈前もって言っておけばよいものを〉。

メー³ [me:] 接頭 尊敬を表す。「メー「ィキガ〈殿方〉、「メー「ィィナグ〈ご婦人〉など。

メー⁴ [me:] 接頭 毎…。メー「ニン〈毎年〉、メー「ナチ〈毎日〉など。

メー⁵ [me:] 接尾 …枚。「イチ「メー〈一枚〉、ニン「メー〈二枚〉、イク「メー〈何枚〉など。

メー⁶ [me:] 接尾 ①…前。「相当するもの」の意。イチニン「メー〈一人前〉。②「割り当て分」の意。ウクイ「メー〈無尽講で毎回返すべき分〉。

メー⁷ [me:] 接尾 …様。尊敬を表す。ウスガナ「シー「メー〈国王様〉、タン「メー〈祖父。おじいさん〉など。

メー「アサ [me:「ʔasa] 图 毎朝。

「メー「ィィキガ [「me:「jikiga] 图 紳士。殿方。⇒ メー³、ィキガ。

「メー「ィィナグ [「me:「jinagu] 图 淑女。ご婦人。⇒ メー³、ィナグ。*あまり使わない。

「メーイン [「me:in] 動《me:r- me:t-; 命メーラン 連メーイ 禁メートーン 過メータン》燃える。

メーウー「ビー [me:ʔu:「bi:] 图 前帯。

メー「ガイ [me:「gai] 图 (主に賃金の)前借り。

メー「ガキ [me:「gaki] 图【前掛け】①相撲の技の名称。足を前の方から相手の足にかけて倒す。②前もって念を押す[警告する]こと。 ～ イリラットーン〈前もって警告されている〉。

メー「ガシ [me:「gaʃi] 图 (主に賃金の)前貸し。

メーカニ「ティ [me:kani「ti] 图【前兼ねて】前もって。あらかじめ。 ～ アンレー シムルムンス〈前もってそう言えばよいのに〉。 *～ウゥティ〈直訳すると「前もってい(居)て」〉ともいう。

メーガン「ター [me:gan「ta:] 图 前髪が長く乱れている者。⇒ カンター。

メーガン「トゥ [me:gan「tu] 图 七三に分けた男の普通の髪型。 ～ ソーン〈七三に分けた髪型にしている〉。*メーガン「トゥーともいう。

メーガン「トゥー [me:gan「tu:] 图 メーガン「トゥに同じ。

メー「グチ [me:「gutʃi] 图【前口】家の表口[前面]。*メーグ「チーともいう。

メーグ「チー [me:gu「tʃi:] 图 メー「グチに同じ。

メー「サー [me:「sa:] 图 へつらう者。おべっかを使う者。こびる者。シンシー ～〈先生にへつらう者〉/ィィナグ ～〈女におべっかを使う者〉。

「メーシ [「me:ʃi] 图 おべっか。へつらい。

メー「ジチ [me:「dʒitʃi] 图 毎月。

メー「ジラ [me:「dʒira] 图 (建物などの)前面(ﾏｴ)(ﾒﾝ)。前側。

メー「ジン [me:「dʒin] 图 前金。 ～ ウチャキレー〈前金を払いなさい〉。

「メースン [「me:sun] 動《me:s- me:tʃ-; 命メーサン 連メーシ 禁メーチョーン 過メーチャン》燃やす。

「メーチジ [「me:tʃidʒi] 图 ご飯粒。

メー「チャー [me:「tʃa:] 图 (昔の)女性用ふんどし。

メーナイ「ナイ [me:nai「nai] 副【前成り成り】でしゃばるさま。 ～ スン〈でしゃばる〉/ ～ サンケー〈でしゃばるな〉。*メーユイ「ユイともいう。

メー「ナチ [meːˈnatʃi] 图 毎日。~ ナチョーン〈毎日泣いている〉。＊メー「ニチともいう。

メーニジ「リー [meːnidʑiˈriː] 图【米(ﾖﾈ)握り】おむすび。おにぎり。にぎり飯。

メー「ニチ [meːˈnitʃi] 图 メー「ナチに同じ。

メー「ニン [meːˈnin] 图 毎年。

メー「ヌ」チチ [meːˈnuˈtʃitʃi] 图 前の月。前月。

メー「バー [meːˈba] 图 前歯。~ タッカラリーミ〈前歯をへし折られるか(へし折るぞ)〉。

メーバ「レー [meːbaˈreː] 图 前払い。前金。

「メー」メー [ˈmeːˈmeː] 图 前々。~カライチェータン〈前々から言ってあった〉。

メーユイ「ユイ [meːjuiˈjui] 副【前寄り寄り】でしゃばるさま。~ スン〈でしゃばる〉。＊メーナイ「ナイともいう。

メーユイユイ「サー [meːjuijuiˈsaː] 图 でしゃばりや。

メー「ユル [meːˈjuru] 图 毎夜。毎晩。

メー「リマ [meːˈrima] 图【前手間】賃金の前払い。~ トゥイン〈賃金の前払いを受け取る〉。

「メン」シェーン [ˈmenʃeːn] 動《mensoːr- mensoːtʃ-; 敬 メンソーラン 連 メンシェーイ 命 メンソーチョーン 過 メンソーチャン》いらっしゃる。おいでになる。「いる。来る。行く」の敬語。タンメーヤ ヤーンカイ ~〈お祖父さんは家にいらっしゃる〉/ シンシーガ ~〈先生がいらっしゃる〉/ クマンカイ メンソーレー〈ここにいらっしゃい〉。＊メンソーレーのソーレーは「候らへ」ではなく、「召しおわれ」に対応する。従って、メンソーレーは「参り召しおわれ」に対応する。

# モ

モー⌈¹ [moː⌈] 图 野原。野。荒れた草地。普通、マンジャ「モー〈万座毛〉などと「毛」を当てる。 ハロー サン 〜 ナチェーン〈耕作しないで荒れた草地にしてある〉。

モー² [moː] 接尾 体のある部分が欠落している者。 ティー⌈モー〈手のない者〉、ハナ⌈モー〈鼻がない者〉、ハー⌈モー〈歯の欠けた者〉など。

⌈モー⌉アーサ [ˈmoː ʔaːsa] 图 ネンジュモ（念珠藻）。イシクラゲの一種。雨の多いときに野や畑に生え、食用にする。

モーアシ⌈ビー [moːʔaʃiˈbiː] 图 農村で、若い男女が夜 モー〈野原〉に出て、歌や三線などで遊ぶこと。

⌈モーイ [ˈmoːi] 图 舞い。踊り。

⌈モーイハニ [ˈmoːihani] 图 (喜んで)踊り跳ねること。

⌈モーイン [ˈmoːin] 動《moːr- moːt-; 否モーラン 連モーイ 継モートーン 過モータン》舞う。踊る。

⌈モー⌉ウイ [ˈmoːˈʔui] 图【植】マクワウリ（真桑瓜）。

モー⌈キ [moːˈki] 图 儲け。利益。稼ぎ。賃金。 モーケー チャッサガ〈儲けはいくらか。稼ぎはいくらだ〉。

モーキー⌈ン [moːkiːˈn] 動《moːkir- moːkit-; 否モーキラン 連モーキー 継

モーキトーン 過モーキタン》① 儲ける。利益をあげる。 モーキラジヤカー ウジネーリ〈儲けようとするより(考えて)補え〉 / モーキラリー⌈ミ〈儲けられるか〉 / モーキー⌈ハン⌉チャン〈儲けそこなった〉。 ②(子供を)もうける。授かる。 ックヮ モーキトーシェー〈子供を授かっているヮ〉。

モーキ⌈ジク [moːkiˈdʑiku] 图 儲け仕事。 ヌーガナ モーキジコー ネーニ〈何か儲け仕事はないか〉。

モー⌈サギ [moːˈsagi] 图【申し上げ】告げ口。密告。 チチャギ〜 スン〈告げ口する〉。

モーシ⌈ッン⌉ジーン [moːʃiˈʔnˈdʑiːn] 動《moːʃiʔndʑir- moːʃiʔndʑit-; 否モーシッンジラン 連モーシッンジー 継モーシッンジトーン 過モーシッンジタン》申し出る。

モー⌈チャン [moːˈtʃan] 图 帽子。 〜 カントールグトーン〈帽子をかぶっているよう〉。 ＊中国語に由来する語であろう。

モー⌈モー [moːˈmoː] 图《幼児》巻き貝。

⌈モーロー [ˈmoːroː] 副 おろおろ。心が乱れるさま。 チムン 〜 ナイルグトーサ〈心も千々に乱れるようだ〉。

# ヤ

ヤ¹ [ja] 助 (係助詞の)は。 チュー〜 イィーッワーチチ ヤン〈今日はいい天気だ〉/ シメー シッチ ムノー シラン〈学問は知っているくせに常識は知らない〉/ アエー シエー サニ〈ありはするだろう。あるだろう〉。*キーヤ〈木は〉、ケーヤ〈衣装箱は〉、カーヤ〈井戸〉、ウコーヤ〈線香は〉、クーヤ〈修繕は〉のように長母音に続く場合は、やはそのまま付き融合しない。短母音の場合は、「ミジ〈水〉→ミジェー、「ヒサ〈足〉→ヒサー、「ハク〈箱〉→ハコーなどのように融合する。ンで終わる場合はチン〈衣類〉→チノー、カ「ガン〈鏡〉→カガノーのようになるが、「ワン「私」はヤン「ネーとなる。主格を表すガ〈が〉、ヌ〈が、の〉にも代わって否定的な要素を表す。 ッヤーガー ナラン〈きみのような者にはできない。直訳は「きみがはできない」〉/ クサノー カマラン〈草のようなものは食えない。直訳は「草のは食えない」〉。

ヤ² [ja] 接頭 ハ…。「ヤケーン〈八回〉、「ヤカタミ〈(荷物の)八かつぎ〉など。

ヤー「¹ [ja:「] 名 家。家屋。家庭。 ワッター ンカイ アシビーガ クーワ〈私の家に遊びにおいで〉。

「ヤー² [「ja:] 名 やあ。八つ。声に出して数を数える際の八番目の数。

「ヤー³ [「ja:] 名 矢。

ヤー「⁴ [ja「:] 感 なあ。ねえ。ああ。やあ。呼びかけたり同意を求めたりするときに発する語。 〜 アン ヤラヤー〈なあ、そうだろうね〉/ 〜 フンヌ ブシジョーヤ〈ああ、ほんの世間知らずの〉。

ヤー⁵ [ja:] 助 ね。なあ。念押し、確認、誘いかけなどを表す。 イカ〜〈行こうね〉/ イカナ〜〈行こうかね〉/ ンーチャンロー〜〈見たよなあ〉/ アレー キラマ〜〈あれは慶良間の島だね〉/ サーターアンラギーン〜 チンスコーン〜 ウトゥタン〈サーターアンギーもね チンスコーもね売っていた(よ)〉。

「ッヤー [「ʔja:] 名 ①きみ。おまえ。同輩、目下に対する二人称。*複数形はイッ「ター。目上にはウン「ジュという。 ②きみの。おまえの。 〜 ムン〈きみの物〉/ 〜 チラ〈おまえの顔〉。 ③きみは。 〜 マーカイガ〈きみはどこへか。きみはどこへ行くんだ〉。 *係助詞ヤ〈は〉を略したとみることもできそうである。

ヤー「イ「ジャー [ja:ʔi「dʒa:] 名 内弁慶。⇨イジャー。

ヤーウー「チー [ja:ʔu:「tʃi:] 名 引っ越し。宿替え。

ヤー「カジ [ja:「kadʒi] 名 家々。家ごと。⇨カジ⁶。 ヤーヌ 〜 シコーラットータン〈家ごとに準備されていた〉。

ヤーカ「ヤー [ja:ka「ja:] 借家人。

ヤーカ「ラー [ja:ka「ra:] 名 普段着。

ヤーカラチ「ヤー [jakaratʃi「ja:] 名 普段着。

ッヤーグトー「ルー [ʔja:guto:「ru:] 名 ①おまえとそっくりな者。 ②おまえごとき。おまえのような(つまらない)やつ。 〜 クーンティン シムン〈おまえのようなやつは来なくてもいい〉。

ッヤー「グ トールムン [ʔja:「gu to:rumun] 名 おまえのような(つまらない)やつ。

ヤーグ「マイ [ja:gu「mai] 名 家にこもること。家からなかなか出ないこと。⇨クマイン¹。

ヤーグマ「ヤー [ja:guma「ja:] 名 家にこもって出歩かない者。出不精。

ッヤー「クル [ʔja:「kuru] 名 ッヤンクルに同じ。

ヤー「グヮー [ja:「gwa:] 名 小さい家。小屋。

ヤーサー「オー [ja:sa:「o:] 名 すぐ腹が減ったと騒ぐ人。食いしん坊。

ヤー「サ「クリサ [ja:ˈsaˈkurisa] 图 飢えの苦しさ。大変な苦労。～ ソーティ フルッワーチャン〈大変な苦労をして育てた〉。

ヤーサ「ジニ [ja:saˈdʒini] 图 飢え死に。餓死。

ヤーサノー「シ [ja:sano:ˈʃi] 图 空腹しのぎに少し食べること。

ヤーサ「ワタ [ja:saˈwata] 图 空腹。すきっ腹。

「ヤー「サン [ˈja:ˈsan] 形《⑤ヤーシコーネーン ⓟヤーサタン》空腹である。＊主に若年層で用いられるウチナーヤマトゥグチ〈沖縄的共通語〉で時に「ひもじい」と表現され，混乱を生じる語。ヤーサンは単に空腹であることを示し，共通語の「空腹の程度がはなはだしくつらい」という意味合いはもたない。

ヤー「シェー [ja:ˈʃe:] 图 野菜。

ヤーシェーウ「ヤー [ja:ʃe:ʔuˈja:] 图 野菜売り。

ヤージェー「ク [ja:dʒe:ˈku] 图【屋細工】家を造る大工。

ヤーシ「グヮー [ja:ʃiˈgwa:] 图 ヤシ（椰子）の実。中身を取った殻は酒器として用いられる。

ヤー「ジ「シー [ja:dʒiˈʃi:] 图（旅先の）慣れない場所でよく眠れないこと。～ッシ ニンララン タン〈慣れないところで眠れなかった〉。

ヤージシー「サー [ja:dʒiʃi:ˈsa:] 图 慣れないところだと眠れない癖のある者。

ヤージ「チュン [ja:dʒiˈtʃun] 動《ja:dʒik- ja:dʒitʃ-；⑤ヤージカン ⓣヤージチ ⓔヤージチョーン ⓟヤージチャン》家に居つく。（犬，猫などが）家に住みつく。マヤーヤ ヤージチョーミ〈（その）猫は家に居ついているか〉。

ヤー「ジナー [ja:ˈdʒina:] 图【屋品】家の品格。家の程度。 ッチュヌ ～ イヤー〈他人の家の品格をよく口にする者〉。

ヤージュ「クイ [ja:dʒuˈkui] 图 ヤーチュ「クイに同じ。

ヤータ「チャー [ja:taˈtʃa:] 图 分家した者。

「ヤーチ [ˈja:tʃi] 图 八つ。八。八歳。

ッヤー「チュイ [ʔja:ˈtʃui] 图 ッヤン「チュイに同じ。

ヤー「チュー [ja:ˈtʃu:] 图 ①やいと。灸。②厳しく叱ること。～ サッタン〈灸をすえられた。きつく叱られた〉。

ヤーチュ「クイ [ja:tʃuˈkui] 图【屋造り】家を造ること。家を建てること。＊ヤージュ「クイともいう。

ヤー「ティ スン [ja:ˈti sun] 連語 他人の家なのに自分の家のように自由に出入りする。クーサイネー ワッタール ヤーティ ソータル〈小さいときは私たちの家にいりびたっていた〉。

ヤーナ「レー [ja:naˈre:] 图【屋習い】家でのしつけ。～ガ フカナレー〈家でのしつけがよそでも現れるのだ〉。

ヤーニン「ジュ [ja:ninˈdʒu] 图 家族。家族の人数。ヤーニンジョー グニン〈家族は五人〉。

ヤーヌ「ッウィー [ja:nuˈʔwi:] 图【屋の上】屋根。シチャヌ ハーヤ ～ンカイ ナギレー〈下の歯は屋根（の上）に投げろ。乳歯などが抜けたとき下の歯は屋根の上に，上の歯は床下に投げ入れると，次には丈夫な歯が生えるといわれていた〉。

ヤーヌ「ウチ [ja:nuˈʔutʃi] 图 家の内。屋内。

ヤーヌヌー「シ [ja:nunu:ˈʃi] 图 家主。

ヤーヌバー「ン [ja:nuba:n] 图 留守番。

ヤーブ「シン [ja:buˈʃin] 图【屋普請】家を建てること。

ヤー「マ [ja:ma] 图 機械。エンチュヤー「マ〈ねずみ取り機〉／マングースヤー「マ〈マングース取り機〉。

ヤーマ「リー [ja:maˈri:] 图 迷子。⇒マリー。～ ソーン〈迷子になっている〉。

ヤームチ「ジュク [ja:mutʃiˈdʒuku] 图

所帯のきりもり。

**ヤームチロー｢グ** [ja:mutʃiro:ˈgu] [名] 所帯道具。

**ヤー｢ヤー** [ja:ˈja:] [名]《幼児》おべべ。着物。

**ヤーヤー｢トゥ** [ja:ja:ˈtu] [副] ほっと。安堵するさま。 ムチカシー ワジャン ウワティ 〜 ナタン〈むずかしい仕事も終わってほっとした〉。

**ヤー｢ヤシ˥チ** [ja:ˈjaʃi˥tʃi] [名] 家屋敷。 〜 ウットゥラッタン〈家屋敷を取られてしまった〉。

**ヤー｢ル** [ja:ˈru] [名] 宿。家。

**ヤー｢ルイ** [ja:ˈrui] [名]【屋取り】(首里、那覇に定職がなく)地方に移住した士族の集落。18世紀に首里王府がとった帰農政策によって、ヤールイは沖縄の各地に広がるが、特に中頭地方や本部半島に多い。貧乏なため、旧集落の者からはヤールイエン｢チュ〈屋取りねずみ〉といって馬鹿にされた。

**ヤー｢ルー** [ja:ˈru:] [名] やもり(守宮)。

**ヤーワカ｢ヤー** [ja:wakaˈja:] [名] 分家した者。分家。

**ヤー｢ン** [ja:ˈn] [名] 来年。

**ヤーン｢ナー** [ja:nˈna:] [名] 屋号。姓。名字。

**｢ヤイ** [ˈjai] [名] 槍(やり)。 ヒサヌ サチェー 〜ヌ サチ〈足の先は槍の先。「人が向くところ厄介事も入ってくる」の意〉。

**ヤイ｢ヒ˥ティーン** [jaiˈçi˥ti:n] [動]《jaiçitir- jaiçitit-; [否]ヤイヒティラン [連]ヤイヒティー [継]ヤイヒティトーン [過]ヤイヒティタン》破り捨てる。

**ヤイ｢ホー˥イン** [jaiˈho:˥in] [動]《jaiho:r- jaiho:t-; [否]ヤイホーラン [連]ヤイホーイ [継]ヤイホートーン [過]ヤイホータン》破り散らす。めちゃくちゃに破る。

**ヤ｢イン** [jaˈin] [動]《jar- jat-; [否]ヤラン [連]ヤイ [継]ヤトーン [過]ヤタン》破る。 カビ 〜〈紙を破る〉/ チン 〜〈着物を破る〉。

**ヤカ** [jaka] [助] ①より。比較の基準を表す。 チルー〜 ウトゥーヤ チュラサン〈チルーさんよりウトゥーさんは美人だ〉/ ビンチョースシ〜 アシブシェー マシ〈勉強するより遊ぶのがいい〉。 ②否定の語句と呼応して「よりほかに。以外に」の意を表す。 ワン〜 ストゥネー ナイシェー ウゥラン〈私よりほかにできるのはいない〉。＊ヤカーともいう。

**ヤカー** [jaka:] [助] ヤカに同じ。

**｢ヤガティ** [ˈjagati] [副] ①やがて。まもなく。もう。 〜 チェー サニ〈まもなく来るだろう(直訳は「来はするね」)〉。 ②もう少しで。あやうく。 〜 ルゲーイタン〈あやうく転ぶところだった〉。

**｢ヤガマサン** [ˈjagamasan] [形]《[否]ヤガマシコーネーン [過]ヤガマサタン》やかましい。うるさい。

**｢ヤカラ** [ˈjakara] [名]【輩】大した者。立派な者。力持ち。すごいやつ。 〜 ヤッサー〈大した者だなあ〉。＊｢ヤカラムンともいう。

**｢ヤカラムン** [ˈjakaramun] [名] ｢ヤカラに同じ。

**｢ヤキー** [ˈjaki:] [名] マラリア。

**｢ヤキーン** [ˈjaki:n] [動]《jakir- jakit-; [否]ヤキラン [連]ヤキー [継]ヤキトーン [過]ヤキタン》①焼ける。燃える。 ②(食べ物が)焼ける。焦げる。 ③日焼けする。

**｢ヤキカジャ** [ˈjakikadʒa] [名] 焼けるにおい。焦げるにおい。⇨カジャ。

**ヤク｢1** [jakuˈ] [名] 厄。災い。 〜ヌ イッチョーン〈厄がふりかかっている。小鳥が家に入る、よくないことが起こるなどしたときに言う〉。

**ヤク｢2** [jakuˈ] [名] 役。 ヤコー タタン〈役に立たない〉。

**｢ヤグィー** [ˈjagwi:] [名] 気合を入れるために発するかけ声。｢ヒヤ、｢アリなどというかけ声。

**ヤク｢ゲー** [jakuˈge:] [名] 夜光貝。螺鈿(らでん)細工に用いる。

**｢ヤグサミ** [ˈjagusami] [名] やもめ。配偶者を亡くした者。

「ヤクスク [「jakusuku] 图 約束。

「ヤク」タチュン [「jaku「tatʃun] 動《jakutat- jakutattʃ-; 㐧ヤクタタン 連ヤクタチ 継ヤクタッチョーン 過ヤクタッチャン》役立つ。役に立つ。

「ヤグミサ [「jagumisa] 图《文》恐れ多いこと。恐れはばかること。＊おもろ、琉歌、組踊などに見られるが口語にはない。琉歌「我胴やれва我胴ゑсへなお座敷にやぐめさも知らぬвそば寄たす」(全1281)。

ヤク「ルシ [jaku「ruʃi] 图 厄年。生まれ年の干支が厄年である。

「ヤケーン [「jake:n] 图 八回。八度。

「ヤシー [「jaʃi:] 图 やすり。

「ヤシーン [「jaʃi:n] 動《jaʃir- jaʃit-; 㐧ヤシラン 連ヤシ 継ヤシトーン 過ヤシタン》やせる。ウムイクガリティ ヤシハティーン〈思い焦がれてやせてる〉。＊「ヨーガリーン」ともいう。

ヤシ「ウイ [jaʃi「ʔui] 图 安売り。廉売(れんばい)。

「ヤシガ [「jaʃiga] 接続 だが。しかし。けれども。

「ヤシガルー [「jaʃigaru:] 图 やせている者。やせっぽち。

ヤシゴー「イ [jaʃigo:「i] 图 安く買うこと。⇨コーイン。

ヤシ「チ [jaʃi「tʃi] 图 屋敷。家の敷地。

ヤシチヌウ「グヮン [jaʃitʃinu:「gwan] 图 家屋敷に関するウ「グヮン〈祈願〉。家屋敷にいる神を鎮め、家族、家屋敷の無事息災を願う。神社から札をもらってきて屋敷の四隅に立て祈願した。旧暦の二月と八月に吉日を選んで行った。

ヤシナイ「ウヤ [jaʃinai「ʔuja] 图 養い親。

「ヤシナイン [「jaʃinain] 動《jaʃinar- jaʃinat-; 㐧ヤシナラン 連ヤシナイ 継ヤシナトーン 過ヤシナタン》養う。養育する。

「ヤシナイングヮ [「jaʃinaiŋgwa] 图 養い子。

ヤシマ「イン [jaʃima「in] 動《jaʃimar- jaʃimat-; 㐧ヤシマラン 連ヤシマイ 継ヤシマトーン 過ヤシマタン》我慢できる。こらえられる。ヤシマ「ラン〈我慢できない〉。

ヤシ「ミ [jaʃi「mi] 图 休み。休暇。

ヤシミー「ン¹ [jaʃimi:「n] 動《jaʃimir- jaʃimit-; 㐧ヤシミラン 連ヤシミー 継ヤシミトーン 過ヤシミタン》安くする。(値段を)下げる。まける。

ヤシミー「ン² [jaʃimi:「n] 動《jaʃimir- jaʃimit-; 㐧ヤシミラン 連ヤシミー 継ヤシミトーン 過ヤシミタン》休める。チブル ～〈頭を休める〉。

ヤシ「ムン¹ [jaʃi「mun] 图 安物。

ヤシ「ムン² [jaʃi「mun] 動《jaʃim- jaʃir-; 㐧ヤシマン 連ヤシミ 継ヤシローン 過ヤシラン》(値段が)安くなる。タマナーヤ ヤシローン〈キャベツは安くなっている〉。

ヤシ「ムン³ [jaʃi「mun] 動《jaʃim- jaʃir-; 㐧ヤシマン 連ヤシミ 継ヤシローン 過ヤシラン》(仕事などを)休む。カジフチ ヤグトゥ シクチ ～〈暴風だから仕事を休む〉。＊「休息する」の意にはユグ「インを用いる。

「ヤシヤシー トゥ [「jaʃijaʃi:tu] 副 やすやすと。簡単に。

「ヤスー [「jasu:] 图 耶蘇(やそ)教。キリスト教。

ヤスンジー「ン [jasundʒi:「n] 動《jasundʒir- jasundʒit-; 㐧ヤスンジラン 連ヤスンジ 継ヤスンジトーン 過ヤスンジタン》安んじる。甘んじる。あきらめる。我慢する。ヤスンジールー スンローヤー〈我慢するんだよ〉。

ヤチ「ウシ [jatʃi「ʔuʃi] 图 日に焼けて色黒になった人。

ヤチ「ムン [jatʃi「mun] 图 焼き物。陶器(類)。

「ヤチュン [「jatʃun] 動《jak- jatʃ-; 㐧ヤカン 連ヤチ 継ヤチョーン 過ヤチャ

「ヤチリーン [ˈjatʃiriːn] 動《jatʃirir-jatʃirit-; ㋥ヤチリラン ㋑ヤチリー ㋠ヤチリトーン ㋐ヤチリタン》①やつれる。憔悴(しょうすい)する。②おちぶれる。みすぼらしくなる。

ヤ「チン [jaˈtʃin] 图 家賃。

「ヤチンマガ [ˈjatʃiʔmmaga] 图 子孫。＊村芝居に登場する「長者の大主」の台詞に見られる。

ヤックヮ「ナー [jakkwaˈnaː] 图 大きい睾丸の持ち主。フィラリアで睾丸が肥大している者。

ヤッ「クヮン [jakˈkwan] 图 ①やかん。②睾丸。きんたま。

ヤッ「ケー [jakˈkeː] 图 厄介。迷惑。～ナ〈厄介な〉/ ～ カキーサヤー〈厄介をかけるなあ〉。

ヤッケー「ムン [jakkeːˈmun] 图 厄介者。～ ヤサ〈厄介者だ〉。

「ヤッサン [ˈjasˈsan] 形《㋧ヤッシコーネーン ㋐ヤッサタン》(値段が)安い。

ヤッ「チー [jatˈtʃiː] 图 兄さん。兄。

「ヤッチク [ˈjattʃiku] 图 薬局。

「ヤットゥカットゥ [ˈjattukattu] 副 やっと。何とか。ようやく。～ トゥジミタン〈何とか仕上げた〉。

「ヤッパイン [ˈjappain] 動《jappar-jappat-; ㋥ヤッパラン ㋑ヤッパイ ㋠ヤッパトーン ㋐ヤッパタン》がんばる。精いっぱい努力する。

ヤトゥ「イン [jatuˈin] 動《jatur- jatut-; ㋥ヤトゥラン ㋑ヤトゥイ ㋠ヤトゥトーン ㋐ヤトゥタン》雇う。雇用する。

ヤトゥ「ッワー [jatuˈʔwaː] 图 巨大な豚。

ヤナ [jana] 接頭 「嫌な。悪い。醜い。意地悪な。不正な」などの意を表す。「ヤナッワー」チチ〈悪い天気〉、ヤナカー「ギー〈不美人〉、「ヤナカジャ〈悪臭〉、「ヤナニン」ジン〈悪人〉など。＊イィー〈いい。よい〉の対。

「ヤナー [ˈjanaː] 图 ①(品物など)悪い物。～ヤ コーランキョー〈悪い物は買うなよ〉。②性質の悪い人。悪人。アレー ～ロー〈彼は性質な人だ〉。

「ヤナアビー [ˈjanaʔabiː] 图 絶叫、鳴き声、異常な音声など、不快感を与えるような声。

「ヤナイミ [ˈjanaʔimi] 图 嫌な夢。悪夢。縁起の悪い夢。

ヤナカー「ギ [janakaˈgi]【嫌な影】容貌が悪いこと。不器量。

ヤナカー「ギー [janakaˈgiː] 图 器量がよくない者。不美人。＊チュラカー「ギー〈美人〉の対。

「ヤナカジ [ˈjanakadʒi]【嫌な風】悪い霊気。

「ヤナカジャ [ˈjanakadʒa] 图 悪いにおい。悪臭。

「ヤナガター [ˈjanagataː] 图 悪い人間。嫌な人間。悪いたくらみをする人間。＊直訳すると「嫌な型の者」。

「ヤナグィー [ˈjanagwiː] 图 嫌な声。悪声。不愉快な声

「ヤナグクル [ˈjanagukuru] 图 悪い考え。悪心(あくしん)。

「ヤナグシ [ˈjanaguʃi] 图 悪癖。悪習慣。

ヤナ「グチ [janaˈgutʃi]【嫌な口】悪口。毒舌。罵詈雑言。～ヌ ランラン アビトーサ〈悪口のありたけを言っているよ〉。

ヤナグ「チャー [janaguˈtʃaː] 图 毒舌家。口が悪い者。辛辣な悪口、皮肉を言う者。

「ヤナクトゥ [ˈjanakutu] 图「ヤナグトゥに同じ。

「ヤナグトゥ [ˈjanagutu] 图 悪いこと。悪い出来事。＊「ヤナクトゥともいう。

「ヤナクトゥバ [ˈjanakutuba] 图 (縁起の)悪い言葉。

「ヤナシー [ˈjanaʃiː] 图 悪いしかた。不器用なやり方。

「ヤナジム [ˈjanadʒimu]【嫌な肝】

悪い心。悪心(ぐしん)。 〜ヌ ソージーン〈悪心が生じる〉。

「ヤナシムチ [ˈjanaʃimutʃi] 图 悪い性質。性悪。意地悪。 〜ナ ムン〈性悪な者〉。

「ヤナジン [ˈjanadʒin] 图 (品質の)悪い着物。

「ヤナスー」メー [ˈjanasuːmeː] 图 やなじいさん。老爺を悪く言う言葉。*スーメーは単独では用いず、「おじいさん」には普通タンˈメーという。

「ヤナッチュ [ˈjanattʃu] 图 悪人。*「イィーˈッチュ〈善人〉の対。

「ヤナティンチ [ˈjanatintʃi] 图 「ヤナッˈチチに同じ。

「ヤナナラーシ [ˈjananaraːʃi] 图【嫌な習わし】悪い教育。悪いことを教え込むこと。

「ヤナハー」メー [ˈjanahaːmeː] 图 やなばあさん。老婆を悪く言う言葉。

「ヤナフージ [ˈjanaɸuːdʒi] 图【嫌な風儀】悪い習慣。悪い風習。

「ヤナブリ [ˈjanaburi] 图 悪い惚れ方。

「ヤナミー [ˈjanamiː] 图 嫌な目。 〜 アタトーン〈嫌な目にあっている〉。

「ヤナミチ [ˈjanamitʃi] 图 ①悪い道。悪路。②邪悪な道。悪の道。邪道。

「ヤナムヌ」イー [ˈjanamununʔiː] 图【嫌な物言い】縁起でもない言葉。

「ヤナムン [ˈjanamun] 图 ①悪い物。 〜 チカマサッタン〈悪い物をつかまされた〉。②悪人。悪党。嫌なやつ。 ニチン クヮーラン 〜〈煮ても食えない嫌なやつ〉。 ③魔物。妖怪。

「ヤナラクミ [ˈjanarakumi] 图 悪だくみ。悪いたくらみ。

「ヤナリクチ [ˈjanarikutʃi] 图【嫌な理屈】悪知恵。悪いたくらみ。 〜 クットーン〈悪知恵にたけている。直訳すると「悪知恵を食いやがっている」〉。

「ヤナッワー」チチ [ˈjanaʔwaːtʃitʃi] 图 悪い天気。悪天候。*「ヤナティンチよりも

よく用いられる。

「ヤナワジャ [ˈjanawadʒa] 图【嫌な業】嫌な仕事。難儀な仕事。

「ヤナワチャク [ˈjanawatʃaku] 图 悪質ないたずら。意地悪ないたずら。

「ヤナワラビ [ˈjanawarabi] 图【嫌な童】いたずらっ子。たちの悪い子。憎まれっ子。

「ヤブー [ˈjabuː] 图 鍼灸(しんきゅう)師。鍼(はり)医。 〜 ンジ チンバーイ ウッチャン〈鍼灸師のところに行って鍼を打った〉。

「ヤフゥタ [ˈjaɸata] 图【植】ムラサキカタバミ(紫酢漿草)。カタバミ科の多年草。きれいな花が咲く。畑に生えると簡単には除去できないので、農家には嫌われる。

「ヤフゥッテーン [ˈjaɸatteːn] 副 柔らかく。穏やかに。やさしく。 〜 ニチェーサ〈柔らかく煮てあるよ〉 / 〜 ムヌ イーン〈やさしくものを言う〉。

「ヤフゥッテーン」グヮー [ˈjaɸatteːŋgwaː] 副 柔らかく。やさしく。 シシェー 〜 ソーン〈肉は柔らかくしている。「肉は柔らかい」の意〉。

「ヤフゥヤフゥートゥ [ˈjaɸajaɸaːtu] 副 柔らかに。穏やかに。やさしく。 ムノー 〜 イレー〈言葉は穏やかに言え〉。

「ヤフゥラー [ˈjaɸaraː] 图 病弱な者。病気がちな者。*「ヤフゥラムンともいう。

「ヤフゥラガン」ジューサン [ˈjaɸaraganˈdʒuːsan] 形《㊂ヤフゥラガンジューコーネーン ㊉ヤフゥラガンジューサタン》病弱そうだが健康である。

「ヤフゥラガン」ジュームン [ˈjaɸaraganˈdʒuːmun] 图 病弱そうだが元気で健康な者。

「ヤフゥラキーン [ˈjaɸarakiːn] 動《jaɸarakir- jaɸarakit-; ㊂ヤフゥラキラン ㊉ヤフゥラキー ㊉ヤフゥラキトーン ㊉ヤフゥラキタン》①柔らかくする。②和らげる。

ヤフゥ「ラ」サン [jaɸaˈraˈsan] 形《㊂ヤフゥラコーネーン ㊉ヤフゥラサタン》

①柔らかい。②病弱である。体が弱い。
**ヤフヮラジューシー** [jaɸaradʒu:-ʃi:] 图【柔ら雑炊】雑炊。おじや。＊クフゥジューシー〈炊き込みご飯〉に対する。
**ヤフヮラチュン** [jaɸaratʃun] 動《jaɸarak- jaɸaratʃ-; ㊀ヤフヮラカン ㊁ヤフヮラチ ㊂ヤフヮラチョーン ㊃ヤフヮラチャン》①和らぐ。柔らかくなる。②穏やかになる。性格がまるくなる。③衰弱する。弱くなる。
**ヤフヮラムン** [jaɸaramun] 图 体が弱い者。病弱な者。＊ヤフゥラー、ビーラーなどともいう。
**ヤマ**¹ [jama] 图 ①山野。山林。荒れ地。草が生えているところ。＊共通語の「山」に対応する語であるが、平地より高く隆起したところを意味することはほとんどない。〜 ナトーン〈山になっている。草などが生え荒れ放題になっている〉。②混乱。乱雑。〜 チリーン〈混乱状態になっている〉/ 〜 チラカチェーン〈乱雑な状態になっている〉。
**ヤマ**² [jama] 接頭「野生」の意を表す。＊ヤマイン〈野良犬〉、ヤママヤー〈野良猫〉など。
**ヤマイン** [jamaʔin] 图【山犬】野良犬。野犬。
**ヤマウク** [jamaʔuku] 图 山奥。
**ヤマカーガー** [jamaka:ga:] 图 人見知り。人前に出ることを嫌うこと。また、その人。
**ヤマガーミー** [jamaga:mi:] 图【山亀】陸に棲む亀。
**ヤマガジャン** [jamagadʒan] 图 やぶ蚊。茂みにいる蚊。普通の蚊より大きい。
**ヤマク** [jamaku] 图 木こり。 タルガーヌ クリター 〜カラ コータン〈(砂糖の)樽のくれ板は木こりから買った〉。
**ヤマグ** [jamagu] 图 欲張り。ずるいこと。狡猾。 ヤマゴー アラン〈欲張りではない〉。
**ヤマグー** [jamagu:] 图 欲張りなやつ。

ずるい者。
**ヤマグナ** [jamaguna] 連体 欲張りな。ずるい。 〜 ムン〈欲張りな者〉。
**ヤマグヮー** [jamagwa:] 图 やぶ。小さい荒地。
**ヤマシシ** [jamaʃiʃi] 图【やましし(山猪)】いのしし(猪)。
**ヤマスン** [jamasun] 動《jamas- jamatʃ-; ㊀ヤマサン ㊁ヤマシ ㊂ヤマチョーン ㊃ヤマチャン》痛める。怪我する。 ルー 〜〈怪我する〉/ ティー チッチ ヤマチャン〈手を切って怪我した〉/ チム 〜〈(失望などで)心がいじける。後悔する〉。
**ヤマチリグトゥ** [jamatʃirigutu] 图【山切れごと】混乱。ごたごた。収拾のつかない困った状態。無秩序な状態。
**ヤマチリムン** [jamatʃirimun] 图 混乱をひき起こす者。秩序を乱す者。
**ヤマトゥ** [jamatu] 图 日本本土。内地。昔は薩摩をヤマトゥ、それ以外の日本本土をウフヤマトゥ(⇨ ウフ)と言ったようである。 〜カイ イチュン〈本土へ行く〉。
**ヤマトゥグチ** [jamatuguʃi] 图【大和口】(沖縄の言葉に対して)日本本土[内地]の言葉。
**ヤマトゥジフェー** [jamatudʒiɸe:] 图【大和気早】日本本土の人は何事もさっさと行うのでこういう。沖縄の人がのんびりだらだら行うのに対していう。
**ヤマトゥソーベー** [jamatuso:be:] 图【大和商売】粗悪な日本製品。(上等な)中国製品と比較したい方。
**ヤマトゥタビ** [jamatutabi] 图【大和旅】日本本土への旅。
**ヤマトゥムン** [jamatumun] 图【大和もの】日本製品。
**ヤマトゥユー** [jamatuju:] 图【大和世】明治12年廃藩置県(琉球処分)以後の日本政府の統治した時代。トーヌユー〈中国冊封下の時代〉、アミリカユー〈アメリカ統治の時代〉、ウチナーユー〈琉球国王が治めた時代〉などさまざまな時代があった。

**ヤマトゥン⌈チュ** [jamatun⌈tʃu] [名]【大和人】日本本土[内地]の人。＊ヤマ⌈トゥー、ナイ⌈チャーは蔑称であるが、最近は普通のいい方として使われる。

**ヤマナシン⌈グヮ** [jamanaʃiŋ⌈gwa] [名]【山生し子ら】私生児。

**ヤマヌ⌈チジ** [jamanu⌈tʃidʒi] [名] 山頂。山のてっぺん。⇨ チジ³。

**ヤマ⌈ヌフヮ** [jama⌈nuɸa] [名]《文》山の端。山の稜線。＊琉歌「眺めゆる中に面影よ残ち山の端に入ゆる月のらめしや」(全92)。

**ヤマヌ⌈ミー** [jamanu⌈miː] [名] 山の中。ひなびたところにもいう。

**ヤマ⌈ビク** [jama⌈biku] [名]《文》山びこ。＊琉歌「恋の奥山に深く踏み迷て谷の山びこの音声(うとぅくぃ)ばかり」(全102)。

**ヤママ⌈ヤー** [jamama⌈jaː] [名] 野良猫。

**ヤマ⌈ミチ** [jama⌈mitʃi] [名] 山道。

**ヤマ⌈ムム** [jama⌈mumu] [名] 山桃。＊単に⌈ムムともいう。

**ヤマラニン⌈グヮ** [jamaraniŋ⌈gwa] [名]【山種の子ら】私生児。

**ヤマ⌈ッンム** [jama⌈ʔmmu] [名] 山芋。自然薯(じねんじょ)。

**ヤミ⌈** [jami⌈] [名]《文》闇。暗闇。＊琉歌「若さひと時の通ひ路の空や闇のさくひらも車たう原」(全179)。口語では単独であまり用いず、ヤミ⌈ユ、ヤミヌ⌈ユーなどという。

**⌈ヤミーン** [⌈jamiːɴ] [動]《jamir- jamit-; [否]ヤミラン [連]ヤミー [継]ヤミトーン [過]ヤミタン》やめる。 シクチ 〜〈仕事をやめる〉。

**ヤミヌ⌈ユー** [jaminu⌈juː] [名] ①闇夜。②乱世。乱れた世。

**ヤミ⌈ユ** [jami⌈ju] [名] 闇夜。真っ暗闇。

**ヤミワチャ⌈レー** [jamiwatʃa⌈reː] [名] 病み患い。病気を患うこと。

**ヤ⌈ムン** [ja⌈muɴ] [動]《jam- jar-; [否]ヤマン [連]ヤミ [継]ヤローン [過]ヤラン》病む。痛む。病気する。 チブルヌ 〜〈頭が痛い〉。

**⌈ヤラスン** [⌈jarasuɴ] [動]《jaras- jaratʃ-; [否]ヤラサン [連]ヤラシ [継]ヤラチョーン [過]ヤラチャン》遣(や)る。(使いなどとして)行かせる。 ワラビ ヤラスサ〈子供を(使いとして)行かせるよ〉。

**⌈ヤラブ** [⌈jarabu] [名]〘植〙テリハボク(照葉木)。オトギリソウ科。海岸に生え、防風林にされる。

**ヤリ⌈** [jari⌈] [名] 破れ。破れたところ。

**ヤリー⌈ン¹** [jariː⌈ɴ] [動]《jarir- jarit-; [否]ヤリラン [連]ヤリー [継]ヤリトーン [過]ヤリタン》ヤンリー⌈ンに同じ。

**ヤリー⌈ン²** [jariː⌈ɴ] [動]《jarir- jarit-; [否]ヤリラン [連]ヤリー [継]ヤリトーン [過]ヤリタン》破れる。 ヌヌヌ 〜〈布が破れる〉。＊「破(や)れる」にほぼ対応。

**ヤリ⌈ガサ** [jari⌈gasa] [名] ヤンリ⌈ガサに同じ。

**ヤリ⌈ジン** [jari⌈dʒiɴ] [名] 破れた着物。

**ヤリ⌈ミー** [jari⌈miː] [名] 破れ目。

**ヤル⌈チン** [jaru⌈tʃiɴ] [名] 宿賃。宿泊料。

**⌈ヤン** [⌈jaɴ] [動]《jar- jat-; [否]なし [連]ヤイ [継]なし [過]ヤタン》だ。である。 〜〈そうである〉/ アリ 〜〈彼だ〉/ アン ヤミ〈そうであるか。そうか〉/ ヤミ アラニ〈そうかそうでないか〉/ クネーランシカラ ヤンメー ヤイギサン〈この間から病気らしい〉/ ヌーガ ヤラ〈何か。何かしら〉/ アン ヤグトゥ〈そうだから〉/ アン ヤレー〈そうであるなら〉/ 〜テー アランテーッシ オートーン〈そうであるそうでないと言って喧嘩(けんか)している〉/ ヤル トゥーイ イレー〈そうであるとおり言え。ありのまま言え〉/ ワラビル ヤルムンヌ…〈子供なのだから…〉/ ター ヤラワン ヤラシェー〈誰でもいいから行かせろ〉。＊不規則な活用をする。打ち消しにはアラン(⌈アン〈ある〉の否定形)を用いる。ただし、条件形は jar- の語幹を用いて、ヤレー〈であるなら〉となる。また、継続の終止形ヤトーンはないが、ヤトーティ〈であって〉はある。 ワラビ ヤトーティ アン イーミ〈子供のくせにそう言うのか。直訳す

ヤ

ッヤン「クル [ʔjaŋˈkuru] 图 おまえ自身。ッヤンクロー ナラン〈おまえ自身ではできない〉/ 〜ッシ シェー〈おまえ自身でしろ〉。＊ッヤー「クルともいう。

ヤンゴーリー「ン [jaŋgoːriːˈn]《jaŋgoːrir- jaŋgoːrit-; ㊅ヤンゴーリラン ㊥ヤンゴーリー ㊂ヤンゴーリトーン ㊊ヤンゴーリタン》病気になっている。病でふせっている。

ヤン「ジュン [janˈdʒun]《janr- jant-; ㊅ヤンラン ㊥ヤンジ ㊂ヤントーンまたはヤトーン ㊊ヤンタンまたはヤタン》①動 こわす。破壊する。②接尾 …しそこなう。…し損じる。カチ「ヤン「ジュン〈書きそこなう〉/ チュクイ「ヤン「ジュン〈作りそこなう〉/ イーヤンラー チチノーシェー《(私が)言い損じたなら(そっちの方で)聞きなおせ(補って理解してくれ)》。

ヤンタン「チジ [jantanˈtʃidʒi] 图 屋根のてっぺん。屋根の高い部分。

ッヤン「チュイ [ʔjanˈtʃui] 图 おまえ一人。＊ッヤー「チュイともいう。

「ヤンバ [ˈjamba] 图《文》山道などで木の枝を立てて目印にしたもの。＊琉歌「しほらが越しゆらんで山葉差ちおきやん袖や谷川の底にひたち」(全 210)。

ヤンバ「ラー [jambaˈraː] 图 ①ヤン「バル出身者の蔑称。＊普通のいい方はヤンバルン「チュ。②山原船。那覇と沖縄北部地方の間を行き来して運送にあたった帆船。

ヤン「バル [jamˈbaru] 图【山原】沖縄北部。また、特に国頭郡のこと。

ヤンバルガー「ミー [jambarugaːˈmiː] 图【山原亀】【動】リュウキュウヤマガメ(琉球山亀)。沖縄北部にいる陸生の亀。

ヤンバルクトゥ「バ [jambarukutuˈba] 图 山原地方の言葉。沖縄北部の言葉。

ヤンバル「タビ [jambaruˈtabi] 图 山原地方への旅行。沖縄北部の旅。

ヤン「バル「ラキ [janˈbaruˈraki] 图【山原竹】【植】リュウキュウチク(琉球竹)。「山原産の竹」の意。子供用の釣竿、馬追いの鞭、垣根、ゴーヤー棚などに用いる。

ヤン「ムチ [jamˈmutʃi] 图 鳥もち。ガジマルの白い樹液や松脂などで作る。めじろなど小鳥を捕らえるのに用いた。

ヤン「メー [jamˈmeː] 图 病(やまい)。病気。

ヤンメー「ムン [jammeːˈmun] 图 病気の者。病人。病弱な者。

ヤン「リ [janˈri] 图 悪天候。

ヤンリー「ン [janriːˈn] 動《janrir- janrit-; ㊅ヤンリラン ㊥ヤンリー ㊂ヤンリトーン ㊊ヤンリタン》こわれる。破談になる。＊ヤリー「ンともいう。

ヤンリ「ガサ [janriˈgasa] 图 破れ傘。＊ヤリガサともいう。

ヤンリ「ムン [janriˈmun] 图【破れもの】こわれた物。粗悪品。

# ユ

**ユ** [ju] 接頭 四…。「ユケーン〈四回〉」、「ユクー〈卵四個〉」、「ユカン〈建物四館。四棟。四軒〉」など。

「**ユイ**¹ [ˈjui] 名 ゆえ(故)。ため。理由、原因を表す。 ターニ アン ナタンリ ウムイガ〈誰のためにこうなったと思うか〉。

「**ユイ**² [ˈjui] 名 ゆり(百合)(の花)。

「**ユイ**¹³ [jui¹] 名《文》宵。＊琉歌に「宵とめし明ける夏の夜の慣ひや玉黄金お側夢の心地」(全 436)。

「**ユイムン** [ˈjuimun] 名【寄り物】海岸に流れついたもの。漂着物。

**ユイン** [ˈjuin] 動《jur- jut-; ⑤ユラン 連ユイ 継ユトーン 過ユタン》①寄る。近づく。 ②震動する。 ネース ～〈地震が起きる〉。 ③集まる。 ッチュヌ ユトータン〈人が集まっていた〉。 ④立ち寄る。 ワッターンカイ ユリヨー〈僕の家に立ち寄れよ〉。 ⑤(年が)寄る。 トゥシ ユティ ヌーンナラン〈年が寄って何もできない。年とって何もできない〉。

「**ユー**¹ [ˈju:] 名【よ】よう。四つ。声に出して数を数える際の四番目の数。

「**ユー**² [ˈju:] 名 世。代(ˤ)。 イクサ〈戦乱の世〉／ ～ヌ カウトーン〈世が変わっている。世変わりしている〉。

**ユー**¹³ [juːˈ] 名 夜。 ～ ユックィーン〈日が暮れる〉／ ～ヌ アキーン〈夜が明ける〉／ アクスン〈夜を明かす〉。

**ユー**¹⁴ [juːˈ] 名 湯。

「**ユー**⁵ [ˈju:] 副 ①よく。十分に。うまく。 ②しばしば。たびたび。 ～ イーン〈よく言う。たびたび言う。(悪く言わずに)よいように言う〉／ ムノー ～ イール ムン ヤサ〈言葉は(考えて)よく言うものだ(でたらめな物言いをしてはいけない)〉／ ～ ンージュン〈よく見る。しばしば見る〉／ ～ スン〈よくする。(誤りがないように)気をつける。しばしばする〉／ ヤーニンジュヌ クトゥ ～ スン〈家族の面倒をよくみる〉／ アリガ ～ シーウースンリ ウムイミ〈彼がちゃんとできると思うか〉／ ～ ソールカンザー ヤシガ シーヤンティ〈万事うまくやっているつもりだが失敗した〉／ ッショー〈うまくやれよ〉／ ～ サビーサ〈うまくやります〉／ ～ サンラレー〈注意してやれよ。ひょっと[悪く]すると。直訳すると「うまくしないと」〉／ ～ シーネー〈ひょっとしたら〉／ ～ シーネー アチャー チューンロー〈もしかしたら明日は来るよ〉。

**ユーアカシカン「ティー** [juːʔakaʃi-kanˈti:] 名 夜明けを待ちかねること。 ⇒ カンティー。 ミー クフゥティ ～ サン〈目がさえて夜明けが待ち遠しかった〉。

**ユーアキ「アキ** [juːʔakiˈʔaki] 名【夜明け明け】夜明けすぐ。未明。 ～ クーヨー〈夜が明けたらすぐ来いよ〉。

**ユーアキル「シー** [juːʔakiruːˈʃi:] 名【夜明け通し】夜通し。徹夜。 ～ オートータン〈夜通し喧嘩(ゲン)していた〉。

**ユーアマ「イ** [juːʔamaˈi] 名 余り物。残り物。 ～ ヤサ ムッチ イケー〈余り物だよ持ってゆけ〉。

**ユーイリ「ガタ** [juːʔiriˈgata] 名【夕入方】夕方。夕暮れ。

「**ユーイン** [ˈjuin] 動《juːr- juːt; ⑤ユラン 連ユイ 継ユトーン 過ユタン》①結う。括(ˤ)る。 カラジ ～〈髪を結う〉。 ②縛る。逮捕する。 キーサチンカイ ユーラスンロー〈警察に逮捕させるぞ〉。

**ユーカー「ギ** [juːka:ˈgi] 名【夕陰】日ざしが弱まって涼しくなる夕方。夕方の涼しい頃。

「**ユーガワイ** [ˈju:gawai] 名 世変わり。世の変遷。＊「ユガワイともいう。

**ユー「クー** [juːˈku:] 名 欲張り(の人)。

**ユーゲー「スン** [juːgeːˈsun] 動《juː-geːs- juːgeːtʃ-; ㊹ユーゲーサン ㊺ユーゲーシ ㊻ユーゲーチョーン ㊼ユーゲーチャン》火傷(やけど)をする。

**ユー「ジカチ** [juːˈdʑikatʃi] 名 用事。⇨ カチ³。 ～ン ナランサ〈用事もできないよ〉。 ＊ユー「ジュ」カチともいう。

**「ユー」シタ** [ˈjuːˈʃita] 感 ざまを見ろ。いい気味だ。 ～ヒャー〈いい気味だよ〉。

**ユー「ジュ** [juːˈdʑu] 名 用事。

**ユー「ジュ」カチ** [juːˈdʑukatʃi] 名 ユー「ジカチに同じ。

**「ユーチ¹** [ˈjuːtʃi] 名 四つ。四。四歳。

**ユー「チ²** [juːˈtʃi] 名 よき(斧)。小型の斧(おの)。

**ユー「チー** [juːˈtʃiː] 名 (イシナー「グー〈いしなご〉などで)四つから始めるやり方。四つの小石を同時に上に放り投げ、下にある一つの小石を取り上げ、落ちてくる四つの小石をその手で受け取る。 イクチーカラガ。 ～カラ ヤサ〈いくつから(行うやり方)か」「四つから(行うやり方)だ〉。

**ユー「トゥイ** [juːˈtui] 名 船底にたまった水を汲む道具。＊アカトゥ「ヤーともいう。

**ユー「トゥジ** [juːˈtudʑi] 名【夜伽】夜通し仕事をすること。

**ユー「ナ** [juːˈna] 名【植】オオハマボウ。アオイ科の常緑高木。花の咲き始めは黄色、落花の間近には橙色になる。琉球切手のデザインにもなった。

**ユー「ナーガー「サ** [juːnaːgaːˈsa] 名 ユー「ナの葉。円形で厚く、以前は皿代わりに用いた。

**ユーナチモー「モー** [juːnatʃimoːˈmoː] 名「夜泣き巻き貝」の意。スイジ貝(スイショウガイ科の巻き貝)のこと。以前、ナチブ「サー〈泣き虫〉がいるところにつり下げた。ムン「ヌギ」ムン〈魔除け〉としても用いられた。

**ユー「ヌク** [juːˈnuku] 名 麦こがし。大麦を炒(い)って焦がし、粉状にひいたもの。砂糖を混ぜてそのまま食べたり、水を少し入れて練って食べる。

**「ユーヌサチ** [ˈjuːnusatʃi] 名【世の先】将来。未来。 ～ヌ クトー ターガン ワカラン〈未来のことは誰も分からない〉。

**ユー「バン** [juːˈban] 名 夕飯。夕食。

**ユーバンウゥー「イ** [juːbanuːˈi] 名 夕飯時。夕飯の頃。

**ユーバンス「ガイ** [juːbansuˈgai] 名 夕飯の支度(たく)。夕食の準備。

**ユーバンビ「チェー** [juːbambiˈtʃeː] 名 夕飯代わり。夕食に代わる物。⇨ ビチェー。

**ユーバンマン「ジャー** [juːbammanˈdʑaː] 名 宵の明星。金星。「夕飯を欲しそうに見る者」の意。⇨ マンジュン。

**ユー「ビ** [juːˈbi] 名 夕べ。昨晩。＊チヌースユー「ル〈昨日の夜〉ともいう。

**ユーヒ「ジュイ** [juːçiˈdʑui] 名 夕方冷えること。 ～ タチュン〈夕方冷える〉。

**ユー「フル** [juːˈɸuru] 名【湯風呂】風呂。 ～ イーン〈風呂に入る〉。

**ユーフル「ヤー** [juːɸuruˈjaː] 名 風呂屋。

**ユー「ベー** [juːˈbeː] 名【よばひ】妾(めかけ)。二号。 ～ ハタベー〈妾たち〉。

**ユーユー「トゥ** [juːjuːˈtu] 副 ゆうゆうと。ゆっくりと。のんびりと。 ～ シェー〈ゆっくり(休息など)しろ〉。

**ユーユー「ユー** [juːjuːˈjuː] 感 とーとーとー。鶏を呼び集める声。

**ユーラー「ティー** [juːraːˈtiː] 名 同じ食器から分けて食べること。 ～ ッシ カムン〈同じ食器から(仲良く)分けて食べる〉。 ＊ユラートーケー〈一緒に食べておけ〉という形もあるから動詞の終止形もあったであろうが、今は用いない。

**ユー「リー** [juːˈriː] 名 幽霊。化け物。

**ユーリーバナ「シ** [juːribanaˈʃi] 名 幽霊話。怪談。

**ユー「ル** [juːˈru] 名 夜。 チューヌ ～〈今日の夜〉 / チュユルン チュユルン〈一晩も一晩も。一日延ばしでなかなか仕事をし

ないことをいう。この場合はユルとなって接尾辞的に用いられている〉。

**ユールークヮー「ルー** [ju:ru:kwa:「ru:] 擬態 ゆるゆる。だぶだぶ。衣服などがゆるすぎるさま。

**ユールミッ「クヮー** [ju:rumik「kwa:] 图 夜盲症。鳥目(の者)。

**ユー「ルリ** [ju:「ruri] 图 夕凪(ゆうなぎ)。

**ユー「レー** [ju:「re:] 图【寄り合い】無尽講(むじんこう)。頼母子講(たのもしこう)。互助的な共済金融組織。＊ユーレー「グヮーともいう。「ムエー〈模合。無尽講〉という言葉もあるが、あまり使わない。

**ユー「ワー** [ju:「wa:] 图 硫黄。

**ユーワー「ビー** [ju:wa:「bi:] 图 硫黄を焚くときの青い火。硫黄はハブを退治するためハブの穴などで焚く。

**「ユカ** [「juka] 图 床(ゆか)(ぎ)。部屋で畳などが敷かれていない板張りのところ。＊カラ「ユカともいう。

**「ユカイ** [「jukai] 1 图 副 かなり。相当。ジン ～ ムッチョーン〈金をかなり持っている〉/ ～ トゥーサンローくかなり遠いよ〉。 2 接頭 かなりの…。相当の…。「ユカイ」ハタラチャー〈相当な働き者〉/「ユカイウッサ〈かなりの量〉/ ユカイスン ヤシガ〈かなりの損だよ〉。

**「ユカイウッサ** [「jukai?ussa] 图 かなりの量。相当な量。⇨ ウッサ²。

**ユカ「イン** [juka「in] 動《jukar- jukat-; 禁ユカラン 連ユカイ 希ユカトーン 過ユカタン》繁茂する。(作物が)よくできる。クェー カキタグトゥ ユカイサ〈肥やしをかけたからよくできるよ〉。

**「ユカギタ** [「jukagita] 图【床桁(ゆかげた)】床を支えるために差し渡す細い材木。

**「ユガキティ** [「jugakiti] 副 夕方。日暮れ頃。～ クーヨー〈夕方来いよ〉。

**ユカ「サ** [juka「sa] 图 床下。

**ユカ「ッチュ** [juka「ttʃu] 图【良か人】士族。＊ハク「ソー〈平民〉に対する。「サムレーともいう。

**「ユガフー** [「jugaɸu:] 图【世果報】豊年。実りの多い年。

**「ユガミ** [「jugami] 图 ゆがみ。

**「ユガミーン** [「jugami:n] 動《jugamir- jugamit-; 禁ユガミラン 連ユガミー 希ユガミトーン 過ユガミタン》ゆがめる。歪曲させる。

**「ユカムチ** [「jukamutʃi] 图【床持ち】根太(ねだ)。床板を支えるための横木。

**「ユガムン** [「jugamun] 動《jugam- jugar-; 禁ユガマン 連ユガミ 希ユガロ ーン 過ユガラン》ゆがむ。(人の性格などが)屈折する。

**ユカ「ル** [juka「ru] 連体《文》よき。すぐれた。＊「ユタ〈巫女〉の詞章にチューヌ ユカル ヒニ チューヌ マサル ヒニ〈今日のよき日に 今日のまさる日に〉と出る。

**「ユガワイ** [「jugawai] 图「ユーガワイに同じ。

**ユク「¹** [「juku] 图 欲。欲望。

**ユク「²** [「juku] 图 横。タティニン ～ニン ムヌ イーン〈縦にも横にもものを言う。いい加減にものを言う〉。

**ユク「³** [「juku] 副 もっと。いっそう。かえって。ノースンソーロー スルムノー ～ ヤンティネーン〈修理しようとしていたのにかえってこわしてしまった〉/ ヒニンニ サグトゥ ～ンニーブイ スサ〈昼寝をしたらもっと眠くなった〉。

**ユクイルク「ル** [jukuiruku「ru] 图 休み所。休憩所。

**ユク「イン** [juku「in] 動《jukur- jukut-; 禁ユクラン 連ユクイ 希ユクトーン 過ユクタン》①休む。休憩する。②寝る。横になって休む。③病で臥す。

**ユク「シ** [juku「ʃi] 图 うそ。いつわり。

**ユクシムニー「サー** [jukuʃimuni:「sa] 图 うそつき。～ヤ ヌスルヌ ハジマイ〈うそつきは泥棒の始まり〉。

**ユクシムヌ「イー** [jukuʃimunu「?i:] 图 うそ(をつくこと)。～ヤ ジョーヌ フカマリン トゥーラン〈うそは門の外までも通ら

「ユクスン」[ˈjukusuŋ] 動《文》誘惑する。誘う。＊琉歌「円覚寺御門の鬼仏がなし我無蔵よこしゆすやおどちたばうれ」(全758)。

「ユグスン」[ˈjugusuŋ] 動《jugus- jugutʃ-; ㊗ユグサン ㊙ユグシ ㊗ユグチョーン ㊙ユグチャン》汚す。汚くする。

ユク「チャー [jukuˈtʃa:] 图 横っちょ。ノグチゲラー シージャーギーンカイ 〜 ナティシガイン〈ノグチゲラは椎の木の横っちょにとまる〉。

「ユクヌー」リー [ˈjukunu:ˈri:] 图【横喉】気管。食べ物を急いで食べてむせたときに 〜ンカイ ウトゥチャン〈気管に落とした。気管に入ってしまった〉と言う。

ユク「ヌ」マタサキティ [jukuˈnuˈmatasakiti] 連語 強欲。業突(ごう)張り。

ユク「ネー [jukuˈne:] 图 宵。日が暮れて間もない頃。

ユクネーグラ「シン [jukune:guraˈʃiŋ] 图 宵闇。目が慣れないため特に暗さを感じる。⇨クラシン。

ユクネージ「チュー [jukune:dʑiˈtʃu:] 图 夕月。宵の頃に出ている月。

ユクネーニー「ブイ [jukune:ni:ˈbui] 图 宵の頃から居眠りすること。

ユクネーニーブ「ヤー [jukune:ni:buˈja:] 图 夕ご飯を食べてすぐ居眠りする者。ウヌ ワラベー 〜ロー〈この子は早寝だよ〉。

「ユクバイ [ˈjukubai] 图 ぶらぶら歩くこと。道草をすること。直訳すると「横に行くこと」。⇨ハイン¹。〜 ッシ マーガナカイ イチュン〈道草しながらどこかに行く〉。

「ユクミ [ˈjukumi] 图「ユクミーに同じ。

「ユクミー [ˈjukumi:] 图 横目。ユクミーサー〈横目をする癖のある者〉。＊「ユクミともいう。

「ユクミチ [ˈjukumitʃi] 图 横道。わき道。

「ユクムヌ」イー [ˈjukumunuˈʔi:] 图【横物言い】質問に答えず、のらりくらりとはぐらかすこと。または、回りくどく答えること。

ユク「ユク [jukuˈjuku] 图 ゆくゆく。ユクユコー チャーガナ ナエー サニ〈ゆくゆくはどうにかなるだろう〉。

「ユグリ [ˈjuguri] 图 汚れ。汚れた部分。

「ユグリーン [ˈjuguri:ŋ] 動《jugurir- jugurit-; ㊗ユグリラン ㊙ユグリー ㊗ユグリトーン ㊙ユグリタン》汚(よご)れる。汚くなる。

「ユグリカー」カー [ˈjugurika:ˈka:] 副 とても汚れているさま。〜 ソーン〈とても汚れている〉。

「ユグリハイ」カラー [ˈjugurihaiˈkara:] 图 汚れ物を着ているくせに恰好(かっこう)いいと思っている者を揶揄していう語。

「ユグリムン [ˈjugurimuŋ] 图 汚れ物。

「ユクルイ [ˈjukurui] 图 横取り。

「ユクン [ˈjukuŋ] 副 もっと。さらに。いっそう。〜 カミブサン〈もっと食べたい〉。

「ユケーン [ˈjuke:ŋ] 图 四回。

ユサン「リ [jusanˈri] 图 夕方。夕暮れ。＊「ユマングィよりもよく用いられる

ユサンリ「マチ [jusanriˈmatʃi] 图 夕方に立つ市。夕ご飯などの品物を仕入れる。

ユシ「アシ [juʃiˈʔaʃi] 图 よしあし。善悪。どちらかに決めにくい場合にも用いる。ジン クィーシン 〜 ヤンヤー〈金をやるのもよしあしだねえ〉。

「ユシーン [ˈjuʃi:ŋ] 動《juʃir- juʃit-; ㊗ユシラン ㊙ユシー ㊗ユシトーン ㊙ユシタン》①寄せる。近づける。②忠告する。教える。＊ウヤユシックゥシン〈親が教えたり子が教えたり〉という諺がある。

「ユジーン [ˈjudʑi:ŋ] 動《judʑir- judʑit-; ㊗ユジラン ㊙ユジー ㊗ユジトーン ㊙ユジタン》譲る。譲歩する。アリンカイ ユジトーケ〈彼に譲っておけ〉。

「ユシグトゥ [ˈjuʃigutu] 图【寄せ言】

「ユッタイクヮッタイ

《文》教訓。忠告。＊琉歌「てんしやごの花や爪先に染めて親の寄せ言や肝に染めれ」(全 2564)。

「ユシジミ [ˈjuʃidʒimi] 图《文》夕暮れ。夕方。＊琉歌「夕雀(ｷｼﾞﾝ)か鳴(ﾅ)はあいち居(ｷ)りらん玉金使のにや来らとめは」(『琉歌百控』32)。

「ユシジュン [ˈjuʃidʒuŋ] 動《ʃuʃig-juʃidʑ-; ㊌ユシガン ㊁ユシジ ユシジョーン ㊊ユシジャン》ゆすぐ。

ユシ「バイ [juʃiˈbai] 图 寝小便。

ユシバ「ヤー [juʃibaˈjaː] 图 寝小便をよくする者。

「ユシミ [ˈjuʃimi] 图 四隅。

「ユシリーン [ˈjuʃiriːn] 動《ʃuʃirir-ʃuʃirit-; ㊌ユシリラン ㊁ユシリー ユシリトーン ㊊ユシリタン》《文》伺う。参上する。＊「ユシリヤ「ビラ〈ごめんください〉はめったに聞かない言葉で、普通はチャー「ビラという。

「ユシローフ [ˈjuʃiroːɸu] 图 寄せ豆腐。おぼろ豆腐。水分を取って固めれば豆腐になる。

「ユスミ [ˈjusumi] 图《文》よそ目。他人の目。＊琉歌「こはでさのお月まどまどど照ゆるよそ目まどはかて忍でいまうれ」(全 304)。

「ユタ [ˈjuta] 图 巫女(ﾌ)。占いを業とし、死者の意向や思い、あるいは日常生活の吉凶など、もろもろの悩み事を占う。沖縄ではまだ生活の中で根づいている。

ユタ「カ [jutaˈka] 图《文》豊か。富裕。＊琉歌「豊なる御代や三十六島まで遊びたのしみゆることのうれしや」(全 158)。

ユ「タサン [juˈtasaŋ] 形《㊊ユタシコーネーン ㊊ユタサタン》よい。よろしい。 ユタサミ ワッサミ〈よいか悪いか〉/ ユ「タサイビーン〈結構です。辞退の意〉。

「ユタムヌ「イー [ˈjutamunuˈʔiː] 「ユタ〈巫女〉の言う迷信的な言葉。非科学的な言葉。 マタ ～ ソーン〈またいい加減なことを言っている〉。

「ユチ [ˈjutʃi] 图【雪】霰(ｱﾗﾚ)。セ氏10度前後になると降ることがある。＊沖縄には雪が降らないので、「雪」に当たる語で「霰」を指す。

ユチ「ク [jutʃiˈku] 图【余蓄】裕福。豊富。 ～ アン〈豊富にある〉。

「ユチャーネー」ムン「ヌ [ˈjutʃaːneːˈmunˈnu] 連語 一人前のくせに。いい大人のくせに。

「ユチ「ユ [jutʃiˈju] 图 夜露。

「ユチ「ラ [jutʃiˈra] 图 次のように用いられる。 ユチラー ネーン〈無益である。無駄である。つまらない〉/ ～ン ネーン シカタ〈つまらないやり方〉。

「ユチラキ [ˈjutʃiraki] 图 四つ竹(ﾀﾞｹ)。琉球舞踊で用いる小道具。掌に竹片を二枚ずつ装着し、それを鳴らして踊る。また、「踊りくわでさ節」の曲にのって踊る優雅な舞踊のこと。

「ユッカ [ˈjukka] 图 四日。

ユッカヌ「ヒー [jukkanuˈçiː] 图 旧暦五月四日。一年で最大の厄日ということで、子供を元気づけるため、玩具を買って与える。家庭ではごちそうを作る。ハー「リー〈爬龍船競走〉が行われる日でもある。

「ユッ「クィーン [ˈjukˈkwiːn] 動《juk-kwir- jukkwit-; ㊌ユックィラン ㊁ユックィー ユックィトーン ㊊ユックィタン》(日が)暮れる。 ユー ～〈日が暮れる。この表現の場合 ユー「〈夜〉の代わりに「ヒー〈日〉を用いることはない〉。

「ユッ「クヮスン [ˈjukˈkwasuŋ] 動《jukkwas- jukkwatʃ-; ㊌ユックヮサン ㊁ユックヮシ ㊊ユックヮチョーン ㊊ユックヮチャン》(日を)暮れさせる。 ユンタクッシュー ～〈おしゃべりをして日を暮れさせる。日が暮れるまでおしゃべりしているの意〉。

「ユッタイ [ˈjuttai] 图【よったり】四人。

ユッタイクヮッ「タイ [juttaikwatˈtai] 擬音 たぶたぶ。ちゃぷちゃぷ。たっぷり入った水が容器の中で揺れ動いて音を立て

るさま。
「ユトゥ [ˈjutu] 图【よとせ】四年。 ナー〜 ナイミ〈もう四年になるか〉。
ユナ「カ [junaˈka] 图 夜中。深夜。
ユナ「ガタ [junaˈgata] 图 一晩中。夜通し。
ユナ「ガタ」サナガタ [junaˈgataˈsanagata] 图 一晩中。夜通し。ユナ「ガタの重複形で意味を強めている。 〜 アビークッ トーン〈夜通ししゃべっていやがる〉。
「ユナン [ˈjunan] 图 四男。
「ユナンカ [ˈjunaŋka] 图【四七日】死後二十八日目に行う法事。
ユヌ [junu] 接頭「同じ。同一。同等。」の意。「ユヌ｢トゥシ〈同年〉、「ユヌ｢ナー〈同名〉、ユヌ｢ッチュ〈同一人〉、ユヌ｢ムン〈同じ物〉など。
ユヌイー「ヒー [junuʔiːˈçiː] 图 同年輩どうしのように対等に話をすること。⇒ イーヒー。
ユヌウー「フー [junuʔuːˈɸuː] 图 敬語を使い合って話をすること。⇒ ウーフー。
ユヌ「カン [junuˈkaŋ] 图 同感。同じ考え[思い]。〜 ヤテーサヤー〈同じ考えだったのだなあ〉。
ユヌ「グトゥ [junuˈgutu] 副 同じように。同様に。〜 テー タッチ オーイサ〈むきになって（直訳は「同じように力を入れて」）喧嘩（けん）しているよ〉。
ユヌ「グ｢トーン [junuˈguːtoːn] 連語 同じようである。とても似ている。
ユヌ「タキ [junuˈtaki] 图 同じ丈（たけ）。同じ高さ。＊ユン「タキともいう。
ユヌ「チム [junuˈtʃimu] 图 同じ考え。同じ心。特に、年長の者が幼い者と同じ気持ちになって喧嘩（けん）する場合などにいう。ユチャーネー ムンユ 〜 ナトーティ オートーサ〈一人前のくせに同じ気持ちになって（むきになって）喧嘩しているよ〉。
ユヌ「チャ [junuˈtʃa] 图 同年輩。同じ年恰好（よしこう）。〜 ナトーンリガラ ウムトーラ〈同年輩になっているとでも思っているのか。「若輩のくせに」という非難の意が込められている〉。
ユヌ「チラ [junuˈtʃira] 图 同じ顔。双子のようにそっくりな顔。
ユヌチル「ミ [junutʃiruˈmi] 图「チルミに同じ。＊ユンチル「ミともいう。
ユヌ「ッチュ [junuˈttʃu] 图 同じ人。同一人。〜 ンリン ウマーラン〈同じ人とも思えない〉。
「ユヌ｢ティー「チ [ˈjunu tiːˈtʃi] 連語 同一。〜 ヤミ〈同一であるか〉。
「ユヌ｢トゥシ [ˈjunuˈtuʃi] 图 同い年。同年。＊チュトゥ「シに同じ。
「ユヌ｢トゥチ [ˈjunuˈtutʃi] 图 同じとき。同時。
「ユヌ｢ナー [ˈjunuˈnaː] 图 同じ名前。同名。
「ユヌナカ [ˈjununaka] 图 世の中。世間。
「ユヌ｢ヒー [ˈjunuˈçiː] 連語 同じ日。
ユヌ「ヒサ [junuˈçisa] 連語 同じ足で。その足で。すぐさま。ンジャガヤーンリ ウムタグトゥ 〜 チョーサ〈行ったかなと思ったらその足ですぐ帰って来ているよ〉。
ユヌ「ミチ [junuˈmitʃi] 图 同じ道。〜 アッチュン〈同じ道を歩く。同じことを行う〉。
ユヌ「ムン [junuˈmuŋ] 图 同じ物。同じこと。イカワン イカンラワン 〜 ヤサ〈行っても行かなくても同じことだ〉。
「ユビヌック｢ヮ [ˈjubinukkwa] 图 鱶（ふか）[鮫]の子。
「ユビムル｢スン [ˈjubimuruˈsuŋ] 動《jubimurus- jubimurutʃ-; 未ユビムルサン 志ユビムルシ 継ユビムルチョーン 過ユビムルチャン》呼び戻す。呼び返す。
「ユビッンジャ｢スン [ˈjubiʔndʒaˈsuŋ] 動《jubiʔndʒas- jubiʔndʒatʃ-; 未ユビッンジャサン 志ユビッンジャシ 継ユビッンジャチョーン 過ユビッンジャチャン》呼び出す。

⌈**ユフヮラ** [⌈juɸara] [名]《文》わき腹。＊琉歌「袖からが入ゆらすそからが入ゆらよはら押す風や定めぐれしや」(全 893)。

⌈**ユブン** [⌈jubuɴ] [動]《jub- jur-; [否]**ユバン** [連]**ユビ** [継]**ユローン** [過]**ユラン**》①呼ぶ。声を出して呼ぶ。 エーンリチ 〜〈おいと言って呼ぶ〉。 ②声をかける。誘う。 アリン 〜〈彼も誘う〉。

⌈**ユマングィ** [⌈jumaŋgwi] [名]【夕間暮れ】夕暮れ。＊ユサン⌈リの方がよく用いられる。

**ユミ⌈**[1] [jumi⌈] [名] 弓。

**ユミ⌈**[2] [jumi⌈] [名] 嫁。息子の妻。結婚した女。 ユミルイ⌈ムク⌉ルイ〈嫁にやったり婿にもらったりする親しい間柄〉。

⌈**ユミ**[3] [⌈jumi] [名]【読み】《文》布の経糸を数える単位で、経糸八十本をチュユ⌈ミ〈一読み〉という。＊琉歌「わが手引しちやる七よみとはたいん里があかいづ羽御衣よすらね」(全 471)。

**ユミイビ⌈ラー** [jumiʔibi⌈raː] [名] 嫁をいびる者。嫁をいじめる姑。

**ユミ⌈チ** [jumi⌈tʃi] [名] 夜道。 ユミチェーウカーサン〈夜道は危ない〉。

**ユミ⌈ヤ** [jumi⌈ja] [名] 弓矢。

**ユミルイ⌈ムク⌉ルイ** [jumirui⌈muku⌉rui] [名]【嫁取り婿取り】嫁にやったり婿にもらったりすること。親しい間柄。 〜スル クヮンキー〈嫁にやったり婿にもらったりする関係〉。＊ムクルイ⌈ユミ⌉ルイともいう。

**ユム** [jumu] [接頭] 嫌な…。ののしっていう語。 ユムイィナ⌈グ〈あま〉/ユムワラ⌈ビ〈ガキ〉。＊ユンともいう。

**ユムイィナ⌈グ** [jumujina⌈gu] [名] あま。馬鹿女。女をののしっていう語。

**ユム⌈グサ⌉サン** [jumu⌈gusa⌉saɴ] [形]《[否]**ユムグサコーネーン** [過]**ユムグササタン**》とても臭い。悪臭がする。

**ユム⌈グチ** [jumu⌈gutʃi] [名] 憎まれ口[汚い言葉]を言う口。 〜タッカカリーンロー〈憎まれ口をたたく口をたたきつぶすぞ〉。

**ユム⌈ジラ** [jumu⌈dʒira] [名] 憎々しげな顔。憎たらしいやつ。 〜ヌ ハゴーサ〈憎々しげな顔の汚さよ〉。

**ユムハ⌈ゴー⌉サン** [jumuha⌈goː⌉saɴ] [形]《[否]**ユムハゴーコーネーン** [過]**ユムハゴーサタン**》とても汚い。汚らしい。

**ユムライ⌈グチ** [jumurai⌈gutʃi] [名] 口角炎。からすの灸。

**ユ⌈ムン** [ju⌈muɴ] [動]《jum- jur-; [否]**ユマン** [連]**ユミ** [継]**ユローン** [過]**ユラン**》①読む。文字、文章などを見て理解する。 スムチ 〜〈書物を読む〉。 ②数える。 ナンメー アガ ユリマー〈何枚あるか数えてみろ〉。 ③しゃべる。 ムヌ 〜〈しゃべる。おしゃべりする〉。 ＊「声に出して唱える」「推察する」の意には用いない。

⌈**ユユ** [⌈juju] [名]《文》(竹などの)節と節の間。＊琉歌「みどりなる竹のよよのふしぶしにこもる万代や君と親と」(全 29)。

⌈**ユラ** [⌈jura] [名] 枝。＊「えだ」に対応するはずだが、語頭のユは独特である。

⌈**ユライ** [⌈jurai] [名] よだれ。 〜 ララララ〈よだれがたらたら〉。

⌈**ユライクー⌉ジョー** [⌈juraikuː⌉dʒoː] [名]【涎口上】長々としゃべること。

⌈**ユラフヮ** [⌈juraɸa] [名] ①枝葉。 ユラフヮー チレー〈枝葉は切れ〉。 ②子孫。末裔。 〜ヌ ヒルガイ〈枝葉の広がり。子孫の繁栄〉。

⌈**ユラムチ** [⌈juramutʃi] [名]【枝持ち】枝振り。 〜ヌ チュラサ〈枝振りの美しさ〉。

**ユラリー⌈ン** [jurariː⌈ɴ] [動]《jurarir- jurarit-; [否]**ユラリラン** [連]**ユラリー** [継]**ユラリトーン** [過]**ユラリタン**》無駄に時を過ごす。油を売る。怠ける。 アイ ユラリトーサ〈あれ、無駄に時を過ごしたなあ〉。

**ユ⌈ラン** [ju⌈raɴ] [名]【油断】気を許して怠けること。 クヮッチー サワ ユラン スナ〈ごちそうになったら怠けるな[さっさと働け]〉。

**ユリー⌈ン** [juriː⌈ɴ] [動]《jurir- jurit-; [否]**ユリラン** [連]**ユリー** [継]**ユリトーン** [過]**ユリタン**》ゆでる。

**ユリ⌈ジル** [juri⌈dʒiru] [名] ゆで汁。
**⌈ユリビチ** [⌈juribitʃi] [名] 習慣。習わし。やり方。 ッチュヌ ～ ヤサ 〈人それぞれのやり方だよ〉。
**ユル⌈クビ** [juru⌈kubi] [名] 喜び。誇り。めでたいこと。 エーカヌチャー ～ ヤサ 〈親戚たちの誇りだよ〉。
**ユルク⌈ブン** [juruku⌈buɴ] [動]《juru-kub- jurukur-; [否]ユルクバン [連]ユルクビ [継]ユルクローン [過]ユルクラン》喜ぶ。 イィークトゥヌ アティ ユルクローン 〈よいことがあって喜んでいる〉。 ＊ウッサ スン ともいう。
**ユ⌈ル⌉サン** [ju⌈ru⌉saɴ] [形]《[否]ユルコーネーン [過]ユルサタン》ゆるい。 ユルサグトゥ シカットゥ クンレー 〈ゆるいからしっかりと縛れ〉。
**⌈ユルジナ⌉ムン** [⌈jurudʒina⌉muɴ] [名] おやつ。間食に食べる物。直訳は「よろずのもの」。 ～ カムグトゥ ムノー カマン 〈おやつを食べるから食事は食べない〉。
**ユル⌈スン** [juru⌈suɴ] [動]《jurus- ju-rutʃ-; [否]ユルサン [連]ユルシ [継]ユルチョーン [過]ユルチャン》①許す。 チューヤ ユルサン 〈今日は許さない〉。 ②(手に持っているものを)離す。 ムッチョーシ ユルシェー 〈持っているものを離せ〉。
**⌈ユルットゥ** [⌈juruttu] [副] (問題が解決して)ほっとするさま。落ち着くさま。
**⌈ユル⌉ヒル** [⌈juru⌉çiru] [名] 夜昼。夜も昼も。
**ユルミー⌈ン** [jurumiː⌈ɴ] [動]《juru-mir- jurumit-; [否]ユルミラン [連]ユルミー [継]ユルミトーン [過]ユルミタン》ゆるめる。ゆるくする。 ウービ ～ 〈帯をゆるめる〉。
**⌈ユル⌉ユナカ** [⌈juru⌉junaka] [名] 夜よなか。深夜。
**ユン** [jun] [接頭] ユムに同じ。 ユンガシ⌈マ⌉サン 〈とてもうるさい〉 / ユングサ⌈ミチ 〈無性に腹立たしく思うこと〉。
**ユンガシ⌈マ⌉サン** [juŋgaʃi⌈ma⌉saɴ] [形]《[否]ユンガシマシコーネーン [過]ユンガシマサタン》嫌になるほどうるさい。やかましい。
**ユングサ⌈ミチ** [juŋgusa⌈mitʃi] [名] 無性に腹立たしく思うこと。
**⌈ユンジチ** [⌈jundʒitʃi] [名] 閏月(うるうづき)。
**ユン⌈ター** [jun⌈taː] [名] おしゃべりな人。
**ユン⌈ター⌉アバサー** [jun⌈taː⌉ʔaba-saː] [名] おしゃべり女。軽蔑していう語。
**ユンタ⌈カー** [junta⌈kaː] [名] おしゃべりなやつ。
**ユン⌈タキ** [jun⌈taki] [名] ユヌ⌈タキに同じ。
**ユン⌈タク** [jun⌈taku] [名] おしゃべり。
**ユンタ⌈クー** [junta⌈kuː] [名] おしゃべりな人。
**ユン⌈タク⌉ヒンタク** [jun⌈taku⌉çin-taku] [副] べらべら。やたらとしゃべるさま。 ～ スン 〈べらべらおしゃべりする〉。
**ユンチル⌈ミ** [juntʃiru⌈mi] [名] ⌈チルミに同じ。
**ユン⌈ナギ** [jun⌈nagi] [名] 同じ長さ。
**ユン⌈ピ** [jum⌈pi] [名] 同じ大きさ。 ターチューグヮーヌ グトゥ ～ナー ソーン 〈双子のように同じ大きさをしている〉。

# ヨ

**ヨー** [jo:] 助 よ。なあ。ね。念押しを表す。間投助詞的にも用いる。 アジカトーティ トゥラシ〜〈預かっていてくださいな。預かっていてね。〉／チヌー〜 ナーフッカイ ッンジャン〈昨日ね那覇に行った（んだ）〉／ヨー「ヒ〈あのね。

**ヨー「イ** [jo:ˈi] 名 容易。簡単。単独で用いられることはなく、ヨー「イ」ネー〈簡単には〉の形で否定の語句と結びついて用いられる。 ヨーイネー チカン〈簡単には聞かない〉。

**ッヨー「イィー** [ʔjo:ˈji:] 名 （泣く子をあやす言葉から転じて）赤ん坊。何もできない者。役立たず。 クヌ 〜ヤ〈この役立たず〉。

**ヨー「イン** [jo:ˈin] 動 《jo:r- jo:t-; 過ヨーラン 命ヨーイ 希ヨートーン 禁ヨータン》弱る。弱まる。 タンメーヤ ヨートーン〈お祖父さんは弱っている〉／チナーヨートーン〈綱は弱くなっている〉。

**「ヨーウス」マサン** [ˈjo:ʔusuˈmasan] 形 《敬ヨーウスマシコーネーン 過ヨーウスマサタン》ものすごい。恐ろしい。 ヨーウスマシギサル ッチュ〈大変恐ろしげな人〉／ヨーウスマシー ニンジン〈ものすごく恐ろしい人間。乱暴者などにいう〉。

**ヨー「ガー** [jo:ˈga:] 名 曲がったもの。ゆがんだもの。 〜バイ〈直訳は「曲がりくねって歩くこと」。さっさと家に戻らず横道にそれたりすることなどにいう。

**ヨーガーアッ「チ** [jo:ga:ʔatˈtʃi] 名 まっすぐ歩かずによろよろ歩くこと。千鳥足。

**ヨーガーア「ビー** [jo:ga:ʔaˈbi:] 名 ①腹に一物ありそうなしゃべりかた。 ②支離滅裂なしゃべりかた。

**ヨーガー「ガチ** [jo:ga:ˈgatʃi] 名 ゆがんで書くこと。下手そに書くこと。

**ヨーガー「ジチ** [jo:ga:ˈdʒitʃi] 名 相手の言うことを正しく聞かないこと。聞き違えること。

**ヨーガーヒー「ガー** [jo:ga:çi:ˈga:] 副 くねくね。曲がりくねったさま。 ハーヤヌ 〜 ソーン〈柱が曲がっている〉。＊ヨーゲーヒー「ゲーともいう。

**ヨーカ「ビー** [jo:kaˈbi:] 名 旧暦八月八日。魔物を追い払うために「ホーチャク〈爆竹〉を鳴らす。普段は静かな夜もこの日は爆竹が鳴り響く。

**「ヨーガラー** [ˈjo:gara:] 名 やせている者。

**「ヨーガリーン** [ˈjo:gari:n] 動 《jo:garir- jo:garit-; 過ヨーガリラン 命ヨーガリ 希ヨーガリトーン 禁ヨーガリタン》やせる。＊「ヤシーンともいう。

**ヨーガリヒー「ガリ** [jo:gariçi:ˈgari] 副 がりがり。ひどくやせ細っているさま。

**ヨー「ゲー** [jo:ˈge:] 名 形が曲がったもの。顔や首がゆがんでいる者。

**ヨーゲーヒー「ゲー** [jo:ge:çi:ˈge:] 副 ヨーガーヒー「ガーに同じ。

**「ヨー「サン** [ˈjo:ˈsan] 形 《敬ヨーコーネーン 過ヨーサタン》弱い。病弱である。もろい。

**ヨー「シ**¹ [jo:ˈʃi] 名 様子(ﾖｳ)。容態。 チャーネール 〜ガ〈どういう様子か。どういう容態か〉。

**ヨー「シ**² [jo:ˈʃi] 名 養子。 〜 ナイン〈養子になる〉／〜 イーン〈養子に入る〉。

**ヨー「ジョー** [jo:ˈdʒo:] 名 養生。病気が悪化しないように気をつけること。

**「ヨーソー「チュン** [ˈjo:so:ˈtʃun] 動 ほうっておく。かまわないでおく。＊動詞だが限られた活用しかない。 ヨーソーキ〈ほうっておけ。そのままにしておけ〉／ヨーソーケー シムルムンヌ〈ほっとけばよいものを〉／ヨーシェー ウカン〈ただではおかん。絶対許さ

ヨー「バー [jo:「ba:] 图 弱虫。弱い者。
ヨー「ヒ」ー [jo:「çi」:] 感 ねえ。ちょっと。あのね。親しい相手への呼びかけの言葉。 \*「アヌ」ヨー「ヒ」ー〈あのね〉ともいう。
ヨー「ミ [jo:「mi] 图 弱り目。弱いところ。 〜 イッチョーン〈弱いところができている。弱っている。困っている〉。
ヨー「ヤク [jo:「jaku] 图 ようやく。やっと。 〜 ナタン〈やっとできた〉。
ヨー「ルー [jo:「ru:] 副 ゆるゆる。ゆるんでいるさま。 ヨーガリティ チンヌ 〜 ナトーン〈やせて着物がゆるゆるになっている〉。
ヨールークヮッ「タイ [jo:ru:kwat-「tai] 副 大変ゆるんでいるさま。ヨー「ルーを強めていう語。
「ヨーングヮー [「jo:ŋgwa:] 副 軽く。そっと。
「ヨーンナー [「jo:nna:] 副 ゆっくり。 〜 チューン〈ゆっくり来る〉／ 〜 カムン〈ゆっくり食べる〉。

# ラ

ラー [ra:] 感 ①おい。ねえ。ちょっと。ものを尋ねるときの呼びかけ。～ッヤー ムノー チャー サガ〈ねえ、きみの物はどうしたのか〉。②ねえ。さあ。ものを要求したりするときの呼びかけ。～ ジン〈ねえ、お金(をちょうだい)〉/ ～ カマ〈さあ、食べよう〉。③ああ。しまった。失敗したときに発する語。～ ウトゥチ ネーンシェー〈ああ、落としてしまった〉。

ラーグ [ra:gu] 名 団子。アマガシなどに入れて食べる。

ラーサン [ra:san] 接尾 …らしい。…の特徴、様子をそなえている。イィキガラーサン〈男らしい〉/ イィンガラーサン〈女らしい〉/ トゥスイラーサン〈年寄りらしい〉。

ラーナー [ra:na:] 感 ああ。しまった。主に女性が失敗したときにいう語。～ ヒンガチ ネーン〈しまった、逃がしてしまった〉。

ライン [rain] 動《rar- rat-; 否 ララン 連 ライ トーン 過 ラタン》だれる。疲れて力がなくなる。

ラキ [raki] 名 竹。マーティクチ〈ダイサンチク〉、チンブク〈ホテイチク〉、ヤンバルラキ〈リュウキュウチク〉などがある。

ラキクジ [rakikudʒi] 名 竹製の釘。

ラキヌカー [rakinuka:] 名 竹の皮。

ラキヌックヮ [rakinukkwa] 名 たけのこ。

ラク [raku] 名 楽。安楽。ナマー ～ニ クラチョーン〈今は楽に暮らしている〉。

ラクインチュ [rakuʔin tʃu] 名 楽隠居。ナマー ～ ヤルバーテー〈今は楽隠居なわけよ〉。

ラクブチヌ ミウビ [rakubu tʃinu miʔubi] 連語《文》金糸の入った帯。高官の人たちが使用する。*琉歌「らくふつの御帯よはらおし廻ち首里ぎやなしみやだいりでわないさだら」(全1768)。

ラクミチュン [rakumitʃun] 動《rakumik- rakumitʃ-; 否 ラクミカン 連 ラクミチ ラクミチョーン 過 ラクミチャン》(驚きや不安などで)心臓がどきどきする。動悸がする。*「だくめく」にほぼ対応。

ラクラク [rakuraku] 副 どきどき。驚きや不安などで動悸がするさま。ンニ～ スン〈胸がどきどきする〉。

ラクラクートゥ [rakuraku:tu] 副 楽々と。安楽に。平穏に。

ラシ [raʃi] 名 だし(出汁)。だし汁。カチューブシェー ラシヌ アン〈鰹節はだしがある(だしがよく出る)〉。

ラジャクナ [radʒakuna] 連体 惰弱な。怠惰な。～ ムン〈怠け者〉。

ラチ [ratʃi] 接尾【立ち】「所帯」の意を表す。イィンガラチ〈女所帯〉、タンカーラチ〈新婚夫婦の所帯〉など。

ラチクムン [ratʃikumun] 動《ratʃikum- ratʃikur-; 否 ラチクマン 連 ラチクミ 継 ラチクローン 過 ラチクラン》抱き込む。

ラチビン [ratʃibin] 名【抱き瓶】(携帯用の)陶製の酒器。

ラチュン [ratʃun] 動《rak- ratʃ-; 否 ラカン 連 ラチ 継 ラチョーン 過 ラチャン》抱く。ックヮ ～〈子供を抱く〉。

ラッチョー [ratʧo:] 名 らっきょう。沖縄ではわけぎに似た島らっきょうを指す。

ラッテーン [ratte:n] 副 ラテーンに同じ。

ラテーン [rate:n] 副 大いに。たくさん。うんと。～ カムン〈たくさん食べる〉/ ～ ティレーイン〈うんとごちそうする〉。*ラッテーンともいう。

ラビ [rabi] 名【荼毘(だび)】葬式。

ラフテー [raɸute:] 名 料理名。角切

りにした豚の三枚肉を砂糖、しょうゆ、泡盛で長時間煮込んだもの。

ラマ「イン [rama「in] 動《ramar- ramat-; ㋮ラマラン ㋚ラマイ ㋛ラマトーン ㋜ラマタン》黙る。沈黙する。

「ラマスン ["ramasun] 動《ramas- ramatʃ-; ㋮ラマサン ㋚ラマシ ㋛ラマチョーン ㋜ラマチャン》だます。欺く。

ラ「ヤー [ra「ja:] 名 だるそうにしている者。怠け者。役立たず。

ラ「ラー [ra「ra:] 名 だらしのない者。怠け者。

「ラララ ["rararara] 副 だらだら。無為に時を過ごすさま。また、液体が続けて流れ出るさま。〜 ッシ シグトー サン〈だらだらして仕事をしない〉/ アシヌ 〜 タイン〈汗がだらだら流れる〉。

ラル「サン [ra「ru「san] 形《㋮ラルコーネーン ㋜ラルサタン》だるい。

ラン「ガサ [raŋ「gasa] 名【蘭傘】洋傘。こうもり傘。

ラン「ジュカ [ran「dʒuka] 副 なるほど。いかにも。〜 アン ヤテール〈なるほどそうだったのか〉。*ランジュの部分は琉歌「だんじよかれよしや選でさし召いやいるお船の綱とれば風やまとも」(全23)に「だんじよ」として現れる。

ラン「パチ [ram「patʃi] 名【断髪】調髪。散髪。

ランパチ「ヤー [rampatʃi「ja:] 名【断髪屋】理髪店。床屋。

ラン「プ [ram「pu] 名 ランプ。*ラン「プーともいう。

ラン「プー [ram「pu:] 名 ラン「プに同じ。

ラン「ラン「ナ [ran「ran「na] 連体 大げさな。たいそうな。とんでもない。〜 ッチュ〈たいそうな人。言動がはなはだしい人〉/ 〜 クトゥ ナトーン〈とんでもないことになっている〉。

# リ

リ [ri] 接尾 …里。距離の単位。 イチ「リ〈一里〉/ ナン~ビケーン アガ〈何里ぐらいあるか〉。

「リー¹ [「ri:] 名 利。利子。利息。 ~ヤ チャッサガ〈利息はいくらか〉。

リ]ー² [ri]:] 感 さあ。同輩や目下に誘いかける語。目上には「リー「サイという。 ~ケーラ〈さあ、帰ろう〉。

リー「グ [ri:「gu] 名 【植】デイゴ(梯梧)。木は比較的大きく、五月頃蝶の羽に似た深紅の花を咲かせる。沖縄の代表的な花である。

リー「ジ¹ [ri:「dʒi] 名 すりこぎ。 *「すり鉢」はレー「フゥーという。

「リージ² [「ri:dʒi] 名 【礼儀】お礼。感謝の言葉。謝意。 ~ ウンヌキティ クーワ〈お礼を申し上げてこい〉。

「リージ」サフー [「ri:dʒi「safu:] 名 礼儀作法。

リー「リー [ri]:ri:] 感 さあさあ。同輩や目下に強く誘いかける語。目上には強く誘いかける語は見当たらない。

リーン [ri:n] 助動《ra- ta-; 否 ラン 連 リー 禁 トーン 過 タン》れる。られる。動詞の未然形に付く。 ①受け身を表す。ッチュンカイ フミラリーン〈人にほめられる〉/ アンマーンカイ ヌラーリーン〈母に叱られる〉。 ②可能を表す。客観的に可能な状態であることを表す。主体に能力があることを示す場合はウースン。 ウヌ ゴーヤー ヤ カマリーン〈このゴーヤーは食べられる〉/ ッウィーガリーン〈泳がれる。泳げる〉/ ンーラリーン〈見られる。見るに価する〉/ カマラ]ンカミ〈満腹なのに無理に食べようとすること。直訳は「食べられない食べ」〉。

リカー [rika:] 接尾 …あたり。…付近。 アマリ「カー〈あのあたり〉、クマリ「カー〈このあたり〉、マーリ「カー〈どのあたり〉など。

リカ「スン [rika「sun] 動《rikas- rikatʃ-; 否 リカサン 連 リカシ 禁 リカチョーン 過 リカチャン》でかす。うまくいく。思いどおりになる。 ウリヒャー リカチャシェー〈それ、うまくいったぞ〉。

リ「カ」リカ [ri「ka「rika] 感 さあさあ。誘いかけの語。 *リッ「カ「リッ「カともいう。

リキー「ン [riki:「n] 動《rikir- rikit-; 否 リキラン 連 リキー 禁 リキトーン 過 リキタン》①(勉学、学問などが)よくできる。 ②(農作物などが)よくできる。 ③うまくいく。立派に仕上がる。成功する。 サーターヤ リキトーン〈砂糖はよくできている〉。

リキ「ヤー [riki「ja:] 名 できぶつ(出来物)。秀才。

リク「チ [riku「tʃi] 名 ①理屈。道理。 リクチェー トゥーラン〈理屈が通らない〉。 ②ずる賢いこと。小利口。 ~ クゥートーン〈ずる賢い。直訳は「理屈を食らっている」〉/ ~ナ ムン〈悪賢い者。理屈ばかり言ってなかなか従わない者〉。

リク「チ」クェームン [riku「tʃi「kwe:mun] 名 リク「チャーに同じ。 *直訳は「理屈を食う者」。

リク「チャー [riku「tʃa:] 名 ずる賢い者。 *「理屈屋」にほぼ対応するが、屁理屈を言って悪賢く立ち回る者を意味する。

リッ「カ [rik「ka] 感 さあ。では。誘いかけの語。 ~ イカ〈さあ、行こう〉。

リッ「カー [rik「ka:] 名 立夏。二十四節気の一つ。

リッ「カ」リッ「カ [rik「ka rik「ka] 感 リ「カ」リカに同じ。

リッ「シン [riʃ「ʃin] 名 ①立身。 ②結婚すること。 ~ スン〈結婚する〉。

リッ「パ [rip「pa] 名 立派。 ~ ヤン〈立派だ〉/ ~ナッチュ〈立派な人〉。

リッ「プク [rip「puku] 名 立腹。怒るこ

と。
**リビ「チ** [ribi「tʃi] 图 離別。離縁。芝居などの用語で、普通は使わない。
**「リン** [「rin] 图【蓮(はす)】『植』ハス(蓮)。
**リン「ガク** [riŋ「gaku] 图【田楽】料理名。ターッンム〈田芋〉を煮て皮をむき、砂糖などを入れてこねたもの。シチ「ビ〈祭りの日〉の食べ物。*ターッンムリン「ガクともいう。
**リン「ガン** [riŋ「gan] 图『植』リュウガン(竜眼)。ムクロジ科の常緑高木。球形の果実の中には竜眼肉があり、美味である。

**リン「クヮー** [riŋ「kwa:] 图 冬に防寒用として着る、ちゃんちゃんこのようなもの。*中国語からの借用語かといわれている。ウッチャ「キーともいう。
**リンシンバー「ヤ** [rinʃimba:「ja] 图 電信柱。
**リン「チ** [rin「tʃi] 图 悋気(りんき)。嫉妬。やきもち。
**リン「チャー** [rin「tʃa:] 图 やきもちやき。激しく嫉妬をする者。*「悋気(りんき)屋」にほぼ対応。

# ル

ル¹ [ru] 助 強調の助詞。普通は次のように連体形と呼応して用いられる。 ナマ ワラビ～ ヤル〈まだ子供なんだ〉／アシリ～ ウゥル〈遊んでいるんだ〉。ただし、その呼応関係にない次のような用例もある。 ナマ ワラビ～ ヤシガ〈まだ子供なんだよね〉／アシリ～ ウゥタンロー〈遊んでいたんだよ〉。格助詞ヌ〈が〉、ガ〈が〉に付いて用いられるのも特徴的である。 ミチヌ～ ワッサル〈道が悪いのだ〉／ワンガ～ ワッサル〈私が悪いのだ〉。

ル² [ru] 接尾 …度。回数を表す。 サン～ サン～ ムヌ クゥトーン〈三度三度飯を食っている〉。

ルー¹ [ruː] 名【胴】①体。 ～ テーチニ ッショー〈体を大切にしろよ〉。 ②自分。自身。 ～ヌ トゥジ〈自分の妻〉／～ヌ クトー ルークル カンゲーレー〈自分のことは自分自身で考えろ〉。

ルー² [ruː] 名 龍。首里城正殿の前にも龍をかたどった柱が立つ。また王の衣類などにも刺繍されている。

ルー³ [ruː] 名 櫓(ろ)。以前船を漕ぐときに用いられた。

ルー⁴ [ruː] 名《文》牢。牢屋。

ルーアガチ [ruːʔagatʃi] 名【胴足搔き】自活。自分の生活を自分で支えること。

ルーアガミ [ruːʔagami] 名【胴崇め】自己崇拝。うぬぼれ。

ルーカンゲー [ruːkaŋgeː] 名【胴考え】自分一人で考えること。自分勝手な考え。独断。

ルークゲーイ [ruːkugeːi] 名 ①寝返り。 ②自身で動くこと。自分のことを自身で処理すること。

ルーグリサン [ruːgurisaŋ] 形《否 ルーグリコーネーン 過 ルーグリサタン》①(他人に面倒や迷惑などをかけて)心苦しい。 ルーグリサ スン〈心苦しく思う〉。 ②(仕事などが)むずかしい。困難である。 ＊「胴苦しい」にほぼ対応。

ルークル [ruːkuru] 名 自分自身。おのずから。

ルークルビ [ruːkurubi] 名 (他人のせいではなく)自分で転ぶこと。

ルーサー [ruːsaː] 接尾 …どうし。 エージュールー「サー〈友達どうし〉／イィナグヌ チャールー「サー〈女の友達どうし〉。

ルージフェー [ruːdʒiɸeː] 名 自分持ちで。自前で。 ～ ヤサ〈自前だよ〉。

ルーチュイ [ruːtʃui] 名【胴一人】自分一人。

ルーチュイグラシ [ruːtʃuiguraʃi] 名 一人暮らし。

ルーチュイムヌイー [ruːtʃuimunuʔiː] 名 独り言。

ルーチュイムン [ruːtʃuimuŋ] 名 独り者。一人暮らしの者。独身者。

ルーチュイワレー [ruːtʃuiwareː] 名 独り笑い。

ルーチュー [ruːtʃuː] 名 琉球。＊中国からつけられた名称で、『随書』の「流求」が最初といわれている。時代的には沖縄県設置(1879年)以前の琉球王国時代を指す。また、地理的には普通は現在の沖縄県に奄美諸島を含めた領域を指し、たとえば琉球方言という場合、奄美諸島から与那国にいたる島々で話されている方言のことをいう。なお、「沖縄」はウチナーともいうが、狭くは沖縄本島だけを指す場合もある。

ルーテー [ruːteː] 名 胴体。

ルーナー [ruːnaː] 名 自分たち自身。文脈によって、聞き手側を表したり話し手側を表したり、あるいは第三者を表したりす

る。 ～ターヤ アシローティ ワッターンカイ シミーン〈自分たちは遊んでいて私たちにさせる〉／～ターガー ナラン〈自分たちはできない〉。

ルー「ナー」クル [ruːˈnaːˈkuru] 图 自分たち自身。めいめいで。

ルー「ニー」 [ruːˈniː] 图〔痛みなどで〕うめくこと。うんうんうなること。 ヤリ～ スン〈痛くてうめいている〉。

ルー「ニー」カマニー [ruːˈniːˈkamaniː] 副 不平不満を抱きながら仕事をするさま。

ルー「ブイ」 [ruːˈbui] 图〔胴振り〕こっくりこっくりすること。 ～ クージュン〈居眠りしている〉。

ルー「ブニ」 [ruːˈbuni] 图〔胴骨〕体の骨。 ～ ヤムン〈骨が痛い。ひどく疲れたときにいう〉。

ルーブ「ミー」 [ruːbuˈmiː] 图〔胴褒め〕自分をほめること。自画自賛。

ルー「ムイ」 [ruːˈmui] 图〔胴守り〕(幼児が遊び相手がなくて)一人で遊んでいること。

「ルームラ」 [ˈruːmura] 图〔同村〕村(むら)と同じ名のついた村。具志川村具志川など。

「ルーヤ」 [ˈruːja] 牢屋。監獄。

ルーヤグミ [ˈruːjagumi] 图〔牢屋籠め〕《文》投獄。

ルーヤ「シー」 [ruːjaˈʃiː] 图 たやすくできるもの。簡単にできるもの。

「ルーヤシッ」テーン [ˈruːjaʃitˈteːn] 副 容易に。やすやすと。

ルーヤシ「ムン」 [ruːjaʃiˈmun] 图 たやすくできるもの。簡単にできるもの。

ルー「ヤッ」サン [ruːˈjasˈsan] 形《⑥ルーヤッシコーネーン ⑨ルーヤッサタン》①(仕事などが)たやすい。簡単である。②(気分や生活などが)楽である。安心である。落ち着いている。 チカグルンシェー クラシムチェー ルーヤッサルグトーン〈近頃は暮らし向きは楽であるようだ〉。

ルーヤフヮ「ラ」サン [ruːjaɸaˈra'san] 形《⑥ルーヤフヮラコーネーン ⑨ルーヤフヮラサタン》体が弱い。虚弱である。

ルーヤン「ジ」 [ruːjanˈʤi] 图 自分のやりそこない。自分の失敗。

「ルー」ユイ [ˈruːˈjui] 图〔胴ゆえ〕自分ゆえのこと。自業自得なこと。

ルー「ンブ」サン [ruːˈʔmbuˈsan] 形《⑥ルーンブコーネーン ⑨ルーンブサタン》(体の不調などで)体が重たい。

ルカシ「レー」 [rukaʃiˈreː] 感 えい。気合を入れて自分を奮い立たせるかけ声。 ～ヒャー〈えい。さあがんばってやろうという意〉。

ルカシ「レー」ヒャー [rukaʃiˈreːˈça] 連語 がんばってやれ。気合を入れてやれ。

「ルキーン」 [ˈrukiːn] 動《rukir- rukit-; ⑥ルキラン ⑨ルキー ⑥ルキトーン ⑨ルキタン》どける。のける。

「ルキナイン」 [ˈrukinain] 動《rukinar-rukinat-; ⑥ルキナラン ⑨ルキナイ ⑥ルキナトーン ⑨ルキナタン》避ける。よける。 ミチヌ スバンカイ ～〈道のわきによける〉。

「ルキナスン」 [ˈrukinasun] 動《rukinas- rukinatʃ-; ⑥ルキナサン ⑨ルキナシ ⑥ルキナチョーン ⑨ルキナチャン》どける。のける。退ける。 ハンタンカイ ～〈端にどける〉。

ルク「¹」 [rukuˈ] 图 毒。毒物。 ハボー ～ ムッチョーン〈ハブは毒を持っている〉。

「ルク²」 [ˈruku] 图 六。＊ルク「グッチ〈六月〉、ルク「ニチ〈六日〉などのように接頭辞的にも用いられる。

「ルク³」 [ˈruku] 副 あまりに。ひどく。 ～ アッチャグトゥ ヒサ ヤムン〈ひどく歩いたので足が痛い〉。

ルク「グッチ [rukuˈgwatʃi] 图 六月。

ルクゲー「シ」 [rukugeˈːʃi] 图〔毒返し〕毒消し。 ルコー ～〈毒は毒消し。毒をもって毒を制す〉。

ルク「ジュー」 [rukuˈʤuː] 图 六十。六

十歳。～ ナトーン〈六十歳になっている〉。

「ルクジュー「イチ [ˈrukudʒuːˈʔitʃi] 图 (数え方で)六十一歳。～ヌ ウーエー〈還暦の祝い〉。

ルク「ニチ [rukuˈnitʃi] 图 六日(むいか)。

ル「グヮイ [ruˈgwai] 图《植》蘆薈(ろかい)。アロエ。胃腸や火傷などに効く薬草。＊トール「グヮイともいう。

ルゲー「イ「クルビ [rugeːˈiˈkurubi] 副 (ぬかるみなどで)何度も転ぶさま。

ルゲー「イン [rugeːˈin] 動《ruge:r- ruge:t-; ㊀ルゲーラン ㊁ルゲーイ ㊂ルゲートーン ㊃ルゲータン》転ぶ。ひっくり返る。

「ルシ [ˈruʃi] 图【どち】友達。仲間。

「ルシビレー [ˈruʃibireː] 图 友達付き合い。

ルシ「ル [ruʃiˈru] 图 身代金。～ウチャキレー〈身代金をそろえておけ〉。

ル「ジン「カカン [ruˈdʒiŋˈkakan] 图 ル「ジンは肌着の上に着る丈の短い襦袢風の下着、カカ「ンは女が着用した腰巻状の衣類。現在は琉球舞踊などで見ることがある程度で、ほとんど着用しない。

「ルチュン [ˈrutʃun] 動《ruk- rutʃ-; ㊀ルカン ㊁ルチ ㊂ルチョーン ㊃ルチャン》どく。のく。その場から去る。イッターヤ ルケー〈きみたちはどきなさい〉。

ルマングィー「ン [rumaŋgwiːˈn] 動《rumaŋgwir- rumaŋgwitʃ-; ㊀ルマングィラン ㊁ルマングィー ㊂ルマングィトーン ㊃ルマングィタン》うろたえる。あわてる。狼狽する。

ルマン「グィ「チマングィ [rumaŋˈgwiˈtʃimaŋgwi] 副 うろたえ騒ぐさま。あわてふためくさま。

ルマングヮ「スン [rumaŋgwaˈsuŋ] 動《rumaŋgwas- rumaŋgwatʃ-; ㊀ルマングヮサン ㊁ルマングヮシ ㊂ルマングヮチョーン ㊃ルマングヮチャン》あわてさせる。うろたえさせる。おろおろさせる。

ルミ [rumi] 接尾【とめ(求め)】「妻」の意。「サチルミ〈先妻〉、「アトゥ「ルミ〈後妻〉など。

ルル「 [ruruˈ] 图 泥。

ルルグヮッ「タイ [rurugwatˈtai] 图 ぬかるみ。

ルル「ビサ [ruruˈbisa] 图 泥足。泥で汚れた足。

ルルブッ「ター [rurubutˈtaː] 图 泥だらけ。泥まみれ。

ルル「ミジ [ruruˈmidʒi] 图 泥水。

ルル「ミチ [ruruˈmitʃi] 图 泥道。ぬかるんだ道。

ルルムター「ン [rurumutaːˈn] 图 泥んこ遊び。泥いじり。⇨ムターン。

ルルワカ「シー [ruruwakaˈʃiː] 图 料理名。ター「ンム〈田芋〉を煮てつぶしたものにその茎や豚肉、しいたけ、かまぼこなどを入れて煮込んだお祝いの料理。

ルン [run] 助 強調の助詞。ウリ～ ウトゥシーネー ヨーシェー ウカン〈それを落としたらただではすまないぞ〉。

## レ

「レー¹ [「re:] 图【代(だい)】代価。値段。

レー「² [re:「] 图 台。物を置く台。

レー³ [re:] 接尾 …代。「イチレー〈一代〉、こ「レー〈二代〉など。

「レーイチ [「re:?itʃi] 图 第一。もっとも大切なこと。初めにやるべきこと。

レー「クニ [re:「kuni] 图 大根。*首里方言に「おほね(大根)」に当たるウブ「ニがあり、宮古方言でも「おほね」系統の語が用いられているが、沖縄本島はほとんど音読みの「だいこん」系統の語を用いる。

レークニガン「サー [re:kunigan「sa:] 图 大根の根と葉の間の堅くて食べられない部分。

レークニシ「リー [re:kuniʃi「ri:] 图 (大根などをおろす)おろしがね。

レークニシリシ「リー [re:kuniʃiriʃi「ri:] 图 大根をすりおろしたもの。大根おろし。

レー「ジ [re:「dʒi] 图 大変。大ごと。～ナトーン〈大変なことになっている〉。

レー「ジナ [re:「dʒina] ① 連体 大変な。大した。～ ッチュ ヤン〈大した人だ〉。② 副 大変(に)。とても。～ チューサン〈とても強い〉。

「レー「ビル [「re:「biru] 連語 です。でございます。ヌー レービルガ〈何でございましょうか。丁寧な質問〉/ワー ムン ～〈私の物でございます〉。

レー「フヮー [re:「ɸa:] 图 すりばち。*「すりこぎ」はリー「ジという。

レーヤ「シー [re:ja「ʃi:] 图 安物。値段の安いもの。

レーラ「カー [re:ra「ka:] 图 高価なもの。値のはるもの。*「レーラカ」ムンともいう。

「レーラカ」ムン [「re:raka」mun] 图 レーラ「カーに同じ。

# ロ

ロー⌈¹ [ro:⌈] 图 ろうそく。

ロー² [ro:] 助 (だ)ぞ。文末にあって強調を表す。 ヌスル〜〈盗人だぞ〉/ イチュン〜〈行くぞ〉。＊活用語の終止形や体言に付く。

ロー⌈グ [ro:⌈gu] 图 道具。

ロー⌈クス [ro:⌈kusu] 图 ほくそ(火糞)。ろうそくの燃えがら。

ロー⌈グ⌉ホーグ [ro:⌈gu⌉ho:gu] 图 道具のすべて。道具一切。

ロー⌈マ [ro:⌈ma] 图 びっくり仰天。驚愕。 〜 ウッチリトーン〈びっくり仰天して我を失う〉。 ＊首里方言とは異なり「もうろく」の意味はない。

⌈ローモー [ro:mo:] 图【老もう】ロー⌈マに同じ。 チムン 〜 ナイルグトーサ〈気が動転して正常な判断ができそうにない〉。

ロー⌈リ [ro:⌈ri] 图 道理。筋道。

⌈ローリン [⌈ro:rin] 副 どうぞ。どうか。依頼、または哀願するときに言う言葉。 〜 アンシッシ トゥラシェー〈どうかそうしてくれ〉/ 〜 クネーティ クィミソーリ〈どうか勘弁してください〉。

⌈ロン [⌈ron] 擬音 どん。太鼓、大砲などの音。

ロンミカ⌈スン [rommika⌈sun] 動 《rommikas- rommikatʃ-; 否 ロンミカサン 連 ロンミカシ 禁 ロンミカチョーン 過 ロンミカチャン》どんという音を立てる。高鳴る。 ンニヌ 〜〈胸が高鳴る〉。

# ワ

ワー[1] [waː] 图 和。人と調和すること。～ヌ アン〈和がある。付き合いやすい〉／～ヌ ネーン〈和がない。人付き合いが悪い〉。

ワー[2] [waː] 代名 私の。～ ムン〈私の物〉／～ スムチ〈私の書物〉／～ チラ〈私の顔〉。

ワー[3] [waː] 感《幼児》(いないいない)ばあ。

ッワー [ʔwaː] 图 豚。

ッワーウチ [ʔwaːʔutʃi] 图 汁に入れる野菜。

ッワーガチ [ʔwaːgatʃi] 图 (手紙などの)上書き。表書き。

ッワーカラヤー [ʔwaːkaraːjaː] 图 豚飼い。養豚業者。

ッワーギーン [ʔwaːgiːn] 動《ʔwaːgir- ʔwaːgit-; ッワーギラン ッワーギー ッワーギトーン ッワーギタン》追い散らす。追い払う。

ッワーグヮー [ʔwaːgwaː] 图 子豚。

ッワーグヮーマチ [ʔwaːgwaːmatʃi] 图 子豚を売り買いする市。

ッワーサー [ʔwaːsaː] 图 豚を屠畜する業者。

ッワージ [ʔwaːdʑi] 图【上着】晴れ着。よそ行きの服。

ッワーシバ [ʔwaːʃiba] 图 上唇。

ッワースン [ʔwaːsun] 動《ʔwaːs- ʔwaːtʃ-; ッワーサン ッワーシ ッワーチョーン ッワーチャン》補給する。追加する。間に合わせる。ナランフージー ヤシガ ユー ～ローヤー〈できないようだけれどもちゃんと間に合わせるよ〉。

ッワーチ [ʔwaːtʃi] 图【浮気】生意気。クレー ～ナ ムン ヤッサー〈こいつは生意気なやつだなあ〉。

ッワーチチ [ʔwaːtʃitʃi] 图 天気。イィー ～ ヤンヤー〈よい天気だなあ。「こんにちは」に当たる挨拶の言葉〉。＊「ティンチ」よりもこちらが普通。

ッワーナイ [ʔwaːnai] 图 嫉妬。妬(だ)み。やきもち。うらやましがること。男女間、子供どうし、兄弟間など広く用いる。シージャンカイ トゥラチャグトゥ ウットー ～ ソーン〈兄に渡したら弟はうらやましがっている〉。

ッワーナイクヮーナイ [ʔwaːnaikwaːnai] 图 とてもうらやましがること。非常に嫉妬すること。「ッワーナイの強調形。ウットゥヌ コータグトゥ シージャン ～ ソーン〈弟が買ったら兄もとてもうらやましがっている〉。

ッワーヌイ [ʔwaːnui] 图 上塗り。

ッワーヌカミ [ʔwaːnukami] 图 汚らしい者。アマタラシ クマタラシ ～〈あちこちに垂らして汚いやつ〉。

ッワーバ [ʔwaːba] 图 余分。必要以上のもの。～ トゥラッタン〈余分に取られた〉。

ッワーバグトゥ [ʔwaːbagutu] 图 余計なこと。する必要のないこと。ッワーバグトー サンキョー〈余計なことはするなよ〉。

ッワーバクジョー [ʔwaːbakudʑoː] 图 豚の売買をする者。

ッワーバムン [ʔwaːbamun] 图 余計者。邪魔者。

ッワービ [ʔwaːbi] 图 うわべ。表面。外見。

ッワービヒジ [ʔwaːçidʑi] 图【上(うえ)ひげ】口ひげ。

ッワービジュラー [ʔwaːbidʑuraː] 图 外見が立派に見えるもの。表面がきれいなもの。外見をつくろう者。～ガ シチャク ンジョー〈外見は立派に見えるが心の底は根性が悪い〉。

ッワービビ「レー [ʔwa:bibiʳre:] 图 うわべだけの付き合い。

ッワーフグ「ヤー [ʔwa:ɸuguʳja:] 图 馬鹿者。本来は豚の去勢を生業とする者。～ヌ グトール ユムジラ〈馬鹿め。阿呆め。直訳は「豚の去勢を行う者のような面(ヅラ)つきの者」〉。

ワーミカ「スン [wa:mikaʳsun] 動《wa:mikas- wa:mikatʃ-; ㊥ワーミカサン ㊦ワーミカシ ㊧ワーミカチャーン ㊨ワーミカチャン》わっと言って驚かす。びっくりさせる。

「ッワーユー [ʔwa:ju:] 图【上(ヅ)湯】重湯。

「ッワーラ [ʔwa:ra] 图 上(ヅ)(ヱ)の方。カジワー「ラ〈風上。語頭のッワは語中ではワになる傾向がある〉。

「ッワーリーン [ʔwa:ri:n] 動《ʔwa:-rir- ʔwa:tt-; ㊥ッワーリラン ㊦ッワーリー ㊧ッワーットーン ㊨ッワーッタン》追われる。追いかけられる。チャー シグトゥ ニッワーッティヨー〈いつも仕事に追われているよ〉。

ワイ「トゥイ [wai⌐tui] 图 切り通し。石灰岩などを割って切り開いた道。

「ワイフ [waiɸu] 图 割符。割札。

「ワイン [wain] 動《war- wat-; ㊥ワラン ㊦ワイ ㊧ワトーン ㊨ワタン》①割る。マカイ ～〈茶碗を割る〉。②分ける。分割する。ミッチャイシ ワティマー〈三人で分けてみな〉。③怪我をする。クルリ チンシ ワティ ネーン〈転んで膝を怪我してしまった〉。

「ワウワウ [wauwau] 擬音 わんわん。犬の鳴き声。インヌ ～ ウラースン〈犬がわんわんと吠える〉。

ワカイィキ「ガ [wakajiki⌐ga] 图 若い男。

ワカイィナ「グ [wakajina⌐gu] 图 若い女。

ワカ「イン¹ [wakaʳin] 動《wakar- wakat-; ㊥ワカラン ㊦ワカイ ㊧ワカトーン ㊨ワカタン》分かれる。別々になる。サンナン ヤグトゥ ワカトーン〈三男だから分かれている。分家しているの意〉。

ワカ「イン² [wakaʳin] 動《wakar- wakat-; ㊥ワカラン ㊦ワカイ ㊧ワカトーン ㊨ワカタン》分かる。理解する。納得する。ムチカシーグヮー ヤシガ ワカイガヤー〈性格上むずかしい人だが納得するだろうか〉。

ワカ「ギ [wakaʳgi] 图 若木。若い木。

ワカゲー「イン [wakage:ʳin] 動《wakage:r- wakage:t-; ㊥ワカゲーラン ㊦ワカゲーイ ㊧ワカゲートーン ㊨ワカゲータン》若返る。チカグルンシェー ワカゲートーン〈近頃若返っている〉。

ワ「カ「サイニ [waʳkaʳsaini] 图 若いときに。ワカサイネー イクサ ヤタン〈若いときには戦争だった〉。

ワカサマチチマ「グー [wakasamatʃitʃimaʳgu:] 图 ッワーグヮー「マチ〈豚肉を売り買いする市〉で働く女性がはいていた大きな下駄。市の主な売り手がワカサマチ〈若狭町。那覇北部〉の人だったことに由来する表現。チマ「グーは「ひづめ。足の先端部分」の意。

ワ「カ「サン [waʳkaʳsan] 形《㊥ワカコーネーン ㊨ワカサタン》若い。ワカサ ウビッンジャスン〈若い頃を思い出す〉。

ワカジー「ラ [wakadʒi:ʳra] 图 若い力。若い精力。

ワカシラ「ガ [wakaʃira⌐ga] 图 若白髪。＊ワカシラ「ギともいう。

ワカシラ「ギ [wakaʃira⌐gi] 图 ワカシラ「ガに同じ。

ワカシワカ「シ [wakaʃiwaka⌐ʃi] 副 別々に。～ イリーン〈別々に入れる〉。

ワカ「スン¹ [wakaʳsun] 動《wakas- wakatʃ-; ㊥ワカサン ㊦ワカシ ㊧ワカチョーン ㊨ワカチャン》①分ける。分かつ。別々にする。ッヤー ムノー ワカチュ チェーサ〈おまえのは分けて置いてある〉／ジフィ ワカサントー ナラン〈必ず別々にしない

といけない〉/ ヤー ワカトーシェー〈分家しているよ〉。②仲直りさせる。仲裁する。オーエームンロー ソーサ ワカシェー〈喧嘩(けんか)しているよ、仲直りさせろ〉。

**ワカ「スン²** [waka「suɴ] [動]《wakas- wakatʃ-; [否]**ワカサン** [連]**ワカシ** [継]**ワカチョーン** [過]**ワカチャン**》沸かす。沸騰させる。⇨ フカスン。

「**ワカナチ** [「wakanatʃi] [名]【若夏】《文》初夏。*『混効験集』に「四五月穂出る比を云」とある。琉歌「若夏がなれば心うかされてでかやうまはだをよ引きやり遊ば」(全 1507)。

**ワカ「バー** [waka「ba:] [名] 若葉。

**ワガ「ママ** [waga「mama] [名] わがまま。〜ヌ ユー シジティ〈わがままが過ぎて。直訳は「わがままが世に過ぎて」〉。

「**ワカミジ** [「wakamidʒi] [名] 若水。元旦未明に初めて汲む水。仏壇に供えてから飲む。

**ワカ「ムン** [waka「muɴ] [名] 若者。青年。

**ワカ「リ** [waka「ri] [名] ①別れ。離別。②本家から分かれたもの。分家。

**ワカリアチ「サ** [wakariʔatʃi「sa] [名]【別れ暑さ】残暑。ナー 〜 エー サニ〈もう残暑だろう。もう暑さも終わりだろう〉。

**ワカリー「ン** [wakari:「ɴ] [動]《wakarir- wakarit-; [否]**ワカリラン** [連]**ワカリー** [継]**ワカリトーン** [過]**ワカリタン**》①別れる。離別する。離婚する。②分かれる。分岐する。ミチェー マーウゥティ ワカリトーガ〈道はどこで分かれているか〉。

**ワカリビー「サ** [wakaribi:「sa] [名] 余寒。直訳すると「別れ寒さ」。イィークル 〜 エー サニ〈そろそろ余寒だろう。そろそろ寒さも終わりだろう〉。

**ワキ「** [waki「] [名] ①わけ。理由。チャーネール 〜ヌ アルバーガ〈どういうわけがあるというのだ〉。②言いわけ。弁解。〜 イチ ワビ ッシ クー〈わけを言って詫びてこい〉/ 〜ン チカン クルサッタン〈弁解も聞かないで殴られた〉。

**ワキー「ン** [waki:「ɴ] [動]《wakir- wakit-; [否]**ワキラン** [連]**ワキー** [継]**ワキトーン** [過]**ワキタン**》①分ける。別々にする。ワキティ ムッチ イケー〈分けて持ってゆけ〉。②分ける。分配する。ナーメーメーヌ ムン ワキテーンリサ〈めいめいのものを分けてあるってさ〉。

**ワキ「ブン** [waki「buɴ] [名]【分け分】分け前。ナーメーメー ワキブノー アエー サニ〈おのおの分け前はあるだろう〉。

**ワキ「メー** [waki「me:] [名] 分け前。取り分。

「**ワク** [「waku] [名] 泉。湧き口。〜 カミトール トゥクルンカイ ッンネー ッウィーン〈泉をいただいているところに稲は植える〉。

**ワク「イン** [waku「iɴ] [動]《wakur- wakut-; [否]**ワクラン** [連]**ワクイ** [継]**ワクトーン** [過]**ワクタン**》からかう。(人に)いたずらをする。挑発して怒らせる。* ワチャク「イン ともいう。

「**ワゴー** [「wago:] [名] 和合。仲よくすること。ッチュンリ イール ムノー 〜 ソーティル クラスル ムン ヤル〈人というものは仲よくして暮らすものだ〉。

**ワサミ「チュン** [wasami「tʃuɴ] [動]《wasamik- wasamitʃ-; [否]**ワサミカン** [連]**ワサミチ** [継]**ワサミチョーン** [過]**ワサミチャン**》ざわめく。ざわつく。ワサミチョールグトーシガ ヌーヌガ アラ〈ざわついているようだが、何かあるのかしら〉/ ンニヌ 〜〈胸騒ぎがする〉。

「**ワサワサ** [「wasawasa] [副] がやがや。騒々しいさま。トゥナイウゥティ 〜 ソーン〈隣でがやがや騒いでいる〉。

「**ワシーン** [「waʃi:ɴ] [動]《waʃir- waʃit-; [否]**ワシラン** [連]**ワシー** [継]**ワシトーン** [過]**ワシタン**》忘れる。「ワシララン〈忘れられない〉。

「**ワジーン** [「wadʒi:ɴ] [動]《wadʒir- wadʒit-; [否]**ワジラン** [連]**ワジー** [継]**ワジトーン** [過]**ワジタン**》怒る。腹を立てる。

ワシ「タ [waʃi「ta] 代名《文》我ら(の)。我々(の)。＊ワシタ ウチナーウゥテー…〈我らが沖縄においては…〉のように強調表現などにも用いられる。ワシタ ミヤラビ〈我ら乙女〉、ワシタ ニシェタ〈我々青年〉などと琉球民謡の歌詞などで見られる。

ワジャ「[wadʒa「] 名【業】①仕事。職業。～ヌ ネーン〈仕事がない〉。②困ったこと。～ ナトーン〈困ったことになった〉。

「ワジャウェー [「wadʒawe:] 名 災い。災難。不幸なこと。クチェー ～ヌ ムトゥ〈口は災いのもと〉。

「ワジャットゥ [「wadʒattu] 副 わざと。故意に。

「ワジャ「ムン [「wadʒa「mun] 動《wadʒam- wadʒar-; ㋐ワジャマン ㋑ワジャミ ㋒ワジャローン ㋓ワジャラン》しかめっつらをする。不機嫌な顔をする。

「ワジャワジャ [「wadʒawadʒa] 副 わざわざ。イチュナサ ソーティ ～ ッチ クィティ ニフェーロー〈忙しいのにわざわざ来てくれてありがとう〉。

ワ「ジャン「カー [wa「dʒaŋ「ka:] 副 苦虫をかみつぶしたようなさま。顔をしかめるさま。チャー ～ ソーン〈いつも苦虫をかみつぶしたような顔をしている〉。

ワジワ「ジー [wadʒiwa「dʒi:] 副 腹立たしいさま。腹の底から怒りがこみ上げるさま。～ スン〈憤慨する。怒りがこみ上げてくる〉。

ワタ「1 [wata「] 名 ①腹。～ヌ ヤムン〈腹が痛い〉／～ ネートーン〈(太って)腹が突き出ている〉／～ クジーン〈ちくりちくりと相手の欠点を言い立てる。直訳は「腹をくじる」〉／～ カミラリヤー スン〈胃のあたりが押し上げられるように激しく痛む〉／～ ヒナラスン〈腹を減らす。腹ごなしをする〉／～ ムゲーリン〈はらわたが煮えくり返る〉。②(食べ物としての動物の)腸。内臓。

ワタ「2 [wata「] 名 綿。

ワタイ「リー [wataʔi「ri:] 名 綿入れ。綿を入れた防寒用の着物。

「ワタイン [「watain] 動《watar- watat-; ㋐ワタラン ㋑ワタイ ㋒ワタトーン ㋓ワタタン》渡る。

ワタ「ウチ1 [wata「ʔutʃi] 名 腹の中。心の内。ッチュヌ ワタウチェー ワカラン〈人の心の中は分からない〉。

ワタ「ウチ2 [wata「ʔutʃi] 名【腹打ち】飛び込みの際、頭からではなく腹から入ってしまうこと。下手な飛び込み方。

ワタ「ウフ「サン [wata「ʔuɸu「san] 形《㋐ワタウフコーネーン ㋑ワタウフサタン》食べすぎて腹がいっぱいである。満腹である。

「ワタ「クサリーン [「wata「kusari:n] 動《watakusarir- watakusarit-; ㋐ワタクサリラン ㋑ワタクサリー ㋒ワタクサリトーン ㋓ワタクサリタン》腹が立つ。憤りを感じる。⇒ クサリーン。ワタクサリティ ナラン〈腹が立ってしょうがない〉。

「ワタクシ [「watakuʃi] 名【私】へそくり。自分が自由に使える金。

ワタ「グリ「サン [wata「guri「san] 形《㋐ワタグリコーネーン ㋑ワタグリサタン》腹の具合が悪い。⇒ クリサン。クサリムンガ カララ ～〈腐っているものを食べたのか、腹の具合が悪い〉。

ワタ「グヮー [wata「gwa:] 名 小腸。

ワタシ「ブニ [wataʃi「buni] 名 渡し舟。

「ワタスン [「watasun] 動《watas- watatʃ-; ㋐ワタサン ㋑ワタシ ㋒ワタチョーン ㋓ワタチャン》①渡す。一方から他方へ渡らせる。②(人に物を)渡す。ジン ～〈金を渡す〉。＊②の意ではトゥラ「スンともいう。

ワタヌ「ミー [watanu「mi:] 名 腹いっぱい。～ カムン〈腹いっぱい食べる〉。⇒ ミー1。

ワタブ「ター [watabu「ta:] 名 腹の出た者。馬鹿にしたい方。

ワタフッ「クィ [wataɸuk「kwi] 名 腹が張ること。食べすぎて腹がふくれること。⇒ フッキーン。チュフゥーラ カリ ～ ソー

ン〈たくさん食べて腹がふくれている〉。

**ワタ「ブトゥ** [wataˈbutu] 图 「腹」の卑語。アリガ ～ヨー〈彼の(突き出た)腹ったら〉。

**ワタボン「ボン** [watabomˈbon] 副 腹がだぶだぶなさま。水分で腹がいっぱいになっているさま。ビール ヌラグトゥ ～ ソーサ〈ビールを飲んだから腹がだぶだぶになっているよ〉。

**ワタ「ミームン** [wataˈmiːmun] 图 内臓。はらわた。～ エーサリーンローヒャー〈内臓を蹴破るぞ。喧嘩(けんか)のときの言葉〉。

**ワタ「レー** [wataˈreː] 图 腹持ち。～ヌ ネーンヤー〈腹持ちが悪いね〉。＊ワタ〈腹〉とテー〈耐える力〉がくっついた語。

**ワチ「ギ** [watʃiˈgi] 图 わき毛。

**「ワチャガイン** [ˈwatʃagain] 動《watʃagar- watʃagat-; ㊁ワチャガラン ㊃ワチャガイ ㊄ワチャガトーン ㊅ワチャガタン》湧き上がる。湧き出る。

**ワチャ「ク** [watʃaˈku] 图 からかうこと。人にいたずらをすること。～ ッシトゥラサ〈からかってやろう〉。

**ワチャク「イン** [watʃakuˈin] 動《watʃakur- watʃakut-; ㊁ワチャクラン ㊃ワチャクイ ㊄ワチャクトーン ㊅ワチャクタン》おちょくる。からかう。(人に)いたずらをする。ワチャクティ トゥラチャン〈からかってやった〉。＊ワク「インともいう。

**ワ「チャコー「レージ** [waˈtʃaˈkoːreːdʒi] 連語 あてつけがましい。嫌がらせに。あろうことか。アンマサレー ～ ウフーアビー シークゥイサ〈気分が悪いのにわざと大声を出しやがるよ〉/テーシチニ スンソーロースルムノー ～ ヒティティ ネーンサ〈大切にしようと思っていたのにあろうことかなくしてしまったよ〉。＊ワチャク〈いたずら〉+ヤく は+レージ〈大変〉からなる。

**「ワチャラーイン** [ˈwatʃaraːˈin] 動《watʃaraːr- watʃaraːt-; ㊁ワチャラーラン ㊃ワチャラーイ ㊄ワチャラートーン ㊅ワチャラータン》「ワチャラインに同じ。

**「ワチャライン** [ˈwatʃarain] 動《watʃarar- watʃarat-; ㊁ワチャララン ㊃ワチャライ ㊄ワチャラトーン ㊅ワチャラタン》もたもたする。手間取る。ヘークウウレー シムルムンス イチマリ ワチャラトーガ〈早く終わればいいのにいつまでもたもたしているのか〉。＊「ワチャラーインともいう。「煩う」にほぼ対応。

**「ワチャレー** [ˈwatʃareː] 图【煩(わずら)い】面倒。煩わしいこと。チャー ナンジ スル、～ ヤサ〈いつも難儀をする、面倒だ〉。

**「ワチュン¹** [ˈwatʃun] 動《wak- watʃ-; ㊁ワカン ㊃ワチ ㊄ワチョーン ㊅ワチャン》①湧く。イジュンス ～〈泉が湧く〉。②沸く。沸騰する。ユー ～〈湯が沸く〉。

**ワ「チュン²** [waˈtʃun] 動《wak- watʃ-; ㊁ワカン ㊃ワチ ㊄ワチョーン ㊅ワチャン》(のこぎりなどで)切って分割する。キー ～〈木を割る〉。＊「分く」にほぼ対応。

**「ワックィーン** [ˈwakkwiːn] 動《wakkwir- wakkwit-; ㊁ワックィラン ㊃ワックィー ㊄ワックィトーン ㊅ワックィタン》分解する。ほぐれる。ばらばらになる。

**「ワックゥスン** [ˈwakkwasun] 動《wakkwas- wakkwatʃ-; ㊁ワックゥサン ㊃ワックゥシ ㊄ワックゥチョーン ㊅ワックゥチャン》(とき)ほぐす。ばらばらにする。

**「ワッサン** [ˈwasˈsan] 形《㊁ワッコーネーン ㊅ワッサタン》悪い。イラビヒティール ヤグトゥ ～〈売れ残りだから(品質が)悪い〉/ワッサル ッチュ〈悪い人〉。

**ワッ「ター** [watˈtaː] 代名 ①私たち。我ら。話し相手を含む含まない場面で区別する。②わが。私の。この場合のワッターには単複の区別をする意はない。～ トゥジ〈私の妻〉/～ ヤーカイ アシビガ クーヨー

〈うちに遊びに来いよ〉。

ワッ⌈ター⌉クル [wat⌈ta:⌉kuru] [名] 我々自身。自分たち自身。～ スサ〈我々でするよ〉。

ワッ⌈プー [wap⌈pu:] [名] 分割。分けること。ユッタイッシ ～ シェー〈四人で分けろ〉。

⌈ワビ [⌈wabi] [名]【詫び】降参。勝負の相手に負けること。～ ヤサ〈負けたよ〉/ ～イィ〈降参か〉/ ～ イリーン〈(自分の)負けを認める。降参する〉。＊「謝罪」の意では用いない。

⌈ワビーン [⌈wabi:n] [動]《wabir- wabit-; [否]ワビラン [連]ワビー [継]ワビトーン [過]ワビタン》詫びる。謝る。自分の非を認める。ワビティ クーワ〈謝ってこい〉。

ワラ⌈ [wara⌈] [名] 藁(わら)。

ワラーランワ⌈レー [wara:ranwa⌈re:] [名] 笑えないのに無理に笑うこと。しいて笑うこと。＊直訳すると「笑えない笑い」。

⌈ワライン [⌈warain] [動]《warar- warat-; [否]ワラウン [連]ワライ [継]ワラトーン [過]ワラタン》①笑う。②あざ笑う。嘲笑する。ッチュ ～〈人をあざ笑う〉。

ワラシン⌈ブー [waraʃim⌈bu:] [名] 藁しべの紐。

ワラ⌈バー [wara⌈ba:] [名] 子供。卑しめて「ガキ」の意にも用いる。⌈ヤナワラ⌉バー〈(悪)ガキめ〉。

ワラ⌈ビ [wara⌈bi] [名] 子供。⇨ ックヮ。～ シカスン〈子供をあやす〉。＊ウフッ⌈チュ⌉ワラビ〈大人と子供〉という複合語からも分かるように、大人に対する子供を指す。

ワラビアチ⌈ケー [warabiʔatʃi⌈ke:] [名] 子供扱い。子供のように軽くあしらうこと。

ワラビ⌈グィー [warabi⌈gwi:] [名] 子供の声。

ワラビシチキ⌈ヤー [warabiʃitʃiki⌈ja:] [名] 子供をいじめる者。子供を殴る者。⇨ シチキーン。

ワラビ⌈ジム [warabi⌈dʒimu] [名] 子供心。純真な心。童心。⇨ チム。

ワラビ⌈ナー [warabi⌈na:] [名] 童名(わらべな)(わらわな)。生まれたときにつけられる名前で、実名とは異なる通り名。＊男だとタルー〈太郎〉、ジルー〈次郎〉など、女だとモーシー〈真牛〉、カミー〈亀〉などのような名がある。明治中期に戸籍制度が敷かれてからも、役所に届けた実名とは別に、幼少から付き合っている間柄などでは一生ワラビナーの方を用いていた。ただし、昭和に入るとワラビナーをつけることはまれになり、役所に届けた実名のみになった。

ワラビ⌈ナチ [warabi⌈natʃi] [名] 子供の(ような)泣き方。子供のように大声で泣くこと。ウフッチュヌ ッンジトーティ ～ スミ〈大人のくせに子供みたいな泣き方をするか〉。

ワラビン⌈チャー [warabin⌈tʃa:] [名] 子供たち。

ワラビンチャーオー⌈エー [warabintʃa:ʔo:⌈e:] [名] 子供どうしの喧嘩(けんか)。

⌈ワラン⌉ワゴー [⌈waran⌉wago:] [名] 和気あいあいとすること。仲よく話し合うこと。

⌈ワリ[1] [⌈wari] [名] 干潟にある溝。

⌈ワリ[2] [⌈wari] [名] 割れたかけら。割れた物。カーミヌ ～〈甕の割れたかけら〉。＊ワ⌈リーともいう。

ワリ[3] [wari] [接尾]【割】…分(ぶ)。利率の単位で、百分の一を表す。イチ⌈ワリ〈一分〉、ニワ⌈リ〈二分〉、サン⌈ワリ〈三分〉など。

ワ⌈リー [wa⌈ri:] [名]「ワリに同じ。

⌈ワリーン [⌈wari:n] [動]《warir- warit-; [否]ワリラン [連]ワリー [継]ワリトーン [過]ワリタン》割れる。割れてこわれる。

⌈ワリガーミ [⌈wariga:mi] [名] ①割れ甕。②(転じて)底なしの大酒飲み。アレー ～ロー〈彼は大酒飲みだぞ〉。

⌈ワリナービ [⌈warina:bi] [名] 割れ鍋。ひびの入った鍋。

⌈ワリミ [⌈warimi] [名] 割れ目。割れたところ。

⌈ワリムン [⌈warimun] [名] 割れ物。割れ

やすいもの。～ ヤグトゥ チー チキリヨー〈割れやすいものだから気をつけろよ〉。

「ワレーガウ ["ware:gau] 图 笑い顔。笑顔。

「ワレーカン」ジュン ["ware:kan]-ʤun] 動《ware:kanr- ware:kant-; 否 ワレーカンラン 連 ワレーカンジ 禁 ワレーカントーン 過 ワレーカンタン》にこにこ笑う。いかにも楽しそうに笑う。 ヌーヌガ アタラ ワレーカントータン〈何があったのだろうか、にこにこ笑っていた〉。

「ワレーバナシ ["ware:banaʃi] 图 笑い話。冗談。おかしな話。 ウレー ～ル ヤッサミ〈それは笑い話なのだよ〉。

「ワレーフクイ ["ware:ɸukui] 图【笑い誇り】いかにも楽しそうに笑うこと。にこにこにすること。嬉々として笑うこと。 チャー ～ル スンロー〈いつもにこにこするものだよ〉。

ワレーム「ヌー [ware:mu「nu:] 图 笑いもの。嘲笑の対象。 ヌーガ ワンネー ～ル ヤルィィ〈何だ俺は笑いものなのか〉。

「ワレーヨー ["ware:jo:] 图 笑いよう。笑うさま。 ウスマシー ～ ヤサ〈ものすごい笑いようだよ〉。

「ワン ["wan] 代名 私。 ～ル ヤル〈私なんだ〉 / ワンネー ～ル ヤガヤー〈私は本当に私なのか。感極まったときの表現〉 / ワーガ スン〈私がする〉。＊後ろに付く助詞などによって形が変わる。ワン＋ガ〈が〉はワンガではなくワーガ〈私が〉、ワン＋ヤ〈は〉はワンネー〈私は〉、ワン＋ン〈も〉はワンニン〈私も〉、ワン＋タマシ〈取り分。持ち分〉はワンタマシ〈私の物〉またはワータマシという。一人称単数の人称代名詞には、共通語のように性差、敬語などによる区別はない。複数はワッ「ターである。ただし、「私の妻」はワン トゥジまたはワートゥジといえなくもないが、ワッター トゥジというのが普通である(⇨ ワッター)。

ワン「クル [waŋ「kuru] 图 私自身。 ～スサ〈私が自分でするよ〉。

ワンチャメー「イン [wantʃame:「in] 動《wantʃame:r- wantʃame:t-; 否 ワンチャメーラン 連 ワンチャメーイ 禁 ワンチャメートーン 過 ワンチャメータン》弁償する。つぐなう。

ワン「ブー [wam「bu:] 图 どんぶり。

「ワン「ワン ["waŋ「waŋ] 图《幼児》犬。 ～ガ チューンロー〈わんわんが来るぞ〉。

# ン

**ン** [n] 助 も。＊ンで終わる語に付くときは、そのンをヌに変えてジン「金」→ジ「ヌン〈金も〉、「イッチン「一斤」→「イッチヌン〈一斤も〉のようになる。ただし、「ワン「私」の場合はワン「ニン「私も」である。主格を表す助詞ガ、ヌに付いて、ガン、ヌンと用いられるのも特徴的である（ガ、ヌの項を参照）。①事情の類似した事柄を暗示する。 スーヤ チュー～ シクチカイ ｯンジャン〈お父さんは今日も仕事に行った〉。②事情の類似した事物の提示。 ゴーヤー～ ナーベーラー ナトーサ〈ゴーヤーもヘチマもなっているよ〉。③事情の類似した事物を繰り返して強調する。 ジョー～ フカ ｯンジラン〈門も外も出ない。まったく外出しない〉。④極端な場合を提示する。 ヤー～ ムチュル アタイヌ アミ ヤタン〈家も流すくらいの（直訳は「家も持つくらいの」）雨だった〉。⑤疑問語に関係して全面否定を表す。 ヤーネーター～ ウゥラン〈家には誰もいない〉。⑥同類のものの中にあって程度を強調する。 イ～ イール ワタ ヤサ〈入りも入る腹だ。ものすごい大食いだ〉。

**ン「ガーンガー** [ŋˈgaː.ŋgaː] 擬音 おぎゃあおぎゃあ。赤ん坊の鳴き声。

**ンカイ** [ŋkai] 助 に。へ。＊ンで終わる語に付くときは、そのンをヌに変えて、カ「ガン〈鏡〉→カ「ガ」ヌンカイ〈鏡に〉のようになる。ただし、「ワン「私」に付くときはワン「ニン」カイ〈私に〉となる。①場所を表す。 ヤー～ ウゥン〈家にいる〉。②目標を表す。 ヤマトゥ～ イチュン〈本土に行く〉。③対象を表す。 ｯヤー～ ナラースン〈君に教える〉。④動作主を表す。 アンマー～ ヌラーリーサ〈お母さんに怒られるよ〉。⑤比較などの基準を表す。 ウヌ ｯックヮー ウヤ～ ニチョーン〈この子は親に似ている〉。⑥方法を表す。 ミーチ～ ワキーン〈三つに分ける〉。

**ンカイン** [ŋkain] 動《ŋkar- ŋkat-; 㑥ンカラン 志ンカイ 禁ンカトーン 過ンカタン》①向かう。向かっている。②敵対する。対立する。

**ンカ「シ** [ŋkaˈʃi] 名 昔。 ～カラ ナマチキティ イクサー テーラン〈昔から今にいたるまで（直訳は「昔から今につけて」）戦争は絶えない〉。

**ンカ「ジ** [ŋkaˈdʒi] 名 ムカデ。

**ンカ「シウタ** [ŋkaˈʃiʔuta] 名 昔の歌。古い歌。

**ンカ「シグトゥ** [ŋkaˈʃigutu] 名 昔のこと。

**ンカ「シバナシ** [ŋkaˈʃibanaʃi] 名 昔話。

**ンカ「シフージ** [ŋkaˈʃiɸuːdʒi]【昔風儀】名 昔風。昔流。古いやり方。

**ンカ「シムヌガタイ** [ŋkaˈʃimunugatai] 名【昔物語】昔話。

**ンカ「シンチュ** [ŋkaˈʃintʃu] 名 ①昔の人。老人。 ～ヌ イクトゥバ〈昔の人の言葉。格言。諺〉。②古めかしい人。

**ンキーン** [ŋkiːn] 動《ŋkir- ŋkit-; 㑥ンキラン 志ンキー 禁ンキトーン 過ンキタン》むける。 バサナイヌ カーヌ ～〈バナナの皮がむける〉。 ＊「ンーキーンともいう。

**ンケー** [ŋkeː] ①名 向かい。向かい側。 ～ヤ タルーター〈向かいは太郎の家〉。②接尾 …向き。 フェーン「ケー〈南向き〉、アガリン「ケー〈東向き〉など。

**ンケーイン** [ŋkeːin] 動《ŋkeːr- ŋkeːt-; 㑥ンケーラン 志ンケーイ 禁ンケートーン 過ンケータン》迎える。 ソーローガナシー ～〈ご先祖様を迎える〉。

**ンケーカジ** [ŋkeːkadʒi] 名 向かい風。逆風。

**ンケージラ** [ŋkeːdʒira] 名【迎え面(づら)】迎えてすぐ。会うやいなや。（玄関に

入るやいなや。～ アクムク サッタン〈会うやいなや罵倒された〉。

「ンケーハナ [ˈŋke:hana] 图【迎え端(ば)】「ンケージラに同じ。ンケーハナー アクスル ムノー アラン〈会うやいなやどなりちらすものではない〉/～ ウチュン〈会うが早いか顔をたたく。転じて、出ばなをくじく〉。

ッン「ジ [ʔnˈdʑi] 感 本当か。そうか。話の真偽を確かめるときに言う。～ ッヤーガルシー〈そうかおまえがしたのか〉/～サイ〈そうですか。男が目上に対して言う。女は～タイと言う〉。

「ッンジイリ [ˈʔndʑiˈʔiri] 图 出入り。

ッンジーン [ndʑi:ˈn] 動《ʔndʑir- ʔndʑit-; 㬢ッンジラン 連ッンジー 系ッンジトーン 過ッンジタン》出る。ッンジタイ イッチャイ〈出たり入ったり〉。

ッンジカーイリ「カー [ʔndʑika:ʔiriˈka:] 图 出たり入ったり。ひっきりなしに出入りすること。

ッンジグ「チー [ʔndʑiguˈtʃi:] 图 出口。

ッンジ「タチ [ʔndʑiˈtatʃi] 图 出(ン)で立ち。出立。タビヌ ～〈旅への出発〉。

ッンジ「ティ [ʔndʑiˈti] ⇨ ヌッンジティ。

ッン「ジトーティ [ʔnˈdʑiˈto:ti] ⇨ ヌッンジトーティ。

ッンジ「ハナ [ʔndʑiˈhana] 图 (茶の)出花。～ ヤイビーグトゥ ウサガレー〈出花ですから召し上がれ〉。

ッンジ「フニ [ʔndʑiˈɸuni] 图 出船。船が出航すること。

ッンジフニニュー「ウェー [ʔndʑiɸuniju:ˈwe:] 图 船で旅立つ人の無事を祈って行う祝い。

ッンジ「フヮ [ʔndʑiˈɸa] 图 支出(高)。出費(額)。

「ンジャーアチ [ˈndʑa:ʔatʃi] 图 【魚】カジキ。

ン「ジャサン [nˈdʑaˈsan] 形《㬢ンジャコーネーン 過ンジャサタン》苦い。

ッンジャ「シイリ [ʔndʑaˈʃiˈʔiri] 图 出し入れ。ジンヌ ッンジャシイレー チー チキラントー ナランサ〈金の出し入れは気をつけないといけないよ〉。

ッンジャ「スン [ʔndʑaˈsun] 動《ʔndʑas- ʔndʑatʃ-; 㬢ッンジャサン 連ッンジャシ 系ッンジャチョーン 過ッンジャチャン》出す。ニーブターヌ シン ～〈おできの芯を出す〉。

「ンジャチュン [ˈndʑatʃun] 動《ndʑak- ndʑatʃ-; 㬢ンジャカン 連ンジャチ 系ンジャチョーン 過ンジャチャン》磨く。

ンジャ「ックヮ [ndʑaˈkkwa] 图 下人。下男。

「ッンジャナー [ˈʔndʑana:] 图 どもり。どもる者。

「ッンジャニ [ˈʔndʑani] 图 どもり。どもること。～ カーカー スン〈どもる〉。

ンジャ「ミ [ndʑaˈmi] 图 苦み。

ンジャ「ムン [ndʑaˈmun] 图 苦いもの。

「ンジャリーン [ˈndʑari:n] 動《ndʑarir- ndʑarit-; 㬢ンジャリラン 連ンジャリー 系ンジャリトーン 過ンジャリタン》(髪、糸などが)もつれる。乱れる。イーチューヌ ンジャリトーン〈糸がもつれている〉。

「ンジャリムン [ˈndʑarimun] 图 乱暴者。統制に従わない者。へそ曲がり。

「ッンジャル [ˈʔndʑaru] 連体 去る。～ シングッチ〈去る四月〉。*ウチナーヤマトゥグチ〈沖縄的共通語〉ではこれを直訳して「去った」という。

ンジャワ「レー [ndʑawaˈre:] 图 苦笑い。

ンジャンジャー「トゥ [ndʑandʑa:ˈtu] 副 ①ずけずけ。遠慮なく言うさま。～ イチ チラグヮー ナチ トゥラチャン〈ずけずけ言って恥をかかせてやった〉。②ひどいさま。ものすごいさま。～ ヤマチャン〈ひどい怪我をした〉。

「ッンジュ [ˈʔndʑu] 图【植】イジュ(伊集)。ツバキ科。梅雨の時期に白い花が咲く。

ッンジュ「チュン [ʔndʑuˈtʃun] 動

《ʔnʤuk- ʔnʤutʃ-; ㊥ッンジュカン ㊦ッンジュチ ㊧ッンジュチョーン ㊤ッンジュチャン》動く。 ッンジュチャー ッンジュチャー ソーン〈たびたび動いている〉。

ンジュンジュー「トゥ [nʤunʤu:- tu] 副 うんと。ひどく。 ～ ヤマチャン〈ひどく怪我をした〉。

「ンジョーサン [nʤo:san] 形《㊤ンジョーコーネーン ㊦ンジョーサタン》愛らしい。いとしい。かわいい。 ワラベー ～〈子供はかわいい〉。

ッンジリ「メー [ʔnʤiri'me:] 名 出すべき金。支出。

ンゾ「[nzo'] 名《文》琉歌、組踊で男が愛する女を親しんでいう語。「無蔵」と表記されることが多い。＊琉歌「無蔵とわが仲や松の葉のごとに落てて枯れるとも二人(ふい)や一道(ひとみち)」(全 1342)。

ン「チャ [n'tʃa] 感 なるほど。ほんとに。予想したとおり。 ～ アン ヤテーサ〈なるほどそうであった〉。

ンチャ「ビ [ntʃa'bi] 名 彼岸に入ってから日を選んでごちそうを仏壇に供えること。 ～ ウサギーグトゥ クーワ〈彼岸のお供えをするから来いよ〉。 ＊以前は紙銭を焼いたようであるが、現在はあまり見ない。

ン「チャン [n'tʃan] 名【御神】口語では聞かないが、「琉球語大辞典」(『伊波普猷全集』11 巻)には「銘々の家に祭ってある祖神」とある。

ンチャンティー「チ [ntʃanti:'tʃi] 名【御神一つ】《文》先祖を同じくする一族。同族。＊組踊「とんぢたる者や、村原のあやと御神一つの近おんぱだん」(『大川敵討』)。

ンチュ [ntʃu] 接尾 …の人。 ナーフゥン「チュ〈那覇の人〉、スイン「チュ〈首里の人〉など。

ンチュン [ntʃun] 接尾《ŋk- ntʃ-; ㊥ンカン ㊦ンチ ㊧ンチョーン ㊤ンチャン》…込める。…入れる。「ウシンチュン〈押し込む〉/ フェー「リン」チュン〈入り込む〉/「クミ

ンチュン〈汲み入れる〉/ カタ「ミン」チュン〈かつぎ入れる〉。

ンナ [nna] 接頭【空(から)】「からの。むなしい。何もない、無駄な」の意。

ッンナ「[ʔnna'] 名《幼児》うんこ。＊普通はクス「という。

「ンナアッチ [nna'attʃi] 名【空(から)歩き】無駄足。 ～ シミティ シマンタン〈無駄足させてすまなかった〉。

「ンナアビー [nna'abi:] 名 いたずらにしゃべること。無駄話をすること。

ンナーラ [nna:ra] 接尾 早すぎることに対する不快感を表す。 アカチチンナー「ラン」カラ〈朝っぱらから〉/ ソーグッチンナー「ラン」カラ〈正月早々なのに〉。

「ンナイィー [nnaji:] 名【空居】無為に座っていること。 タラ ～ ソータン〈ただ何もせずに座っていた〉。

「ンナウッサ [nna'ussa] 名 ぬか喜び。

ッンナグラー「ジェー [ʔnnagura:- 'ʤe:] 名《昆》イナゴ。

「ンナグルマ [nnaguruma] 名 空車。人や荷物をのせていない車。

ッンナ「ゲー [ʔnna'ge:] 名 もみ。もみ殻。

「ンナサワジ [nnasawaʤi] 名 から騒ぎ。

ッンナ「ジ [ʔnna'ʤi] 名 うなぎ。 ～ ヌ ワタヌ グトーン〈うなぎの腹のようだ。ぬらりくらりとすり抜けることにいう〉。

「ッンナジラ カマジラ [ʔnnaʤira- kamaʤira] 名 仕事を言いつけられた子供が不満顔でぐずること。やりたくないことを口に出さずそぶりで示すこと。

ンナシ「ルー [nnaʃi'ru:] 名【空汁(じる)】具の入っていないお汁。 ンカシェー ～ル ヌムタサ〈昔は具の入っていないお汁を飲んだものだよ(今ほど豊かでなかった)〉。

「ンナタル ガキ [nnataru'gaki] 名 から頼み。

「ッンナチリ [ʔnnatʃiri] 名 次のように用いる。 ックゥムチノー ～ ヒチチリ ッシ

ナラン〈子持ちは子供がまとわりついて何もできない〉。

「ンナティカラティ [「nnatikarati] 副【空手空手(からてからて)】何も持っていないさま。 ~ チョーン〈手ぶらで来ている〉。

「ンナトゥ [「nnatu] 名 港。

「ンナナチ [「nnanatʃi] 名 ただ意味もなく泣くこと。

「ンナナンジ [「nnanandʒi] 名【空難儀】徒労。無駄骨折り。(人を待って)無駄に時を過ごすこと。

「ンナバク [「nnabaku] 名 から箱。

「ンナバ「ラチ [「nnabata「ratʃi] 名【空働き】労賃のない働き。

ッンナ「ビ [ʔnna「bi] 名 砕けた米。普通の米より下等である。

「ンナマチ [「nnamatʃi] 名 待ちぼうけ。むなしく待つこと。

「ンナムン [「nnamun] 名 からっぽ。中に何も入っていないこと。

「ンナヤー [「nnaja:] 名 空き家。

「ンナヤシチ [「nnajaʃitʃi] 名 家がなくなった空き屋敷。

ンナ「ルー [nna「ru:] 副【空胴(からどう)】何も持たないさま。身一つで。 サラニ ~ッシ ッンジャン〈たった身一つで行った〉。

ンナ「ルー「カラルー [nna「ru:「kararu:] 副【空胴空胴(からどうからどう)】ンナ「ルーの強調形。 ~ チョータン〈身一つで来ていた〉。

「ンナワタ [「nnawata] 名 空腹。すきっ腹。 * カラ「ワタに同じ。

「ンニ [「nni] 名 胸。 ~ ロンミカスン〈(驚いて)胸が高鳴る〉。

ッンニ「 [ʔnni「] 名 稲。

ッンニ「カイ [ʔnni「kai] 名 稲刈り。

「ンニギー [「nnigi:] 名 胸毛。

「ンニグチ [「nnigutʃi] 名【胸口】みぞおち。

「ンニヒジュ「ルサン [「nniçidʒu「rusan] 形《⑳ンニヒジュルコーネーン ⑳ンニヒジュルサタン》(未経験の出来事に遭遇して)肝を冷やす。はっとする。どきっとする。

ッンニマ「ジン [ʔnnima「dʒin] 名 いなむら(稲叢)。稲を積み重ねたもの。

ンニラク「ラク [nniraku「raku] 副 (喜びや不安、恐怖などで)胸がどきどきするさま。 * ンニラクラ「クーともいう。

ンニラクラ「クー [nnirakura「ku:] 副 ンニラク「ラクに同じ。

ンニロン「ロン [nniron「ron] 副 (喜びや不安、恐怖などで)動悸がするさま。 * ロンロンは擬音語的表現。

「ンヌ [「nnu] 名 蓑(みの)。雨具の一つ。

ンパー [mpa:] 接尾 …するのを嫌がること。 イカン「パー〈行きたがらないこと〉 / ン「ラン「パー〈見たがらないこと〉 / サン「パー〈したがらないこと〉 / エージ サビタシガ クー~ソーイビータン〈声をかけましたが来たがらないようでした〉。

ッンバ「ギー [ʔmba「gi:] 名 出産祝いに出すムジ「シル。

「ッンバシ [「ʔmbaʃi] 名【植】クワズイモ(食不芋)。サトイモ科。大きな葉は食べ物をのせたり、その覆いに用いたりする。

ン「パ「ンパ [m「pa「mpa] 感 いやいや。拒絶の気持ちを表す語。 ~ スン〈嫌だと言う。拒絶する〉。

「ッンビーン [「ʔmbi:n] 動《ʔmbirʔmbit-; ⑳ッンビラン ⑳ッンビー ⑳ッンビトーン ⑳ッンビタン》おびえる。こわがる。 * 赤ん坊が突然泣き出したりするときなどにもいう。

「ッンブサン [「ʔmbusan] 形《⑳ッンブコーネーン ⑳ッンブサタン》重い。 チビヌ ~〈尻が重い。さっさと仕事をしない場合にいう〉 / クチヌ ~〈口が重い。寡黙である〉。

「ッンブシ [「ʔmbuʃi] 名 ①重し。豆腐などを固めるための重しなど。 ②(秤の)重り。分銅。

「ッンブシー [「ʔmbuʃi:] 名 料理名。水分の多い野菜(へちまなど)と豆腐、豚肉を

味噌でやわらかく煮込んだもの。

ンブ「スン [ʔmbuˈsun] 動《ʔmbus- ʔmbutʃ-; 㐧ンブサン 連ンブシ 禁ンブチョーン 過ンブチャン》蒸す。ふかす。

「ンブックィーン [ʔmbukkwiːn] 動《ʔmbukkwir- ʔmbukkwit-; 㐧ンブックィラン 連ンブックィー 禁ンブックィトーン 過ンブックィタン》おぼれる。

「ンブニー [ʔmbuniː] 名 重い荷物。

「ンブムン [ʔmbumun] 名 重い物。

「ンブラーサン [ʔmburaːˈsan] 形《㐧ンブラーコーネーン 過ンブラーサタン》重々しい。堂々としている。品格がある。アンチョー 〜〈あの人は堂々としている〉。

ンブラシケー「サー [ʔmburaʃikeːˈsaː] 名 料理の温め直し。＊タジラシケーサーともいう。

ンブラ「スン [ʔmburaˈsun] 動《ʔmburas- ʔmburatʃ-; 㐧ンブラサン 連ンブラシ 禁ンブラチョーン 過ンブラチャン》蒸らす。ンブラチカラ カメー マーサン〈蒸らしてから食べるとおいしい〉。

ンブリー「ン [ʔmburiːn] 動《ʔmburir- ʔmburit-; 㐧ンブリラン 連ンブリー 禁ンブリトーン 過ンブリタン》①(ご飯などが)蒸れる。②蒸されるように暑い。蒸し暑い。ンブリールグトーサ〈蒸し暑いね〉。

「ンベーイルー [ʔmbeːiruː] 名 ちょっとしたことで腫れたり化膿したりしやすい体。

「ンベーイン¹ [ʔmbeːin] 動《ʔmbeːr- ʔmbeːt-; 㐧ンベーラン 連ンベーイ 禁ンベートーン 過ンベータン》(傷口や腫れ物が)化膿する。田芋などを食べて腫れ物が悪化し化膿する場合にもいう。

「ンベーイン² [ʔmbeːin] 動《ʔmbeːr- ʔmbeːt-; 㐧ンベーラン 連ンベーイ 禁ンベートーン 過ンベータン》うめる。湯に水を入れてぬるくする。

ンマ「¹ [ʔmmaˈ] 名 ①馬。②(琴や三線の)こま。③(十二支の)午(うま)。

「ンマ² [ʔmma] 代 ①そこ。そっち。そちら。②その方。この方。三人称の敬語。ンマー マース ッチュ ヤミシェーガ〈この方はどちらからおいでの方ですか〉。

ンマ「ッウィー [ʔmmaˈʔwiː] 名 馬場。

ンマ「ガ [ʔmmaˈga] 名【う孫】孫。

ンマガサ「ガサ「クマガサガサ [ʔmmagasaˈgasaˈkumagasagasa] 副 あちこちでちょこちょこ仕事をするさま。〜ッシ グマイチュナサヌ〈あちこちで忙しく仕事をしてせわしい〉。＊アマガサ「ガサ「クマガサガサともいう。

「ンマクマ [ʔmmakuma] 名 そちこち。そここに。＊「アマクマともいう。

ンマ「グヮー [ʔmmaˈgwaː] 名 小さい馬。子馬。

ンマ「ジャキ [ʔmmaˈdʒaki] 名【馬酒(うまざけ)】酒を飲むとあちこち歩き回ってさらに飲む癖。

ンマ「ヌイ [ʔmmaˈnui] 名 馬乗り。乗馬。

ンマ「ヌフヮ「ブチ [ʔmmaˈnuɸaˈbutʃi] 名 やかんのお湯が盛んに沸騰しているようなときにいう。本来は南(ンマヌフヮ)の方から吹く(フチュン)暴風の強さから出た言葉であろう。

ンマヌ「ヤー [ʔmmanuˈja] 名 馬乗り。馬に乗る者。

ンマヒ「チャー [ʔmmaçiˈtʃa] 名 馬方。「馬を引く者」の意。

ンマム「チャー [ʔmmamuˈtʃa] 名 ①馬持。②馬方。

「ンマムチ [ʔmmamuti] 名 そちら側。そっちの方。＊ンマム「ティーともいう。

ンマム「ティー [ʔmmamuˈti] 名 「ンマムチに同じ。

「ッンマリ」[ˀmmari] 图 生まれ。出生。 ~ヌガ ワッサラ〈生まれが悪いのだろうか。「生まれつき運が悪い」の意〉。

「ッンマリーン」[ˀmmari:n] 動《ˀmmarir- ˀmmarit-; ㊚ッンマリラン ㊥ッンマリーイ ㊨ッンマリトーン ㊊ッンマリタン》①生まれる。 ッンマリラン ッンマリ〈生まれない方がいいような生まれ。いろいろな苦境を背負ったような生まれ〉。 ②(砂糖、豆腐などが)うまくできあがる。 リッパ ッンマリトーン〈立派にできあがっている〉。

ッンマリ「カー」[ˀmmariˈka:] 图 その辺。

「ッンマリカーイン」[ˀmmarika:ˈin] 動《ˀmmarika:r- ˀmmarika:t-; ㊚ッンマリカーラン ㊥ッンマリカーイ ㊨ッンマリカートーン ㊊ッンマリカータン》(死後に)生まれ変わる。 ッヤートー ッンマリカーティン ナラン〈おまえとは生まれ変わっても付き合えない〉。

「ッンマリジチ」[1] [ˀmmaridʑitʃi] 图 生まれつき。生まれつきの性質。*「ッンマリソー」シチともいう。

「ッンマリジチ」[2] [ˀmmaridʑitʃi] 图 生まれ月。

「ッンマリジマ」[ˀmmaridʑima] 图 生まれ故郷。生まれた村。

「ッンマリジム」[ˀmmaridʑimu] 图 生まれたままの立派な心。 ナマネー ~ ッンジャチョーン〈今度は正しい立派な心で対処している〉。

「ッンマリソー」シチ[ˀmmarisoːˈʃitʃi] 图「ッンマリジチに同じ。

「ッンマリビー」[ˀmmaribi:] 图 生まれた日。誕生日。

「ッンマリルシ」[ˀmmariruʃi] 图【生まれ年】生まれた年と同じ干支の年。十二年ごとにめぐってくる。数えて13、25、37、49、61、73歳などのことであるが、厄年とされ、厄払いも込めた祝いがなされる。*「ソーニン、トゥシ「ビーともいう。

ッンミ「[1] [ˀmmiˈ] 图 膿(う)。

「ッンミ」[2] [ˀmmi] 图 うめ(梅)。 ~ヌ ハナ〈梅の花。「ほろ酔い気分」の意も表す〉。

「ッンミジャキ」[ˀmmidʑaki] 图 梅酒。泡盛に梅と氷砂糖を漬け込んだもの。

「ッンミブシ」[ˀmmibuʃi] 图 梅干し。

ッンム「[ˀmmuˈ] 图 芋。(特に)さつまいも。

ッンム「ガー [ˀmmuˈga:] 图 さつまいもの皮。豚の飼料などにした。

ッンム「カシ [ˀmmuˈkaʃi] 图 さつまいもから澱粉を取ったあとのかす。手のひらで握った程度の大きさのものを乾燥させて食用にしたが、味はきわめてまずい。

ッンム「クジ [ˀmmuˈkudʑi] 图 さつまいもから取った澱粉。ひと頃前は、さつまいもをすりつぶして水に溶かし、そのしぼり汁を容器に入れておき、底に沈殿して固まったものを取るという方法で作っていた。⇒ クジ[1]。

「ッンムクジアンラ」ギー [ˀmmukudʑiˀanraˈgi:] 图 料理名。ッンム「クジと蒸したさつまいもを混ぜて油で揚げたもの。つまんで揚げるときの三本の指型が入っているのが特徴。

「ッンムクジプットゥ」ルー [ˀmmukudʑiputtuˈru:] 图 料理名。ッンム「クジと味噌を水でとき韭(にら)などを入れて油で炒めたもの。

ッンムチュク「ヤー [ˀmmutʃukuˈja:] 图 さつまいもを作る者。転じて、農民、百姓のこと。

ッンム「ニー [ˀmmuˈni:] 图【芋練り】料理名。煮たさつまいもをつぶして練ったもの。砂糖や白玉粉や小麦粉を入れることもある。

ッンムヌ「クチ [ˀmmunuˈkutʃi] 图【芋の口】無口。寡黙。 ヌバロー ムル ~〈野原家の者はみな無口〉。

ッンムヌ「シル [ˀmmunuˈʃiru] 图 さつまいもの煮汁。

「ッン」ムン [ˀmˈmun] 動《ˀmm- ˀnr-; ㊚ッンマン ㊥ッンミ ㊨ッンローン ㊊ッンラン》①(果実が)熟す。うれる。 ②(腫れ

物などが)膿む。 キジス ～〈傷が化膿する〉。

ッンメー「シ [ʔmmeːˈʃi] 图【御御箸(おんぎん)】箸。 アンラッンメー「シ〈てんぷらを揚げるときに使う比較的大きい箸〉。 ＊ハーシとはあまりいわない。

ン「モー [mˈmoː] 擬音 ンーモーに同じ。

ン「ラ [nˈra] 感 どれ。 ～ ネーレー〈どれ、よこせ〉／ ッンジ クーイィー〈どれ、行って来ようね〉。

ン「ラスン [ˈnrasun] 動《nras- nratʃ-; ㋱ンラサン ㋭ンラシ ㋷ンラチョーン ㋬ンラチャン》濡らす。 ンラチ ネーン〈濡らしてしまった〉。

ンリ [nri] 助 ①と。引用を受ける。 イチュ～ナー。イー イチュ～「行くと(言っていた)か」「うん、行くと(言っていた)」〉／ヌー～ イータガ〈何と言ったか。何と言っていたか〉。 ②(...し)に。(...する)ために。 ムヌ カム～ ケーイタン〈ご飯を食べに帰った〉。 ＊ンで終わる語に付くときはリになる。イン〈犬〉＋ンリ → 「インリ〈犬と〉。

ン「リーン [ˈnriːn] 動《nrir- nrit-; ㋱ンリラン ㋭ンリー ㋷ンリトーン ㋬ンリタン》濡れる。

ン「リカー [ˈnrikaː] 副 びっしょり。雨などにすっかり濡れるさま。 ～ ソーン〈びっしょり濡れている〉。

ンリサ [nˈrisa] 連語 というよ。ということだ。ンリ イーサ〈と言うよ〉のつづまった形。 マジムンヌ ウゥンリサ〈化け物がいるということだ〉。

ンリチ [nˈritʃi] 連語 と言って。ンリ イチ〈と言って〉のつづまった形。

ンリル [nˈriru] 連語 という。ンリ イール〈という〉のつづまった形。

ンレー [nreː] 助 など。でも。軽く例示したり婉曲に表現したりするときに用いる。 チャー～ ヌメー〈茶でも飲め〉／ カムシ～ ネーニ〈食べるものなどないか〉。

ッンー [ʔmːˈ, ʔnːˈ] 感 うん。ああ。親しい者や目下に対する応答の言葉。同意、肯定などを表す。

「ンーキーン [ˈŋːkiːn] 動《ŋːkir- ŋːkit-; ㋱ンーキラン ㋭ンーキー ㋷ンーキトーン ㋬ンーキタン》向ける。

「ンークー [ˈŋːkuː] 图 幼児の喃語。言葉を話す前段階の幼児がンーンーなどと発する音声。大人が幼児にンークーと呼びかけ、幼児がそれに答えて声を出すと、～ スタン〈～をした〉という。

「ンージ [ˈnːdʒi] 图 刺(とげ)。

ンージブッ「ター [nːdʒibutˈtaː] 图 刺(とげ)だらけ。

ンー「ジャナ [nːˈdʒana] 图【にが菜】〖植〗ホソバワダン。キク科。腹痛にも効き、とても苦い。

ンー「ジュ [nːˈdʒu] 图 溝(みぞ)(どぶ)。下水。

ンー「ジュン [nːˈdʒun] 動《nːr- nːtʃ-; ㋱ンーラン ㋭ンージ ㋷ンーチョーン ㋬ンーチャン》①見る。 シバヤ ～〈芝居を見る〉／ ンーランフー「ナー〈見ないふり〉／ ンーチャルビ「ケー〈見たまでだ〉／ ンーラリー「ン〈見られる。(また)見るに足る〉。 ②(...して)みる。 トゥッティ ンーレー〈取ってみろ〉／ カリ ンーラ〈食べてみよう〉。

ンー「ス [nːˈsu] 图 味噌。

ンー「ス」ガーミ [nːˈsuˈgaːmi] 图 味噌甕。

ンースナ「バー [nːsunaˈbaː] 图〖植〗フダンソウ(不断草)。トウチシャ(唐萵苣)。大きい葉っぱは白あえなどにして食べる。

ンー「チャ [nːˈtʃa] 图 土。土壌。

ンーチャヌ「ミー [nːtʃanuˈmiː] 图 土の中。土がたくさんあるところ。 ミミジャーヤ ～ンカイ ウゥン〈みみずは土中にいる〉。

ンーチャムター「ン [nːtʃamutaːˈn] 图 土遊び。⇨ ムターン。

「ンーチュ [ˈnːtʃu] 图 一昨年。おととし。 ～ヌ イィヌイ〈三年忌。三回忌。「おととしの同じ折」の意〉。

「ンーチュン [ˈnːtʃun] 動《ŋːk- nːtʃ-; ㋱ンーカン ㋭ンーチ ㋷ンーチョーン ㋬ンーチャン》(皮などを)むく。 ッンム ～

〈さつまいもの皮をむく〉。
「ンーナ [「n:na] 图 皆。すべて。全部。
ンー「バ [m:「ba] 感 名 ンー「パに同じ。
ンー「パ [m:「pa] 感 名 いや。拒絶、不承知の気持ちを表す語。嫌だと言うこと。拒否すること。 ンーパー ヤティン サントー ナラン 〈嫌ではあってもしないといけない〉/ ジン カラシェー。~〈「金を貸せ」「いや」〉。
＊ンー「バともいう。
ッンーマー「ギー [ʔm:ma:「gi:] 名 『植』モモタマナ。コバテイシ。シクンシ(使君子)科の高木。以前はその強い枝を利用して子供たちの遊ぶブランコなどを作った。また、枝を横に張り大きな葉があるので人々の語らいの場にもなる。墓所にも生えるので人の泣き声を聞いて成長するともいわれる。
＊琉歌ではクフっ「ディサという。
ッンー「ミー [ʔm:「mi:] 名 姉さん。姉。 ワン ~〈私の姉〉。 ＊エー ッンーミー〈もし、姉さん〉のように呼びかけにも用いる。
ンー「モー [m:「mo:] 擬音 牛の鳴き声。
＊ン「モーともいう。
ッンー「リー [ʔn:「ri:] 名 『植』カブ(蕪)。
ンー「ンー「ンー [ŋ:「ŋ:「ŋ:] 感 いや。ううん。親しい者や目下などに言う否定を表す応答の言葉。 ッヤーガ サラヤー。~〈「おまえがしただろう」「いや」〉。

# 古典文学引用一覧

琉歌 ……… p.325
組踊 ……… p.341
歌劇 ……… p.344

## 【琉歌】

『伊波普猷全集』4巻 p. 314　　クチカジ[1]
　東風の吹けば　み頭の痛みゆり　さんか珍しやや　だねもならぬ
　東風が吹けば　頭痛が起こるが、(しかしあたりを見渡すと)下界が珍しく、実になんとも言えない。

『琉歌百控』32　　ユシジミ
　夕雀(ちゅん)か鳴(な)はあいち居(おぅ)りらん玉金使のにや来らとめは
　夕暮れ時になると、いても立ってもいられない。恋しい人の使いの者がもう来るかと思えば。

『琉歌百控』102　　ミヤラビ
　山の木の軽さ朝比と夕比宮童の軽さ二十宮童
　山の木の軽いのは朝と夕方である。乙女の軽いのは二十歳前後だ。

『琉歌全集』4　　タン[2]
　あらたまの年に炭とこぶかざて心から姿若くなゆさ
　新年に炭と昆布をかざり、心も姿も若くなったような気がする。

『琉歌全集』8　　アサユ
　言ちもつくされめ朝夕お真人(うまんちゅ)の神願ひよしちやる今日のお祝
　言葉で言い尽くされようか(言い尽くせるものではない)、朝夕万民が祈願していた王様のお祝いの喜ばしさは。

『琉歌全集』15　　トゥナカ
　かれよしのお船の渡中おしてれば波もおしそひて走るがきよらさ
　縁起のいいお船が沖合いに出ると、波も後から押し添うようにして航行するのが誠に美しいことだ。

『琉歌全集』23　　カリユシ、ランジュカ、マトゥム
　だんじよかれよしや選てさし召しやいるお船の綱とれば風やまとも
　なるほどもっともだ、吉日を選ばれて、いよいよお船の綱を取れば、風はまともに吹いて、よい航海を思わせて誠に喜ばしい。

『琉歌全集』24　　チル[2]
　千歳へる松のみどりばの下に亀が歌すれば鶴や舞方
　千年も経たと思われる松の若芽の葉の下で、亀が歌を歌えば鶴は舞っている。

『琉歌全集』29　　ユユ
　みどりなる竹のよよのふしぶしにこもる万代や君と親と
　緑の竹の節と節の間が多くあるように、君と親の代も幾代にもわたって万

代に続くようお祈りしたいものである。
『琉歌全集』31　　チジヌフェ
　恩納松下に禁止の牌の立ちゅす恋忍ぶまでの禁止やないさめ
　　恩納の松の木の下に禁止事項を書いた札が立っているけれども、その中に忍ぶ恋までも禁ずるものはあるまい。
『琉歌全集』32　　クスン
　あちやからのあさて里が番上りたんちや越す雨の降らなやすが
　　明日から明後日にかけて、夫が役目で首里に行くことになっているが、谷茶村を越すような大雨が降ってくれないものだろうか。
『琉歌全集』33　　タチ[1]
　あちやからのあさて里が番上り滝ならす雨の降らなやすが
　　二、三日後に夫が役目で首里に行くことになっているが、そのときには滝なす大雨が降ってくれないものだろうか。
『琉歌全集』34　　ミチシガラ、チミーン
　あはぬ徒らに戻る道すがら恩納岳みれば白雲のかかる恋しさやつめて見ぼしやばかり
　　恋しい人に会えず空しく戻る道すがら、恩納岳を見れば白雲がかかって、姿が見えない。（それと同じように会えない人への）恋しさは一層つのって、ただひたすら会いたいばかりだ。
『琉歌全集』36　　ティミジ
　馬よ引き返せしばし行き見ぼしや音に聞く名護の許田の手水
　　馬を引き返せ。行って今しばらく見たいものだ。（女が手ですくって男に水を飲ませたという）名高い名護の許田の手水の遺跡を。
『琉歌全集』39　　ムイ
　恩納岳あがた里が生まれ島もりもおしのけてこがたなさな
　　恩納岳のあちら側に、恋しい人の生まれた村がある。この山を押しのけて、愛する人の村をこちら側に引き寄せたいものだ。
『琉歌全集』47　　マシガチ
　七重八重立てるませ垣の花も匂移すまでの禁止やないさめ
　　七重八重にまがきを作って大切に育てている花も、その匂いを移すことまで禁ずることはできまい。
『琉歌全集』63　　ハベル
　飛び立ちゆるはべるまづよまてつれら我身や花の本知らぬあもの
　　飛び立つ蝶よ、今しばらく待ってくれ、一緒に連れ立って行きたいものを。私は花のありかを知らないから案内してくれ。
『琉歌全集』64　　ウミサトゥ
　名に立ちゅる今宵や月影もきよらさ思里よさそて眺めぼしやの

名月という評判どおり、今宵は月も一段と美しいことよ。いとしいあのお方(男)を誘って一緒に眺めたいものだ。

『琉歌全集』71　　クティブシ
　おほにしの特牛やなざちやらど好きゆるわすた若者や花ど好きゆる
　おほにし(読谷山間切の古名)の特牛はなざちゃら(植物名)が好きだ。我々若者は花が好きだ。

『琉歌全集』73　　アキヨ
　あけやうくらさらぬとまいて着きをものお門に出ぢめしやうれ一目をがま
　ああ、暮らしかねて尋ねさがしてやってきました。どうぞ門にお出でください。一目でもお会いしたいものを。

『琉歌全集』92　　ヤマヌフヮ
　眺めゆる中に面影よ残ち山の端に入ゆる月のらめしや
　眺めているうちに、面影を残して、西の山の端に隠れてしまった月のなんと恨めしいことよ。

『琉歌全集』99　　カウ
　かさに顔かくす忍ぶ夜やしらぬさやか照り渡る月のらめしや
　傘に顔を隠して、人知れずひそかに忍んでいく夜とも知らないで、さわやかに明るく照りわたる月のなんと恨めしいことよ。

『琉歌全集』102　　ヤマビク
　恋の奥山に深く踏み迷て谷の山びこの音声(うとぅ)ばかり
　恋の奥山に深く迷い込んで、いとしい人の名を呼んでもやまびこの声ばかりだ。

『琉歌全集』118　　イジュ
　伊集(じゅ)の木の花やあんきよらさ咲きゆりわぬも伊集のごと真白(ましら)咲かな
　伊集の木の花はあんなにきれいに咲いているよ。私もあの伊集の花のように真っ白に咲きたいものだ。

『琉歌全集』137　　ヌヌラキ、フィチュイ
　照るてだや西(いり)に布だけになても首里みやだいりやてど一人のぼる
　天照る日は傾き、西の水平線との距離も短くなっているが、公用があって首里に一人で行く。

『琉歌全集』149　　アブシ、チリフィジ
　穂花咲き出ればちりひぢもつかぬ白ちやねやなびきあぶしまくら
　稲の穂が咲き出ると、塵も泥もつかない。白い実はなびいて畦を枕とするほどに実っている。

『琉歌全集』158　　ユタカ
　豊なる御代や三十六島まで遊びたのしみゆることのうれしや

豊かなる御代は、琉球三十六島に至る住民が皆歌ったり踊ったりして遊び楽しんでいることのうれしさよ。

『琉歌全集』172　　**クイムルスン**
走川(はうかわ)のごとに年波やたちゆいくり戻ち見ぼしや花の昔
流れ行く川波のように、人の年波もあっという間に過ぎ去るものだ。なろうことなら、いま一度青春の昔を繰り返してみたいものだ。

『琉歌全集』179　　**サクヒラ、ヤミ**
若さひと時の通ひ路の空や闇のさくひらも車たう原
若い頃のひと時、いとしい人のもとへ通う路は、闇の夜の険しい谷の坂でも、砂糖車のある平らな原っぱと同じようなものだ。

『琉歌全集』195　　**ウミンゾ**
待ちかねてをれば思無蔵が使のにや来ゆら来ゆらともておぞでをたさ
待ちわびていて、あの人(女の恋人)の使いが今来るか今来るかと思い、夜通し眼をさましていた。

『琉歌全集』206　　**カナ²**
むちやれかなわかち布になしゆばかり花もやすらみも織りどしやべる
乱れもつれたかせ糸もさばいて立派な布になすように、花織りもやすらみ織りも織ってお目にかけましょう。

『琉歌全集』210　　**ヤンバ**
しほらが越しゆらんで山葉差ち　おきやん袖や谷川の底にひたち
わが愛する人が越すであろうと思って、水に袖を濡らしながら谷川の底に山葉を差しておいた。

『琉歌全集』215　　**ナチグリ**
夏ぐれのすぎて露の玉むすぶ庭のなでしこの花のきよらさ
夏のにわか雨が通り過ぎて、露の玉を宿しているなでしこの花の美しいことよ。

『琉歌全集』226　　**マシカガミ**
自由ならぬとめば思ひ増す鏡影やちやうも写ち拝みぼしやの
自由にならないと思うと、ますます思いは募るばかりだ。せめて面影だけでも鏡に映して見たいものであるよ。

『琉歌全集』233　　**ニシチ**
春にあやまれるもみぢばの錦雁の声聞きど秋や知ゆる
春の花と見紛う錦をなす紅葉であるが、雁の声を聞いて、やはり秋になったと知るようになる。

『琉歌全集』237　　**イソーサ**
名護の大兼久馬はらちいしやうしや舟はらちいしやうしや我浦泊
名護の大兼久は馬を駆ってうれしく、名護浦で舟を走らせてうれしい。あ

あ、わが名護浦よ。
『琉歌全集』264　　デンシ
　心あて吹かな面影にだいんす我肝夕間暮の松のあらし
　心ある趣で吹いてほしい。面影を偲ぶだけでさえ我が心に夕暮れのさびしい松風が吹きすさぶのだから。
『琉歌全集』273　　タビヤドゥ
　旅宿の哀れ知らさなやあれに夜夜に通はしゅる夢路たよて
　旅宿のさびしさつらさをいとしいあの人に伝えたいものだ。夜毎に通わしている夢路を頼りにして。
『琉歌全集』280　　アネラワン
　仲島の小橋人しげさあものあにあらはもともて忍でいまうれ
　仲島の小橋は人が頻繁に往来するものを。そんなところであろうと思って、忍んでいらしてください。
『琉歌全集』286　　ニジャミウルルチ
　寝ざめ驚きに誰が袖よとめば庭に咲く梅のしほらし匂
　ふと目覚めて驚き、誰の袖かと思ったら、庭に咲く梅のゆかしい匂いであった。
『琉歌全集』299　　ナグリ
　寄る年やつめて幾度ながめゆが名残り立ちまさる秋の今宵
　よる年はおしつまり余生いくばくもなく、これから先幾度眺めることができるだろうかと思うと、殊に名残が尽きない今宵の秋の名月であることよ。
『琉歌全集』304　　ユスミ
　こはでさのお月まどまどど照ゆるよそ目まどはかて忍でいまうれ
　こはでさの木の上の月は、葉の隙間だけしか照らしません。それと同じように人目の隙間を見計らって忍んでいらっしゃい。
『琉歌全集』341　　トゥミバ
　及ばらぬとめば思い増す鏡影やちやうもうつち拝みぼしやの
　とうてい及ばぬ恋と思うと、想いはますます募るばかりで、せめてあの方のお姿だけでも鏡に映してお目にかかりたいものだ。
『琉歌全集』346　　グイン
　くり返し結ぶご縁待ちめしやうれ染めてあるかなのあだになゆめ
　一度別れるようなことがあっても、繰り返して結ぶご縁の機会をお待ちください。布を織るために染めてあるかせ糸が無駄になることがありましょうか。
『琉歌全集』355　　クヤ
　染めて色つかぬかなのあめ世界に情あて染めれ紺屋の主

染めても色のつかないかせ糸(女性)がこの世にありましょうか。どうか愛する心を持って染めてください紺屋の主(男性)よ。

『琉歌全集』361　　チリナサン
つれなさや思ひ身にあまてをればさやか照る月もなだにくもて
切なくも身に余る想いを抱いておれば、さやけく照りわたる月も、涙にくもりがちである。

『琉歌全集』367　　フヤカリ
飛びわたる雁に文やちやうも持たち振別のつらさ知らせほしやの
飛び渡る雁に手紙でも持たせて、別れの辛さを知らせたいものだ。

『琉歌全集』374　　ヌガシ
のがす思童物思顔しちをる思事のあらば語て聞かせ
どうしたんだ、愛する子よ、心配そうな顔をしていて。思い悩むことがあったら話して聞かせてくれ。

『琉歌全集』409　　フィシ
千瀬にうち寄せる波音もないらぬでかやう慰みに出でて遊ば
礁に打ち寄せる波音もなく、のどかで静かな日だ。さあ、皆、気晴らしに外に出て歌い踊って遊ぼうよ。

『琉歌全集』422　　マフェ
瓦屋つぢのぼて真南向かて見れば島の浦と見ゆる里や見らぬ
瓦屋の近くの丘の上に登って、真南の方を見ると、島の浦は見えてもいとしい人は見えない。

『琉歌全集』432　　トゥユムン
とよむ中城よしの浦のお月みかげ照り渡てさびやないさめ
名高い中城城跡から眺めると、よしの浦の月が美しく照り輝いて、天下はなんの障りもないだろうと思われる。

『琉歌全集』436　　ユイ[3]
宵とめば明ける夏の夜の慣ひや玉黄金お側夢の心地
宵の間とおもえば、すぐ明けてしまう夏の夜の慣わしで、おそば近く寝たのも夢の心地がするばかりだ。

『琉歌全集』443　　フェーチョー
真福地のはいちやうや嘉例なものさらめいきめぐりめぐり元につきやさ
真福地の盃は縁起のよいものだ。めぐりめぐってまた元の所へ帰って来たよ。＊旅に出る者がまた元の所へ帰るようにと予祝した歌。

『琉歌全集』450　　ムイクバナ
もいこ花こ花ものも言やむばかり露にうち向かて笑て咲きゆさ
まつり花の小さい花は、なにか言いたげに、露を受けて笑いこぼれるように咲いているよ。

古典文学引用一覧

『琉歌全集』469　　ナミラ
涙より外にい言葉やないらぬつめて別れ路の近くなれば
ただ涙ばかりで、ほかにかける言葉もない。いよいよ別れが近づいているので。

『琉歌全集』470　　アワリ
つれなさやふたり人に生れとて哀れ生き別れしゆるが心気(きん)
あゝ、つれないことであるよ。二人して人間として生まれていながら、あわれ生き別れすることの悲しき心地よ。

『琉歌全集』471　　ナナユミ、ユミ³
わが手引しちやる七よみとはたいん里があかいづ羽御衣(ぐい)よすらね
わが手で引いた芭蕉の糸で上質の布を織り、いとしいあの方(男)に蜻蛉の羽のような美しい着物を作って差し上げたい。

『琉歌全集』473　　カシ²
里があかいづ羽御衣(ぐい)すらんともてけふのよかる日にかせよかけら
いとしいあの方(男)に蜻蛉の羽のような美しい着物を作ろうと思って、今日の吉日に経糸をかけよう。

『琉歌全集』492　　ククティルサン
ませこまてをればここてるさあものおす風とつれて忍でいらな
籠(かき)の中に引きこもっていると、うら淋しくてたまらないものを。いとしいあの方の許へそよ風とともに人目を忍んで入り込もう。

『琉歌全集』503　　クチ²、ミクチ
諸鈍めやらべの雪のろの歯ロいつか夜のくれてみロ吸はな
諸鈍村(奄美大島瀬戸内町諸鈍)の娘の歯は雪のようで真っ白で美しい。早く日が暮れてあの娘と口づけしたいものだ。

『琉歌全集』506　　サトゥ
里とわが仲や木よなれば連理鳥なれば比翼いつも共に
わが愛する人(男)と私は、木であれば連理、鳥であれば比翼の鳥のようなもので、いつも一緒である。

『琉歌全集』510　　イチャ²
暁やなゆりいきやおさうずめしやいが別るさめとめば袖の涙
早くも夜明けになってしまいました。どう思っていらっしゃいますか。別れねばならないと思うと、私は涙で袖がぬれるばかりです。

『琉歌全集』513　　チム
末吉のかいじやう鐘や首里のかいじやうともて里起ちやらち我肝やみぬさ
明け六つを告げる末吉の寺の鐘を首里の円覚寺の鐘だと勘違いし、よく寝ているいとしい人(男)を起こして帰したが、もう少し寝かしておけばよかったと悔やまれて心を痛めている。

## 古典文学引用一覧

『琉歌全集』523　　トゥリーン
　夕間暮とつれて立ちゆる面影にあさましや我肝とれて行きゆさ
　夕間暮れとともに心に浮かぶいとしい面影で、あゝ、あさましいことに、我が心はなにも考えられず、ぼんやりしてしまう。

『琉歌全集』525　　アカイサンバシリ
　あかりさんはしり突明けけやり見れば庭の白菊の咲きやるきよらさ
　障子をさっと開けてみれば、庭の白菊が美しく咲いているよ。

『琉歌全集』537　　ハイカワ
　はり川のごとに月日おしやらち苦しやさびしさも語らひぼしやの
　流れの早い川のように、月日を早く押し流して、苦しさやさびしさも昔語りとして語り合いたいものだ。

『琉歌全集』553　　ハイフニ
　三重城にのぼて手巾（ﾃｻｼﾞ）持上げれば走船のならひや一目ど見ゆる（花風）
　旅立つあの人をお見送りするため、那覇埠頭にある三重城に登ってハンカチを持ち上げて打ち振ると、走り出る船の常として、ただ一目しか見えない。名残惜しいことよ。

『琉歌全集』562　　ナグサミ
　慰みにとたる石なごやあらぬ里がいまる月の算どとたる
　手慰みに拾った小石ではありません。いとしいあの人（男）が帰っていらっしゃる月日を数えているのです。

『琉歌全集』573　　フゥフワ
　後生の長旅や行きぼしやゃないらぬ母のためやてどほこて行きゆる
　後生への長旅は行きたくはありません。母のためであればこそ喜んで行くのです。＊組踊『孝行之巻』で、姉が大蛇の人身御供になろうとして行くときの歌。

『琉歌全集』599　　イシクビリ
　伊野波の石こびれ無蔵つれてのぼるにやへも石こびれ遠さはあらな
　伊野波（本部町）の石ころの坂道を、あなた（女の恋人）と連れ立って登っていく。もっとこの石ころの坂道が遠く続けばよいものを。

『琉歌全集』602　　アラシグィ
　生き別れだいんすかにくりしやあものあらし声のあらば我身やきやしゆが
　生き別れさえこんなに苦しいものを。もし、不幸な知らせでもあれば私はどうしよう。

『琉歌全集』612　　ハマチルリ、ナチュン
　誰よ恨めとてなきゆが浜千鳥あはぬつれなさや我身も共に
　誰を恨んで鳴いているのか、浜辺の千鳥よ。会えない悲しさはわが身も同じだ。

『琉歌全集』632　　アティナシ
　あてなしのわらべ死出が旅しめて山路ふみ迷て泣きゆらとめば
　物心もつかぬ幼い子を冥土の旅へとやってしまって、もしやあの世への山道で迷って泣いているのかと思うと、居ても立ってもいられない思いだ。

『琉歌全集』636　　チユ
　い言葉の匂ひどこの世界のかたみちりてよしまらぬ露の命
　香りある美しい言葉こそこの世の形見なのだ。人の命というものは散ってしまい、止めようにも止められない、はかない露のようなものだから。

『琉歌全集』659　　フリブリートゥ
　まことかや実か我肝ほれぼれと寝覚め驚きの夢の心地
　子を失ったのは、本当のことなのか、現実のことなのか。我が心は啞然とし、驚き目覚めた時の夢心地のようなもので、現実とは受け取れない。

『琉歌全集』661　　マミジュン
　向かて行く先や暗さあらだいものまめぐなやう童死出が山路
　これから行く先は暗いだろうから、あの世への山道で迷うことがないように、わが子よ。

『琉歌全集』668　　アサユサ
　朝夕さもおそば拝みなりそめて里や旅しめていきやす待ちゆが
　朝晩いつもお側に居て、お姿を見て楽しく暮らしなれていたのに、そのあなた（男）が旅に出て行かれて、私は一人でどうお待ちしましょうか。辛く、悲しいことです。

『琉歌全集』671　　アラシ
　あらし吹く夜の花の上の露ゑうちふられふられ匂ひもそはぬ
　嵐の吹きすさぶ夜の花の上の露であろうか。（そうではないのに）振られ振られて、匂いさえ添うこと叶わない。

『琉歌全集』673　　イチグ
　一期このごとゑ夜夜の夜夜ごとに畜生げな我身や露にぬらち
　一生このようであろうか。夜ごと夜ごとに、無情冷酷にも我を夜露に濡らしたまま。

『琉歌全集』675　　イヌチ
　命ふり捨てて思たすがとがゑたのでたのまらぬあれが肝や
　命限り愛したのが罪なのか。あの女の心は頼りにしようにも頼れない軽薄なものだ。

『琉歌全集』713　　ウゥガムン
　拝でなつかしややまつせめてやすが別て面影の立たばきやしゆが
　お目にかかって、なつかしく心安らいだのはまずいいとしても、またお別れして後に、面影が立ったら、どうしよう。切ないことです。

古典文学引用一覧

『琉歌全集』739　　ナカビ
　なかべ飛ぶ鳥や聞きやらはもよたしやかくれ思里が聞かばきやしゆが
　中天を飛ぶ鳥は聞いてもよいが、世を忍んでいるあの愛しい人(男)が聞いたらどうしよう。

『琉歌全集』747　　クフゥディサ
　屋慶名こはでさの首里にあたらましおれが下なかへ茶屋のたたなまし
　屋慶名こはでさ(木の名)のようなこはでさが首里にもあればいいのに。そしてその下に茶屋が立てばなおいいのに。

『琉歌全集』753　　アマリ
　与那原の親川にあまりしやる乙女やがて弥勒代の近くなたさ
　与那原の親川(井戸の名)に天降りした天女。ならば、豊穣の世も近くなったということだ。

『琉歌全集』758　　ユクスン
　円覚寺御門の鬼仏がなし我無蔵よこしゆすやおどちたばうれ
　円覚寺の御門に立っている鬼仏様、わが恋人(女)を誘惑する者をおどしてください。

『琉歌全集』767　　フクラサン
　けふのほこらしやや木草色かはてひでりしゆる頃の雨きやたごと
　今日の嬉しさは、木や草の色が変わって、日照りしている頃の雨に会ったようなものだ。

『琉歌全集』768　　カタフ、マフ
　高禰久(たかねく)に登て真南向かて見れば片帆舟と思めば真帆どやゆる
　高禰久(八重山)に登って南を見れば、片帆舟(一本柱の帆を上げた舟)と思ったら、真帆舟(二本柱の帆を上げた舟)であった。

『琉歌全集』792　　トーバル
　与那の高ひらや汗はてと登る無蔵と二人(たい)なれば車たう原
　与那の高い坂道は汗を流して登るけれども、いとしい彼女と二人ならば、砂糖車を据えつけるような平坦な原っぱのようなものだ。

『琉歌全集』793　　トゥムリ
　わがよだつはんち里に打ちはけて面影の立たば我胸ともれ
　わが前掛けを脱いであなた(男)にかけてあげましょう。別れて後面影が立ったならば、わが胸と思ってください。

『琉歌全集』808　　ムヌシラシルクル
　高離島や物知らせどころにや物知やべたん渡ちたぼうれ
　高離島(与那城村宮城島)は世間のあり方、淋しさ、辛さ、悲しさ、苦しさをわからせるところ。もう十分知りました。どうか本島へ渡してください。

『琉歌全集』809　　ヌヤマ
　笠に音ないらぬ降ゆる春雨や野山たちかくす霞ともて
　笠に音もなく降る春雨は、野山を隠す霞のようだ。
『琉歌全集』835　　ブリブシ
　天のぼれ星や皆が上ど照ゆる黄金三つ星や我上ど照ゆる
　天の群れ星は一様に皆の上を照らしている。黄金三つ星は私の上のみを照らしている。
『琉歌全集』850　　アグムン
　勝連の島や通ひぼしやあすが和仁屋間門の潮の蹴やりあぐで
　勝連の村は通いたいが、和仁屋間門の潮を渡りあぐねている。
『琉歌全集』861　　ミルクユー
　道道のちまた歌うたて遊ぶ彌勒代のよがほ近くなたさ
　あちこちの道のちまたで歌を歌って遊んでいる。これは豊穣の世が近くなったしるしである。
『琉歌全集』869　　アタガフー
　あだ果報のつきやす夢やちやうも見だぬあの松と川のゆゑどやゆる
　かくも大きな果報を得たのは夢にさえ見ないことであった。これもあの松と井戸のおかげである。
『琉歌全集』893　　ユフヲラ
　袖からが入ゆらすそからが入ゆらよはら押す風や定めぐれしや
　袖から入るのか裾から入るのか、わき腹に入るそよ風はそこと決めにくいことであるよ。
『琉歌全集』897　　デンシ
　あだね垣だいんす御衣（キ）かけて引きゆりだいんすもとべらひや手取て引きゆさ
　あだんの垣さえ着物を引っかけて引くものを、ましてや昔付き合いをした人は手を取って引くのももっともなことだ。
『琉歌全集』900　　アチ
　秋来れば木草黄葉になてをすが蘭と菊の花匂まさて
　秋が来ると木や草は黄葉になってしまっているが、蘭と菊の花はその香がまさっていることよ。
『琉歌全集』960　　ミチシバ
　通ひ忍ぶの道しばにさはる夜嵐や吹かぬあらな
　ひそかに人目を忍んで通う道に、差し障りになる夜嵐は吹かないでもらいたい。
『琉歌全集』968　　クイ
　恋に思ひの乱れ髪さばち呉てたばうれ我肝やすま

古典文学引用一覧

恋ゆえに思い乱れている心を、髪の乱れを櫛で梳き分けるように、すっきりさせてください。それで我が心を安んじましょう。

『琉歌全集』980 　　チムリ
塩屋の煙や身が心朝夕こがれとて浮き世わたる
塩を作るために焚く小屋から出る煙は我が心と同じだ。朝夕想い焦がれて浮世を過ごしている。

『琉歌全集』990 　　タマヌウゥ
とにもかくにもならばなれしほらが玉の緒のある世かぎり
とにもかくにもなるようになれ。いとしいあの人(男女どちらでもよい)の命ある限り、生きて行きたい。

『琉歌全集』1001 　　イングヮ
何の因果に生まれたがなまの十七八ものよ思て
なんの因果でこの世に生を享けたのであろうか。今の十七、八の年で物思いの絶えないことよ。

『琉歌全集』1050 　　イジュン、イビ[1]
出砂のいべや泉抱きもたえる思子抱きもたえるとのち里之子
渡名喜島の出砂のいべ(聖域)は泉を前に控えて神々しく、とのちの領主は幼君を守り育てて栄えている。

『琉歌全集』1094 　　アクイン、フイシティーン
悪縁の結で放ち放されめふり捨てて行かば一道(ちゅいみち)だいもの
悪縁で結ばれた仲、放そうとしても放されるものか。振り捨てて行っても、きっとついて行く。

『琉歌全集』1185 　　アサギ
あしやげ行き童さばき箱取って来うあれにある手巾(てぃさじ)いやあにどくいゆる
前の離れ屋に行って、娘よ櫛箱を取ってきなさい。あれに入れてある手拭をお前にあげるよ。

『琉歌全集』1194 　　トゥケ
渡海やへぢやめても月やへぢやめらぬ月に音信やいやりすらな
海は遠くへだてても、天照る月はへだてるということはない。月に音信をことづけしたいものだ。

『琉歌全集』1242 　　フチュクル
梅や花咲きゆり庭や雪降りゆり無蔵がふちころや真南ど吹きゆる
梅は花を咲かせており、庭は雪が降って美しい眺めである。加えて我がいとしい人(女)のふところは南風が吹くように暖かい。

『琉歌全集』1281 　　ヤグミサ
我胴やれば我胴ゑこへなお座敷にやぐめさも知らぬおそば寄たす
我は誠に我か、これほどのお座敷にはばかりも知らずお側近く同席するこ

古典文学引用一覧

とができたとは。

『琉歌全集』1326　　**カイヤ**
　道のきよらさや仮家の前あやごのきよらさや宮古のあやご
　道がきれいなのは那覇の仮屋(薩摩の在番奉行の宿舎)の前の大通りであり、あやご(宮古の古謡と踊り)の美しいのは宮古のあやごである。

『琉歌全集』1342　　**ンゾ**
　無蔵とわが仲や松の葉のごとに落てて枯れるとも二人(たい)や一道(ひとみち)
　我が愛する人(女)と私との仲は、松の葉のように、落ちて枯れても二人は一緒である。

『琉歌全集』1362　　**マンサク**
　大粒豆も満作し青豆赤豆も満作し今年来年も満作しゆてたたちへ遊ばな
　大豆も豊作、青豆、小豆も豊作で、今年も来年も豊作になって、莢たたいて実を収穫して遊びたいものだ。

『琉歌全集』1389　　**スラ**
　旅の空やてもなれそめし無蔵や独り寝の空のお側ともて
　旅の空の身で一人旅寝をしていても、慣れ親しんだいとしいあの人(女)は、いつも側に居ると思って過ごしている。

『琉歌全集』1478　　**カタトゥチ**
　おへも片時も放さらぬものや暑さすだましゆる玉の団扇
　寸時も片時も手放せないものは、暑さをしのいで涼しくさせる立派な扇である。

『琉歌全集』1507　　**ワカナチ**
　若夏がなれば心うかされててかやうまはだをよ引きやり遊ば
　初夏ともなれば、心がうきうきする。さあ、真肌のような芭蕉の苧を引いて遊ぼう。

『琉歌全集』1510　　**タマミジ**
　若夏がなれば童きやと共に玉水におりて遊ぶうれしや
　初夏になれば、子供たちと一緒に美しい泉に下りて遊ぶのが嬉しい。

『琉歌全集』1636　　**イチャル**
　お旅しもきよらさみやだいりしもきよらさいきやる親がなしすだしめしやうち
　役目の旅をされても立派に果たし、王城での役目も見事になされる。いったいいかなる親が生み育てられたのであろうか。

『琉歌全集』1640　　**チニ**
　お真人(うまんちゅ)のまぎり一人さだりさだりことし元旦や常にかはて
　万民こぞって一人一人先を争って、王城に慶賀に行くありさまは、今年の元旦はいつもと変わっているようだ。

『琉歌全集』1692　　ムム³
　月の照るごとに浮世あかあかとうち仰ぐ民や百のうれしや
　月が照り輝くように、この浮世も立派な治世で明るく楽しく、国王の徳を仰ぎ見る民は大変な喜びようである。
『琉歌全集』1730　　ムム³
　孫の真実や杖につきめしやうち百の坂までものぼていまうれ
　孫の誠の心を杖になさって、百歳の坂までも登っていらっしゃい。
『琉歌全集』1735　　マニシ
　真北(にし)の真北吹きつめてをれば按司添(あぢ)前(めー)てだのお船ど待ちゆる
　北風が吹きしきっているので、国王様の帰りのお船が待たれるばかりだ。
『琉歌全集』1768　　ラクブチヌ ミウビ、サライン
　らくふつの御帯よはらおし廻ち首里ぎやなしみやだいりでわないさだら
　らくふつの帯(地上にあってまだ昇天しない竜を描いた帯。三司官の身分の人が儀式で用いた)を腰にまきつけて、国王のご奉公は我が先頭に立って進もう。
『琉歌全集』1777　　フヤワシ
　暁の別れ知らす鳥やらば振合わせの夜も語て呉らな
　夜明けの別れを知らせる鶏であるならば、めぐり会う夜も知らせてほしいものだ。
『琉歌全集』1788　　ティンガーラ
　あけやう天河原や島横になたさてきややう立ち戻らよべの時分
　あゝ、天の川は島の横に傾いてしまった。さあ、帰ろう。昨夜帰った時刻になった。
『琉歌全集』1804　　テイヤリ
　あちやの夕間暮や城岳のぼて待ちゆんてやりあれに語て呉れよ
　明日の夕暮れは城岳に登って待っていると、あの人に伝えてくれ。
『琉歌全集』1838　　チュミチ
　いつも変るなやう松の葉のごとに草のかげまでもちゆみちだいもの
　いつまでも心変わりしないでくれ。松の葉のようにあの世までも一緒だ。
『琉歌全集』1842　　ハーイヌミー
　糸目から針目ほけるとも我身ののよて思里のみこし引きゆが
　針穴からくぐり抜けることはあっても、なんで私がいとしいあなた(男)の邪魔になるようなことをするものか。
『琉歌全集』1863　　フェーイン²
　沖縄と八重山縁の糸はへて面影の立たば互に引かな
　沖縄と八重山の間に縁の糸を張り渡して、面影が立ったら互いに引き合うようにしましょう。

『琉歌全集』1870　　トゥチウラ
　思まぬ仲やすが時占よすればいつも片われの月やあらぬ
　相手が思ってくれない仲ではあるが、占ってみると、半月ではないがいつも片思いだけではないと出る。

『琉歌全集』1943　　クイジ
　恋路忘れゆる年やあらなしゆて恨めしや義理の我肝せめて
　恋路を忘れる年ではないが、恨めしいことに義理というものが我が心を責める。

『琉歌全集』1957　　イチシリ
　里や行きすりの花と思なしゆら我身やいつまでも頼でをすが
　いとしいあの方（男）は私を行き摺りの花と思っているのかしら。私はいつまでもその心を頼みとしているのに。

『琉歌全集』2001　　ハナ[1]
　添はぬもののよで夢や夜夜毎に袖て引き起す花のわらべ
　ともに添えないものを。それだのになぜ夢では夜毎に我が袖を引いて起こすのか、花の乙女よ。

『琉歌全集』2024　　タマサカ
　たまさかに花の島やこぎ渡て哀れ船つなぐかたもないらぬ
　まれに花の島（遊郭）に漕ぎ着けてみたが、あゝ、船をつなぎとめるところもない。

『琉歌全集』2065　　クユイ
　情あてたばうれ空しげる雨もたまに約束の今宵やれば
　思いやる心があってほしい、空から降る激しい雨も。たまに会う約束をしている今宵であれば。

『琉歌全集』2071　　フナバシ
　波荒れてさらめ恋の船橋もかけて渡ららぬ縁のつらさ
　波が荒れているようだ。恋の船橋（船を並べつないで橋としたもの）もかけてみたが、渡ることのできない縁が辛いことよ。

『琉歌全集』2191　　ムムトゥ
　ももとなるまでや待ち長さあもの花盛りうちにまたも拝ま
　百歳になるまでは、待ち遠しいものを。花盛りの今のうちにまたお会いしましょう。

『琉歌全集』2195　　ティフイ
　屋慶名こはでさや枝持ちのきよらさ屋慶名女童の手振りきよらさ
　屋慶名のこはでさ（木の名）は枝振りが美しい。それと同じように屋慶名の娘たちの踊る手振りが美しい。

『琉歌全集』2264　　トゥユムン

いつも暗闇の道にをめやすが月とよむ間の待ちのくりしや
いつも暗闇の道にばかりいるものかとは思うが、月が出るまでの間が待ち遠しくて苦しい。

『琉歌全集』2354　　ムクイ
昔袖振たる報いかやなまにつれなさの日日にまさて行きゆす
昔相手を袖にした報いであろうか。今になってつれないことの日々増さっていくのは。

『琉歌全集』2426　　ティル
桃里(とぅむり)てる島や果報の島やれば唐嶽(とぅだき)や前なちおやけ繁昌(はんじょう)
桃里(八重山石垣市)という村は果報な村で、唐嶽を前にして富み栄え繁盛している。

『琉歌全集』2504　　カシラ
あがりあかがれば墨習ひが行きゆんかしら結てたばうれ我親がなし
東が明るくなったら、学問を習いに行きます。髪を結うてください、お母さん。

『琉歌全集』2523　　ケージョー
開静鐘や鳴てもおどむ人やをらぬ一期この世界や闇がやゆら
暁の鐘(午前六時の百八の鐘の音)は鳴っても、目を覚ます人はいない。一生この世は闇であろうか。

『琉歌全集』2534　　クブ
くぶの糸かせにかかるなやう蝶しのぶませうちの花に迷て
蜘蛛の巣の糸にかかるなよ、蝶よ。人目を忍んで行く垣の内の花(女)に心惑わされて。

『琉歌全集』2564　　ティンサーグー、ユシグトゥ
てんしやごの花や爪先に染めて親の寄せ言や肝に染めれ
鳳仙花の花は爪先に染めて、親の教えは心に銘記せよ。

『琉歌全集』2588　　スシリ
ほめそしりなかへかかはるな浮世人やただ誠一つさらめ
ほめたりそしったりすることにあまり関わるな。人はただ誠ひとすじが大事だ。

『琉歌全集』2748　　チットゥ
片ひしやや裏座片ひしやや仲前きっとこんばれやうこんだもろし
片足は裏座にかかり、片足は玄関の入り口にかかって立ち往生している。しっかりと踏ん張れ、ふくらはぎよ。

『琉歌全集』2810　　タマタガキ
庭の蜘蛛が巣に馬やつなぐともたまたがけ里に我肝呉るな
庭の蜘蛛の巣に馬はつないでも、二股をかける男に我が真心をあげるな

『琉歌全集』2815　　ヌンクー
　暖鍋思鍋がわたのぐつめけばそろていまるる医者の匙のしげうさ
　のんこ(料理名)鍋がぐつぐつ煮えると、集まっている人々の箸が激しく動く(よく食べている)。*「いとしい鍋さん(女の名)のお腹がごろごろすると、いらっしゃる医者の匙が激しく動く」という意と掛けられている。
『琉歌全集』2823　　カクグ[1]
　文庫小の内に菓子格護しやことひばりから蟻の忍で入ゆさ
　手文庫の中に菓子を大事にしまっておいたら、ひび割れから蟻が忍んで入っているよ。


## 【組踊】

『執心鐘入』(伊波普猷全集第3)　　ハットゥ
　うんなははっとうはっとう。むどぅりむどぅり(女は法度法度。戻れ戻れ)
　女は立ち入り禁止だ。戻れ戻れ。
『花売の縁』(伊波普猷全集第3)　　インマユ
　浅間しや一人思焦れとて、道柴の露と 共に消え果てゝ、犬猫のゑじき なゆらと思ば
　あゝ、情けないことよ。一人で(妻子のことを)思い焦がれながら、道ばたの露と消え果て、犬猫のえじきになるかと思うと。
『花売の縁』(伊波普猷全集第3)　　チム
　物作りともふさあらぬ、又塩焚けば雨の降続きゆり、旁々肝とんたいとん叶らん様子やゝべいたん
　農作物もうまくいかず、また塩を焚けば雨が降り続くし、まったくどうすることもできない様子でありました。
『孝行之巻』(伊波普猷全集第3)　　スラ
　天の雲さがて、空に物音のあんとめば、頓て御神あらはれて
　天の雲が低く下がって、空に物音がしたかと思うと、やがて神様が現れて、
『孝行之巻』(伊波普猷全集第3)　　チムフクイ
　いきやる事あとて、肝ほこりしゆゆが
　どんなことがあって、喜んでいるのか。
『執心鐘入』(伊波普猷全集第3)　　ハチカユ
　廿日夜のくらさ道まよてをたん。御情の宿にしばしやすま

二十日(旧暦)の夜の暗さで、道に迷って居りました。お情けで泊めていただいた家で、しばらく休ませていただこう。

『執心鐘入』(伊波普猷全集第3)　　ムヌシラリ
　此宿のうちに物しられしやべら
　この家の人に案内を乞うて泊めてもらいましょう。

『手水の縁』(伊波普猷全集第3)　　ミジシラジ
　見ず知らず里前、手水てす知らぬ、あてなしよだいもの、ゆるちたばうれ
　見ず知らずのお方、私は手水(手で掬った水)ということを知りません。まだ物心を知らぬものですから、お許しください。

『手水の縁』(伊波普猷全集第3)　　フィトゥマゲー
　人まがひやあらね、見ず知らず里前
　人違いではありませんか、見ず知らずのお方。

『手水の縁』(伊波普猷全集第3)　　ティミジ
　命捨てる程のことよ又やらば、お恥かしやあても、手水あげら
　命を捨てるほどのことであれば、お恥ずかしいことではありますが、手水(手で掬った水)を差し上げましょう。

『手水の縁』(伊波普猷全集第3)　　フィトゥマサイ
　里や花盛り人増りやれば
　いとしいあの方は若く花盛りで、人よりすぐれているから、

『手水の縁』(伊波普猷全集第3)　　バンティ
　恋のませ番手しゆるものやあらね。大事さらめわ身や急ぎぬげら
　恋の籬垣(ませがき)の番人などするものではない。大変なことだ。私は急いで逃げよう。

『女物狂』(伊波普猷全集第3)　　イヤ
　いやいや、ふしぎな縁よ
　いやいや、誠に不思議な縁よ。

『女物狂』(伊波普猷全集第3)　　イヤ
　いやいや。大事や目の前に置きなげな男。心ゆるゆると寝るな、起きれ。
　いやいや、大変なことを目の前に置きながら、男よ、心安々と寝るな、起きれ。

『大川敵討』(伊波普猷全集第3)　　クヌタキ
　此(この)たけに我(わ)もなやがやり居(を)すが、気に叶(かな)ふ女(をなご)側(そば)にまた居(を)らぬ
　これほどに私も高い身分になったが、気に叶った女が側には居ない。

『大川敵討』(伊波普猷全集第3)　　トゥンジーン、ンチャンティーチ
　とんぢたる者や、村原のあやと御神一つの近おんぱだん
　まかり出たものは、村原夫人と祖神を同じくする近い親類。

『大川敵討』(伊波普猷全集第3)　　チム
　誠真実の我肝どもくいらば村原が事も言やな置きゆめ
　本当の我が真心をかけてやれば、女も村原のことを言わずには置かないだろう。
『大川敵討』(伊波普猷全集第3)　　ボーチャク
　恩義忘却　情け切れやから
　恩義を忘れて情愛のなくなったやつ
『大川敵討』(伊波普猷全集第3)　　フンビチ
　御取込の最中、もっての外、火急な事、分別の分別ならぬ
　お取り込みの最中で、思ってもみない、緊急な事態で、思慮も働かず、
『大川敵討』(伊波普猷全集第3)　　フィチハロージ
　嶋知行も取らち、引きはろぢまでもおの御肝きやさやある筈よだいもの
　領地も与えて、親類縁者までもその御心付けはあるはずだから、
『忠士身替の巻』(伊波普猷全集第3)　　イチサカシンジャ
　いや、生きさかしんざの言ふることの憎さ
　生意気な奴の言うことの憎さよ。
『忠士身替の巻』(伊波普猷全集第3)　　フタグクル
　主人二人たのでふたごころもちゆる生族（じぞし）むざのいましめにしゆん
　主人を二人持って二心を持っている小利口な奴のいましめにする。
『忠士身替の巻』(伊波普猷全集第3)　　イチジミ
　籠舎しめ置ちよて生責よしやうれ
　牢に入れておいて拷問にかけろ。
『忠臣身替の巻』(伊波普猷全集第3)　　カクグ[1]
　亀千代が格護油断するな
　亀千代を守護して油断するな。
『忠士身替の巻』(伊波普猷全集第3)　　カタクジラ
　とじくわ(妻子)かたくずら残らずに殺ち、味方に怪我やいちにぬ(一人)も居やべらぬ
　妻子をはじめ残らず殺して、味方に怪我は一人も居ません。
『忠士身替の巻』(伊波普猷全集第3)　　ティグミ
　いくさ押し寄せて、討ちとゆる手組しゆるうちどやたる
　軍勢が押し寄せて、討ち取る手配をしているところだった。
『忠士身替の巻』(伊波普猷全集第3)　　チム
　これまでよと思ば肝も肝ならぬ。いきやしがな別に計いならぬ
　これまでと思うと、とうていしのびない。何とかして別の計らい方はないものか。
『護佐丸敵討』(伊波普猷全集第3)　　コージン

勝連の按司のかうずみしやうち
　勝連の按司が讒言なさって、
『銘苅子』（伊波普猷全集第 3）　　フヮフヮウヤ
　いきやしがなけふや母親の側にいへも片時も離れぐれしや
　どうしたことか、今日はお母さんの側に居て一時も離れにくい。
『銘苅子』（伊波普猷全集第 3）　　ムムガフー
　夢やちやうん見だぬ　百果報どつちやる
　夢にさえ見ない、数々の幸運が舞い込んだ。


## 【歌劇】

『泊阿嘉』（『日本庶民文化史料集成』11 巻）　　アキガタ
　明け方なるまでぃ泣き明かする人や珍しむん
　明け方になるまで泣き明かす人がいるが、不思議なことだ。

和冲索引

・索引項目は、見出し語に対する語義の中から索引項目として妥当と判断しうるものを編集部で適宜選択した。
・索引としての検索の便を考慮し、語義の中心的意味を項目に立てるため、付随的・修飾的と思われる部分を《 》内に回したり、省略したりした場合がある。
・♦で示した副項目は、読みに従った位置に置かれた場合に検索しにくいと考えられる表現を、中心的な語の中に副次的に立項したものである。なお、副項目の共通語表現では、主項目と重複する部分を 〜 で略記している。
・主項目に対する沖縄語が本辞典に採録されていないときであっても、検索の便を考慮し、主項目を空として、副項目を立てた場合がある。
・《 》による付随的説明は、区切りの一重斜線( / )を越えて有効であり、二重斜線( // )は越えないものとする。

　**兄弟**　《兄弟姉妹》ウットゥシージャ / ウトゥジャンラ / ウゥナイイィキー / チョーレー //《姉妹から見た男の》イィキー //《母が同じの》ハラティーチ
　※《兄弟姉妹》は チョーレー までかかる。

・⇒ は本文中の該当項目参照、→ は索引中の項目参照に用いた。

　**いただきます**　クゥッチー サビラ(⇒ クゥッチー)
　※ クゥッチー サビラ については本文 クゥッチー の項を参照の意。

　**悔やむ**　クヤムン // → 後悔する
　※「悔やむ」については索引中の「後悔する」を参照の意。

## あ

アイゴ（藍子）〖魚〗エー[1] ♦《稚魚》スク[1]
挨拶 エーサチ / カナミ
相性 エーソー ♦〜が悪い エーソーグフッサン
愛情 ジョー[2]
合図する マンチュン[2]
間(あい<br>だ) ウチワチ / エージャ / エーマ[1] / エーラ / タナカ / ミ[2]
間柄 キル / マガラ
あいつ アヌヒャー
相手 エーティ
あいにく イリシガマーシ
相棒 グー[1]
合間 マル[1]
愛らしい スーラーサン / ンジョーサン
合う アーイン / アタイン
会う・遇う イチャイン
あえて シーティ[1]
あえ物 ウシェー
あえる エーイン[2]
青 オールー
青い オーサン
扇ぐ オージュン
あおさ（石蓴） アーサ
青二才 オージャーニーシェー
仰向けに寝ること マーフゥナチャー
赤 アカー
垢 ヒング
明々と アカアカートゥ
赤い アカサン ♦赤くなる アカムン
赤瓦 アカガーラ
アカギ（赤木）〖植〗アカギ

明かす《夜を》アカスン[2]
赤ちゃん ボーボー // → 赤ん坊
暁 アカチチ
赤土 アカンチャー
崇める アガミーン / ウスリーン / ウヤマイン
明かり アカガイ
上がる アガイン
明るみ アカガイ
あかんべえ チンベール
赤ん坊 アカングヮ / ッヨーイー // → 赤ちゃん、乳飲み子
秋《文》アチ
空き家 ンナヤー
あきらめる ウミチーン / ヤスンジーン
飽きる アチハティーン / こりーン
灰汁 アク[2]
開く・空く アチュン //《穴が》フギーン // → 開(ひ)く
悪臭 ヤナカジャ ♦〜がする ユムグササン
悪天候 ヤナッウーチチ / ヤンリ
悪党 ヤナムン
悪人 アクニン / ヤナッチュ / ヤナムン
あぐねる《文》アグムン
あくび アクビ
悪癖 ヤナグシ
悪夢 ヤナイミ
あぐむ《文》アグムン
明け方 アカチチ / アキガタ
あげくのはて アトゥヌウンジュミ
上げ下げ アギサギ
開け放す アキヒルギーン

揚げ物 アギムン
明ける アキーン[1]
開ける アキーン[2] //《穴を》フガスン
空ける《からにする》イーケーラスン / ウチュスン / ウティーン[1] / サーイチーン
上げる《上に》アギーン //《高いところへ》ヌブシーン[2]
揚げる《天ぷらなどを》アギーン
あげる《与える》イーラスン //《敬語》ウサギーン
アコウ（赤穂）〖植〗ウシク
朝 ヒティミティ //《文》アサ ♦〜から晩まで ヒッチーユッチー
浅い アササン
朝起き アサウキ
朝ご飯 ヒティミティムン
明後日(あさっ<br>て) アサティ
朝っぱら アサンナーラン
朝凪(あさ<br>なぎ)《文》アサルリ
朝寝 アサニ
朝寝坊 アサナー
朝晩 アサバン[1] // → 朝夕
朝日 アガイティーラ
浅ましい アサマサン
欺く マチウチュン / ラマスン
朝夕《文》アサユ / アサユサ // → 朝晩
あさる アサイン / アサグイン
あざ笑い アジャワレー
あざ笑う ワライン
足 ヒサ //《文》アシ[1] ♦〜の裏 ヒサワタ
味 アジ[2] //《深みのある》アジクーター
あじ（鯵）ガチュン
按司 アジ[3] //《敬称》アジガ

あした——あまみ　　和沖索引

ナシー
明日　アチャー
味見　アジ² / ウチュービ
味わいがある　クーベーサン
預かる　アジカイン
小豆(あずき)　アカマーミー
預ける　アジキーン
汗　アシ²
畦(あ)《田の》アブシ
汗かき　アシハヤー
汗水流して　アシハイミジハイ
汗疹(あせも)　アシブ
焦る　アシガチュン ♦ 〜こと チムアシガチ
あせる(褪せる)《色が》サミーン³
あそこ　アマ
遊び人　アシバー
遊ぶ　アシブン
与える　クィーン² / トゥラスン
暖かい　ヌクサン ♦ 温かくなる・暖かくなる　ヌクバーイン
温まる・暖まる　アチリーン / ヌクタマイン / ヌクムン
温め直し《料理の》ンブラシケーサー
温め直す《食べ物を》タジラスン
温める・暖める　アンジュン / ヌクタミーン //《食べ物を》アチラスン
あだ名　アジャナ
頭　チブル ♦ 〜でっかち　ウフチブラー
新しい... 《接頭》ミー⁷
新しく　ミークンニ
辺り　シリーマーイ / マングラ¹ //《接尾》カー⁴ / ガネー / リカー /《...頃》ナギー
当たり前　アタイメー / ジュン
当たる　アタイン

アダン(阿檀)《植》アラン
あちこち　アマクマ / アリカークリカー / トゥクルルクル
あちら側　アガタ / アマムティー
あちらこちら　アリカークリカー
厚い　アチサン¹
暑い　アチサン² // → 蒸し暑い
熱い　アチサン² ♦ 熱くする　アチラスン ♦ 熱くなる　アチリーン
扱いにくい　アチカイグリサン
暑がり　アチサウミー ♦ 〜や　アチサカマラサー
あっという間に　ハットゥグルク / ミルミル / ムソークソー
集まり　スリー
集まる　アチマイン / スルイン / ユイン
集める　アチミーン / ヌチュン
誂(あつら)える　アチレーイン
当て　チムイ ♦ 〜がはずれる　アティカワイン ♦ 〜にする　ウッチャカイン / タルガキーン / チムイ² / ミクムン
当てこすり　ウラスチムスイー
当てずっぽう　アーティンプー / アタゲーフー
あてつけがましい　ワチャコーレージ
当てはめる　アティハミーン
当てる　アティーン
あと(後)　アトゥ
あとあと　アトゥアトゥ
跡かた　アトゥカタ
あと片づけ　アトゥカタジキ
あとさき　アトゥサチ
後始末　チビ
あとずさり　アトゥシジチャー
跡継ぎ　アトゥチジ / アトゥミ

跡目　アトゥミ
あと戻り　アトゥムルイ
穴・孔　アナ / ミー⁶ / ミーミー
あなた　ウンジュ / ナー² ♦ 〜がた　ウンジュナー
あなどる　ウゥージュン¹ / ウシェーイン
兄　イィキガシージャ / シージャ / ヤッチー
姉　イィナグシージャ / シージャ / ンニーミー
あの　アヌ ♦ 〜頃　アヌクル ♦ 〜人　アヌッチュ / アマ ♦ 〜世　アヌユー / グソー / トー¹
あばら骨　ソーキ¹ / ソーキブニ
暴れる　アマイン¹ / キベーイン
あひる(家鴨)　アヒラー
あぶく　アーブク // → 泡
危ない　ウカーサン
油　アンラ ♦ 〜を売る　ユラリーン
油炒(いた)め　イリチー
アブラゼミ(油蟬)《昆》ナービカチャー
脂身　アンラジシ //《豚の》アンラブトゥブトゥー / ブトゥブトゥー
油虫　ヒーラー
あぶる　アンジュン
あふれる　アンリーン
阿呆　ウフソー
甘い　アマサン ♦ 〜もの　アマムン
甘さ　アマミ
甘ったるい《味が》アマビリーン
雨戸　ハシル
天の川《文》ティンガーラ
甘味　アマミ
雨水　ティンシー

雨宿りする クヮックィーン
余り アマイ ♦ 〜物 ユーアマイ
あまりに ルク[3]
余る アマイン[2]
甘んじる ヤスンジーン
編む クムン[3]
雨 アミ[1] ∥→ 大〜、小〜、天気〜、長〜
飴 アミ[2]
雨風 アミカジ
雨降り アミフイ
アメリカ人 アミリカー
あやうく ヤガティ
あやかる アヤカーイン
怪しい ヒルマサン
あやす シカスン
あやまち バッペー ♦ 〜を犯す マチゲーン
誤る 《文》マミジュン
謝る ワビーン
荒い・粗い アラサン
洗い物 アレームン
洗う アライン
あらかじめ カニティ / メーカニティ
あらし ウーカジ ∥《文》アラシ
新たに シンニ / ミークンニ
改まる アラタマイン
改める アラタミーン
荒っぽい アラサン
新盆(ぼん) ミージョーロー[1]
霞(あら) ユチ
現れる アラワリーン
蟻 アイコー
ありがたいこと ウーグトゥ
ありがとう カフーシ ♦ 〜ございます ニフェー レービル / シリガフー レービル
ありんこ アイコー
ある アン[3]
あるいは エーネー
歩く アッチュン
あるだけ アルウッサ / アル

ウッピ / マジリ[1]
あれ 《代名詞》アリ[1]
あれ 《驚き》アキサミヨー
あれこれ ヌーヤークィーヤー
荒れ地 ヤマ[1]
荒れ野 ハギモー
荒れ果てる アリハティーン / サボーリーン
あれまあ アキサミヨー ∥《文》アキヨー
あれやこれや アリヤークリヤー
荒れる アリーン
あろうことか ワチャコー レージ
アロエ 〚植〛トールグゥイ / ルグゥイ
泡 アー[1] / アーブク
粟 アワ
合わさる ウサーイン
合わせる アースン[2] / ウサースン[2] / ウチャースン
会わせる イチャースン
あわてさせる ルマングッスン
あわてふためく ソーヌギーン
あわて者 ソーヌガー
あわてる サウジュン / ルマングィーン
泡盛 アームイ / サキ / シマジャキ《⇨ サキ》
あん(餡) アン[1]
按司 アジ[3] ∥《敬称》アジガナシー
安心である ククルヤッサン / ルーヤッサン
安心できる チムジューサン
案ずる ウムイン
案内 《ご案内》ウンチケー
按配(あん) アンベー
安楽 ラク

い

亥(い)《十二支》 イー[1]
胃 《動物の》ウフゲー

いい 《接頭》イー[6]
言い当てる アカスン[1] / イーアティーン
言い争い イリガーエー
いい按配 イーアンベー
いいえ ウゥーウゥーウゥー
言い返す イーケースン
言いかける イーカキーン
いい加減 サッコー[1]
言い方 イーヨー ♦ ものの〜 ムヌイーカタ
いい気 イィーチー
言い聞かす トゥジキーン
いい気味 イィーバー ♦ 〜だ ユーシタ
言いくるめる イーチクナースン
いい子 イィーックヮ[1]
言いそこない イーマチゲー
言いそこなう イーヤンジュン
言いたい放題 イーブサカッティー
言い出す イーンジャスン
言いつけ イーチキ
言いつける イーチキーン / カキーン[1]
言い伝え イクトゥバ / イフナシ / チテー / チテーバナシ
言い直す イーノースン
言い残す イーヌクスン
いい人 イィーックヮ[1] / イィーッチュ
言い開き イーヒラチ
言いふらす イーヒルギーン
言い分 イーブン
言い負かす イーチクナースン / イーマカスン
言い間違い イーマチゲー
言いよう イーヨー
言い訳 イーヒラチ / イーワキ / ワキ
言う イー[2] ♦ 〜におよばない イーニン ウユバン

家 ヤー[1] / ヤール ♦ 小さい～ グマヤー / ヤーグヮー ♦ ～々 ヤーカジ ♦ ～ごと ヤーカジ
家屋敷 ヤーヤシチ
硫黄 ユーワー
いか(烏賊) イチャ[1] ♦ ～の塩辛 イチャガラス ♦ ～の墨 イチャヌクリ / クリ[1]
以外 クートゥ[1] ♦ ～に ヤカ
意外な ウミチキラン
生かす イチキーン
行かせる 《使いなどとして》 ヤラスン
いかに イカナ
いかほど チャミシカ
怒り イジ ♦ (腹の底から)～がこみ上げてくるさま ワジワジー
息 イーチ ♦ ～が詰まること イーチマリー
勢い イチュイ
行き帰り イチムルイ
生き返る イチゲーイン
息苦しい イチジラサン
行き違い イチェーチジェー
生きている限り イチミトゥトゥーミ
行き止まり チチアタイ
いきなり アッタニ / ウビラジ / ウマージフラージ / チューチャン
生き残る イチヌクイン
生き恥 イチハジ
生き霊 イチジャマ / イチマブイ
生きる イチチュン
生き別れ イチワカリ
行く → ゆく
いく(幾)…《接頭》イク
藺草(いぐさ) ビーグ
意気地 イジリ
いくつ イクチ

幾度(ど) イクケーン / ナンル
幾日(にち) ナンニチ
幾人(にん) イクタイ / ナンニン[1]
幾年(ねん) ナンニン[2]
幾分か ノータ
いくら チャッサ / チャッピ //《どんなに》ナントゥ ♦ ～でも チャッサン / チャッサンカッサン
いくらか スーグヮーフィー / ノータ ♦ ～は ナンブ
池 クムイ[1]
意固地 グヮンク
遺骨 クチ[1]
諫(いさ)める イサミーン
いざり チビスンチャー
石 イシ //《大石》ウフシ
意地 イジ ♦ ～のある者 イジユー
石臼(いしうす) イシウーシ
石垣 イシガチ
石敢当 イシガントー
いじくる ムタブン
いしずえ(礎) イシジ
意地っ張り ガージュー ♦ ～である ガージューサン
石橋 イシバシ
いじめ シチキ
いじめる クナースン / シチキーン / ミミジュン
医者 イサ
イジュ(伊集)《植》イジュ / ッンジュ
衣装 イソー
以上 ッウィー
衣装箱 ケー[1]
意地悪 クンジョー / シムチ / シムチャー / ヤナシムチ
意地悪な人 クンジョームン
泉 ワク //《文》イジュン
いせえび(伊勢海老) イビ[2]
以前 クンナゲー / フェーク / メー[2]
以前より カニティ
急いで イッスイカッスイ / カシーカシー / ソーソー[1]
忙しい イチュナサン
急ぎ イスジ
急ぐ アワティーン / イスジュン
板 イタ
痛々しい チムイチャサン
痛いっ アガー
板敷き カラユカ
いたずら ガンマリ //《手でするちょっとした》ティンチャマ //《悪質な》ヤナワチャク ♦ ～をする ムタブン / ワクイン / ワチャクイン ♦ ～をすること ワチャク
いたずら(徒) イタジラ ♦ ～に タラ
いたずらっ子 ヤナワラビ
いただきます クヮッチー サビラ (⇨ クヮッチー)
いただく 《目上から物を》カミーン
板の間 カラユカ
痛む ヤムン //《切り傷などがひりひり》ヒーラチュン
炒(いた)める イリチュン / タシーン
痛める ヤマスン
一 イチ[1] / ティーチ
市(いち) マチ[2]
いちいち イチイチ
一月 イチグヮッチ / ソーグヮチ
いちご(苺) イチュビ
一合 イチゴー
一族 イチムン / チュタラク / ムンチュー //《接尾》バラ
一大事 イチウェークトゥ / イチクーウェークトゥ / イチレージ
一度 イチル

一日 イチニチ / ヒッチー
一日おき ヒッチーグーシー
一日中 ヒッチー / ヒッチーユッチー
一年 イチニン² / チュトゥ
一年おき チュトゥグシ
一年忌 イィスイ
一年中 ニンジュー
市場 マチ² / マチグヮー
一番 イチバン / イッチン³
一番鶏 イチバンルイ
一枚 イチメー
一万 イチマン
一門 イチムン / チュタラク / ムンチュー
いちゃつく タックヮイン
いつ イチ²
いついつまでも マンレー
いつ頃 イチグル
一家 チュチネー
いつか イチカ
五日 グニチ
一回 チュケーン
一か所 チュトゥクマ / チュトゥクル
居つく イィーチチュン
一件 イッチン¹
一軒 チュヤー
一歳 ティーチ
一切 マジリ¹
一昨年 ンーチュ
一周 チュミグイ
一周忌 イィスイ
一瞬にして ハットゥグルク
一緒 カーター² / マジューン / ママ¹ ♦～に スルティ / マジューン ♦～に行く ソーイン ♦～にする ウサースン² ♦～になる ウサーイン
一升 イッス
一生涯 イチミトゥトゥーミ
一所懸命 アシハイミジハイ / イッペースッペー / ニイリ / ヌチカジリ ♦～働く チバ

イン
一心に ムソー
いっそう ナーヒン / ユク³ / ユクン
五つ イチチ
一対 イッチー
一滴 チュタイ
一徹者 イッポージー
いっとき イットゥチ
いっぱい ミー¹ / ミッチャカーン ♦～にする ミタスン ♦～になる ミチュン¹ / ミッチャカイン
一杯《杯》チュサカジチ //《水桶》チュターグ //《茶碗》チュチャワン / チュマカイ
一筆（いっぴつ）チュフリ
一変する ウチカワイン
一方 チュカタ
一本 イップン
いつも ジョーヒタ / チャー³ / トゥーチ
いつわり ユクシ //《文》イチワイ
糸 イーチュー
井戸 カー¹ //《村共同の》ムラガー
厩（うまや）う イトゥイン
いとおしい チムガナサン
糸切り歯 チーバ
いとこ イチク
いとしい ンジョーサン ♦～子 カナシングヮ
イトバショウ（糸芭蕉）〔植〕ウー¹
いないいないばあ《幼児》ワー³
田舎 イナカ ♦～育ち イナカスラチ ♦～の人 イナカンチュ ♦～者 イナカー
イナゴ ッンナグラージェー
稲妻 フリー
稲光 フリー
犬 イン //《幼児》ワンワン

戌（いぬ）《十二支》イン
稲 ンニ
稲刈り ッンニカイ
居眠り イィーニーブイ / ニーブイ ♦～する クージュン
いのしし（猪）ヤマシシ
命 ヌチ¹ / ヌチジル //《今生きている》ナマヌチ //《文》イスチ / タマヌウゥ
命がけ ヌチカジリ / ヌチトゥカクガー ♦～の仕事 ヌチヒティワジャ
命知らずの者 ヌチヒター
命拾い ヌチガフー
意のまま ジュー ♦～にする マルミーン
祈り イヌイ / カミニゲー
祈る イヌイン
位牌 イーフェー / トートーメー //《持つ義務のある》ムチメー
威張る イバイン / ガーイン
いぼ（疣）クチュビ
いぼいぼ ブットゥーヒットゥー
今 イマ / ナマ¹
居間 ナカメー
今頃 ナマグル / ナマジブン
今さっき ナマサチ
今しがた ナマガタ / ナマサチ
今時分 ナマジブン
いましめ《文》イマシミ
今すぐ タレーマ
いまだ ナーラ ♦～に ナマリー
今に ナマ¹
忌み イミ³
意味 イミ⁴ / イミクジ / チムエー
意味合い イミエー
芋 ンム
妹 イィナグウットゥ / ウットゥ //《兄から見た》ウットゥウゥナイ

いや アー[2] / イィーイィーイィー / ンーパ / ンーンーンー
いやいや カーブイカーブイ / ンパンパ
嫌がらせに ワチャコーレージ
嫌がる イトゥイン
いやしい《下品な》ジビタ //《意地汚い》ガチギサン
嫌な《接頭》ヤナ / ユム ◆ 〜目 ヤナミー
嫌になる ニリーン
いやはや サッティム
いやらしい ハゴーサン
依頼 タヌミ
依頼する タヌムン
いらいらする アシガチュン
いらっしゃる メンシェーン
いりびたる ヒリクマイン
入り船 イリフニ
入り婿 イリムーク
入り用 イリユー
いる、(…して)いる ウゥン[2]
炒(い)る イリチュン
射る イーン[4]
衣類 チルムン[1] / チン[1] / チンチフゥラ / チンチルカー
いるか(海豚) ヒートゥ
入れ替える イリケーイン
入れ替わる イリチガーイン / カワイン
入札(いれふだ) イリフラ
入れ物 イリムン
入れる イリーン //《液体を注(つ)ぐ》サーイン[1]
色 イル
いろいろ イルイル / イルカジ / カジカジ / サマジャマ / ヌーヌクィーヌ ◆ 〜な イルンナ
岩 シー[2] //《大岩》ウフシ
祝い →お祝い
いわし(鰯) ミジュン
いわれ イワリ

印鑑 ハン[1]
陰茎 ソー[1] / タニ
陰嚢 フグイ
隠蔽する クゥックゥスン
陰毛 クーギ
飲料水 ヌミミジ

う

卯(う)《十二支》ウー[1]
ウイキョウ(茴香)《植》イーチョーバー
初子(ういご) ッウィーングゥ
上 ッウィー
飢え ウゥガリ ◆ 〜の苦しさ ヤーサクリサ
上下(うえした) イーシチャ
飢え死に ヤーサジニ
植える ッウィーン
飢える ウゥガリーン ◆ 飢えている者《食べ物に》ウゥガリムン
魚(うお) イユ
魚市場 イユマチ
右往左往 ティオーサオー
迂回 トゥーミグイ
うかがう(窺う)《ひそかに探る》ウカガイン
浮かぶ ウカブン / ウチュン[1]
浮かべる ウカビーン / ウキーン[1]
うがんじゅ(拝所) ウゥガンジュ
浮き《釣りの》ウキ
浮き上がる ウチャガイン
浮き世 ウチュー
浮く ウカブン / ウチュン[1]
請け負い仕事 ウキシクチ
請け負う ウキーン[2]
受け答え ウキハンシ / ウキヒントー
受け止める ウキトゥミーン
受け取る ウキトゥイン
受け持ち ウキムチ
受け持つ ウキムチュン

受ける・請ける ウキーン[2]
動く アッチュン / イーチュン / ッンジュチュン
ウコン(鬱金)《植》ウッチン
うさぎ ウサジ
牛 ウシ //《幼児》ウーシーモーモー //《雄牛》ウゥーウシ //《雌牛》ミーウシ ◆ 〜買い ウシバクヨー
丑(うし)《十二支》ウシ
うじ(蛆) ウジ[2]
失う ウシナイン
うじゃうじゃ グッサグッサ / グッサナイ
後ろ クシ[3] / シリー
後ろ指をさすこと イービヌチ
臼 ウーシ
薄明かり ウスアカガイ
薄味 アフゥグチ
薄い ウスサン //《味が》アフゥサン //《厚さ、濃度などが》ヒッサン
うすうす ウスウス
うずうず ムジュムジュ
うす汚い サーハゴーサン / ミージタナサン
うす気味悪い サーハゴーサン
薄暗い ウスグラサン
うすのろ ウスーグゥー
ウスバキトンボ(薄羽黄蜻蛉)《昆》カジフチアーケージュー
埋(う)まる ウジュマイン
埋(う)める ウジュミーン
うずら(鶉) ウジラ
うすら寒い シービーサン
うす笑い ウスワレー / サーワレー
うそ ユクシ / チュクイムヌイ / ユクシムスイ //《真っ赤なうそ》アカユクシ ◆ 〜をつくこと チュクイムスイ / ユクシムヌイ

うそつき ヒャクイチー / ユクシムニーサー
歌 ウタ
歌う ウタイン
疑い ウタガー
疑う ウタガーイン / ウタガイン
うたき(御嶽) ウタキ²
うたた寝する トゥルミカスン
内 ウチ ♦ ～外 ウチフカ
打ち明ける ウチアキーン
内海 ウチウミ
打ちかける ウッチャキーン
内気である チムグーサン
撃ち抜く《鉄砲で》イリフガスン
内弁慶 ヤーイジャー
打ち身 ウチミ
内もも《腿》ウチムム
内輪 ウチワ
うちわ《団扇》オージ //《ビロウの葉で》クバオージ
打つ ウチュン² / クルスン
撃つ イーン⁴ / ウチュン²
討つ ウチュン²
うっかり ウカットゥ ♦ ～者 ウカットゥー
美しい ウジラーサン / チュラサン
移す ウチュスン / ナスン //《料理を器に》ウティーン¹
映す・写す ウチュスン //《写真を》ヌジュン²
訴え ウッタイ
うっちゃる ウッチャンギーン / チャンナギーン
討っ手 ウッティ²
うって変わる ウチカワイン
うつぶせにする ウッチンキーン
うつむく ウッチンチュン ♦ ～こと ウッチンター
うつらうつらする クージュン
移る ウチーン

映る・写る ウチーン
腕 ウリ¹
うとうと トゥルトゥル ♦ ～する トゥルミカスン
うどの大木 ブラゲー
うなぎ ンナジ
うなされる ウネーイン
うなじ カジ²
うなずくこと ウチジフェーシ
うなだれる ウッチンチュン ♦ ～こと ウッチンター
ウニ(海胆)〘動〙マースークェー
うぬぼれ ルーアガミ
乳母《にゅうば》チーアン
奪い合い バーケー
奪い取る クントゥイン
奪う トゥイン / ボーイン
馬 ンマ¹
午《うま》《十二支》ンマ¹
うまい マーサン ♦ ～食べ物 マーサムン
うまく ユー⁵ ♦ ～いく トゥジマイン / バチクウィン / リカスン / リキーン //《男女が》トゥトゥナイン
馬乗り《行為》ンマヌイ //《人》ンマヌヤー
埋《う》まる ウジュマイン
生まれ ンマリ
生まれ変わる ンマリカーイン
生まれ故郷 ンマリジマ
生まれつき ンマリジチ¹
生まれ月 ンマリジチ²
生まれる ンマリーン
海 ウミ //《文》トゥケ
膿《うみ》ンミ¹
海風 ウミカジ
海亀 ウミガーミ
産み育てること ナシスラティ
産み月 ナシジチ
産みの親 ナシウヤ
産みの子 ナシムンスックヮ

海辺 ウミバタ
産む ナスン
膿む ンムン
うめ(梅) ンミ²
うめくこと ルーニー
梅酒 ンミジャキ
埋立地 ガタ
梅干し ンミブシ
うめる《埋める》ウジュミーン //《ぬるくする》ンベーイン²
羽毛 ハニ
敬う アガミーン / ウスリーン / ウヤマイン
うようよ グッサグッサ
裏 ウラ
裏表 ウラウムティ
裏返し ウラウムティ
裏返す ウラゲースン
裏返る ウラゲーイン
裏地 ウラジ
占い師 ムヌシリ
うらなり シムナイ
恨み ウラミ
恨む ウラムン
恨めしい ニータサン
うらやましい ウレーマサン
売り(上げ)高 ウイラカ
売りさばく ウイサバチュン
瓜《うり》二つ イカタヌジ
売り物 ウイムン
売る ウイン
閏月《うるうづき》ユンジチ
うるさい カシマサン / ミンチャサン / ヤガマサン
うるち(粳) サクグミ
うれしい ウッサン //《文》フクラサン ♦ ～こと ウーグトゥ
うれしさ ウッサ¹ //《文》イソーサ
うれしそうである ウッサギサン
売れ残り イラビヌクシ
売れる ウリーン¹
うれる(熟れる) ンムン

うろお——おおう　　　　　和沖索引　　　　　　　　354

うろ覚え　ウルウビー
うろこ　イリチ
うろたえさせる　ルマングゥスン
うろたえる　サワジュン／ソーヌギーン／ルマンギーン　♦〜さま　トゥヌーマヌー
うわごと　タークトゥ
うわさ　クチシバ／サタ
上塗り　ッワースイ
上歯(うわば)　ッウィーバー
うわべ　ッワービ
運　ウン[1]／ウンスー／ウンチフィンチ
うん　アー[3]／イー[2]／ッンー
うんこ　《幼児》ッンナ
運賃　ウンチン
うんと　ラテーン
運命　ウンスー

## え

絵　イィー[3]／《かたどった》カタ[1]
柄(え)　イィー[2]／ティー[2]
エイ　《魚》カマンタ[2]
えい　ヒヤ／ルカシレー
映画　カーガーウゥルイ／クッチロー
英語　ウランラグチ
栄枯盛衰　サカイウトゥルイ
永眠　ミークーティー
ええ　ウー[2]
笑顔　ワレーガウ
絵描き　イィーカチ／イィーカチャー
描く　カチュン[1]
益　ストゥク
易者　サンジンソー／スムチ／ムヌシリ
液体　シル
枝　ユラ
枝葉　ユラフゥ
枝振り　ユラムチ
会得する　ウキトゥイン／ヌミクムン
えび(海老)　シェー[2]
えら　アジ
偉そうにすること　タカウチャギ
選び出す　イラビッンジャスン
選ぶ　イラブン
エラブウミヘビ(永良部海蛇)　《動》イラブー
襟(えり)　イィリ／クビ[2]／チンスクビ
襟首(えりくび)　カジ[2]
円　マル[2]
縁(えん)　イィーン[1]／イィン／《ご縁》《文》グイン
縁側　イィーン[1]
延期　♦〜する　ヌバスン／ヌビーン　♦〜になる　ヌブン
縁起　♦〜がよいこと　カリ／《文》カリユシ　♦〜が悪いこと　ブカリー
縁組　イィングミ
円形　マル[2]
縁故　タユイ／タユイヒチビチ／ヒチ／《おのおのの》ナーヒチビチ
縁者　ヒチ
援助　タシキ　♦〜する　ウヤギーン
縁戚　エーカハロージ
縁談　イークィー
えんどう豆　インローマーミー
遠方　イィンボー／カーマ
遠慮　イィンル

## お

お(御)…　ウ
雄…・牡…　ウゥー[3]
尾　ジュー[1]
緒　ウゥー[2]
甥　イィーックッ[2]／ミーックッ
おい　イチュター／エー[5]／ラー
おいおい　ウェーウェー[2]
追いかける　ウーイン
追い越す　ッウィーヌジュン／クンヌジュン
おいしい　マーサン　♦〜もの　マーサムン／《非常に》ヌチグスイ　♦おいしそうに　マークーマークー
追い出す　ッウィーンジャスン
追い散らす　ッワーギーン
追いつ追われつ　ウーエークーエー
追いつく　ッウィーチチュン
おいてきぼり　ウッチャンギーリー
おいになる　メンシェーン
追い抜く　ッウィーヌジュン／クンヌジュン
追はぎ　フェーレー
追い払う　イーホーイン／ウーイン／ッワーギーン
老いる　イーン[1]
お祝い　ウーエー
王　オー[1]
追う　ウーイン
応援　カシー
王冠　タマンチャーブイ
扇　オージ
雄牛　ウゥーウシ
応酬　イチャイハンチャイ
応じる　ウゥージーン
応答　イレークーテー／ウキハンシ／ウキヒントー
往復　イチムルイ
終える　ウチナスン
大雨　ウーアミ
多い　ウフサン
大いに　ラテーン
おおう　ウサースン[1]／ウスイン[1]
大うそ　ウフクシムヌイー
大うそつき　ウフクシムヌナー
大海原　ケーソー／《文》トゥケ

大風 ウーカジ
大金持ち ジンヌヌーシ
大きい マギサン∥《声が》タカサン∥《図体が》ガラマギサン
大きく マギマギートゥ
多く ウフォーク／オホーク
大食い ウフワター
大げさな ランランナ
大声 ウフグィー／マギグィー ♦〜を出す アビーン[1]
大ごと ウーグトゥ／レージ
大ざっぱに ジャットゥ
大騒ぎ ウームサザーイ
大所帯 ウフジネー
大勢 ウフニンジュ
大綱引き ウーンナ
大手柄 ウーティガラ
大通り ウフミチ
大泥棒 ウフヌスル
大人数 ウフニンジュ
オオバコ〔植〕ヒラフグサ
大恥 イチハジ
オオハマボウ〔植〕ユーナ
大水 ウーミジ
大晦日の晩 トゥシヌユールー
大昔 ウフンカシ
大麦 ウフムジ
大飯食らい ウフゲー
おおよそ イィークル
大笑い ウフワレー
丘 ムイ
陸(おか) アギ
お母さん アンマー
お返し ケーシ
おがくず キーカシ
おかげ ウカジ
おかしい ウゥカサン
おかず カティムン ♦〜にする カティーン
お上 クージ／クゥン[1]
拝む ウゥガムン

おかゆ《粥》ウケーメー
おから トーナカシー
牡瓦(かわら) ウゥーガーラ
おかわり シェーシン ♦〜をする イリケーイン
沖合い《文》トゥナカ
置き去り ウッチャンギーリー ♦〜にする ウッチャンナギーン／ハンナギーン
補い タシ
補う タレーイン ♦〜こと ウシータレー
沖縄 ♦〜語 ウチナーグチ ♦〜産の物 シマー ♦〜そば スバ[2] ♦〜の人 ウチナーンチュ《⇒ウチナー》♦〜本島 ウチナー／ウフジー
起きぬけ ウキジャマニジャマ
おぎゃあおぎゃあ ンガーンガー
お客 ウチャク
お経 チョームン
起きる ウキーン[3]／ウクイン[2]／ウクリーン[3]／タチュン
奥 ウーク
置く ウチュン[3]∥《据える》イィシーン
お口《文》ミクチ
屋内 ウチ／ヤーヌウチ
奥歯 ウークバー／ウーシバー
臆病 ♦〜である シカサン ♦〜者 シカー
奥山 ウクヤマ
送り返す ウクイケースン
贈り物 ウクイムン
送る ウクイン[1] ♦〜こと ウクイガタ／ウクイトゥルキ
(...して)おくれ トゥラシェー《⇒トゥラスン》
遅れさせる ウクラスン
遅れる ウクリーン[2]
桶 ウゥーキ∥《大きな水桶》ハジ[1]

おこげ ナンチチ
起こす ウクスン∥《立てる》タティーン
怠(おこ)る ウクタイン
行い ウクネー
行う ウクナイン／スン[2]
怒られる ヌラーリーン
おごり高ぶる ガーイン
怒りん坊 サクー
起こる ウクイン[2]／ウクリーン[3]
怒る クサミチュン／ヌライン／ワジーン
おごる ウグイン
おこわ カシチー
押さえる ウスイン[1]
幼い クーサン[1]
治まる《騒ぎなどが》ウゥサマイン
治める ウゥサミーン
おじ《伯父・叔父》ウゥジャサー∥《伯父》ウフーチャーチャー∥《叔父》ウゥンチューチャー∥→おじさん
押し合いへし合い ウーシェークルシェー／クンクルバーシェー
押し上げる ウヤギーン
惜しい アッタル／イチャサン
おじいさん タンメー
教え ウシー
教え方 ウシーカタ／ウシーヨー
教えさとす トゥジキーン ♦〜こと イーナラーシ
教える ナラースン／ユシーン
お仕置きをする クンマギーン
押し返す ウシケースン
押しかける ウシカーイン
お叱り ウンレー
お辞儀 グリー
押し切る ウシチーン
おじける シカムン
押し込む ウシクムン／ウシ

押し込める ウシクミーン/ウシクムン/クミーン
おじさん ウゥンチュー
押し倒す ウシケーラスン/ウシトースン
押し出す ウシッンジャスン
押し黙る トゥルクーイン
押しつける ウシチキーン // 《仕事などを》ハニエージキーン
押し詰まる サシチマイン
押し流す ウシナガスン
押しのける ウシヌキーン/ウシルキーン
おしまい ナー[6]
押し曲げる ウシマギーン
おしめ カコー
押し戻す ウシムルスン
おじや ジューシー/ヤフゥラジューシー
おしゃべり ムヌユマー/ユンタク ♦ ~な人 ユンター
押しやる ウシヤラスン/シーキーン
お重 ウジュー
和尚(じょう) ジャーシ
押し寄せる ウシユシーン
お汁 ウシル
押し分ける ウシワキーン
雄・牡 ウゥームナー/ウゥームン //《接頭》ウゥー[3]
押す ウスイン[2]
お世辞がうまいこと アンラグチ
遅い《速度が》ニーサン ♦ ~こと《時間が》ニーカー
遅く《時間が》ニッカ
お供えする ウサギーン
おそらく イヤリン
恐る恐る シカシカ
恐れる ウジーン/ウスリーン
恐ろしい ウトゥルサン/チムヒジュルサン/ヨーウスマサ

ンチュン ♦ ~人 ウトゥルー ♦ ~もの ウトゥルサムン
襲われる ウサリーン
お宅 ウンジュナー
お助け ウタシキ
おたふく風邪 トーシンバイ
おたま ナビゲー
穏やかに ヤフゥッテーン/ヤフゥヤフゥートゥ ♦ ~なる ウティチチュン/ヤフゥラチュン
落ち着き ウティチチ ♦ ~がない イィーチビン チカン ♦ ~のない者 チャクチャクー
落ち着く ウティチチュン
落ち着ける イシーン
落ち度 フスク
お茶 ウチャ //《仏壇に供える》ウチャトー // → 茶
お茶請け ウチャワキ
落ちる ウティーン[2]
おっかぶせる ウーシカシーン
お月さま ウチチューメー
おっちょこちょい ソーヌガー/チャクチャクー
おっつかっつ ウッチカッチ
おっつけ ウッチキ/ウッティ[1]
追って ウッティ[1]
夫 ウゥトゥ
おっと アイ[2]
雄綱 ウゥーンナ
おつゆ ウシル/シル
おつり ケーシムルシ
おでこ《突き出た》ガッパイ
お手玉 オーシェートゥー
お手伝いさん ジョーシチャー
音 ウトゥ
お父さん スー[1]/ターリー/チャーチャー
弟 イィキガウゥトゥ/ウゥトゥ //《姉から見た》ウゥトゥイィキー
おどおど シカミーグルグル

おどけ テーフゥ ♦ ~者 チョーギナー/ナマテー
男 イィキガ //《若い》ワカイィキガ //《女のような》イィキガイィナグー
男の子 イィキガワラビ/イィキガングゥ/ウゥーングゥ
男まさり イィキガマサイ
男やもめ イィキガヤグサミ
男らしい イィキガラーサン
音沙汰 アティ/ウトゥ/ウトゥサタ/ウトゥジリ
落とし穴 ウトゥシアナ
落とし物 ウトゥシムン
お年寄り ウトゥスイ
落とす ウトゥスン
おととい ウゥッティー
おととし ンーチュ
大人 ウフッチュ ♦ ~ぶっている クサブックィーン ♦ ~ぶること ウフッチュグゥーシー
おとない ウトゥナサン/ウフヤッサン/エンラサン ♦ ~人 ウトゥナシーグゥー/ウフヤシー/エンラーグゥー
おとめ《文》ミヤラビ
お供 ウトゥム ♦ ~すること ウンチケー
踊り ウゥルイ/モーイ
劣る ウティーン[2]/ウトゥイン
踊る ウゥルイン/モーイン
衰える ウトゥルーイン
驚かす《わっと言って》ワーミカスン
驚く ウルチュン/シカムン //《非常に》トゥンモーイン
同い年 ユストゥシ
同じ《接頭》チュ/ユヌ //《そっくり同じ》ティーチ
おなり神 ウゥナイガミ
鬼 ウニ

おにぎり メーニジリー
鬼ごっこ カチミンソーリー
鬼餅 ムーチー
斧(おの) ウゥーン
おのずから シジンニ／ルークル
おのずと シジントゥ
おば 《伯母・叔母》ウゥバーマー／《伯母》ウフンマー／《叔母》バーチー
おばあさん パーパー／ハンシー／《老女》ハーメー
おばさん(小母さん) バーチー
おはじき イットゥガヨー
帯 ウービ
おびえる ッンビーン
お日さま ティーラ
お人よし サラマクトゥ／フリマクトゥ
お姫様 ウミナイビ
帯びる サスン
お仏壇 ウブチラン
おべっか メーシ ◆〜を使う者 メーサー
お坊さん チョーローメー
覚え アティ／ウビ²
覚える ウビーン
おぼれる ッンブックィーン
おぼろ豆腐 ユシローフ
お盆 《道具》ウブン／《盂蘭盆》→ 盆
おまえ ッヤー／《文》スナタ ◆〜たち(の) イッター
おまけ シーブン ◆〜する イリシーン
お迎え火 ウンケービー
おむすび メーニジリー
おむつ カコー
おめざ ミークフゥヤー
思い ウムイ／ニンガキ
重い ッンブサン／《病気などが》チューサン／ムチカサン ◆〜物 ッンブムン

思い当たる ウムイアタイン
思い返す ウムイケースン
思いがけず ウビラジ／ウマージフラージ
思いがけない ウミチキラン／ウミチャキン ネーン
思い切って ウミチッチ
思い切り ウミチットゥ
思い切る ウミチーン
思い出す ウビッンジャスン
思い立つ ウムイタチュン
思いつく ウミチチュン／ウムイタチュン
思いどおり ジュー ◆〜になる リカスン
思い直す ウムイケースン
思い悩ますこと ティーワチャレー
思い悩むこと ウミーヤミー／チムウミー
思い残す ウムイヌクスン
思い迷うさま トゥヌーマヌー
思う ウムイン
重々しい ッンブラーサン
面影 ウムカジ
重さ チンミ
重し ッンブシ
面白い イーリキサン／ウムサン ◆〜人 イーリキー
面白そうである ッウィーリキギサン
おもちゃ イーリムン
表 ウムティ ◆〜口《家の》メーグチ
表書き ッウーガチ
おもてなし ウトゥイムチ
表向き ウムティムチ
面映(おもは)ゆい チラアフゥサン／チラハジカサン
重湯 ッウーユー
重り《秤の》ッンブシ
思わせぶり ウマーシブイ
親 ウヤ／《実の》ソーウヤ／《産みの》ナシウヤ／《育ての》スラティウヤ／《夫の》シトゥ
◆〜の心子知らず ウヤブノー ックッチクソー
おや アイ²／アキヨー／アネ／ウネ／チェー／ハー³
親思い ウヤウムイ／ウヤウムヤー
おやおや ウネウネ
親がかり ウヤガカイ
親代わり ウヤガワイ
親子 ウヤックゥ
親孝行 → 孝行
親知らず ウヤシラシバー
おやつ ユルジナムン
親馬鹿 ックゥビーチャー
親不孝 ウヤフコー
親分 テーソー
女形(おやま) イィキガイィナグー
おやまあ アキトーナー／ウネウネ／エーッチャ
親元 ウヤムトゥ
親指 ウフイービ
泳ぎ ッウィージ
泳ぐ ッウィージュン
および ウユブン
折 ウゥーイ／ヒョーシ／《文》スラ
おり(澱) グリ
降りる ウリーン²
おる(居る) ウゥン²
折る ウゥーイン²
お礼 リージ²
折れる ウゥーリーン
おろおろ モーロー
おろしがね シェーガナ／レークニシリー
降ろす ウルスン
負わせる ウーシーン／《罪、責任などを人に》ウーシカンシーン
終わらせる シマスン
終わり イチハティ／ウワイ／ナー⁶／ハティ

終わる ウワイン / シムン
追われる ッウーリーン
恩 ウゥン[1] //《命を救ってくれた》ヌチヌウン
恩返し ウゥンゲーシ
恩義 ウゥン[1] / ウゥンジ
温厚な者 ウフヤシー
音信 ウトゥ / ウトゥサタ / クィー[2] / サタ
音痴 ヒジャイヌーリー
雄鶏 ウゥールイ
女 イィナグ //《若い》ワカイィナグ
女形(おんながた) イィキガイィナグー
女子供 イィナグワラビ[1]
女丈夫 イィキガマサイ
女所帯 イィナグラチ
女たらし イィナグカチミヤー / イィナグシカサー / ナーイルー[1]
女の子 イィナグワラビ[2] / イィナグングゥ / ミーングゥ
女らしい イィナグラーサン
おんぶ ウーフッ

## か

蚊 ガジャン
か《助詞; 疑問》ガ[1] / ガ[2] / ナー[8]
我 ガー ♦ ～が強い ガージューサン ♦ ～を折る ウゥーリーン
が《助詞》《主格など》ガ[3] / ヌ //《逆接》シガ
…回 ケーン
階 ケー[3]
櫂(か) エーク
かい《助詞; 疑問》ナー[8]
海岸 ウミバタ
買い食い コーイングェー
外見 ミーバ / ミーフッ / ミカキ / ッワービ
会合 スリー

骸骨 カラフニ[1]
開墾 カイクン / シアキ
海上 ケーソー
街娼 サングゥナー / フェージュリ
海水 ウス / スー[2]
疥癬(かいせん) コーシ
海賊 《文》ハイチェー
怪談 ユーリーバナシ
街道 オーカン
回復する トゥイケースン / ムチノーイン / ムチノースン
外米 トーグミー
買い物 コーイムン
会話 ムヌガタイ
買う コーイン
飼う カライン / チカナイン
返す ケースン
帰す ケースン
かえす(孵す)《卵を》シラスン
かえって ケーテー / ユク[3]
帰り道 ケーイミチ
かえる(蛙) アタビチャー
返る ケーイン
帰る ケーイン[1]
かえる(孵る)《卵が》シリーン
替える・変える ケーイン[2]
顔 チラ //《文》カウ ♦ ～も見たくない チラミックゥサン ♦ ～を出す ヌバガイン / ミグイン
顔色 イル ♦ ～が悪い者 イルヌガー
顔立ち チラカーギ / ミーマユ
香り カバ ♦ ～がよい カバサン
画家 イィーカチ / イィーカチャー
かかえる 《大事そうに》マンラチュン
かかと(踵) アル

鏡 カガン
掛かる カカイン
(…にも)かかわらず ジチ[3] / ナギーナ / ヌッンジティ / ムン[2]
関わり カカワイ
関わる カカワイン
垣 カチ[1]
鍵 サーシヌックゥ
書き入れる カチイリーン
かき込む《食べ物を》カチクムン / ホーチンチュン
がき大将 ターユヌカシラ
書きつけ カチチキ
書きとめる トゥミーン
垣根 スンガチ
かき混ぜる カチャースン / キジャースン
かきむしる カチャンクゥイン
書きもの カチムン
限り カジリ
書く カチュン[1]
掻(か)く カチュン[2]
かく《恥を》カチュン[2]
隔月 チュチチグーシー
覚悟 カクグ[2]
各自 ナーメーメー
隠し事 カクシグトゥ
確実 タシカ
学者 ガクサ
隠す カクスン / クゥックゥスン
学生 ガクシー
隔年 チュトゥグシ
格別 カワティ
学問 ガクムン / シミ[1] / ティシミガクムン
隠れる クゥックゥイーン
掛け《売買の》サガイ[2] ♦ ～売り サガイウイ ♦ ～買い サガイゴーイ ♦ ～で買う サガイン[2]
賭け カーキー
影 カーガー

陰 カーギ
崖 ハンタ / フチ
掛け合い カキエー
かけ足 ハーエー
掛けがね カクガニ
陰口を言う ナサガスン
かけっこ ハーエースーブー
影法師 カーガー
掛け持ち カキムチ
掛け持つ カキーン[3]
かけら カキ // 《細かい》クマキー // 《割れた》ワリ[2]
欠ける カキーン[2]
掛ける・懸ける・架ける カキーン[3] // 《布団などを》カンシーン ♦ 首に〜 ハキーン / ハチュン[1]
賭ける カキーン[3]
加減 アンベー / カギン
籠(だ) クー[2] // 《竹製の大きな》アラバーキー / バーキ
囲い カクイ
囲う カクイン
かこつける クトゥユシーン
囲む カクムン
傘・笠 カサ[1] // 《麦藁笠》ムンジュルー // 《こうもり傘》ランガサ
風上 カジウーラ
風車(ぐるま) カジマヤー
重なる カサバイン
重ね重ね カサニガサニ
重ねる カサビーン
かさばる カサバイン
かさぶた カサブタ
ガザミ 〘動〙ガサミ
飾り カジャイ
飾る カジャイン
菓子 クヮーシ
舵 カジ[5]
火事 クヮジ / ヒー[2]
餓死 ヤーサジニ
賢い ソーラーサン ♦ 〜者 ソーイラー

果実 キーヌナイ / ナイ / ナイムン / ミー[5]
かしましい カシマサン
貸家 カラシャー
菓子屋 クヮーシヤー
鍛冶屋 カンジェークー / カンジャー
かしら《助詞》ガヤー
かす(滓・糟) カシ[1] / グリ
貸す カラスン[1]
数 カジ[3]
かすかに ウムヨー
カステラ カシティラ
かずら(葛)(蔓) カンラ / チタ
かすり傷 シリキジ
風 カジ[4] ♦ 〜が強い カジョーサン
風邪 ハナチチ / ミーチハナチチ ♦ 〜気味 ハナチチガッコー
加勢 カシー / カジフイ / ティガネー
稼ぎ モーキ
風除け カジジャタカ
火葬 クヮソー
数える カジューイン / ユムン
家族 ウチワ / チネー // → 大家族
肩 カタ[2]
型 カタ[1]
片足 カタヒサ
片足跳び ギーター
堅い・固い カタサン / クフゥサン ♦ 固くなる クフゥイン
(…し)がたい ガタナサン
片腕 カタウリ
片思い カタウムイ
片親 カタウヤ
がたがた ジェージェー
敵(かたき) カタチ[1] //《文》ティチ
かたくな グゥンク
肩車 ブートゥルカーン
片隅 カタシミ

片袖 カタスリ
形 カタチ[2]
片づける カタジキーン / スジミーン / ノースン //《食べ物を食べて》シェーキーン
片っ端から イッソーナーリー
かたつむり(蝸牛) チンナン
片手 カタリー
片手間 カタティマ
片手間仕事 アシビシグチ
片時《文》カタトゥチ
刀 カタナ
肩幅 カタハバ
片方 カタグー
かたまり カタマイ / ムルシ[1]
固まる カタマイン / クフゥイン
形見 カタミ[1]
片道 カタミチ
傾き カタンチ
傾く カタンチュン / ヒッカンチュン
傾ける カタンキーン
片目 カタミー
語らい イカタレー
かたわら スバ[1]
片割れ カタワリ
勝ち カチ[2]
かち合う ハナカースン
勝ちいくさ カチイクサ
勝ち負け カチマキ
勝つ カチュン[4]
鰹 カチュー
鰹節 カチュー / カチューブシ
がっかりすること ミーフワーフワー
かつぐ カタミーン
がっくりする チーシッタイン
恰好(かっこう) カッコー
学校 ガッコー[1]
勝手 カッティ / シム[1] / チママ
合羽 カッパ

かっぱ——からば　　和沖索引

河童(かっぱ) カムロー
家庭 チネー
がてら ガチー
合点 ガッティン
門口(かど) ジョーグチー
門出 タビラチ
かな《助詞》ガヤー
かなう(叶う・適う・敵う) カナイン
金具 カナグ
悲しい ナチカサン
金づち カニジチャー / シェージチャー
かなてこ カニガラ
金物 カナムン ◆〜屋 カナムンヤー
必ず カンナージ / カンナジ / ジフィ
かなり(の) ユカイ
かに(蟹) ガニ
金(かね) ジン / ジンカニ ◆まとまった〜 マルチジン ◆わずかな〜 イチクムイ
鐘・鉦(かね) カニ³ / ソーグ
金貸し ジンカラサー
金づかい ジンジケー
かねて カニティ
金儲け ジンモーキジク
金持ち エーキ / エーキー / エーキンチュ / エーキンチュー / ジンムチ
兼ねる カニーン ◆...しかねること カンティー
化膿する ンペーイン¹
彼女 アリ¹
かばう カニーマースン ◆〜こと カタカ
かび(黴) コージ //《醬油などに生える薄い》カービイ¹
華美にする クッビーン
花瓶 ハナイチー
カブ(蕪)《植》ンーリー
下腹部 シチャワタ
かぶせる ウーシーン / ウサースン¹ / ウスイン¹ / カンシーン
かぶる カンジュン
かぶれる マキーン
壁 クビ¹
果報 カフー / フー¹
かぼちゃ チンクヮー / ナンクヮー
鎌 イラナ
かまう カムイン
構え カメー
構える カメーイン²
かまきり イサトゥー
かます(叺) カマジー / ヒーフヮーカマジー
かまど カマ ◆〜の神 ウミチムン / ヒヌカン
かまぼこ カマブク
我慢 ◆〜する クネーイン / シヌブン / ニジーン¹ / ヌビーン / ヤスンジーン ◆〜できない シジラヌン ◆〜できないこと ニジーカンティ ◆〜できる ヤシマイン
紙 カビ
神 カミ ◆〜に仕える人 カミンチュ ◆〜のお告げ チジウリ
髪 カラジ / カラジギー //《文》カシラ
神がかり カミラーリ
神隠し ムヌマイー
がみがみ キロークノー
かみきり虫 カラジクェー
かみ切る クィーチーン
剃刀(かみそり) カンスイ / コージュイ ◆〜まけ コージュイマキ
かみつく クィーチチュン / クーイン²
雷 カンナイ
髪の毛 カラジギー
髪結い床 カラジユーヤー
かむ《鼻を》シビーン
かむ(嚙む)《何度も》カナースン
かめ(亀) カーミー¹ //《海亀》ウミガーミ //《陸に棲む》ヤマガーミー ◆〜の甲 カーミークー
甕(かめ) カーミー²
かも(鴨) カム
寡黙 ンムヌクチ
茅 カヤ
蚊帳(かや) カチャ
がやがや ワサワサ
茅葺の家 カイブチャー
かゆい イィーゴーサン
通う カユイン
から(空) カラ² ◆〜の《接頭》ンナ
殻 カラ³ / ガラ²
から《助詞》カラ⁴ //《理由》クトゥ² /《経由》ナーリー
柄(がら) ガラ³
辛い カラサン
からかう ワクイン / ワチャクイン ◆〜こと ワチャク
辛口 スージューグチ
からげる《裾などを》カナギーン
から騒ぎ ンナサワジ
からし(辛子) カラシ
からす(烏) ガラサー / ガラシ
枯らす《草木を》カラスン²
からす《声を》カラスン²
ガラス タマ¹
から咳 カラジャッキー
体 カラタ / ルー¹ //《おのおのの》ナールールー ◆〜が弱い カラヨーサン / ルーヤフヮラサン ◆〜が弱い者 トーヨーイー / ヤフヮラムン
体つき タキフル
からっぽ ウーガーガー / ンナムン
空手 ティー²
から箱 ンナバク

からぶき　カラジュスイ
からまる　マチブイン
からむ　マチブイン
カラムシ(苧)〖植〗ウゥーベー
からめ捕る　カラミトゥイン
仮に　ムシ³
借り物　カイムン
借りる　カイン¹　♦～こと　カイイレー
刈る　カイン²
軽い《重さなど》ガッサン//《病気など》カッサン
軽石　カルシ
軽々と　カルガルートゥ
軽く　ヨーングゥー　♦～なる　カルクナイン
彼　アリ¹
枯れ枝　カリユラ
枯れ木　カリキ/カリギー
枯れ草　カリクサ
枯れ葉　カリバー
枯れ果てる　カリハティーン
彼ら　アッター/ウッター
枯れる《草木が》カリーン
かれる《声が》カリーン
軽んじる　カルンジーン
川　カーラ²
皮・革　カー²
かわいい　ウジラーサン/スーラーサン/ンジョーサン
かわいそうである　チムイチャサン/チムグリサン
かわいそうに　チムグリギーナー
かわいらしい　チムガナサン
川えび　シラシェー/タナガー
乾かす　カーカスン/カーラカスン
渇く《のどが》カーキーン
乾く《干上がる》カーキーン//《濡れたものが》カーラチュン
変わった　イフーナ
川端、川べり　カーラバンタ

瓦　カーラ¹
代わり　カワイ//《接尾》ビチェー
変わる・代わる　カワイン
代わるがわる　チュイチガールー/チュイナーカールー
勘　カン²
願　ウゥガミ/ウグゥン
棺桶　クヮンチェーバク
考え　カンゲー/クヌミ/チムグクル
考え事　カンゲーグトゥ
考えもの　カンゲームン
考える　ウムイン/カンゲーイン/クースン¹/クヌムン
かんかん　クゥラクゥラ
元金　ムートゥ
玩具　イィーリムン
関係　カカワイ　♦～する　カカワイン
頑固　グゥンク
監獄　ルーヤ
頑固者　イッポージー/グゥンクー/シブー
簪(かんざし)　ジーフヮー//《金の》クガニジーフヮー//《銀の》ナンジャジーフヮー
鑑札　カンサチ
元日　グヮンジチ
癲癇(かんしゃく)もち　アックー/サクー/サクムチ
勘定　サンミン
頑丈　ガンジュー
干渉する　カムイン
完成　スビ　♦～させる　トゥジミーン　♦～する　ミーナイン
岩石　シー²
関節　フシ
完全な《接頭》マタ³　♦～もの　マタムン
元祖　グヮンス
肝臓　チム
寒村　カリグコ

寛大　チムヌヌビ　♦～さ　ヌビ/ヌビレー
簡単　♦～である　シーヤッサン/ルーヤッサン　♦～に　カルガルートゥ/ジェーラクェーラ/ヤシヤシートゥ
元旦　グヮンタン
勘違い　カンチゲー
貫通させる　トゥースン
貫通する　トゥーイン²
感づく　サトゥイン
缶詰　クヮンジミ
鑑定　ミタティ
かんな　カナ¹　♦～くず　カナクリー
堪忍する　ヌビーン
疥(かさ)の虫　カンムシ
棺箱　クヮンチェーバク
芳しい　カバサン
早魃(かんぼつ)　ヒャーイ
がんばる　クンパイン/チバイン/ハマイン/ヤッパイン
看病　カンボー/トゥンジャク/ミーカンボー
願望　ニゲー/ヌジュミ
干満　スー²
甘味　アマミ
肝要　カンスー
寛容　♦～さ　ヌビ/ヌビレー　♦～である　チムビルサン
完了する　シーウワイン/シートゥジニーン

## き

木　キー²　♦高い～　タカギー　♦小さい～　グマギー
気　チー²　♦～が荒いこと　ナマチ　♦～が小さい　チムグーサン　♦～が長い　チムナガサン　♦～が早い　チーベーサン　♦～がふれる　フリーン¹　♦～が弱い　チムヨーサン　♦～をつける　ククリーン

黄色 チール / チールー
消える チャーイン
記憶 ウビ² / ムヌウビー ♦ ～する ウビーン
気落ち チーライ / チルライ ♦ ～する《すっかり》チーヒッタイン
飢餓 ウゥガリ
機会 ヒョーシ
機械 ヤーマ
着替え(の衣服) ケーイジン
着替える チーケーイン
気がかり チガカイ / チムガカイ
着飾る スガイン
祈願 イヌイ / ウゥガミ / ウグゥン //《神への》カミニゲー ♦ ～する イヌイン
きかん坊 ウーマク / ボーチラー
聞き入れる チチュン²
聞き落とす チチウトゥスン
聞き覚え チチウビ
聞き返す チチケースン
聞き上手 チチジョージ
聞き違えること、聞き間違い ヨーガージチ / チチマチゲー
聞きにくい チチグリサン
聞き惚れる チチフリーン
聞き漏らす チチウトゥスン
聞き分け ジーカジ / チチワキ
聞き分ける チチワキーン
飢饉 ガシ
菊 チク
利(き)く チチュン¹
聞く チチュン² //《敬語》ウンヌカイン
気配りのない ジャーンネーン
キクラゲ(木耳) ミミグイ
気苦労 シンロー
期限 ジチ²
機嫌が悪いこと ビッシェー
危険である ウカーサン

聞こえる チカリーン²
木こり ヤマク
気根 ヒジ²
きさま スナタ
刻む チジャムン
気質 シムチ
汽車 アギヒーグルマ
起床する ウキーン³
傷 キジ / クシ²
季節 ジシチ / シチ²
気絶 ブチクン / ブチゲー
きせる(煙管) チシリ
着せる カンシーン / クシーン
気ぜわしい チムイチュナサン
北 ニーヌフゥ / ニシ² //《文》マニシ
着倒れ チーローリ
北風 ニシブチ
着たきりすずめ イチメーマーミナカー
汚い シタナサン / ハゴーサン / ハゴーリー //《非常に》ユムハゴーサン ♦ ～こと シタナサハゴーサ / シタネークトゥ / ブチリー ♦ ～もの ハゴームン //《幼児》ペーペー
汚らしい ハゴーギサン / ハゴーリー / ユムハゴーサン
北向き ニシンケー
吉日 イィービー
きちんと チャントゥ
きつい イバサン
きっかけ ヒョーシ
きつく《文》チットゥ
亀甲墓(きっこうばか) カーミナクーバカ
ぎっしり ジサットゥ
きっと イヤリン / ジフィ / ジュシェー ネーン
橘餅(きっぱん) チッパン
詰問する シーチカカイン
帰途 ケーイミチ
亀頭 ハンキ
きなこ(黄粉) マーミナクー

絹 イーチュ
きのこ チヌク / ナーバ
気のせい チムヌウミー
気の毒 ♦ ～である チムグリサン ♦ ～に チムグリギーナー
きびきびしている チビラーサン
忌避する クシスン
キビナゴ(黍魚子)〖魚〗スルルーグヮー
気分 ククチ ♦ ～がすぐれない アンマサン ♦ ～が悪い アンマサン
希望 ヌジュミ
気前がいいこと ウフジム
気まま カッティ / チママ
決まり サラミ ♦ ～が悪い チラアフゥサン
きみ ッヤー ♦ ～たち イッター
黄身(卵の) アカミー
奇妙な イルンナ / サイタ
気むずかしい カマラサン / ムチカサン ♦ ～者 カマラサー / ヒレーグリー
気むずかしや ジーグフゥー
決める サラミーン
肝 チム ♦ ～を冷やす ンニヒジュルサン
気持ち ククルムチ
着物 イソー / チンチフゥラ
客 チャク //《お客》ウチャク
逆 サカ
逆風 ンケーカジ
気安い ヒレーヤッサン
キャベツ タマナー
九 クー⁴ / ククヌチ ♦ ～歳 ククヌチ
灸 ヤーチュー
休暇 ヤシミ
窮屈である イチジラサン / イバサン
休憩所 ユクイルクル

休憩する ユクイン
臼歯 ウークバー / ウーシバー
九十 クンジュー
急所 ソールクル / チブルクル / ヌチルクル
救助 タシキ
急須(きゅうす) チューカー
急な ウミチャキン ネーン
急に アッタニ / ウビラジ / チューチャン
牛肉 ウシヌシシ
牛乳 ウシヌチー
救命 スチラシキ
きゅうり ウイ / キーウイ
急流《文》ハイカワ
旧暦 ウチナーグユミ
今日 チュー
教育 ウシー / ナラーシ / ナレー[1]
境界 サケー
驚愕 ウフルンモーイ / ローマ
狂気 シンケー
協議 ジンミ
境遇 ミー[6]
教訓《文》ユシグトゥ
行水する アミーン
興ずる《歌、踊りなどに》アシブン
強制 ウシウシ ♦〜する ウシーマースン
兄弟《兄弟姉妹》ウットゥシージャ / ウトゥジャンラ / ウゥナイイィキー / チョーレー //《姉妹から見た男の》イィキー //《母が同じの》ハラティーチ
共同 カーター[2]
器用なこと《手先が》ティグマ
経文 チョームン
協力する ウチャースン
曲芸 ホーカー

拒絶する ハニチキーン
曲解する イーマギーン
去年 クジュ
きょろきょろ アマミークマミー / グルグル
嫌う クシスン
きらきら チラチラー / ピチャナイ
ぎらぎら クゥラクゥラ / ジラジラ
切らす《品物などを》チラスン
錐(きり) イリ[1]
…きり カーラ[3] / ジーリ
義理 カナミ / ジリ
切株 ニーグイ
切り傷 チリキジ
切りくず ウティチリ
切り口 チリクチ
切り殺す チリクルスン
切り捨てる チリヒティーン
キリスト教 ヤスー
切り倒す チリトースン
義理立て ジリラティ
切妻 フゥーフー
切り通し ワイトゥイ
切り抜ける シヌジュン
寄留人 チジューニン
器量 カーギ
気力 イジリ
切る・斬る チーン[1]
着る チーン[2] ♦〜物 チルムン[1] / チンチルカー
きれ(布) チリ[1]
…切れ チリ[4]
きれい チリー ♦〜な《接頭》チュラ ♦〜に チュラーク
切れ切れ ヒッチリビッチリ
亀裂 ヒバリ
切れ端 チリ[1] / チリハシ
切れ目 チリミ
切れ者 ハガナー
切れる《切れ味・切断》チリーン //《切断》ヒッチリーン //

《切れ味》タチュン
際(きわ) チワ
銀 ナンジャ
銀河《文》ティンガーラ
金額 ジンラカ
禁止する サシトゥミーン
近日中 クヌチ
近所 チンジュ ♦〜付き合い チンジュビレー
金星 ユーバンマンジャー
禁制《文》ハットゥ
金銭 ジン / ジンカニ
金属 カニ[2]
きんたま クーガ / ヤックゥン
巾着 ジンブクル
近辺 チンピン

く

九… ク
具《汁の中の》ミー[5]
具合 アンベー / サク[1]
杭 クィー[1]
食いしばる クィーチャースン
食いしん坊 ガチ
食い倒れ クェーローリ
食いちぎる クィーチーン
食いつく クィーチュン
クイナ(秧鶏)(水鶏)〚鳥〛クミラー
食いはぐれる カミハンスン
食いぶち クェークチ
食い物 クェームン
食う カムン / クゥイン
ぐうぐう グタグタ
空腹 カラワタ / ヤーサワタ / ンナワタ ♦〜である ヤーサン
九月 クングゥチ
茎 グチ / フニ[2]
釘 クジ[2] //《竹製の》ラキクジ
釘抜き ガンジュミ / クジヌジャー
くぐり抜ける フキーン[1]
くくる(括る) クンジュン /

草 クサ
臭い(くさい) クササン ♦《とても臭い》ユムグササン
草刈り クサカイ
草木 キークサ / クサキ
くさくさ クサクサー
草花 クサバナ
くさび(楔) クサビ
腐らせる クタスン
腐る クサリーン ♦腐ったもの クサラー / クサリムン
串 グーシ
櫛(くし) サバチ
くじ(籤) クジ³
くしけずる サバチュン
くしゃみをする ヒーン²
くじら(鯨) グジラ
くず(粉) クジ¹
くすぐったい ハゴーサン
くすぐる クスグイン
くすぶる キビイン
薬 クスイ ♦～屋 クスイヤー
薬指 ナーナシイービ
くずれる クーリーン / クジリーン ♦《積み荷などが》ソーリーン
癖 クシ²
(...の)くせに ジチ³ / ヌンジティ
くそ クス
砕く クラチュン
くたくたになる アータナイン
砕ける クラキーン
(...して)ください トゥラシェー《⇨トゥラスン》
くださる ウタビミシェーン / クィミシェーン《⇨クィーン》
くたばる ヌバチリーン
くたびれ クタンリ
くたびれる ウゥタイン / クタンリーン
果物 キーヌナイ / ナイ / ナイムン

下り口説(くどぅち) クライクルチ
下る クライン
口 クチ² ♦～が重い クチンブサン / ムヌイージマサン ♦～が軽い クチガッサン ♦～が悪い クチグフッサン
口数 クチカジ² / クトゥバカジ
口汚い クチハゴーサン
口さびしい クチサビサン
口三線 クチジャンシン
口達者 クチガンスイ
口直し クチノーシ
口ひげ ッゥーヒジ
唇(くちびる) シバ ♦《上唇》ッゥーシバ ♦《下唇》シチャシバ
口笛 フィーフィー
口べた クチビタ
ぐつぐつ グッタグゥタ
屈従する マガイン
ぐっしょり シブートゥ
屈折する《性格などが》マガイン / ユガムン
ぐったり グタットゥ ♦～する チーシッタイン
くっつき合う マチブイン
くっつく タックゥイン / タッチカイン
くっつける タックゥースン
食ってかかる トゥックゥイン
屈伏する マガイン
口説(くどぅち)《歌謡》クルチ¹ ♦下り～ クライクルチ ♦上り～ ヌブイクルチ
くどくど イーケーシゲーシ
国 クニ
国中 クニジュー
九日 クニチ
ぐにゃぐにゃ ヌタ
くねくね マガヤーヒガヤー / ヨーガーヒーガー
配る クバイン / ハジュン¹
首 クビ²

首ったけ マンブリ
首根っこ カジガー
区別 イルワキ / サシワキ / ミーワキ ♦～して イルワキティ
くぼみ、くぼ地 クブン
クマゼミ《昆》アササー / サンサナー
汲み入れる クミンチュン
組踊 クミウドゥイ
組み立てる カチュン³ / クミタティーン
汲む クムン²
組む クムン³
雲 クム
蜘蛛(くも) クーバー ♦《文》クブ ♦～の巣 クーバーガーシー
曇り クムヤー ♦～の天気 クムヤーッゥーワーチチ
曇る クムイン
悔やみ クヤミ
悔やむ クヤムン ♦→後悔する
供養 クヨー
蔵 クラ¹
鞍 クラ²
暗い クラサン
(...)くらい アタイ² / グレー
食らう クゥイン
暮らし クラシ²
暮らしにくい クラシグリサン
暮らしやすい クラシヤッサン / シーヤッサン
暮らす クラスン²
比べる クラビーン
暗闇 クラシン
くらわす クゥースン²
繰り返し イーケーシゲーシ / ウッチェーヒッチェー / クイケーシゲーシ
繰り返す クイケースン ♦《文》クイムルスン
来る チューン / ナイン¹

《順番などを》マローチョーン
ぐるぐる グルグル
苦しい クチサン / クリサン
苦しむ クルシムン
車 クルマ
…ぐるみ《接尾》シーティー
くれる（呉れる） クィーン[2]
暮れる ユックィーン
黒い クルサン ♦ 黒くなる クルムン
苦労 クロー / ナンジ //《たくさんの》ナンジクンジ //《非常な》ヤーサクリサ
黒雲 クルクム
黒砂糖 クルジャーター
黒珊瑚 ウミマーチ
黒ずむ クルムン
クロツグ 〚植〛マーニ
クロトン 〚植〛クルトゥン
鍬(くわ) クェー[1]
食わす クヮースン[2]
クワズイモ（食不芋）〚植〛ンバシ
食わせる クヮースン[2]
桑の実 ナンレーシー
グヮバ ベンスルー
工工四 クンクンシー
勲功 クンコー
群星 ブリブシ

## け

毛 キー[1] // → 髪(かみ)
計画 クヌミ / シクミ //《文》ハカレー ♦ 〜する クスムン
経過する タチュン
敬語 ウヤマイクトゥバ
稽古事 チーク
掲載される ヌイン[1]
掲載する ヌシーン
警察 キーサチ
計算 サンミン ♦ 〜違い サンミンバッペー
傾斜 カタンチ ♦ 〜する カタンチュン

系統 ウニー
芸能 ジーヌー
継母(けいぼ) マンパー
契約 ムスビー
計略 クスミ //《文》ハカレー
怪我する ヤマスン / ワイン
下剤 クラシグスイ
夏至 カーチー
消す チャースン
下水 ンージュ
削る ヒジュン
桁 キタ
下駄 アシジャ
気高い シーラカサン
けだもの イチムシ
けちな ジビタ
けちんぼ イビラー / コーパー / ニジャー
血液 チー[3]
血縁 カタ[4] ♦ 〜関係 マガラ
欠陥 ミー[6]
ゲッキツ（月橘）〚植〛ギキチャー
月給 ジッチュー ♦ 〜取り ジッチュートゥヤー
月経 チチヌムン
結構です《辞退》ユタサイビーン《⇒ユタサン》
結婚 ニービチ //《普通の慣習などによらない》ヒッチャティルーニービチ ♦ 〜式 ニービチ ♦ 〜する ニービチスン《⇒ニービチ》/ リッシンスン《⇒リッシン》♦ 〜適齢期 トゥシグル
決心して ウミチッチ
欠席する カギーン
血族 イップクイッソー
げっそりする ガッソーリーン
欠点 クシ[2] / ヒークシ
血統 シジ[2] / タッ クィー / チー[3] / チーカー
決闘 タチエー

ゲットウ（月桃）〚植〛サンニン[1] ♦ 〜の葉 サンニンガーサ
潔白 チッパク
結膜炎 ミーハギ
月末 チチシー
けづめ（蹴爪） チルジ
蹴飛ばす キリトゥバスン
けなす イークジーン
下男、下人 ジニン / ンジャックゥ
仮病 チュクイヤンメー
下品である ハゴーサン
下品な ジビタ
毛深い者 キーマー
煙い キブサン
毛むくじゃら キーマー
毛虫 キームシ
煙たい キブサン
煙 キブシ //《文》チムリ
煙る キブイン
下痢 クスヒリー / クラシ[1] //《文》フカダチ ♦ 〜する クラスン[1]
蹴る キーン
けれども シガ / ヤシガ
弦(げん) チル[1]
喧嘩(けんか) イクサ / イリワイ / オーエー / ソーロー[1] / ムンロー ♦ 〜する オーイン / タタカーイン
元気 イジ / ガンジュー / シー[6] ♦ 〜である アッチュン / カナイン ♦ 〜に ハシットゥ
健康になる チューイン
げんこつ ティージクン
検査 シラビ ♦ 〜する シラビーン
現在 イマ / イマメー / ナマ[1]
犬歯 チーバ
現世 イチミ / クシュー
現代 ナマ[1]
県庁 チンチョー
見聞 ミーナイチチナイ

げんま——こころ　　和沖索引

玄米　ヌーメー
倹約　クメーキ ♦ ～家　クメーキヤー

## こ

子　ックヮ//(実の子) ソーングヮ / ナシムンヌックヮ
五　イチチ / グー² //(接頭) グ¹
語　(接尾; ...語) クチ²
碁　グー³
御...　(接頭) ウ / グ²
恋　(文) クイ ♦ ～する　ウムイン ♦ ～をする　フリーン²
鯉　クーイユ
濃い　クーサン²
恋路　(文) クイジ
こいつ　クヌヒャー
故意に　ワジャットゥ
小犬　イングヮー
恋人　ウムヤーグヮー//(男)《文》ウミサトゥ//(女)《文》ウミンゾ ♦ ～どうし　イーナーカ
功　クー⁶
こう(このように)　カン³ / カンシ
壕　ゴー¹
行為　ウクネー / シワジャ
好意　チムイリ
幸運　カフー / フー¹ //(文) シェーウェー
高価　♦ ～なもの　レーラカー
後悔　クークェー ♦ ～する　クークェー スン (⇒クークェー) / クヤムン
効果がある　チチュン¹
口角炎　ユムライグチ
合格する　カカイン
交換　ケールー
睾丸　クーガ / ヤックヮン
公共物　グムチ
工具　シェークローグ

攻撃する　シミーン³
孝行　ウヤウミイ / コーコー ♦ ～者　ウヤウムヤー / コーコームン
神々しい　シジラカサン
交際　クゼー / ッチュビレー / トゥイケー / トゥイフィレー / ヒレー ♦ ～上手　カナミジョージ ♦ ～する　ヒライン
降参　エンミサ / ワビ
麹　コージ
小路　スージグヮー
口実　♦ ～を設ける　クトゥユシーン
交渉　カキエー
口上　クージョー
強情な人　ジーグフヮー
洪水　ウーミジ
交替　チガールー ♦ ～する　イリチガーイン / カワイン / チガーイン
業突(ごうつ)張り　ユクヌマタキティ
鋼鉄　ハガニ
後輩　ウットゥ
交尾する　チルムン²
後方　クサー / クシ³ / シリー
子馬　ンマグヮー
高慢　タカウチャギ
こうむる　コームイン
こうもり(蝙蝠)　カーブヤー
こうもり傘　ランガサ
肛門　チビスミー
拷問　(文) イチジミ
膏薬　コーヤク
強欲　ユクヌマタサキティ
甲羅(こう)　クー⁷
高利貸し　コーリガシ / ジンカラサー //(人) コーリガシー
こうりゃん　トーナチン
高齢　ウフルスイ
香炉　ウコール
功労　ティガラ
口論　イリガーエー / イリワイ / ムンロー
声　クィー² ♦ ～をかける　アビーン¹ / マンチュン² / ユブン
声変わり　クィーガーイ
肥だめ　シーリ
肥える　クェーイン
越える　アマイン² / クィーン¹ //(文) クスン
氷砂糖　クーリ / クーリジャーター
こおろぎ　カマジェー
誤解する　トゥイチガイン
木陰(かげ)　キーヌカーギ
焦がす　クガラスン
小刀　シーグ
五月　グングヮチ
黄金(かね)　クガニ
焦がれ死に　クガリジニ
こき使う　アチカイン / クンチカイン
ごきぶり　ヒーラー
呼吸　イーチ
胡弓　クーチョー
故郷　シマ¹
漕ぐ　クージュン
国王　オー¹ ♦ ～様　ウスガナシーメー
極楽　グクラク
こけ(苔)　ヌーリ
焦げる　ヤキーン
ここ　クマ
午後　ヒルマ
小声　グマグィー
凍える　クフゥイン ♦ ～こと　ヒーサグフゥイ
心地　ククチ
九日(ここのか)　クニチ
九つ　ククヌチ
心　ククル / シン² / チムグクル ♦ ～が浮き立つさま　チムワサワサ ♦ ～が広いチムビルサン ♦ ～が乱れるさま　モーロー ♦ ～にかける　ウ

ムイン
心当たり　アティ
心得　ククリー
心得る　ククリーン
心がかり　チムガカイ
心がけ　チガキ / ニンガキ
心がける　ククルガキーン / チムガキーン / ニンガキーン
心変わり　ククルガワイ
心苦しい　ルーグリサン
志　ニンガキ
志す　ニンガキーン
心さびしい　《文》ククティルサン
心せわしい　チムイチュナサン
心づもり　チムイ ♦ ～する　チムイン[2]
心強い　チムジューサン
試み　ククルミ / タミシ
心持ち　ククルムチ
心もとない　ククルムトゥナサン
心やさしい　チムジュラサン
心安い　ククルヤッサン
ござ　ムシル
五歳　イチチ
後妻　アトゥルミ
(...で)ございます　レービル
小雨　アミグヮー
腰　クシ[3] ♦ ～が重い　チビッンブサン ♦ ～を折れる　チガリーン
故事　クジ[4]
五七日(ぃちなんか)　イチナンカ
古酒　クース
五十　グジュー
ご祝儀　グスージ
小姑(じゅうと)　ウゥナイシトゥ
五十歳　グジュー
後生　グソー
越す　《文》クスン
梢(すえ)　スーラ
こする　シーン[3]
戸籍　クシチ

小銭　グマジン
こそげる　クサジュン
こそ泥　グマヌスル
小太鼓　《片張りの》パーランクー
答え　イレー / イレーヒジ / イレーヒントー
答える　イレーイン
こたえる　《疲れなどが体に》クテーイン
ごたごた　ヤマチリグトゥ
ごたまぜ　マンチャーヒンチャー
ごちそう　クヮッチー ♦ ～さまでした　クヮッチー サビタン《⇨ クヮッチー》♦ ～する　ティレーイン
こちょこちょ　クチュクチュ
こちら　クマ ♦ ～側　クガタ
こつ　クー[3]
小遣い　クジケー
骨格　ジョーサク
こづく　チチチュン[2]
こっくりこっくり　ウンブイコーブイ
滑稽(ぃけ)　テーフゥ ♦ ～である　ウゥカサン ♦ ～なこと　チョーギン
ごっこ　《接尾》グヮーシー
骨折する　チーチゲーラスン
こっそり　スルットゥ
こっち　クガタ
骨壺　ジーシガーミ
こと(事)　クトゥ[1]
琴　クトゥー
...ごと(...も一緒に)　シーティー
...ごと《どの...も》カジ[6]
ごとく(...のように)　グトゥ[1]
ことごとく　アルムンネームン / ヌーンクィーン
ことさらに　ウッターティ
今年　クトゥシ / クンル
ことに　カワティ

言葉　クチ[2] / クトゥバ
言葉数　クチカジ[2] / クトゥバカジ
言葉づかい　ムヌイー / ムスイーカタ
子供　《親に対して》ックヮ // 《大人に対して》ワラバー / ワラビ ♦ ～扱い　ワラビアチケー ♦ ～心　ワラビジム ♦ ～たち　ワラビンチャー
ことよせる　クトゥユシーン
小鳥　トゥイグヮー
断る　クトゥワイン
粉　クー[5]
粉薬　クーグスイ
こぬか雨　チャチャーブイ
こね合わせる　アースン[1]
この　クヌ ♦ ～間　クネーラ / クネーランシ ♦ ～あたり　クヌヒン / クマリカー ♦ ～方　クマ / ッンマ[2] ♦ ～人　クヌッチュ / クマ ♦ ～野郎　ウヌヒャー / クヌヒャー ♦ ～ような　カンネール / クングトール ♦ ～ように　カン[3] / カンシ / クングトゥ
この頃　クヌグル / クヌグルンシ
木の葉　キースフヮー
木の実　キースナイ / ナイ / ナイムン
好む　シチュン[1]
この世　イチミ / クヌユー
コバテイシ　〖植〗ッンーマーギー // 《文》クフゥディサ
小鼻　ハナブックヮ
ご飯　ムヌ ♦ ～粒　メーチジ
碁盤　グバン
こびる者　メーサー
こぶ　グーフ // 《たんこぶ》ガーナー
護符　フーフラ / ムンヌキムン
五分　グブ

こぶし──さいば　　　　　和沖索引

コブシメ 《動》クブシミ
子豚 ッワーグヮー
小降り グマブイ
子分 イーチケームンサー
ごぼう(牛蒡) グンボー
こぼす イーケーラスン／ホーイン²
こぼれる イーケーリーン／ホーリーン
子煩悩 ックヮンムヤー
こま(駒) 《琴や三線の》ッンマ¹
こま(独楽) クールー
ごま(胡麻) ウグマ
ごまかす ババックヮースン
こまごま クマグマ
小間使い イーチケームンサー
困ったこと カテームン／シタネークトゥ／ジャーフェー／ワジャ
困った者 シタネームン
こま結び マームスビー
小間物 グマムン
困る クマイン²／スクェースン／《非常に》ヌチチリーン
ごみ アクタ／グミ／チリ²
ごみくず チリアクタ
小道 ミチグヮー
ゴム グム
小麦粉 ムージナクー
ゴムまり グムマーイ
こむら クンラ ◆～返り クンラアガヤー
米 クミ ◆～俵 クミラーラ ◆～粒 クミチヂ ◆～のとき汁 クミアレージル／クミヌシル ◆～の飯 メー¹
こめかみ クミカン
ごめんください 《辞去などの挨拶》グブリー サビラ《⇒ グブリー》／《訪問時の挨拶》チャービラ《⇒ チューン》
ゴモジュ 《植》グムル

子持ち ックヮムチ
子守をする者 ックヮムヤー
こもる クマイン¹ ◆～こと《家に》ヤーグマイ
小屋 ヤーグヮー
こやし クェー²
小指 イービングヮー
今宵 《文》クユイ
ご用 グユー
暦 クユミ
こらえられる ヤシマイン
こらえる クネーイン／シヌブン／ニジーン¹／ヌビーン
こらしめる ミミジュン
ご覧にいれる ウミカキーン
小利口 タクマー／リクチ ◆～な者 ハイシジラー／ミッチアマヤー
凝り性 チュカター
ごりやく シルシ
これ クリ²
ご霊前 グリージン
これから クリカラ
これほど カンスカ
頃 ウゥーイ／クル¹／マングル／《接尾》グル／ジブン／ナギー
頃合い サク¹
殺す クルスン
転ぶ ウックルブン／クルブン／ルゼーイン
衣(ころも) クルン
こわい ウトゥルサン／チムヒジュルサン ◆～もの ウトゥルサムン
こわがりや ウトゥルサウミー
こわがる ウジーン／ウスリーン／ッンビーン
こわす クースン²／ヤンジュン
声(こわ)作り クィージュクイ
こわれた物 ヤンリムン
こわれやすい サクサン
こわれる クーリーン／ヤンリーン

根気 クンチ
困窮 クンチュー
根くらべ クンチスーブ
今月 クンチチ
権現(ごんげん) グンジン
今後 クリカラ
根性 ソー²
昆虫 ムシ¹
今度 クンル
こんな ウンナ／カンネール／クングトール／クンナ
こんなに ウングトゥ／カンシ／カンスカ／クングトゥ
困難である ムチカサン／ルーグリサン
こんにゃく クンヤク
今晩 チュユル
昆布 クーブ ◆～巻 クーブマチ
今夜 チュユル／《文》クユイ
混乱 ヤマ¹／ヤマチリグトゥ
婚礼 ニービチ

さ

さ 《助詞；念押しなど》サ／ムン²
座 ジャー¹ ◆～をわきまえない ジャーンネーン
最近 イマメー／クヌグルンシ／クネーランシ
歳月 トゥシ²
最後 チビ
妻子 トゥジックヮ
最初 サチ ◆～から アタマニ ◆～に マジ
細心 クメーキ ◆～の注意を払う クメーキーン
最盛期 サラバンジ
催促する イミーン
災難 シーラ／ワジャウェー
罪人 トゥガニン
才能 ジンブン ◆～のある者 ジンブンムチ
才走る ハイシジーン ◆才

走った者 ミッチアマヤー
財布 ビッチン
材木 ジェームク
幸い 《文》シェーウェー
さえ チョーン
さえぎる チジーン
さえずる フキーン³
竿 ソー¹
逆(さ) サカ
坂 ヒラ∥《急な》《文》サクヒラ
境 サケー
栄える サカイン / サケーイン
逆さま サーナーゲーイ / サカ
探し出す ミーアティーン
探し求める カメーイン¹ / トゥメーイン
探す カメーイン¹ / サゲースン
杯 サカジチ
逆立ち サカラチ
魚 イユ ◆～売り イユヤー
肴 ウシェー / サカナ
酒瓶 サキビン
逆まつ毛 サカマチギ
逆むけ サカンキ
下がる サガイン¹ /《後ろへ》シジチュン / ヒチュン¹
左官 ムチジェーク
盛んに ウッチェーヒッチェー ◆～...する カンジュン
先 サチ∥《草木の先端》スーラ
さぎ(鷺) サージャー
先駆け サチバイ
咲きこぼれる サチカンジュン
先頃 クネーラ
先々 サチジャチ
咲きだす サチッンジーン
先立つ サチダチュン
咲き始める サチッンジーン
先ほど ナマサチ
先回り サチマーイ

咲き乱れる サチカンジュン
座業 イィーシクチ
咲く サチュン¹
裂く サチュン²
昨日 チヌー
昨晩 チヌーヌユール / ユービ
冊封使(さくほうし) サップーシ
桜 サクラ
探る サグイン
酒 サキ ◆～を飲む ヌムン
酒かす カシジェー
酒甕 サキガーミ
酒癖 イィーグシ / サキグシ
酒好き サキジョーグ / サキジョーグー / ジョーグー
酒飲み サキー / サキクェー / サキジョーグー ◆～仲間 ヌミルシ ◆底なしの大～ ワリガーミ
叫び声 アビーグィー
叫ぶ アビーン¹
裂ける サキーン
避ける ルキナイン
下げる サギーン∥《値段を》ヤシミーン¹
支え チカシ
さざえ(栄螺) サジェーンナ
支える ウヤギーン
ささくれ サカンキ
差し上げる ウサギーン
座敷 ジャシチ
差し込む サシンチュン
刺し殺す サシクルスン / ヌチクルスン
さしさわり カカイサーラチ / チケー¹
差しせまる サシチマイン
差し出す ヌシキーン / ネーイン¹
さしつかえる サワイン
差し止める サシトゥミーン
サシバ タカ∥《金色の目の》チンミーラカ

刺身 サシミ
差し向かい タンカーイィー
刺す サスン
注(さ)す 《液体などを》サスン²
指す ヌチュン²
差す 《刀などを腰に》サスン
授かる サジカイン
授ける サジキーン
させる シミーン¹ ∥《助動詞》シミーン⁴ / スン³
誘う ユブン ∥《文》ユクスン
沙汰 サタ
定め サラミ
定める サラミーン
さっき キサ
昨今 チヌーチュー
さっさと イッスイカッスイ / カシーカシー / ソーソー¹
察する 《文》サッシーン
雑草 クサ
ざっと ジャットゥ
さっぱり(と) サージャートゥ
さっぱりした 《性格が》サッパットゥナ
さつまいも ッンム
さておき スースー
里芋 チンヌク
砂糖 サーター ∥ → 黒砂糖、白砂糖
砂糖きび ウゥージ
里方 イィナグヌカタ
さとり カン²
さとる サトゥイン
さね サニ
さばく クシレーイン
さばける 《品物などが》サバキーン
錆 サビ²
さびしい サビサン / チムシカラーサン
さびれる サビリーン / サボーリーン
差別 イルワキ
作法 サフー

...様 ガナシー
ざま シカタ / シジャマ / シタラク / ジャマ¹ ♦〜を見ろ シタイヒャー / ユーシタ
さまざま イルカジ / サマジャマ
冷ます サマスン¹ //《外気に当てて》スガスン
覚ます《目を》サマスン²
妨げ サマタギ / ジャマ²
妨げる サマタギーン
寒い ヒーサン
寒がり(や) ヒーサーオー / ヒーサウミー
寒さ カン¹
寒々 ヒジュルカンジャー
さめ(鮫) サバ¹
冷める サマイン / サミーン¹ / ヒジュイン
覚める サミーン² / ウジュムン //《酔いが》サミーン¹
さや(鞘)《豆などの》カラ³ //《刀などの》サヤ / シー⁴
さゆ(白湯) サーユー
皿 サラ¹
再来年 ナーンチュ
浚(さら)う サレーイン
さらさら ソールソール
さらしくじら『料理』ウバ
さらし木綿 サラシ
さらす サラスン
さらに ウスゥウィー / ナー⁷ / ナーヒン / ユクン
サラリーマン ジッチュートゥヤー
猿 サールー
申(さる)《十二支》サル
去る ンジャル
ざる ソーキ²
...される ミシェーン
騒ぐ《いたずらなどをして》アマイン¹
ざわつく ワサミチュン
ざわめく ムサゲーイン / ワサミチュン
サワラ(鰆)『魚』サーラ
さわる(触る) サーイン²
障る サワイン
三 サン² / ミーチ //《接頭》ミ¹
桟《板戸などの》サン⁴
三回忌 サンニンチ
三角 サンカク
三月 サングヮチ
讒言 ジャン
三歳 ミーチ
散々 サンジャン / サンジャンクンジャン
三司官 サンシクヮン
三十 サンジュー
三十三回[年]忌 ウウィジューコー / サンジューサンニンチ
三十歳 サンジュー
残暑 ワカリアチサ
三線 サンシン ♦口〜 クチジャンシン
産前 ナシメー
山賊 フェーレー
山頂 ヤマヌチジ
三人 ミッチャイ
三年 サンニン² / ミトゥ
残念 ジャンニン
三年忌 サンニンチ
産婆 サンバ / ックヮナシミヤー
桟橋 サンバシ
散髪 ランパチ
三百 サンバク
三分の一 ミーチティーチ
山野、山林 ヤマ¹

し

四 シー¹
死 パタイ
字 ジー¹
痔 ジー³
慈愛 ッチュチムグリサ

仕上がる《立派に》リキーン
仕上げる トゥジミーン
明々後日 アサティヌナーチャ
思案 ムスカンゲー ♦〜する カンゲーイン
椎(しい)(の木) シージャー
強いて シーティ¹
塩 マース ♦〜をふく マースフチュン
潮 ウス / スー² ♦〜の干満 スー²
塩辛 カラス //《いかの》イチャガラス //《アイゴの》スクガラス
塩辛い シブカラサン / スージューサン ♦〜もの シブカラムン
塩煮 マースニー
塩水 スーミジ / マースミジ
しおれる ネーイン²
し終わる シーウワイン / シートゥジニーン
市価 ソーバ
四角 カク / シカクー
自覚する ジフスン
仕掛け シカキ²
しかける シカキーン
しかし ヤシガ
自画自賛 ルーブミー
耳下腺炎 トーシンバイ
しかた シーヨー / シカタ
...しがたい ガタナサン
四月 シングヮチ
自活 ルーアガチ
しかめっつらをする ワジャムン
叱られる ヌラーリーン
叱る シチキーン / ヌライン ♦〜こと《にらみつけて》ミーハイウラーシ
時間 ジカン / ジブン / トゥチ
四季 シチ³
じき(直) チャーキ

時期 ジシチ/ジチ² ♦〜がはずれる アチャガイン
しきたり フージ
識別する ミーワカスン
敷物 シチムン
至急 イスジ
しきりに ウッチェーヒッチェー/ヒッチー
敷く シチュン³/ヒチュン³
しくじり シーヤンジグトゥ
しくじる シーヤンジュン
しける(湿気る) シミキーン
事件 クトゥ¹
死後 アトゥ
歯垢 ハークス
至極 《文》シグク
地獄 ジグク
自己崇拝 ルーアガミ
仕事 シクチ/シグトゥ/チトゥミ/ワジャ ♦〜が遅い ティーニーサン/ティーベーサン ♦〜が速い ティーベーサン ♦〜始め ハチウクシ ♦〜をする チトゥミーン/ハタラチュン
死後の世界 グソー
仕込む シクムン
思索 ムヌカンゲー
資産家 エーキンチュ
獅子(し)《獅子舞の》シーシ²
事実 ソーフントー
四十 シジュー
四十九《数え年で》ククヌトゥグンジュー
四十九日 シンジュークニチ
四十暗がり シジュームルルチ
支出 ンジフゥ/ンジリメー
地所 ジー²
師匠 シショー/《お師匠》ウシショー
私娼 フェージュリ
事情 ジジョー/シレー
試食 ウチュービ

地震 ネー¹
自身 ルー¹/《接尾》クル²
静か シジカ
沈む シジムン
時勢 ジシー
私生児 ヤマナシングゥ/ヤマラニングゥ
時節 ジシチ/シチ²
紙銭《彼岸などに燃やす》ウチカビ
自然と シジントゥ
自然に シジンニ/ナンクル
紫蘇(そ) アカナバー
…しそう ガッコー²
士族 サムレー/ユカッチュ/《新参の》ミーユカッチュ
持続する ムチュン
…しそこなう →(…し)そこなう
…しそびれる →(…し)そびれる
子孫 チュタラク/ックヮッンマガ/ヤチッンマガ/ユラフゥ
下 シチャ
舌 シバ
下あご ウトゥゲー/カクジ
次第 シレー
次第次第に シレーシレーニ
辞退する クトゥワイン
次第に シレーニ/タッタ
慕う ウムイン
従う シタガーイン/チチュン² ♦(…するに)従って シンレー
下書き シチャガチ
支度(たく) シタク/スガイ/《食事の》ムヌスガイ/《夕飯の》ユーバンスガイ ♦〜する シコーイン/スガイン
下心 シチャグクル
下ごしらえする クシレーイン
したたか シタタカ
下手 シッティ
仕立てる シタティーン

下腹 シチャワタ
…したら ネー³
七 シチ⁴
質 シチ⁵ ♦〜草 シチ⁵ ♦〜流れ シチナガリ ♦〜屋 シチヤ
七回忌、七年忌 ヒチニンチ
七月 ヒチグヮチ
七人 ヒチニン
実(じ) ジチ¹ ♦〜の親 ソーウヤ ♦〜の子、実子 ナシンヌックゥ/ソーングゥ
しっかり チャントゥ ♦〜している《年の割に》ウィーラーサン//《見る目が》カガナイン//《人が》ソーラーサン ♦〜と シカットゥ//《文》チットゥ
漆器 ヌイムン²
しっくい ムチ
じっくり トゥクットゥ
しつけ イーナラーシ/シチキ/ナラーシ/ナレー¹/ムンナラーシ
しつける シチキーン
しつこく マーマリン
叱責 アク¹
質素 クメーキ ♦〜に暮らす クメーキーン
湿地 シッタイ
嫉妬 リンチ/ッヮーナイ
失敗 シーヤンジグトゥ/マチゲー/《自分の》ルーヤンジ ♦〜する ウックルブン/シーヤンジュン/トゥイヤンジュン/《商売などに》ミグイヤンジュン
しっぽ ジュー¹
失望 ミーフゥーフゥー
実名 ソーナー
失礼 グブリー/ブリー ♦〜します《辞去などのとき》グブリー サビラ《⇨ グブリー》♦〜しました《謝罪するとき》グ

ブリー サビタン《⇨ ググリー》
じとじと ジタジタ
品 シナ¹
しなう タマイン¹
し直す シーノースン
死なす ヒンガスン
品物 シナ¹ / シナムン
次男 ジナン
死にかけた者 シニヤンジャー
死にかける シニヤンジュン
...しにくい ガタナサン / グリサン
死にそう シニガーター / マーシガーター
死にそこなう シニヤンジュン
死に別れ シニワカリ
死人 シニッチュ / シニン
死ぬ《人が》マースン¹ //《動物などが》シヌン
地主 ジーヌヌーシ
自然薯(じねん) ヤマッンム
しのぐ《切り抜ける》シヌジュン
忍ぶ シヌブン
芝居 シバイ
しばし《文》シバシ
しばしば ユー⁵
し始める シカキーン
支払い ハレー
支払う ハライン
しばらく マジ ♦ ～の間 イチュタ / トージャ / トーブン
縛る クンジュン / ユーイン
しびれる ヒラクムン
渋い シブサン
自負する ジフスン
事物 ムヌ
しぶり腹 シビイワタ
自分 ルー¹ ♦ ～自身 ルークル ♦ ～一人 ルーチュイ
時分 ウゥーイ / クル¹ / ジブン
死別 シニワカリ
思慕 ウムイ

死亡者 シニン
四方八方 シホーハッポー
しぼりかす[がら] シブイガラ
しぼる シブイン
島 シマ¹
縞(しま) アヤ
姉妹 チョーレー //《兄弟から見た》ウゥナイ
しまう ノースン
自前で ルージフェー
島国 シマグニ
始末が悪い アガイン
しまった ラー / ラーナー
(...して)しまった ネーン
始末におえない トゥインチカミン ナラン ♦ ～こと イラリガマラサ / ジャーフェー
島流し シマナガシ
しまりや クメーキヤー
自慢 ジマン
しみ《老人の顔に出る》イシクジマ
しみったれ コーパー
しみる《しみて痛む》スンクゥイン //《歯に》クーイン²
指名 ナジャシ
絞め殺す シミクルスン¹
じめじめ ジタジタ / シブシブ / シブタイカータイ ♦ ～する シブタイン
湿る シブタイン
締める・閉める シミーン² //《戸などを》ミチーン¹ //《戸などを固く》クィーチャースン //《戸などを引いて》ヒチャースン
地面 ジー²
霜月 シムチチ
下手(しも) シッティ
自問自答 イチャイハンチャイ
謝意 リージ²
しゃがむこと トゥンタチィー
...しゃがる クゥイン

...しやがれ ミシリ / ミシレー
酌 サク²
借地料 ジガネー
借家人 ヤーカヤー
社交 ッチュグトゥ
斜視 ソーマー
写真 サシン
しやすい シーヤッサン
借金 ウッカ / シー³
借金取り シーイミヤー
しゃっくり サッコービ
しゃぶる シブイン
しゃべる ユムン
邪魔 サマタギ / ジャマ² ♦ ～する サマタギーン ♦ ～っ気 アイメークサメー ♦ ～になる サワイン ♦ ～者 ッワーバムン
シャモ(軍鶏)〖鳥〗タウチー
しゃもじ イージェー / ミシゲー
砂利 ウル / シナ²
砂利道 イシグーミチ
車輪 ハーガー
謝礼 チキトゥルキ
しゃんと ハシットゥ
...周 マーイ²
十 ジュー² / トゥー //→ 十(とお)
自由 ジュー
周囲 シラークサー / マーイ² / ミグイ
十一 ジューイチ
十一月 シムチチ
集会 スリー
十月 ジューグッチ
習慣 ナリ / ナレー¹ / ユリビチ //《悪い》ヤナフージ ♦ ～となる ナリーン²
周期 マールー
祝儀 スージ¹
住居 シメーカ
十九 ジューク
十五 ジューグ

十五日 ジューグニチ
十五夜 ジューグヤ／ジューグヤー♦
秀才 スーチェー／スグラー／スグリムン／リキヤー
十三 ジューサン
十四 ジューシ
十七 ジューヒチ
十七八 ジューヒチハチ
終日 ヒッチー／ヒルジュー
従者 ウトゥム
重々 ジュージュー
住職 ジャーシ
十字路 カジマヤー
重曹 アンチョー
住宅地 シモータ
舅(しうと) イィキガシトゥ
姑(しうとめ) イィナグシトゥ／シトゥ
習得する ウキトゥイン
十二 ジューニ
十二月 シワーシ
十二支 ジューニシ
十人 ジューニン
重箱 ジューバク♦～料理 ウジュー
十八 ジューハチ
十分・充分 ジュージュー／ジューブン／チュフーラ／ヒチフイ♦～に ユー[5]
周辺 マール
集落 ムラ
修理する ノースン
十六 ジュールク
祝宴 スージ[1]
熟していない オーサン
熟す《果実が》ンムン
熟達する ナリーン[2]
宿泊する トゥマイン
受験する ウキーン[2]
守護 マムイ♦～する マムイン
酒豪 サキー
種々雑多 イルカジ

主人 ヌーシ
酒造家 サカヤ
手段 ティー[2]
十歳 トゥー
出身 フラ
出生 ンマリ
出立、出発 ンジタチ／ウッタチ
出発する タチュン
出費 イリミ／ンジフィ
襦袢(じばん) ジバン
樹皮 キーヌカー
首里 スイ♦～出身 スイフラ♦～城正殿 ウカラフーフ♦～の人 スインチュ♦～方言 スイクトゥバ
シュロ(棕櫚)『植』スル
瞬時 チュバチ
潤沢 ジュンタク
(...の)順に シレー／シンレー
順番 バン／マール♦～が来る マローチョーン
準備 シコーイ／スガイ／／《食事の》ムヌスガイ／／《夕食の》ユーバンスガイ♦～する シコーイン／スガイン
順風 マトゥム
...升《接尾》ス
情 ジョー[2]／チム
錠 サーシ
情愛 ジョーエー
しょうが(生姜) ソーガー
障害 カカイサーラチ
正月 ソーグヮチ♦～早々 ソーグヮチンナーラ
蒸気 アチキ
上京 ヌビイ
上下(じょうげ) イーシチャ
証拠 スーク
上戸《酒の》ジョーグー／サキジョーグ
じょうご(漏斗) ジョーグ
障子《文》アカイサンバシリ
正直 マクトゥ♦～な心 マ

ジム♦～者 マクトゥー／マッシーグー／マットゥーバー
常識 カニ[1]／ムンヌアティ
生じさせる タティーン
少女 イィナグワラビ[2]
少々 ウフィ／スースー
生じる ソージーン／タチュン
正真正銘 ジュン／マッタチ
小心者 チムグームン
上手 ジョージ
憔悴(しょうすい)する ヤチリーン
生ずる ミーン[1]
醸造する タリーン[1]
消息 クィー[2]／サタ／タユイ
招待 チケ[2]／／《ご招待》ウンチケー
承諾 ♦～すること ウチジフェーシ
上達する アガイン
冗談 テーフゥ／ワレーバナシ
承知 ガッティン
小腸 ワタグヮー
商店 マチヤ
上等 ジョートゥー
商人 アチョール
少人数 イキラニンジュ
性根 ♦～の悪いこと クンジョー／シムチ♦～の悪い者 クンジョームン
少年 イィキガワラビ／イィキガングヮ
勝敗 カチマキ
商売 アチネー／ウイムンケームン♦～上手 アチネージョージ♦～人 アチネーサー
消費する テースン[1]
商品 アチネームン
勝負 スーブ
ショウブ(菖蒲)『植』ソーブ
丈夫 ガンジュー
性分 ソーブン
小便 シーバイ

情報 オーホー
譲歩する ウゥーリーン / ユジーン
錠前 サーシ
正面 タンカー² / マームコー // 《真正面》マタンカー
証文 スームン
醬油 ソーユー
将来 アトゥ / アトゥアトゥ / サチ / サチジャチ / ユーヌサチ
条理 シジ²
精霊(しょうりょう)送り ウークイ
性悪 ヤナシムチ
初夏 《文》ワカナチ
書家 ジーカチ
所業 シワジャ
食塩 マース
職業 ワジャ
食事 ムヌ ◆ ～時 ムンヌジブン
食堂 マカネーヤー
職人 シェーク
食費 クェークチ
職分 スクブン
食紅 アカグー
食物 クェームン
食料 ハンメー
助勢 カジフイ
女装 ィィナグスガイ
所帯 スーテー ◆ ～道具 スーテーローグ / ヤームチローグ
女中 ジョーシチャー
しょっちゅう ウッチェーヒッチェー / ジョーヒタ / ヒッチー / ヒッチーユッチー
初七日 ハチナンカ
書物 スムチ
所有する ムチュン
女郎 ジュリ¹ ◆ ～遊び ジュリアシビ ◆ ～買い ジュリアシビ / ジュリュビ ◆ ～として売ること ジュリウイ ◆

～屋 ジュリヌヤー
しょんぼりする チーヒッタイン
しらが(白髪) シラガ / シラギ ◆ ～頭 シラギチブル
白雲 シラクム
知らせ オーホー / シラシ
知らせる シラスン²
知らない人 シランチュ
白波 シラナミ
しらふ サマ
調べ《調査》シラビ ◆ ～物 シラビムン
調べる シラビーン
しらみ(虱)〖昆〗シラン
しらみつぶし スージワチ
白む《空が》シラムン²
知らんぷり シランフーナー / チラブイ
尻 チビ
知り合い シリエー ◆ ～になる ミーシーン
尻からげ チブイ
退(しりぞ)く シジチュン
退ける ヌキーン / ルキナスン
思慮 アティ / ソー² / ムンヌアティ
汁 シル // → おつゆ ◆ ～椀 ウシルジャワン
知る シーン¹
しるし シルシ
記す トゥミーン
城 グシク
しろあり(白蟻) シライ²
白い シルサン
シロクラベラ〖魚〗マクブ
白砂糖 シルジャーター
シロダイ(白鯛)〖魚〗シルイユー
白身 シルミ
白目 シルミー²
しわ マグイ ◆ ～だらけ マーグーヒーグー ◆ ～になる マグリーン

しわくちゃ マーグー / マーグーヒーグー ◆ ～になる マグリーン
しわざ シワジャ
師走 シワーシ
心(しん)・芯 シン² / ナカグ
臣下 《文》シンカ
しんがり オーチビ
鍼灸(しんきゅう)師 ヤブー
神経質 シンケーグゥー
人後 ッチュアトゥ
信仰する シンジーン
深山(しん)ざん ウクヤマ
紳士 メーィィキガ
寝室 ニジャシチ
真実 ジントー / マクトゥ
伸縮 ヌビチジミ
心情 チム
信じる シンジーン
親戚 エーカ / カタ⁴ / ヒチ / マガラ // → 親類
親切 シンジチ / チムイリ ◆ ～な人 ィィーックッ¹
腎臓 タキーマーミ
神託 チジウリ
身長 タキ¹ / フル
震動する ユイン
人徳 トゥク²
新年おめでとう ィィー ソーグッチ
真の 《接頭》サラ²
心配 シワ ◆ ～事 シワグトゥ ◆ ～性の人 シワサー
新品 ミームン¹
新婦 ミーユミ
神仏 カミフトゥキ
新米 ミーメー¹
蕁麻疹(じんま)しん カジョーラー
新芽 ミルリ
進物 ウクイムン
深夜 ニーカー / ユナカ / ユルユナカ
親友 ィィールシ
親類 エーカ // → 親戚 ◆

〜縁者 エーカハロージ //《文》フィチハロージ
心労 シンロー
新郎 ミームーク

## す

巣 シー[5]
酢 アマジャキ ♦〜醬油 シーソーユー ♦〜の物 スーネー
髄 《骨の》ジー[4]
水泳 ッウィージ
すいか(西瓜) ウイ
炊事 ジョーシチ
スイジ貝 ユーナチモーモー
衰弱する ヤフゥラチュン
彗星 イリガンブシ
スイゼンジナ(水前寺菜) ハンラマ
水中 ミジぬミー ♦〜めがね ミーカガン
吸い物 シームン[1]
吸う スーイン[1] //《乳などを口にくわえて》シブイン
ずうずうしい者 ナマジラー
スープ シンジ
末っ子 ウッチリ / ウットゥングゥ
すえる ィシーン
姿 カーギ / シガタ
縋る シガイン
好き シチ[1]
...好き ジョーグー
好き嫌いをすること 《食べ物の》ムヌグシ
梳櫛 クシ[1]
すきっ腹 カラワタ / ヤーサワタ / ンナワタ
すき間 エージャ
過ぎる 《基準を越える》アマイン[2] //《度が過ぎる》シジーン[2]
ずきんずきん ヒッスイヒッスイ
好く シチュン[1]

梳く シチュン[2]
すぐ シグ / チャーキ ♦〜そこ イッシン
すくう(掬う) スクイン[1]
救う スクイン[2]
すぐさま ユヌヒサ
少ない イキラサン ♦少なくなる ヒナイン
すくむ スクムン[1]
すぐれた 《文》ユカル ♦〜子 スグリングゥ ♦〜人[者] スグラー / スグリンチュ
すぐれもの スグリムン
すぐれる カチュン[4] / スグリーン / ヌギンジーン / マサイン
ずけずけ ンジャンジャートゥ
すごい ウスマサン
すごく ジコー
少し ウフィ / クーテーン / スーグゥーフィー / スースー ♦ほんの〜 ウフィグゥー / ウムヨー ♦〜の間 イチュタ
少しも ムサットゥ
巣ごもる スクムン[2]
筋 カジ[1] / シジ[2] //《筋肉の》チル[1]
筋道 ローリ
素性 スジョー[2]
頭上 チジ[3]
すす(煤) シーシ[1]
すすき(薄) グシチ / ゲーン
涼しい シラサン
進む アッチュン / ススムン
涼む シラムン[1] / スガリーン
硯 シジリ ♦〜箱 シジリバク
進んでいる 《考え方などが》ヒラキーン[2]
裾 スス
すだれ シライ[1]
すたれる シタリーン
...ずつ ナー[10]
頭痛 チブルヤン //《軽い》ナマチブルヤン ♦〜の種 アンマシムン

すっかり チュラーク / ヌーンクィーン / マルマルートゥ
巣作り シージュクリー
ずっと カタクジラ / ジョーイ
すっ飛ばす ウットゥバスン
すっ飛ぶ ウットゥブン
酸っぱい シーサン ♦〜もの シームン[2]
捨て売り シティウイ
すでに ナー[7]
捨てる シティーン
砂 ウル / シナ[2]
すね シニ
すねる ヒンスン / ムリーン[1]
酢の物 スーネー
すばやい グルサン
...すべき ビチー
すべっこい ナンルルサン
すべて ンーナ
滑らせる シンラカスン
滑る シンリーン
住まい シメーカ
済ませる ウチナスン / シマスン
炭 タン[1]
隅 シミ[2]
墨 シミ[1]
住みか シメーカ / シモータ
澄みきる シンチリーン
住み込み イリチリー
住みつく イーチュン //《犬、猫などが家に》ヤージチュン
炭火 タンビー
済む シムン
澄む シンチリーン
相撲 シマ[2]
素焼き アラヤチ
すら 《助詞》チョーン
ずらす シーキーン
すり傷 シリキジ
すりこぎ リージ[1]
すりつける シリナシーン
すりばち レーフゥー

すりむく カカジーン / シリハジュン
する スン² / ナスン
擦(す)る シーン³
ずるい ヤマグナ
ずる賢いこと リクチ
…することができる ウースン
…するな《助詞；禁止》ナ¹
するめ カリイチャ ♦ 〜いかトゥビイチャー
座らせる イィシーン
座り込む《疲れて》ヒラキーン¹
座る イィーン³
すんでのことで ナーフラー
寸法 シン³

## せ

姓 ノージ / ヤーンナー
精《精力》シー⁶ //《魔物》マジムン¹ ♦ 〜を出す チガキーン / ハマイン
精いっぱい シーイッペー
生家 ウヤミヤー
生活 クラシ²
請求する イミーン
生計 クラシ² / クラシガタ
清潔 チリー ♦ 〜である チュラサン ♦ 〜に チュラーク
成功する リキーン
正座 ヒサマンチ
制止する トゥミーン
性質 スジョー² / ソーシチ / ソーブン
正常 ジュン
精神 ククル ♦ 健全な〜 ソータマシ
ぜいぜい グスグス
正装・盛装 チュラスガイ
ぜいたくにする クッピーン
成長 ♦ 〜が早い チューイベーサン ♦ 〜させる フルッヮースン ♦ 〜する チューイン / フルイーン
晴天 イィーッヮーチチ
整頓する クグニーン / スジミーン
(…の)せいにする ナジキーン / ウーシーン
青年 ニーシェー / ワカムン
性癖 クシ²
精米する シラギーン
清明(せいめい)(節) シーミー
清明祭 シーミー
西洋 ウランラ ♦ 〜語 ウランラグチ ♦ 〜人 ウランラー
整理する カタジキーン
成立する《婚約などが》トゥジマイン
勢力 イチュイ
精力 シー⁶
整列する ナラブン
清廉潔白だ チムジュラサン
蒸籠(せいろう)(せいろ) シェーロー
背負う《借金などを》カンジュン ♦ 〜こと《人を》ウーフヮ
世界 シケー
咳 サックィー
咳き込む チチチュン¹
せきたてる アギマースン
赤面 アカジラー
石油 シチタンユー
赤痢 シブイワタ
セキレイ(鶺鴒)〖鳥〗ジューピタピーター
世間 ウチュー / シキン / ユヌナカ ♦ 〜の人 ウマンチュ
世間知らず ブシジョー
世間付き合い シキンビレー
世間体 ジリハジ ♦ 〜が悪い ミートーンネーン
世間並み シキンナミ / ッチュナミ
世間話 シキンバナシ
世帯 スーテー
背丈 フル

セッカ(雪下、雪加)〖鳥〗チンチナー
石灰(せっかい) イシベー / カラフェー
せっかち ♦ 〜である チーベーサン ♦ 〜な者 アシガチャー
絶叫 カジチリアビー
絶対に イカナシン
せつない クチサン
折半 ハンブンワーキー
絶壁 フチバンタ
節約 イミ¹ ♦ 〜する アガネーイン
説話 イフゥナシ
瀬戸物 ジョーヤチ
背中 クシ³ / クシナガニ / クシブニ / ナガニ
背伸び ヒサラーカー
ぜひ ジフィ
狭い イバサン
狭苦しい イチイジラサン
蝉 ジージャー
攻め殺す シミクルスン²
攻め寄せる シミユシーン
攻める シミーン³
…(さ)せる シミーン⁴ / スン³
世話 ミーカンゲー ♦ 〜をする カムイン / カンゲーイン
せわしい イチュナサン
干 シン⁴
線 シジ²
善悪 ユシアシ
繊維 カジ¹
船員 フナヌイ
全快すること ムルノーイ
選挙 フライリ
先月 クィタチチ
前月 メーヌチチ
前後 アトゥサチ
線香 ウコー
前後左右 シラークサー
洗骨 シンクチ ♦ 〜する チュラクナスン

先妻 サチトゥジ
繊細 シンケーグヮー
前妻 フルトゥジ
煎じ薬 シンジグスイ
煎じる シジーン[3]
扇子 オージ
潜水 シーミ
前世 サチヌユー
先生 ウシショー / シショー / シンシー
全然 ムットゥ
先祖 ウヤフジ / ウヤフゥーフジ / グヮンス / ムートゥ //《自分が祀るべき》ムチメー //《分家の》ナカムートゥ ♦ 〜の霊 ソーローガナシー
戦争 イクサ / ソーロー[1]
喘息(ぜんそく) ヒミチ
洗濯する アライン
洗濯物 アレームン
先端 サチ //《植物の》シン[2]
先着順 サチシレー / サチナイシンレー
船長 シンルー
前兆 シラシ
選定する イラブン
宣伝する ヒルミーン
先年 サチルシ
先輩たち シージャカタ
先夫、前夫 サチウゥトゥ
全部 アルゥッサ / アルゥッピ / イッソーナーリー / チュラーク / マジリ[1] / ムル / ンーナ
旋風 カジマチ
せんべい(煎餅) シンビー
鮮明になる ウチャガイン
前面(ぜんめん)《建物などの》メージラ
洗面器 ビンラレー
先約 サチグチ
全裸 マルハラカ
前例 タミシ

## そ

ぞ《助詞》ロー[2]
粗悪品 ソーベー / ヤンリム ン
そう《同意》アン[2]
沿う・添う スーイン[2]
(...し)そう《接尾; 様子》ガッコー[2]
相違 ソーイ
そうか ンンジ
総額 スーラカ
雑巾(ぞうきん) タタンススヤー ♦ 〜がけ スイカチ
宗家 ムートゥルクル
倉庫 クラ[1]
早婚《女性の》フェーリッシン
造作 ジョーサク
早産 チチブスク
掃除 ソージ //《掃き掃除》ホーチカチ //《ふき掃除》スイカチ
葬式 ウクイガタ / ウクイトゥルキ / ラビ
雑炊 ジューシー / ヤフゥラジューシー
双生児 ターチュー
早々(に) ソーソー[1]
騒々しくする ムサザーイン
葬送する ウクイン[1]
曾祖父 ウファータンメー
曾祖母 ウファーパーパー / ウファーハンシー
曾孫 マタッンマガ
(...し)そうだ ギサン
総倒れ スーロリ
相談 ウチチューゴー / ソーラン
装置 シカキ[2]
装填(そうてん)する《弾を》クミーン
相当 ユカイ ♦ 〜な ソートー / ユカイ

騒動 ソーロー[1]
総動員 スーワジョー
雑煮 ジョーニグヮーヌシルー
相場 ソーバ
総本家 ウフムートゥ
聡明 スーミー
そうめん ソーミン ♦ 〜の油炒め《料理》ソーミンチャンプルー / ソーミンプットゥルー
ぞうり(草履) サバ[2]
僧侶 ボージ
添える シーン[4]
疎遠となる トゥーヌチュン
疎遠にする ヒラティーン
そぐ ヒジュン
即座 タレーマ
足跡 ヒサカタ
俗謡 フーウタ
底 スク[2]
そこ ンマ[2]
そここ ンマクマ
粗忽(そこつ) スクチ / ブチョーホー
(...し)そこなう ハジキーン / ハンスン / ヤンジュン ♦ 会い〜 イチェーハンスン ♦ 食べ〜 カミハンスン ♦ なり〜 ナイクジリーン / ナイハンスン ♦ 寝〜 ニンジヤンジュン ♦ → 言いそこなう、死にそこなう、できそこなう、取りそこなう、見そこなう、やりそこなう
組織する クムン[3]
そして アンシ
訴訟 ウッタイ
そしり《文》スシリ
租税 ジョーノー
礎石(そせき) イシジ
注ぎきる サーイチーン
注ぐ サスン
そそっかしい ♦ 〜こと スクチ ♦ 〜者 ウフソー

育ち スラチ ♦ ～方 スラチミチ
育つ スラチュン / チューイン
育て親 スラティウヤ
育て方 スラティミチ
育てる スラティーン
そちこち ッンマクマ
そちら ッンマ² ♦ ～側 ッンマムティ
即刻 タレーマ
そっち ッンマ² ♦ ～の方 ッンマムティ
そっと スルットゥ / ヨーングヮー
卒倒 ブチクン / ブチゲー
袖 スリ ♦ ～の下 シチャリー
ソテツ（蘇鉄）〖植〗スーティーチャー
外（ほか）フカ
備わる スナワイン
その ウヌ / ウン² ♦ ～上（に）ウヌッウィー / マタ² ♦ ～うち ウッチキ ♦ ～折 ウンニン ♦ ～頃 ウヌクル ♦ ～とき ウンニン ♦ ～辺 ッンマリカー ♦ ～まま ウヌマンマ
そば（側）スバ¹ / ニー¹ / ハタ¹ / ムトゥ¹ / メー²
そば（蕎麦）《沖縄そば》スバ²
(...し)そびれる ハンスン
祖父 イィキガフゥーフジ / タンメー
祖父母 フゥーフジ
そぶり ナジキ
祖母 イィナガフゥーフジ / パーパー / ハンシー
粗末にする カルンジーン
染まる スムン
そむく《文》スムチュン
染め替える スミケーイン
染め直す スミーケースン

染め物 スミムン ♦ ～屋 スミムンヤー //《文》クヤ
染める スミーン
そよぐ スジュン
空 ティン //《文》スラ
そら アリ² / アリッサ / アリヒャー
そら豆 トーマーミー
剃（そ）る スイン
それ《指示代名詞》ウリ²
それ(っ)《掛け声》ウネ / トー² / ヒヤ ♦ ～見たことかシタイサイ
それから ウリカラ
それぞれ ウリウリ / トートー
それで アンシ
それほど ナンジュ
そろう スルイン
そろえる スラースン / ナラビーン
そろそろ イィークル
そろばん スルバン
損 スン¹ ♦ ～をする ウルキーン / カンジュン
損得 スントゥク
そんな ウングトール / ウンナ / ウンネール
そんなに ウングトゥ
存分に ウミチッチ
村落 シマ¹ / ムラ

## た

田 ター²
だ《助詞》ヤン
台 レー²
第一 レーイチ
太陰暦 ウチナーグユミ
代価 レー¹
大概 テーゲー
体格 カラタ / グテー / タキフル
大家族 ウフジネー / ウフヤーニンジュ
大魚 ウフイュ

大金 ウフジン / シングヮン / マルチジン
大工 シェーク / ヤージェーク ♦ ～道具 シェークローグ
大言壮語 ウフムヌイー
太鼓 テーク
大根 レークニ ♦ ～おろし レークニシリシリー
大事 テーシチ //→大切 ♦ ～にする《病気の体などを》タンキーン
大した レージナ ♦ ～やつ マク¹
大して ナンジュ
大豆 ウフチジャーマーミ / トーフマーミ
大切 テーシチ ♦ ～である アタラサン ♦ ～な アッタル ♦ ～にすること ムスアタラサ
たいそう イッペー ♦ ～な ランランヮ
だいたい テーゲー
怠惰な ラジャクナ
たいてい イィークル
態度 シジャマ
対等 タンカー³ / タンカーナー
台所 ウシムトゥー / シム¹ ♦ ～仕事 ジョーシチ
台風 ウーカジ / テーフー //《文》アラシ
大変 レージ ♦ ～な レージナ ♦ ～なこと イチウェークトゥ / イチクーウェークトゥ / イチレージ / ウーグトゥ / クトゥ¹
大便 クス
大木 ウフギー
逮捕する カラミーン / ユーイン
田芋 ターンム
太陽 ティーラ
たいらげる シェーキーン

平らに ヒラッテーン ♦〜する トーミーン / ナラスン[1] / ヒラカスン
代理 カワイ
対立する ンカイン
体力 カラ[1] ♦〜がある チューサン
唾液 クチシル
絶えず トゥーチ
耐えられない シジララン ♦〜こと ニジーカンティー
絶える テーン
倒す トースン
倒れる トーリーン
鷹 タカ
たが(箍) ウビ[1]
だが ヤシガ
高い タカサン / マギサン
互い違い タゲーチゲー
互いに タゲーニ
違(たが)える タゲーイン
タカサゴ(高砂)〖魚〗グルクン
高潮 シガリナミ
高なる ロンミカスン
高窓 タカバシル
高める チューミーン
耕す カカジーン / タゲースン
宝 タカラ
たかる マチャースン
高笑い タカワレー
滝 〖文〗タチ[1]
薪(たきぎ) タムン
炊き込みご飯 クフゥジューシー / ジューシー
抱き込む ラチクムン
抱きしめる マンラチュン
焚(た)きつけ ヒーテーチキャー
焚(た)きつける テーチキーン
炊く 〈ご飯などを〉ニーン[2]
抱く ラチュン //〈鳥が卵を〉ウサースン[1] / ウスイン[1]
たくさん ウフウフートゥ / ウ

フォーク / オホーク / チャッサン / ヒチフイ / マイフク / ミッチャカーン / ラテーン ♦〜ある[いる] マンローン
たくらむ クヌムン / タクムン
たぐる タグイン
たくわえる タミーン[2]
丈(たけ) タキ[1]
竹 ラキ
岳・嶽 タキ[2]
だけ テーマン
竹馬 キービサー
たけのこ ラキヌックゥ
凧(たこ) マッタクー
たこ(蛸) タク
他言しないこと クチルミ
足し タシ
だし(出汁) ラシ
出し入れ ンジャシイリ
確か タシカ
確かめる タシカミーン
たしなみ タシナミ
だしぬけに ウマージフラージ
多少 《量の》イキラサウフサ
足す タレーイン
出す ネーイン[1] / ンジャスン
助け タシキ //《お助け》ウタシキ
助け合うさま 《互いに》チュイシージー
助ける タシキーン
訪ねる タジニーン / タンニーン
尋ねる タジニーン / タンニーン / チチュン[2] / トゥーイン[1]
だぞ ロー[2]
ただ タラ //《無料》イチャンラ ♦〜働き イチャンラブークー
堕胎する ウルスン
たたえる フミーン
戦い イクサ
戦う オーイン / タタカーイン
たたき込む タタチンチュン

たたきつぶす タッピラカスン
たたく ウチュン[2] / クルスン / スグイン / タタチュン
ただちに シグ
畳 タタン ♦〜屋 タタンヤー
たたむ タクブン
たたり アラビ
ただれ目 ミーハギ
ただれる タックィーン / ハギーン
太刀 タチ[2]
…たち(達) ター[4] / チャー[4]
立ち会い タチエー
タチウオ(太刀魚)〖魚〗タチヌイユ
立ち枯れ タチガリ
立ち消え ヒーヒートゥー
立ち直る イチゲーイン
立場 タチフゥ / ミー[6]
立ちはだかる タチハバカイン
立ち向かう タチンカイン
立ち寄る マーイン / ミグイン / ユイン //《たまに》ヌバガイン //《ちょっと》トゥンスバガイン
辰(たつ)(十二支) タチ[3]
立つ、建つ、発つ、経つ タチュン
脱臼する チーチゲーラスン
達し 〖文〗タッシ
達者である カナイン
達人 《武芸・空手などの》ブシ
達する イチャイン
たった タラ ♦〜今 ナマガタ
尊(たっと)ぶ タットゥブン
たっぷりと ウフウフートゥ
縦 タティ
たてつく トゥックゥイン
立て札 タティフラ
縦横(たて) タティユク
立てる タティーン
建てる タティーン / フチュ

例え タトゥイ¹ ◆〜話 タトゥイバナシ
たとえ《副詞; 逆接》 タトゥイ
たとえる タトゥイン
棚 タナ
七夕 タナバタ
たにし(田螺) ターンナ
他人 タニ / ッチュ ◆〜のそら似 クニチョーレー
種 《果実の》サニ /《農作物の》ムンチャニ
楽しい イーリキサン
楽しさ 《文》イソーサ
楽しみ タヌシミ
楽しむ タヌシムン
頼み タヌミ ◆〜にする タルガキーン
頼む タヌムン
頼母子講(たのもし) ユーレー
束(た) タバイ
煙草(たば) タバク /《幼児》パーク— ◆〜入れ タバクイリー / フージョー
たばねる タバイン
たび(度) 《…するたび》カージ
旅 タビ ◆〜姿 タビスガイ ◆〜立ち タビラチ
足袋 タービ
たびたび カジカジ / ユー⁵
だぶだぶ ユールークウールー
たぶん イヤリン ◆〜…だろう ハジ²
食べにくい カミグリサン
食べ残し カミヌクシ / ヌクシ
食べ物 ムヌ / クェームン
食べる カムン
打撲傷 ウチミ
玉 タマ¹
たま タマ² / マルケーティ ◆〜に マルケーティ
卵 クーガ 《鶏の卵》トゥイン³

卵酒 タマグジャキ
卵とじ クーガウブルー
卵焼き クーガフーフー
魂 《心》タマシ² /《霊魂》マブイ
だます ヌジュン¹ / マチウチュン / ラマスン //《女などを》シカスン
たまる タマイン² /《沈殿する》イィーン³
黙る ラマイン
賜る ウタビミシェーン
ため タミ / ユイ¹ ◆(…する)〜に ンリ
ため息 ウフイーチ
ためし ククルミ
ためすこと タミシ
ためらうこと 《大いに》ウケーイヒケーイ
ためる タブイン / タミーン²
保つ タムチュン
たもと タムトゥ
絶やす 《消費して》テースン¹
たやすい ルーヤッサン
便り ウトゥ / ウトゥサタ / トゥジリ / タユイ
頼り タユイ ◆〜がい カカイレー ◆〜にすること クサティ
頼る ウッチャカイン / カカイン
(…し)たら ネー³
たらい ターレー
堕落する ムチハンリーン
だらしのない者 ララー
垂らす タラスン
たらたら タラタラ
だらだら ラララ
たらふく食べること スクソー
足りる タイン¹ / タリーン²
樽 タル
だるい ラルサン
たるき(垂木) キチ

誰 ター³ ◆〜か ターガナ ◆〜の ター³
垂れ下がる タイサガイン
垂れる タリーン³ //《汗,水などが》タイン²
だれる ライン
(たぶん…)だろう ハジ²
たわごと フリムヌイー
たわし バニン
たわむ タマイン¹
たわめる タミーン¹
俵 ターラ
反(た) タン¹
痰(た) カサグイ / タン³
暖 ◆〜をとる ヌクタマイン / ヌクムン
断崖 ハンタ / フチバンタ
短気 タンチ ◆〜な者 タンチャー
団子 ラーグ
たんこぶ ガーナー
男根 タニ
誕生日 ンマリビー
たんす(箪笥) タンシ
男装 イィキガスガイ
だんだん タッタ ◆〜と シレーニ
探偵 タンティー
担当する ウキムチュン
段取り 《文》ティグミ
胆嚢 イー¹
談判 カキエー
田んぼ ターブックっ
談話 ムヌガタイ

ち

地 ジー²
血 チー³ ◆〜だらけ チンジュルカー
小さい クーサン¹ / グマサン ◆〜とき クーサイニ ◆〜もの クーテーマー / グマー / グマムン
知恵 ジンブン ◆〜のある

者 ジンブンムチ ♦ 〜のない
者 ジンブンクサラー
近い チカサン / チチャサン ♦ 〜うち クヌウチ
違い ソーイ
近く ニー[1] / ハタ[1] ∥ → 付近
近頃 チヌーチュー
近づく チカジチュン / ユイン
近づける チカジキーン / ユシーン
近道 クンチリミチ / チカミチ ♦ 〜をする クンチーン
近寄る チカユイン
力 グテー / チカラ / テー[1]
力の限り シーイッペー
力持ち チカラー
力餅 チカラムーチー
畜生 イチムシ / インマヤー / チクソー / 《文》インマユ
ちぐはぐ カタグーマンチャー
乳首 チーヌクチ / チーヌクビ
遅刻させる ウクラスン
遅刻する ウクリーン[2]
知人 シリエー
血筋 ウニー / シジ[2] / スジョー[2] / タックィー / チー[3] / チーカー
遅速 ニーサフェーサ
地代 ジガネー
父 スー[1] / ターリー / チャーチャー ∥ → お父さん
乳 チー[4]
父親 イィキガウヤ / イィキガヌウヤ
父方 シジカタ
ちちこまること 《寒さで》ヒーサマガイ
縮み上がる スクムン[1]
縮み織り チジミ
縮む 《衣類などが》チジムン / チマイン
縮める 《布、紐などを》チジミ
ーン
窒息 イーチマリー
チドリ(千鳥) 〖鳥〗チジュヌ[1]
千鳥足 ヨーガーアッチ
乳飲み子 チーヌミングヮ
乳離れする 《動物が》アカリーン
ちび インチョー
乳房 チー[4] / チーブックヮ
血まみれ チンジュルカー
茶 チャー[1] ∥《濃い》クージャーユー ∥ → お茶
茶請け チャワキ
嫡子 チャクシ
着払い ムコーウンジン
茶托 チャタク
茶の間 ナカメー
茶柱 チャーヌシン
チャボ(矮鶏) 〖鳥〗チャーン
茶盆 チャブン
茶碗 マカイ / 《汁の》ウシルジャワン ∥《湯飲み茶碗》チャーワン
ちゃんと シカットゥ / チャントゥ
注意 ♦ 〜深いこと クメーキ ♦ 〜深さ ムンヌアティ ♦ (細心の)〜を払う クメーキーン
中央 ナーカ[1] / マンナカ
仲介 ナカラチ
中間 タナカ / ナカバ
忠告 《文》ユシグトゥ
中国 トー[1]
忠告する ユシーン
仲裁する ワカスン[1]
注視する ミーチキーン[2]
昼食 アサバン[2]
躊躇 ウケーイヒケーイ
中途 ナカバ
注文する アチレーイン
注文品 アチレームン
蝶 《文》ハベル
腸 《食べ物としての動物の腸》ワタ[1]
長兄 ウフヤッチー
調査 シラビ
調子 アンベー
長寿 ナガイチチ / ナガヌチ
嘲笑 アジャワレー / カタクチワレー ♦ 〜する ワライン
頂上 チジ[3]
長所短所 サンシチブシチ
調節する タンキーン
提燈(ちょうちん) チョーチン ♦ 〜持ち チョーチンムチ
ちょうど チョール / チントゥ
長男 チャクシ / チョーナン
調髪 ランパチ
眺望 ナガミ
長命 チョーミー / ナガイチチ / ナガヌチ
帳面 チョーミン
調和する ウチャーイン
ちょっと イチュター / イットゥッチ / ウムヨー / クーテーン / マジ / ヨーヒー
ちょん切る ウシチーン
散らかす シジェーラカスン
散らかる チラカイン
散らばる ホーリーン
塵(ちり) チリ[2]
塵芥(ちりあくた) チリアクタ / グミ
ちりちり ナーチリジリ
治療する ノースン
賃金 モーキ
沈殿する イィーン[3]
沈殿物 グリ
沈黙する ラマイン

つ

費(つい)える テーイン
追加する イリシーン / ッワースン
ついたち チータチ
ついばむ チチチュン[2]
費(つい)やす テースン[1]

痛飲する カシーン
通行させる トゥースン
通行する トゥーイン²
通常 ヒージー
通知する シラスン²
通用する トゥーイン²
杖(ぇ) グーサン
つか(柄) チカ
使い チケー²
使い方 チケーカタ / チケーミチ
使いにやる チカイン²
使い道 チケーミチ
使う チカイン²
仕える ヒライン ♦ 〜こと ヒレー
捕まえる カラミーン
つかみどころのないもの ナンルルー
つかむ カチミーン / カッチカムン
つかる(浸かる・漬かる) チカイン³ / チルガイン
疲れ ウゥタイ / クタンリ
疲れる ウゥタイン / クタンリーン / チカリーン¹
月《天体、暦の》チチ ♦ お〜さま ウチチューメー ♦ 〜ごと チチヌカージ
付き合い クゲー / トゥイケー / トゥイフィレー / ヒレー // 《人との》ッチュグトゥ / ッチュビレー // 《接尾；…づきあい》ビレー
付き合いにくい ヒレーグリサン / ムチカサン / カマラサン ♦ 〜者 ヒレーグリー
付き合いやすい ヒレーヤッサン
付き合う ヒライン
突き当たり チチアタイ
突き当たる チチアタイン
突きくずす カチクースン
突き刺す チチクジーン

突き出す ネーイン¹
突き飛ばす ウシケーラスン
つぎはぎ クーシーカーシー / チジャーハジャー
突き放す チチハナスン
月見 チチナガミ
憑(ˆ)きもの カカイムン
月夜 チチヌユー / チチュー
月割り チチワイ
付く・着く・点く チチュン³ //《火、明かりなどが》チカイン¹
突く チチュン⁴ / ヌチュン²
撞(ˆ)く チチュン⁴
憑(ˆ)く《悪霊などが》ウッチャカイン
つぐ(注ぐ) サーイン¹ / サスン / チジュン¹ //《食べ物を》イリーン
継ぐ チジュン²
尽くす《孝、人情などを》チクスン //《吟味などを》チューミーン
つくづく チクージクー
つぐなう ハチュン¹ / ワンチャメーイン
作り方 チュクイカタ
作り声 チュクイヴィー
造り酒屋 サカヤ
作り話 チュクイバナシ
作り物 チュクイムン
作り笑い チュクイワレー
作る・造る チュクイン //《組み立てる》カチュン³ //《醸造する》タリーン¹
つけあがる アメーイン
付け薬 チキグスイ
告げ口 コージン / チチャギモーサギ / モーサギ
付け加える シーン⁴
付け届け チキトゥルキ
漬物 チキムン
付ける・着ける・点ける チキーン¹
つける(漬ける・浸ける) チ

キーン² / ウラーキーン
都合 チゴー / チューゴー ♦ 〜のよいこと カッティ
つじつま チビクチ
つた(蔦) チタ
伝え話 チテーバナシ
土 ンーチャ ♦ 〜の中 ンーチャヌミー
土踏まず ヒサワタ
つつ ガチー
続いて ナガルーシ
つっかい棒 チカシ
突っかかる トゥックゥイン
つつく チチチュン²
続く チジチュン
つっけんどんなさま チークッーニークヮー
突っ込む ウシンチュン
慎み タシナミ / チチシミ
慎む チチチュン
突っ放す ウシハナスン
つっぱり チカシ
つつましい クマサン
つつましくする クメーキーン
包み チチミ
つづみ(鼓) チジン
包む チチムン
つて ヒチ
つど カージ
勤め チトゥミ / スクブン
努める ククルガキーン
勤める チトゥミーン
綱 チナ
つなぎ合わせる チジャースン
つなぐ チジュン² / チナジュン
綱引き チナヒチ
津波 シガリナミ
常 《文》チニ
常に チャー³
つねる ニジムン
つの(角) チヌ
募る ヌチュン¹ //《思いが》《文》チミーン
唾 クチシル / チンペー

翼 ハニ
つばめ(燕) マッテーラー
粒 チジ²
坪 チブ¹
壺 チブ²
つぼ《灸または物事の》チブルクル
つぼみ ククムイ
妻 トゥジ
爪先立ち ヒサラーカー
爪調(つめしらべ)べ チンラミ
つまずき キッチャキ
つまみ食い ナービサグイ / ヒルインガミ
つまる《鼻が》カタマイン
つまるところ アトゥヌウンジュミ
罪 トゥガ
積み上げる[重ねる] マジムン²
積み荷 チミニ
摘む チムン²
積む チムン¹
つむじ マチ¹
つむじ風 カジマチ
爪 チミ ♦ ～の垢 チミクス
冷たい ヒジュルサン ♦ ～もの ヒジュルムン ♦ 冷たくなる ヒジュイン
詰め寄る シーチカカイン
詰める チミーン
積もる チムイン¹
露 チュ
強い チューサン
強く チューク //《文》チットゥ ♦ ～なる チューイン
強める チューミーン
つら(面) チラカマチ
つらい クチサン ♦ ～こと《文》アワリ
貫く ヌチュン²
つり、つり銭 ケーシムルシー
つりあいがとれるさま トゥヤーガヤー

弦(つる)《三線などの》チル¹
鶴《文》チル²
釣る チーン³
つるつるしている ナンルルサン ♦ ～もの ナンルルー
つるべ(釣瓶) チー¹
連れ チリ³
つれない《文》チリナサン
連れる ソーイン
ツワブキ(石蕗)《植》チーパーッパー
つわり サーイ¹

て

手 ティー² ♦ ～が早い ティーベーサン ♦ ～におえない トゥイン チカミン ナラン ♦ ～におえないこと ジャーフェー ♦ ～におえない者 ジャーフェームン
で《助詞》《場所・時間など》ウティ //《材料など》カラ⁴ //《手段・原因・限度など》サーニ //《手段など》ッシ
出会う イチャイン / ハナカースン //《ひょっこり》ハイイチャイン
手足 ティーヒサ
手荒い ティーアラサン
...である ヤン
庭園 ニワ
デイゴ(梯梧)《植》リーグ
泥酔する イーフリーン
ていたらく シカタ / シタラク
低地 サガイ¹
程度 アタイ² / サク¹
丁寧 ティーニー
出入り ンジイリ
手入れ トゥンジャク
手がかり ティガカイ
手加減する タンキーン
でかした シタイ / スタイヒャー
手柄 ティガラ

敵《文》ティチ
できあがる ミーナイン
適合する カナイン
できそこない ナイクジリムン
できそこなう ナイクジリーン
敵対 ゲー ♦ ～する ンカイン
適度 サク¹
てきぱきしている チビラーサン
適量 サク¹
できる ナイン¹ //《...することができる》ウースン / リーン //《よくできる》リキーン
できれば ナレー²
手癖(てくせ) ティーグシ
出口 ンジグチー
手首 ティーヌクビ
出くわす ハッチャカイン
...でございます レービル
手先 ティ ♦ ～が器用なこと ティグマ
手探り ティーサグイ
手仕事 ティーシグトゥ
手下 イーチケームンサー
でしゃばりや メーユイユイサー
でしゃばるさま メーナイナイ / メーユイユイ
...です アビーン² / レービル
出だし ウッタチ
でたらめ サッコー¹
出たり入ったり ンジカーイリカー
手づかみ ティージカーン
手伝い カシー / ティガネー
てっぺん チジ³
鉄砲 ティップー
鉄面皮 ナマジラー
徹夜 ユーアキルーシー
手なずける《野鳥などを》ティジキーン
手習い ティナレー
手ぬぐい ティーサージ

手のひら ティーヌワタ
では ウゥーフー / リッカ
ではあるが ナガラ
手八丁口八丁 《文》イフゥチローフゥチ
出花 《茶の》ンジハナ
出鼻 ♦ 〜をくじかれる チガリーン
手放す ティバナスン
手早い ティーベーサン
でぶ クェーター / クェーブター / ブッタラコー
出不精 ヤーグマヤー
出船 ンジフニ
でべそ テンブス
手間 ティマ
手枕 ティーマックゥ
手間賃 ティマ
手間取る ワチャライン
手まり マーイ[1]
手向かい ティーンケー
でも ンレー
寺 ティラ
照り雨 ティーラアーミー
テリハボク（照葉木）《植》ヤラブ
照る ティーン
出る 《外に》ンジーン // 《月が》《文》トゥユムン // 《月・芽が》ヌチジーン
てれくさい チラアフゥサン
手分け ティワキ
手渡し ティーワタシ
天 ティン
転嫁する ウーシーン
天気 ッワーチチ ♦ いい〜 イィーッワーチチ
天気雨 ティーラアーミー
電気くらげ イーラー
天空 《文》スラ
でんぐり返し チンブルゲーヤー
伝言 イェー
電信柱 リンシンバーヤ

天水 ティンシー
伝説 チテーバナシ
伝染する ウチーン
伝染病 フーチ[2]
天敵 クク
てんでんばらばら ナーハイバイ
天然痘 チュラガサ
天罰 ティンバチ
転覆する ケーリーン
てんぷら アンラギー / ティンプラ
澱粉 クジ[1]
天命 ティンミー

と

斗 トゥ[3]
と 《助詞》トゥ[1] // 《並列》カラ[4] // 《条件》ネー[3] // 《引用》ンリ
…度 《回数》《接尾》ル[2]
樋 ティー[3]
砥石 《し》トゥシ[1]
どいつ タヌヒャー / タンヌムン
…頭 《動物の数》《接尾》カラ[5]
問う トゥーイン[1]
銅 アカガニ
どう チャー[2] / ナントゥ ♦ 〜あろうと チャーシンカーシン ♦ 〜しようと ヌーサワン ♦ 〜しようもない トゥインチカミンナラン
燈火 ヒー[2]
どうか → どうぞ
唐辛子 コーレーグス
トウガン（冬瓜）《植》シブイ
同感 ユスカン
陶器 ジョーヤチ / ヤチムン
動悸がする ラクミチュン ♦ 〜さま ンニロンロン
闘牛 ウシオーラシェー ♦ 〜場 ウシナー

道具 ローグ
洞窟 ガマ / ゴー[1]
闘鶏 タウチー
投獄 《文》ルーヤグミ
当座 トージャ
倒産する トーリーン
冬至 トゥンジー
同時 ユストゥチ ♦ 〜に起こる ハナカースン
どうして チャーシ / 《文》ヌガシ
どうしても イカナシン / チャーシン
灯心 シン[2] / トゥージン
童心 ワラビジム
当然 アタイメー
銅銭 アカジナー
どうぞ ローリン
同族 ンチャンティーチ
胴体 ルーテー
統治 ウゥサミガタ ♦ 〜する ウゥサミーン
道中 ミチナカ
とうてい ジョーイ
尊ぶ ウスリーン
どうにか チャーガナ
同年 ユストゥシ
同年輩 ユスチャ
頭髪 カラジ / カラジギー
同伴者 チリ[3]
同伴する ソーイン
投票 フライリ
豆腐 トーフ
動物 イチムシ
当分 トーブン
東奔西走 アマハイクマハイ
同名 ユスナー
登用する トゥイタティーン
同様に ユスグトゥ
道理 シジ[2] / ムヌ / ローリ
道路 ミチ
十 《とお》トゥー // 《接頭》トゥ[2]
遠い トゥーサン
十日 《とおか》トゥカ

遠く　カーマ
遠ざかる　トゥースヌチュン
(…し)どおし　チャー³
通す　トゥースン // 《穴に》ヌチュン²
(…を)通って　《助詞》ナーリー
遠のく　トゥーヌチュン
遠回り　トゥーミグイ ♦〜をする　マーイン / クンマースン
(…する、…の)とおり　トゥーイ
通り過ぎる　ハイクゥースン
通る　トゥーイン²
とか《助詞》　ティガロー
とが(咎)　トゥガ
斗搔(ふき)　トーカチ
溶かす　トゥカスン
咎(とが)める　トゥガミーン
とがる　トゥガイン
時　トゥチ //《…のとき》チワ / バー / バス /《文》スラ
時折　トゥチルチ
とぎ汁　クミアレージル / クミヌシル
どきっとする　ンニヒジュルサン
時々　トゥチルチ
どきどき　ラクラク ♦〜する《驚きや不安などで》ラクミチュン ♦ 胸が〜するさま　チムラクラクー / ンニラクラク
ときほぐす　ワックッスン
徒競走　ハーエースーブー
得　トゥク¹
徳　トゥク²
研(と)ぐ　トゥジュン
毒　ルク¹
どく　ルチュン
毒消し　ルクゲーシ
毒舌家　ヤナグチャー
独断　ルーカンゲー
戸口　ハシルグチ
とくと　トゥクットゥ

毒物　ルク¹
特別に　カワティ
刺(とげ)　ンージ
時計　トゥチー
とげとげしい　《言葉が》クチグフッサン
溶ける　トゥキーン
どける　ウシヤラスン / ルキーン / ルキナスン
床(とこ)　トゥク³
どこ　マー
どこか　マーガナ
どこの　マーヌ
床の間　トゥク³
どこまでも　マーマリン
どこもかしこも　マーンクィーン
床屋　ランパチャー
所　トゥクル
ところどころ　トゥクルルクル
とさか　カンジ
年　トゥシ²
年上　シージャ / トゥシッウィ
年恰好(かっこう)　トゥシカッコー
年子(を産むこと)　ティーチミシー
年ごと　ニンニン
閉じ込める　ミチクミーン
年頃　ジューヒチハチ / トゥシグル
年下　ウットゥ / トゥシシチャ
どしどし　パカナイ
土壌　ンーチャ
年寄り　トゥスイ //《お年寄り》ウトゥスイ
閉じる　クーイン¹ / フサジュン / ミチーン¹
土台　マックッ
途絶える　テーイン
戸棚　トゥラナ
土地　ジー²
途中　ミチナカ

どちらかというと　ナルビチ / ナレー² / ナンブ
嫁ぐ　タチュン
取っ組み合う　ムシバーイン
徳利　サキルックイ / トゥックイ
どっしりしている　ッンブラーサン
突端　ハナ³
取っ捕まえる　トゥッカチミーン
取っ手　ティー²
取っておく　タブイン
土手　アムトゥ
とても　イッペー / イッペースッペー / サッコー² / ジコー / ジョーイ / ミッタ / レージナ
届く　イチャイン / トゥルチュン
届け　トゥルキ
届け出る　トゥルキーン
届ける　トゥルキーン ♦〜こと　トゥルキ
整う《道具などがそろう》トゥトゥナイン
整える　《切って》チミーン //《髪などを》トゥヤースン
とどまる　トゥルマイン
隣　チンジュ / トゥナイ ♦〜付き合い　チンジュビレー
隣近所　ケートゥナイ / タンカーマンカー / チュケートゥナイ
どなりつける　ウラースン
隣村(となり)　トゥナイムラ
どの　ジュス / チャス ♦〜あたり　マーヒン / マーリカー ♦〜くらい　チャッピ ♦〜人　ジュスヌッチュ ♦〜方向　マームティー ♦〜ような　チャスヨーナ / チャングトール / チャンネールー ♦〜ように　チャーシ / チャングトゥ
殿方　メーイチキガ

とびうお　トゥブー
飛び越える　トゥンクィーン
とびとびに　トゥベートゥベーニ
トビハゼ〘魚〙トントンミー
飛び離れる　トゥンハナリーン
飛ぶ　トゥブン
溝(どぶ)　シーリ／ンージュ
途方に暮れること　ジャーマ
乏しくなる　テーイン
止まる　トゥマイン
泊まる　トゥマイン
ど真ん中　マーマンナカ
止める　チジーン／トゥミーン
泊める　トゥミーン
とも(共)　マジューン／ママ[1]　♦ ～に　マジューン
供　トゥム
ともあれ　ヌーヤティンクィーヤティン
ともかく　スースー
友達　エージュー／ルシ　♦ ～付き合い　ルシビレー
どもり　ンジャナー／ンジャニ
ともる　トゥブイン
どやす　ウラースン
虎　トゥラ
寅(とら)(十二支)　トゥラ
取らせる　トゥラスン
鳥　トゥイ
酉(とり)(十二支)　トゥイ
取り上げる《力ずくで》ボーイン
取り扱い　トゥンジャク
取り扱う　トゥイアチカイン
取り返す　トゥイケースン／トゥイムルスン
取り替えっこ　ケールー
取り込む　トゥイクムン
取り締まる　トゥイシマイン
取り調べ　トゥイシラビ
取りすがる　トゥイシガイン
取りそこなう　トゥイハンスン

取り立てる　トゥイタティーン
取り違える　トゥイチガイン
取り散らかす　トゥイチラカスン／シジェーラカスン
取り次ぐ　トゥイチジュン
取りつける　シギーン
砦　グシク
取り計らう　トゥイハカライン
鳥肌　キーフクガー
取り分　タマシ[1]／トゥイメー／ワキメー
取り放題　トゥイブサカッティー
取り巻く　マチャースン
鳥目　ユールミックヮー
鳥もち　ヤンムチ
取り戻す　トゥイムルスン
努力する《精一杯》ヤッパイン
取り寄せる　トゥイユシーン
とりわけて　イルワキティ
取る　トゥイン
撮る《写真を》ヌジュン[2]
どれ　ジュリ[2]／ンラ
どれくらい　チャッサ　♦ ～の　チャッペール
どれほど　チャッサガ／チャッピ／チャミシカ　♦ ～でも　チャッサン　♦ ～の　チャッペール
泥　ルル　♦ ～いじり　ルルムターン　♦ ～だらけ　ルルブッター　♦ ～まみれ　ルルブッター
徒労　ンナナンジ
とろとろ　トゥルトゥル
どろどろ　ヌタ
泥棒　ヌスル／／《大泥棒》ウフヌスル　♦ ～する　ヌスムン
泥水　ルルミジ
泥道　ルルミチ
泥んこ遊び　ルルムターン
とんだ　ミシナーク
とんでもない　ウスマサン／カ

キニンオーラン／ジャマジャマーネーン／マース／ランランナ
曇天　クムヤーッワーチチ
どんどん　パカナイ／バンナイ
どんな　チャール／チャヌ／チャンネールー
どんなに　イカナ／チャッサガ／チャングトゥ
どんぶり　スンカン／ワンブー／／《厚手で粗造りの》アラマカヤー
とんぼ　アーケージュー
とんま　フラー

## な

名　ナー[3]
菜　ナー[4]
な(助詞；禁止)　ナ[1]
なあ　ヨー
ない　ネーン
内心　チムウチ
内臓　ワタ[1]／ワタミームン
内地　ヤマトゥ　♦ ～の言葉　ヤマトゥグチ　♦ ～の人　ヤマトゥンチュ
ナイフ　シーグ
内部　ナーカ[1]
内容　ミー[5]
な(綯)う　ノーイン[1]
萎(な)える　ネーイン[2]
直す・治す　ノースン
直る・治る　ノーイン[2]
中　ウチ／ナーカ[1]／／《...の中》ミー[2]／《(...の)～に　ナカイ
仲　ナーカ[2]／ナカ　♦ 親しい～　イィー　ナーカ　♦ ～が悪い　ククフ　♦ ～が悪くなる　クフイン　♦ ～の悪い者　カタチ[1]
長雨　ナガアミ／ナガブイ
長居　ナガイィー／ナガチビ
長い　ナガサン　♦ ～間　ナガニン／ナガレー／ナザー　♦ ～

もの ナガー
長生き チョーミー / ナガイチチ / ナガヌチ
中頃 ナカグル
長さ ナギ
流し(台) ミンタナー
流す ナガスン
仲たがい ナーカタゲー
仲立ち ナカラチ
長旅 ナガアッチ
長続き ナガチヂチ
仲直り ナーカノイ / ナカノイ ♦ 〜させる ワカスン[1] ♦ 〜する クネーイン / ノーイン[2]
長年 ナガニン
なかば(半ば) ナカバ
長引く ナガビチュン // (病気が)ナマタリーン ♦ 〜こと ナガガカイ
仲風 ナカフー
仲間 エージュー / カーター[1] / グー[1] / チリ[3] / ルシ
仲間はずれのもの グーハジラー
中身 ナカグ / ミー[5]
ながめ ナガミ
眺める ナガミーン
長持ち ナガムチ ♦ 〜する タムチュン
中休み ナカユクイ
中指 ナカイービ
仲よく カナガナートゥ
(...)ながら (逆接)ナガラ / ナギーナ // (並行)ガチー / ガナー
長らく ナゲー
流れ ナガリ
流れ星 フシシヤーウチー
流れ者 タビー
流れる ナガリーン / ハイン[1]
泣き明かす ナチアカスン
泣き暮らす ナチクラスン
泣き声 ナチグィー

泣きつく ナチカカイン
泣きまね ナチネービー
泣き虫 ウェーウェー[1] / ナチブサー ♦ 〜である ナラヨーサン
泣き笑い ナチワレー
泣く ナチュン
鳴く (猫、鳥などが)アビーン[1] // (鶏が時をつくる)ウタイン // (小鳥がさえずる)フキーン[3] // (文)ナチュン
凪(な)ぐ トゥリーン
慰み (文)ナグサミ
慰める ナグサミーン
なくす ウシナイン / ウトゥスン / シティーン
泣く泣く ナクナク
亡くなる マースン[1]
殴り倒す スグイケーラスン
殴り飛ばす スグイトゥバスン
殴る ウチュン[2] / クルスン / シチキーン / スグイン / ニーン[4]
投げ売り シティウイ
投げ捨てる ウッチャンギーン / ウッチャンナギーン / チャンナギーン / ハンナギーン
投げる ナギーン
名残 (文)ナグリ
情け ナサキ
情けなくも シンジントゥ
情け深い チムジュラサン ♦ 〜者 ジョーブックゥー
名指し ナジャシ
...なさる (接尾)ミシェーン
なしうる ナイン[1]
なしのつぶて ヒーヒートゥー
なじむ ナリーン[2]
茄子 ナーシビ
なす(成す) ナスン
なすび ナーシビ
なすりつける ウーシカンシーン / シリナシーン / ナシーン
なする ナシーン

なぞなぞ ムヌアカシェー
名高い ウトゥウチュン ♦ 名高くなる (文)トゥユムン
菜種油 マーアンラ
なだめる シカスン
夏 ナチ ♦ 〜ばて[負け] ナチマキ ♦ 〜物 ナチムン
名づけ ナージキー
納得する チムフジュン / ワカイン[2]
菜っ葉 オーフっ / ナー[4]
なでる ナリーン[1]
など ンレー ♦ 〜と ナックェー
七 シチ[4] / ナナチ // (接頭)ナナ
七歳 ナナチ
七十 ヒチジュー
七十三(歳)(数え年で) ヒチジューサン
七十歳 ヒチジュー
七つ ナナチ
七七日 ナナナンカ
斜め シェーガー
何 ヌー
何か ヌーガナ
なにがし (文)ナニガシ
何から何まで ティーニ カキ ヒサニ カキ
何事 ヌーグトゥ
何ほどの ヌーサル
何もかも ヌーンクィーン
何者 タンスムン
七日 ヒチニチ
七日間 ヒチニチ
...なのだ サミ
なので、なのに → ので、のに
名乗る (文)ナヌイン
那覇 ナーフっ ♦ 〜の人 ナーフっンチュ // (卑称)ナーフー ♦ 〜四町 ナフュマチ
なびく ナビチュン
名札 ナフラ

鍋 ナービ
生(ﾅﾏ) ナマ² ♦ 〜肉 ナマジシ ♦ 〜水 ナマミジ ♦ 〜物 ナマムン
生意気 ッワーチ
名前 ナー³ / ナメー
生臭い ヒグササン
怠け フユー
怠け者 ナマテー / フユークサラー / ララー
怠(ﾅﾏ)ける ウクタイン / ユラリーン
生殺し ナマグルシ
なます(膾) ナマシ
生煮え ウルニー / ウルニーナマニー
なまる《刃物が》ナマリーン / マグリーン
波 ナミ
波風 ナミカジ
涙 ナラ / ミーナラ //《文》ナミラ
涙ぐむさま ナラグルグルー
涙ながらに ナクナク
涙もろい ナラヨーサン
なめらかである ナンルルサン
習い事 チーク
習う ナライン ♦ 〜こと ナレー³
ならす《平らにする》トーミーン / ナラスン¹
鳴らす ナラスン²
ならず者 ヒンジャー
並び ナラビ
並ぶ ナラブン
並べる ナラビーン
習わし ユリビチ //《立派な》イィーフージ
なりきる ナイチーン
鳴り響く《文》トゥユムン
なりふり カッコー / フージ
なりゆき ナリユチ
なる《実が》ナイン¹ //《ある状態に》ナイン¹ / マイン

鳴る ナイン²
なるべく ナルビチ / ナレー²
なるほど ンチャ //《文》ナルフル
なれそめ ナリスミ
慣れる ナリーン²
縄 チナ / ナー⁵
何...《何時、何年などの》ナン
難儀 ナンジ //《多くの》ナンジクンジ ♦ 〜する シンラスン
南京虫 ッチュクェービーラー
何個 イクチ
喃語(ﾅﾝ) ンークー
軟骨 グスミチ
何歳 イクチ
何時 ナンルチ
何だかんだ ヌーローク ィーロー
何と ナントゥ ♦ 〜いっても ヌーチンクィーチン ♦ 〜してもチャーシンカーシン
何度 イクケーン / ナンル
何とか チャーガナ / マーガナ / ヤットゥカットゥ
何とも チャールンリン / ヌートゥンクィートゥン
何度も クイケーシゲーシ
何日 イッカ / ナンニチ
何人 イクタイ / ナンニン¹
何年 ナンニン²
何のかの ヌーサンクィーサン / ヌースクィーヌ / ヌーロークィーロー
何やかや ヌークィー / ヌーヤークィーヤー

に
二 ターチ / ニー² //《接頭》タ
荷 ニー³
に《助詞》《場所・対象・時など》ニ //《場所・目標・対象など》ンカイ //《場所》ナカイ //

《目標・目的地》カイ //《目的;…しに》ンリ
似合い ニエー / ネートゥケートゥ / ノータケータ
似合う ウチーン / ウチャーイン / ニオーイン
二上げ《三線の調子》ニーアギ
兄さん ヤッチー
新妻 ミートゥジ
新盆(ﾆｨ) ミージョーロー¹
煮え立つ タジーン / ムゲーイン
煮える ニーン³
におい カジャ //《文》ニウイ ♦ よい〜 カバ
二階 ニーケー
苦い ンジャサン ♦ 〜もの ンジャムン
にがうり(苦瓜)《植》ゴーヤー
二か月 タチチ²
逃がす ヒンガスン
二月 ンングッチ
苦み ンジャミ
苦笑い ンジャワレー
にきび ニクン
にぎやかにする ハネーカスン / ハネーキーン / フミカスン
にぎやかになる ハネーチュン
握り拳(ﾆｷﾞ) ティージクン
にぎり飯 メーニジリー
握る カチミーン / ニジーン²
にぎわう ハネーチュン
肉 シシ / ニク //《赤身の》マッシシ
憎い ミックッサン
(…し)にくい ガタナサン / グリサン
憎まれっ子 ヤナワラビ
憎まれ者 ミックッサムン
憎む ニクムン
憎らしい ミックッサン ♦ 〜者 ミックッサムン

荷車 ニーウーサー / ニーグルマー
逃げ回ること クヮックィマーイ / ヒンギマーイ
逃げられる ヌガスン
逃げる ヌギーン¹ / ヒンギーン
にこにこ ♦ ～すること ワレーフクイ ♦ ～笑う ワレーカンジュン
濁らせる ミングヮスン
濁り ミングィ
濁る ミングィーン
二歳 ターチ
二才踊り ニーシェーウゥルイ
西 イリ²
虹 ヌージ
錦 《文》ニシチ
煮しめ 《料理》シミムン
二十 ニジュー¹
二重 ニジュー²
二十五年忌 ニジューグニンチ
煮すぎる ニーシジーン
似せる ニシーン
似た者どうし ニタカマンタ
似たり寄ったり ネートゥケートゥ
…日(ニチ)《接尾》ニチ²
荷造り ニージュクイ
日数(ニッスウ) ヒーカジ
日中 ヒル²
二度 ニル ♦ ～目 ニルミ
担う カタミーン
二年 タトゥ
二の腕 ケーナ
二倍 ベー
二番鶏 ニバンルイ
二百 ニハーク
鈍い ヌルサン²
日本 ♦ ～本土 ヤマトゥ ♦ ～本土の言葉 ヤマトゥグチ ♦ ～本土の人 ヤマ

トゥンチュ
二枚 ニンメー
二枚貝 アフヮクー
二枚舌 チラターチャー
…にもかかわらず ジチ³ / ナギーナ / ヌンジティ / ムン²
荷物 ニー³ / ニムチ //《重い》ンブニー
入港 イリフニ
入札(ニュウサツ) イリフラ
乳児 チースヌミングヮ
ニラ(韮)《植》チリビラー
にらむ《射すくめるように》ミーヒカイン
にらめっこ ミークーメー
似る ニーン¹ ♦ 似ていること ティーチ
煮る ニーン²
庭 ニワ //《前庭》ナー¹
にわか雨 アッタブイ //《夏の》《文》ナチグリ
鶏 トゥイ
…人 ニン²
人形 ニンジョー¹
人間 ニンジン ♦ ～嫌い ッチュカシマサー
人情 ニンジョー²
にんじん チレークニー
妊娠する カサギーン
人数 ニンジュ
人相 ニンソー
人足 ニンスク
忍耐力 ニジレー / ヌビレー
にんにく(大蒜) ヒル¹
妊婦 カサギンチュ
人夫 ニンスク / ニンプ

## ぬ

縫い針 チンノーイバーイ
縫い物 ノーイムン
縫う ノーイン¹
糠 ヌカ
ぬか喜び ンナウッサ
ぬかるみ グェッタイ / ジッタ

イ / ルルグヮッタイ
抜きつ抜かれつ ウーエークーエー
抜きんでる ヌギンジーン²
抜く ヌジュン²
脱ぐ ヌジュン² / ハジーン
ぬぐう ススイン / ヌグイン
抜け落ちる《毛などが》ハギーン
抜けがら《蟬などの》シリグル
抜け毛 カラジブチカー
抜ける ヌギーン²
主(ヌシ) ヌーシ
盗人 ヌスル
盗み食い サグイングェー / ナービサグイ / ヌスルングェー
盗む トゥイン / ヌスムン
ぬたあえ《料理》スタエーイ
布 チリ¹ / ヌヌ
濡らす ンラスン
塗り薬 ヌイグスイ
塗りつける ナシーン
塗物 ヌイムン² ♦ ～屋 ヌイムンヤー
塗る ヌイン²
ぬるい ヌルサン¹ ♦ ぬるくする サマスン¹ ♦ ぬるくなる ヌルックィーン
ぬるむ ヌルムン
ぬるめる ヌルミーン
濡れ手 シッタイリー
濡れる ンリーン //《びしょびしょに》シッタイン

## ね

子(ネ)《十二支》ニー⁴
根 ニー⁵
ね《助詞;念押し》イィー⁵ / ヤー⁵ / ヨー
寝汗 ヒジュルアシ
寝入りばな ニンジハナ
ねえ エー⁵ / ヨーヒー / ラー
姉さん ッンニーミー // → 姉

願い ニゲー
願い事 ニゲーグトゥ
願う ニガイン
寝返り ルークゲーイ
寝かせる ニンシーン
ねぎ(葱) ジービラ/ビラ
値切る シジーン¹
猫 マヤー
寝言 ニグトゥ
ねじける《心が》マガイン
寝小便 ユシバイ
ねじる ヒニーン
ねずみ エンチュ
ねずみ捕り エンチュヤーマ
寝相 ニジャマ/ニンジジャマ
寝そべること《長々と》ナガボーイ
寝たふり ニンタフーナー
妬(た)ましい ウラハゴーサン
妬(た)み ウラハゴーサ/ッワーナイ
値段 レー¹
寝違え ニンジチゲー
熱 ニチ¹
寝つかせる ニンシーン
熱気 フミチ
根づく ニージチュン
根っこ ニーグイ
熱さまし ニチサマシ
熱中する ヒッカタンチュン/ムチクヮーリーン
寝床 ジャシチ/ニジャシチ
粘っこい ムチサン
ねばねば ムチャムチャ/ムッチャイクヮッタイ ♦ ～している ムチサン
粘りつく ムッチャカイン
寝不足 ニンジブスク
値札 ニーフラ
寝ぼけること ニジャサマ
眠い ニンジブサン
眠り込む ニンジフリーン
眠りほうける ニンジフリーン

眠る ニンジュン
根元 チブトゥン/ニーグイ/ニームトゥ
ねらう ニンガキーン
練る ニーン⁴
寝る ニンジュン/ユクイン
念 ♦ ～を押す カジカキーン
...年 トゥ⁴/ニン³
年がら年中 ニンカラニンジュー
念願 ニングヮン
年季 ニンジリ
年忌 ニンチ
年始 ニントゥー
年中 ニンジュー
年数 ニンスー
年長者 シージャ/トゥッウィー
年長順 シージャカタシレー
年頭 ニントゥー
年々 ニンニン
年齢 トゥシ²

の

野 モー¹
の《助詞; 連体修飾》ガ³/ヌ
農作物 チュクイムジュクイ/チュクイムン/ムジュクイ
農民 ハルサー/ッンムチュクヤー
ノート チョーミン
...の限り カジリ
のがす ヌガスン
のがれる ヌガーイン
軒(のき) アミライ
のく ルチュン
のける ヌキーン/ルキーン/ルキナスン
のこぎり ヌクジリ
ノコギリガザミ《動》ガザミ
残す ヌクスン
残り アマイ/ヌクイ
残り物 ヌクイムン/ユアマイ ♦ ～に福あり アトゥマ

サイガフー
残る スクイン
乗せる・載せる ヌシーン
のぞき見 スーミ
望み ヌジュミ ♦ ～どおり ヌジュミルーイ
望む ヌジュムン
のち アトゥ
のちのち アトゥアトゥ
のっぽ タチャーイー
ので《助詞; 理由》クトゥ²
のど ヌーリー
のどびこ ヌーリーッワーグヮー
のどぼとけ ヌーリーコーコー
のに《助詞; 逆接》ムン²
伸ばす・延ばす ヌバスン/ヌビーン
野原 モー¹
伸び ヌービ/ヌビ
伸び縮み ヌビチジミ
延び延び ヌビヌビ
伸びる・延びる ヌブン//《背が》フルイーン ♦ ～こと ヌビ
のぼせる ヌブシーン¹
上り ヌブイ
上り下り ヌブイクライ
上り口説(どき) ヌブイクルチ
上る・登る ヌブイン
のみ(蚤) ヌミ¹
鑿(のみ) ヌミ²
飲み薬 ヌミグスイ
飲み込む ヌミクムン
飲み友達 ヌミルシ
飲み水 ヌミミジ
飲む ヌムン
野山《文》ヌヤマ
野良犬 ヤマイン
野良猫 ヤママヤー
糊(のり) ヌイ
乗物 ヌイムン¹
乗る・載る ヌイン¹
祝女(のろ) ヌール
呪い イチジャマ

のろい ニーサン / ヌルサン[2]
のろのろ ニッチリケーチリ / ムッチョーヒッチョー
のんだくれ イィッチャー / サキクェー
のんびり ♦〜している チムナガサン ♦〜と ウッタイモータイ[1] / ユーユートゥ

## は

刃 ハー[1]
歯 ハー[2]
葉 フヮー
は《助詞》ヤ[1]
(いないいない)ばあ《幼児》ワー[3]
場合 バー / バス
灰 フェー[2]
はい イー[2] / ウー[2] / フー[4]
倍 ベー
背後 クサー
拝借 ウンチェームン
排除する ウシヌキーン
敗戦 マキイクサ
歯痛 ハーヤミ
梅毒 ナーバル / フルチ
ハイビスカス アカバナー
俳優 シバイシー
入り込む フェーリンチュン
入る イーン[3]
這(は)う ホーイン[1]
蠅 フェー[3]
生え変わる ミーカーイン
生え出る《植物などが》ミーンジーン
生える ミーン[1]
羽織る《ちょっと羽織る》ウッチャキーン
墓 ハカ // →亀甲墓(きっこうばか)、門中墓(もんちゅうばか)
馬鹿 ウフソー / フリムン ♦〜にする ウゥージュン[1] / ウシェーイン / クナースン / ヌジュン[1]

破壊する ヤンジュン
馬鹿正直 フリマクトゥ ♦〜な者 マッシーグー / マットーバー
剝(は)がす ハガスン
歯形 ハーカタ
はかどる アガチュン / ハバチュン
はがね(鋼) ハガニ
羽釜 ハガマ
墓参り ハカメー //《旧暦一月十六日の》ジュールクニチー
馬鹿者 フラー / ッヮーフグヤー //《正真正銘の》サラフリムン
はがゆい ティーハゴーサン
秤(はかり) ハカイ
ばかり テーマン / ビカーン
計る・量る ハカイン //《秤に掛ける》カキーン[3]
はがれる ハギーン / アーキーン //《かさぶたが》ウクリーン[1]
掃き集める ホーチンチュン
吐き気を催す ムネハチブサン
歯ぎしり ハーギーシー
破棄する《婚約を》イームルスン
掃き掃除 ホーチカチ
吐き出す ハチッンジャスン
吐く《もどす》ハチュン[2] / ムルスン //《息を》フチュン[1]
掃(は)く ホーチュン
履(は)く《はきものを》クムン[1]
剝(は)ぐ ハジーン / ハジュン[2]
歯茎(はぐき) ハシシ
薄情 ハクジョー / フニンジョー
博打(ばく) バクチ
爆竹 ホーチャク
ばくばく ハウハウ
はぐらかすこと ユクムスイー
はげ ハガー / ハギー

はげ頭 ハギー / ハギチブル
励ます イサミーン
励む ウミハマイン / チガキーン
化け物 マジムン[1] / ユーリー
化ける バキーン
箱 ハク
羽衣(はごろも) トゥビジン
鋏(はさみ) ハサン
挟む ハサムン
端 ハンタ
箸 ッンメーシ
橋 ハシ
恥 ハジ[3] //《世間体》ジリハジ //《不名誉》ミーワク
はしか イリガサー
はじく ハンチュン
はしご ハシ
恥知らず ハジチラー
端っこ ススバタ
始まり ハジマイ /《仕事の》ハカグチ
始まる ハジマイン
(やり)始め シカキ[1]
初めて ハジミティ
初めまして ハジミティ
始める ハジミーン
場所 トゥクル ♦〜ふさぎ バーハバカイ
芭蕉 →イトバショウ ♦〜の葉 ウゥーガーサ ♦〜布 バサー
柱 ハーヤ
走ること ハーエー
ハス(蓮)〔植〕リン
恥ずかしい ハジカサン
恥ずかしがりや チムグームン / ハジカサウミー
はずす ハンスン
はずみ ヒョーシ
はずれる ハンリーン
ハゼ(沙魚)〔魚〕イーブー
ハゼノキ〔植〕ハジギー
はた(端) ハタ[1]

旗 ハタ[2]
肌 ハラ
裸 ハラカ
畑 ハル //《屋敷内にある野菜などを植える》アタイ[1] ♦～仕事 ハルシクチ
はだける アキハタキーン
裸足 カリッサ
二十歳 ハタチ
働き者 アガチャー
働く アガチュン / ハタラチュン
働ける カナイン
破談にする イームルスン
破談になる ヤンリーン
八 ハチ[1] / ヤーチ
蜂 ハチャー
罰 バチ[1]
撥 バチ[2]
罰当たり バチカンジャー
八月 ハチグヮチ
はち切れる ハッチリーン / ハップギーン
八十八歳 ハチジューハチ // → 米寿
初… ハチ[2]
罰 トゥガ
ハッカ(薄荷)〖植〗ハッカ
二十日 ハチカ
はっきりする ウチャガイン
はっきりと イシェーニ / チラジラートゥ
罰金 バッチン
初子 ッウィーングヮ
八歳 ヤーチ
初仕事 《正月の》ハチウクシ
発生する ソージーン
ばった シェー[1]
抜擢する トゥイタティーン
法度 《文》ハットゥ
はっとする ンニヒジュルサン
八方美人 チラターチャー
初盆 ミージョーロー[1]
初孫 ハチッンマガ

果て ハティ //《行き着く果て》イチハティ
派手なさま アカラクヮーラ
はと(鳩) ホートゥ
罵倒する イークジーン
花 ハナ[1] //《幼児》ノーノー
鼻 ハナ[2]
はな(端) ハナ[3] ♦～から アタマニ
鼻緒 ハナウゥー
花笠 ハナガサ
鼻くそ ハナクス
鼻毛 ハナギ[2]
鼻声 ハナムスイー
鼻先 ハナヌサチ
話 ハナシ / ムヌガタイ
話し合い ウチチューゴー
話し合うこと ソーラン
話し方 ムスイーカタ
話し声 ムスイーグヮィー
話し上手 ムスイージョージ
話す ハナスン[1]
離す ハナスン[2] / ユルスン
鼻血 ハナジ
鼻づまり(の人) ハナカタマヤー
バナナ バサナイ
はなはだ シタタカ
鼻ぺちゃ シピラー
花街 ハナヌシマ
鼻水 ハナライ
花婿 ミームーク
花嫁 ミーユミ
離れる ハナリーン //《くっついていたものが》アーキーン
はにかみや ハジカサウミー
羽 ハニ
ばね バニ
はねつける ハニチキーン
跳ねる トゥンジュン
はねる《水などを》ハニーン
母 アンマー //《文》フゥフゥ
幅 ハバ
パパイヤ パーパーヤー

母親 イィナグヌヤ //《文》フゥフゥヤ
はばかる ハバカイン
ハブ ハブ //《婉曲》ナガムン
浜 ハーマ
浜千鳥 《文》ハマチルリ
ハマフエフキ(浜笛吹) 〖魚〗タマン
はむかう テースン[2] / ヌシカイン
早い・速い フェーサン ♦～者勝ち サチナイシガムヌー ♦～者順 サチナイシレー / サチナイシンレー
早生まれ フェーッンマリ //《人》フェーッンマラー
早起き アカチチウキ / アサウキ / ヒティミティウキ / フェーウキ
早合点 フェーガッティン
早く ソー[3] / フェーク
早口である クチベーサン
葉野菜 オーフヮ
早死に フェーマーシ
早々と フェーベートゥ
はやぶさ(隼) フェンサー
早める 《文》ハヤミーン
はやる フェーイン[1]
早業 フェーワジャ
腹 ワタ[1] ♦～いっぱい チュフゥーラ / ワタヌミー ♦～が立つ ワタクサリーン ♦～の虫 ムシ[1] ♦～半分 ナカラワタ ♦～持ち ワタレー ♦～を立てる ワジーン
払い ハレー
払う ハライン
晴らす ハラスン
腹立たしいさま ワジワジー
腹立ち 《文》ハラダチ
腹違い ハラワカイ
ばらばら ナーチリジリ ♦～にする ワックヮスン ♦～になる ワックィーン

はらわた ワタミームン
針 ハーイ ◆〜仕事 ノーイムン ◆〜の穴 ハーイヌミー ◆〜箱 ハーイバクー
鍼(はり) チンバーイ / ハーイ
針金 シンブンガニ
ハリセンボン（針千本）【魚】アバサー
ハリツルマサキ マッコー
張る、張り渡す ハイン² //《文》フェーイン²
晴れ着 ッワージ //《正月の》ソーグッチジン
破裂する ハップギーン
はればれと サージャートゥ
腫れ物《悪性の》エーガサ¹
晴れる ハリーン
腫れる フックィーン
半《接頭》ハン² //《接尾》ハン³
判《印鑑》ハン¹
番《見張り》バーン // → 順番
反抗 ゲー / ティーンケー ◆〜する テースン²
半殺し ナマグルシ
繁盛 ハンジョー ◆〜する サケーイン
反対 サカ
万人 ウマンチュ / マンニン
番人《文》バンティ
半分 ググ / ハンブン
半分くらい ナカラ
半分っこ ハンブンワーキー
繁茂する ユカイン

## ひ

日 ヒー¹
火 ヒー² ◆〜がつく トゥブイン
非 ヒー³ ◆〜を認める ワビーン
干上がる カーキーン / ヒーン¹

火遊び ヒームターン
ひいき ヒーチ
秀でる スグリーン
ピーナッツ ジーマーミ
ヒエ（稗）【植】マージン
冷えこみ ヒジュイ
冷え冷え ヒジュルカンジャー ◆〜と ヒジュッテーン
冷える ヒジュイン
控える ヒケーイン
比較 ヒッコー ◆〜する クラビーン
日陰 カーギ
東《方位》アガリ //《那覇の町》ヒガシ
干潟 カタバル
ぴかぴか ピチャナイ
日柄 ヒガラ
光 ヒチャイ
光る ヒチャイン
彼岸（の祭り）ヒガン
…匹 カラ⁵
引き返す ヒチケースン
引き込む ヒチクムン
引きこもる クマイン¹
引き裂く ヒチサチュン
引き潮 ヒチス
引きずる スビチュン
引き倒す ヒチトースン
引き出し ヒチジャシー
引き出す ヒチッンジャスン
引きちぎる ヒッチーン
引き取る ヒチトゥイン
引き抜く ヒチヌジュン
引き伸ばす《ゴムなどを》ヒチヌバスン
引き離す ヒチハナスン
引き寄せる ヒチユシーン
引く ヒチュン¹
弾く ヒチュン²
鞭(む)く クゥースン¹
低い ヒクサン
びくびく シカシカ / シカミーグルグル / シカンカー ◆〜

すること ウトゥルサヒーサ
ひげ（髭）ヒジ² //《短い》ヒジグゥー ◆〜を剃(そ)ること ヒジナカジュイ
尾行 アトゥッウィー
膝 チンシ
久しい ナゲーサン
久しぶりである ミールーサン
ひしゃく（柄杓）ニーブ
美女 チュライィナグ / チュラカーギー
微笑(びしょう) カタクチワレー / ミーワレー
非常な ソートー
非常に イッペー / サッコー² / ジコー / ミッタ
美人 チュラー / チュラカーギー
秘蔵する カジミーン
額(ひたい) ヒチェー / ムコー
浸す チキーン² / ウラーキーン
ひたすら ヒタニ
左 ヒジャイ
左きき ギッチョー / ヒジャヤー
引っかかる カカイン
引っかき回す カチミングッスン / カチャースン / キジャースン
引っかく カチャムン
引っかける ヒッカキーン //《水などを》クンチャキーン
ひっきりなし ジョーヒタ
びっくり ◆〜仰天 ウフルンモーイ / ローマ ◆〜させる《わっと言って》ワーミカスン ◆〜する ウルルチュン / シカムン
ひっくり返す ケーラスン //《蹴って》キリケーラスン
ひっくり返る クルブン / ケーリーン / ルゼーイン ◆〜こと サーナーゲーイ

引っ越し ヤーウーチー
引っ越す ウチーン
引っこ抜く ムシーン
引っ込む ヒックムン
未(ぴつ)(十二支の) ヒチジ
びっしょり シプートゥ / ンリカー
びっしり ジサットゥ
筆跡 ジー[1]
ひったくる クントゥイン
ぴったり チョール / チントゥ
ひっつかむ カッチカムン
ひっぱたく クンスグイン / スグイケーラスン
引っ張り出す ヒチッンジャスン
引っ張る ヒチュン[1] / ヒッパイン
ひづめ(蹄) チマグ
必要 イリユー ♦ ～な物 イッタムン
尾骶(てい)骨 チビヌグッスイ
日照り ヒャーイ
人 ッチュ 《生きている人》イチッチュ 《接尾》ンチュ
一…《接頭》チュ
ひどい チューサン ♦ ～ことに シンジントゥ ♦ ～さま ンジャンジャートゥ ♦ ～目にあう ヌバチリーン
一かけら チュカキ
一切れ チュカキ
ひどく ジコー / チューク / ルグ[3]
一口 チュクチ
一言(こと) チュクトゥバ
一頃 チュテー
人差し指 ッチュサシイービ
一束 チュタバイ
ひとだま(人魂) イニンビー / タマガイ / ヒーラマ
人違い ッチュバッペー 《文》フィトゥマゼー
一つ ティーチ ♦ ～残らず マルマルートゥ
一つかみ チュチカン
一月(ぴつ) チュチチ
人付き合い ッチュヂレー
人通り ッチュルーイ
一ところ チュトゥクマ / チュトゥクル
人並み シキンナミ / ッチュナミ
一晩 チュユル
一晩中 ユナガタ / ユナガタサナガタ
人々 ニンジュ
一節 チュフシ
人前 ッチュメー
一回り チュマーイ
ひとみ(瞳) ミーヌシン
人見知り ッチュウジー / ヤマカーガー 《幼児の》シランチュ
一目 チュミー
一人 イチニン[1] / チュイ 《文》フィチュイ
日取り ヒー[1]
一人暮らし チュイグラシ / ルーチュイグラシ
独り言 ルーチュイムスイー
一人ずつ チュイナー
一人っ子 チュイングヮ
ひとりでに ナンクル
一人息子 チュイィキガングヮ
一人娘 チュイィナグングヮ
独り者 ルーチュイムン
独り笑い ルーチュイワレー
雛(ひな) ピーヨー
日なたぼっこ ティーラブーイ
非難する トゥガミーン
皮肉 ウラヌチムスイー ♦ ～を言う クジーン
ひねくれ者 ヒンサー
ひねくれる ムリーン[1]
ひねる ヒニーン / ムリーン[1]

火の神 ウミチムン / ヒヌカン
火の玉 ヒーラマ // → ひとだま
火箸 ヒーバーシ
火鉢 ヒーバーチ
ヒハツモドキ 《植》ヒッパーチ
日々 ヒービー
ひび ヒビ ♦ ～が入る、～割れる ヒバリーン ♦ ～割れ ヒバリ
皮膚 カー[2]
火吹き竹 ヒーフチ
碑文 ヒムン
暇 ヒマ / マル[1] ♦ ～になる マローチョーン
ひまご(曾孫) マタッンマガ
秘密にする カクスン
紐 イィールー
冷や汗 ヒジュルアシ
百 ハーク
百歳、百年 《文》ムムトゥ
百姓 ッンムチュクヤー
日焼けする ヤキーン
日雇い(労働者) ヒョー
ひやりと ヒジュッテーン
費用がかかる チクリーン
病気 サワイ / ビョーチ / ミーヒチハナヒチ / ヤンメー ♦ ～がちな者 ヤフゥラー / トーヨーイ ♦ ～する ヤムン
ひょうきんなこと スクチ
ひょうきん者 チョーギナー
標識 シルシ
病弱 ♦ ～である ヤフゥラサン ♦ ～な者 ビーラー / ヤフゥラー
ひょうたん チブル
漂着物 ユイムン
病人 ヤンメームン
評判 ウトゥ / クチシバ / サタ
屏風 ノーブ

表面 ッウィー / ッワービ
ヒヨドリ 〖鳥〗スーサー
ひよめき フールチ
開く ヒラチュン / フラチュン // 《大きく》ハッパイン
平たく ヒラッテーン ♦ 〜なる ヒラキーン[1]
びり オーチビ / チビ ♦ 〜っけつ チビクス
ひりひり ヒッスイヒッスイ ♦ 〜痛む ヒーラチュン
肥料 クェー[2]
昼 ヒル[2]
昼ご飯 アサバン[2]
昼過ぎ ヒルマ
昼寝 ヒンニ
昼間 ヒー[1]
広い ヒルサン
拾い物 カメーイムン / トゥメーイムン
疲労 ウゥタイ / クタンリ
拾う カメーイン[1] / サゲースン / トゥメーイン / ヒルイン
ビロウ(蒲葵)(檳榔)〖植〗クバ ♦ 〜の葉 クバガーサ
広がる ヒルガイン
広げる ヒルギーン
広場 ナー[1]
広々と ヒルビルトゥ
広まる ヒルマイン
広める ヒルミーン
瓶 ビン
品位 ガラ[3]
紅型 ビンガタ
品行 ウクネー / ミムチ
瀕死 シニガーター / マーシガーター
貧乏 クンチュー / ヒンスー ♦ 〜人 クーシームン / ヒンスームン // 《ひどい》ゴーリビンスー
ひん曲がる チンマガイン / ヒンマガイン
ひん曲げる クンマギーン

## ふ

無愛想 カマジシ ♦ 〜な者 カマジサー / ジーグフゥー / ヒレーグリー
不安である ククルムトゥナサン
吹聴する イーヒルギーン / ヒルミーン
フィラリア クサフルヤー
風変わり フーガワイ
風采 フージ
風習 フージ
風水 フンシ
夫婦 トゥジミートゥ / ミートゥンラ // → めおと(妻夫)
夫婦喧嘩 ミートゥンラオーエー
ふか(鱶) サバ[1]
深い フカサン
深酒する カシーン
ふかす ニーン[2] / ッンブスン
不恰好(ぶかっこう) ブカッコー
ぶかぶか チェンチェン
吹き返し 《台風の》ケーシ
不機嫌 ビッシェー
吹きこぼれる アーブチュン
吹き込む フチクムン / フチンチュン
ふき掃除 スイカチ
不吉 ブカリー
吹き飛ばす フチトゥバスン
ふき取る ヌグイン
不気味である サーハゴーサン
不器用 ブクー
付近 シリーマーイ / チンピン / ニー[1] / メー[2] / 《接尾》カ[4] / リカー
布巾(ふきん) ヒーチン
吹く 《風が》フチュン[2] // 《口で》フチュン
ふく(拭く) ススイン
葺(ふ)く フチュン[3]

フクギ(福木)〖植〗フクギ
服装 スガイ
ふくらはぎ クンラ
ふくらむ フーケーリーン
ふくれる フーケーリーン / フックィーン
袋 フクル
ふくろう マヤージクク
袋だたき マールグルシ
ふけ イリチ
不潔 ブチリー ♦ 〜である シタナサン
不幸なこと ワジャウェー
負債 ウッカ / シー[3]
ふさがる チマイン
ふさぐ フサジュン
ふざけること ガンマリ
ふさわしい ニオーイン ♦ 〜こと ノータケータ
節 フシ[1]
不思議 フシジ ♦ 〜である ヒルマサン
節々 フシブシ
不自由 フジュー
無精 フユー ♦ 〜である チビッンブサン
不承知 フガッティン
婦女子 イィナグワラビ[1]
無粋 ブシジョー
防ぐ フシジュン
伏せる ウスバスン / ウッチンキーン
父祖 ウヤフジ / ウヤフーフジ
不足 フスク
ふた(蓋) フタ ♦ 〜をする フサジュン
二...《接頭》タ
札(ふだ) フラ
豚 ッウー
ふたご ターチュー
二心(ふたごころ)《文》フタグクル
二言(ふたこと) タクトゥ
二つ ターチ

ふた月　タチチ[2]
ふた目　タミー
二人　タイ[1]
普段着　ヤーカラー / ヤーカラチャー
縁(ふち)　ヒリ
不調法　ブチョーホー
ぶつ(打つ)　スグイン
普通　アタイメー
二日　フチカ
ぶっかける　クンチャキーン
ぶつかる　チチアタイン
物質　ムヌ
仏像　フトゥキ
仏桑華(ぶっそう)　アカバナー
仏壇　ブチラン //《お仏壇》ウブチラン
仏頂面の者　カマジサー
沸騰させる　タジラスン
沸騰する　タジーン / フチュン[2] / ムゲーイン / ワチュン[1]
ぶつぶつ《不平不満》グーグー / ジェージェー //《いぼいぼ》ブットゥーヒットゥー
筆　フリ
太い　マギサン
ふところ　フチュクルー //《文》フチュクル
ふとっちょ　クェーター / クェーブター / ブッタラコー
太る　クェーイン
ふとん(布団)　ウール
ふな(鮒)　ターイユ
不仲になる　クフウイン
船旅　フナタビ
船賃　フナチン
船乗り　ウミアッチャー / フナー / フナヌイ
船酔い　フーネー
舟・船　フニ[1] //《船足の速い》《文》ハイフニ
腐敗する　クサリーン
不憫(ふびん)である　チムグリサン

不平　ジーグイ ◆～不満(を言うこと)　ゴーグチ //《強調》ゴーグチハーグチ //《食べ物に関する》ムンヌゴーグチ ◆～[不満]を言う　ジークーイン
踏み荒らす　クナースン / クントースン
踏み入れる　クミンチュン
踏み台　クラミ
踏み倒される《借金を》フルブン
踏み倒す《踏みつけて》クントースン
踏みつける　クナースン / クラミーン
踏みつぶす　クンピラカスン
踏みはずす　クンハンスン
踏む　クラミーン
不名誉　ミーワク
冬　フユ ◆～物　フユムン
舞踊　ウゥルイ
ぶら下がる　サガイン[1]
ぶら下げる　サギーン
ふらふら　ブラブラ
ぶらぶら歩くこと　ユクバイ
ぶらぶらする　アシブン
ぶらんこ　ウンラーギー
ふり　ナジキ / ナジキー / フーナー ◆～をする　ナジキーン
ぶり返す《病気が》フイケースン
振り返る　ウッチェーイン //《ひょっと》トゥンケーイン
ブリキ　シチタンガニ
降り込む　ウチクムン / ウチンチュン[1]
振り捨てる　フイシティーン
振り向く　トゥンケーイン
不良　ヒンジムン / ヒンジャー / フリムン
振る　ウゥーイン[1] / フイン[1]
降る　フイン[2]
篩(ふるい)　シーノー

古い　フルサン
震える　クフウイン / チムフトゥフトゥースン / フトゥイン
ぶるぶる　フトゥフトゥー
無礼　ブリー //《ご無礼》グブリー
触れる　サーイン[2]
風呂　ユーフル ◆～屋　ユーフルヤー
ふろしき　ウチュクイ ◆～包み　ウチュクイジチン
憤慨する　クサミチュン
分家　ヤーワカヤー / ワカリ ◆～した者　ヤータチャー / ヤーワカヤー
ふん縛る　クンタバイン
文書　カチチキ
分銅　ンブシ
褌(ふんどし)　サナジ
ぶん殴る　クンスグイン
ふんばる　クンパイン
ぶんぶん　クゥークゥー / クッチクッチー / ブープーカーカー
分別　アティ / ジンブン //《文》フンビチ
粉末　クー[5]

へ

屁　ヒー[4] //《特に臭い》クサビー
へ《助詞; 目的地など》カイ / ンカイ
米寿　ハチジューハチ ◆～の祝い　トーカチ / トーカチユーウェー
平常　ヒージー ◆～心　ソータマシ
平民　ハクソー
(...す)べき　ビチー
ぺこぺこ　ウーサリアーサリ
へこむ　ヒックムン
へし曲げる　ウシマギーン

ぺしゃんこ ♦～にする タッピラカスン／ヒラカスン ♦～になる シピリーン／ヒラキーン[1]
へそ(臍) テンブス
へそくり ワタクシ
へそ曲がり ンジャリムン
隔て ヒラティ
隔(だ)てる ヒジャミーン／ヒラティーン
べたべた ブッタクゥッタ
べた惚れ マンブリ
へちま ナーベーラー
ぺちゃくちゃ アーバーサーバー／ヒッタクマッタク／ピリンパラン
別 ビチ
別々に ワカシワカシ ♦～する ワキーン
へつらい メーシ
へつらう者 メーサー
ペテン師 ッチュラマサー
べとべと ムッチャイクゥッタイ ♦～する ムッチャカイン
部屋 ジャシチ
ぺらぺら 《外国語をしゃべるさま》ピリンパラン
縁(ふち) ヒリ
減る ヒナイン
変 ♦～だ ウッカサン ♦～な イフーナ／イルンナ／サイタ
弁解 イーワキ／ワキ
変化する カワイン
勉強 ガクムン／ティシミガクムン
返済 ヒンビン ♦～する ハライン
返事 イレー／イレークテー／イレーヒジ／イレーヒントー／ヒジ[1]／ヒントー ♦～する イレーイン
便所 《昔の》フール
弁償させる ハキーン

弁償する ハチュン[1]／ワンチャメーイン
偏頭痛 カタブルヤン
編成する クムン[3]
返送する ウクイケースン
ベンチ ガンジュミ
返答 イレーヒジ／ヒントー
弁当 ビントー
便秘する チシーン
返品 ヒンビン ♦～する ケースン
弁明 イーヒラチ
返礼 ケーシ

ほ

帆 フー[2]
穂 フー[3]
棒 ボー／／《短い》インチャボー
放火 チキビ
ほうき(箒) ホーチ
ほうき星 イリガンブシ
棒切れ ブンジラー
方向 カタ[4]
奉公 フーク／《ご奉公》グフーク
膀胱 シーバイジチン／シーバイブクル
報告 シラシ
法事 スーコー
帽子 ボーシ／モーチャン
芒種 ボースー
坊主 ボージ
ホウセンカ(鳳仙花) ティンサーグー
呆然と 《文》フリブリートゥ
庖丁(ほうちょう) ホーチャー
ほうっておく チャンナギーン／ヨーソーチュン
放蕩者 アシバー
豊年 ミルクユガフー／ユガフー／／《文》マンサク／ミルクユ
ほうび(褒美) フービ

豊富 ジュンタク／マイフク／ユチク
暴風 カジフチ
ぼうふら アミスックヮー
方法 クー[3]／シカタ／ティー[2]
葬る ホームイン
方面 カタ[4]
放免する ヌガーラスン
坊や ボージャー／ボーボー
包容力 ヌビレー
放り出しておく ウチキーン
吠える アビーン[1]／ウラースン
頰(ほお) フータイ ♦～がこける ガッソーリーン
ほおかぶり コーガーキー
ほか(他) フカ
ぼかんとする トゥルバイン
ほぐす ワックヮスン
ほぐれる ワックィーン
ほくろ アジャ
ぼける カニハンリーン
ほこり(埃) フクイ
誇り ユルクビ
星 フシ[2]
欲しい フーサン
欲しがる ヌジュムン
ほじくる クジーン
干し物 フーシムン
補充,補足 ウシータレー
干す フースン
ホソバワダン〖植〗ンージャナ
保存する タブイン
ぼたぼた チョンチョン
ほたる(蛍) ジンジン
北極星 ニーヌフゥブシ
ほったらかすこと シティホーリー
坊っちゃん ウンボージュー
ほっと ヤーヤートゥ
没頭する ハマイン／ヒッカタンチュン

ほてるさま フゥーフゥー
...ほど カ
ほどく フトゥチュン
ほどほど テーゲー
ほとんど ムットゥ
骨 フニ² /《遺骨》クチ¹
微笑(ほほえん) カタクチウレー / ミーワレー
ほまれ ノーガ
ほめる フミーン //《やたら大げさに》フミータックゥスン
ほら アネ / アリ² / アリサイ / アリタイ / アリッサ / アリヒャー / ウネ / ウリ²
ボラ〚魚〛チクラ
ほら穴 ガマ / ゴー¹
ほら吹き クチブシ
掘り出す フイッンジャスン
掘る フイン³
惚れ込む ウチフリーン
惚れる ヌジュムン / フリーン
ぼろ(襤褸) フクター
本《書物》スムチ
盆《盂蘭盆》ヒチグゥチ //《器》→お盆
本家 ウフヤー / ムートゥヤー / ムートゥルクル
本心 シン²
本当 ジチ¹ / ジュン / ジントー / ソーフントー / タシカ / フントー / マクトゥ / マッタチ ♦ ～に シカットゥ / ンチャ ♦ ～の...《接頭》サラ²
本年 クトゥシ
ほんの タラ / フンス ♦ ～少し ウフィグヮー / ウムヨー
本分 スクブン
本名 ソーナー
本物 ソームン ♦ ～の《接頭》マタ³
ぼんやり ヌルントゥルン ♦ ～する トゥリーン / トゥルバイン ♦ ～と《文》フリブ

リートゥ

## ま

間(ま) エー² / ミー²
真... マ
まあ エー⁴ / チェー / ハー³
舞い モーイ
毎... メー⁴ ♦ ～朝 メーアサ ♦ ～月 チチヌカージ / メージチ ♦ ～年 メーニン ♦ ～日 ヒービー / メーナチ ♦ ～夜 メーユル
...枚 メー⁵
迷子 ムスマイー / ヤーマリー
舞う ウゥルイン / モーイン
前 メー² //《以前》クンナザー //《先》サチ
前貸し メーガシ
前借り メーガイ
前金 メージン / メーバレー
前歯 メーバー
前払い メーバレー / メーリマ
前々 メーメー
前もって カニティ / メーカニティ
負かす ウシマギーン
まかない マカネー
曲がり角 マガイグチ
曲がる マガイン //《角を》ミグイン
薪(まき) タムン
まき散らす ホーイン² / マチホーイン
間切 マジリ²
幕 マク²
巻く マチュン¹
蒔(ま)く マチュン²
枕 マックゥ
枕元 マックゥガン
まくり上げる カナギーン
まぐろ(鮪) アチヌイユ / シビ
マクワウリ(真桑瓜)〚植〛

モーウイ
負け マキ
負け戦 マキイクサ
負ける マキーン //《値段を》ヤシミーン¹ ♦ ～こと マキ //《勝負の相手に》ウビ
曲げる タミーン¹ / マギーン //《無理に》クンマギーン
孫 ッンマガ //→初孫(はつご)、ひまご
真心 シンジチ / マグクル
誠 マクトゥ
まごまごするさま トゥヌーマヌー
マサキ(正木)〚植〛フチマ
まさる カチュン⁴ / マサイン
まし《...よりはよい》マシ
真正面 マタンカー
混じる マンチュン²
升・枡(ます) チーガ² / ナカムイ
ます《助動詞; 丁寧》アビーン
まず マジ
まずい物 ニージャムン
まずまず テーゲー
まぜこぜ マンチャーヒンチャー
ませている クサブックィーン ♦ ～者 クサブックヮー
混ぜる マンキーン
又・股 マタ¹
また マタ²
まだ ナーラ / ナマリー / マーラ
またいとこ マタイチク
股ぐら マタバシ
待ち受ける マチウキーン
間違い バッペー / マチゲー
間違いなく ジュシェー ネーン
間違う、間違える バッペーイン / マチゲーイン //《文》マミジュン
待ちかまえる マチウキーン

待ち遠しい マチナゲーサン
待ちぼうけ ンナマチ
松 マーチ
待つ マチュン³
末裔 ユラフゥ
真っ赤 マッカーラ／マッカーラー
真っ暗 クラシン ♦ ～闇 オーグラシン／ヤミユ
真っ黒 マックール
まつ毛 マチギ
真っ最中 バンジ
真っ盛り サラバンジ／バンジ
まっさき マッサチ／サチ
真っ白 マッシーラ
まっすぐ マッシーグ／マットーバ
まったく ムサットゥ／ムットゥ／ムル
マッチ チキラキ
松葉 マーチバー
松林 マーチャー
末尾 シリー
真っ昼間 アカラヒル／マフックゥ
マツリカ（茉莉花）《植》ムイクバナ
祭りの日 シチビ
祀(まつ)る マチーン
…まで マリ²/／《程度》カ
的 マトゥ
まとまる 《話などが》トゥジマイン／マトゥマイン
まとめる 《縁談を》トゥヤースン/／《話などを》マトゥミーン
まどろむ トゥルミカスン
惑わす マヤースン／マングゥスン
まとわりつく 《子が親に》マチブイン
まな板 マルチャ
まなじり ミーヌチビ
学ぶ ナライン

間に合う カキアーイン
間に合わせ カキアースン／ミークゥースン／ッワースン
免れる ヌガーイン
間抜け ウフソー
まね ネービ／フーナー
まねる ニシーン
まばゆい ミーヒチャラサン
間引きする 《野菜などを》フキーン²
真昼 マヒル
まぶしい ミーヒチャラサン
まぶた ミーガー
まま ママ²
まま(継)… ママ³
ままごと ウーエーグゥーシー/／《お父さんとお母さんの役を決めてする》ミートゥンラグゥーシェー
継母(ﾏﾏ) マンパー
真向かい タンカー²／マームコー／マタンカー
豆 マーミ
まもなく ウッチキ／ナー⁷／ナマ¹／ヤガティ
魔物 シチマジムン／マジムン¹／ムヌ／ヤナムン
守り マムイ
守る マムイン
眉 マユ
迷うこと 《どうしようかと》ウチーヤチー/／《道に》ミチバッペー
魔除け ムンスキムン
真夜中 マユナカ
迷わす マヤースン
マラリア ヤキー
まり マーイ¹ ♦ ～つき マーイウーチェー ♦ ～投げ マーイナギェー
丸 マル²
丸い マルサン ♦ ～もの マールー ♦ 丸くする マルミーン ♦ まるくなる《性格が》

ヤフゥラチュン
丸出し マルバイ
まるで ムル
丸飲み マンスン
丸裸 マルハラカ
丸め込む マルミーン
丸める マルミーン
まれ タマ²／マリ¹／マルケーティ/／《文》タマサカ ♦ ～な マリネー ♦ ～に マルケーティ
回す マースン²／ミグラスン
回り マーイ²／マール／ミグイ
回り道する 《ちょっと》クンマースン
回る マーイン／ミグイン
万 マン
万一 マンイチ
満開になる サチチーン
満作 《文》マンサク
まんじゅう マンジュー
満足する チムフジュン
真ん中 マンナカ ♦ 真ん～ マーマンナカ
満腹 スクソー／チュフゥーラ ♦ ～である ワタウフサン
まんま《ご飯》《幼児》マンマン
まん丸 マンマル ♦ ～く、～に マッテーン

# み

巳(み)《十二支の》ミー⁴
実 ミー⁵/／《植物などの》ナイ
三… ミ¹
見誤る ミーヤンジュン
見いだす ミーンジャスン
見失う ミーウシナイン
見える ミーン²
見送り ミーウクイ
見落とし ミーウトゥシ
見落とす ミーウトゥスン
見覚え ミーウビ
見返す 《繰り返し見る》ミー

ケースン
磨く ンジャチュン
見かけ ミーバ / ミーフゥ / ミカキ
見方 ミーヨー
味方 ミカタ / カタ[4]
三日月 ミカジチ
身構える カメーイン[2]
身代わり ミガワイ
右 ニジリ
見聞きすること ミーナイチチナイ
見切る ミーチーン
見くびる ウシェーイン
三毛猫 ミキーマヤー
眉間(みけん) ムコー
巫女(みこ) ユタ
見事 ミグトゥ ◆~に チュラーク
見込み ミクミ
見込む ミクムン
みごもる カザギーン
見境なく ミサケーネーラン
短い インチャサン
短くする チジミーン
身支度 シタク ◆~をする スガイン
みじめ アワリ
見知らぬ人 タビヌッチュ
見知る ミーシーン
水 ミジ ◆~遊び ミジムターン ◆~洗い ミジアレー ◆~薬 ミジグスイ ◆~たまり ミジタマイ
見ず知らず 《文》ミジシラジ
見捨てる ミーチーン / ミーハナスン / ミーヒティーン
水疱瘡(みずぼうそう) ミジガサー
見すぼらしいさま シピタイカータイ
店 マチヤ ◆小さい~ マチヤグゥー
見せ場 ミールクル
見せ物 ミシムン

見せる ミシーン //《敬語》ウミカキーン
味噌 ンース
溝(みぞ) シーリ / ンージュ
みぞおち チムグチ / ンニグチ
見そこなう ミーヤンジュン
満たす ミタスン / ミチーン[2]
見立て ミタティ
乱れる ミラリーン / ンジャリーン
道 ミチ
道草をすること ユクバイ
満ち潮 ミチス
道すがら 《文》ミチシガラ
道ばた ミチバタ ◆~の草 《文》ミチシバ
満ち引き → 干満
満ちる ミチュン[1] / ミッチャカイン
三日(みっか) サンニチ / ミッカ / ミッチャ
見つけ出す ミーチキーン[1] / ミーンンジャスン
見つける ミーアティーン / ミーチキーン[1]
三つ子 ミーチュー
密告 コージン / モーサギ
密着させる タックゥースン
密着する タックゥイン
三つ ミーチ
みっともない ミートーンネーン
見つめる ミーチキーン[2]
見通し ミトゥーシ
見通す ミートゥースン
見どころ ミールクル
見届ける ミートゥルキーン
緑色 オールー
見とれること ミーブリ
皆 ムル / ンーナ
皆様 グスーヨー
港 ンナトゥ
南 フェー[1]
南風 フェースカジ //《夏至の頃の》カジカーチーベー

見習い ミーナレー
身なり シガタ / スガイ ◆よい~ イィーフージ
見慣れる ミーナリーン
見にくい ミーグリサン
蓑(みの) ンヌ
見逃す ミーヌガーラスン
身代金 ルシル
身の程 ブン
みの虫 フクタームーシー
見放す ミーハナスン
身一つで ンナルー
身振り手振り ティーヨーヒサヨー
身震い シブリー
身分 ブン / ミブン
見舞い ミーメー[2]
見間違い ミーバッペー / ミーマチゲー
見守る ミーマンジュン
耳 ミミ
耳あか、耳くそ ミミクス
耳かき ミミクジャー
みみず ミミジャー
みみずく マヤージクク
耳たぶ ミミヌタイ
耳だれ ミンジャク
未明 ユーアキアキ
身持ち ミムチ
身元 ミブン
見もの ミームン[3]
脈 マク[3]
都 ミヤク
宮古島 マーク
見やすい ミーヤッサン
明後日(みょうごにち) アサティ
名字 ノージ / ヤーンナー
未来 ユーヌサチ
見られる 《見るにたえる》ミーヤッサン
見る、(…して)みる ンージュン
みるみる ミルミル

弥勒(菩薩) ミルク
見分け ミーワキ
見分ける ミーワカスン/ミーワキーン

## む

六... ム
六日(むいか) ルクニチ
向かい ンケー
向かい合っていること タンカーマンカー
向かい風 ンケーカジ
向かい側 ンケー
向かう ンカイン
迎え火 → お迎え火
迎える ンケーイン
無学 ムガク
昔 サチヌユー/フェーク/ンカシ
昔なじみ ムトゥビレー
昔話 ンカシバナシ/ンカシムヌガタイ
ムカデ ンカジ
むかむかするさま イィーバチカーカー
むき テー¹
麦 ムジ²
無傷 ムキジ
むく(剝く) ンーチュン
報い 《文》ムクイ
無口 ンンムヌクチ
むくむ ムクムン
向ける ンーキーン
むける(剝ける) ンキーン
婿 ムーク
向こう アマ
向こう隣 ジョータンカー
向こうの方 アマムティー/アマリカー
向こう見ず ナマチ/ナマチャー
婿養子 イリムーク/ムクヨーシ
虫 ムシ¹

蒸し暑い シブタイアチサン/ンンブリーン
蒸し器 シェーロー
虫食い ムシクェー
虫下し ムシグスイ
虫歯 ムシクェーバー/ムシバ
無情 ムジョー
むしる ムシーン
むしろ(筵) ムシル //《藁縄の》ニクブク
むしろ(寧ろ) ケーテー
無尽講(むじんこう) ユーレー
蒸す ンブスン
むずかしい ムチカサン/ルーグリサン
むずかること ニーブイゴーグチ
結びつける シギーン
結ぶ ムシブン/ムスブン
むずむず ムジュムジュ
娘 イィナグングヮ //《文》ミヤラビ
無駄 イタジラ/イチャンラ
無駄足 ンナアッチ
無駄づかい イチャンラジケー
無駄話をすること ンナアビー
無駄骨折り ンナナンジ
鞭 ブチ
無茶 ガーマ
夢中になる ムチクヮーリーン
六つ ムーチ
無鉄砲 ナマチ ♦〜な者 ナマチャー
胸毛 ンニギー
胸騒ぎ チムワサミチ/チムサウジ ♦〜するさま チムワサウサ
むなしい《接頭》ンナ
むなしく タラ
六七日(むなぬか)(むなのか) ムナンカ
胸 ンニ ♦〜がどきどきする

さま チムラクラクー/ンニラクラク
胸やけ ククルヤキ
謀叛(むほん) ムフン ♦〜人 ムフンニン
無欲 ムユク
村 クニ/ムラ
村境 ムラジャケー
ムラサキカタバミ(紫酢漿草)《植》ヤフゥタ
蒸らす ンブラスン
村はずれ ムラハジシ
村役場《以前の》ムラヤー
無理 ムリ ♦〜に シーティ¹
無理やり ウシウシ ♦〜させる ウシーマースン
無料 イチャンラ
群れ集まる マチャースン
蒸れる《ご飯などが》ンンブリーン

## め

目 ミー⁶/《接尾;順序》ミ² ♦〜がさえる クフゥイン ♦〜が覚める ウジュムン/サミーン² ♦〜を覚ます サマスン²
芽 ミルリ
雌...・牝...《接頭》ミー⁸
目当て ミアティ
姪 ミーックゥ
名案 イィーカンゲー
命日 ミーニチ
命名 ナージキー
めいめい ナーメーメー ♦〜で ルーナークル
名誉 ノーガ
明瞭に イシェーニ
命令する カキーン¹
迷惑 ヤッケー
雌牛 ミーウシ
めおと(妻夫) ミートゥ // → 夫婦

妾(めかけ) ユーベー
目方 チンミ
眼鏡(めがね) ガンチョー / ミーカガン
牝瓦 ミーガーラ
目薬 ミーグスイ
目くばせ ミーヨー ◆～する マンチュン[2]
めくれる《まくれる》マグリーン
目先 ミーヌメー
召し上がる ウサガイン
目じり ミーヌチビ
めじろ(目白) ソーミナー
雌 ミームナー / ミームン[2] //《接頭》ミー[8]
珍しい ヒルマサン / ミジラサン ◆～こと カワッタクトゥ ◆～物 ミジラシムン
目玉 ミンタマ
めちゃくちゃ サンジャン / サンジャンクンジャン / ジャーフェーティーフェー ◆～にする《引っかき回して》カチヤンジュン
めったに チーニ
雌綱 ミーンナ
めでたいこと イィークトゥ / カリー / カリユシ / ユルクビ
めとる(娶る) カメーイン[1] / トゥメーイン
目の前 ミースメー
目分量 ミージョーロー[2]
目まい ククトゥミングゥー / ブチゲー / ミークラガン
目盛り ミー[6] //《秤(はかり)の》ハカイヌミー
目やに ミークス
面会する イチャイン
面倒 ニーワチャレー / ミーカンゲー / ミンロー / ワチャレー ◆～をかけること ティーワチャレー ◆～を見る カンゲーイン
面と向かって チラジラートゥ

めんどり ミールイ
面目 タチフつ
綿密 クメーキ ◆～にする クメーキーン

も

喪 ◆～に服すること イミ[3]
も《助詞》ン
もう イーナ / イーナスヘー / イーナスヘーナー / ナー[7] / ヤガティ
儲け モーキ ◆～仕事 モーキジク
儲ける モーキーン //《ばくちで》クゥイン
申し上げる ウンヌキーン
もうじき ナーガティ
申し出る モーシッンジーン
盲人 ミークー
もうすぐ ウッティ[1] / ナマ[1]
もう少しで ナーフラー / ヤガティ
毫釐(もうり)する カニハンリーン
燃えさし ヒージリ
燃えつく テーチチュン
燃える メーイン
もぐ《果実などを》ムイン[1]
もぐさ フーチ[1]
木炭 タン[2]
目標 マトゥ / ミアティ
木片 キージリ
もし ムシ[3]
文字 ジー[1] / ムジ[3]
もしか、もしも ムシカ
モズク(水雲) スヌイ
もたもた ムッチョーヒッチョー ◆～する ワチャライン
もたれかかる ウッチャカイン
餅 ムチ //《あん(餡)の入った》アンムチ
持ち上がる ムチャガイン

持ち上げる ヒチャギーン / ムチャギーン
用いる チカイン[2]
持ちくずす《身を》ムチハンリーン
持ち込む ムチンチュン
もち米 ムチグミ
持ち直す ムチノーイン / ムチノースン
持ち主 ヌーシ
持ち分 タマシ[1]
持つ ムチュン
もつ(保つ) タムチュン / ムチュン
モッコク(木斛)〖植〗イーク
もったいない イチャサン
もっと ナーヒン / ユク[3] / ユクン
もっとも イッチン[3]
もっぱら ヒタニ
もつれる ンジャリーン
持て余す ムティアマスン
もてなし ウトゥイムチ
もてなす ティレーイン
下・許 ムトゥ[1]
元・本 ムートゥ
もどかしい ティーハゴーサン
戻す ムルスン
元手 マックゥ / ムートゥ
戻り ムルイ
戻る ムルイン
者・物 ムヌ
物言い ムヌイー
物入り イリミ / ジンイリミ / ムヌイリ
物怖(お)じ ムヌウジ
物音 ムヌウトゥ
物覚え ムヌウビー
物思い ムヌウミー
ものぐさ フユー
物乞い クンチャー / ニンブチャー
物事 ムヌ
物知り ムヌシリ

ものすごい ウスマサン / ヨーウスマサン
ものすごく シタタカ
物欲しそうである ムヌフーサギサン
物欲しそうにすること ムヌフーサ
ものもらい ミーツンーレー
物分かり ジーカジ
物忘れ ムヌワシー
物笑い ムヌワレー
(…する)ものを《逆接》ムン² //《接続》ムンス
もはや イーナ / イーナヌヘー / イーナヌヘーナー / ナー⁷
籾（もみ） ムミ / ッンナゲー
もむ ムムン
もめ事 ムミグトゥ
木綿 ムミン
桃 《表面に細毛のある桃》キームム // → 山桃
股（もも） ムム¹
モモタマナ《植》ッンーマーギー //《文》クフゥディサ
もやし マーミナ
燃やす メースン
模様 ムヨー
催し ムユーシ
もらい子 イィーングヮ
もらい乳 クーイジー
もらう イィーン²
もり（銛） トゥジャ
盛り上がる《高くなる》ムチャガイン
盛り上げる《高くする》ウヤギーン //《盛んにする》フミカスン / ムイタティーン
盛り立てる ムイタティーン
盛る ムイン²
漏る ムイン³
漏れる《うわさなどが》ムリーン³
もろい サクサン / ヨーサン
もろみ ムルン

門 ジョー¹ //《石の》イシジョー
文句 ジーグイ ♦～たらたら ジーグイハーグイ
悶着 ムンチャク
門中 ムンチュー
門中墓 ムンチューバカ

## や

矢 ヤー³
八重山 エーマ²
やがて ナー⁷ / ナーガティ / ヤガティ
やかましい ミンチャサン / ヤガマサン
(…し)やがる クゥイン
(…し)やがれ ミシリ / ミシレー
やかん ヤックヮン
やぎ（山羊）ヒージャー //《幼児》ベーベー
焼き網 アブイクー
やきもち リンチ / ッワーナイ ♦～やき リンチャー
焼き物《陶器類》ヤチムン
厄 ヤク¹
役 ヤク² ♦～に立つ ヤクタチュン
焼く アンジュン / ヤチュン
やくざ フリムン
役者 シバイシー
役所 クージ
約束 ヤクスク //《結婚の》イークィー
役立つ ヤクタチュン
厄年 ヤクルシ
役人 クヮンニン
やけ ♦～を起こすさま アッパンガラー
火傷（やけど）をする ユーゲースン
焼ける ヤキーン
野犬 ヤマイン
屋号 ヤーンナー

夜光貝 ヤクゲー
野菜 ヤーシェー ♦～売り ヤーシェーウヤー
やさしい ウフヤッサン / エンラサン ♦～心 ジョー² / シンジチ ♦～人 エンラーグヮー
やさしく ヤフゥッテーン / ヤフゥッテーングヮー / ヤフゥヤフゥートゥ
屋敷 ヤシチ
養い親 ヤシナイウヤ
養い子 ヤシナイングヮ
養う チカナイン / ヤシナイン
ヤシの実 ヤーシグヮー
やす《漁具》トゥジャ
安い ヤッサン ♦安くする サジーン / ヤシミーン ♦安くなる サガイン¹ / ヤシムン²
安売り ヤシウイ
休み ヤシミ
休み所 ユクイクル
休む ヤシムン³ / ユクイン
休める ヤシミーン²
安物 ヤシムン¹ / レーヤシー
やすやすと ヤシヤシートゥ / ルーヤシッテーン
やすり ヤシー
やせっぽち ヤシガルー
やせ細る ガジリーン / スギーン
やせる ガッソーリーン / スギーン / ヤシーン / ヨーガリーン ♦やせている［やせた］者 ガジリムン / ヤシガルー / ヨーガラー
やたらと、やたらに チャッサンカッサン / ムソークソー
家賃 ヤチン
厄介 ニーワチャレー / ミンロー / ヤッケー ♦～なこと アンマシムン / カテームン / ジャーフェーグトゥ ♦～になる カカイン

厄介者 ヤッケームン
やっかみ ウラハゴーサ
薬局 クスイヤー / ヤッチク
八つ ヤーチ
やっつける バンミカスン / ヒラカスン
やっと ヤットゥカットゥ / ヨーヤク
やつれる ヤチリーン
宿 ヤール
雇う ヤトゥイン
やどかり アーマン
宿賃 ヤルチン
家主 ヤーヌヌーシ
屋根 ヤーヌゥィー
やぶ蚊 ヤマガジャン
破り捨てる ヤイヒティーン
破る ヤイン //《約束などを》タゲーイン
破れ ヤリ
破れ目 ヤリミー
破れる ヤリーン[2]
山 サン[3] / ムイ ♦ 〜のてっぺん ヤマヌチジ
病(やま) ヤンメー
山芋 ヤマッンム
山奥 ヤマウク
やましいところ サビ[1]
山びこ 《文》ヤマビク
山道 ヤマミチ
山桃 ムム[1] / ヤマムム // → 桃
闇 《文》ヤミ
闇夜 ヤミヌユー / ヤミユ
病む ヤムン
やめる ヤミーン
夜盲症 ユールミックヮー
やもめ ヤグサミ
やもり ヤールー
槍(やり) ヤイ
やりかけ シカキ[1]
やりかける シカキーン
やり方 シーヨー / ユリビチ
やりくり クイマーシ

やり過ごす ハイクヮースン
やりそこなう トゥイヤンジュン
やり直す シーケースン / シーノースン
やり慣れる シーナリーン
やり始め シカキ[1]
やり始める シカキーン
やりやすい シーヤッサン
やる 《与える》イィーラスン / クィーン[2] / トゥラスン //《…してやる》トゥラスン
遣(や)る 《行かせる》ヤラスン
やる気 イジ / イジリ
やるせない 《文》ククティルサン
野郎 ヒャー[1]
柔らかい ヤフゥラサン
柔らかく ヤフゥッテーン / ヤフゥッテーングヮー ♦ 〜する ヤフゥラキーン ♦ 〜なる ヤフゥラチュン
柔らかさ ヤフゥヤフゥートゥ
和らげる ヤフゥラキーン
山原 ヤンバル ♦ 〜出身者 ヤンバルンチュ //《蔑称》ヤンバラー

ゆ

湯 ユー[4]
遺言(ゆいごん) イグン
結う ユーイン
遊廓 ジュリスヤー / ハナヌシマ
夕方 アコークロー / ユーイリガタ / ユガキティ / ユサンリ //《文》ユシジミ
勇気 イジ ♦ 〜のある者 イジジュー
夕暮れ ユーイリガタ / ユサンリ //《文》ユシジミ / ユマングィ
遊女 ジュリ[1]
夕食 ユーバン

夕立 《文》ナチグリ
融通 クイマーシ ♦ 〜する《金などを》ミグラスン
夕月 ユクネージチュー
夕凪(ゆうなぎ) ユールリ
夕飯 ユーバン ♦ 〜時 ユーバンウゥイ
夕日 サガイティーラ
裕福 エーキ / エーキー / ユチク
夕べ ユービ
有名である チカリーン[2] //《文》トゥユムン
ゆうゆうと ユーユートゥ
有力者 イラビニンジュ
幽霊 ユーリ ♦ 〜話 ユーリーバナシ
誘惑される ヒカサリーン
誘惑する 《文》ユクスン
ゆえ(故) ユイ[1]
床 ユカ
愉快である イーリキサン
愉快な人 イーリキー
床下 ユカサ
ユカハタ 《魚》アカミーバイ
ゆがみ ユガミ
ゆがむ ユガムン
ゆがめる ユガミーン
ゆかり イィン
行き会う イチャイン
行き帰り イチムルイ
行きずり 《文》イチシリ
行き違い イチェーチジェー
行き止まり チチアタイ
行き渡る トゥーイン[2]
行く アッチュン / イチュン / ナイン[1]
行方知れず ムヌマーイ
行く先 イクサチ
行く手 イクサチ
湯気 アチキ / フキ
ゆさぶる ウゥーイン[1]
ゆすぐ ユシジュン
ゆする ウゥーイン[1] / ウゥー

ジュン²
譲る ユジーン
ユタ → 巫女(⁇)
豊か 《文》ユタカ
ゆっくり ヨーンナー ♦ ～と ウッタイモータイ¹/ユーユートゥ
ゆったり ニグーニグー
ゆで汁 ユリジル
ゆでる ユリーン
湯飲み茶碗 チャーワン
指 イービ
指切り カーキー
指先 イービジャチ
指さすこと イービヌチ
指笛 フィーフィー
指輪 イービガニー/イービナギー
弓 ユミ¹ ♦ ～矢 ユミヤ
夢 イミ²
由来 イワリ
ゆらゆら クェンクェン
ゆり(百合) ユイ²
揺り動かす ウゥージュン²
ゆるい ユルサン
許す スガーラスン/ユルスン
ゆるめる ユルミーン
ゆるゆる ユールークゥールー
揺れ動く イーチュン

よ

世 ユー²
よ《助詞》イィー⁵/サ/テー²/ムン²/ヨー
宵 ユクネー//《文》ユイ³ ♦ ～の明星 ユーバンマンジャー
酔い イィー⁴ ♦ ～がさめる サマイン/サミーン¹ ♦ ～をさます サマスン¹
よい ユタサン//《接頭》イィー⁶ ♦ ～こと イィークトゥ ♦ ～天気 イィーッワーチチ ♦ ～日 イィービー

酔いざまし イィーサマシ
酔いしれる イィーフリーン
宵っぱり ミーグフゥー
宵闇 ユクネーグラシン
酔う 《酒に》イィーン⁴
(...の)よう グトゥ¹
用意 シコーイ/シタク
容易に ルーヤシッテーン
妖怪 シチマジムン/マジムン¹/ヤナムン
洋傘 ランガサ
容器 イリムン
擁護する カニーマースン
ヨウサイ(甕菜)〘植〙ウンチェー
養子 チカナイングゥ/ヨーシ²
用事 ユージカチ/ユージュ
榕樹 〘植〙ガジマル
養生 ヨージョー
用心する ククリーン/タンキーン
用心深さ ムンヌアティ
様子 シジャマ/ムヨー/ヨージ¹
(...の)ようだ グトーン
容態 ヨーシ¹
要点 チブルクル
(...しない)ように《否定の意図》グートゥー
(...する)ように グトゥ¹/ネー²
容貌 カーギ/チラカーギ
ようやく ヤットゥカットゥ/ヨーヤク
要領 クー³
世変わり ユーガワイ
余寒 ワカリビーサ
欲 ユク¹
よく ユー⁵ ♦ ～できる《作物などが》ユカイン/リキーン//《勉強などが》リキーン ♦ ～なる ノーイン²
翌日 ナーチャ

欲張り ヤマグ/ユークー ♦ ～な ヤマグナ
欲望 ユク¹
よくやった シタイ/シタイヒャー
翌々日 ナーアサティ
余計なこと ッワーバグトゥ
余計者 ッワーバムン
よける ルキナイン
横 ユク² ♦ ～にする《長いものを》ニンシーン
横切る クンチーン
汚す ユグスン
横っちょ ユクチャー
横取り ユクルイ
横道 ユクミチ
横目 ユクミー
汚れ ユグリ
汚れ物 ユグリムン
汚(ᙏ)れる ユグリーン
よしあし ユシアシ
よじる ムリーン¹
寄せる ナスン/ユシーン
よそ ビチ
よそう 《ご飯などを》イリーン
装い スガイ
よそ者 タビー
よそ行きの服 チュラスガイ/ッワージ
よだれ クチシル/ユライ
よちよち ブラブラ ♦ ～歩き ブラブラーアッチ
四日 ユッカ
四つ竹(ᠬ) ユチラキ
四つ ユーチ¹
酔っぱらい イィッチャー/イィッチュ/サキクェー
夜露 ユチユ
夜通し ユーアキルーシー/ユナガタ/ユナガタサナガタ
夜中 ユナカ
四人 ユッタイ
四年 ユトゥ
世の中 シケー/ユスナカ

呼び返す ユビムルスン
呼び声 アビーグィー
呼び出す ユビンジャスン
呼び戻す ユビッンジャスン
呼ぶ アビーン[1] / マンチュン[2] / ユブン
呼ぶこと アージ
余分 ッワーバ
夜道 ユミチ
読む ユムン
嫁 ユミ[2] ♦〜入り前 タチメー
よもぎ フーチバー ♦〜餅 フーチムチ
より《助詞》ヤカ
寄りかかる ウッチャカイン
夜 ユー[3] / ユール ♦〜昼 ユルヒル ♦〜よなか ユルユナカ
寄る ユイン / ナイン[1]
よるべ タユイ
喜ばしい《文》フクラサン
喜び ユルクビ
喜ぶ ユルクブン
よろしい ユタサン
よろよろ ブラブラ
弱い ヨーサン //《体が》カラヨーサン / ルーヤフゥラサン ♦〜者 ヨーバー ♦ 弱くなる ヤフゥラチュン
弱まる ヨーイン
弱虫 ビーラー / ヨーバー
弱る ヨーイン
四 ユーチ[1] //《接頭》ユ
四歳 ユーチ[1]
四十九歳《数え年で》ククヌトゥグンジュー
四十歳 シジュー

## ら

...ら チャー[4]
来月 タチチ[1]
来年 ヤーン
楽 ラク ♦〜である ルー

ヤッサン //《生活が》シーヤッサン
楽隠居 ラクインチュ
落雁（がん）コーグゥーシ
落日 サガイティーラ
落胆 チーライ / チルライ
楽々と ラクラクートゥ
...らしい《推量》ギサン //《ふさわしい様子》ラーサン
...らしくなる マイン
羅針盤 カラハーイ
落花生 ジーマーミ
らっきょう ラッチョー
られる《助動詞》リーン
卵黄 アカミー
乱雑 ヤマ[1]
乱世 ヤミヌユー
ランプ トゥール / ランプ / ランプー
乱暴 グチン ♦〜者 アンマク / シティマク / ジャーフェームン / ナムジャー / マク[1] / ンジャリムン ♦〜狼藉 ジャーフェーティーフェー

## り

里《距離の単位》《接尾》リ
利益 モーキ ♦〜をあげる モーキーン
理解 ククリー ♦〜する ヌミクムン / ワカイン[2] ♦〜力 カニ[1]
陸 アギ
理屈 リクチ
利口者 ソーイラー
離婚する ワカリーン
利子 リー[1]
理性 カニ[1]
利息 リー[1]
律儀 マクトゥ ♦〜者 マクトゥー
立夏 リッカー
立身 リッシン
立派 リッパ ♦〜な心 マジ

ム ♦〜な人 イィーッチュ / スグリンチュ ♦〜に チューラーク ♦〜になる ミーナイン
立腹 リップク
離島 ハナリ
離別 ワカリ ♦〜する ワカリーン
龍 ルー[2]
理由 バー / バス / ワキ
リュウガン（竜眼）《植》リンガン
流儀 フージ
琉球 ルーチュー / ルーチュー
流行 フェーイ ♦〜歌 フゥーウタ ♦〜する フェーイン[1]
了解 ガッティン / カン[2]
漁師 イユトゥヤー / ウミアッチャー / ウミンチュー
両親 タイヌウヤ
領地 カゼーウチ
料亭 サカナヤー
涼風 シラカジ
料理屋 サカナヤー
リョクトウ（緑豆）《植》オーマーミー
隣家 トゥナイ
悋気（りんき）リンチ
臨月 ナシジチ
臨終 ミーウティー

## る、れ、ろ

流罪 シマナガシ
留守番 ヤーヌバーン
礼 → お礼、謝礼
冷気 ヒジュイ
礼儀作法 リージサフー
霊験あらたかである マササン
冷酷 ムジョー
礼拝する ウゥガムン
霊力 シジ[1] ♦〜がある シーラカサン ♦〜が高い

チムラカサン
れる《助動詞》 リーン
練習 ナレー³
櫓(ろ) ルー³
老女 ハーメー
老人 トゥスイ
老衰 トゥスイヨーイ
ろうそく ロー¹
狼狽する ルマングィーン
浪費 イチャンラジケー / ジンシティグトゥ
牢屋 ルーヤ //《文》ルー⁴
六 ムーチ / ルク² //《接頭》ム
六月 ルクグゥチ
六歳 ムーチ
六十一歳《数え年で》 ルクジューイチ
六十歳 ルクジュー
六日(むいか) ルクニチ
路地 スージグヮー
肋骨 ソーキ¹ / ソーキブニ
路傍 ミチバタ

## わ、を

和 ワー¹
わあわあ ウェーウェー²
賄賂 ウサギムン² / シチャリー / チキトゥルキ
わが(我が) ワッター
和解 ナーカノーイ
若い ワカサン ♦ ~男 ワカイィキガ ♦ ~女 ワカイィナグ
若返る ワカゲーイン
若木 ワカギ
若白髪 ワカシラガ
沸かす フカスン / ワカスン²
若葉 ワカバー
わがまま カッティ / ジママ / フンレー / ワガママ ♦ ~な者 ボーチラー
若者 ワカムン // →青年
わからずや ナムジャー
分かる ワカイン²
別れ ワカリ
分かれる ワカイン¹ / ワカリーン
別れる ワカリーン
別れ別れ ナーワカイワカイ
わき スバ¹
湧き上がる ワチャガイン
わき毛 ワチギ
湧き出る ワチャガイン
わき腹《文》ユフゥラ
わき道 ユクミチ
輪切り コールマージリー
湧く ワチュン¹ // → 沸騰する
わけ チムエー / バー / バス / ワキ
分け前 トゥイメー / ワキブン / ワキメー
分ける ワイン / ワカスン¹ / ワキーン ♦ ~こと ワッピー
わざと ウッターティ / ワジャットゥ
災い ワジャウェー
わざわざ ワジャワジャ
わずか ウフィグヮー
患うこと ヤミワチャレー
煩わしいこと ワチャレー
忘れる ワシーン ♦ すっかり~こと ムルワシー
綿 ワタ²
話題 サタ
綿入れ ワタイリー
私 ワン ♦ ~たち ワッター ♦ ~の ワー² / ワッター
渡し舟 ワタシブニ
渡す ワタスン
渡る ワタイン
わなわな フトゥフトゥー
詫びる ワビーン
わめき散らす アビーホーイン
わめく アビーン¹
藁(わら) ワラ
笑い顔 ワレーガウ
笑いころげること ケーリクルビ
笑い話 ワレーバナシ
笑いもの ワレームヌー
笑う ワライン //《にこにこと》ワレーカンジュン
童名(わらべな)(ならわな) ナー³ / ワラビナー
割る ワイン
悪い ワッサン //《接頭》ヤナ ♦ ~考え ヤナグクル ♦ ~心 ヤナジム ♦ ~こと サビ¹ / ヤナグトゥ ♦ ~天気 ヤナッヮーチチ ♦ ~人間 ヤナガター ♦ ~物 ヤナムン
悪口 ヤナグチ ♦ ~を言う クジーン
悪だくみ ヤナラクミ
悪知恵 ヤナリクチ
我 ♦ ~を忘れて ムソー
割れ目 ワリミ
割れ物 ワリムン
我ら ワッター //《文》ワシタ
割れる ワリーン
我々 《文》ワシタ
椀 マカイ //《汁の》ウシルジャワン
腕白 アンマク / ウーマク / シティマク / マク¹
腕力 ウリジカラ
を《助詞》 カラ⁴

| 編集協力 | 山口栄臣　内間早俊　玉那覇基枝 |
| 社内編集 | 中川京子　根本保行　菅田晶子　千葉由美 |
| 製　　版 | 小酒井英一郎　橋本一郎　宮原直也　米川由理 |
| 製　　作 | 小田桐敬夫　鈴木隆志 |

## 沖縄語辞典
──那覇方言を中心に──

初版 第1刷 2006年 5月
第9刷 2024年11月

**内間直仁**(うちま ちょくじん)
1939年沖縄県本部町生まれ。名桜大学教授・琉球大学名誉教授・千葉大学名誉教授。主要著書に『琉球方言文法の研究』(笠間書院)、『沖縄言語と共同体』(社会評論社)、『琉球方言助詞と表現の研究』(武蔵野書院)など。他に論文・共著書多数。

**野原三義**(のはら みつよし)
1938年沖縄県那覇市生まれ。沖縄国際大学名誉教授。主要著書に『うちなあぐち考』(沖縄タイムス社)、『新編 琉球方言助詞の研究』(沖縄学研究所)、『うちなあぐちへの招待』(沖縄タイムス社)など。他に論文・共著書多数。

| | |
|---|---|
| 編著者 | 内間直仁・野原三義 |
| 発行者 | 吉田尚志 |
| 発行所 | 株式会社　研究社<br>〒102-8152　東京都千代田区富士見2-11-3<br>電話 編集 03(3288)7711<br>　　　営業 03(3288)7777<br>振替 00150-9-26710<br>https://www.kenkyusha.co.jp/ |
| 印刷所 | 三省堂印刷株式会社 |

© Chokujin Uchima & Mitsuyoshi Nohara
ISBN978-4-7674-9052-6　C0581　Printed in Japan

装丁　阿部　毅　　　カバーイラスト　喜屋武　稔